上海法治建设
蓝皮书
（2003—2005）

SHANGHAI
BLUE BOOK
OF RULE OF LAW

上海法治建设

蓝皮书

（2003—2005）

上海市法学会
上海市法治研究会　编

上海人民出版社

《上海法治建设蓝皮书(2003—2005年)》
编 委 会

《上海法治建设蓝皮书(2003—2005年)》专家咨询组

（以姓氏笔画为序）

王宗炎　尤俊意　卢汉龙　刘　平　汤啸天　杨鸿台　倪正茂　殷啸虎

《上海法治建设蓝皮书(2003—2005年)》编务

（以姓氏笔画为序）

王　健　甘党生　冯　钧　朱　坚　孙　黎　吴幼敏　余冬爱
汪审理　沈宏豪　张伊亮　陆荣根　陈素萍　范辉中　荆　忠
顾建新　徐秉治　葛　健

《上海法治建设蓝皮书(2003—2005年)》撰稿人

（以姓氏笔画为序）

于永华　万海富　王一河　王立铭　王　岩　王宗炎　尤俊意
毛　伟　方　旋　甘党生　田欢忠　史　君　史莉莉　乐伟中
乐　慧　冯　钧　吕　广　朱黎明　刘　平　刘　谊　刘　晶
汤啸天　孙元康　孙　凯　孙雅芬　苏建萍　杨亚民　李文军
吴幼敏　邱宝华　佟　心　余冬爱　辛芝芬　沈宏豪　沈建忠
宋爱琴　张伊亮　张沪新　张　虹　张家明　张惠英　陆荣根
陆惠华　陈卫民　陈　耘　陈素萍　武安青　范肇鹏　季　春
金跃明　胡　勤　柯顺利　施伟东　费文婷　姚　冰　秦卫俊
顾仁达　顾建新　柴捍平　徐爱梅　徐　滨　龚伯荣　龚培华
尉庙龙　屠国明　葛　健　董晓菊　蒋晓伟　程传维　程　彬
童海芳　戴建平　魏利军

推进法治建设的现实紧迫性

（代序）

中共上海市委副书记　刘云耕

一、法治是降低"社会风险"的治本之策

1. 中国正处于社会风险上升期

据西方一些发达国家专家的研究，一个国家人均 GDP1 000—3 000 美元，社会风险是在上升期；人均 GDP3 000—5 000 美元，社会风险是在高发期；人均 GDP5 000—8 000美元，社会风险就进入相对稳定期；人均 GDP1 万美元以上，社会风险就到了下降期。这从一个侧面告诉我们，与我国的 GDP 增长相对应，我国目前正处在社会风险上升期。

中国正处于城市化加速时期，从 1990 年到 2002 年 10 多年间，我国城市化水平从 18.96％提高到 39.10％。虽然从理论上讲，上海开始进入发展的稳定期，但由于上海的发展不可能脱离全国发展这个大背景，因此，并不能认为上海已摆脱了社会风险高发期。世界银行在《2020 年的中国》报告中指出："中国正在发生两个转变，一个是从计划指导向市场经济转变；二是从农业社会向城市化的工业社会转变。""在未来的 20 年中，就中国的发展而言，城市发展将是中国最为主要的政策之一。"

国内一些经济学、社会学专家也认为，在城市化高速发展时期，伴随着高风险。去年的 SARS 事件、今年的禽流感事件以及各地频繁爆发的重大伤亡灾难，看上去似乎互不相关，但它们在本质上是有联系的，共同预示着一个"高风险社会"的来临。

2. 社会风险中最突出的六大问题

当前高速城市化过程中最突出的社会风险，表现为六大社会安全问题：一是贫富分化加剧，众多人口的生活质量和社会尊严受到威胁；二是社会治安形势严峻；三是生产安全事故频发；四是 SARS、艾滋病、性病等传染病爆发和流行；五是食品卫生状况堪忧，公民健康安全和心理安全受到威胁；六是恐怖活动构成了对城市的新威胁。对于这一系列的风险，如果我们还是按照传统的思维方式，或仅仅用行政

的手段应对,看来是难以取得实效的,而且经验和教训已经证明,用行政和政策的手段治理经济社会问题,成本巨大。

如在解决贫富差异的问题上,国外有许多经验证明是富有成效的法制保障措施,在现实生活中效果最大的就是遗产税、所得税和社会保障制度。主要体现在三个方面:一是保障市场的起点平等。所谓市场起点平等,就是保障公民在参与市场竞争时处在同一起跑线上,比如保障公民受教育的机会均等,保障就业机会均等,保障拥有财产起点均等。在保障拥有财产起点均等,避免有钱人的儿子永远有钱,没钱人的儿子永远没钱等情况的发生等方面,发达国家主要是通过遗产税和赠与税来起作用的。比如日本实行累进税率制度,超过5亿日元以上的遗产税率高达75%,这样到了第三代,祖辈传下来的财产基本上就被税抽光;而对于200万日元以下的财产,税率只有10%。有了财产税就还要设立赠与税,否则就可以将财产通过赠与的方法来规避法律。通过这些法律制度,使人在通过自身努力致富方面拥有平等的机会。二是保障市场竞争的过程平等。如运用充分就业政策,实行最低工资标准来保护弱势群体;通过农产品价格保护、中小企业关税保护等,维护弱小市场主体的利益。三是保障市场竞争的结果相对平等,这主要也依靠税收政策,高收入有累进税率来制约,不动产有不动产税,奢侈品有消费税。另外,为了保障竞争结果的平等,还有不少救济、福利和社会保障措施,如廉租房,公费义务教育,医疗等。

食品安全问题是近来社会集中议论的话题之一。我国最近报道了很多如奶粉等方面的问题。国家卫生部2004年已经发布过三次食品安全预警公告,第一次针对霉变甘蔗,第二次针对河豚鱼,第三次针对的是散装白酒,防止甲醇中毒。我国1995年正式出台了《食品卫生法》,这是我国现阶段对于食品卫生安全规定最全面的法律,但是和国际上一比较就显出很多不足。比如我国仅仅针对104种农药在粮食、水果、蔬菜、肉类等45种食品中规定了允许的残留量,而国际食品法典则对176种农药在375种食品中的残留量作出了规定;我国总共规定了291个指标,而国际食品法典一共有2 439种农药残留标准。所以,许多有害食品在我国就此蒙混过关。还有,对于假冒伪劣食品的经销者和提供原料者,我国现行的法律法规中都没有具体的处罚规定。上海市人民政府2001年7月发布实施了《食用农产品安全监管暂行办法》,2004年7月进行了修正。但是,不少专家还觉得不足,还在呼吁上海要进一步加强食品安全地方立法,完善执法体系,建立长效监管机制。从美国来看,有关食品安全的法律法规比较完备,主要有《联邦食品、药物和化妆品法》《食品质量保护法》《公共卫生服务法》等,2004 年 5 月又公布了《食品安全跟踪条例》。美国法律中还规定了食品召回制度,当生产商、进口商、经销商知道食品存在问题时,必须依法立即向政府部门报告,及时通知消费者,并从市场和消费者手中收回问题产品,采取更换、赔偿的补救措施,否则就要受到法律的制裁。这些内容我们目前都还没有明确的规定。

为了化解这些社会风险,最高人民法院 2004 年 6 月 4 日发出通知,要求对涉及重大公共安全事故等案件加大审判力度,严惩玩忽职守、失职渎职案件,并对民事赔偿、司法救济等内容作出了规定。

因此,从预防和控制城市化发展带来的社会风险的紧迫性看,我们只有大力推进法制建设,从立法、执法、司法等几个环节入手,用法治手段降低社会风险的发生。

二、法治是发展城市经济的迫切需求

首先,城市经济的发展对于法制具有迫切需求。目前,经济实体的总量急速增长,资本运作的规模越来越大,要求用法制手段加以调控。企业管理决策方式与其资产方式有关,无论是百万资产还是上亿资产的运作,再像过去那样几个人拍脑袋作决定显然已经不行了,因为企业规模扩大了,管理层次增加了。同时,经济成分改变,多元投资进入,也不允许用几个人拍脑袋的决策方式,必须引入现代企业法人治理结构,而这一结构必须建立在完备的市场法律制度上。例如,兰生股份有限公司的原副董事长兼总经理常中涉嫌犯罪被有关司法机关刑事拘留一事。据介绍,常中超越董事会授权范围,擅自动用占这个上市公司 2002 年净资产 70％的 5.7 亿的巨额参与海南橡胶交易。这样一个重大的交易,竟然是由他一个人拍脑袋作决策。这只能说明这个公司治理结构有重大缺陷,缺少有效的监督机制。

其次,随着社会主义市场经济的不断发展,对外开放的不断扩大,在经济文化日趋活跃的同时,重大经济犯罪案件也在国内频频出现,显现出向智能化发展的趋势。2002 年 1 月至 2004 年 6 月,上海公安经侦总队各类经济案件立案 10 079 起,涉案总值 237.6 亿元,追回损失 54.25 亿元。2000 至 2003 年,侦破的经济犯罪案件涉及罪名从 41 种增加至 64 种,占到了刑法规定的 77 种经济犯罪罪名的 83.1％,而且以每年 2—3 种新罪种速度递增,涉及金融、保险、期货、证券、房地产等各个领域,严重影响了上海新一轮发展的进程。特别是金融犯罪,正在威胁上海国际金融中心的建设。据有关部门统计,目前此类犯罪已经成为上海经济犯罪案件总量中仅次于合同诈骗案件的第二大类案件。从国际经验看,当金融犯罪发展到一定程度时,其危害结果不仅仅是巨大的财务损失,而将向深度延伸和扩大。比如,对银行的信誉、银行和企业的合作诚信、社会与经济秩序的稳定,都将带来难以弥补的损害。因此,如何应对金融业的发展过程中的金融犯罪和金融风险,成为上海必须面对的一个挑战。

再次,应对国际经济领域的斗争,需要拿起法律武器。当前,反倾销已经成为发达国家对付我们的法律武器,中国已经成为一些国家反倾销措施的最大受害者。据原国家经贸委产业损害调查局的一份报告,截至 2002 年 10 月底,已有 33 个国家和地区发起的约 544 起反倾销和保障措施调查涉及中国出口商品,涉案商品 4 000 余种,影响中国出口约 160 亿美元。1996 年至 2003 年,中国连续 7 年成为世界反倾销头号目标国(《新华网》2003 年 7 月 4 日)。

针对这些问题,我们过去没有经验,经常吃苦头,现在我们已经意识到,国家间经济问题必须在法律途径内解决,除了组织起来积极应诉外,还要健全我们自己的法律体系,我们也要拿起反倾销的法律武器,"以其人之道还治其人之身"。国家 2001 年分别制定了反倾销条例、反补贴条例及保障措施条例,通过依法规范调查程序、信息披露程序,并运用征收反倾销税、反补贴税和提高关税、限制进口数量等世贸组织规则允许的法律手段,有效地维护了国内钢铁、化工、轻工等行业的交易安全。截至 2002 年,已经为我国挽回经济损失约 200 亿元,其中我们的宝钢也是受益者之一。

因此,在经济全球化发展的大趋势下,我们不可能独善其身,我们已经意识到市场经济是法治经济,并从中获益,而且今后随着中国的全面开放,我们还要坚定不移地继续走法治这条道路。

三、法治是富裕后人们的新追求

社会发展历史证明,在不同的发展阶段,人们的利益需求是不同的,经济发展到了一定阶段,社会利益诉求就会变得繁多,由此产生的社会纷争也会变得更为复杂,社会就会对法治产生更多的依赖和更多的要求。

根据国际经验,人均 GDP 从 5 000 到 8 000 美元发展时期,人们可能产生以下的权利和利益诉求:第一,私权意识开始苏醒,人民开始提出保障产权的需求,要求通过法律制度明确界定产权,保障资本与财产的安全。第二,政治参与意识产生,人们开始出现参与政治的热情,要求法律提供参政议政的机会与渠道,使其能对制定、修改政策和法律产生一定的影响。第三,人们对于政府的管理也有了新的要求,要求政府适度管理,规范行政,并对政府廉政的要求更高。第四,人们对于城市安全要求更高了,不仅有传统安全需求,而且有非传统安全需求,要求政府在发生突发事件时能够有效组织,从容应对。

上述四点概括地说,就是社会对私权利的新追求和对公权力的新要求。计划经济时期,私人财产有限,主要限于基本生活资料,人们高度依赖政府,生老病死都由政府提供保障,所以私权意识不强,对公权利的要求不高,人们对政府的要求是"都要管,管到底"。但是在市场经济条件下,公民私人财富总量增长,不仅包括财产而且包括资本。由此产生了财富安全保障需求,私权意识开始苏醒。而且市场经济机制本身提供人们机会的多样性和选择的广泛性,人们开始不再完全依赖于政府,相反对公权力有了新的要求,不再是要求政府"都要管,管到底",而是要求政府"管得少,管得好"。比如,2004 年 8 月是国内法制建设的一个"丰收月",有 29 部新法规开始实施,其中 19 部为国家法规,10 部为地方法规。这批法规都是根据2004 年 7 月 1 日实行的《行政许可法》的要求,新制定或修订后重新颁布实行的,其重点是对公权利进行大幅度的约束和重新规范,保障私权利成为这批新法规的鲜明特点。

联系上海情况看,有两个现象也充分说明了群众对法律的迫切需求。一是《行政诉讼法》1990 年 10 月 1 日实施至 2004 年 8 月,行政案件和行政赔偿案件数量上升,领域拓宽。2003 年受理 1 539 起,是 1991 年的 6 倍,1999 年至 2003 年的 5 年间受理的一审行政案件和行政赔偿案件的数量比上一个 5 年增加了 90.54%,受案范围涉及公安、土地、规划、工商以及社会保障等 50 多个行政管理领域。上海市民的法律意识,特别是"民告官"的意识在不断增强。近十五年来,本市政府部门在一审行政案件中的败诉率为 19.20%;1998 年以前的败诉率较高,最高达到 33%,1998年以后开始回落,始终保持在 12% 左右。2004 年 1 至 7 月,政府部门败诉率为11.6%,这说明政府部门的依法行政水平在逐年提高。但需要说明的是,这并非表明 88.4% 的政府部门行为和决定都是正确的。一审案件有些通过责任主体自行纠正而撤销了,比如房屋拆迁许可证案件、规划许可案件等等,这类案件的上诉率往往很高。这表明了市民对公权利限制和规范的要求比较高。

另一个现象是劳动争议案件逐年上升。在市场经济条件下,劳动关系实质是劳动和资本的关系,利润最大化是资本的直接追求,工资最大化则是劳动的直接追求,劳动关系的矛盾和冲突由此而来。2004 年上半年,上海的劳动争议案件数量达 9 000 多件,与 2000 年同期的 4 500 多件相比要多出一倍,这一数字比去年同期增长 13%,是 1995 年我国《劳动法》开始实施时的 7 倍多(《上海法治报》2004 年 7 月 23 日)。

出现这一状况,一方面,表明随着市场经济深入发展,利益主体普遍成熟,劳动者越来越习惯于拿起法律武器来维护自身的利益。但另一方面,非公经济、混合经济内部的劳动争议已成为全市劳动争议纠纷产生的主要领域,不但上升幅度高,而且总量大,比如 2004 年上半年,本市私营企业发生劳动争议 3 500 余件,比去年同期增长了 17%;外商投资企业发生劳动争议 2 000 余件,比去年同期增长 2%;股份制企业发生劳动争议 1 200 余件,比去年同期增长 38%,三者的劳动争议数量合在一起算,占到了本市全部劳动争议的 74%。这说明一些非公经济、混合经济在维护职工权益方面还存在着法制意识不强、制度不健全的状况(《新民晚报》2004 年 8 月 8 日)。此外,劳动争议数量的上升特别是集体性劳动争议数量的增加,说明了我们有关的劳动协商调解机制还有进一步发挥作用的空间。从 2004 年上半年的统计看,集体性劳动争议共受理 185 件,同比去年增长 8%,涉及职工人数 3 600 人。如果工会、集体协商谈判机制能够发挥前置作用,也就不会有这么多的个案进入仲裁程序,解决劳动纠纷的成本也会大大降低。因此,依法办事,规范用工,上海依旧任重道远。

综上所述,社会已经发展到了一个新的阶段,我们需要完备的法治,政府需要法律,社会需要法律,人民需要法律;我们还需要更新管理模式和手段,因为光靠政府来管理社会已经力不从心了。忽略或者不能清醒认识这些新的社会需求,我们就会付出沉重代价。只有通过依法治市和社会治理满足这些社会需求,调整和规范新的发展阶段各种社会矛盾、社会纷争,缓解和化解各类社会风险,社会才能持续、健康、快速地进入新一轮发展。

(此文是刘云耕同志 2004 年 8 月 14 日在上海市依法治市宣传日上讲话的第一部分)

前　言

　　为了反映上海法治建设的新探索、新思路、新经验、新成果,进一步推进上海法治建设,上海市法学会和上海市法治研究会联合组织编写《上海法治建设蓝皮书》。该书是史料性、专题性的研究报告集,是对上海法治建设总体情况的客观反映,是对本市各机关和部门一段时期内在法治建设上有创新、有成效的重点工作的详细介绍和经验总结,也是对未来法治建设的思考和展望。

　　首次出版的这本《上海法治建设蓝皮书(2003—2005年)》,反映的是从2003年(市十二届人大和本届市政府开始)到2005年期间本市开展法治建设的情况,参加本书编写工作的有市人大常委会、市政府、市政协的有关部门和本市政法各机关,以及其他有关部门,共19个单位。市委副书记刘云耕同志担任本书编委会主任。

　　本书由以下三部分组成:

　　第一部分为法治建设实务报告,反映2003—2005年间上海法治建设的总体情况和本市各机关和部门在2003—2005年中开展法治建设的做法、特点和经验,有关保障职工权益、劳动者权益、妇女权益、老年人权益、残疾人权益和消费者权益保护方面的实务报告也在其中。

　　第二部分为法治建设专题报告,重点介绍各机关和部门在2003—2005年间法治建设中有创新、有成效、有"亮点"的工作,使广大读者对上海法治建设的新情况有比较准确、清晰、全面的了解和认识。

　　第三部分为附录,收录了2003—2005年中上海市人大常委会制定修改、废止的地方性法规目录和上海市人民政府制定修改、废止的规章目录,以及涉法社团名单、本市法治建设重大事件评选结果,以备查考。

　　希冀本书的出版有助于增进广大党政干部、理论研究工作者和社会公众对本市开展法治建设的情况的了解,进一步加快依法治市的步伐,为构建和谐社会,实现上海"四个率先"的目标创造更加良好的法治环境。

上 海 市 法 学 会

上 海 市 法 治 研 究 会

2006 年 8 月

目　录 CONTENTS

第二编　法治建设专题报告

第三编 附 录

第一编

法治建设实务报告

总 报 告

上海法治建设报告
（2003—2005 年）

　　江泽民同志在党的十五大报告中明确提出,依法治国、建设社会主义法治国家是党领导人民治理国家的基本方略。九届全国人大二次会议把"依法治国,建设社会主义法治国家"的目标载入宪法。胡锦涛同志在省部级主要领导干部提高构建社会主义和谐社会能力专题研讨班上指出,民主法治是社会主义和谐社会的首要特征,也是构建社会主义和谐社会的重要工作。"依法治国"基本方略的提出和推进,标志着我国社会主义民主法制建设进入了一个新的历史发展时期。

　　党的十一届三中全会以来,历届上海市领导班子都非常重视社会主义民主法制建设。进入新世纪后,上海开始向建设现代化国际大都市和国际经济、金融、贸易、航运中心的目标奋勇迈进。在这一伟大的历史进程中,本市广大干部和群众结合上海经济、社会发展的实际,对法治建设进行了积极的探索和实践。

　　上海在经济连续多年保持持续稳定健康发展的同时,也面临新的挑战、新的机遇和新的发展任务。为了进一步从法治和制度上保证国家法律法规和党的基本路线、基本方针在上海的贯彻实施,培育和弘扬与社会主义政治文明、社会主义和谐社会相一致的法治精神,形成结构合理、权责明确、运转高效的法治工作格局,推进政府依法行政、社会依法监督、市场依法管理,全面实施科教兴市主战略,努力建设社会主义法治城市,1999 年 8 月 16 日,中共上海市委召开了上海市依法治市工作会议,颁布了《上海市进一步推进依法治市工作纲要》,提出了依法治市的工作目标和重点环节。2004 年 8 月 3 日,市委办公厅、市政府办公厅又联合印发了《上海推进国际化、市场化、信息化、法治化行动纲要》,进一步明确了上海今后一个时期法治建设的总体思路、推进目标、行动领域、政策措施及其实施机制和评估办法,为实现上海建设社会主义法治城市的目标揭开了新的一页。

上海推进法治建设的基本情况

近年来,在以胡锦涛同志为总书记的党中央坚强领导下,上海人民高举邓小平理论伟大旗帜,以"三个代表"重要思想为指导,坚持科学发展观,本着开创性、坚韧性、操作性相统一的务实精神,从保障和推进上海的改革开放和现代化建设的实际需要出发,大力推进依法治市工作,使上海的各项法治建设取得了新的进步。

一、人民民主不断扩大,稳步推进了社会主义民主法制建设

(一)人大代表的主体作用得到进一步发挥

1. 市人大常委会联系代表和代表参与常委会工作的机制不断创新。市十二届人大常委会在继续实行常委会主任、副主任与代表双向约见制度的基础上,创建了常委会主任、副主任与代表通过网络进行实时联系、沟通交流的电子系统;实行常委会主任、副主任每月轮流会见代表制度;健全常委会组成人员定向联系市人大代表制度;2005年市人大常委会会议在各区县开通视频会议,进一步为代表知情知政创造条件。

2. 人大代表参与地方立法的途径不断拓宽。本届市人大常委会每年都将年度立法计划印发各位市人大代表,征求他们对立法项目的意见;市人大常委会举行会议期间,都邀请市人大代表列席并听取他们的意见;聘请18位市人大代表担任市人大专门委员会咨询组成员,参与各委员会的立法工作。

3. 人大代表与选民的联系不断加强。近年来,市人大常委会创新代表在闭会期间发挥作用的新途径。组织市人大代表参与人大信访工作,参加"人大网议日"活动,推荐代表担任政府部门行风监督员,组织代表参与市处理信访突出问题和群体性事件联席会议办公室开展的化解基层矛盾工作,并建立代表信息员制度和代表信息反馈处理中心,支持和保障代表倾听民声、了解民意,进一步密切人大代表与人民群众的联系。

（二）人民政协履行职能的渠道进一步拓展

1.“协商在决策之前”的机制更加健全。市委每年制定党外人士座谈会总体安排预案,市委主要领导同志亲自与党外人士谈心,邀请民主党派市委、市工商联的主要负责人和无党派代表人士召开民主协商会、小范围谈心会、座谈会,通报情况,听取意见,共商地方大事。

2. 履行职能的程序更加规范。市委、市政府就列入讨论和需要决策的重要问题以及社会关注的热点问题,事前到政协听取委员意见,使专题议政会的议题更加及时广泛、内容更加丰富充实、建议更加务实有效。

3. 履行职能形式呈现多元化。政协委员积极通过调研报告、提案、“建言”、“社情民意”等形式,提出有关法规、条例、制度的修订完善、贯彻执行等方面的意见建议。

（三）基层民主建设取得了新的进步

1. 基层民主选举、民主决策、民主管理、民主监督有了新的进展。2003 年,各区县进一步规范了民主推荐候选人、投票和居委会成员辞职、罢免和调离等法定程序,全市 31.4％的居委会选举采取了直选方式,提高了居民群众的民主参与意识。还有不少街道实行居民评议居委会干部,有效地发挥了社区监督功能。

2. 村务公开形式不断规范,质量逐步提高。目前,全市 98％的村建立了村务公开监督评议考核制度,96％的村建立了民主理财制度,90％的村建立了村级财务预决算制度,83％的村建立了村务公开后的反馈机制,大大增强了农村干部群众的民主参与意识。

3. 职代会制度和厂务公开稳步推进,多层次的劳动关系协调机制逐步完善。截至 2004 年底,上海已有超过 86％的国有独资、国有控股和集体企业实行了厂务公开民主管理,89％的单位建立了职工代表大会制度;在公有制企事业单位中,约有 63％的单位实行了领导干部廉洁自律情况公开制度,48％的单位实行了领导干部收入公开制度;6 532 家非公有制企业实施厂务公开,11 255 家非公企业建立职工代表大会。2004 年 1 182 家实施裁员、分流的单位中,有 1 143 家裁员方案提交了职代会审议,占总数的 96.7％。同时,全市已在 195 个街道、乡镇和 94 个经济开发区建立了劳动关系三方协调机制,有 77 104 家各种所有制企业签订了集体合同,涵盖职工 312.76 万人,签订区域性集体合同 2 700 多份,覆盖企业 3.5 万个。

二、法治体系不断健全,有力保障了经济、社会的持续健康发展

（一）立法工作的针对性进一步增强

1. 坚持党的领导,紧紧围绕中央和市委工作重点以及本市改革、发展、稳定大局,积极行使地方立法权。如 2004 年上半年,市人大常委会会同市政府及时开展未成年人保护的立法工作,全面贯彻落实中央有关加强和改进未成年人思想道德建设的意见,取得了良好的社会效应。市人大常委会还组织开展科教兴市地方立法框架研究,从法制上促进和保障本市科教兴市主战略的实施。

2. 从上海实际需要出发,注重突出地方特色,有效调节社会利益关系。针对上海住宅建设快速发展和住宅物业管理矛盾突出的现状,市人大常委会为维护业主和物业管理企业的合法权益,及时制定《上海市住宅物业管理规定》。根据本市人口形势和实际需要,市人大常委会制定人口与计划生育条例,微调了生育政策,调整和完善了计划生育的奖励和社会保障措施。

3. 行政立法重心从经济领域逐步转向城市建设和社会管理领域,从规范行政管理相对人行为逐步转向关注规范政府行为。2003—2005 年间,在立法数量上,有关经济领域、城市建设和社会管理方面的政府规章,分别约占总数的 22％、51％、27％,解决城市管理问题、生态环境保护以及涉及城市公共安全保护的立法数量明显增加。在立法思路上,地方立法更注重规范政府行为,体现了政府管理职能的转变。

（二）法律监督和工作监督的力度进一步加大

1. 始终坚持监督与支持相结合的原则,有效改善上海的法治环境。2003—2005 年间,市人大常委会和有关专门委员会对食品安全、劳动者权益保护、水环境保护、促进就业、科技进步等 30 多部法律法规的实施情况开展执法检查和监督调研,切实推动法律法规的贯彻实施,推进政府及其部门依法行政和法院、检察院公正司法。

2. 积极创新监督机制,进一步增强监督实效。2003 年,市人大常委会把听证制度引入监督工作,就政府促进就业工作首次举行监督听证会。从本届市人大常委会第九次会议开始,正式启动市政府负责同志向市人大常委会通报重要工作情况的制度,加强沟通,形成共同推动工作的合力。

3. 不断探索民主监督形式,拓展工作领域。为使民主监督做到经常、深入、有实效,从 2005 年开始,市政协把年中一次的集中视察改为小规模、经常性视察,每月都有两三个专题的视察活动,使视察的灵活性和实效性进一步提高。2003—2005年,市政协已就 62 个专题进行了视察,有 192 位市政协委员担任了全市 32 个职能部门和行业的特邀监督员。

(三)司法体制和工作机制改革稳步推进

1. 诉讼制度进一步健全。上海法院采取措施不断完善对审判权的制约,形成立案与审判、审判与执行、审判与审监"三个分立"。2004 年 6 月,市高级法院设立执行局,统一管理、指挥、协调执行工作,提高执行案件透明度。积极改革和完善未成年人司法制度,各区县检察院均设立了未成年人刑事检察部门,闵行、闸北、普陀和长宁 4 个区法院设立了少年法庭,以跨地区指定管辖模式受理未成年人刑事犯罪案件,保护未成年人权益。检察机关还推行了人民监督员对自侦案件进行监督评议制度。

2. 积极稳妥地推进司法机关人员分类管理制度。市公安局试行文职制度;检察机关实行主诉检察官制度;浦东新区检察院探索职位及人员分类管理,坚持以事设岗的原则设定各个系列的职位数,为确立检察官管理体系提供了实践经验;市高级法院试行法官和法官助理编制管理制、书记员单独序列管理制、司法警察选聘制和司法行政人员管理制。

3. 司法工作机制不断完善。近年来,上海对全市 52 家司法鉴定机构进行了年检注册,建立了司法鉴定人员培训考核制度和持证上岗制度。不断规范司法委托拍卖,对群众关注的、可能影响司法公正裁决的司法委托拍卖进行统一管理,从 15家具有优良资信的拍卖机构中选择委托拍卖机构,对标的物实行公开拍卖,确保公正性。在委托拍卖集中管理实施两年的基础上,对委托审计、评估等工作开展专项调研,制定制度和操作规范。

（四）行政审批制度改革取得明显成果

1. 以贯彻实施《行政许可法》为契机,全面梳理行政许可事项,规范政府行为。上海从 2003 年 12 月起至 2004 年 7 月 1 日前,对行政许可事项进行了全面清理。

2. 认真组织《行政许可法》相关配套制度的研究和制定,先后出台了《上海市临时性行政许可设定程序规定》、《上海市行政许可办理规定》、《上海市监督检查从事行政许可事项活动的规定》,对《行政许可法》相关制度进行了实施性细化。同时,市政府法制办还设计了行政许可的法律文书示范文本,为基层执法提供了具体指导。

3. 大力培育发展行业协会和市场中介,形成市场管理新机制。在行政审批制度改革过程中,为充分发挥市场和社会的作用,2002 年初上海成立了市行业协会发展署和市场中介发展署,2005 年成立社会服务局。自 2002 年以来,全市企业仅在"入世相关、新兴产业和优势产业"三个重点领域,就自发组建了 60 多家行业协会。

三、执法机制不断完善,积极推动了城市建设和管理水平的提高

（一）行政执法体制改革稳步推进

1. 文化市场领域的综合执法改革已基本到位。2004 年 12 月,市政府发布《关于本市进一步完善文化领域相对集中行政处罚权工作的决定》和《文化领域相对集中行政处罚权办法》,明确将委托执法调整为授权执法,并将市文化稽查总队重新组建为市文化市场行政执法总队,统一行使文广影视、新闻出版、文物、体育、旅游等市场领域的行政执法职能。

2. 全面深化城市管理领域的综合执法改革。自 2000 年 12 月开始,上海在 10 个中心城区开展城市管理综合执法试点。2004 年 2 月,综合执法范围又扩大到建设、市容环卫、市政工程、绿化、水务、环保、公安、工商、房地资源和规划等 10 个部门的行政处罚权。2005 年 6 月,市政府发布《关于本市开展市级层面城市管理领域相对集中行政处罚权工作的决定》,明确自当年 8 月 1 日起设立城市管理行政执法局,依法在市级层面开展城市管理综合执法工作。

3. 积极探索食品安全监管领域综合执法。2004 年 12 月,市政府发布《关于调

整本市食品安全有关监管部门职能的决定》,明确了食品安全要建立以一个部门为主的综合性、专业化、系统性监管模式的预期目标,并从上海实际出发重新整合了有关食品安全监管部门的职能,建立了由农林、技监、药品、工商四个部门"分段监管"的食品安全监管体制,为加强食品安全执法力度和效能奠定了基础。

4. 大力推进城市交通管理领域内部综合执法改革。针对行政机关内部设立多支执法队伍、根据不同分工分别执法的状况,2005年10月,上海在城市交通管理领域内部进行综合执法改革。通过整合系统内原先分别承担公交客运、出租汽车、轨道交通、陆上运输、汽车维修等领域的5支执法队伍,撤销9个事业单位建制,在城市交通局内组建了上海市城市交通行政执法总队,统一负责全市交通领域的现场执法。

(二)行政执法责任制日臻完善

从1996年开始,上海各区县开始进行行政执法责任制试点。到2002年,全市19个区县均已开展了这项工作。2005年10月,市政府出台了《关于贯彻落实〈国务院办公厅关于推行行政执法责任制的若干意见〉的实施意见》,开始在全市各级行政机关全面推行行政执法责任制。

此外,上海还积极通过行政机构改革,落实政府责任。从2003年8月起组织实施的《上海市机构改革方案》,其基本原则之一就是权责明确,一件事情由一个机构为主管理或由一个机构牵头管理,合理划分和界定各部门的职权和分工,理顺部门之间、条块之间以及行政机构之间的关系。

(三)执法主体的管理水平有了新的提高

1. 建立健全了领导干部学法制度,对各级领导干部进行基本法律知识培训。全市普遍建立了党委中心组学法制度、处级以上领导干部法制讲座制度和领导干部自学法律制度,部分区县还建立了新任领导干部法律知识考试、领导干部任前法律知识考试等形式,着力提高了领导干部学法的效果。

2. 坚持执法人员法律业务培训制度。自1999年以来,全市法院系统每年开展一个主题教育,规范审判人员的司法言行,加强审判指导,保证了执法的统一。检察机关积极推进"逢晋必考"、上级院从下级院遴选干部等制度,培养选拔检察业务专家以及优秀公诉人、优秀侦查员等检察专门人才,提高了队伍整体水平。

3. 加强对执法人员的评议考核。各行政执法部门普遍实行行政执法证制度和行政执法主体资格审核公告制度,对不符合执法主体资格的人员及时取消执法资格,保证了执法工作的有序开展。形成了以评估、考核、督导、预警为主要内容的评议考核平台。

四、依法治理不断深化,维护了政治稳定和社会安定

(一)基层管理的规范化、制度化日益加强

1. 基层工作更注重以法治化、社会化方式解决实际生活中的各类矛盾,使人民群众的满意率和社会安全感不断提高。各街道结合开展新一轮社区建设试点工作,建立了网格综合执法新模式,相关部门集中办公、协同执法,对人民群众反映的各类问题实行一门式服务,提高了办事效率。

2. 优化矛盾纠纷排查调处机制。全市各街道乡镇相继建立了 270 家社区矛盾调处中心,设立了集法律服务、法制宣传、人民调解、安置帮教于一体的司法信访综合服务窗口。各居(村)委会全部建立了人民调解委员会,形成了矛盾纠纷三级调解网络。目前全市 72％的街道、镇的司法所完成了派出或独立设置。人民调解工作室通过与政府签订责任书,保障了人民调解工作专门经费和专门力量。2003—2005 年,全市共创建市级"安全小区"1 200 个,市、区(县)、街道(乡镇)三级"安全小区"覆盖率达 80％左右。

3. 加强人口综合管理,改进来沪人员服务模式。近年来,上海有 11 个区组建了社区综合协管员队伍。同时,相继推出了居住证管理、房屋租赁管理"两大制度",出台实施来沪人员子女义务教育、就业等管理办法,并在全市 47 个街道(镇)启动居住证制度扩大试点工作。

(二)维稳工作新机制得到有效运行

1. 加强了对维稳工作的领导,明确了维稳工作责任。近年来,上海健全了"一岗双责"机制,把维护稳定工作放到和经济工作同等重要的位置,强化各级领导干部在做好发展工作的同时,同步做好维稳工作;市、区两级建立了集中化解信访突

出问题和群体性事件联席会议制度,下设城市房屋拆迁、农村土地征用等 8 个专项工作小组,对不同性质的社会矛盾进行分类研究,有针对性地采取措施予以解决;市信访办会同市政府法制办出台了信访排查、受理、查询、复查、复核以及听证等 9 项制度,规范完善了各级领导接待日制度,提高信访工作的规范性;全市各区县都建立了社会治安评估分析制度,定期分析治安形势,主动研究工作措施,切实把维护社会稳定的责任落实到各级党委和政府。

2. 整合各类社会资源,推进城市公共安全体系建设。2003 年,上海建立了市级应急联动中心,构建了全市应急联动系统。目前,上海已经初步形成了快速反应的处突机制、"网格化"巡逻机制、多渠道的报警机制,有效地维护了城市公共安全。

3. 司法机关的维稳职能得到新的加强。各级法院的院、庭领导都直接参与审理和执行群体性诉讼案件以及众多涉及房地产开发、动拆迁、劳动争议、破产安置、养老金等矛盾趋于激化的案件,努力做到"案了事也了"。检察机关近年来就有关单位和部门管理防范上存在的问题,发出检察建议 824 份,对 3 012 件不服法院正确裁判的民事行政案件当事人做好服判息诉工作。

（三）城市治理主体得到新的拓展

1. 工、青、妇等人民团体联系群众的桥梁纽带作用得到新的发挥。各级工会、妇联突出维权职能,建立了更为完善的利益表达和维护机制。

2. 民间组织参与社会管理、社会服务的范围不断扩大。从 2003 年开始建设的预防犯罪体系贯穿了"政府主导推动、社团自主运作、社会多方参与"的思路,新成立的自强社会服务总社、新航社区服务总站和阳光社区青少年事务中心,通过政府购买服务的形式,在全市设立了 57 个社工站、230 余个社工点,组建了一支由 1 300 多人组成的专业化社会工作者队伍和一支由 12 000 多人组成的社会志愿者队伍,对吸毒人员、五年内刑释解教人员、社区矫正人员和社区闲散青少年进行教育管理。

3. 律师成为依法维权的重要力量。近年来,有 140 多家政府部门、180 多名政府负责人聘请律师为法律顾问,为行政管理提供法律咨询和建议。律师还积极参与各级党委和政府的群众接待和信访接待,协助政府运用法律手段化解各类纠纷。

上海法治建设的主要特点

回顾近年来上海在民主法治建设方面所取得的重大进展,主要有四个鲜明的特点。

一、充分体现地方立法工作特色,着力构筑地方性法规框架

(一)重视创制程度高的法规规章的制定,有效改变了立法的滞后与缺位状况

市人大常委会在编制五年立法规划时,重点安排了经济发展和市场规范、城市建设和管理、科教文化事业、社会保障、社会管理、公共卫生和环境保护等六大类立法项目,为适应形势发展变化,进行创制性立法和法规修改留下了较大空间。在目前国家上位法缺位的情况下,市政府为规范与促进企业信用征信,建立企业信用制度和营造社会信用环境,制定了企业信用征信管理试行办法。

(二)加强立法程序的探索和实践,努力提高立法质量

在这方面,市人大常委会和市政府都做了大量工作。2005年市人大常委会以《上海市历史文化风貌区和优秀历史建筑保护条例》为突破口,建立立法质量后评估领导小组和工作小组,开展立法后评估工作,这是自本市1979年依法行使地方立法权以来首次进行的法规评估工作,在全国也尚属首次。市政府在立法工作中还对立法成本效益分析制度进行了积极探索和实践,努力从制定成本、实施成本、监督成本和社会成本上考虑提高立法的质量。

(三)注重通过制度建设解决经济社会发展中面临的实际问题,力求与改革发展稳定的形势相适应

随着改革的深入进行,利益调整所涉及的范围越来越广,上海非常重视通过制定一项制度、解决一大批类似问题。如市政府制定了外来从业人员综合保险暂行办法,为改善农民进城就业环境奠定了良好的制度基础。截至2005年10月,外来从业人员综合保险参保人员已达211万人,累计有1万多人享受了工伤保险

待遇,7 000 多人享受了住院医疗待遇。为解决郊区城市化进程中离土农民的保障问题,市政府出台了门槛较低、弹性较强的小城镇社会保险制度,为实现离土农民社会保障"广覆盖"创造了重要的前提条件。目前进入镇保的离土农民已达到105 万。

二、注重制度建设的系统化,夯实法治工作的基础

(一)确立科学的决策机制

市政府从 2004 年起,不仅将所有规章草案以及重要的规范性文件都放在上海市政府网站上公开征询意见,而且还明确要求起草部门要把对群众意见的采纳情况书面报告市政府,并在网站上向社会公布。在重大事项的决策上,市人大常委会认真实施《上海市人民代表大会常务委员会讨论、决定重大事项的规定》,市政府修订了《上海市人民政府工作规则》。

(二)建立科学合理的监督制约机制

市、区两级政府法制部门按照"有件必备、有备必审、有审必复"的原则,建立实施了行政规范性文件备案监督制度,提高规范性文件的合法性与适当性。政府行政应诉制度更加完善,市、区两级政府工作部门都开始探索行政首长出庭应诉制度,进一步强化了各级行政领导依法行政的自觉性。各级法院一方面主动接受监督;另一方面落实了违法审判责任追究制度。

(三)形成配套齐全的业务管理和工作协调机制

各级行政复议机关在工作中主动向立法和执法方面延伸,不仅及时反映在复议过程中发现的法规规章可能存在的问题,而且加强了与执法监督机关的联动,健全了行政执法错案追究制度和纠错追踪制度。审判机关以市高院设立执行局为契机,进一步理顺以基层法院为基础、以高中院为主的统一协调机制。检察机关为全面实行主诉检察官办案责任制,建立了主诉检察官评聘分离制度、预备主诉检察官制度和主诉检察官专业分类办案制度。

三、提高市民法律素质,营造良好的法治氛围

(一)在法制宣传教育的理念方面,突出了权利和义务并重,全面树立宪法意识、国家意识和"人民群众是依法治市的主体"的观念

近年来,上海坚持每年开展"宪法宣传周"活动,努力将宪法的学习宣传贯穿于全年的宣传教育活动之中。上海将诚信教育作为法制宣传教育的一个重要抓手,开展了一系列相关活动,在社会上反响很大。

(二)在拓展法制宣传教育的覆盖面方面,各涉法主体充分发挥自身优势,加强了社会性的宣传教育

目前,全市各街道社区和乡镇都建立了一支以律师和基层法律服务工作者为骨干的社区法律服务志愿者队伍,为市民提供法律服务。市高级法院审判大楼、杨浦法院博物馆、市公安局应急联动中心、上海公安博物馆、市禁毒教育馆等10家政法单位作为青少年法制教育基地,通过组织在校学生参观司法活动场所,提高他们的法治意识。

(三)在丰富法制宣传教育的手段方面,全市各媒体积极发挥面向社会、面向市民的主渠道作用,形成了立体宣传网络

近年来,上海先后探索开展了百万家庭学法律、东方讲坛法制专题系列讲座、法制摄影大赛、法制故事征集大赛、金山农民画法制作品创作大赛以及社区法制文艺会演、法制故事巡回演讲等群众喜闻乐见的活动,并结合道路交通整治、拆除违章建筑、动拆迁、企业转制等社会热点、难点问题,开展有针对性的法制宣传教育。

四、突出依法维权这个重点,推动社会依法治理工作的不断深化

(一)通过引进听证、公开征求意见等制度,使决策的透明性、科学性更强

目前,听证制度的范围已经从最初的行政处罚逐步扩展到立法、物价调整、人

民内部矛盾化解和农村集体土地征用等领域。公开征求意见制度更是逐步从形式走向实体。在立法工作中,凡是与广大市民切身利益相关的地方性法规草案,市人大常委会都在主要报刊和网上公布,公开征求市民的意见。

(二)通过政务公开,畅通依法维权的渠道

政务公开的范围已经从行政检查、处罚、强制等行政执法行为的试点扩大到"以公开为原则、不公开为例外"的政府信息公开。截止 2005 年 5 月,本市各政府机关主动公开政府信息 11 万多条;处理政府信息公开申请 10 621 件,同意公开或部分公开的 8 714 件。

(三)法律服务向基层社区延伸

近年来,全市先后聘请了 4 批 313 位社区中懂法律、有威望、有一定工作经验的同志担任首席人民调解员,在市区 20 个消费者协会成立了人民调解委员会。法律援助体系不断完善,19 个区县都建立了法律援助中心,更多的市民和外来务工人员得到法律帮助。仅 2004 年,全市律师就办理法律援助案件 5 217 件,提供义务法律咨询 7.9 万人次;12348 法律服务热线接待咨询 12.2 万人次。

上海开展法治建设的经验体会

回顾三年法治建设工作,根本的体会是:上海在法治建设中所取得的成绩和积累的经验,都是邓小平理论和"三个代表"重要思想在上海的具体实践,都是党的十六大、十六届三中、四中全会精神在上海贯彻实施的生动体现。

一、始终坚持党的领导,充分发挥党委总揽全局、协调各方的领导核心作用,是开展法治建设的根本保证

党的领导是实行依法治国的根本保证,依法执政是推动法治建设进程的重要内容。市委始终根据加强和改进党的执政方式和领导方式的要求,将建立党委"总揽全局、协调各方"的领导格局与推进法治化建设实践有机地结合起来。2003 年,市委在之前上海市依法治市领导小组及其办公室的基础上,组建了市政治文明建

设委员会及其办公室,将法治化建设纳入社会主义政治文明建设的范畴予以总体规划、全面推进。目前,全市各区县、大口党委均成立了依法治区(县)和行业依法治理的组织机构,形成了一定的工作制度,基本形成了市委发挥领导核心作用,市人大、市政府和司法部门各司其职,全市方方面面和广大群众广泛参与的工作格局。市委加强和改进对市人大常委会、市政府、市政协等党组的领导,不断规范决策程序,完善议事规则,提高决策水平。近年来,市委组织力量,相继开展了加强党对立法工作的领导、进一步提高立法质量的调研,促进司法公正和维护司法权威的工作,新形势下继续做好人大、政协工作的调研,下发了《中共上海市委关于对本市地方立法工作领导的若干意见》、《中共上海市委关于加强人大工作的若干意见》、《中共上海市委关于加强政协工作的若干意见》,并召开人大、政协工作会议,进一步明确市委对本市地方立法工作的政治、思想和组织领导的各项制度,规范党委与人大、政协的关系,提出善于运用国家政权机关处理好国家事务,处理好人大的加强监督和支持保障与"一府两院"依法行政、公正司法关系的要求。市人大及其常委会对市委的重大决策认真依照法定程序进行讨论,及时作出带有普遍约束力的决议、决定,使之成为全市人民的共同意志,从制度上、法律上实现党的主张。

二、始终围绕改革、发展、稳定的大局开展工作,是法治建设各项环节得以不断深化的关键

把法治建设各项环节与涉及改革、发展、稳定大局的工作结合起来,不仅可以解决经济、社会发展面临的紧迫问题、瓶颈问题,而且也有利于推动法治工作水平的提高,从而深化法治建设的各项工作。几年来,本市立法机关围绕改革、发展的大局编制5年立法规划。同时,在确定年度立法计划时,注意把那些虽未列入立法规划,但为保障本市改革、发展、稳定重大决策顺利进行迫切需要立法的项目,及时列入当年的立法计划。各行政机关在出台新政策、制定新文件时,也注意将改革的决策与依法办事有机结合,与法律法规保持一致。

三、始终贯彻勇于实践、循序渐进的工作原则,是不断开创法治建设工作新局面的重要动力

上海的城市法治化水平不断健全、完善和提高的过程,正是在市委统一领导下,全

市人民立足于新的实践和新的发展,坚持与时俱进,求实创新,积极探索符合中国特色、时代特征、上海特点的依法治市新路的过程。在实践中,对于一些新的做法和想法,各部门总是先行试点、摸索经验,解决暴露出来的问题,待时机成熟后再全面推行。

四、始终尊重人民群众的主体地位,是推动法治建设各项工作的坚实基础

人民群众是依法治市的主体。这几年上海法治建设工作取得的进步,就是充分发挥人民群众的主体作用,将法治建设各项工作与人民群众的实际需要紧密结合的结果。在地方立法中,广大市民积极参与,献计献言,截至 2005 年底,本市共对房屋租赁条例草案、实施村民委员会组织法办法草案、市容环境卫生管理条例草案等 11 件地方性法规向市民征求意见,并就劳动合同条例、历史文化风貌区与优秀建筑保护条例、物业管理条例等 4 件法规草案举行立法听证会。"一府两院"在工作中,把人民满意不满意作为检验工作成效的标准,抓住群众反映较多的问题,加大执法、司法和监督的力度。市及各区县人大、政府和政法部门开通了信息网站和市长、区县长、街镇领导电子信箱,建立行政投诉中心。

进一步推进上海法治建设的对策展望

一、今后一个时期上海法治建设的指导思想

以邓小平理论和"三个代表"重要思想为指导,以科学发展观为统领,全面贯彻执行党的十六大、十六届三中、四中全会精神,以"四个率先"和建设国际化、市场化、信息化、法治化城市为目标,全面加强法治建设各项工作,努力提高各项事业的法治化水平,创建观念先进、法制完备、执法严明、司法公正、监督有力、服务高效的法治工作新局面。

二、今后一个时期上海法治建设的主要目标及工作原则

（一）主要目标

今后一个时期上海法治建设工作目标的确定要与"十一五"计划的实施相配

套,与上海改革发展稳定的要求相衔接。

一是按照提高城市综合竞争力的要求,努力形成既坚持社会主义法制统一又具有上海特点的地方法治工作新体系;

二是按照提高城市综合创新能力的要求,努力创建结构合理、权责明确、运转高效的法治工作新格局;

三是按照提高城市综合管理水平的要求,努力在法治条件下走出政府、社会、市场等各方面力量有序结合的现代化管理新机制;

四是按照提高城市市民综合素质水平的要求,努力弘扬和培育与社会主义政治文明相一致的法治新精神。

（二）工作原则

一是在工作格局上,把握好法治建设与城市发展的关系。依法治市、建设社会主义法治城市是上海率先基本实现现代化的重要条件。同时,法治发展的本身也是上海现代化发展的重要内容和标志。一方面,上海的依法治市工作为上海的现代化发展提供法治支撑;另一方面,上海的现代化发展又为各项法治建设工作提供坚实的基础。

二是在工作性质上,把握好民主与法治的关系。市民群众是依法治市的主体,加强法治工作也是为了保证市民群众充分行使当家作主的权利。因此,市民群众的积极参与和当家作主是法治建设的本质要求。

三是在工作机制上,把握好法治与德治的关系。依法治国与以德治国相辅相成。法治建设的切实推进,有赖于市民群众共同的价值追求和法治素质的提高,开展精神文明建设和思想政治工作,又要重视法治取向对提高精神文明建设水平的作用。只有充分发挥法治与德治互相交融的作用,才能使社会最大限度地达到最佳的协调状态。

四是在工作对象上,把握好主体与客体的关系。依法治市工作的重点对象是治官、治权而不是治民。但是,根据我国的国情,政府是推动法治建设的主导力量。因此,政府要把握好这双重性的角色特征。在实践中既要限制政府的权力,又要保证政府有效实施管理;既要保障人民民主权利的实现,又要维护政府的行政权威。

五是在工作方法上,把握好继承与创新的关系。在城市社会转型期,法律的稳定性与社会变革性之间的矛盾相对突出。推进法治建设,就是把改革中的成功经验通过法定的形式固定下来,使其制度化。同时,法治建设也要为上海的深化改革留有发展的空间,努力使上海的改革发展从政策调控型转向法治调控型。

三、今后一个时期推进上海法治建设的工作建议

(一)宣传社会主义法治理念,在全社会形成正确的法治导向

法治理念正确与否,直接影响到法治建设的水平与实际成效。在实践中确立社会主义法治理念,需要有新的机制和手段。

1. 增强法制宣传教育的针对性,在全社会树立正确的法治观念。本市的普法宣传教育应紧紧适应现代化发展的要求,从实际现状看应突出三个重点:一是要处理好官与民的关系;二是要处理好知识与意识的关系;三是要处理好系统化教育与解决实际问题的关系。

2. 正确调节执法成本与违法成本的关系,更好地培养公民自觉守法的习惯。社会主义法治理念仅靠强制性惩戒是难以真正树立的,建议从市场经济的特点出发,引进利益机制。如在交通违章中建立有形惩戒与无形惩戒相结合的机制,发挥诚信征集、保险费用上调等手段的作用,增加公民和法人的违法成本,改变目前违法成本相对较低和有形惩戒资源有限的情况。

3. 健全诉讼和非诉讼手段相结合的纠纷化解机制,在全社会营造和谐的法治环境。当前法院受理民事案件的数量增加很快,其中有 25％ 完全可以通过非诉讼途径解决。非讼手段也是法律手段,要加强这方面的宣传教育,使市民群众都能全面、正确理解"通过法律途径解决问题"的切实含义。非讼手段的运用也要从实际出发,区分不同人群的实际需要。对纠纷复杂有支付法律服务成本能力的市民,引导他们通过律师的有偿服务解决;对纠纷复杂而经济条件又有限的,要走法律援助的途径;对大多数的一般纠纷,在自愿的基础上引导当事人走民间调解之路,从而形成各种非讼手段有机结合的工作体系。

(二)进一步深化涉法改革,形成科学的法治工作体系

今后的涉法改革应该在理顺关系、健全机制、加强配套上下工夫。

1. 继续深化行政审批制度改革,有效转变政府职能。行政职能转变的基本要

求是提高公开性、合法性、统一性的程度。首先,全面清理行政许可事项、依据以及实施主体告一段落后,应继续组织相关配套制度的研究和制定,将行政权力严格限于"经济调解、市场监管、社会管理、公共服务"领域,切断权力与利益的联系。同时,加强行业协会、中介组织的自律性制度建设,作为政府社会监管职能的有效补充,帮助政府真正实现以权力为中心的运作方式向以规则为中心的运作方式转变。

2. 继续创新执法体制,重新配置行政职能。当前要着重解决决策与执行高度合一带来的部门利益问题以及多头执法带来的执法资源分散的问题。如果迁就"有一部法规就有一支执法队伍"的格局,执法效能就难以真正提高。因此,应该加快城市管理集中执法的进程,逐步做到一个领域只能有一支执法管理队伍,形成决策职责相对不变、执行权交给一个法定执行机构行使的执法新格局。

3. 继续推进司法体制和工作机制改革,促进司法公正,维护司法权威。党的十六大提出要逐步改革司法管理体制,上海可以从以下三个方面入手: 其一是充分发挥人民检察院对占诉讼总量 80% 的民事审判、行政诉讼的法律监督职能,配强工作力量,加强业务研究,有效保护各类市场主体的合法权益;其二是根据《"二五"改革纲要》,进一步完善法院的诉讼程序、执行体制、审判组织;其三是健全司法救助制度,通过不同的渠道和方式,保证赢得诉讼的弱势群体及时实现自己的权益。

(三)进一步发挥法治手段的作用,创新和健全法治机制

市场经济条件下的社会主要是契约社会,各种社会关系的调整越来越依赖于法治手段的介入。因此,要充分发挥现有法治资源的作用,创新和健全法治机制。

1. 确立以尊重群众、维护群众利益为核心的依法决策机制。国内外的大量实践表明,决策法治化既能体现民意与集中民智,又能化解执行风险与克服执行阻力。要进一步扩大立法主体,争取将更多民意通过法定程序反映到立法过程中来。要建立健全地方立法和规范性文件公开征求意见和科学论证、决策听证等制度,从程序上鼓励律师、社会团体等成为各种利益群体的代言人,提高听证、论证的科学性和有效性。政府部门要充分发挥法律顾问团的作用,在社会事项决策中加大法律专业工作者介入的力度。

2. 加强对"一府两院"在法律实施上的监督。法律监督和工作监督是法律赋予各级人大的权力,对行政、司法机关的监督应更好地转移到对法治观念及实施法律法规情况的监督上来。如在人大开展述职评议工作过程中,不仅要考核述职评议

对象所在部门的工作,而且应该对评议对象依法办事的观念,以及执行法律法规的行为进行评议监督。

3. 优化信访工作功能,完善社情民意表达和反馈制度。信访机构在整个行政管理体系中是处在民意收集、反馈监督位置上的专业机构,其功能的有效发挥,将直接关系到领导决策行为的正确以及政府的形象。因此,应进一步优化信访功能,通过制度性安排,使信访部门的意见更多地进入到人大、政府重要决策的过程中去,进入到干部考核、监督的程序中去,发挥其参谋、预警的功能。政府内部应抓住信访反映的普遍性问题和典型案件,加大监督力度,并建立与干部政绩相挂钩的工作机制。

(四)进一步调动社会资源,形成法治工作的新格局

我国的国情决定,社会与政府的良性互动是实现法治的有效途径。新形势下,社会的法治化和法治的社会化是治理社会需要积极研究的新课题。

1. 加强人大代表与群众的联系,更好地发挥人大代表的作用。人大代表是地方国家权力机关的组成人员,要切实发挥其作用,就要将人大代表的活动更多地向基层、向工作推进困难的地区延伸。建议积极推广各级人大代表联系选民、接待选民和向选民述职等工作经验,形成民情、民智、民意的传递机制。

2. 充分发挥职业社工作用,改进社会管理的办法。需要借鉴国外经验,引进专业化的社会工作力量,尽快培育和发展以社区群众和社会特定群体为工作对象的职业社工队伍,并与志愿者力量相结合,在社会矛盾化解、社会保障、社会矫治、犯罪预防等方面发挥行政、司法机关难以替代的作用。

3. 运用社会化评估手段,形成法治工作新的监督体系。要从完善监督体系的角度出发,逐步改变目前官方既是法治推进者又是法治评估者的情况,充分调动和发挥社会中介组织和专家学者的作用,定期开展对本市法治建设工作的社会化评估工作。

(五)切实加强党对法治建设工作的领导

法治建设是党加强和改进执政方式与领导方式的重要内容和体现,要实现建设法治化城市的目标,加强党在立法工作、组织体制、制度建设等方面的领导作用十分重要。

1. 完善党对立法工作的领导职能。把党的意志通过法定程序上升为法律法规,是党领导国家和社会实行法治的基本手段。建议在明确市委提出立法建议范

围的基础上,要进一步深入探讨党有关立法建议的产生机制、提交机制和转变机制。市委对立法工作的领导可以从目前人大法规的制定为主,逐步扩大到政府规章立改废工作的领导,以便从源头上全面把握立法工作的方向。继续加强党委对人大代表、常委会组成人员、人大机关干部中党的工作的领导,发挥好人大会议期间临时党组织、人大常委会党组、人大机关党委的各自作用,处理好党的工作制度和法律制度的衔接关系,更好地增强党对立法工作领导的有效性。充分发挥工青妇等人民团体、行业协会等社会团体和社区组织、律师等社会法律工作者在立法过程中的民意代表和维权作用,积极发挥这些组织在立法工作中引导、整合群众意见,使之与党的政治主张保持一致的作用。

2. 健全党对法治工作的领导体系。加强市委对依法治市工作的领导,就必须坚持市委总揽全局、协调各方的原则和方法,这不仅是上海两个文明建设的基本经验,也是上海法治建设所必须遵循的基本原则。根据党的十六大报告提出的"坚持依法执政,实施党对国家和社会的领导"和"进一步改革和完善党的工作机构和工作机制"的要求,建议市委形成自己的领导法治工作的组织体系,与市人大、市政府法制工作机构相对应,负责研究依法治市的理论与实践问题,协调依法治市有关部门之间的关系,督促检查市委关于法治建设部署的贯彻执行情况,开展立法调研,代表市委提出立法建议,审核涉及改革、发展、稳定大局以及与人民利益密切相关法规的立、改、废事项等。

3. 加强党领导法治工作的制度建设。为了整合社会资源,有效发挥人大、政府、政协及社会组织、市民群众的作用,建议建立健全议事制度,定期召开上海法治化工作会议,组织开展全市工作交流,研究决定本市各项法治建设工作的方针、政策,部署一个时期的工作任务和有关步骤、措施要求等。建议市委常委会定期听取全市法治建设工作汇报,及时掌握全市法治建设进程及其存在的问题,以便加强对基层工作的指导协调;实行上下对应的目标责任考核制度,由市委有关工作部门每年对全市各级法治工作机构的年度工作进行检查考核,并将检查考核的结果纳入对各级党委工作的考核中。建议通过全面梳理本市近年来立法、行政、司法等涉法部门的法规制定、执行情况,建立依法治市工作评估体系,与社会化法治评估体系一起为市委推进法治工作提供抓手,指导全市开展法治工作。

(上海市法治研究会　执笔人:武安青　上海市法学会　执笔人:汤啸天)

分 报 告

市人大常委会立法工作

在中共上海市委的领导下,市人大常委会围绕市委工作的重点和本市改革、发展、稳定的大局,积极行使地方立法权,努力提高立法质量,在三年中,新制定法规16件、修改法规35件(次)、废止法规10件,作出法规性决定6件、立法解释1件。通过立法活动,为促进上海经济和社会的持续、稳定、协调发展,促进上海"四个中心"的建设,促进社会主义市场经济的发展和城市的现代化管理,提供了法制保障。

市人大常委会的立法工作是在中共上海市委的领导下进行的。市人大常委会编制五年立法规划,市委高度重视并多次讨论研究,批转各有关方面贯彻实施;常委会的每个年度立法计划,常委会党组都事先向市委报告后再由常委会审议通过;立法中的重大问题,党组都及时向市委报告。市委把市人大通过法定程序将党的主张变为国家意志作为加强执政能力建设和依法执政的重要方面,市委常委会和书记办公会议多次专题研究人大立法工作。2005年初,市委在反复听取各方意见后发出1号文件《关于加强对本市地方立法工作领导的若干意见》,就市委加强对立法工作的领导作出明确规定;2005年8月,市委召开上海市人大工作会议,并印发14号文件《关于加强人大工作的意见》,对加强人大工作作出全面部署,进一步明确了新形势下地方立法工作的任务,支持市人大及其常委会依法行使立法权,充分肯定了市人大在地方立法中的主导地位和取得的成绩。实践证明,坚持党的领导,贯彻市委的意图,服从全市工作的大局,是本市地方立法工作取得成效和进步的保证。

一、开展的工作

(一)立法工作概述

本届市人大常委会的立法工作,始终坚持不抵触、有特色、可操作的原则,坚持同国家的立法进程相协调、相衔接,坚决维护国家法制统一。为了逐步解决现行法规中存在的某些规定同上位法规定不一致、同社会主义市场经济不适应和同位法规之间不协调的问题,常委会高度重视法规的清理工作,及时启动法规的修改、废止工作,坚持同步推进法规的立、改、废。每个年度的立法计划安排中,修改和废止法规的比重都占 60% 以上。仅 2003 年度,根据行政审批制度改革的需要,相对集中地审议修改了 23 件现行法规。

提高立法质量是地方立法工作的重中之重,而严格遵守和不断完善立法程序则是立法效率和立法质量的保证。依据《中华人民共和国立法法》制定的《上海市制定地方性法规条例》自 2001 年施行以来,对规范地方立法活动发挥了积极作用,但面临立法工作新的形势和要求,尚需在实践中不断加以完善。常委会及时总结经验,根据委员们的意见和要求,由主任会议两次提出修正案,于 2004 年 10 月和 2005 年 2 月分别作出修改决定,改进常委会的立法审议机制。两次修改条例的要点是:省略了在常委会会议上宣读法规草案这一环节,从而给常委会组成人员的审议发言留出更充裕的时间;增设了在常委会会议之前举行法规草案解读会的程序,使常委会组成人员审议前能更好地了解立法宗旨、立法背景和重点条文的起草意图;完善了法规的审议制度和表决机制,保证法规草案在交付表决之前有较充裕的修改时间;明确了常委会会议两次审议法规草案的侧重点,以利于提高常委会审议的效率;规定了常委会会议两次审议法规草案的会议方式,把全体会议审议和分组会审议有机结合起来,增加常委会组成人员的审议发言机会,使审议更充分。

2003—2005 年度常委会共制定法规 16 件,修改法规 35 件(次),废止法规 10 件,作出立法解释 1 件,作出法规性决定 6 件。各年度完成情况见下表:

件数 立法形式 年度	制定法规	修改法规		废止法规		常委会作出立法解释	常委会作出法规性规定
		修正案方式	修订草案方式	废止案方式	立新废旧方式		
2003 年度	3	25	0	1	1	0	3
2004 年度	4	2	2	1	5	1	2
2005 年度	9	4	2	0	2	0	1
合　计	16	31	4	2	8	1	6

（二）编制常委会五年立法规划（2003—2007 年）

本届市人大常委会的五年立法规划自 2003 年 6 月启动编制,于当年 11 月初编制完成,共确定立法项目 129 件,其中制定 48 件,修改 74 件,废止 7 件,分为四个部分。一是拟适时安排审议的项目,计 49 件;二是抓紧调研论证的项目,计 41 件;三是需要根据上位法的制定或者修改作相应修改的现行法规,计 16 件;四是根据行政审批制度改革的需要作简易修改的项目,计 23 件(这部分已于 2003 年完成)。规划立项突出了六方面的内容,即：经济发展和市场规范方面;城市建设和管理方面;科教文化事业方面;社会管理方面;公共卫生和环境保护方面;人大自身建设方面。规划编制中确立了立项标准。该规划目前正在执行过程中。在规划安排审议的 49件项目中,2003 年度审议通过的有 7 件;2004 年度审议通过的有 4 件;2005 年度审议通过的有 2 件,已在 2006 年度常委会立法计划中立项的有 10 件。

（三）编制常委会年度立法计划

2004 年以前,立法计划都作为常委会年度工作要点的附件印发;自 2005 年起,立法计划的内容直接纳入常委会年度工作要点,提请常委会会议一并审议通过。

编制年度立法计划的过程,也是按轻重缓急分步实施五年立法规划的过程。目前年度计划选项的主要依据和来源是：

1. 上年度立法计划中来不及审议通过,需要顺延列项的跨年度项目;

2. 本年度立法计划预备项目、调研项目中条件成熟且急需立法的项目;

3. 五年立法规划中条件成熟且急需立法的项目;

4. 市人大代表联名提出立法议案,经常委会审议确认并得到法规草案提案人认同的项目;

5. 新制定法律授权由地方人大常委会作出实施性规定的项目;

6. 现行法律、行政法规作了修订(或废止),本市相关法规经研究需要相应修改或废止的项目;

7. 根据市委的决策和本市经济、社会发展的需要,拟增补的规划外立法项目,以及市人大各专门委员会、工作委员会和市政府法制办提议的其他急需立法的项目。

近年来,年度立法计划编制和实施中的几个特点是：

——社会各方面的立法需求上升,计划立项总量控制的难度加大;

——每年度都有难以预计的计划外追加立项,有的还是维护改革、稳定、发展大局所急需的项目;

——年度立法项目的审议时间往往难以确定,送审法规案往往集中在下半年,特别是第四季度提请审议的项目过于集中;

——为了保证立法质量,不赶进度,立法项目可以跨年度审议,当年来不及审议通过的,可以顺延列为次年度计划立法项目。

(四) 对照《中华人民共和国行政许可法》清理和修改现行法规

根据《行政许可法》的规定和国务院的统一部署,自2003年12月起,上海全面开展了对行政许可事项及相关法规、规章、文件的清理工作。市人大常委会将贯彻实施《行政许可法》列为2004年的一项重点工作,建立了"《行政许可法》贯彻实施工作协调小组"。经清理,上海涉及由法律、法规、规章和市政府规范性文件设定的行政许可事项总数为1 241项。其中属于国家设定的1 039项,占83.7%;本市设定的202项,占16.3%。本市设定的202项审批事项是这次清理、处置的重点,其中不符合《行政许可法》规定拟予取消的101项(由地方性法规设定的36项,由规章或者规范性文件设定的65件),占50%;拟予继续实施或者经适当调整后可以继续实施的93项(由地方性法规设定的81项,由规章设定的12项),占46%。此外,还有8项由市政府规章设定的行政许可事项,须待国家和本市的相关立法项目启动时再作处理。

《行政许可法》于2004年7月1日起施行。该法第八十三条第二款明确规定:此前有关行政许可的规定,"不符合本法规定的,自本法施行之日起停止执行"。经检查,本市拟予取消的行政审批事项中有36项是在22件现行地方性法规中设定的,7月1日起停止执行涉及相关法规的修改问题,而依照法定程序修改这些法规又不是在短期内可以完成的;此外本市拟予保留、继续实施的行政审批事项中,有12项是由8件市政府规章设定的,由于其不属于《行政许可法》第十五条第一款规定的"临时性的行政许可"的范围,如需继续实施,需要提供法律支撑。

鉴于7月1日前,拟予取消和保留的行政审批事项必须向社会公布,为了保证这项改革的及时性和合法性,市人大常委会及时提供法制保障。在6月21日举行的市人大常委会第十三次会议上,常委会作出了两项法规性决定。一是根据主任会议的提案,作出《关于停止执行由地方性法规设定的若干行政许可事项的决定》,即在尚未修改相关22件法规的情形下先停止执行其设定的行政审批事项,以便在7月1日之后区分轻重缓急,逐一予以修改或废止。二是根据市政府的提案,作出《关于确认市政府规章设定的12项行政许可事项继续实施的决定》,作为7月1日之后保留这些规章设定的许可事项的法规依据。根据《行政许可法》第十五条第一款关于规章只能设定为期一年的临时性行政许可的规定,当时法制委员会在审议结果报告中明确指出:"市人民政府对这12项行政许可事项,在继续实施期间要抓紧作出评估,并在2005年6月30日前向市人大常委会提出处理方案,确定是否需要制定或者修改相关的法规,由法规设定许可;或者停止执行许可、改变行政管理方式。"

(五)对市政府报送备案的规章进行审查

市人大常委会对市政府报送备案的规章进行审查的工作,是在1997年对照《行政处罚法》清理法规、规章的过程中逐步启动的。经过一年多的探索之后,根据《地方组织法》第六十六条的规定,常委会主任会议于1999年1月讨论通过《上海市人大常委会关于市人民政府规章的备案处理办法》,1999年2月1日起施行。该《处理办法》对规章审查的职责分工、核查内容、核查期限和核查意见的汇总报告等作了具体规定。三年来,备案审查的基本情况见下表:

事项 年份	报送备案的规章件数	在发布后30日内及时备案的规章件数	由有关专门委员会核查的规章件数	由法工委核查的规章件数	在报备后30日内及时完成核查的规章件数	存在某些需要研究的问题的规章件数	公布不及时的规章件数
2003年	14	10	14	0	13	1	10
2004年	25	21	20	5	22	0	16
2005年	16	15	13	3	15	3	14

对市政府报送备案的规章实施审查以来,常委会法工委同市政府法制办建立了联席会议制度,及时通报审查中发现的问题,沟通情况,交换意见;由法工委起草的规章审查年度报告经主任会议讨论后都以常委会办公厅的名义行文送市政府办

公厅。近三年来,市政府规章的数量有所减少,但质量明显提高,规章的合法性、规范性都把握得比较好,备案审查工作取得了明显成效。

（六）配合全国人大及其常委会的立法工作

市人大常委会在依法行使地方立法权的同时,还积极支持和配合全国人大及其常委会的立法工作,主要是组织讨论有关法律草案,协助调研,提供情况,帮助收集本市有关方面对法律制定、修改的意见和建议。全国人大有关专门委员会和常委会法工委每年向市人大常委会或者有关专门委员会下达法律草案征求意见稿,要求组织听取有关方面的意见并汇总反馈。3 年来,市人大常委会向全国人大报送了对 32 件法律草案或修订草案的修改意见。

（七）落实科教兴市主战略,专题研究并形成科教兴市地方立法框架

为了从法制上促进和保障科教兴市战略的实施,2004 年 5 月,市人大常委会牵头组织开展科教兴市地方立法框架的课题研究,由市委、市人大、市政府等 21 个部门参加,分 19 个分课题进行专题研究。课题组紧紧围绕本市科教兴市主战略推进工作的实际情况,认真梳理现有法律资源,开展国内外比较研究,并在把握全市立法需求的前提下进行立法选项工作,提出了促进科教兴市战略实施地方立法框架。立法框架报告分析了当前制约科教兴市战略实施在法制方面遇到的问题,提出了加强科教兴市地方立法的指导思想、原则和主要任务,并将解决有关体制、机制问题,突破发展瓶颈作为立法的重点,提出了一批促进科教兴市的重点立法项目。

二、工作经验和探索

（一）坚持党的领导,围绕党的中心工作和本市改革、发展、稳定的大局,制定和及时调整立法计划

首先,为防范"非典"及时启动立法程序,依法维护本市正常的经济和社会秩序。2003 年春天,面对突如其来的"非典"疫情,市人大常委会以对人民高度负责的精神,认真贯彻落实中央和市委的重大决策,把保障全市人民的生命健康放在各项工作的首位,在 20 天时间内,两次召开常委会会议,按法定程序及时对《上海市市容

环境卫生管理条例》进行修改,加大对一些容易导致疾病传播行为的处罚力度。常委会还审议通过《关于控制传染性非典型肺炎传播的决定》,授权市政府根据"非典"疫情,采取必要的应急处理措施,按照"条块结合、以块为主"的属地化管理原则,为有效控制"非典"疫情的传播、夺取抗击"非典"斗争的阶段性胜利提供了法制保证。

其次,保障"双增双减"方针的贯彻落实,及时修订《上海市城市规划条例》。为了改善上海日益拥挤的城市空间,提高人民的生活质量,保障经济的可持续发展,市委在 2003 年规划工作会议上确立了"双增双减"(即增加公共空间、增加公共绿地,减少容积率、减少建筑总量)的方针,并将其作为上海新一轮城市规划的指导原则。为保证这一措施的贯彻落实,市政府有关领导与市人大常委会领导多次沟通,希望修订《上海市城市规划条例》,将"双增双减"方针纳入法规,确立其法律地位。市人大常委会坚决贯彻市委的决定,将《条例》修订作为一项紧急立法任务,在短短两个月内完成了立法调研工作。2003 年 11 月,市十二届人大常委会第七次会议审议通过了《上海市城市规划条例(修正案)》。修订的《条例》增加了对违法审批建设项目行为的监督制约规定,加大了对违反规划行为的处罚力度,强化了人大对规划实施的监督职能,有力地推动了"双增双减"措施的落实,进一步促进了城市规划管理的科学化、民主化和法制化。

第三,落实中央文件精神,及时完善未成年人保护方面的地方立法。2004 年 2 月,中共中央、国务院下发了《关于进一步加强和改进未成年人思想道德建设的若干意见》。根据市委的意见,常委会调整了年度立法计划的立项,及时启动《上海市未成年人保护条例》的立法程序,并通过新闻媒体连续报道常委会的立法活动,还直接听取中小学生代表对减负和网吧管理等问题的意见,在社会上引起了强烈反响。《条例》的公布施行,为本市的未成年人保护工作提供了切实可行的法规依据,同时成为发扬立法民主的一个亮点。

第四,支持市政府对房地产市场的调控,及时修改《上海市房地产登记条例》。为了规范房地产市场秩序,抑制房地产市场上短期投机炒作、哄抬房价的行为,经市政府研究,决定采取限制预购商品房在取得房地产权证前的转让(简称"限制期房转让")的措施。为此,2004 年初,市人大常委会审议通过了《关于修改〈上海市房地产登记条例〉的决定》,授权市政府根据本市实际情况采取必要的行政措施,限制期房炒作,引导和促进房地产市场健康发展。并为市政府修改《上海市房地产转让办法》的相关规定提供了法规依据。据此,本市期房不得转让的政策得以顺利出台,在房地产市场调控中发挥了积极作用。

第五,从上海的实际情况出发,及时对道路交通事故赔偿的法律规定进行实施性立法。《中华人民共和国道路交通安全法》于2004年5月1日实施以后,由于其配套的相关规定尚未出台,本市在贯彻该法第七十六条,即交通事故赔偿责任承担的规定时,遇到不少新问题。为了适应社会的需求和政府依法行政的需要,同时也为了保证法律在本市得以有效实施,常委会决定将制定《上海市机动车道路交通事故赔偿责任的若干规定》增补为本市急需的立法项目。常委会组织市人大、市政府有关部门,针对本市实际需要,按照具有可操作性、着重解决实际问题、需要几条规定几条的原则开展了起草工作。从2004年12月初起草开始,到2005年2月法规通过,前后只花了一个半月时间。为了维护法制统一的原则,其间还专程赴京向国家有关部门作了请示。该规定只有10条,但从2005年4月1日实施以来,效果十分明显。法规规定了机动车第三者责任强制保险的责任限额,列出了第三者责任险在交通事故中的不同赔付方式,明确了减轻机动车赔偿责任的适用情形和减轻比例,建立了道路交通事故的社会救助基金制度。通过立法,有效解决了交通事故发生后赔偿责任的确定问题,体现了事故处置的公正性;有利于快速处置交通事故,保证交通畅通,减少社会矛盾,维护社会稳定。这部法规的出台,受到交通管理部门、机动车所属单位,以及驾驶员、行人、保险公司的一致肯定。

(二) 从上海的实际情况和需要出发,注重立法的针对性和地方特色

随着上海住宅建设的快速发展和市民居住条件的不断改善,本市住宅物业管理中的各种矛盾比较突出,市人大代表多次联名提出立法议案,要求修改完善相关法规。为此,常委会于2004年启动《上海市居住物业管理条例》的修订程序。法制委员会经过对法规案的统一审议,建议常委会把立法规范的重点确定为住宅物业,针对本市住宅物业存在的主要问题,着重对业主的权利和义务、业主大会的运作机制和保障物业的使用与维护作出明确规定,同时对擅自改变住房用途、违章搭建等行为加大了处罚力度。通过废旧立新形成的《上海市住宅物业管理规定》,较好地实现了维护上位法立法宗旨同适应本市实际需要的统一。又如作为创制性立法的《上海市企业名称登记条例》,针对本市企业名称资源匮乏,需要拓宽名称可用资源的范围,同时又急需惩诫企业名称近似、仿冒造成的侵权行为的情况,综合运用现有法律资源,尝试确立切实可行的甄别标准,维护企业合法权益。此外,《上海市住房公积金条例》的修订和《上海市促进就业若干规定》的制定,都是紧扣上海的实际和需要,从行为规范到法律责任的设定,都有较强的针对性。

（三）进一步拓宽立法民主的渠道,提高地方立法的公开性和公众参与度

第一,充分发挥人大代表的作用,组织代表参与立法。本届常委会发扬立法民主的重要举措是,将年度立法计划印发给每位市人大代表,请代表选择有关项目参与立法活动;每次常委会会议都邀请若干名市人大代表列席旁听立法审议的有关议程,并听取他们的意见;常委会聘请了18名市人大代表担任咨询员,参与各专门委员会的立法和监督工作;法制委员会对法规草案进行统一审议时,也邀请有关咨询员和市人大代表到会并听取他们的意见。

第二,充分发挥各区县人大常委会的作用。常委会对法规草案进行初次审议后,法工委都将草案印发给各区县人大常委会,请区县人大常委会以各种方式组织听取意见,作为进一步修改的重要依据。2004年10月起,根据常委会领导的要求,常委会信息中心运用视频、音频双向传输技术,开通了市人大常委会会议厅连通各区县人大常委会的“视频会场”,使各区县人大常委会组成人员可以同步收看市人大常委会会议的审议情况,并可双向互动发表意见,市区县人大的立法参与有了新的载体,这一举措在全国尚属首创。

第三,常委会组成人员通过请进来座谈、走下去调研的方式,直接听取管理相对人的意见。为了维护立法的公正性,发挥好人大在立法过程中表达、平衡、调整各方面利益的作用,常委会在法规案的审议过程中不但认真听取相关行政管理部门的意见和要求,而且注意直接听取管理相对人包括未成年人的意见和要求。例如《上海市未成年人保护条例》的制定,关系到广大中小学生的身心健康,同千家万户都有密切关系,而未成年人希望得到什么样的保护,应当怎样保护,中小学生是最有发言权的。因此,除了通过传统方式听取有关部门的意见外,常委会领导和有关组成人员还直接深入建青实验学校、市二中学和红领巾理事会听取学生对法规草案的修改建议,还邀请部分学校选派学生代表到市人大常委会机关参加座谈,提出意见。学生也能参与人大立法,引起了良好的社会反响,立法工作同百姓贴得更

近了。

第四,将法规草案向社会公布,广泛征求意见。向社会公布法规草案征求意见的做法,始于1994年市人大常委会修改《上海市保护消费者合法权益条例》,当时在《消费报》上公布了条例的修正案。十多年间,已有十余件法规草案登报征求意见。2003年以来,市人大常委会继续选择社会广为关注、同群众切身利益紧密相关的法规草案在《解放日报》上全文公布征求意见,例如《上海市信访条例》(修正案)、《上海市物业管理若干规定》(草案)、《上海市环境保护条例》(修订草案)等。2005年,常委会还通过中国上海门户网站这一传媒,公布了《上海住房公积金管理若干规定》(草案)。在公布上述法规草案的同时,常委会法工委开通专线电话,安排专人接听。《上海市物业管理若干规定》(草案)在媒体上公布后,法工委收到市民的来电、来函和电子邮件共1 160件,提出修改意见461条。来电、来信反映立法诉求,已成为公众参与立法的"直通车"。

第五,举行立法听证会,为常委会作出立法抉择提供依据。依据《中华人民共和国立法法》的有关规定,在立法过程中适时引入立法听证程序,已成为常委会发扬立法民主、提高立法质量的重要举措。自2001年5月18日市人大教科文卫委员会首次就《上海市中小学生伤害事故处理条例(草案)》有关规定举行立法听证会以来,市人大法制委员会在统一审议过程中,先后就《上海市劳动合同条例》(2001年)、《上海市历史文化风貌区和优秀历史建筑保护条例》(2002年)和《上海市物业管理若干规定》(2004年)等法规草案中若干问题进行立法听证,为常委会的审议抉择提供了重要依据。

(四)积极探索改进立法工作机制、提高立法质量的途径

首先,重视立法选项,完善计划立项标准,逐步建立立项论证机制。计划立项是立法的起点。把好立法选项关是保证立法质量的前提,已经成为常委会的共识。作为计划编制部门,常委会法工委多年来对于何种事项可以作为立法项目,具备什么条件可以在年度计划中立项,不断作了探索。经常委会主任会议讨论同意,已初步形成了"常委会年度立法计划立项标准",其要点是:市委的重要决策需要通过法定程序转化为法规的,事关改革、稳定、发展大局需要提供法律支撑的,属于地方立法权限范围的事项且具有立法可调整性的项目,列入年度立法计划。计划立项的,一般要求形成法规草案初稿,并提出立项申请说明,需要解决的主要问题应明确,

涉及的重大问题应经过协调。凡属五年规划项目,可以在年度计划中优先立项;凡有上位法明确规范的事项不搞重复立法;制定政府规章可以解决问题的,一般不必制定法规或者将规章升格为法规。计划立项标准有待在实践中不断修改完善,同时有赖于参与计划编制的各方不断端正立法理念。由于立法计划的编制、送审期限较紧,对计划立项逐项进行论证较为困难,因此建立论证机制尚待探索。

其次,努力提高法规起草的质量。提高法规起草的质量,是保证立法质量的前提,也是提高常委会审议效率的重要环节。有的法规草案适用范围和调整对象不清晰,规范的重点不突出,法律责任不明确,某些重大问题事先未经充分协调甚至结构不合理、条文表述不规范,往往在审议中疑问和歧义很多,修改工作量很大,立法周期很长。2005 年 5 月,常委会首次召开立法起草工作交流会,请参与立法的有关部门交流、介绍法规起草的情况,常委会法工委和市政府法制办的领导分别回顾总结了近年来组织法规起草的经验。常委会领导在会上强调了确保法规起草质量的重要意义,要求各起草单位和部门深入调查研究,注重立法的前期论证,端正立法的价值取向,坚持立法为民,努力克服立法中的部门利益倾向。在立法技术方面,常委会法工委近年来注重法规体例的选用,反对贪大求全、重复照抄上位法,倡导采用针对性强、需要几条规定几条的简化体例,同时把修订立法技术规范提上了工作日程。

再次,探索开展立法后评估工作。立法质量要通过执法实践来检验。2005 年,常委会决定启动立法后评估工作,通过对法规的立法质量评估,发现立法工作机制存在的不足。由市人大法制委员会组织进行的第一次立法后评估项目是《上海市历史文化风貌区和优秀历史建筑保护条例》(2002 年 7 月 25 日通过,2003 年 1 月 1日起施行)。根据常委会的决定,2005 年下半年市政府有关委、办、局和相关区县人大常委会都参与了这项评估工作。经过四个阶段的调研、论证和评估活动,该件法规的立法后的评估报告将于 2006 年上半年提请市人大常委会审议。

三、问题与展望

(一)需要进一步研究的问题和改进的工作

从常委会立法工作的实践来看,有些问题还需进一步研究,有些工作也需进一

步提高和完善。这些问题和工作主要包括:

首先,编制年度立法计划如何更广泛地听取各方面的意见,建立和完善立项论证机制。计划立项要突出重点,兼顾一般,全面反映上海社会发展和维护改革、发展、稳定大局的立法需求,为构建和谐社会提供法制保障。

其次,法规的起草机制需要继续完善,进一步拓宽起草渠道,发挥专家学者和人大代表的作用。有关专门委员会应当主动组织起草社会管理、社会保障、公共服务和公共安全方面的综合性法规,更好地体现人大在地方立法中的主导作用。

其三,立法后评估工作需要继续探索和深化,要把法规评估同执法检查结合起来。要通过评估发现法规存在的不足和不适应国家立法新进展方面的问题,为修改、完善现行法规和提高立法质量提供依据。

(二)进一步完善常委会立法工作的主要目标

贯彻和落实2005年中共中央转发的《中共全国人大常委会党组关于进一步发挥全国人大代表作用,加强全国人大常委会制度建设的若干意见》和上海市委2005年8月召开的人大工作会议精神,继续发挥各级人大代表在立法工作中的作用,进一步提高法规的起草质量和常委会会议的审议质量,是今后一段时间常委会立法工作的主要目标。为了更好地实现这一目标,应当着重做好以下几方面工作:

首先,健全人大代表列席常委会会议和专门委员会会议的制度,邀请相关行业和职业领域的代表参加立法调研论证和法规修改工作。

其次,各专门委员会要切实帮助市人大代表和全国人大代表在闭会期间酝酿立法案,提高立法案的质量和议案立法建议的采用率。要抓紧形成代表大会闭会期间受理人大代表立法案的工作规范。

第三,总结经验,切实开好常委会审议法规案之前的法规草案解读会,及早形成法规解读工作规范。

第四,研究和完善人大有关委员会提前介入法规起草工作的制度,明确各自介入的时机、方式和职责。

第五,总结经验,进一步完善、规范常委会审议法规案的时间安排、全体会议审议和分组会议审议方式的选择及一审、二审的侧重点。

(上海市人大常委会法工委　执笔人:王宗炎)

行政立法工作

一、行政立法的基本情况和特点

2003—2005 年,上海市政府行政立法工作,秉持"以人为本"、构建社会主义和谐社会的理念,紧紧围绕打造服务政府、责任政府、法治政府的目标,从坚持地方特色的角度出发,根据地方对法律规范的实际需求把握立法工作。总体说,行政立法对上海的改革发展发挥了引导、保障、规范和服务的积极作用。同时,行政立法行为本身不断地规范和完善,立法内容不断适应社会主义市场经济的发展要求,努力反映广大人民群众的意志和利益;立法公开、公众参与、专家咨询、集体审核等制度贯穿于立法全过程,立法程序不断完善,行政立法质量有了较大提高。

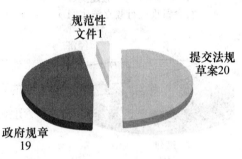

2003 年行政立法

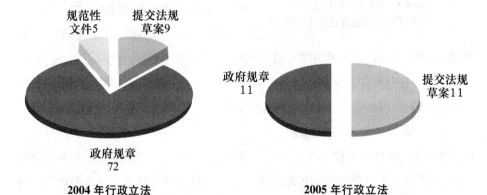

2004 年行政立法　　　　　2005 年行政立法

3 年间,市政府共向市人大常委会提交地方性法规草案 40 件(其中,制定、修订法规议案 36 件,废止法规议案 4 件);制定、修订或废止市政府规章 101 件(其中,制定 40 件,修订 40 件,废止规章 21 件);制定市政府规范性文件 6 件。此外,提出地方性法规立法解释议案 1 件。

从上述行政立法项目数据分析，上海 2003—2005 年期间的行政立法总的特点如下：

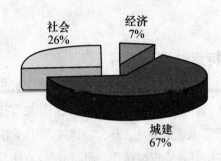

2003 年经济类、城建类、社会管理类行政立法比例

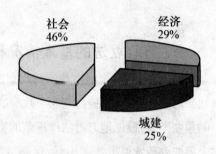

2004 年经济类、城建类、社会管理类行政立法比例

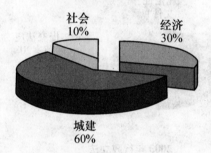

2005 年经济类、城建类、社会管理类行政立法比例

一是立法重心从经济领域逐步转向城市建设和社会管理领域。随着过去全能政府的职能开始向经济调节、市场监管、社会管理、公共服务为主转变，市政府行政立法的重心也相应作了调整。2003—2005 年有关经济领域、城市建设和社会管理方面的政府规章，分别约占总数的 22%、51%、27%。这一数据显示：上海在经济管理、市场监管领域的行政立法减少；而解决城市管理问题、生态环境保护以及涉及公共安全、人身健康和生命财产安全保护的立法数量明显增加。这类立法，切实体现了政府管理职能的转变，因而成为行政立法的重点领域。

二是创制性立法多于实施性立法。行政立法除了结合实际情况，将已有的上位法细化为实施性政府规章外，更重要的是突出地方特色，创设性地制定各项政府规章，以改变立法的滞后与缺位状况，从而为地方经济社会的进步与发展创造良好的法制环境。在 2003—2005 年政府规章中，创制性立法与实施性立法分别占 57% 与 43%。这一数据显示政府规章中创制性立法的比重高于实施性立法。尤其是 2005 年出台的政府规章中，60% 以上属于地方经济社会管理中急需解决的创制性立法。如《上海市停车场(库)管理办法》，是针对上海国际化大都市人口多、车多、停车场所少等实情,为了满足停车需求,改善交通状况,保障停车场(库)经营者和停车者的合法权益而设立的规章;《上海市企业信用征信管理试行办法》是针对目前国家上位法缺位的情况下,为规范与促进企业信用征信,建立企业信用制度和营造社会信用环境而制定的规章。同时,在实施性立法的体例方面,主要是针对上位法的实施性内容,需要几条规定几条,避免照抄上位法。如2005年年初出台的《上海市燃气管道设施保护办法》,总共18条,主要是针对本市在实践操作中遇到而《建设工程安全生产管理条例》和《上海市燃气管理条例》又没有解决的问题,进行细化和补充。

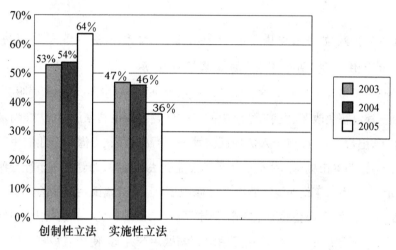

2003—2005年创制性立法与实施性立法比较

三是修改、废止的力度明显加大,新制定法规数量有所减少。目前,我国已初步建立社会主义法律框架体系,在重要领域基本做到有法可依的情况下,改和废的任务开始加重,行政立法的重心开始从过去只重视立新法,不重视修改、废止旧法,转变为根据不断变化的形势和上位法情况,对已不适应实践需要或不符合国际惯例的旧法适时进行修改、废止。2003—2005年间修改、废止的政府规章数量明显上升,新制

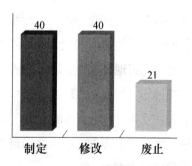

2003—2005年政府规章立、改、废数据比较

定与修改、废止的比例达到4:6,尤其是2004年,超过三分之二的市政府规章项目

属于修改、废止项目。

四是行政立法的定位越来越清晰，从重立法数量进入重立法质量的新阶段。随着《立法法》的颁布实施，地方立法权限的有限性与分散性特征更加明显，行政立法的权限和空间也逐渐清晰。为适应这一变化，针对本地的实际情况和需要，制定切实可行的政府规章已成为趋势。政府规章力求以解决地方行政管理中的实际问题、体现地方特色为目标，更加注重立法质量的提高。

二、行政立法的主要成果和经验

（一）行政立法工作围绕全市中心工作，体现立法决策与改革决策相统一，为上海实现"两个率先"的战略目标服务

2003—2005年的行政立法工作，努力为上海的改革、发展、稳定大局服务，注重通过制度建设解决改革、发展、稳定中的实际问题。如在国家法律、法规尚未健全的背景下，出台了《上海市个人信用征信管理试行办法》、《上海市企业信用征信管理试行办法》为本市构建信用征信体系建设提供法制保障；为健全本市社会保障制度，制定了《上海市工伤保险实施办法》，修改了《上海市城镇生育保险办法》；为应对突发公共事件、确保公共卫生安全，制定了《上海市实施〈突发公共卫生事件应急条例〉细则》、《上海市一次性使用无菌医疗器械生产经营、使用监督管理的若干规定》；为加强人口综合协调和社会管理，制定了《上海市居住证暂行规定》；为促进房地产市场健康发展，制定了《上海市实施〈房地产登记条例〉的若干规定》；为推进上海的重大工程建设，制定了《上海市黄浦江两岸开发建设管理办法》、《上海市建设工程监理管理暂行办法》；为推进本市重要制造业基地的建设和发展，制定了《上海市临港新城管理办法》；为完善本市的基础设施建设，制定了《上海市无障碍设施建设和使用管理办法》；为配合三年环保行动计划，改善城市生态环境，促进可持续发展，制定了《上海市九段沙湿地自然保护区管理办法》、《上海市长江口中华鲟自然保护区管理办法》等。

实践证明，一方面，改革要在法治框架内依法进行，这是法治建设到一定阶段的必然要求；另一方面，立法决策要为改革决策服务，也能为改革决策服务。实现两者有机统一的前提，是要坚持法制统一的原则，把握好行政立法的选题，把握好

立法时机和社会承受能力。

（二）行政立法重心从规范管理相对人行为转到关注规范政府行为

近几年,政府在立法思路方面,最大的转变是从"权力本位"向"权利本位"的转变,开始注重规范政府行为,越来越注意避免和克服"官本位"思想和部门利益倾向,对规章草案中所涉及的许可、收费、处罚等对管理相对人权利产生影响的内容严格把关、审慎论证。在赋予行政机关必要权力的同时,规定其相应的程序规范和法律责任,注重权力与责任的统一,审批与管理的统一,使权力的行使必须受程序规范的制约。为切实推进政府依法行政,规范政府行为,本市在全国省级政府中率先出台《上海市政府信息公开规定》;为加强对"红头"文件的管理,出台了《上海市规范性文件制定和备案规定》。为认真贯彻实施《行政许可法》,相继出台了三个配套规章,即:《上海市设定临时性行政许可程序规定》、《上海市行政许可办理规定》、《上海市监督检查从事行政许可事项活动的规定》。这几部政府规章的共同亮点就是着重规范政府行为。

（三）维护国家法制统一,及时清理政府规章和规范性文件

根据国家法制统一原则,行政立法必须严格遵守宪法、组织法和立法法确定的立法权限,坚决纠正超越权限、地方保护和地区封锁的现象。本市行政立法在维护全国法制统一方面,采取了五项措施:一是从维护全国统一大市场的原则出发,对市场体系领域的行政立法严格立项审查;二是国家正在起草、修改有关法律、行政法规的,上海在相同领域的行政立法做到暂缓出台,避免与上位法规定相抵触;三是上海在起草规章草案过程中遇到涉及立法权限、对上位法含义的理解等疑难问题时,及时向国务院有关部门请示汇报;四是严格规范性文件制定程序,大幅压缩规范性文件数量,纠正规范性文件的越权问题;五是加强规章和规范性文件的清理工作,使规章和规范性文件的清理逐步达到制度化、规范化。

（四）不断完善立法程序和规范,行政立法质量有较大提高

随着市场经济的深入发展,行政立法调节和平衡各种利益的作用越来越突出,

越来越需要依靠科学、民主的立法程序来保证立法公平。在这几年的行政立法实践中，注重落实以下制度：

一是在立法调研阶段重视前瞻性理论研究和实证调查。近年来，上海市各级政府及其所属各个部门比较重视立法项目的前瞻性研究。一个立法项目通常有一个比较完整的周期。通过招标或委托等不同方式，委托上海市行政法制研究所或其他科研部门先行立法调研，形成比较科学完整的立法研究报告后再起草立法草案。改变了以往急于求成、急功近利、缺乏理性的"激情立法"习惯，将立法项目建立在充分调研的基础上。如市卫生局等单位就比较注重立法规划，在调研基础上提出本系统的阶段性立法项目计划，并逐步实施。同时，除了理论研究，立法过程中还比较注意进行实地调研，如《上海市展览业管理办法》的起草人员多次深入各大展览馆和展览中心，考察上海展览业的管理现状和存在问题，保证了立法决策立足实际情况，更具有针对性和实效。

二是起草过程中建立了专家论证会制度。由法制机构邀请法律、经济、行政管理方面以及其他相关专业领域的专家，对规章草案中拟设定制度措施的合法性、必要性、可行性等进行论证，已成为本市行政立法中的一项重要程序性规定。比如，在《上海市政府信息公开规定(草案)》的论证过程中，市政府法制办邀请了国务院法制办、复旦大学、社科院、华东政法学院的专家学者，对草案各项制度进行全面论证。

三是增强立法民主性，完善公众参与立法制度。主要采取了下列举措：(1) 公开听取公众意见。2003 年起，部分政府规章草案已在上海政府网站上征询公众意见。从 2004 年起，做到所有规章草案以及重要的市政府规范性文件草案都在上海政府网站上征询意见，起草部门一方面要把对公众意见的吸纳情况向市政府书面报告，另一方面要在上海政府网站上说明采纳情况及其理由。比如，2003 年市政府在制定《上海市政府信息公开规定》的过程中，分别在《文汇报》、《上海法治报》和"中国上海"门户网站上公布草案全文，听取社会公众的意见，并向社会公众反馈了采纳意见的情况和理由，收到了较好的效果。(2) 举行立法听证。涉及重要政策调整，特别是涉及社会公共政策方面的行政立法，都应当举行听证，已成为本市行政立法的一项重要法定程序。2002 年，市政府委托市政府法制办在举行立法听证实践的基础上，形成了《上海市政府法制办举行立法听证会规范》，并于 2003 年 2 月 1 日起正式试行。2004 年 2 月，市政府组织法制办起草了行政立法公开征询和立法听证制度的程序规范,并在《上海市邮件寄递管理办法》、《上海市一次性使用无菌医疗器械生产经营、使用监督管理的若干规定》、《上海市政府信息公开规定》、《上海市集体用餐配送卫生监督管理办法》的起草中进行了实践。

四是建立行政部门之间的协调制度。市政府法制办作为从事行政立法活动的工作机构和协调部门,在政府规章起草审核过程中,注重立法协调工作,站在全局的高度,摒弃狭隘的部门利益观念,依法妥善处理立法争议。对于意见不一致的,通过听证会、论证会等途径听取管理相对人的意见;对政府规章中涉及的重大、敏感、复杂问题,及时向市政府领导请示、报告,形成共识或明确结论。

五是探索行政立法的成本效益分析方法。成本效益分析是一种重要的评估方法,它是对行政立法耗费的成本与获得的收益进行权衡比较,从而判断所立之法的可行性的过程,是一种法律的经济分析制度。2005年起,本市行政立法开始关注并探索成本效益分析制度。在研究制定《上海市长江口中华鲟自然保护区管理办法》过程中,市政府法制办会同上海市长江口中华鲟自然保护区管理处,在实证调研的基础上,形成了《中华鲟自然保护区采取禁渔措施后对渔业生产影响的分析报告》,对立法成本效益分析进行了有益尝试。又如,上海市信息委在起草《上海市公共信息系统安全测评管理办法(草案)》的过程中,形成了《〈上海市公共信息系统安全测评管理办法〉立法成本效益分析报告》,从数据掌握和运算推进的角度,不失为一个较为完整的行政立法成本效益分析报告。

六是完善草案集体审核的程序制度。根据《上海市人民政府规章制定程序规定》,对规章草案的集体审核是行政立法工作的一项重要的常规性制度。其基本流程是:先由各主管部门确定需要完成的立法项目,然后由该主管部门牵头开展立法调研和起草,草案基本成熟后先报送市政府法制办初审,对符合要求的规章草案,由法制办召开草案审核会议,对草案充分论证审定,审核会议修改并提出审查意见后正式报市政府审批,最后在市政府常务会议上集体审定。这个程序对保障规章草案质量是非常重要的环节。

这几年来,市政府常务会议对审议规章草案也越来越重视。2005年开始,根据韩正市长的意见,规章草案审议已作为市政府常务会议的主要议题,优先审议,时间安排也更充分。对每件规章草案,都要求法制办汇报四个方面情况:一是这件规章主要解决什么难题;二是通过哪些机制和制度来解决;三是相关部门的不同意见、社会公众的反映及其处理情况;四是处理同类问题的国际通行规则和成功经验。这一程序性规定,要求法制办在审核规章草案过程中,必须对这四个方面严格审核把关,保证规章的合法合理和必要可行,并努力使本市行政立法工作与党中央、国务院对上海建设现代化国际大都市的要求相适应。为此,市政府对法制部门的工作也提出了严格要求,特别强调要完善立法程序,坚持和改进立法审核会制度,加强行政立法的立项审查,确保审慎立法;对涉及机构人员设置、财政经费支出的规章草案,要求由市编办、市财政局和市政府法制办三家协同审查,加强政府的协调功能,防止和减少行政立法中的部门倾向和"寻租现象"。

七是严格公布和备案审查制度。政府规章由市长签署市人民政府令公布后施行。同时,为保证国家法制的统一,政府规章以及政府规范性文件,按照有关法规的规定,报同级人大和上一级人民政府备案审查,政府工作部门制定的规范性文件报同级人民政府备案审查。这些行政立法程序的建立,有效地规范了行政立法行为,为保证行政立法质量提供了制度保障。

三、行政立法中存在的问题与不足

(一)行政立法的法治化观念需进一步加强

基于行政立法的体制,目前仍是扎根于负责起草文本为主的基础上,因此,行政立法部门化和部门立法利益化仍是当前行政立法中存在的共性问题。利用立法权,争取更多的强制性管理权,甚至将计划经济体制下的部门既得利益合法化,是一些行政部门立法的原始动机。在经历了对"重权力、重管理"的立法理念的反思之后发现,行政立法不仅是对行政机关合法管理的授权,更是对行政机关依法行使权力的控权,这已经成为共识。因此,今后的行政立法,在内容的设计上要更多体现为权力与责任的紧密挂钩、权力与利益彻底脱钩的原则,确保行政机关在法定的权限和程序范围内正确行使权力,防止立法的部门化倾向,将是确立正确的立法观念的一个重要方面。

(二)行政立法工作还不能满足实际工作的需求

上海要实现建设服务政府、责任政府、法治政府目标,行政立法任务还相当繁重,有些市场经济发展、社会改革、公共管理急需的政府规章还没有制定出来,许多新的经济社会发展领域的立法相对滞后。一些已经出台的法律规范已不能反映客观规律,针对性不强、措施不够有力,难以操作,不能有效解决实际问题;有的政府规章直接与国家法律、行政法规、地方性法规相矛盾、抵触,影响到法制统一原则和法律规范的严肃性。

(三)行政立法的质量仍需不断提高

随着国家《立法法》、《规章制定程序条例》、《法规规章备案规定》以及《上海市人民政府规章制定程序规定》等一系列规范的颁布,立法主体、立法权限、立法程序等较宏观层面问题得到了基本规范。但行政立法在技术层面上还存在不规范之处,如法案的结构、体例、格式的标准化、立法用语的标准化等尚不够完善;法案的内容上有的不确定的弹性条款多,可操作性不强,有的在立法中授予行政机关的自由裁量权过大;此外,对已经不适应实践需要或已不符合上位法的政府规章的改、废等任务仍比较艰巨。

(四)政府规章与地方性法规、国务院部门规章的衔接、配套还不够

目前,行政立法中,有些部门超越法定权限,在规章中越权设定许可、处罚、收费及强制措施,与国家法律、行政法规及地方性法规仍有衔接不够、配套不够的现象。随着国家法制统一的要求和目标越来越清晰,地方立法的权限和空间也要在实践中重新定位,地方行政立法面临着"法律资源碎片化"的新挑战,如何发挥自己的独特功能,同时又与国家法律、行政法规、地方性法规衔接,是今后行政立法努力实践的新课题。

四、进一步完善行政立法的基本构想与措施

党的十六大提出了"到2010年形成有中国特色社会主义法律体系"的目标。构建社会主义和谐社会,也对行政立法工作提出了更高的要求。在行政立法中,应当全面准确地理解构建社会主义和谐社会的基本特征和重要原则,正确认识和处理各种矛盾,善于协调不同利益关系,在建设民主法治、公平正义、诚信友爱、人与自然和谐相处的社会中,发挥行政立法应有的作用。具体要求如下:

（一）完善行政立法的公众参与机制，提高立法决策的民主性

通过增强政府工作的透明度和拓展公民有序参与政府公共政策制定过程等途径，可以充分保障公民的知情权、参与权、监督权等民主权利。公众参与行政立法决策过程，是公众参与公共决策的主要途径之一。行政立法工作要不断扩大公众参与的广度和深度，完善各种社会利益表达、平衡、协调机制，重点完善以下几个方面的工作：第一，在行政立法项目征集阶段引入公众参与机制，确保立法项目更贴近社会生活的现实需要。第二，充分发挥人民群众团体、行业组织、社会团体、基层自治组织等利益群体在利益整合与表达方面的优势，依法积极参与政府的立法决策过程。第三，完善行政立法决策听证制度，统一规范听证程序，提高听证质量，切实发挥听证制度的功能。第四，完善公开征询意见制度，进一步拓展立法草案向社会公开征求意见的形式，形成对公众意见采纳与否的反馈回应机制，防止听取意见流于形式。

（二）坚持立法为民，切实维护和实现社会的公平正义

构建社会主义和谐社会，要求在促进发展的同时，把维护社会的公平和正义放到更加突出的位置。逐步建立以权利公平、机会公平、规则公平、分配公平为主要内容的社会公平保障体系，从法律上、制度上努力营造公平正义的社会环境：第一，调整立法思路，从"官本位"转变为"民本位"，要坚持把最广大人民的根本利益作为行政立法工作最基本的出发点、落脚点，平衡好公权力与私权利之间的关系，确保行政机关权责统一，防止部门利益法律化。第二，赋予不同市场主体平等参与市场竞争的机会，完善共同遵守的市场规则，同时正确反映和兼顾不同区域、不同部门、不同方面群众的利益。第三，对社会各领域存在的弱势群体，在立法中要采取倾斜措施对其进行特殊保护，重点完善社会保障等方面的立法，体现社会正义。

（三）继续坚持立法决策与改革决策紧密结合，以法治保改革，以改革促法治

随着我国法律体系的逐步建立，对正确处理"破"与"立"的关系提出了更高的技术性要求，既要避免地方改革决策与国家现有法律、法规的硬性冲撞，又要避免过度立法为改革设置障碍。改革应该遵循社会发展客观规律，充分体现法治精神，

行政立法也要在规范改革的同时,为改革预留空间。要做到:第一,注重研究国家法律规范和政策,确保地方改革决策不与国家法律相抵触,维护国家法制统一。第二,充分挖掘地方立法资源和优势,在地方立法权限范围内,为改革提供依据。第三,及时将成功的改革试点经验和成果通过立法固定下来,实现对社会的依法治理。第四,加强改革领域的立法前瞻性研究,为深化改革开辟道路、创造条件。

(四)注意借鉴国际通行做法,立足解决上海实际问题

上海作为一个1 700万人口的特大型城市,与国内外其他大城市相比,其独特的文化、社会发展背景导致了其城市管理有着更加复杂的背景和难度。对于以建设国际大都市为战略目标的上海来说,要求法治建设能够切实推动社会进步发展,既要与国际接轨,又要有效解决城市管理中的各种矛盾。行政立法要在引进和吸收国际成功经验的同时,注重结合本市实际,对国际惯例进行消化和创新,设立的法律制度要"管用":第一,对于国际上普遍承认和遵守的刚性国际规则,地方立法必须与之相符合,如根据WTO规则对地方立法所作的清理修改。第二,对于对国际社会没有普遍强制力的国际惯例与通行做法,要比较研究不同国家和地区采用的不同模式,根据本市自身特点和管理实际,有选择性地吸收借鉴,避免照抄照搬。第三,加强法律制度的创新研究,在消化、总结国外立法经验的基础上,立足解决本市实际问题,寻找新规律,实现法律制度的本土化,如对于从国外移植而来的听证制度,要根据本市实际法律制度环境、法律文化土壤进行调整、创新,使之有效运行。

(五)牢固树立人与自然和谐相处的立法理念,将科学发展观贯穿立法全过程

行政立法工作要树立和落实科学发展观,特别是上海在建设节约型社会的过程中,实现自然资源系统和社会经济系统的良性循环:第一,在立法中正确认识运用自然规律,必须以不牺牲自然环境为基本原则,体现节约资源、保护环境的导向,着重加大对破坏自然、掠夺资源行为的惩处力度。第二,将对自然、环境的影响作为行政立法成本效益分析制度与立法后评估制度考核的重要指标。第三,优先考虑发展循环经济、节约资源利用、提高资源产出率方面的立法。第四,对已不适应社会发展需求的现有环境保护方面的法律、法规,及时进行修订和完善,实现法律

规范的生态化。

（六）不断总结和完善立法技术，为提高立法质量提供保障

提高立法质量是党的十六大报告中对法制建设提出的要求，也是当前行政立法工作的重中之重。提高行政立法质量，市政府法制机构要重点做好以下几点：第一，强化立法前的调查研究制度，深入基层、深入群众，全面反映社情民意。第二，探索政府规章的立法成本效益分析，对于政府规章制定成本或执行成本过高，超越政府、社会和群众承受能力的要不予出台或暂缓出台。第三，建立政府规章实施后评估制度，注意跟踪和收集政府规章实施中反映出的问题，根据新的情况，适时提出修改和完善规章的建议。第四，要不断改进规章草案的送审汇报制度，完善规章草案送审工作的有关规范，确保规章草案送审汇报工作按市政府常务会议的要求正常运行。第五，在完成课题研究的基础上，尽快制订出台"政府规章的立法技术规范"，并与人大的立法技术相衔接，形成统一完善的立法技术规范。

　　　　　　　　　　　　（上海市人民政府法制办　执笔人：陈素萍、费文婷）

市人大常委会监督工作

对"一府两院"实施监督,是宪法和法律赋予各级人大及其常委会的重要职权,是地方国家权力机关依法实施的具有国家法律效力的监察和督促行为。2003年以来,市十二届人大及其常委会适应形势发展的要求,在市委领导下,在历届市人大常委会开展监督工作的基础上,按照宪法和法律赋予的职责,认真行使监督权,加大监督力度、改进监督方式、完善监督程序,依法履行监督职能,发挥了人大监督应有的作用。

一、监督工作概况

(一)开展法律监督,切实推动法律法规的贯彻实施,有效改善本市的法治环境

保证宪法、法律、行政法规在本行政区域内的遵守和执行,是地方人大及其常委会的法定职责。其基本形式主要是执法检查。2003年,常委会按照有重点、求实效的原则,坚持监督与支持相结合,努力增强监督实效。常委会和有关专门委员会对妇女权益保障法、红十字会法、归侨侨眷权益保护法、市容环境卫生管理条例、劳动合同条例、促进行业协会发展规定、工会条例、宗教事务条例等15件法律法规的执行情况开展了执法检查。同时,配合全国人大对科技进步法、固体废物污染环境防治法、老年人权益保障法等4件法律在本市的实施情况,进行了执法检查。

2004年,常委会重点开展两项执法检查:

一是对科技进步法律法规实施情况开展执法检查。常委会围绕科技研发公共服务平台建设和产学研联合两项重点内容,检查市政府及其有关部门贯彻实施科技进步法律法规的情况。充分发挥代表、专家和区县人大的作用,深入企业等基层单位进行视察调研和座谈,听取市政府有关部门的专题汇报,实地了解本市科技研发公共服务平台建设情况和产学研结合的进展情况。对科技进步法律法规实施过

程中存在的法制不够健全、政策有待落实等问题,提出了完善政策法规、加强公共服务、规范服务平台管理等方面的意见和建议,推动政府部门进一步整合科技资源、促进科技创新和科技进步。

二是对城市规划法律法规开展执法检查。常委会把政府贯彻实施城市规划法律法规、落实"双增双减"(增加城市公共绿地,增加公共空间,减少建筑容积率和减少建筑总量)措施以及黄浦江和苏州河两岸特定区域规划情况作为检查的重点,对本市 12 个历史文化风貌区保护情况进行了视察检查。抓住小区违法搭建、外环绿化林带内的违法建筑、违法拆除优秀历史建筑、违法审批以及市民反映强烈的 18 件典型案例,开展检查监督。同时,采取市与区县人大联动,组织代表参与,公布监督电话,接受市民对违法行为的投诉和举报等形式,从整体上掌握本市实施城市规划法律法规的情况,形成监督工作的合力,进一步增强了监督实效。除了重点执法检查项目外,常委会还配合全国人大对动物防疫法、进出境动植物检疫法、工会法等法律在本市的实施情况开展了执法检查。有关专门委员会对农业法、传染病防治法、台胞投资保护法和有关侨务法律法规、专利保护条例、信访条例等法律法规的实施情况等,开展了执法检查或监督调研。

2005 年,常委会重点开展三项执法检查:

一是对科技进步法律法规实施情况开展执法检查。在连续两年对科技进步法和科技进步条例进行执法检查的基础上,常委会确定对本市重大科技攻关项目开展专题执法检查。在检查前,常委会多次听取政府相关部门的情况介绍,邀请代表和专家座谈,反复研究、修改和完善执法检查方案,在较大范围印发调研提纲、执法调研意见反馈表,并对 90 多名代表和执法检查组成员进行专题培训。按照分散、小型、多样的原则,分成三个小组分赴 8 个重点项目单位进行执法检查,召开 6 个项目单位的座谈会。执法检查活动结束后,每个小组撰写专题小结,在此基础上形成执法检查报告,提交常委会审议。同时,常委会还举行新闻发布会,向社会报告执法检查的总体情况,有力地推动了政府改进工作。通过执法检查,常委会对本市科技立法的需求有了进一步了解。

二是对维护劳动者权益相关法律法规开展执法检查。常委会将贯彻实施劳动法、工会法和安全生产法律法规,保障劳动者获得劳动报酬、享受社会保险和安全卫生保护,加强工会组建和发挥工会作用切实维护职工合法权益,作为执法检查的重点。在区县人大配合下,组成了 22 个执法调研组,对本市 174 家企业进行了调研。36 名市人大代表、279 名区（县）人大代表参加了调研活动。常委会组成人员和市人大代表对 4 家被劳动者举报的企业进行了事先不告知的检查。召开 7 个座谈会，听取政府职能部门、法院、工会和企业等有关方面的情况介绍。常委会着重指出了企业欠薪欠保、违法超时加班和不按规定支付加班工资、安全生产责任制落实不到位、外来务工人员劳动合同签订率低以及非公企业工会组建难等损害劳动者权益等问题，分析原因，并提出了有针对性的解决措施。

三是对食品安全相关法律法规开展执法检查。以猪肉及其制品为监督检查主要内容，以"大卖场食品吃得放心"为主题，常委会开展了大规模的食品安全执法检查。检查涵盖了从源头到餐桌的主要环节，着重检查政府相关部门依法监管的情况。期间，常委会组织 12 次集中检查，实地检查大卖场 12 家、生产加工企业 15 家、屠宰场 7 家、道口 10 个。共有 20 名在沪全国人大代表、112 名市人大代表参加执法检查。不少人大代表还对大卖场和道口进行了暗访，向执法检查组反馈了 30 多份暗查情况。常委会还召开座谈会，专题听取部分市人大代表、企业、行业协会的意见和建议。结合执法检查中发现的问题，在常委会审议时，组成人员提出了一系列有针对性的意见建议。常委会还适时召开新闻发布会，向社会公布执法检查的结果，得到社会和广大市民的肯定。除了重点检查项目外，常委会还配合全国人大对本市实施律师法、劳动法情况开展执法检查。有关专门委员会开展了工会法、城市规划条例、历史文化风貌区和优秀历史建筑保护条例等法律法规实施情况的跟踪监督。对计量监督管理条例、未成年人保护条例、职业教育条例等法规的实施情况，开展执法检查或监督调研，并及时将意见和建议与相关部门沟通，促进政府依法行政。

（二）加强工作监督，推动解决人民群众关心的问题，促进本市经济、社会与环境的协调发展

监督同级政府和法院、检察院的工作，是各级人大及其常委会行使监督权的重要内容。市人大常委会开展工作监督的主要形式是：听取和审议"一府两院"的工作报告，开展工作调研和专题工作检查，并在年中召开常委会扩大会议，邀请全体市人大代表和在沪全国人大代表列席，评议市政府上半年工作。

2003 年，常委会听取和审议了 14 个专题报告，举行了 11 次重大事项征求意见

会。全年开展的工作监督主要有七项:

1. 对本市实施科教兴市战略的相关工作开展监督。常委会围绕"科教兴市与上海新一轮发展"的主题,开展了一系列视察和调研,听取有关部门的情况汇报,制定了《上海市人大常委会贯彻〈上海实施科教兴市战略行动纲要〉的行动计划》,确定了立法、监督等数十个工作项目,促进和保障科技与教育的优先发展,推动科教兴市战略的实施。

2. 对本市治理中小学乱收费工作开展监督。常委会组织市人大代表明察暗访,开展调研,召开各种类型的座谈会,走访区县人大和政府部门,收集信访部门的相关信息,了解本市治理中小学乱收费工作的基本情况,听取了人大代表和有关方面意见,推动治理中小学乱收费工作的深入开展。常委会听取和审议市教委关于治理中小学乱收费工作情况的专题报告。有关专门委员会提交了书面调查报告,分析本市中小学乱收费难以根治的原因,提出进一步治理中小学乱收费问题的对策建议,并要求政府部门加大整治力度,着重从机制和源头上预防和治理中小学校乱收费。

3. 对本市住房公积金归集、使用、管理工作开展监督。住房公积金问题事关人民群众的切身利益。常委会听取和审议了市公积金管理中心受市政府委托所作的本市住房公积金归集、使用和管理情况的专题报告,对本市住房公积金制度的正常运行给予充分肯定,要求有关部门本着为民谋利的宗旨,进一步加强住房公积金的缴存和管理,提高公积金使用管理的透明度,强化监督制约机制,保证公积金的安全运作,提高为民服务的水平。要求有关部门和人大有关专门委员会加强调查研究,为修改完善住房公积金条例做好准备,从法制上健全和完善住房公积金制度。

4. 对政府促进就业和再就业工作开展监督。常委会和专门委员会与区县人大一起,围绕政府促进就业工作,开展了一系列调研和视察,并将监督听证会引入人大监督工作,更加深入地了解和掌握各方面的意见。常委会听取和审议了市劳动和社会保障局关于本市促进就业工作的专题报告,要求政府正确估计本市的就业形势和就业工作取得的成效,按照劳动者自主择业、市场调节就业和政府促进就业的方针,充分发挥政府、市场和劳动者三方面的积极性,创造性地开展就业工作;要求政府部门通过搞好就业规划、加大投入、强化服务、加强宣传、完善制度等各种措施,缓解就业压力,尤其要帮助困难群众特别是"4050"人员和离土农民实现就业。常委会提出,要坚持发展这一执政兴国的第一要务,进一步加快本市经济和社会事业的发展,以创业促进就业,以发展带动就业,这是解决就业问题的治本之策。

5. 对法院执行工作开展监督。为进一步推动解决法院"执行难"问题,常委会和有关专门委员会组织力量,对本市法院的执行情况开展专题调研。主任会议听取了法院执行情况的汇报,对近年来法院执行工作取得的成绩予以充分肯定,要求本市各级法院进一步采取有效措施,加大执行的工作力度,提高执行工作的效率和水平,保护当事人的合法权益,维护司法公正和司法权威。

6. 对本市超期羁押专项清理工作开展监督。市人大有关专门委员会结合全国公检法系统对超期羁押的专项清理,就本市超期羁押问题开展了为期一个月的深入调研,形成了专题调研报告,对本市超期羁押的基本情况、造成超期羁押的原因进行了系统分析,并提出解决问题的对策思路和措施。主任会议听取了市有关部门关于超期羁押清理工作的专题情况汇报,要求相关部门树立正确的人权观念,规范内部工作程序,建立长效管理机制和责任追究制,全面做好清理工作,坚决防止超期羁押的重新发生,推动本市超期羁押问题的解决。

7. 对国有资产管理体制改革工作开展监督。深化国有资产管理体制改革是党的十六大提出的重要任务,也是本市重点工作之一。主任会议听取了市国有资产监督管理委员会关于本市国有资产管理体制改革的报告。常委会和有关专门委员会对市国资委组建后的运行情况和国资国企改革工作进行视察、调研,听取市国资委的有关工作汇报,对进一步转变政府职能、深化国资国企改革、加快国有经济战略性调整、提高本市国有资产运行质量和国有企业的市场竞争力等,提出了意见和建议。

2004 年,常委会坚持"少而精、求实效"的原则,集中力量,重点开展了两项工作监督:

1. 对政府促进就业和再就业工作开展监督。常委会重点抓住政府购买岗位、青年人就业、非农和失地农民就业、劳动者权益保护等问题,开展视察、检查和专题调研。常委会组成人员深入街道社区,与 38 名失业人员和 13 名就业援助员进行一对一的访谈,全面了解和掌握政府促进就业工作的基本情况。听取和审议了市政府关于促进就业工作情况的报告,并就加强就业政策研究、完善促进就业的具体措施、整顿和规范劳动力市场、搞好就业中介服务等,提出意见和建议,推动形成本市促进就业工作的长效机制。

2. 开展"旁听百例庭审"专题调研活动。常委会选择庭审这一审判活动中的中心环节,采取市和区县人大结合、上下联动的方式,组织 153 名市和区县人大代表旁听了 137 个案件的庭审,并进行评议。旁听范围包括民事、刑事、行政等各类案件,涵盖了全市各级法院、检察院。16 名法律专家也应邀参加了专项调研活动。对调研中发现的当庭认证率和宣判率低,以及在庭审程序、司法人员队伍建设等方面存在的问题,分析和查找原因,提出改进工作的意见建议,做到监督与整改的同步推进。通过专项调研和监督,推动各级审判、检察人员自觉接受人大监督,进一步提高庭审、公诉工作的质量与效率,在社会上产生了良好反响。

在做好重点监督工作的同时,常委会通过常委会会议、主任会议等形式,听取房地产业发展、社会诚信体系建设、土地利用和管理、科技公共服务平台建设、教育综合改革试验、人才高地建设、"双增双减"措施落实情况、科教投入及其绩效评估、"三医"联动改革、国有资产管理体制改革、知识产权审判和审计整改工作等专题报告或汇报。

2005 年,常委会以中心城区中小河道整治、饮用水源地保护、城市污水处理、工业废水治理为重点,结合"中华环保世纪行"宣传活动,重点对本市水环境保护工作开展监督,组织常委会组成人员和市人大代表对中心城区中小河道整治工作进行明察暗访,并对本市工业区污水治理及 17 家限期治理企业整改情况进行集中检查,听取郊区污水管网建设、中心城区污水处理厂改造及中小水厂集约化供水情况的汇报。针对居民屋顶水箱饮用水"二次污染"问题,以及黄浦江上游地区畜禽牧场治理情况,进行专项监督检查,在调研和检查中,市人大常委会与区县人大常委会开展联合监督,边检查边督促整改,推动了市区黑臭河道的加快整治。此外,还听取了市政府有关本市发展循环经济、高新技术成果转化、加强社区建设和管理、行政案件审理、监所检查、审计整改、养老金账户虚账实记、吸引海外留学人员回沪服务等专题报告。

(三)认真开展述职评议,加强对常委会任命的"一府两院"组成人员的监督

开展述职评议,是近年来常委会对所任命的"一府两院"组成人员实施监督的重要形式。三年来,常委会共对 10 位常委会任命的政府组成人员和法院、检察院负责同志开展了述职评议。通过走访、召开座谈会、向代表发放征询意见表和个别访

谈等形式,听取对述职对象的意见,并将有关情况向述职对象进行了反馈。在此基础上,常委会会议分别听取相关同志的述职报告,听取了述职评议工作小组的调查报告,并进行评议。常委会在充分肯定述职对象工作成绩的同时,实事求是地指出了他们工作中存在的不足,要求述职对象向常委会提出整改计划和措施。有关专门委员会跟踪了解整改情况,向主任会议报告。为了增加述职评议的公开性与透明度,常委会在人大公众网上公布述职对象和述职报告全文,接受人民群众的监督。同时,进一步完善述职评议公示制度。试行常委会会议前对评议对象的履职情况开展书面测评,探索建立述职评估机制。在调研时,重点了解所在部门服务对象和相关部门的意见。在述职评议后,坚持对整改情况进行跟踪检查,狠抓落实,推动被评议干部及其领导的工作部门改进工作。

常委会在总结经验的基础上,对述职评议的工作程序作了梳理,形成述职评议操作程序和具体要求,并制订了述职评议工作的一般程序,对述职评议周期作了调整,对准备阶段、调研阶段的时间、述职报告和调查报告的撰写提出具体要求,缩短了述职评议工作的周期,推进了述职评议工作的规范化、制度化。试行在分组评议后对述职对象的履职情况进行书面测评,进一步提高了民主测评的科学性、准确性和可信度,增强了人事监督的实际效果。

(四)推进预算审查和审计监督工作,促进本市经济持续快速健康发展

审查和批准国民经济和社会发展计划、预算,以及监督其执行情况,也是宪法和法律赋予地方人大及其常委会的一项重要职权。除每年市人代会审查和批准本市国民经济和社会发展计划、财政预算外,市人大常委会每年年中听取和审议计划预算执行情况的报告,对本市经济发展中的主要问题提出意见建议。按照预算法和审计法规定,每年常委会审议和批准上一年度市本级决算报告,听取和审议市审计局对上一年市财政预算执行和其他财政收支情况审计结果的报告,并要求市政府和审计部门对审计中发现的问题依法作出处理。

2003 年,常委会在听取审计工作报告时,对报告涉及的有关问题,要求有关部门认真督促整改。常委会有关部门对整改情况实施了跟踪监督。常委会还按照建立公共财政体制框架的要求,加大预算审查监督力度。有关专门委员会和工作委员会提前介入2004年部门预算编制工作,吸收部分人大代表和专家对预算草案进行初步审查,并推行部门决算审签试点,提高了预算审查监督的质量。

2004年,常委会开展季度和半年经济运行情况分析,对15个政府部门2004年预算批复情况和30个预算单位2004年上半年预算执行情况进行检查监督。听取和审议了2003年度本级预算执行和其他财政收支的审计工作报告,对发现的重点问题进行跟踪监督,督促有关部门认真整改。继续推行部门决算审签试点工作,推进预算审查监督工作。

2005年,常委会就本市上半年经济运行及相关情况,组织部分市人大代表及委员分别听取了市发改委、市财政局、市审计局、市统计局、市经委、市外经贸委、市农委和市金融服务办等部门的汇报,并召开了相关专家座谈会,进行分析研讨,将代表及专家意见汇总送交政府相关部门。常委会对20个政府部门2005年预算批复和预算执行情况进行检查监督,深入20个基层预算单位,检查预算执行情况,督促政府有关部门对预算中存在的问题进行整改。提前介入预算编制审查,听取13个部门2006年预算控制数的意见,促进政府有关部门提高预算编制的合理性。开展专项检查与调研,重点对本市2004年度转移支付情况、重大科技专项资金、100万亩设施粮田专项资金的安排和使用情况专项检查,推动政府部门建立科学规范的财政资金分配机制,改善财政资金管理,建立预算绩效评估指标,提高财政资金使用的效率和效益。常委会进一步推进审计部门加强对预算执行和其他财政收支的审计,扩大部门决算草案审签范围,推进审计公告制度。跟踪监督6个部门、7个区县的审计整改情况,督促相关部门认真整改。开展重大科技和农业专项资金使用、财政转移支付、政府投资公共工程项目效益审计的监督调研。

（五）认真受理人民群众的申诉和控告,维护公民的合法权益

受理群众申诉控告、依法督促"一府两院"改进工作,是地方人大及其常委会的重要职责之一。市人大常委会对群众信访中反映的侵害公民、法人合法权益及其他违法违纪情况,督促有关国家机关及时查处和纠正,依法维护公民的合法权益。常委会还组织市人大代表参与人大信访工作,督促有关国家机关做好群众信访工作。

2003年,常委会全年共受理人民群众的申诉和控告21 943件(次)。其中,受理

人民来信 13 666 件、电子邮件 4 268 件,接听来电 364 件,接待群众来访 3 645 批 5 266 人次。常委会和各委员会领导阅批重要来信 864 件。

2004 年,常委会共受理人民群众来信、来访、来电、电子邮件和申诉控告 20 800 多件(次),其中,市民对人大、政府工作提出的意见建议 4 500 多条,民主监督(控告、检举)类 2 040 多条,受理市民申诉 9 300 多条。

2005 年,常委会进一步加大信访工作的力度。召开了全国人大信访交办件办理工作座谈会和人大信访工作会议,认真贯彻全国人大有关信访工作的重要精神,加强对全国人大信访交办件的办理,建立责任制度,加大督办力度,严肃责任追究,全面落实"百分之百交办、百分之百有回音"的工作目标。全年受理群众来信、来电、电子邮件 2 万多件,接待来访 6 000 多批,8 000 多人次,督促"一府两院"有效解决司法执行难、拆除违法建筑难、治理环境污染难、出租车驾驶员吃饭停车难等实际问题。加强对信访信息的综合分析,及时掌握社会利益关系变化的新情况,为党和国家机关的决策提供信息,为代表开展视察调研和人大依法履职提供服务。建立与法院、检察院的信访联席会议制度,形成多方联手的机制,解决群众信访反映的突出问题。

二、监督工作的主要特点

2003 年以来,市人大常委会求真务实、开拓创新,通过代表的积极履职、常委会自身努力和各方的协同配合,取得了良好的监督成效。

(一)坚持依法监督,坚持监督与支持相结合,努力做到既敢于监督又善于监督

常委会严格依照法定职责和程序开展法律监督和工作监督,通过监督推进政府及其部门依法行政和"两院"公正司法。正确处理人大依法监督与支持"一府两院"工作的关系,正确处理人大及其常委会集体行使职权与发挥人大代表作用的关系,正确处理运用法定监督方式与开拓创新的关系。例如,在开展城市规划法律法规执法检查时,常委会既支持政府部门依法纠正违法行为,又督促政府严格执法,保证法律法规的正确实施;在组织开展"旁听百例庭审"专项调研时,既加强对"两院"工作的监督,又督促和支持司法机关依法司法、文明司法和公正司法,取得了良

好的效果。

(二)立足全局,突出重点,实施有深度、有力度的监督

常委会在具体监督项目的选择上,坚持立足全市工作大局,突出监督重点。尤其注重选择那些"牵一发而动全身"的重点项目,重点深入、重点突破,采取以点带面的方式来影响、促进和带动全局工作,取得各项工作的主动权。例如对政府促进就业问题、旁听"百例庭审"、整顿和规范市场经济秩序、教育费附加征收使用和转移支付分配使用情况等进行的监督检查。同时,常委会按照"少而精、求实效"的原则,确定常委会重点监督项目,基本做到每季度安排一项重点监督工作。2004 年、2005 年常委会都确定了 4 个重点监督项目,各委员会的监督工作项目也适当减少,确保常委会组成人员集中力量和时间深入下去调查研究,真正把重点监督工作做实、做深、做透。

(三)改进监督方式、拓宽监督渠道,进一步增强监督实效

2003 年,常委会把听证方式引入监督工作,就政府促进就业工作首次举行监督听证会。常委会主任、副主任、常委会组成人员、人大代表、部分市民代表、国有企业负责人、专家学者、基层工作者等作为听证人,参加了听证会。政府有关领导和部门负责人列席听证会。事实证明,采取监督听证的方式,达到了反映民情、汇集民意、集中民智,推进政府工作的预期目的。从常委会第九次会议开始,正式启动了市政府向市人大常委会定期通报重要工作情况的制度,形成了人大与政府间良好的沟通渠道,有利于达成共识,提高工作实效。在开展视察、执法检查和述职评议等各项监督工作时,常委会注重充分吸收代表参与,进一步发挥代表在监督工作中的作用。有关专门委员会开展的执法检查或监督调研也注重吸收相关领域的代表参加。常委会还注重加强与区县人大的联系沟通,上下结合,共同开展监督工作,努力形成监督合力。在监督方式上,从实际出发,以小型分散、明察暗访、随机抽样、问卷调查等各种形式,加强和改进监督工作。注重发挥新闻媒体配合人大监督的重要作用,对典型的违法事件及时予以曝光,形成舆论监督环境,取得良好的社会效果。检查前注重培训,检查后注重整改情况的跟踪督查。在开展监督工作过程中,监督工作小组深入实际、深入基层、深入群众,广泛调研、认真分

析、找准切入点。对每项重点监督议题,常委会会议都专门听取有关专题工作报告、执法检查报告或调研报告,对调研中发现的问题深入开展审议,通过分析查找原因,提出有针对性的监督意见,推动相关部门改进工作,提高了人大监督的实效。

(上海市人大常委会研究室调研处　执笔人:程传维、乐慧)

市政协推进民主法治建设工作

    人民政协是我国最广泛的爱国统一战线组织、共产党领导的多党合作和政治协商的重要机构,是发扬社会主义民主的重要形式。作为政协一级地方委员会的政协上海市委员会,在中共上海市委领导下,紧密团结社会各界人士,牢牢把握团结民主主题,认真履行政治协商、民主监督、参政议政职能,在推进本市法治建设方面发挥了应有的作用。

一、认真履行政治协商职能,开展多种形式的协商,为上海的法治建设服务

    政治协商是人民政协三项主要职能之一,是发扬社会主义民主的重要形式,也是使党和政府的决策成为各界人士自觉行动的重要环节。市政协贯彻中共中央和中共上海市委提出的"协商在决策之前"的精神,认真安排好各项协商内容,发挥政协委员的人才优势,促进决策的科学化、民主化。

    市政协履行政治协商职能的主要形式,一是通过政协全会、常委会议、主席会议、专门委员会会议,对本市经济社会发展中的重大问题进行协商;二是通过专题议政会,对一些涉及本市国计民生的公共政策开展协商;三是通过委员专题座谈会,对一些社会热点和民众关注的问题进行协商。

    在市委、市政府的关心支持下,市政协通过政协全会的全面协商、常委会议的主题协商、主席会议的重点协商、专委会议的对口协商,发挥政协政治协商作用。政协全体会议是最重要的协商活动,委员可广泛围绕本市各方面工作提意见、建议,并在会议期间安排专门时间,使委员与党政领导和有关部门负责人就共同关心的问题开展直接对话。常委会议的主题协商是在听取市委、市府有关领导情况通报和进行调查研究的基础上,围绕本市重大决策或重大方针政策、重大法规的实施发表意见建议。主席会议的重点协商是在专门委员会调研的基础上,就一些社会影响较大的问题进行讨论并提出意见建议。专门委员会会议的对口协商是对界别

群众中反映某一方面较集中的问题,在调查研究的基础上,与市有关部门进行协商讨论,发表意见建议。

近年来,市政协不断完善政治协商的形式。2003年进一步完善了专题议政会制度。市委、市政府对一些列入讨论和需要决策的重要问题,事前到市政协来听取政协委员的意见。市高级法院和市检察院也在专题议政会上全面介绍情况,认真与委员们协商讨论"两院"工作。这样的协商程序,使专题议政会议题更加及时、广泛,内容更加丰富、充实,建议更加务实、有效,成为政治协商的一个重要形式。2004年建立了市领导到市政协常委会通报情况的制度,每次常委会都有一位市委、市政府主要领导到会,分别就当前经济形势、文化事业、社会稳定、廉政建设和党建等方面工作,详细介绍情况,探讨改革思路,共商发展大计。市政协把实现好、落实好"重大问题在决策前和决策执行中进行协商"作为工作重点,认真组织好委员参加各种形式的政治协商,使党和政府的决策成为各界人士的共同认识和自觉行动。在市委关心下,近几年每年年初就已确定了通报和协商计划,充分体现了市委、市政府高度重视在人民政协同各民主党派和各界代表人士的协商工作。

在推进本市法治建设方面,政协的政治协商主要有以下内容。

(一)为推进本市法治建设提出立法建议

2003年至2005年,市政协委员在调查研究的基础上,提出加强法律法规建设的意见建议,在司法鉴定、就业、妇女权益保障、流动人口管理和关于低保制度等方面形成立法建议。比如,在市民权益维护和保障方面,建议出台《上海市促进就业若干规定》、《上海市员工工资支付条例》,修改《上海市女职工劳动保护办法》、《上海市老年人权益保障条例》,修改企业退休人员养老待遇的规定,研究有关税收法律制度的修改等。在流动人口管理方面,建议修订《上海市外来流动人口管理条例》,结合《行政许可法》的贯彻实施,全面梳理流动人口管理的现有各类法规、政策,建议我国的《刑法》、《治安管理处罚条例》中对雇用、组织、教唆、利用残疾人、未成年人乞讨,组织丐帮、形成帮派,划定地域乞讨等行为的打击作出明确规定,研究制定《保安处分法》,以解决一些常见的治安问题等。

市政协始终围绕经济发展和改革开放过程中遇到的难点问题建言献策。2003年,市政协组织对"完善非公经济发展的法律环境"的调研,形成了"非公经济发展的若干法律对策"意见,提出完善保护私人财产的法律制度,确立劳动、资本、技术和管理等生产要素按贡献参与分配的原则;一切合法的劳动收入和合法的非劳动收入都应该得到保护;要通过修改宪法,把中共十六大提出的关于完善保护私人财产法律制度的精神上升为国家意志;在宪法作出修改后,又提出对我国现行法律的相应条款作进一步修改等建议。部分民主党派和政协委员提出的关于规范或暂停国有大中型企业管理层收购的提案,分析了管理层收购由于缺乏相应的规范,易导致国有资产流失的问题,并提出了相应的建议。2004年下半年,市政府出台了《上海市产权交易市场管理办法》,对国有企业产权转让作了明确的规定。政协委员关于加强对优秀历史建筑保护的提案建议受到重视,许多观点已被《上海市历史文化风貌区和优秀历史建筑保护条例》所吸收。

市政协始终注意围绕群众生活中的重要问题提出立法建议。在组织委员进行关于本市处理社会突发事件的法规建设情况的视察后,提出"以人为本"的理念要成为立法、执法和社会管理工作的指导思想;要全面提高对社会突发事件的应急管理能力;理顺体制,完善机制,加强应对突发事件的法规建设;加大投入,确保装备、安全措施到位等意见建议。

对于群众关心的交通问题,委员们提出,这是国际大城市普遍存在的共性问题,要充分发挥政府统筹能力强的优势,着眼长远加强规划和建设,立足当前加强管理和疏导,进一步建立公交优先战略,并加强相应法规建设,使现有的交通资源发挥更大的潜能。

对于如何构建上海人才高地,推进人才强市战略,委员们建议,要建立科学的绩效激励评价的分配制度,健全有关法规,并确立"能力优先"的原则,建立柔性的人才引进机制,重视职业教育和急需人才的培训,把民营企业人才的培养纳入社会教育培训的体制等。

2005年市政协组织开展关于进一步完善本市城镇"低保"制度的调研,指出本市"低保"制度在政策法规方面存在立法相对滞后、政策缺少衔接、处罚依据不足等问题,认为"低保"制度的顺利实施,不仅依靠政府的公信力,更需要法律的保驾护航。提出要将关于消除贫困和促进慈善事业发展的立法工作提上议事日程。要形成捍卫和保障公民生存权,规范政府和社会对贫困公民的责任、义务及救助行为的专门性法律。要制定上海市社会救助法规,以保障和完善本市居民最低生活权利的实现。市政府曾经制定的《上海市社会救助条例》,已与目前本市的经济社会发展及居民的实际需要不太适应,迫切需要人大立法,制定上海市有关"低保"法规,进一步规范救助行为,在"低保"的条件和标准、家庭收入和财产的科学鉴定,个人申报的内容、调查取证的程序、救助对象和救助工作人员的权利义务以及对骗保和应保不保等行为的处罚等方面,作出明确规定,并与相关政策法规相衔接。

(二)在法律法规出台前提出修改和贯彻意见

2003年至2005年,市政协组织委员参与了关于城市规划、科技发展、教育卫生、人口与计划生育、交通及物业管理等方面的地方性法规、条例、政策的制定和修订的论证工作。如2004年,市人大常委会就《关于修改〈上海市宗教事务条例〉的决定(草案)》,听取宗教界委员意见。委员们逐条逐句逐字推敲,提出在《条例》中应增加反对邪教、抵御渗透的法律条文;有关条文的表述要体现"法治"理念,杜绝"人治"的因素等。委员们的意见和建议得到了市人大的重视。

2004年7月实施的《中华人民共和国行政许可法》是规范政府行为的重要法律。市政协较早意识到这部法律的重要性,及时组织部分委员座谈,建议把学习《行政许可法》作为本市普法的重要内容及时宣传,特别要组织好公务员学习,并认真梳理相关的地方性法规。在《行政许可法》实施前夕,市政协组织视察本市贯彻实施该法前的准备工作情况。听取市政府法制办、市建委对有关情况的介绍,视察了市工商局、市房地资源局等"一门式"服务窗口单位。委员们提出要继续转变行政观念和行政方式,提高执法水平;改变管理模式,放宽市场准入,减少行政许可,积极让中介机构等第三方力量参与;要重视解决贯彻实施过程中出现的问题,要进一步加大宣传的力度等建议。对如何建立与上海国际大都市相适应的公共应急联动机制,委员们提出各部门要进一步形成合力,加强信息共享,建立长效管理机制,把"后置型"转化为"预控型"等方面的建议。

2004年市人大常委会对《上海市未成年人保护条例(草案)》组织讨论和修改。市政协为此开展了"关于完善未成年人保护法律体系"的调研,撰写了《关于完善未成年人保护法律体系的思考》,分析了新形势下未成年人的法律保护中出现的主要问题,从基本原则和责任主体规定的完善、改进权利保护的法律手段、对未成年人保护的配套法律的完善、预防未成年人犯罪的法律保护等方面提出了思考和建议。全国人大常委会《关于司法鉴定管理问题的决定》于2005年10月1日施行,市政协组织委员在实施前就本市开展司法鉴定工作的情况进行视察,委员们针对开展司法鉴定工作和贯彻落实《关于司法鉴定管理问题的决定》的情况,提出了几点建议:

提高司法鉴定人和鉴定机构的准入门槛;确保国家对市场化后的司法鉴定工作的控制力等。

二、认真探索民主监督形式,推进依法执政和法律法规的贯彻执行

为使民主监督工作做到经常、深入、有实效,近三年来,市政协根据政协委员的意见,不断探索监督形式,拓展工作领域。2004 年市政协首次开展了专项视察工作。这种专项视察,本着对人民负责的精神,对市政府某项工作进行深入视察,以建言献策为主要手段,以弘扬团结民主为着力点,体现了政协民主监督的特点。

政协委员受聘担任特邀监督员,参加日常性的监督工作,也是多年来运用的一种民主监督形式。市政协积极参与全市特邀监督员的工作,制定了市政协《关于开展推荐特邀监督员工作的意见》,对委员担任特邀监督员的要求和推荐程序都作了明确规定。政协委员受市政协的委托,认真负责地做好特邀监督员工作,深入基层,了解群众的意见和呼声,并及时向有关部门反映,推进依法行政,提高行政效率。

2003 年至 2005 年,市政协共收到各民主党派、人民团体、政协委员及各专委会提出的提案 4 233 件;举行年内平时视察和年末集中视察 62 个专题,对本市工商管理和食品安全管理工作开展了专题视察;已有 192 位政协委员担任了 32 个部门或行业的特邀监督员。政协民主监督在推进本市法治建设方面发挥的作用主要反映在以下几方面。

(一)对法律法规的执行情况开展民主监督

市政协每年都组织对法律法规的执行情况开展调研视察,以推进法律法规的贯彻落实。如 2003 年组织对《上海市清真食品管理条例》执行情况进行监督。政协委员认为,清真食品行业是一个特殊行业,与其他行业相比,清真饮食业具有进货渠道的可选性小、进货过程和经营成本高、绝对供应量少等特殊性,因此建议设立"清真食品行业扶持发展专用资金"和"清真食品行业管理办公室",有利于将《上海市清真食品管理条例》的有关条文落到实处。

又如,市政协组织对《上海市宗教事务条例》执行情况进行监督。在宗教界委员及部分宗教界人士座谈会上,委员们提出,改革开放的不断深化,人们的思想需

求发生了新的变化,但条例的管理还有许多"盲区":一是外国人过宗教生活的管理问题;二是宗教网站的管理问题;三是对出版损害宗教形象、违反宗教教义的刊物,没有可操作性的处罚规定等等。委员们建议:《条例》的修订,要体现与时俱进的精神,体现时代特征和上海特点,确保公民的宗教信仰自由,确保依法对宗教事务的管理,使《条例》具有前瞻性和可操作性。

市政协在组织委员进行"关于本市流浪乞讨人员的救助管理情况"的视察后,提出认真贯彻执行《救助管理办法》和《实施细则》,加强职能部门间协作,采取积极措施,以防止流浪乞讨现象的蔓延等意见。

(二)对依法行政情况开展民主监督

市政协经过视察、提案等形式,对国家机关及其工作人员的工作进行民主监督。如在对苏州河综合整治情况的视察中,委员们考察了中心城区的示范河段,又对城乡结合部的部分河道及排污情况进行了随机视察,发现个别地段存在随意排污、管理不严的现象,及时向有关部门作了反映。动拆迁安置工作是政府工作的重要内容,是全市关注的热点问题,关系到社会的稳定。市政协围绕动拆迁安置专题,先后组织了3次视察:一是视察本市世博会建设用地拆迁及安置情况,实地考察了浦江世博家园;二是视察两个1 000万配套商品房建设情况,实地考察了顾村和江桥两个配套商品房基地;三是视察闸北新客站北广场和长宁新泾地区动拆迁租赁安置试点情况,委员们对本市配套商品房规划布局、公建配套建设、动拆迁安置等提出了意见建议。

2004年,市政协组织开展对本市工商管理工作情况进行专项视察。通过与企业、市场管理人员、法律工作者等有关人士座谈、与市民网上交流、问卷调查以及走访工业企业和商品市场等方式,了解市工商局依法行政、实施《行政许可法》和办理政协委员提案等工作的情况,实事求是作出评议,既充分肯定了该局工作,又提出了改进工作的意见和建议。

2005年,围绕广大群众十分关心的食品安全工作进行了专项视察,重点视察乳制业和餐饮业,有200多位政协委员参加。委员们赴消保委了解群众对食品安全的有关反映,实地走访乳品二厂等企业、超市、批发市场,还走访了宝山区食品药品监督管理局和顾村镇政府,对申办农家宴的情况进行调研。在走访、座谈、调研的基础上,委员们在完善食品安全监督管理体制,加强食品安全的监管工作,加大食品安全宣传力度,监管部门之间建立信息共享系统等方面提出了意见和建议。经过认真扎实的调研,委员们充分肯定了本市食品监管工作的成绩,同时也指出在食品监控、标准和认证等方面存在的问题。在视察中,委员们做到提意见和提建议"两同时",不仅注意提出问题和找出差距,更注重建言献策,支持政府工作,凸显了政协民主监督的"柔性"特点,有利于增进共识,形成合力。

2005年市政协还组织委员对转变经济增长方式中的政府作用问题进行调研。在不到一个月的时间内,课题组邀请市发改委、国资委、经委等政府部门以及小企业服务中心、工业经济联合会等10家中介组织和研究机构,围绕"中央政府如何进行适度合理的经济调节和市场监管"、"省、县、乡三级地方政府在经济增长方式转变过程中应发挥什么作用"等问题提出意见建议,形成调研材料送交全国政协。

近年来,担任特邀监督员的政协委员参加了全市统一组织的对有关部门的行风测评,委员们以高度的责任感认真负责地参加测评工作,有的委员利用休息天直接到受聘部门值勤,并以亲身感受提出建议。有的委员热情倾听群众诉求,努力依法为民维权。三年来,政协委员参加了对本市58个行业或部门的政风行风监督和测评,提出了有深度的测评意见。特邀监督员的工作得到了市纪委、市监察局和市纠风办等部门的好评。

(三)对本市法治环境建设情况开展民主监督

2004年市政协在市委"促进司法公正,维护司法权威"工作会议后,拟写了《市政协贯彻市委"促进司法公正,维护司法权威"会议的意见》,还组织开展"促进司法公正,维护司法权威"的视察。委员们听取了市委政法委等关于本市政法系统落实"促进司法公正,维护司法权威"工作情况的介绍,并视察了市检察官培训中心、市高级人民法院、闵行公安分局和市提篮桥监狱,并在此基础上提出意见建议。

2004年市政协开始试行将年终集中视察改为平时视察,使民主监督更体现时效性,也更贴近实际。各专门委员会结合专业,选择苏州河两岸开发、外来人员管理、安全生产工作等方面,深入实际,了解情况,积极献计献策。如对本市公共卫生体系建设,委员们通过视察提出,要重视公共卫生尤其是农村和社区的基础设施建设,加强传染病的预防和控制能力,注重公共卫生体系的长期效能,防止短期行为,实现资源共享。政协还分别就"科教兴市"重大项目推进情况、市教育工作会议的落实情况、交通设施建设、国际金融中心建设等情况开展视察,寓民主监督于支持和推动工作之中。

2005年市政协着重就知识产权公共服务平台建设、配套商品房建设、创意园区发展、公立医院建设、大剧院艺术中心运作等问题开展视察。委员们积极发挥各自专业优势，全面了解情况，提出有针对性的建言。例如建议：立足"长三角"流域，扩大监控范围，抓好水环境的源头治理；从法律法规上保护本市优秀历史建筑，并保护这些建筑所形成的历史文化；重点开发区用地指标的审批要向实施"三个集中"的开发区倾斜等。

三、积极履行参政议政职能，发挥政协人才和智力优势，为促进本市法治建设献计出力

参政议政是人民政协履行职能的重要形式，是政协委员发挥自身优势，反映社情民意的重要平台，也是党和政府经常听取各民主党派和各界人士意见的有效方式。三年来，市政协围绕中心、服务大局，根据上海经济发展的实际情况，充分发挥政协"人才库"、"智囊团"的优势，选择综合性、全局性、前瞻性的课题，使参政议政活动更具活力。2003年至2005年，共开展了111项专题调研，形成了一系列常委会建议案、主席会议建议案和专题调研报告。在市政协每年召开的专题调研成果通报会上，韩正市长每次都仔细听取成果汇报，认为市政协的调研为决策提供了重要依据和参考。

2003年至2005年市政协为促进本市法治建设参政议政活动主要集中在以下几方面。

（一）围绕以科学发展观指导本市经济社会发展建言献策

建设资源节约型城市是用科学发展观指导城市发展的一项长期战略任务。市政协认为，上海作为能源匮乏的城市，必须高度重视经济安全，建设资源节约型城市极为重要。委员们建议及时转变观念，健全评估考核体系，推进科技进步和新能源利用，加强节能立法，有计划地建设循环经济。市政府领导对此非常重视，认为这是有价值、有见地的建议。市发改委、市经委和市建委等部门迅速制定有关措施和政策，并恢复和健全了万元GDP的能耗导向指标。

市政协根据本市规划工作会议确定的目标，在市计生委、市规划局和市统计局

的支持下,开展了中心城区人口规模变化与调控的调查研究,对现状和趋势作出客观评估,并深入分析调控目标与现行措施之间的矛盾,提出要进行中心城区人口承载力研究,进一步控制中心城建筑总量,把更多的社会资源和功能配置到郊区等建议。还组织了"推进发展循环经济,提高资源利用效率"、"发展有规模的私营经济园区"、"土地使用向规模经营集中"的调研,并视察了新能源开发、新能源汽车、废旧物品回收体系建设、煤制油中试装置等情况,建议要创建和完善循环经济指标评价体系和资源节约指标评价体系,建立本市推进循环经济工作考核制度等。市政协还与有关部门举办了"建设资源节约型和环境友好型城市"科普主题展,吸引了25 万余人次群众前来参观。

围绕科学发展观,为"十一五"期间上海经济社会发展建言献策,是 2005 年市政协参政议政的重点内容。市政协连续组织了 13 次专题座谈会讨论"十一五"规划编制工作。在社会建设方面,委员们提出,要积极推进平安建设,努力扩大社会就业,完善社会保障体系,注重合理调节收入分配,并要继续深化教育综合改革,确立政府在基本医疗和公共卫生领域的主导地位,正确处理公共文化事业与文化产业的关系等。市政协将委员的意见进行分类汇总,整理出关于规划思路、结构调整、科技创新和社会建设等九大类建议,为编制"十一五"规划汇集了广泛的民意和民智。

委员们积极为 2010 年世博会献计献策,先后视察了世博会园区场地和动拆迁安置基地的建设情况,提出要保质保量地建设世博家园,重视节能节地,超前考虑场馆的后续使用和管理等建议。还开展了"提升世博会文化内涵"的调研,召开了研讨会,讨论如何突出"城市,让生活更美好"主题,更好地展示中华民族的传统文化,弘扬上海城市精神,并融合世界优秀文化,激发新的文化创意。同时,委员们非常关注世博会期间的气候影响与场地内的历史建筑保护和利用问题,积极提交了提案,得到了有关部门的重视。

针对本市长途客运设施小、散、简的现状,委员们提出了整合长途客运资源的提案,与市交通局的发展思路不谋而合。目前长途客运站开始纵合横连,客运总站建设也初具规模。通过提案,政协委员提出扩大投资者主体范围的建议,已在市政府《关于本市在企业登记中扩大出资者范围的试行意见》等文件中体现;新建上海历史博物馆的建议,已被列入上海文化设施规划;取消"沪 0"汽车牌照的建议,已被采纳;扩大医保卡定点药房的建议,也在有计划地推开。

（二）为构建和谐城市，维护社会稳定平安广献良策

在中共中央提出建设社会主义和谐社会之后，市政协围绕构建和谐社会问题开展了一系列调研活动。"适应老龄化社会趋势，促进本市养老事业发展"的调研，建议把养老事业纳入经济社会发展规划，进一步完善以居家养老为主、机构养老为辅的养老模式，健全服务设施和医疗保障体系等。

促进人与自然和谐相处也是委员们关心的问题。市政协开展了"本市水系规划建设"的调研。委员们提出，要从上海建设国际航运中心的目标出发，从长远和系统的角度，尽快编制以黄浦江为主体的上海水系综合规划，加快河网建设，增加水域面积，逐步理顺引排功能，带动水环境优化。

和谐城市需要博大精深的先进文化。市政协开展了"市文化工作会议精神落实情况"、"基层图书馆建设和发展"等调研，都对发展社会主义先进文化提出了不少建议。在"关于上海舞台艺术精品创作生产"的常委会建议案中，对当前舞台艺术创作中存在的问题进行了深入分析，并建议要形成良好的文化生态环境，进一步营造"百花齐放、百家争鸣"的创作氛围，切实解决创作人才匮乏的问题，强化舞台艺术原创能力，创作出更多更好的文化精品，满足广大群众的需求。

和谐社会以诚信为基础。政协委员不断为建立诚信社会建言立论。在协商个人所得税代扣代缴申报办法时，委员们建议规范纳税程序，健全监督机制，提高行政效率，提供便捷服务。对规范上海市司法委托拍卖工作进行调研时，委员们听取了有关部门的情况介绍，提出了要完善拍卖行的资质认定工作；要建立监督机制，确保拍卖工作的公正、公平；要增强拍卖行业协会自律的自觉性，进一步发挥行业协会的作用等建议。2005年市政协联合市政府有关职能部门以及香港法律教育信托基金会举行了"沪港商贸和个人诚信法律"论坛，进一步促进良好社会经济环境的营造，推动沪港台经贸交流；邀请本市金融机构专家和香港法律、金融界人士，就建立和完善本市社会诚信体系问题进行了探讨交流，为市政府加强本市诚信体系建设提供了舆论支持和可资借鉴的国际经验。

和谐城市建设涉及方方面面。2005年市政协还开展了"社区禁毒工作现状与发展"、"维护公民权益构建和谐社会"、"市政协在和谐社会建设中的作用"等调研。委员们建议，要切实贯彻以人为本的要求，推进社会事业全面发展，建立由各项社会要素组成的"和谐指数"考核指标，逐步形成促进社会和谐的长效机制。

(三)密切关注民生问题,积极反映社情民意

市政协密切关注人民群众关心的热点、难点问题,积极发挥理顺情绪、协调关系的作用。2003年起,市政协进一步加强了反映社情民意的工作,调整了工作机构和职责,把反映社情民意作为提案工作的延伸和拓展,召开了社情民意工作会议,通过《社情民意征询表》、召开座谈会等形式,了解群众的思想情绪和社会热点,规范有关制度,努力拓宽渠道,增强工作力度,要求社情民意的信息做到来源广、内容实、报送快。三年来,在政协委员的积极参与下,共收到社情民意1 600余条,编发《社情民意》352期,《建言》专刊30余期,并及时转送,成为党和政府与群众沟通联系的桥梁。市领导在多件信息和建言上作出批示。关于建立集中高效的应急联动机制、加强诊疗市场管理、加大对公共设施偷盗行为的打击力度等意见,在市公安局、市卫生局等有关部门努力下,已落实于实际工作中,群众反映比较好。关于"完善水污染治理管理体制"、"加强南水北调工程管理"、"宅基地置换不能侵犯农民利益"、"完善本市住宅物业服务分等级收费管理办法"、"'红色之旅'要注意勤俭节约"等信息,受到了各级领导的重视,不少建议被有关部门采纳。如委员对车辆和道路交通管理方面的一些建议,有关部门高度重视,件件都有具体的处理意见,并及时进行反馈。

商品房价格问题一度成为社会关注的热点,九三学社上海市委与市政协有关专委会通过认真调查研究,联合召开了"培育发展房屋租赁市场"研讨会,对国内外住房观念和机制进行了比较,提出要完善有关政策,加快培育符合市场经济规律、又满足不同群体需求的住房租赁新机制。农工党上海市委以党派名义提出了将本市16个服务部门各自的查询、投诉和求助的电话归并为一号通的建议,得到有关部门的重视和采纳,"12319"城建热线迅速开通,全天候为群众服务。对于社会关心的中小学生负担过重问题,市政协也组织了视察和座谈会。委员们认为,这不仅是学校的事,应当在包括家庭在内的全社会形成"减负"的合力,重视推进素质教育与创新教育的发展。

为进一步加强与各界群众的联系,深入基层,与各界群众沟通交流,了解人民群众最关心、最直接、最现实的利益问题,从2004年起,市政协每季度召开一次市民座谈会,每次邀请8至10位市民进行座谈,听取和了解他们对各方面工作的意见和建议,在一定程度上起到了协调关系、化解矛盾、增进共识的作用,也是市政协联系群众、了解社情民意的一种新的探索。三年来,市政协领导与市民进行座谈、网上

交流和热线对话近 50 次,并开展了下基层调研 100 余次,了解本市节日市场供应、疾病防治体系建设、社区建设、电信服务业发展、交通排堵保畅工作和中环线建设等情况,还到市盲童学校、智障儿童辅导学校、福利院和老年公寓等地,关心特殊群体。市政协还邀请部分市民代表列席市政协全会和常委会,并组织了"欢迎您到政协来做客"的活动,请一些市民群众到政协参观和座谈。在市文广传媒集团的支持下,市政协领导和委员应邀参加电台《市民与社会》节目,与市民进行对话交流。如召开了有企业一线职工代表参加的座谈会,了解企业改革发展中一些深层次的难点,帮助反映基层和群众的所想所思。有关专委会还结合自身工作,协助有关部门,做好化解矛盾的工作。又如及时配合某镇政府调解了因土地征用而引起的纠纷,受到社会的好评。市民们旁听了常委会审议有关"低保"制度的建议案,看到委员们认真而热烈地开展讨论,为维护困难群体的利益提出实实在在的建议,深有体会地说:原来以为政协委员都是社会名人,层次高,想不到与市民群众心贴心,提出的建议都代表了我们的心声,非常感动。

在履行职能的同时,广大委员想民所想、急民所急,为扶贫帮困奉献爱心。市政协代表团赴云南考察,带去了四位民营企业家委员的捐赠,以帮助建立"脱贫奔小康温饱村"。很多委员通过不同形式参与慈善事业,捐助希望工程。有的委员仅在一个县就帮助 800 名儿童就学。有的委员不仅热心资助贫困对象,还帮助其落实创业计划。2005 年,市政协特设了"爱心奖",表彰了一批为社会公益事业作出贡献的政协委员,努力营造团结互助、和谐友爱的社会氛围。

此外,市政协还着重加强与新的社会阶层的联系,多次召开外地来沪投资企业家、政协委员中的民营企业家座谈会,了解和反映他们的愿望和要求,支持民营经济的发展,鼓励他们创造更多的社会财富。

上海市政协正在努力用自己履行政治协商、民主监督、参政议政职能的丰硕成果,为上海的社会主义法治建设增砖添瓦。

(上海市政协研究室　执笔人:葛健)

依法行政工作

一、依法行政的主要工作

2003年2月,新一届上海市政府组成伊始,就提出了建设"服务政府、责任政府、法治政府"的目标,力求在依法行政方面有更大突破。2004年2月国务院发布《关于全面推进依法行政的实施纲要》(以下简称《纲要》)后,本市各级政府及部门从执政为民、建设"三个政府"的高度,积极贯彻落实《纲要》提出的各项制度措施,确定依法行政是贯穿于整个政府工作的基本原则。突出落实科学发展观、构建社会主义和谐社会的主题,坚持推进依法行政与转变政府职能、改革行政管理体制相结合;围绕上海改革发展稳定的中心工作,着眼于从上海实际出发,重点推进与全面推开相结合,组织实施与督促检查相配套。在推进依法行政方面做了大量的工作,取得了一定成效。

(一)以贯彻《纲要》为工作主线,加强领导和组织,全面规划,认真实施

国务院1999年下发《关于全面推进依法行政的决定》后,上海市政府于2000年4月即出台了《上海市全面推进依法行政实施方案》。在政府立法、行政管理和行政执法、行政监督和救济、加强机构队伍建设等各个方面全面推进依法行政。2004年2月国务院发布《纲要》后不久,市政府即成立了依法行政工作领导小组,召开了全市依法行政工作会议,对新一轮依法行政工作进行部署落实,并启动了实施意见的调研起草工作。同年9月,关于本市贯彻落实《纲要》的实施意见正式出台。实施意见在《纲要》的总框架内,结合时代背景和上海特点,提出了实施《纲要》的指导思想、基本要求,明确了十项主要任务措施,并确定具体制度作为抓手,以使每一项任务措施切实可行。这十项主要任务:一是以贯彻实施《行政许可法》为契机,加快政府职能转变和管理方式创新;二是积极推进政府信息公开,促进政府管理的公开、便民、规范、廉洁;三是完善决策程序,建立决策跟踪评估机制,促进科学、民主、依

法决策;四是以加强社区管理和完善社会保障体系为重点,强化政府的社会管理和公共服务职能;五是深入推进综合执法改革,进一步理顺行政执法体制;六是完善政府立法的各项制度建设,规范行政规范性文件的制定和实施;七是加快行政程序建设,突出行政程序对政府管理的规范和制约;八是规范公共财政收支,加快完善公共财政体制,保障和规范政府履行公共管理职能;九是推行行政过错责任追究制,强化对行政行为的监督,实现权力与责任相统一;十是完善行政裁决、行政调解、人民调解、信访制度,进一步形成多元化社会纠纷解决体系。市政府领导明确将贯彻实施《纲要》、推进依法行政工作作为本市各级政府一项长期的战略任务来抓。市政府领导的高度重视,为全市各级政府及其部门全面推进依法行政提供了动力和保证。

市政府在出台《纲要》实施意见的同时,为实现行为规范、运转协调、公正透明、廉洁高效的行政管理体制目标,努力改进工作作风。于 2005 年 5 月 30 日修订了《上海市人民政府工作规则》,对全面履行政府职能、实行科学民主决策、推进依法行政、提高工作效能、加强行政监督、严肃作风纪律等做出了详细而明确的规定。该《工作规则》实施后,政府工作的规范化、制度化水平有明显提高。

(二) 以贯彻实施《行政许可法》为契机,切实转变政府职能

《行政许可法》于 2003 年 8 月 27 日经第十届全国人大常委会第四次会议通过,于 2004 年 7 月 1 日起施行,为全面推进依法行政提供了又一次强大的推动力,也成为上海市政府机关切实转变政府职能、建设"三个政府"的难得契机。

1. 各级领导高度重视,真正做到思想到位、责任到位。为贯彻落实《行政许可法》,市委先后召开了两次常委会和一次学习会;市政府召开多次会议进行研究、部署,并成立了由韩正市长任组长、冯国勤副市长任副组长的贯彻实施《行政许可法》工作领导小组;市人大常委会与市政府之间成立了"贯彻实施《行政许可法》准备工作协调小组";市政协也专门听取了法制办的工作汇报。各区(县)长、市政府各部门的主要领导作为第一责任人,做到亲自抓、亲自管。此外,通过讲座、授课、辅导、考核等多种形式,对本市近 400 名局级领导干部、近 300 名政府法制干部和 4 万多名行政执法人员进行了不同层面的《行政许可法》学习培训。

2. 对行政许可事项、依据以及实施主体进行全面清理。按照国务院的统一部署,本市在已经完成三轮行政审批制度改革的基础上,按照《行政许可法》的要求,

从2003年12月起至2004年7月1日前,对行政许可事项进行了全面清理。这次清理中涉及行政许可事项1 242项,其中,国家创设的1 039项,占83.7%;本市创设的203项,占16.3%。经对本市创设的203项进行清理,决定取消102项,取消率达到本市创设项目的50%。继续实施的101项行政许可事项中,大部分为地方性法规创设,原由政府规章创设,现由市人大常委会作出决定确认其继续实施的12项。此外,本市还对市政府各委、办、局上报的303家许可主体进行了审查,确认具有行政许可实施主体资格的机构211家;不予确认的机构64家,另28家有待确认;对1 177家区县级许可主体名单进行了审核。经市政府授权,对中国人民银行上海分行等97家具有行政许可实施主体资格的国务院有关部门在沪机构向社会作了公告。通过全面清理,一方面,减少了政府规制,对于不该由政府管理的事项,政府的管理职能要坚决退出,充分发挥市场的资源基础配置作用,让公民、法人自主决定、行业自律管理,或者由市场机制调节。另一方面,市政府有关职能部门在清理过程中,研究并制定了相应的调整措施,以防止许可事项被取消后管理脱节或出现真空。

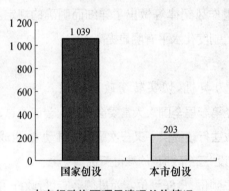

本市行政许可项目清理总体情况

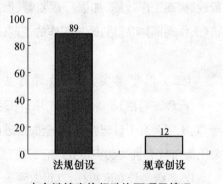

本市继续实施行政许可项目情况

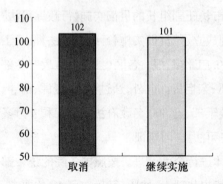

本市创设行政许可项目清理情况

3. 组织《行政许可法》相关配套制度的研究和制定。在认真做好《行政许可法》宣传、培训与清理等工作的同时,市政府法制办组织力量抓紧对与行政许可相关的八项配套制度进行前瞻性课题研究。内容涵盖行政许可的设定、实施和监督检查制度等各方面。经过论证与整合,其中三项制度最后以政府规章形式出台,即

2004 年 12 月 13 日发布的《上海市临时性行政许可设定程序规定》、《上海市行政许可办理规定》、《上海市监督检查从事行政许可事项活动的规定》。这三个规章主要是对许可法相关制度进行实施性细化,并增加可操作性内容,于 2005 年 2 月起正式施行。

4. 开展专项执法检查。为进一步规范行政许可行为,市政府法制办根据《行政许可法》设计了一套行政许可的法律文书示范文本,为基层提供具体的指导。2004 年下半年,对本市行政许可法律文书进行专项检查。在本市各行政许可实施主体单位普遍开展自查的基础上,对市建委、市农委等 10 家单位进行了重点执法检查,各区县也结合实际情况组织了专项执法检查。

(三)率先推进政府信息公开,增强政府行为的公开透明度

政府信息公开,既是把政府机关掌握的大量信息资源向社会公众提供,也为公众监督政府行为提供了有效和制度化的手段,因而成为上海市政府推进依法行政的一个突破口。2004 年 1 月 20 日,市政府制定《上海市政府信息公开规定》(以下简称《公开规定》),并于同年 5 月 1 日起正式施行。由此开创了在全国省级政府中出台规章实施政府信息公开的先河,也成为本市建设"服务政府、责任政府和法治政府"的又一个重要举措。《公开规定》明确政府信息以公开为原则,不公开为例外,为实现公众的知情权和对政府的监督权提供了法制保障。

1. 推进制度建设。《公开规定》颁布后,市政府采取一系列措施抓好推进落实工作。一是建立政府信息公开联席会议工作机制。由市信息委、市政府办公厅、市政府法制办、市监察委等 10 个部门组成市政府信息公开联席会议,集体决策,加强协调,指导督促各机关信息公开工作。二是确定教育、劳动保障、民政、房地、公安等 15 家"公权力大、公益性强、公众关注度高"的"三公"部门,重点推进政府信息公开。这 15 家部门率先编制政府信息公开目录和指南,建立政府信息公开专门机构和各项制度,有力地推动了其他部门的政府信息公开。从 2005 年 1 月 1 日起,所有市政府工作部门和区县政府工作部门全部推行了政府信息公开制度。

2. 立足于建立长效机制。一是拓宽公开渠道,从便民利民的原则出发,初步形成多元化的政府信息公开渠道。各政府部门编制《政府信息公开指南》,开通咨询和监督电话,在各自网站上开设政府信息公开专栏。同时,市政府通过政府网站、

新闻发布会、市档案馆各种途径实现信息公开。2004年5月1日起,《上海市人民政府公报》在全市免费向公众发放20万份。与此相配套,2005年2月20日起,《上海市人民代表大会常务委员会公报、上海市人民政府公报汇编》(英文版双月刊)向外国驻华机构、团体及外资企业等免费发放5 000多份。成为上海向外宣传政策法律的重要窗口。二是规范网上公开工作,规范信息公开申请的受理流程,按照主动公开、依申请公开、免予公开的不同要求对新产生政府信息进行分类处理,建立政府信息公开情况的年度报告机制、监督检查评议机制以及学习培训和促进交流的工作机制等。

3. 注意研究和解决制度实施中的各类疑难问题。《公开规定》实施以来,遇到一些疑难复杂问题,包括政府信息公开与国家保密法的衔接;与商业秘密和个人隐私保护之间的关系处理;与《档案法》在公开范围、救济程序等法律问题上的差异界定;我国特殊的历史和现状下产生的与政府信息公开相关的众多非法律问题,等等。为此,市府法制办对这些因政府信息公开带来的问题展开了调查研究,提出建议,并通过联席会议予以明确,确保政府信息公开工作积极稳妥进行。

4. 加强相关理论研究。市政府法制办专门就房地产登记资料、高考查分和"黑名单"制度等政府信息公开法律问题召开专家咨询会。同时,借鉴发达国家关于政府信息公开的有益经验,市政府法制办与美国耶鲁大学法学院中国法律中心分别于2004年10月和2005年10月两次举行政府信息公开的专题研讨会,就政府信息公开与个人隐私、商业秘密、档案、审议中信息等专业性、操作性问题进行研讨交流,取得了较好效果。

截至2005年底,政府信息公开实施一年半以来,本市各级政府机关已主动公开政府信息达15万多条,其中区县政府7万多条,市级委、办、局公开8万多条。各部门共收到政府信息公开申请2万余件,其中80%能够全部或部分提供。总体推进有力、有序、有效,反响良好。各级政府机关及其工作人员的观念从"为什么要公开"到"为什么不公开",有了明显转变;政府权力的行使受到有效监督和制约;社会各方面对政府信息公开制度高度关注、反应积极。

(四)理顺行政执法体制,积极探索综合执法改革

不断完善行政执法体制,是上海解决好特大型城市管理问题,合理调整政府职能和权限分工、理顺行政执法体制,解决行政执法"错位"、"缺位"和"越位"的必然

要求。

一是在行政事业单位机构改革中,力求做到机构、人员、职能、经费四者有机统一。即,机构、人员由市编办统一编制;职能由市政府法制办、市人大法工委、市编办协调后确定;经费由市财政全额拨款,改变了以往部分依赖自筹的现状,行政执法的财政保障机制得到健全,为公正执法提供物质保障。二是按照政事分开、政企分开、政社分开的原则,进一步理顺行政执法体制,探索行政事务执行机构改革,实现执法主体归位。

上海推进行政综合执法先后在文化、城管、食品安全监管和城市交通管理四个领域开展。

一是在全国率先实现文化市场领域的综合执法。1999 年,本市在全国率先开展文化市场领域的行政委托综合执法。同年 12 月,本市设立了全国第一支文化领域综合执法机构——上海市文化稽查总队。从 2000 年 1 月起,接受市文化、广播影视、新闻出版、文物、体育等 5 个行政管理部门委托,综合行使有关行政处罚权。2004 年 12 月,市政府发布了《上海市人民政府关于本市进一步完善文化领域相对集中行政处罚权工作的决定》和《上海市文化领域相对集中行政处罚权办法》,明确将原来的委托执法调整为授权执法,并将原来的市文化稽查总队重新组建为市文化市场行政执法总队,全市 19 个区(县)也相继组建了区(县)文化市场行政执法大队,目前文化领域的综合执法改革已经基本到位,原来由市文广影视、新闻出版、文物、体育、旅游等行政管理部门执法的文化广播影视、新闻出版、体育、旅游、文物管理等 5 个文化市场领域现由文化市场行政执法队伍一家执法。

二是实现城市管理领域的综合执法。本市在城市管理领域的综合执法,先后经历了街道监察队、区级综合执法和市级综合执法三个阶段。最早可以追溯到1997 年地方性法规授权街道监察队实施综合执法,综合执法领域为整治市容市貌为主;2000 年 12 月起由市人大常委会授权中心城区开展区级城市管理综合执法;2004 年 2 月起,综合执法范围扩大到建设、市容环卫、市政工程、绿化、水务、环保、公安、工商、房地资源和规划等 10 个部门的行政处罚权。2005 年 6 月,市政府发布了《上海市人民政府关于本市开展市级层面城市管理领域相对集中行政处罚权工作的决定》,明确自 2005 年 8 月 1 日起在市级层面开展城市管理综合执法工作。2005 年 8 月 1 日,设立上海市城市管理行政执法局。目前,本市城市管理综合执法工作已推进到市区两级全面深化阶段。

三是探索食品安全监管领域的综合执法。在食品安全监管方面,市政府于2004 年 12 月发布《关于调整本市食品安全有关监管部门职能的决定》,对本市食品安全有关监管部门职能进行调整,将原由卫生部门负责的食品流通环节和消费环节(包括餐饮业、食堂等)以及保健食品(包括化妆品)的生产加工、流通和消费环节的监管职责,划归食品药品监管部门;将原由卫生部门负责的除保健食品以外的其他食品生产加工环节的监管职责,划归质量技监部门,从上海实际出发理顺了食品安全监管体制,为加强食品安全执法力度和效能奠定了基础。目前,食品安全监管由市农林、技监、药品、工商 4 个部门分别承担。

四是实现城市交通管理行政部门内部的综合执法。在城市交通管理方面,原来有 5 支执法队伍,分别承担公交客运、出租汽车、轨道交通、陆上运输、汽车维修等领域的执法。根据市委《关于深化城市交通管理体制改革方案》精神,市政府于2005 年 10 月底对城市交通进行综合执法体制改革,职能相应调整。撤销上海市公共交通客运管理处、出租汽车管理处、轨道交通管理处、陆上运输管理处等 9 个事业单位建制,组建市城市交通行政执法总队、市城市交通运输管理处,分别负责现场综合执法和行政审批的综合管理。2005 年 12 月 1 日,市城市交通行政执法总队首次开展了综合执法,对中心城区和主要交通枢纽站的违法载客"黑车"和其他各类交通违法行为进行专项整治;上海市城市交通运输管理处也实现了行政审批的一个窗口对外服务。

综合执法四个领域比较表

特 征＼综合执法领域	文化领域	城市管理领域	食品领域	城市交通管理领域
实施时间	1999 年底—2004 年 8 月(第一阶段)/2004 年 8 月至今(第二阶段)	1997 年—2000 年底(第一阶段)/2000 年底—2005 年 6 月(第二阶段)/2005 年 6 月至今(第三阶段)	2004 年底至今	2005 年 10 月至今
综合执法主体	市文化市场行政执法总队	市城市管理行政执法局	市食品药品监督管理局、市质量技术监督局	城市交通行政执法总队

综合执法领域 特 征	文化领域	城市管理领域	食品领域	城市交通管理领域
被综合的内容	文广影视、新闻出版、文物、体育等	建设、市容环卫、市政工程、绿化、水务等	食品生产加工、流通、消费环节等	公共交通客运、出租车、轨道交通、陆上运输、汽车维修等
推进过程	市、区(县)文化稽查队——市、区(县)文化市场行政执法总队(大队)	街道监察队——区城市管理监察大队——市城市管理行政执法局	卫生部门、食品药品监管部门、质量技监部门之间职能调整	市城市交通管理局内部公交客运管理处、出租车管理处、轨道交通管理处等分支机构的综合。是部门内部整合
推进特点	由委托执法到授权执法	由授权执法到行政机关依法定职权执法	在"分段监管"基础上,逐步实现一个部门为主的监管模式	部门内部整合
综合执法模式的特点	自上而下	自下而上	部门之间职能调整	部门内部机构之间职能调整

(五)大力推进行政执法责任制

根据党的十五大报告中明确的"一切政府机关都必须依法行政,切实保障公民权利,实行执法责任制和考核评议制"的要求,本市各区县早在 1996 年就开始进行行政执法责任制试点工作,市政府有关工作机构于 1997 年开始研究和逐步推行行政执法责任制试点。至 1999 年,本市已有市工商局、市民政局、市司法局、市卫生局等 15 个市政府委办局开展了行政执法责任制试点。经过几年探索和实践,本市的行政执法责任制工作取得了初步成效,各级行政机关的领导和执法人员依法行政和执法责任意识得到增强,行政执法行为特别是行政处罚行为有所规范,行政执法力度有所加强,行政执法监督得到强化。2005 年 7 月 9 日,国务院办公厅印发了

《国务院办公厅关于推行行政执法责任制的若干意见》后,本市于 10 月 25 日出台了《上海市人民政府关于贯彻落实〈国务院办公厅关于推行行政执法责任制的若干意见〉的实施意见》,在全市各级行政机关开始全面推行行政执法责任制。其重点:一是梳理执法依据;二是市和区县行政执法部门、行政执法机构内部的执法职权分解与执法责任的确定;三是建立健全行政执法评议考核机制,建立健全对行政执法部门、行政执法机构和行政执法人员的评议考核机制;四是出台本市行政过错责任追究的政府规章并组织实施,各级行政执法部门建立健全本部门行政执法过错责任追究的工作制度。

(六)建立行政规范性文件备案监督制度

长期以来,上海市、区(县)两级政府每年出台的红头文件多达 1 600 多件,政府管理经济对文件的依赖度数十倍于纽约、伦敦、东京等世界经济中心城市。针对这种现状,市政府于 2003 年 12 月 28 日颁布了《上海市行政规范性文件制定和备案规定》,并于 2004 年 5 月 1 日正式实施。据此规定,按照"有件必备、有备必审、有审必复"的原则,市政府法制办对报送市政府备案的规范性文件的合法性、适当性进行了全面、严格的审查;区(县)法制办对其所属部门和乡镇政府制定的规范性文件也实施了备案审查。

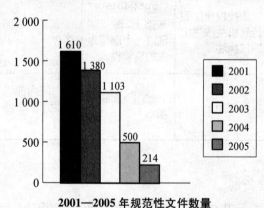

2001—2005 年规范性文件数量

通过实施备案监督制度,规范性文件的制定数量明显减少。据统计,区县政府和市政府委办局制定的规范性文件,2003 年为 1 103 件;2004 年前 4 个月为 235 件,实施备案审查后的 8 个月仅为 123 件,全年累计 358 件,加上未报、漏报的,2004 年全年制定的规范性文件不超过 500 件,2005 年报备 214 件,数量明显减少。同时,绝大多数规范性文件在合法性与适当性方面均符合要求,规范性文件的制定质量有了较大提高。

（七）认真做好行政复议和应诉工作，完善行政救济制度

行政复议制度是行政机关自我监督的一项重要行政救济制度。1999年10月1日《行政复议法》施行后，行政复议制度又一次得到了强化和完善。市政府提出建设"服务政府、责任政府、法治政府"以来，本市各级复议机关进一步贯彻《行政复议法》，加强行政复议工作，充分发挥行政复议在妥善化解社会矛盾方面的作用。从2003年至2005年，市政府共收到复议申请分别为217件、573件和413件；依法受理的分别为105件、432件和174件；不予受理的分别为38件、53件和135件。纠错率分别为37.1％、19.7％和18.2％。

各级复议机关在行政复议案件审查中十分注意立法和执法问题，将工作"向前"和"向后"延伸。"向前"，即在审查具体行政行为的法律依据时，对法律规定可能存在的问题，向有关部门反映。"向后"，即与执法监督联动。市工商局通过建立行政复议跟踪回访制度，及时监督复议决定书的执行情况；市交通局建立了行政执法错案追究制和纠错追踪制度。市政府法制办完善了现场踏勘工作规范、复议时限规定等行政复议内部制度和规范。在全市积极推行"持证接待"制度，告知当事人复议工作人员身份，进一步规范复议程序。发现不属于行政复议范围、但在执法中可能存在问题的情况，将有关问题移送法制监督部门调查处理。同时，加强了对各区县政府及市政府工作部门行政复议工作的业务指导和培训。

在做好行政复议工作的同时，修订完善了市政府行政应诉内部规范，认真做好行政应诉工作。2005年1至10月本市各级法院受理的"民告官"案件为1 653件，同比上升35％。但政府部门在行政案件中的败诉率近几年却以逐年3％的比例下降。标志着政府应诉能力和水平的提高。2004年起市政府和徐汇区、浦东新区等区县政府开始探索行政首长出庭应诉制度。2005年起，市政府各工作部门和其他区县政府也都推行了行政首长出庭应诉制度。

（八）加强行政执法队伍建设，不断提高公务员法律素质

加强执法队伍建设是依法行政的基础工程。近年来，本市在加强行政执法队伍建设方面取得了较好成绩。一是建立领导干部学法制度，对各级领导干部进行基本法律知识培训；二是坚持行政执法人员法律业务培训制度。市法制办从1995年以来，每年组织市政府委、办、局和国务院有关部门在沪单位从事行政许可、行政

处罚、行政强制和其他行政执法工作的行政执法人员进行业务培训;据统计:每年全市包括公安系统在内共有 8 万余名行政执法人员参加了培训,考试合格者方可取得行政执法证。三是对各区县政府、市政府各委、办、局法制干部和市级行政执法机构的干部进行专题培训。通过这三个层次的培训,提高了执法队伍的政治、业务素质,努力建设一支公正廉洁、作风优良、业务精通的行政执法队伍。少数执法违法、执法犯法的人员被清除出执法队伍。

同时,加强对行政执法人员的评议考核,建立和实施行政执法证制度和行政执法主体资格审核公告制度。各有关部门都要对行政执法人员的执法工作实行量化管理,制定具体的考核指标,定期进行考核。经考核合格后才能持证上岗执法。此外,还在行政机关内部加强行政执法制度建设,广泛开展"开门评议"活动,通过设置举报电话、意见箱、发放征求意见卡,开展问卷调查等方式,听取群众意见。

(九) 依法监察工作力度进一步加大

全市各级行政监察机关在纪检、监察合署办公的体制下,认真实施《行政监察法》,深入开展行政监察工作,不断提高执法监察和效能监察的水平。

1. 坚持执政为民,坚决纠正损害群众合法权益的行为。本市各级监察机关以"四个坚决纠正"(即:坚决纠正土地征用中侵害农民利益、城镇拆迁中侵害居民利益、企业重组改制中侵害职工利益、拖欠和克扣农民工工资问题)为重点,协助相关部门,加强监督检查,取得了明显成效。一是认真开展征用农民集体所有土地补偿费管理使用情况执法监察。会同市房地局、市农委等部门对新开发项目的征地程序、资金到位情况以及规范管理使用情况进行了检查,全市征地农民补偿费全部补偿到位。按照建立长效管理机制的要求,建立了土地补偿费直接划拨至村集体经济组织管理制度和市房地局向市监察委土地审批情况备案制度,制定了《关于加强本市对征用农民集体所有土地补偿费管理使用的意见》,以保障农民合法权益不受侵害。二是积极推进城镇房屋拆迁五项制度(拆迁公示、信访接待、投诉举报、拆迁承诺、拆迁监管)的落实,重点对世博会园区、轨道交通、成片二级旧里以下地块的拆迁工作开展了专项检查,处理了信访办理不规范和拆迁粗暴等五方面突出问题。三是纠正拖欠工程款和农民工工资。配合市建设和交通委建立企业诚信档案网络监控系统、"不良名单"通报制度,设立企业民工工资专用账户和工资卡,提前完成中央规定的工作目标。四是纠正企业重组改制和破产中侵害职工合法权益的问题。配合市国资委规范企业改制行为和民主程序,制定了《上海市国有中小企业改制工作责任书》等有关规定,严肃查处了少数企业领导损害职工利益的违纪违法案件。

2. 开展政风行风测评工作。从 2002 年开始,全市对 44 个街道、乡镇重点就执法不公、办事拖拉、乱收费乱罚款、吃拿卡要报和刁难群众等问题进行机关政风评议,至 2004 年底完成。2005 年,全市 24 个被测评部门和行业的总评分为 89.15 分,比 2004 年上升了 3.38 分。具体做法是:(1) 完善测评方法,努力实现测评科学化。组织上海零点市场调查咨询公司参与测评,增设了 950 个测评点(目前全市共设测评点 4 550 个)增聘了一批政风行风监督员;(2) 测评与整改相结合,推动部门和行业解决突出问题。2004 年对教育、医疗、物业、环保、电信、药品监督,2005 年对公安、税务、规划、供气和法律服务等部门和行业实施“重点测评”,500 多名政风行风监督员走访、收集、反馈群众意见,及时落实整改;(3) 建立长效管理机制。组织被测评的各部门和行业向社会作出关于加强政风行风建设的“公开承诺”,并在“上海监察”网上尝试“网上测评”;(4) 建立和完善政务公开的监督保障和检查、测评、评议制度,将“政务公开”列入政风行风的测评内容。

3. 加大行业不正之风的纠正力度。根据国务院廉政工作会议精神,本市各级监察机关加大了“四项工作力度”(即:加大治理教育乱收费、纠正医药购销和医疗服务中的不正之风、减轻农民负担、安全生产管理和事故责任追究的力度)。一是加大治理教育乱收费的工作力度。会同市教委等六部门对高校和各区县中小学的收费工作情况进行了专项检查,查处违规收费,处理违规人员;二是加大治理医药购销和医疗服务领域中不正之风的工作力度。配合卫生部门开展政风行风专项督查和“卫监行动”,对医疗机构进行专项检查,查处非法行医、假劣药品和医疗器械、违规广告等问题,严肃处理违规人员;三是加大规范物业管理的工作力度。配合房地产部门建立物业管理企业诚信档案信息系统;出台《上海市住宅物业服务分等收费标准》,解决物业服务收费不规范、不透明的问题。四是加大安全生产管理和事故责任追究的工作力度,长效监管机制进一步健全。同时,实施“零”税率和“零”费制,增加政府对农村、农民的投入以减轻农民负担;稳步推进治理整顿“统一着装”、公路水路“三乱”等其他专项治理工作。

4. 不断加大执法监察和效能监察力度,严格规范行政行为。在推进效能监察工作中,全市共建立各级行政服务中心 90 个,行政投诉中心 13 个。具体做法是:

(1)认真开展土地市场和开发区清理整顿力度。全市共完成了 3 901 个新上项目的检查;停建了 6 个产业布局不合理、用地手续不齐全的在建项目;整改在建项目 75 项;取消了不符合要求的建设项目立项 78 项。全市 177 个开发区核减了 97 个,核减面积达 378.9 平方公里,减少了 38%。完成了国务院治理整顿土地市场秩序的阶段性工作任务,基本上达到了国家验收标准。(2)集中开展对违法排污企业的专项检查。重点检查了 19 个单位,解决了 7 个排污突出问题。全市共查处违法企业 531 家,立案企业 222 家,停产治理 62 家,取缔或关闭 6 家,限期治理 130 家,责令停止 17 家,处以警告等 56 家,对 260 家企业给予经济处罚共计 467.83 万元。(3)在推进两个"1 000 万"(即新开工配套商品房 1 000 万平方米、中低价普通商品房 1 000 万平方米)建设中扎实开展行政效能监察工作。对首批交付使用的顾村、江桥两个重点基地,加强组织协调,督促检查。

(十)探索浦东新区综合配套改革试点

近年来,浦东新区率先在全市进行行政审批制度的探索创新。告知承诺、并联审批、企业联合年检和政府服务"零收费"等新制度在浦东新区的行政审批制度改革中脱颖而出,尤其是告知承诺制度,它将原先的前置审批改为后置审批,将重心转移到监督上。既缩短了审批时间,又极大地方便了企业。在浦东新区告知承诺制度取得显著效果和良好反响的同时,上海市政府开始在全市范围内大力推行。

2004 年底,为继续发挥浦东新区在制度创新和扩大开放方面的先行先试作用,上海市政府积极向国务院申请将浦东新区列为国家综合改革试验区。2005 年 6 月 21 日,国务院常务会议正式批准上海浦东新区进行综合配套改革试点,成为浦东开发开放又一具有里程碑意义的重大事件。

本次改革重点是从政策创新为主走向制度创新为主、从经济硬实力的提升转到综合软实力的提升。主要任务包括:推动政府转型,探索公共服务型政府体制和机制;探索社会主义市场经济的运行体制和机制,加快发展各类要素市场,积极推动金融创新,加快社会领域改革探索,促进经济社会协调发展;率先消除城乡二元制度障碍,推进城乡一体化发展等。

目前,为配合综合配套改革试点,浦东新区在行政管理中的创新思路不断推出。如,2005 年 9 月,在全市率先试点非税收入收缴分离改革,浦东新区政府除税收之外的所有收入(社保基金、住房公积金不计)都将"当日收当日缴",直接进入国库。此举也成为综合配套改革试点的一个重要举措。

二、依法行政的成果和经验

（一）行政机关工作人员从依法行政意识的提高转向依法行政能力的提高

上海作为经济发展中心城市,在改革开放的大潮中,其经济社会环境正在发生巨大而深刻的变化。提高依法行政能力、加强政府自身建设成了各级机关的重要任务。各级领导干部带头学法用法,已经形成制度;许多行政机关工作人员遇到问题和矛盾,越来越重视运用法律手段加以解决。在推进依法行政的过程中,各级行政机关及其工作人员已从单纯的依法行政观念的增强转向依法行政能力、水平的不断提高。

（二）重实体轻程序的传统观念得到进一步克服

据不完全统计,被人民法院和复议机关撤销的行政案件当中,程序违法的占60％。可见,当前行政人员重实体轻程序的现象依然十分严重。为克服这一传统观念,本市以贯彻实施《行政处罚法》、《行政许可法》为契机,建立了行政执法主体资格的确认公告制度和行政执法人员持证上岗制度;从专业执法、联合执法到综合执法、相对集中行政执法,不断理顺行政执法体制,精简执法机构和人员,提高执法效能;建立公开、回避、事先告知和陈述申辩(听证)、罚缴分离等一系列重要行政程序制度,行政机关重实体轻程序的观念得到进一步克服。

（三）政府的社会管理和公共服务职能进一步强化

按照以人为本,全面、协调、可持续的科学发展观的要求,本届政府十分重视并加大政府在社会管理和公共服务方面的投入。"两级政府、三级管理、四级网络"的管理体制得到了进一步加强,社区在管理公共事务和公益事业中的作用日益突出,社区建设成效显著。此外,扩大小城镇社会保险,率先在全国建立外来从业人员综合保险制度和家政人员意外保险等社会保险制度,进一步扩大社会保障范围。此外,政府还非常重视做好发展各项社会事业、基础设施和公共设施建设、生态环境保护、扩大就业、完善社会保障体系等方面工作,积极探索政府与企业合作提供公共服务、政府与社会合作进行社会管理的运作方式。政府在妥善处理非典、禽流感防治等突发事件中,提高了应对突发事件和抗风险的能力。服务政府建设步伐进一步加快。

(四)多元监督制度逐渐形成和完善

近年来,上海市的行政诉讼案件和行政复议案件数量逐年上升,市政府法制工作机构有效地行使了行政监督职能,在遵循复议工作的程序规范的前提下,提高办案效率,按时保质地完成行政复议案件的办理工作,发挥了行政复议作为层级监督和维护公民合法权益、解决争议的作用。此外,市政府还积极拓宽行政监督渠道,完善监察、审计等专门监督机关的监督机制,依法独立开展专门监督工作;建立社会公众、新闻媒体对行政机关依法行政情况公开评议制度和群众举报违法行为的举报(投诉)制度、反馈制度等,形成多元监督制度的合力,把政府部门工作人员的服务质量、工作作风纳入行政监察部门的监督范围,对被投诉者,一经查实,即依照法纪给予处分,直至追究法律责任。

(五)阳光政府、透明政府、程序政府建设得到了加强

本届政府建立后,着力打造阳光政府、透明政府和程序政府。早在2003年6月,在全国省级政府中率先建立了市政府新闻发言人制度。除定期举行新闻发布会之外,市政府还通过网站、访谈、发布新闻等途径向外发布政府工作消息。此外,上海市政府常务会议、工作会议及专题会议中与老百姓切身利益相关或公众关注的会议内容,甚至市政府文件、领导批示、内部简报中适宜公开的内容,都会在最短时间内在"中国上海"门户网站上发布。

本市政府信息公开规定的出台,进一步推动了阳光政府、透明政府、程序政府的建设力度。如今市民可通过"中国上海"门户网站、市级政府机关和区县网站查阅政府公开信息目录。市民求医,可以在卫生局网站上查到3 000多项医疗收费标准;市民买车,可以通过市政局网站"缴费计算器"算出每年要交多少公路规费;市民结婚,能在民政局网站网上预约。市教委开设的"高考热线",被誉为是考生的"良师益友"。市人事局考虑到弱势群体上网不便,特意开通电话语音传真和留言

系统;台风袭沪时,市水务局通过全市 7 000 多块电子屏幕,滚动播发警报和紧急通知,同时采取手机短信方式向 200 多万用户群发预警预报信息;市房地产交易中心在全国率先推行《上海市商品房销售合同网上备案和登记办法》,与之相配套,房地产网上交易备案系统正式向社会开通,解决了购房者与房产商之间的信息不对称。同时,结合行政许可法的贯彻实施,行政公开制度全面创新。企业登记注册、行政备案、年度检验和社会保障等全面实现政务工作网络化服务,提高办事效率和政府透明度。这些制度的落实,标志着阳光政府、透明政府、程序政府的建设向前迈进了一大步。

三、依法行政存在的主要问题和不足

上海市推进依法行政工作虽然取得了明显进展,但对改革过程中调查研究不足、行政行为不规范、依法行政能力参差不齐等现象还大量存在,依法行政的任务依然艰巨。

(一)对改革过程中先试先行的制度,前瞻性的调研论证不够

上海作为改革开放的前沿城市,客观上要求上海率先制定一些新的法律规范或突破某些现行的不适应市场经济发展的法律规范。而地方政府创制性立法的权限和空间已明显缩小,但上海从特大型城市管理和改革发展需求出发,又需要为先行先试的事项提供法律依据。比如,土地储备、居住证等涉及城市可持续发展的项目越来越多;又如企业信用征信、规范担保行业、产权交易市场等项目,国家尚未出台法律规范,地方没有立法权限,而本市实践中又需要确立的新制度。对这些先试先行的制度,本市仍缺乏必要的前瞻性调查研究,造成这些新项目在制度规范上的滞后。

(二)行政执法行为不规范,甚至违法行政行为依然存在

主要表现为:一是行政执法简单化,将管理等同于执法,将执法等同于处罚,处罚又往往被等同于罚款的现象仍然存在,缺少运用批评教育手段进行综合管理。据统计,上海每年发生的各类行政处罚案件有 1 500 万件之多,从一个侧面反映出行政执法滥用罚款现象非常严重。二是混淆行政处罚的简单程序和一般程序。该

用简易程序却使用一般程序,该用一般程序却使用简易程序;该使用听证程序却不进行听证;处罚中不表明身份,不告知行政相对人的权利,未告知先处罚等现象屡禁不止。

（三）依法行政能力和水平不平衡,特别是基层的依法行政还有一定差距

本市各级政府及其部门的依法行政建设力度不一,进展不平衡。市政府不同部门和区县之间对贯彻实施《纲要》的认识有差距,主动性、自觉性不够强,进展还不平衡,总体上,工作力度呈逐级递减之势。个别区县政府法制机构设置和人员配备不能适应工作需要,法制工作机构力量薄弱,难以发挥贯彻落实《纲要》、推进依法行政的参谋、助手和法律顾问作用。客观上,越到基层,实践中遇到的问题也越多,依法行政推进的难度也就越大。主观上,一些基层行政机关工作机制不够完善、措施不够得力、责任不够明确,工作人员依法办事的能力和水平需要进一步提高。

四、进一步推进依法行政的展望与对策

针对上述问题,上海市下一步的依法行政任务依然任重道远。全市各级行政机关要从贯彻落实"三个代表"重要思想的高度来认识全面推进依法行政的重要性和必要性,切实采取措施,努力提高依法行政的水平。其总体思路是,以贯彻实施国务院《纲要》为主线,以严格贯彻落实《行政许可法》、深入推进政府信息公开为抓手,对一些长期沿袭的政府不该行使的职能、一些长期习惯的与市场经济要求不相适应的管理方式、一些长期存在的体制性障碍和瓶颈问题,实行根本性的改革,并推动依法行政工作全局的发展。进一步加强规范行政行为的各项制度建设,继续推进综合执法改革,加强对行政规范性文件的规范和备案监督,全面推行行政执法责任制和过错责任追究制,实现权力与责任相统一,有力、有序、有效地推进政府各项工作,努力实现建设"责任政府、服务政府、法治政府"取得明显成效。

具体来说,需要走出五个观念误区,提高五种依法行政的能力和水平,需要推进五项主要任务和措施。

（一）依法行政需要克服五个观念误区

1. 法律万能论。从 20 世纪 90 年代开始，法律万能的神话开始流行。其表面上体现了对法律的尊重与重视，而事实上却忽视了法律的局限性，抹杀了诸如道德规范、技术规范、市场化规范、自律性规范等多种社会治理手段的作用。这种被称为"法律浪漫主义"的倾向导致了对法律的过度依赖与滥用，将解决现实问题与矛盾的希望全部寄托在法律上，最终会使管理者因难有作为而陷于被动，进而使人们对法律失去信心。

2. 将改革与法治截然对立。改革开放和进行社会主义法治建设的最终目的是一致的——人民富裕、国家强盛。只有将改革决策与依法决策有机地结合起来，做到法治进程与改革进程的相互协调，才能实现改革与法治相互促进，最终实现"双赢"。但实际工作中，由于各部门工作的重点和出发点不同，常常会将改革与法治截然对立起来。实务部门认为，改革就是要打破常规，就是要不受太多的束缚，如果什么都依法进行，改革的空间就太小了，甚至没有了。而一些法制部门又会片面强调法律的刚性，认为强调法治就是不能给改革留下太多的空间，甚至认为改革的时代已经过去了。这种改革与法治对立的观念，容易造成一些改革举措因没有法律依据而得不到法制保障，或使法律制度成为社会改革新的障碍。两种倾向都不利于改革的深层次推进和发展。

3. 认为效率优先可以牺牲公正。改革开放 20 多年来，"效率优先，兼顾公平"的观念已经在人们头脑中打下了深刻的烙印。而实际操作中，则是遵循了"为了效率，可以少考虑甚至牺牲公正"的潜在规则，其后果是因公正缺失所引起的社会问题，目前已经成为影响我国改革顺利进行、社会稳定与发展的重要风险因素之一。在公正已经成为构建社会和谐的重要指标的今天，"为了效率、少考虑甚至牺牲公正"的观念将会受到极大的挑战。

4. 认为管得越少的政府是越好的政府的误区。长期以来，我国各级政府对国家、社会管理以积极行政为主，政府权力过多、过大。这种包揽式的"全能政府"型管理，因滋生腐败、效率低下、管理成本大而遭到了质疑，于是有人主张走"消极行政"之路，而"消极行政"方式因其对社会的放任自流，极易使社会和经济秩序陷于混乱，早已被一般法治国家所摒弃，是一种不适宜我国国情的过时的行政管理方式。

5. 私权利本位和个人权利优先。建国之初直到改革开放以后的很长一段时间,我们强调更多的是国家利益、集体利益,或者统称为公共利益,而对个人利益缺乏尊重与保护。伴随着市场化改革的不断深入,"追求个人利益最大化"的原则越来越受到人们的追捧,导致对个人利益的保护目前出现了"矫枉过正"的现象。将法治崇尚的"以人为本",片面地理解为"以个人为本";将"以民为本"与"以私权利为本"划等号。这种私权利本位和个人权利绝对优先观念的泛滥,很容易造成行政管理中公权力无法正常行使或行使受阻,致使其他更多人的利益和公共利益无法得到实现,使得公权力的存在失去应有的威严与意义,也损害个人利益,这对法治进程是有害的。

(二)依法行政需要提高五种能力和水平

1. 将制度具体细化,实现可操作性的能力。如果把立法者称为制度的"设计师",作为具体操作和落实这些制度的实施者则是制度的"工程师"。由于我国政府仍处于职能转变时期,面临着行政机关各部门的管理体制不完善、机制不衔接、法制不健全的问题,甚至不同部门之间各持有利于部门利益的法规、规章,依法"打架"的情况时而发生。因此,在尚不成熟的制度环境中,各级政府及其行政机关要解决面临的实际问题,需要有比较高超的执法技巧和协调整合能力,要把制度转化为可以由执法者操作的体制、机制。

2. 依法判断利益的合法性及平衡各种利益冲突的能力。在推进依法行政、建设"三个政府"的过程中,不可避免地会遇到局部利益与公共利益、不同利益群体之间的矛盾冲突问题。对于这种涉及不同利益主体的矛盾冲突,行政机关及其工作人员首先应当对各方利益的合法性作出判断。对于合法的利益,不论是公共利益还是局部群体的利益,甚至是少数人的利益,都应当受到保护,而不能因为与公共利益或多数人的利益相抵触,就牺牲局部利益和少数人的利益。当然,如何保障局部利益和少数人利益的实现方式,是对政府执政能力、执法能力的一种考验和检验。

3. 为老百姓解决实际困难的能力。在市场经济条件下,改革和发展中同时面临许多矛盾和困难,其中大多数与老百姓的切身利益休戚相关。对于触及老百姓最基本权益的问题,单纯地依靠运用法律资源的能力是不够的,实际上是对政府及工作人员的综合能力与素质提出了更高的要求,包括统筹协调能力、规划设计能力、社会心理分析和疏导能力、相关专业知识的运用能力、突发事件的应急处理能力等。在构建社会主义和谐社会的今天,提高为老百姓解决实际问题的能力更是迫在眉睫。

4. 充分应用现有法律资源、学会走程序的能力。经过 20 多年的积累,我国现有的法律资源已相当丰富,无论是实体内容的规定,还是程序步骤的设定,已基本做到了"有法可依"。依法行政过程中出现的一些问题,有一部分是执法人员对现有法律资源不熟悉、不了解,运用得不好,没有学会走法律程序造成的。因此,学习基本法律知识及与本职工作相关的法律知识,并在实践中不断地提高正确运用这些法律资源、依法定程序办事的能力,不但可以使政府权力的行使体现公平、公正和公开的基本原则,具有更强的公信力和说服力,而且还可以减少执法中出现的不必要的阻力,避免矛盾激化。同时,执法人员还应当负起引导管理相对人了解相关法律知识、学会通过法定程序维护自身合法权益的职责。

5. 掌握社会纠纷多元解决机制的能力。目前我国正处在社会转型期,因利益格局调整而导致社会矛盾纠纷激增。由于各种利益和需求是多元化的,纠纷的主体是多元化的,价值和文化传统也是多元化的,因此,纠纷解决机制也必须是多元化的。行政机关及其工作人员要提高多元化解决社会纠纷的能力,充分发挥行政复议、行政诉讼、行政调解、行政处理、仲裁、信访等手段,高效、便捷、低成本地解决日益多样的社会复杂矛盾,及时化解纠纷,促进社会和谐稳定。

(三)依法行政需要推进的五项主要任务和措施

1. 围绕《纲要》为主线,促进政府职能进一步转变。以实施《行政许可法》和《上海市政府信息公开规定》为两个抓手,严格执行《行政许可法》,规范行政许可行为,落实配套制度,继续减少行政许可事项,清理相关收费项目,加强过程检查和事后监督。推动政府管理理念和管理职能的转变,把政府的经济管理职能转到主要为市场主体服务和创造良好的发展环境上来,充分发挥市场配置资源的基础性作用,切实保护市场主体的各项权利,更大程度上发挥行业组织和社会中介机构的自律和服务功能。加快构建社会信用服务体系,营造公平、有序、健康的市场竞争环境。同时,以政府信息公开为突破口,按照为民、便民、利民的要求,继续推进政府信息公开的制度化、规范化和程序化;继续拓展深化政府信息公开内容,尤其是要把握好公众关注度比较高的热点问题;继续优化信息公开服务水平,提高网上信息搜索效率,提高群众满意程度。

2. 完善决策程序,建立科学、民主、依法决策的机制。及早出台行政机关内部决策程序制度,建立决策的公众参与、专家论证、合法性评价、重大事项集体合议等制度。与社会公共利益、广大人民群众利益密切相关的决策事项,行政机关应当事先向社会公布决策方案,通过听证会、座谈会等方式广泛听取社会公众及利害关系人的意见。涉及本市及辖区内经济社会发展的重大决策事项以及专业性较强的决策事项,应当事先组织或委托专业研究机构、专家进行调研、咨询和分析论证。在决策过程中,还应当进行合法性评价,重大事项要由决策机关集体合议决定。要建立决策跟踪评估机制,确定有关机构、人员或者委托有关研究机构、社会中介机构,对决策内容、执行决策的体制、机制、方式、执行成本以及对经济社会造成的影响进行跟踪调查和评估,及时向决策层反馈调查评估结果,调整和完善有关决策。

3. 加强社区管理和完善社会保障体系。要按照以人为本,全面、协调、可持续的科学发展观的要求,重视并加大政府在社会管理和公共服务方面的投入。继续完善"两级政府、三级管理、四级网络"的管理体制,充分发挥社区在管理公共事务和公益事业中的作用。重点做好发展各项社会事业、基础设施和公共设施建设、生态环境保护、扩大就业、完善社会保障体系等方面工作,积极探索政府与企业合作提供公共服务、政府与社会合作进行社会管理的运作方式。建立健全各种预警和应急机制,提高政府应对突发事件和风险的能力,妥善处理各种突发事件,维护正常的社会经济秩序。

4. 加快完善公共财政体制,保障和规范政府履行公共管理职能。规范行政收费行为,坚决取消没有法律、法规、规章依据的行政收费项目;地方性法规和政府规章创设明显不合理收费项目的,应当及时提交修改地方性法规的议案或者修改政府规章;有法律、法规、规章依据的行政收费,必须由法定主体按照法定项目、标准和程序收取,不得把行政机关无权收费的事项委托事业单位、社会中介机构收费。严格执行"收支两条线"制度,罚没收入和行政收费收入一律上缴国库,严禁以各种形式返还。行政经费统一纳入财政预算给予保障,逐步实现国库集中支付。逐步将财政预算及执行纳入法治化轨道,规范政府采购行为,加强对预算外资金的管理,加强审计监督,建立公开透明的公共财政预算制度。

5. 加强和改进行政监察工作,逐步推行行政过错责任追究制度。围绕政府重点工作和群众关心的热点问题,进一步加强行政监察工作,全面履行行政监察职能。认真治理商业贿赂工作,重点治理商品购销、工程承发包、项目审批等环节中的商业贿赂行为,逐步建立防治商业贿赂的有效机制;深化行政审批制度改革、财税金融体制改革和投资体制改革,完善经济责任审计制度,健全产权交易监督体系,健全政府采购监管制度,加快诚信体系建设;以查处领导干部中滥用权力、谋取私利的违纪违法案件为重点,严肃查处利用审批权、人事权违法的案件,贪污、贿赂、挪用公款案件,失职渎职案件,严重侵害群众利益的案件;加强对行政执法责任制落实情况的监督检查,针对公务员的违法、失职行为,分步在市、区两级政府及其所属部门中试点和推广行政过错责任追究制度。探索建立以行政效能监察、政府绩效量化评估与社会监督相结合的监督评议机制,加强层级监督和专门监督等各项行政监督制度,严格执行行政赔偿,探索建立行政补偿制度,促进政府权责统一。自觉接受人大的权力监督,实行多种形式的述职述廉制度,健全重大事项报告制度、质询制度和民主评议制度。各级政府及其政府部门要自觉接受司法监督,维护司法权威。重视新闻媒体的舆论监督。对各项监督中暴露出来的,政府管理中存在的问题和不足,要及时纠正和解决,建立健全行政过错责任追究制度。

（上海市人民政府法制办　执笔人：刘平、陈素萍；

　　上海市监察委员会　执笔人：姚冰）

社会治安综合治理工作

在中共上海市委、市政府的领导下,本市社会治安综合治理工作认真贯彻中央有关会议精神和市委领导重要批示,落实"打防结合、预防为主"方针,努力提高社会治安防控能力,三年来,全市没有发生影响全局稳定的重特大案(事)件,为上海改革开放和社会发展提供了良好的社会环境。

一、社会治安综合治理的主要工作

(一)深入开展严打整治斗争,保持对突出治安问题的高压态势

"无打不稳,无防不安",坚持不懈地组织开展对严重刑事犯罪的打击和突出治安问题的整治。

1. 凸现专项打击威力。努力克服过去一年集中打三四仗,拳头分得太开,战线拉得过长的弊端,把打击的重点直指严重刑事犯罪分子和破坏市场经济秩序的犯罪分子;打击的区域集中在问题严重的城郊结合部、人口导入区和公共复杂场所等;打击的时间随机安排,对犯罪问题一露头就抓,什么时候带倾向性的犯罪突出,就什么时候组织严打,绝不养痈遗患。针对本市治安特点,先后开展了"打击盗窃机动车内财物"、"一打(打击街面犯罪活动)两管(加强场所治安管理和道路交通管理)"、"专项打防违法犯罪"等专项行动,增强了实效。2004 年,全市刑事案件破案率为 32.6%,其中八类刑事案件破案率为 66.4%;2005 年全市刑事案件破案率为 36.6%,其中八类刑事案件破案率为 67.4%,同比分别增加 4 和 1 个百分点。

2. 积极整治治安"洼地"。每年都排出一批治安"低洼地",即治安混乱、复杂的重点地区进行整治。通过一块一块地抓整治,一点一点地抓落实,积小胜为大胜,对促进全市治安形势的好转起到了重要作用。2005 年 8 月 1 日,市委、市政府又专门召开"社会治安突出问题专项整治工作电视电话会议",部署全市在 8、9、10 三个月集中开展对街面偷、扒,扰乱公共秩序和黄、赌、毒等违法犯罪活动的打击整治。

整治中我们注意把握三点：一是坚决改变整治就是打击、突击、冲击的不良做法，注意在整治中加强长效管理，落实防范措施，巩固整治成果；二是努力避免公安部门孤军作战的现象，紧紧依靠各级党政领导，发挥各有关职能部门的作用，尤其是重点整治地区的街道、乡镇的党委政府，形成综合整治的合力；三是一抓到底，不解决问题不撒手，领导亲自带队，靠前指挥，明确责任，落实措施，较好地解决整治中遇到的突出问题。

3. 主动发现违法犯罪线索。充分发挥由公安、检察、法院、监狱、劳教、民政等部门派员参加的深挖犯罪线索办公室的作用，在服刑、劳教等人员中开展政治攻势，动员他们检举揭发犯罪线索或交待本人隐匿的罪行。据统计，该办自成立以来，共获取犯罪线索 18 000 多条，查实 4 300 多条。重视群众来信和民意调查，注意从群众来信中发现重大治安问题，指导全市的严打整治工作。在进一步完善"110"治安举报信箱和治安信息员队伍的同时，研究建立综治工作市民巡访团、公布社会治安突出问题举报电话和电子信箱、开设综治工作网站，大力发掘民力，进一步完善社会治安突出问题的发现机制。

4. 健全治安分析评估。2002 年 10 月，在调研的基础上制定并试行了三次社会治安分析评估。2003 年 10 月，为了进一步加强社会治安的预测预警，完善治安决策机制，本着"科学合理、客观公正、简便实用"的原则，研究制定并由市委下发了《上海市社会治安评估分析实施办法》，该"办法"有"治安状况指标"、"治安防控指标"、"治安评价指标"三大类共 20 个指标组成，按季度、半年、全年分别对各区县的社会治安状况进行分析评估，形成"数据报告"和"分析报告"，印发各区县、各委办局的党政主要领导和分管领导。各区县根据"数据报告"、"分析报告"，结合地区治安实际，积极研判治安形势，主动查找薄弱环节，认真分析问题症结，有针对性地组织严打整治斗争，并制定落实管控措施。

（二）开展禁毒人民战争，依法严厉打击各类毒品违法犯罪活动

从 2005 年 4 月开始，利用全国召开电视电话会议以及开展禁毒集中宣传周之机，上海在各大新闻媒体大造禁毒声势，动员全市人民"参与禁毒斗争，构建和谐社会"。同年 6 月 14 日，中共上海市委常委第一百二十八次会议专门听取市禁毒委工作汇报，审议通过了《关于本市开展禁毒人民战争工作的意见》，决定在上海地区组织实施禁毒执法、禁吸戒毒、禁毒预防三大战役。同年 6 月 28 日，召开上海开展禁毒人民战争动员部署大会，全面开展禁毒人民战争工作。同年10月26日至28日，国家禁毒委督导组来沪检查本市开展禁毒人民战争的情况，对本市开展禁毒人民战争工作给予认可。

全市禁毒执法部门始终保持对毒品犯罪的高压严打态势。2003—2005年，全市公安机关先后开展了"遏止毒源活动"、"打击零星贩毒活动集中统一行动"、"扫毒行动"等一系列专项行动，检察、法院及时加入，加强对涉毒案件的侦捕、审判工作。截止2005年底，本市共破获毒品犯罪案件3 960起；抓获毒品犯罪人员3 880名；缴获海洛因402.76千克、冰毒31.4千克、摇头丸11.7千克、氯胺酮101.55千克，有效地遏止了毒品违法犯罪上升势头。为了提高打击力度，公安、海关、国家安全等部门进一步强化执法协作意识，主动加强与兄弟省市和国际情报交流，初步建立起涉毒案件和人员线索的收集、研判、汇总、交流的双边多向工作渠道。对全市零星贩毒问题突出的地区和路段进行排查，采取不间断的打击和专项行动等方式重点整治。公安部门与全市歌舞娱乐场所经营业主签订了《禁毒告知书》。加强麻醉精神药品和易制毒化学品管理，建立了对易制毒化学品和麻醉精神药品的普查、年检制度，组织开展了清理整顿易制毒化学品管理秩序专项行动，提高从业人员依法经营意识。

增强禁吸戒毒能力。完善吸毒人员登记制度。对全市历年查处的吸毒人员进行清理排查，健全相关工作档案，基本形成了吸毒人员季度梳理统计汇总的工作机制。规范尿检工作，2003年，市禁毒办协调公安局、司法局、卫生局联合发文，对登记在册的吸戒毒人员开展定期尿样检测。2005年，根据市禁毒委《关于调整尿样检测工作有关事项的通知》要求，在社区新设立了一批尿检定点医院，全市现有尿检医院78家。加强康复场所建设，充分发挥强制戒毒的重要作用，依法实行对强制戒毒人员延长戒毒期限的措施。2003年，加强对上海农场、川东农场闲置场所的规划和利用，扩大戒毒康复收治容量，增加收治4 000余人。稳步开展社区药物维持治疗试点。在国家禁毒委和卫生部的支持下，2005年5月，长宁区美沙酮社区替代治疗试点工作正式启动，到2005年12月底为止，共收治吸毒人员82名，其中仅3人因复吸被强制戒毒。

大力进行禁毒宣传教育。针对青少年特点，以小学五年级至大学二年级学生为重点，推动在校学生毒品预防教育。到2005年底，全市已建立48个区级毒品预防示范试点学校。在春节、"6.26"国际禁毒日、"12.1"国际防艾日等一些重要节点，组织大规模的禁毒集中宣传活动,大造声势,掀起禁毒宣传高潮。各大报纸、杂志、电视台和东方网等新闻媒体相继登载和播放打击毒品犯罪的典型案例等禁毒工作信息,扩大禁毒宣传效应。编印《禁毒知识三百题》、《社区禁毒宣传教育问答》等宣传材料,启动《禁毒常识进万家》活动,计划到 2007 年底,把《禁毒常识》发放到上海每一户家庭。积极构筑宣传教育阵地。市财政投资 350 万元,建立上海市禁毒教育展览馆。截至 2005 年底,该馆已累计接待参观者 60 万余人次。

(三)建立健全社会面治安防控机制,提高治安管控能力

按照整体把握,系统建设,形成机制的思路,着重从五个方面组织和建立覆盖全市的社会治安防控机制。

1. 建立快速反应的处突机制。健全以"110"报警中心为龙头、以卡口封控为支撑、多警种一体化的快速处警机制。2004 年 9 月,我们整合全市范围各类应急处置资源,建立了市应急联动中心,实行统一接警,分类处置的模式,统一受理全市各类突发事件和应急求助报警,并授予指挥长先期处置权,可根据突发事件和应急求助的类别、性质,根据预案要求,迅速组织调度相关联动职能单位开展应急处置。以此为龙头,加强卡口的屏障建设,着眼于"防得严、卡得住、控得牢",完善围堵和查控工作机制,形成三道"包围圈",打击和预防违法犯罪。一旦发生重大突发性事(案)件,可同时在全市 100 多个道(路)口迅速部署交巡警和武警应急力量把住卡口,集结武警和公安特警,担负区域搜索和追捕任务。市武警总队专门组建应急分队,加强治安复杂地区和重要地段的防范控制,并对重要的金融网点和运钞车经过地段进行武装巡逻保卫。

2. 全面推行"网格化"巡逻机制。加大街面、社区、结合部、大集镇以及夜间的警力投入,扩大防线,使防范领域向重要的空间和时段延伸。民警以徒步、自行车、机动车结合的方式,各自在划定的网格区域内进行全天候巡逻,使街面刑事案件得到有效控制。填补夜间防范空隙,把夜间值班制变成夜间执勤制,每天投入 3 000多名警察,1 万多名社区保安队、联防队员组织夜间治安巡逻,扭转了"老鼠夜间出动,猫儿白天上班"的被动局面。

3. 完善多渠道的报警机制。充分利用各种社会信息资源,争取治安控制主动权。在 24 小时便利店、加油站、书报亭等部位全面安装"110"报警指示牌、报警电话、警铃、警灯的基础上,又在 3 281 家(占 99.4%)便利店中加装了脚挑式紧急报警

装置;在 802 个(占 99.3%)加油气站安装与属地公安分县局"110"接处警服务中心联网的紧急报警系统,实行全天候服务,大大提高了打击现行犯罪的能力,强化了社会面的治安防范控制。在农村地区因地制宜建立了单体或联动的报警网络。方便了群众报警,增强了群众夜间出行的安全感,也震慑了违法犯罪分子。

4. 建设社区街面图像监控机制。充分运用科技手段,监控社区重点部位,提高社区治安防控的效能。2004 年 11 月份,召开"推进社区科技防范设施建设管理交流会",在全市推广普陀区长征镇社区图像实时监控系统建设的经验。目前,全市共有 193 个派出所已规划、建设治安防控图像监控系统,普陀区投资 1 800 万元,率先在全区建设社区图像监控系统,浦东新区、徐汇、黄浦等区也分别投入 1 亿元、1 200 万元和 1 900 万元建设社区图像监控系统。所有监控系统按照市公安局统一技术标准,统一联网,实时监控。

5. 完善见义勇为奖励保护机制。弘扬见义勇为正气,及时表彰见义勇为先进分子,形成"路见不平、挺身相助"的社会正气。1999 年 5 月,根据市委领导的要求,市综治办、市公安局决定,把每月 10 日定为"上海市见义勇为表彰宣传日",区县同步实施,各主要新闻媒体同时报道。2002 年 4 月,市政府颁布了《上海市见义勇为人员奖励和保护办法》,成立了由市综治办、市公安局、市精神文明办、市总工会、团市委、市妇联、市民政局、市卫生局等部门领导参加的上海市见义勇为评审委员会,办公室设在市综治办。不仅从政策上明确提出了支持、奖励、保护见义勇为的具体措施,同时建立了由政府拨款、社会筹集、企事业捐助的 2 000 万元的上海市见义勇为专项经费,市财政还每年拨款 150 万元,用于办公室保护奖励见义勇为先进分子,使这项工作进一步规范化、法制化。2003—2005 年,全市共有 900 余人分别被评为市级和区县级见义勇为先进分子,其中市级 461 人。

(四)积极发展基层安全创建活动,严密基层基础防范

基层安全创建活动是落实综合治理各项措施的有力抓手。多年来,我们坚持以创安活动为载体,切实把各项措施落到实处,创安活动不断丰富发展,形式增多,由"安全小区"向"安全单位""安全文明校园""安全社区"延伸;内容增加,逐步涵盖交通安全、消防安全、禁毒工作、安置帮教、人民调解、非法安装卫星接收设施整治等内容;质量提高,从原来的人防、物防为主,逐步向科技防范、制度防范发展,使安全创建活动更规范、更长效。有效地强化了人防、物防、技防"三位一体"的治安

防范。

1. 深化安全小区创建。坚持"四个结合",一是坚持创安与提高居民群众生活质量相结合,提出并组织实施具有较高科技含量的新"六小防范工程"(小区周界监控系统、楼宇对讲电控防盗门、家庭防盗报警系统、创安基础工作电脑化管理、技防管理队伍、普及技防知识)建设;对已建的小区技防设施会同房地部门组织大检查,督促维护保养,发现安全隐患,责令立即整改,受到群众的广泛欢迎。二是坚持创安与解决居民群众生活中的难点问题紧密结合,切实解决治安突出问题,规定每个年度创安指标的 10% 都要落实在治安重点地区,推动了重点地区的治安进步。三是坚持创安与群众工作、群众监督紧密结合。把群众的参与率、知晓率、满意率作为考核评比的基本依据,将参评单位登报明示,接受群众评议,目前,市区两级安全小区约占全市居(村)委总数的 60%。四是坚持创安与重点人员的教育管理工作紧密结合,预防和减少重新违法犯罪。2004—2005 年度,全市有 1 219 个居(村)委被评为市级"安全小区",有 62 个街道、乡镇被评为市级"安全社区",有 700 多个单位被评为上海市"安全单位",600 多所学校被评为上海市 2003—2005 年度上海市安全文明校园。

将技防设施建设纳入住宅发展规划,市公安局、市住宅发展局、市房地资源局、市综治办联合制定下发了《关于加强本市新建住宅防范设施建设管理意见》,明确规定居民住宅安全防范设施的"三道防线"和"五个系统"(即小区周界、楼栋出入口、每户住宅设立三道防线,分别安装报警、监控、对讲、巡更、防盗求助五个系统),并写入上海市《住宅设计标准》,从源头上解决了居民住宅安全防范设施先天不足的问题。

2. 加强重点单位的技防建设。采取各种行之有效的措施,积极拓展技防建设,为社会治安防范管理服务,取得了明显成效。全市已有党政机关、文博系统、星级宾馆、大型公共活动场所、重点企事业单位等 5 万余家单位配建了各类技防设施,其中实行 24 小时监控的电视摄像机安装数达 20 余万台。全市 3 392 个金融营业网点、862 家自助银行、4 608 个 ATM 机普遍安装了电视监控、防盗报警、紧急报警三大系统,并与"110"接处警中心联网,实现了 24 小时不间断的监控、指挥,整个安全系统的自动化程度明显提高;90% 以上设有资金柜台的营业网点安装了防弹玻璃、金属防盗腰门;全市金银珠宝店中有 487 家安装紧急报警系统、484 家安装防盗报警系统、487 家安装防爆柜,分别占 98.2%、97.6% 和 98.2%。在沪各银行营业大厅全部实行了封闭式管理;90%的金融证券单位使用了防抢防爆运钞车。全市通过区域报警网络破获各类刑事案件 1 300 多起,抓获违法犯罪嫌疑人员 1 700 余名,制止犯罪 4 500 多起,避免经济损失 5 000 余万元。

增强居民住宅的防范能力,针对中小学、幼儿园存在的安全隐患,在全市普遍安装图像监控和紧急报警系统,并派驻专业保安人员。

3. 强化矛盾化解工作。加强对突出社会矛盾的"会诊"、协调和督查,全力进行攻坚克难,消除隐患;各区县、街镇相继建立了两级社区矛盾调处中心共 270 家,各居(村)委全部建立了人民调解委员会,全市共有 10 余万人民调解员,基本形成了三级调解网络;积极推行人民调解庭和首席人民调解员制度,选择一批德高望重、知法懂法、善做工作并热心人民调解工作的同志,主持社区复杂矛盾纠纷的调解工作,规范调解书,增强调解工作权威性,防止矛盾、纠纷转化、激化;组织 300 多名律师志愿者,参与党政领导接待来访工作;将"法律援助中心"、"司法信访综合服务窗口"建设列入市面上政府实事项目,建起了一批"法律援助中心",使之成为运用法律手段加强事前、事中、事后化解矛盾纠纷的重要渠道。

4. 改进流动人员管理服务。在认真总结经验和梳理法规的基础上,制定了《上海市居住房屋租赁管理实施办法》和《上海市居住证暂行规定》,并在 19 个区县、45 个街镇开展试点,推进"一个中心、一支队伍、一个系统"(即社区事务受理中心、社区综合协管队伍和来沪人员综合管理信息系统),目前已办理居住证 3 万多张。房管、公安部门抓住居住证试点工作的契机,并以社区事务受理中心和社区综合协管队伍为载体,积极推进房屋租赁管理工作的信息化管理。公安机关和房管部门切实履行职责,加强对辖区内街道、镇社区事务受理中心办理居住证、房屋租赁登记备案业务的指导工作,协助建立统一的窗口工作制度,规范窗口身份证查验、协查、情况报告、租赁审核等各个工作环节。同时落实日常检查、督促等工作机制,定期对窗口工作人员、社区综合协管队伍进行业务培训,确保来沪人员、租赁房屋、承租人员信息采集工作的及时、准确、有效。目前,全市有 3 570 多个房屋租赁治安管理服务站和近万人的协管员队伍,形成了市、区县、街道(乡镇)、居(村)四级管理服务网络,协管员队伍同时是社区外来人口信息的采集员、法制宣传员和房屋租赁管理员。

各级党委政府和有关部门,想方设法在法律教育与咨询、房屋租赁、劳动保障、登记办证、子女入学等方面,为外来务工经商人员提供了一系列规范性服务,增强他们的"市民"意识,为他们融入上海城市创造条件。市建委系统现有进沪施工企业 700 多家、外来民工 35 万多人(最多时进沪企业有 1 700 多家、近 100 万民工),多年来保持了"四无",即:外来民工中无重大政治性事件,无重大刑事案件,无群体性斗殴事件,无重大火灾事故。受到了公安部、建设部、团中央等 8 个中央部委的肯定。

5. 组织群防群治。对基层治保组织和人员进行调整、充实和培训,治保人员平均年龄由 58 岁降为 51 岁;最近,我们准备在现有社区保安队进行清理、整合的基础上,扩大社区保安队的职能,进一步在每个街镇综治办配备 3—5 名、在每个居(村)委配备 1 名社区保安队员(综治信息员),负责社区综治工作的检查、督促、指导;在 3 000 多家物业公司中建立安保组织,6.5 万名经过严格培训的安保人员统一持证上岗;在原有的在职党员干部夜间义务巡逻队、看家护楼队等基础上,发展形成了对吸毒人员、"法轮功"人员、刑释解教人员、社区服刑人员的帮教志愿队以及由在职党团员、协保人员参与小区夜间看门值班等新的群防群治队伍。目前,全市群防群治队伍的总人数超过 40 万名。

(五)推进预防和减少犯罪工作体系建设,提升城市管理水平

从 2003 年 8 月开始,按照"政府主导推动、社团自主运作、社会多方参与"的总体思路,围绕"控制规模,有效管理,加强教育,切实服务,减少犯罪"的工作目标,积极推动、探索预防和减少犯罪工作体系建设试点,加强对社区服刑人员、吸毒人员、刑释解教人员和社区闲散青少年的教育管理,预防他们违法犯罪,并于 2004 年 5 月 31 日在全市推开。

1. 坚持政府主导推动。在市级层面,建立市禁毒办、市社区矫正办和市社区青少年事务办三个副局级专业管理机构,作为政府主导推动的工作机构,分别定编 3 个处 20 个公务员编制,负责对相关社团的考核评估和专业督导,行使社团业务主管单位的监督管理职能。在区县层面,在综治委设立区县预防犯罪办公室,协助相关职能部门共同支持和推进体系建设,区县的禁毒办、司法局和团委分别负责推进禁毒、社区矫正和刑释解教人员安置帮教、社区青少年事务工作。在街道(镇)层面,相关职能部门为社工开展工作提供必要的社区资源保障,协助社团提出对社工工作的考核评估意见。与此同时,与市禁毒办、市社区矫正办和市社区青少年事务办相对应,分别注册成立了市自强社会服务总社、市新航社区服务总站和市阳光社区

青少年事务中心三个社团,三个社团在全市各个区县设立了57个社工站,在全市近240个街道(镇)设立了社工点,逐步完善运作机制,为社工开展工作提供了组织保证、政策支持。

2. 推动社团自主运作。通过政府购买服务的方式,支持社团自主运行,培育建设一支专业化、职业化的社会工作者队伍。三个社团自主开展社工招聘、职业培训、业务指导、人事管理和资金募集等工作,通过培训指导、理论研讨、规范流程、建档列卡、考核评估等一系列措施,实现对社工的专业化管理,并不断提高社工的业务水平和工作能力。到2005年底为止,三个社团共有专业社工1 343名(其中禁毒社工444名、矫正社工418名、青少年事务社工481名,按照禁毒和社区矫正专业1:50、刑释解教和青少年事务专业1:150的比例配置)。这批社工的学历普遍较高,大专以上的占95%;社工中政治素质和业务素质都较高,其中党团员占社工人数的3/4强,社会工作专业、社会管理、法律、心理学等专业毕业生占社工总数的近一半。社工中获得社工师资格的有100人,获得社工师助理资格的有435人,分别占社工总数的7.79%和33.90%。其中,自强总社有注册心理咨询师3人,助理心理咨询师1人,注册社工师1人。新航总站现有171人取得社工师、助理社工师职业资格,占社会招聘社工总数的53.0%。阳光中心现有社工师、助理社工师264人,占青少年事务社工总数的55.8%。社工在实践中还创造了很多工作方法,如个案工作法、团队工作法、分类工作法以及社区支持法等。

3. 协调社会多方参与。体系建设是一项惠及全社会的德政工程,必须方方面面形成共识,共同推进。一是设立禁毒、社区矫正和青少年事务三个专家委员会,为三个专业的社工提供必要的业务指导,并开展相应的政策理论研究。阳光社团与上海青少年维权服务热线12355以及市民(青少年)信息服务平台的心理健康和法律咨询板块形成互动,利用12355热线和信息服务平台的心理专业机构为社工工作提供帮助。二是各有关部门和区县、街镇支持社工帮助工作对象解决择业培训、就业就学等方面的困难,新航总站与市爱心基金会就社工培训、资金募集等达成了合作协议;陆续建立了200余个公益劳动基地和50余个教育基地,为社工开展工作创造了条件。三是在现阶段政府购买服务的基础上,积极开拓多元化的资金来源渠道,引入民间资本,逐步做到政府保底,其他资金由社团自行募集。自强总社与市慈善基金会合作,为贫困禁毒对象的子女提供助学金8.75万元;与市禁毒教育馆合作,由好德便利集团、台湾黑松沙士集团出资1万元,全部用于滥用药物人员家庭子女的助学活动。四是组建与三个专业匹配的志愿者队伍,目前全市每个社工都配备了 5 名以上的志愿者,在册志愿者总数达到了 11 025 人。自强总社与复旦大学团委合作,成立了本市首支大学生禁毒志愿者队伍,共发展禁毒志愿者 3 000 余人;新航社团有社区矫正志愿者 2 500 人,其中具有心理咨询师执业资格证书的志愿者 148 人。

4. 深化社工专业服务。社工专业服务的效果逐步显现出来,基础信息的准确率和覆盖率明显提高,社工的亲和力和信任度明显增强,工作对象的实际困难明显减少。截至 2005 年上半年,其中自强总社已对 20 596 人员建立了工作档案,建档率逾 94%;服务对象中已戒断毒瘾 3 年以上的人员有 1 231 人;成功推荐 538 人就业,帮助申请生活补贴 853 人,推荐各种技能培训 229 人,协助办理劳动手册 399 人。新航总站在全市 19 个区县开展帮教服务对象达到 4 973 名,建档人数 4 973 名,建档率 100%;对象接触率 100%;个案服务达 16 794 人次,结案 823 个;推荐就业 482 人,推荐技能培训 524 人,协助办理《劳动手册》1 058 份,提供低保救济 5 000 余人。阳光中心在全市 6 万多名社区青少年中,目前已建档 48 789 人,个案服务 17 890 人次,结案 798 个;推荐面试 11 353 人次,成功推荐就业 2 053 人次,成功推荐技能培训 1 268 人次。

二、社会治安综合治理工作的主要经验

实践使我们认识到,搞好社会治安综合治理工作,务必做到六个必须坚持:

第一,必须坚持贯彻落实科学发展观和正确政绩观。多年来,市委领导站在实践"三个代表"重要思想、保护人民群众根本利益的高度,反复告诫各级党政领导抓社会治安工作一定要如履薄冰、如临深渊,要求把"两手抓、两手都要硬"和"稳定是压倒一切的,没有稳定,什么事也干不成"等一系列重要思想自觉贯彻到社会治安综合治理工作中去,从而进一步增强了各级党政领导和综治部门搞好社会治安综合治理工作的光荣感、责任感。市委政法委、市综治委领导明确提出了"要从总体战略上把握、从源头上解决各类治安问题"、"层层设防、处处设防"等要求,进一步明确了新形势下社会治安综合治理工作的基本思路。重视从战略上加强矛盾化解、外来流动人员服务管理、刑释解教人员安置帮教、青少年教育等治本性的措施,努力从源头上解决各种治安问题。相继提出了"实施民心工程"、"建立大调解格

局"、"推进社区基础工作"、"拓展综合治理功能"、"扩大管理服务领域"、"抓大不放小、抓小防大"等工作思路。2005年6月,市委领导在接见上海的全国综治先进代表时,又提出了"提高综合能力、坚持预防为主、加强社区工作"的要求,进一步明确了新形势下社会治安综合治理工作的指导思想和战略步骤。

第二,必须坚持围绕全党工作大局,为改革开放和经济建设服务,为发展提供有力的保障。"抓住机遇、深化改革、扩大开放、促进发展、保持稳定"是全党工作的大局,是新时期指导全党工作的基本方针。几年来,根据全党工作大局的要求和实现四个中心、两个率先的总目标,我们反复强调各级党政领导要正确处理改革、发展、稳定的关系,充分发挥各级党组织在综治工作中的政治优势,在抓好改革开放和经济发展的同时,抓好社会治安综合治理,确保一方平安,以保障改革开放和经济发展的顺利进行。市委坚持定期研究社会治安综合治理,建立了由1名市委副书记、3位市委常委和相关副市长参加的维稳领导机构,统一规划部署全市社会治安综合治理工作。市综治委建立了主任例会制度,坚持每季度讨论研究社会治安综合治理工作,加强指挥协调。各区县、委办局党委坚持每年两次听取社会治安情况报告,对社会治安综合治理工作进行专题研究部署。实践证明,社会治安综合治理工作只有紧紧围绕全党工作大局,才能有生命力,才能引起各级党政领导的高度重视。

第三,必须坚持夯实基层基础。适应"社会人"大量增加、社区防范管理任务加重的新情况,市委及时改革行政体制,在市区"两级政府、三级管理、四级网络"的基础上,赋予街道、乡镇必要的行政权、人事权和管理权,保证街道、乡镇切实担负起管好治安、维护稳定的任务。结合市委提出的"社区党建全覆盖、社区建设实体化、社区管理网格化"的新要求,从加强基层政权建设和社区管理入手,落实基层组织、建立基本制度,形成以基层党组织为核心、基层政法实战单位为骨干、基层自治组织为基础、群防群治组织为依靠的基层综治工作整体框架。同时,市综治委和市编委联合下发了关于加强街道乡镇综治基础建设的意见,全市各区县、委办综治办干部定编248人,实有242人,缺额仅6人;230个街道、乡镇综治办共有干部804人,平均每个综治办3.5人,综治办干部基本做到配齐配强。统一了全市所有街道、乡镇综治办的铭牌,明确规定各级综治组织所需经费纳入财政预算,同时街道名下企业税收全额返还的优惠政策,保证综治工作有可靠的财力支持。市、区县、委办和街道、乡镇普遍建立了社会治安综合治理基金和见义勇为基金,群防群治队伍所需经费按照财政、受益单位和居民群众各出一点的原则予以筹集。实践证明,以党支部为核心的基层组织坚强有力,各项基础工作扎实开展,地区就安宁,就能促进经济的发展,人民群众就能安居乐业。

第四,必须坚持落实责任制。将社会治安综合治理工作纳入党政领导干部政绩考核。2005年6月,市委副书记刘云耕同志代表市委在市综治委第34次全会上,与全市各区县、各委、办、局的领导签订了《综合治理责任书》,进一步明确了各单位的社会治安综合治理工作目标。各区县、委办局层层签订《社会治安综合治理目标责任书》,提高签约率,狠抓履约率,进一步建立各级党政主要领导综治工作述职制度,实施严格的考核奖惩,实行情况通报、责任查究。

第五,必须坚持露头就打,从严治理,把问题解决在萌芽状态。落实综合治理措施,必须建立良好的工作运行机制。在开展社会治安综合治理工作中,我们既认真分析当前社会治安形势,针对当前突出社会治安问题,采取各种行之有效的措施予以解决,同时根据上海的历史和发展方向,以及沿海发达城市的综合状况,加强对上海社会治安形势的预测分析,对可能危及社会的治安隐患,坚持露头就抓,从严治理,决不让其形成气候。

第六,必须坚持从实际出发,开拓创新,努力探索特大型城市社会治安综合治理工作新路子。在计划经济向市场经济转轨的过程中,社会治安形势发生了极大的变化,出现了许多新的情况、新的问题。社会治安综合治理工作既要坚持过去行之有效的做法,更要积极探索在市场经济条件下,适合上海特大型城市需要的社会治安综合治理工作新路子。多年来,我们注意深入基层,调查研究,及时发现和总结推广了一批在社会治安综合治理工作上各具特色的先进典型,依靠典型引路,把综合治理工作不断推向深入;认真学习和研究国内外先进经验,引入市场经济机制,不断丰富、完善本市综合治理工作的内容和工作体系;在部署综合治理工作时,注意理清思路,协调处理好各种关系,制定措施,既有超前性,又有操作性,努力使综合治理工作同时代前进、形势发展、社会进步要求和各地实际状况相适应。

三、社会治安综合治理工作存在的问题和不足

虽然上海在社会治安综合治理工作上已经取得了一定的成绩,积累了一定的经验,但从加强执政能力建设的高度做好新形势下的社会治安综合治理工作的要

求出发,目前在工作中还存在一些差距,主要表现在五个方面:

(一)思想观念上有差距

有些部门的党政领导缺乏科学的发展观和正确的政绩观,简单地认为维护社会治安稳定是政法部门的事,或者在抓维护社会治安稳定中,只关注不发生群体性越级上访事件,对刑案数量和案件的恶性程度关心很少。有些工作目标的定位不够准确,以致采取的措施要么畸重,要么畸轻。政法、综治部门在平时工作中,缺乏系统化、整体化的观念,解决问题的手段单一,工作效果一般。有关政府部门在维护社会稳定、社会治安的重要性认识上,以及对社会稳定、社会治安形势的判断评价上,与政法、综治部门存在较大的出入,一定程度上弱化了工作的合力。

(二)政策法规保障不够

20世纪90年代初开展社会治安综合治理工作以来,本市曾经制订了一些社会治安综合治理单项的规章制度,如《上海市社会治安防范责任条例》、《关于将社会治安综合治理纳入党政领导干部政绩考核的实施办法》等,后来又制订了见义勇为的单行条例。但10多年过去了,全国大部分省市都通过地方人大立法的形式颁布了综合性的《社会治安综合治理工作条例》,并注意根据情况变化及时作了很多修订,但本市至今仍未将综合治理工作的立法列入规划,很多工作的开展缺乏应有的法律保障。

(三)防控力量配置不足

本市现有4万名公安民警,警察与实有人口之比为1:500,与香港等国际性大都市相比明显偏低。其中,本市郊区特别是市郊结合部,因为中心城区人口的大量导入和来沪人员的大量涌入,配警比例偏低的矛盾更加突出,亟待补足一线警力,并补充一定的防控辅助力量。各级综治办,尤其是街道、乡镇综治办多块牌子、一套班子,实际往往只有一两个人在疲于应对,机构设置、人员配备与综治办面临的任务严重不相适应。此外,群防群治队伍的弱化问题也比较突出,人员老化,组织涣散,出工不出力,实际防控效果非常有限。

（四）方法手段比较单一

习惯于用行政手段,不善于用市场化、社会化和信息化的方法手段来破解难题。如取消收容遣送制度后,面对来沪人员大量增加、流动人口犯罪比例急剧上升,缺乏有效的管理方法和手段。又如治安防控体系建设中,相比传统的人防、物防,技防应用明显较弱,技防水平不高,覆盖面不广。再如在工作措施上,突击性的、临时性的措施比较多,长远性的、机制性的措施比较少,结果治标不治本,按下了葫芦浮起了瓢。

（五）规划、推广、经费等方面缺乏制度性安排

治安防控体系建设缺乏全局性的整体规划,容易造成各搞一套,低水平重复建设。对于各地区工作中的先进经验,还不能及时总结并上升到工作标准的高度,花大力气予以普遍推广,结果盆景很多,成林的很少。从绝对数看,本市在治安防控体系建设上已经投入不少,但占财政支出的比例仍然偏低,与建设国际大都市的要求还不相适应。一些街道、乡镇综治办的工作经费未列入财政预算,有的甚至根本没有落实,经费保障缺乏制度性保证,严重影响了工作的正常开展。

四、进一步加强社会治安综合治理工作的对策和建议

2005 年,中共中央办公厅、国务院办公厅转发了《中央政法委员会、中央社会治安综合治理委员会关于深入开展平安建设的意见》。平安建设作为新形势下加强社会治安综合治理的新举措,是构建社会主义和谐社会、促进经济社会协调发展的保障工程,是维护广大人民群众根本利益、为人民群众所期盼的民心工程,是提高党的执政能力、巩固党的执政地位的基础工程。开展平安建设,对牢固树立维护社会和谐稳定的责任意识,落实社会治安综合治理的各项措施,调动社会各方面的力量,激励有关职能部门积极作为,建立完善高效的治安防控机制,消除各种不稳定、不安全因素,提高上海国际竞争力,实现"十一五"规划主要目标,举办好一届成功、精彩、难忘的世博会都将起到重要作用。根据中央和市委八届八次全会要求,上海的社会治安综合治理工作要紧紧抓住契机,以平安建设为抓手,乘势而上、奋发有为,健全制度、落实措施、全面动员、加强督导,进一步提高城市治安防控能力,进一步提高社会治安综合治理的水平。

（一）全力维护社会稳定

要健全维稳机制,坚持维护人民群众长远利益和实现人民群众现实利益的统一,坚持改革发展稳定的总体谋划、统一部署和分步实施、有序推进的统一。要着力化解矛盾,构筑诉讼调解、行政调解、人民调解相衔接,实现优势互补的矛盾纠纷大调解机制,把各种调解手段作为解决矛盾纠纷的主要选择。要加强信访工作,充分发挥信访部门畅通社情、反映民意的窗口作用,解疑释惑、弥缝其阙的化解作用,依法行政、落实责任的督办作用。认真处理群众初信初访,努力减少重复信访、越级上访。切实加强对基层信访工作的领导,不断提高街道乡镇信访工作水平,努力加强委办局等职能部门的信访工作。

（二）加强对敌斗争

严密防范、严厉打击民族分裂势力、宗教极端势力、暴力恐怖势力和"法轮功"邪教组织等各类境内外敌对势力的渗透破坏活动。加强对网上串联、网下聚会、造谣滋事、蛊惑人心人员及其活动的监控,严防敌对分子插手人民内部矛盾。

（三）深化严打整治

更加注重贯彻宽严相济的刑事政策,既要有力打击和震慑犯罪,维护法制的严肃性,又要尽可能减少社会对抗,化消极因素为积极因素,实现法律效果和社会效果的统一。坚持严打方针不动摇,始终保持高压态势;坚持稳、准、狠组织严打,及时打击违法犯罪,控制刑案高发,降低刑案增幅。在侦查破案、批捕起诉、定罪量刑、监管改造等各个执法环节,增强严打的针对性和实效性。对久治不愈、久整不改的治安顽症要组织专门班子、落实各方力量、集中时间进行挂牌蹲点整治。对各类交易市场、复杂场所中社会丑恶现象的组织者、主要敛财人、严重违法经营者、幕后保护伞,要用足手段、用足法律,严肃查处。切实解决特殊违法对象收治不了的难题,消除工作中的盲点。对轻微违法犯罪和失足青少年,坚持教育、感化、挽救的方针,做好依法从宽处理的有关工作。

（四）强化治安防控

要完善问题发现机制,规范和细化社会治安分析评估办法,更好地发挥治安评估的指导督促作用,对突出治安问题和治安顽症分析提出针对性的排查要求、整治措施。发挥新闻媒体、110 电话、专用信笺和信箱、热线电话、信访窗口、治安信息员、举报网站、市民巡访员等各种搜集汇聚治安信息渠道的作用,落实综治委成员单位重大案事件情况报告制度。要完善应急指挥。拓展市应急处置指挥中心的应用领域和功能,加快市区两级应急处置指挥中心标准化、实战化建设,提高城市抵御和处置公共卫生事件、自然灾害、安全生产事故等各类突发公共安全事件的能力。重视暴力恐怖活动以及重大疫病、自然灾害等非传统安全因素对我国社会稳定构成的现实威胁,使其危害程度及造成的负面影响降到最低、可以控制。完善"网格化"街面治安动态巡逻机制,完善地面、空中立体治安管控效能。要大力发展技防,切实巩固物防。按照规划科学、布局合理、功能完备、可靠实用的要求,提升科技防范能级,治安重点保卫单位、重点单位的要害部位要全部建立 24 小时实时监控与记录,纳入区域联网自动报警系统。高档住宅楼、新建居民住宅小区、旧式住宅小区和居民家庭要实现科技防范设施分类建设,保养完好,确保正常使用。旧式里弄小区要因地制宜完善物防,完善制度,共同构建公共安全平台。要深化群防群治,按照统一规范、精干高效的原则,建设由政府出资组建,综治部门协调管理,辅助公安机关和综治部门工作的社区保安队。动员组织居住物业企业、房屋中介机构等社会组织及社区群众广泛参与安全防范,发挥广大市民的聪明才智,创造性地深化企地共建、邻里守望、军警民联防、党员干部义务巡逻队等行之有效的群防群治工作,提高群防群治队伍的组织化程度。奖励保护见义勇为先进。探索保安行业的市场化发展。

(五) 加强教育管理

要提高场所物品管理力度。对公共娱乐休闲服务场所从严把关、总量控制、落实管理,推行公共娱乐休闲服务场所派驻保安人员制度。加强对枪支弹药、易燃易爆、剧毒、放射性物品、易制毒化学品和旧货交易市场、废旧物品收购站点、典当、拍卖等特殊行业的治安管理。要完善预防犯罪工作。继续深化以对吸毒人员、社区矫正人员、刑释解教人员和社区闲散青少年的教育管理为主要内容的预防和减少犯罪工作体系建设,做实政府购买服务事项,推动社团自主运行,提升社工的专业化服务意识和能力,提高志愿者队伍组织化程度,发挥专家委员会的指导作用。要加强来沪人员的综合服务管理。按照市级综合协调、区级综合管理、社区具体实施和属地管理的原则,把来沪人员纳入城市实有人口的全口径管理,突出治安管理,实施来沪人员居住证与治安管理、劳动就业、社会保险、房屋租赁、子女教育整体联动的服务管理机制。下力气拆除管理无序的来沪人员居住点,扩大来沪人员适度集中居住试点,真正做到底数清、情况明。建立有章可循、循者有益的政策机制,引导来沪人员融入城市生活,实现与城市居民和睦共处。

(上海市社会治安综合治理委员会办公室　执笔人:乐伟中　朱黎明;

上海市禁毒委员会办公室　执笔人:张惠英)

公 安 工 作

2003 年至 2005 年,在中共上海市委、市政府和公安部的领导下,上海公安机关以邓小平理论、"三个代表"重要思想和科学发展观为指导,以构建上海现代警务机制为主线,坚持依法履行职责,切实做到严格、公正、文明执法,较好地完成了各项公安保卫任务,确保了本市社会政治和社会治安的持续稳定。

一、公安机关开展的主要工作

(一)有效防范处置重大突发事件

全市各级公安机关紧紧围绕上海建设国际化大都市和"四个中心"的城市功能定位,把确保上海城市安全摆到更加突出的位置,竭尽全力,不辱使命,充分发挥了职能作用。

1. 全力投入非典型肺炎、高致病性禽流感防治工作和自然灾害事件的防范处置工作。2003 年 4 月本市出现"非典"疫情后,全市公安机关先后投入警力 8 万余人次,积极协助有关部门,依法做好"非典"检疫和隔离控制工作。同时,制定了处置由"非典"疫情可能引发的各类突发事件的工作预案,及时妥善处置了数起因设立医学观察所或采取隔离控制措施引发的群体性事件;查破与"非典"防治有关的违法犯罪案件 61 起;查处利用互联网、手机短信进行造谣惑众等案件 12 起。2004 年,按照中央和本市有关防治高致病性禽流感工作的总体部署,切实履行公安机关职责,积极配合防疫、卫生等部门,开展了相关工作,为有效控制疫情作出了积极贡献。2005 年,会同有关部门全力投入抗击台风"麦莎"、"卡努"的各项工作,确保了台风期间本市正常的社会治安、交通秩序,有效保护了国家、集体和人民群众的生命财产安全。

2. 迅速、有效处置轨道交通四号线工程事故等重大突发事件。面对 2003 年本市先后发生的轨道交通四号线工程事故、浦东发现废旧航空毒气弹、"长阳"轮被撞后溢油、虹口"怡泉浴室"锅炉爆炸、2004 年宝钢"9·12"冷轧 1800 工地酸再生站施工现场火灾、奉贤"11·8"特大交通事故等多起重大突发性事件,各级公安机关快速反应、妥善处置,为最大限度地减少突发性事件对城市安全产生的影响作出了积极贡献。

3. 大力加强反恐怖工作。各级公安机关认真落实反恐防范措施,加强了对本市重要目标的安全保卫工作。同时,制定、完善了反恐怖的应急处置预案,加快了反恐突击力量和相关装备建设,加强了反恐基础知识和业务技能培训工作,成立了反恐防范专家组,并会同有关部门多次开展了综合性、专项性的反恐演练,切实做好了有效处置恐怖事件的充分准备。

(二)深入开展严打整治斗争

1. 严厉打击严重暴力犯罪活动。以开展"命案侦破"专项行动为龙头,不断完善侦查破案工作机制,逐级落实破案责任,进一步提高了破案攻坚的能力。3 年共破获刑事案件 149 000 起,其中破获八类主要刑事案件 10 465 起。特别是成功侦破了 2003 年"2·8"、"6·15"浦东暴力袭警案、"6·23"闵行抢劫杀害台胞案、"11·25"闸北抢劫杀人案,2005 年"2·16"一次杀死 5 人的特大杀人案,以及本市 19 年前发生的系列抢劫杀人案、11 年前发生的杀人抛尸案等一批有较大影响的案件,受到了市委、市政府和公安部领导的充分肯定和高度评价。

2. 严厉打击多发性侵财违法犯罪活动。切实加强对多发性侵财刑事案件的时空分析,不断加大侦查工作力度,组织开展了打击"两抢一盗"、扒窃、盗窃"三车"、利用手机短信和网络诈骗犯罪等专项行动,成功破获了 2003 年"12·7"盗窃名画系列案,2004 年"5·13"价值 69 万美元特大钻石盗窃案、淮海路街头打电话少女铜像被盗案,2005 年发生在浦东的系列性入室盗窃犯罪团伙案等在内的一批有较大影响的侵财型案件,狠狠打击了犯罪分子的嚣张气焰,进一步提高了人民群众的安全感。

3. 严厉打击经济犯罪活动。组织开展了整治金融票证、打击涉税犯罪、打击地下钱庄、打击虚开货物运输发票和制售假发票、以打击侵犯知识产权犯罪为主要内容的"山鹰"行动、反假货币等专项行动,严厉打击各类经济犯罪活动。3 年共侦破经济犯罪案件 9 214 起,追回经济损失 71.1 亿元。特别是成功侦破了 2003 年"5·12"金融诈骗案、"7·29"信用卡诈骗案,2004 年涉案金额 37.77 亿元的刘某等人非法吸收公众存款案,涉案 15 亿元的施某等人合同诈骗案,以及中美警方首次合作侦破的代号为"春天行动"的"6·3"销售侵权复制品案,2005 年成功摧毁了一个本市迄今为止规模最大的"地下钱庄",有效保障了本市的经济安全和金融安全,切实维护了良好的市场经济秩序。

4. 大力整治突出治安问题。坚持"什么治安问题突出就重点解决什么问题"、"哪里治安混乱就重点整治哪里"、"用什么方式更为有效就采用什么方式"的工作方针,采取挂牌整治的方式,集中优势警力开展对市、区(县)级治安复杂地区的整治工作,切实转变了治安面貌。按照市委、市政府和公安部的总体部署,组织开展了社会治安突出问题专项整治、"扫黄打非禁赌"、打击"路边招嫖"、查处"街面贩黄"、打击聚众赌博活动、打击淫秽色情网站和禁毒人民战争等专项行动,共侦破淫秽色情网站 63 起,查处了一批"黄、赌、毒"等"六害"案件,有效遏制了"黄、赌、毒"等社会丑恶现象的蔓延势头,进一步净化了本市社会治安环境。

(三)逐步完善了社会治安防控体系

1. 建立完善街面巡逻机制。2003 年起在全局范围内推广"网格化"街面巡逻机制,在全市中心城区、次中心城区和部分城郊结合部地区、郊区基本形成网格布局。在此基础上,不断深化和完善"网格化"街面巡逻的各项制度,不断提高巡逻工作的针对性和有效性,全面加强对重点区域可疑人员的盘查,并组织公安高等专科学校师生和轮训轮值警力到治安复杂、案件多发地区开展"叠加式"巡逻,有效遏制了案件的多发势头,切实增强了群众的安全感。

2. 深入推进"创安"工作。各级公安机关会同有关部门和单位,对农村独幢别墅、老式居民区、大型购物场所、展(博)览场馆、学校和幼儿园、金融营业网点及自助服务设备等落实了综合性治安防范措施。2003 年,全市自助银行内自动柜员机震动入侵探测器安装联网率达到 100%,银行网点身份证鉴别仪配备率达到 99%。2004 年,在普陀区长征镇、嘉定区真新街道等地区建立了区域性街面图像实时监控系统,开辟了社会面治安防控的新途径。

3. 进一步加强实有人口管理工作。紧紧抓住本市关于构建预防和减少犯罪工作体系、实施《上海市居住房屋租赁管理实施办法》和《上海市居住证暂行规定》这一有利契机,探索建立加强实有人口管理工作的新机制,开展对来沪流动人员、人户分离人员、境外人员的登记调查工作,会同综治、禁毒、社区矫正、教育等部门落实对刑释解教人员、闲散青少年、吸毒人员、社区服刑人员等重点人群的帮助、教育和控制工作,努力预防和减少违法犯罪案件的发生。

4. 大力开展治安防范宣传活动。通过采取案件回访、组织"共创平安"防范宣传月活动、在电台开辟《今日治安视点》栏目、在公交车移动电视中滚动播放《防范百招》等措施,广泛开展防"两抢"、防扒窃、防诈骗、防盗窃等宣传活动,取得了明显成效。

(四)依法履行行政管理职责

1. 认真贯彻执行《行政许可法》。2003年、2004年对相关公安行政执法规范进行了清理,共取消和停止执行行政许可事项69项,废止执法规范性文件300件,研究制定了办理公安行政许可的工作流程,并制定实施了《上海市公安局重大行政管理事项决策听证试行办法》。同时,于2004年5月1日起正式公开发布公安机关政府信息。

2. 深入推进交通排堵保畅工作。以贯彻执行《道路交通安全法》为契机,坚决贯彻落实市委、市政府主要领导关于加强交通管理工作的一系列重要指示精神,以治"乱"为切入点,严格管理、严格执法,快速出警、快速处置;综合运用完善责任区勤务模式,优化道路交通设施,提高道路交通管理科技含量;招聘5 000名交通协管员;在全国率先推行机动车第三者责任保险费率浮动机制;加强对常驻本市的外来机动车、外来驾驶人的登记备案、教育培训、指导和监管工作;实行新驾驶员交通事故责任倒查制度;落实危险化学品运输和"双超"治理各项措施;强化机动车定期安全检验工作等措施,深入开展道路交通排堵保畅工作,确保了本市道路交通的安全、畅通和有序。

3. 不断强化消防监督管理。深入贯彻落实市政府办公厅批转的《关于进一步加强本市消防基础设施建设的实施意见》、《关于本市进一步落实消防工作责任制的实施意见》和《关于本市深入开展火灾隐患集中排查整治工作的实施意见》,以人员密集场所、易燃易爆单位化学物品生产、储存、经营场所为重点,大力开展消防安全检查整治工作,消除了一大批消防安全隐患。为老式居民住宅楼安装消防简易喷淋、配置消防逃生设施等办法,全面推进消防基础设施建设,进一步提升了本市消防工作建设能级和防火抗灾的整体水平。实施"防消合一"消防体制改革,推动区县政府消防工作领导责任制的落实。积极推进消防宣传"进学校、进社区、进企业、进农村",进一步提高了市民的消防安全意识和能力。

4. 切实加强治安管理。圆满完成了公安部部署的"二代证"换发任务。推行娱乐场所派驻保安人员工作,按照"统一领导、统一审批、统一培训、统一工资发放、统一服装和装备"的原则,加强对派驻保安人员的管理。以《企业事业单位内部治安保卫条例》颁布实施为契机,认真制定贯彻落实实施细则,大力推行企事业单位内部保卫工作责任制,积极探索"三资"及民营企业内部安全防范工作,全面落实"单位负责、政府监管"的企事业单位内部保卫工作新机制。探索能够有效控制销赃渠道的二手机、二手车等旧货交易市场以及废旧金属收购、典当、拍卖等行业的治安管理新方式。同时,切实加强对枪支、犬类、危险化学品、宾旅馆等公共场所的治安管理工作。

5. 进一步加强出入境管理。进一步理顺了公安机关外国人管理分工配合机制和处置涉外案(事)件的工作机制,规范了处置程序。严厉打击偷渡违法犯罪活动,确保了上海口岸正常的出入境管理秩序。按照公安部统一部署,启动实施中国"绿卡"制度,至 2005 年底,共受理了 297 名外国人在中国的永久居留申请,有 103 人已经公安部批准换领了新证。

(五)强化重大活动安全保卫措施

各级公安机关精心组织、周密部署,恪尽职守、团结协作,圆满完成了中央领导同志来沪视察等重大警卫任务,以及联合国亚太经社会第 60 届年会,世界银行全球扶贫大会,2004 年、2005 年 F1 世界锦标赛(上海站),第七届全国大学生运动会,第48 届"世乒赛"等重要会议和大型活动的安全保卫工作任务,受到了各级领导的肯定和社会各界的赞誉。

(六)初步建成上海现代警务机制基本框架

上海现代警务机制,是指上海公安机关为了适应社会主义市场经济发展的需要,切实增强驾驭和控制社会治安局势的能力、确保严格公正文明执法而建立的一系列科学规范的警务制度和集约高效的运作模式。其目的是在体制不作大调整、警力不作大增加、财力不作大投入的前提下,通过对警务机制的全面调整和系统创新,科学整合和配置现有的警务资源,提高警务管理效能和警务运作的高效规范,实现上海公安工作可持续发展。按照构建上海现代警务机制的总体目标和实施方案，初步建成了上海现代警务机制基本框架体系内的 12 个系列性机制，并顺利实现了"110"、"119"与交通指挥调度中心"三台合一"，建成和启动上海市应急联动中心，进一步提高了上海公安机关应急反应、治安防控和打击犯罪的能力。

（七）大力实施科技强警战略

根据公安部"金盾工程"的总体部署及要求，按照"统一领导、统一规划、统一标准、统一建设和统一管理"的原则，"以需求为导向、以应用求发展"为指导思想，深入推进 800 兆数字集群系统二期建设，完成市局新办公指挥大楼信息通信系统建设等任务，建成上海公安信息通信网络体系，公安科技基础设施进一步改善。以建设公安大情报体系为契机，不断完善各类应用信息系统，狠抓数据质量，并努力实现跨警种、跨部门的关联查询和信息共享，公安科技服务实战的水平不断提高。2004年，本市被确定为全国首批 21 个科技强警示范建设城市之一。

（八）不断提高队伍的执法能力和执法水平

1. 深入开展了保持共产党员先进性教育活动。围绕"学习动员、分析评议、整改提高"三个阶段的目标和要求，通过组织专题辅导报告会、优秀共产党员先进事迹报告会、演讲会、知识竞赛、网上讨论等多种形式，使广大党员进一步坚定了理想信念，增强了宗旨意识，提高了学习实践"三个代表"重要思想和发挥党员先锋模范作用的自觉性。在先进性教育活动结束后进行的群众测评中，群众满意率达到 98％。

2. 认真开展开门接访活动。2005 年 5 月 18 日至 9 月 6 日，市局和分、县局领导亲自接待上访群众，亲自倾听上访群众的诉求，亲自协调、解决上访群众的问题。广大公安民警特别是领导干部通过开门接访，实实在在地受到了一次深刻的精神洗礼，实实在在地受到了生动的执法为民思想教育，实实在在地增进了与人民群众的感情。

3. 开展各项专题学习教育活动。结合学习贯彻党的十六大，十六届三中、四中和五中全会精神以及《中共中央关于进一步加强和改进公安工作的决定》和第二十次全国公安会议精神，组织开展了"贯彻十六大，全面建小康，公安怎么办"和"世博会与上海新一轮发展"两个主题的大讨论、"坚持执法为民,规范执法行为"等专题活动,进一步加深了广大民警对"为谁掌权、为谁执法、为谁服务"这一根本问题的理解,夯实了执法为民思想基础。

4. 加强领导班子和领导干部队伍建设。在全局处以上领导干部中组织开展了"让人民高兴、让党放心"为主题的教育和学习赵为民同志先进事迹的活动。按照市委 2004 年年初下发的《中共上海市委关于贯彻〈中共中央关于进一步加强和改进公安工作的决定〉的实施意见》,市局会同有关部门调整完善了公安分局、县公安局领导干部由市局直接管理的干部管理体制,制定出台了相关管理制度。举办科、所、队长培训班,着力增强基层领导的管理水平和解决实际问题的能力。全面推行中层干部竞聘上岗制度,一批政治素质高、业务能力强的优秀年轻干部走上领导岗位。

5. 深化公安人事制度改革。制定了《上海市公安机关人民警察录用暂行办法》等规章,规范了民警考试录用工作。开展了民警岗位责任制试点工作,完成了等级侦查员试点总结工作,试点推行了专业技术人员分类管理制度和上海公安机关文职人员制度,并制定下发了《上海市公安局文职制度方案》,对文职雇员的招录、培训、管理等工作进行了规范。

6. 深化教育体制改革。教育训练的总体指导思想实行了"职前教育向职后教育、学历教育向业务培训、理论学习向技能训练转移"的三个"重心转移"。在全市公安机关深入开展"知识大学习、业务大培训、岗位大练兵、技能大比武"活动,组织全局民警参加"会射击、会查缉、会驾驶、会电脑、会外语"等五项警务技能达标活动。分(县)局结合实际建立"警训队",深化民警的轮训轮值。推行处、科级领导干部任职资格考试和任职资格培训,做到"先考后提、逢提必考、任职必训"。全面实施体能测试长效机制,全局 50 周岁以下的男民警和 45 周岁以下的女民警每年都必须进行体能测试。组建"110"警车方队赴京参演,圆满完成全国公安民警大练兵汇报演练任务,并获得公安部通令嘉奖。根据现实斗争需求,初步建立课程设置动态更新流程和课程评价体系,实行教官评审、随需随聘制度,实施互动式网上教学。

7. 不断加大从严治警力度。认真贯彻《中国共产党党内监督条例(试行)》和《中国共产党纪律处分条例》,严格执行公安部"五条禁令",制定了民警工作文明用语规范,切实加大了警务督察和内部审计工作力度,认真整改群众反映强烈的突出问题,公安机关党风廉政建设和政风建设取得了良好成效。群众满意率逐年提高。

2005 年全市政风测评,群众对公安机关的总体评价为 89.75 分。

(九)切实加强了公安后勤保障工作

1. 加强公安经费保障能力和管理水平。在市委、市政府的高度重视和有关部门的大力支持下,市局与市财政局共同出台了《关于建立上海市区县公安机关经费保障机制的意见》等规定,为本市区县公安机关经费保障提供强有力的制度保障。在此基础上,通过调整市局财务管理体制,加强财务规范化管理工作力度,进一步提升了本市公安经费管理水平。

2. 积极推行公安后勤社会化、集约化改革。市局和轨道、化工分局、出入境管理局等单位的办公指挥大楼顺利建成使用并引入社会化服务,大大改善了民警的办公条件和环境,有效降低了后勤保障成本。同时,按照"定编、定标、改牌、严管"的要求,停止使用公安"沪 0"牌照,全市 19 个分(县)局和市局 11 个机关大院全部实施车辆集中管理,用车成本有效下降,初步形成警务用车集中管理集约化效应。

3. 加强日常装备保障工作。制定《上海市公安局装备规范化管理暂行办法》和《关于加强上海市公安局装备规范化管理的实施意见》,全面启动了装备规范化建设工作。同时,组织研发了新型警用外腰带、配套警械套具等新品,为全市交警、巡警配发了 1 万余支专用录音笔,切实为保护民警执法提供了重要的保障。

4. 做好应急后勤保障工作。建立了全局装备应急保障机制,确保基层一线部门实战的需要。

5. 全面做好从优待警工作。逐步实行"阳光工资",并建立了民警伤残抚恤、医疗互助、帮困基金、团体补充医疗保险和补充养老金制度。

二、公安工作的主要经验

第一,坚持党对公安工作的绝对领导。坚持党对公安工作的绝对领导,既是一项重大的政治原则,又是公安工作的优势。公安工作只有自觉地置于党的绝对领导之下,坚决贯彻执行党的路线方针政策,在思想上、政治上、行动上与党中央保持高度一致,才能始终保持正确的政治方向,经得起任何风浪的考验。

第二,坚持全心全意为人民服务的宗旨。坚持人民的利益高于一切,把维护好、实现好、发展好最广大人民的根本利益作为全部公安工作的根本出发点和落脚点,把人民群众的呼声作为第一信号,把人民群众的需要作为第一选择,把人民群众的利益作为第一考虑,把人民群众的满意作为第一标准,切实做到人民公安为人民,是公安机关实践"三个代表"重要思想的本质要求。

第三,坚持服从服务于经济建设这个中心。发展是硬道理。上海公安工作必须紧紧围绕全党全国工作大局,按照上海建设"四个中心"的发展战略,自觉服务于经济建设,积极促进全面、协调、可持续发展,努力为上海经济社会的发展创造稳定的社会环境。

第四,坚持把稳定置于公安工作的首位。稳定是改革发展的前提,和谐稳定的社会是最具竞争力的发展环境。因此,维护社会稳定是公安机关的神圣职责。能否积极主动、扎实有效地维护国家安全和社会稳定,是检验公安工作成效的重要标准。

第五,坚持专门工作与群众路线相结合。一切为了群众,一切依靠群众,是我们党战胜各种艰难险阻,不断从胜利走向胜利的一大法宝。做好新形势下的上海公安工作,必须坚持和发扬公安机关的特色和优势,自觉强化群众观念和群众意识,坚定地相信和依靠群众,不断提高群众工作水平,把公安工作深深地扎根于人民群众之中。

第六,坚持打防结合、预防为主的方针。维护社会治安的大局稳定,必须坚持严打方针不动摇,把严打、严防、严治有机结合起来,大力加强治安防控体系建设,切实提高公安机关的专业防范水平,及时治理突出的治安问题,牢牢控制社会治安局势。

第七,坚持以构建上海现代警务机制为主线。市局党委紧紧围绕当前和今后一个时期公安工作的主要任务和奋斗目标,紧密结合上海公安工作和队伍建设的实际,坚持开创性、坚韧性、操作性有机统一,坚持重点突破与整体推进相结合,稳步推进上海现代警务机制建设,不断研究新情况、解决新问题、形成新机制、增长新本领,使各项工作更趋规范化、制度化、法制化,有力地推动了上海公安工作和队伍建设的全面发展。

第八,坚持科教强警、固本强体战略。上海公安要实现持续快速发展,必须始终坚持"科教强警"和"固本强体"战略,充分依靠科技进步和教育培训提高队伍的战斗力,不断提高科技、教育对现实斗争的贡献率,进一步发挥公安基层基础工作的支撑作用。

第九,坚持严格、公正、文明执法。在依法治国、建设社会主义法治国家新的历史条件下,公安机关作为国家重要的行政执法和刑事执法力量,必须要牢固树立执法为民的思想,牢固树立严格依法履行职责的观念,牢固树立社会主义法治理念,严格依法办事,依法行政,把打击犯罪与保护人民有机地统一起来,规范执法行为,提高执法水平,通过严格公正文明执法,促进在全社会实现公平和正义。

第十,坚持从严治警、依法治警,加强公安队伍建设是做好公安工作的根本保证。必须始终把队伍建设放在突出位置,严格要求、严格训练、严格纪律,努力造就一支政治坚定、业务精通、作风优良、执法公正的公安队伍。

三、进一步改进公安工作的展望与对策

当前公安工作正处于历史上最好的时期之一,也是公安机关任务最重的时期。

第一,党的十六届四中、五中全会相继作出了《中共中央关于加强党的执政能力建设的决定》、《中共中央关于制定国民经济和社会发展第十一个五年规划建议》,对全面推进党的建设新的伟大工程、开创中国特色社会主义事业新局面具有重大的推动作用,从经济社会发展的宏观背景上,为我们进一步做好公安工作提供了有利条件。

第二,上海各级党委、政府对社会治安和公安工作的支持力度进一步加大。市委、市政府高度重视社会治安和公安工作,不断加强对社会治安和公安工作的宏观部署及指导,为我们解决了大量实际问题,特别是在进一步完善公安管理体制、适当增加公安专项编制、经费保障等方面取得实质性进展。市委、市政府领导已经形成共识,就是政府对维护稳定、社会治安和公安工作的投入,要与 GDP 和财政收入的增长同步或相匹配。各区、县党政领导也将维护稳定和社会治安摆上了各自工作的重要议事日程。这些都为我们做好维护上海社会稳定的各项工作提供了有力保障。

第三,本市经济持续快速增长,各项社会事业全面发展,三个文明建设和法治化建设深入推进,社会大局保持稳定,特别是人民群众参与社会治安、见义勇为的积极性进一步增强,为上海公安工作的开展营造了更加良好的执法条件和社会环境。

第四,通过多年努力,上海现代警务机制建设已取得明显成效。现代警务机制

基本理念被各级公安机关和广大民警所认同,成为指导和推进各项公安工作共同的工作目标和基本方向;现代警务机制基本框架初步建成,公安机关的应急反应、治安防控和打击犯罪能力有了很大提高,公安队伍的整体素质有了明显改善,为全面推进上海公安工作打下了坚实的基础。

与此同时,我国正处于人民内部矛盾凸显、刑事犯罪高发、对敌斗争复杂的时期,不稳定、不确定的因素大量存在。上海社会治安在总体保持平稳的情况下,存在着相当严峻和复杂的一面。特别是随着我国人均国内生产总值从1 000美元向3 000美元跨越的关键时期,我们既面临"黄金发展期",又面临"矛盾凸显期"。当前和今后一个阶段,刑事犯罪案件仍将在高位运行。上海在全国经济发展中所处的特殊地位,更容易成为"经济发展的高地、犯罪流入的洼地",这就对我们控制和驾驭上海社会治安的能力提出了更高的要求。

未来几年,是上海全面贯彻党的十六大和十六届三中、四中、五中全会精神,实现"十一五"总体规划,进一步推进改革开放、促进社会全面发展的关键时期,也是中国2010年上海世博会建设全面推进的关键时期。上海公安机关将紧密团结在以胡锦涛同志为总书记的党中央周围,在市委、市政府和公安部的正确领导下,以邓小平理论、"三个代表"重要思想和党的十六大,十六届三中、四中、五中全会精神为指导,深入贯彻《中共中央关于进一步加强和改进公安工作的决定》、胡锦涛总书记在观摩全国公安民警大练兵汇报演练时的重要讲话和第二十次全国公安会议精神,牢固树立和全面落实科学发展观和正确政绩观,以坚持执法为民为核心,以构建上海现代警务机制为主线,以服务上海经济社会发展和确保社会和谐稳定为目标,以改革创新为动力,以基层基础建设为重点,以队伍正规化建设为保证,坚持依法从严治警,坚持实施科教强警和固本强体战略,不断提高维护国家安全和社会政治稳定的能力、驾驭社会治安局势的能力、处置突发事件的能力、服务经济社会发展的能力,不断提高上海公安机关执法水平和公安队伍正规化建设水平,充分发挥公安机关在建设"平安上海"中的职能作用,切实担负起巩固共产党执政地位、维护国家长治久安、保障人民安居乐业的重大政治责任和社会责任,努力为上海经济社会发展和社会和谐稳定作出新的更大的贡献。

(上海市公安局　执笔人:魏利军)

公民权益保障工作

一、职工权益保障工作

依法维护职工群众的合法权益是工会的基本职责。近年来,上海工会在中共上海市委的领导下,坚持以邓小平理论和"三个代表"重要思想为指导,树立和落实科学发展观,认真贯彻胡锦涛总书记关于"完善在工会组织领导下的维权机制很有必要。要注意总结经验,不断强化职能,更好地为职工服务"的重要批示和中央、市委对工会工作的一系列重要指示精神,贯彻落实中国工会十四大精神和"组织起来、切实维权"的工会工作方针,认真履行《工会法》、《劳动法》赋予工会的职责,突出维护职能,着眼于新时期经济关系和劳动关系的新变化,建立和完善职工权益的表达机制、维护机制和工会维权的协调机制,把维护职工合法权益贯穿于推动改革、促进发展、积极参与、大力帮扶的各项工作之中,切实保障职工的合法权益,努力构建和谐稳定的劳动关系。

(一)职工权益保障工作的基本情况

1. 维护职工参加和组织工会的权利。

首先,加强工会组织建设,增强基层工会活力。三年来,上海工会坚决贯彻"组织起来、切实维权"的工作方针,根据全总的要求和本市构建区域性"大党建"格局及促进经济社会发展的需要,以党建指导工建、工建服务党建为原则,以工会组织和工会工作的全覆盖为目标,加强工会组织建设。市总工会制定了《关于进一步加强组织建设,增强基层活力的若干意见》,加强分类指导;各级工会组织以"加强组织建设,增强基层活力"为主线,明确责任,狠抓落实。截至2005年底,本市工会会员数从2003年的380万增加至506万,覆盖企业数从2003年的8.6万家增长至12.4万家,全市工会组织和职工入会实现了历史性突破。同时,本市各基层工会认真贯彻《上海市总工会关于深入开展建设职工之家活动的实施意见》,积极推进"合格职工之家"建设,创新工作方法,增强基层工会活力,促进企业和职工共同发展。

其次,重点抓好非公有制经济组织的工会组建工作。在非公有制企业等经济组织中组建工会,是工会组建工作的重点。本市各级工会根据中央领导"扩大工会覆盖面,增强工会凝聚力"的指示精神,加大非公有制企业工会组建的工作力度。2004年,全国人大常委会对上海贯彻执行《工会法》情况进行执法检查,进一步推动了本市非公有制企业的工会组建工作。通过开展"双爱双评"、"关爱职工、实现双赢"等活动,非公有制企业的工会组建工作有了新突破。截至2005年底,外商投资、港澳台企业建立工会组织6 209个;私(民)营企业建立工会组织12 235个,覆盖企业77 550家。

第三,大力发展进城务工人员加入工会。随着改革开放的不断深化,本市职工队伍结构发生重大变化,进城务工人员不断增多,已成为上海工人阶级的一个重要组成部分。市总工会制定下发《关于进一步做好维护进城务工人员合法权益工作的意见》,依法维护进城务工人员参加和组织工会的权利。市总工会与市建委、市建设工会联合建立了"上海市进沪建筑施工企业工会工作促进会",市总工会与市城市交通局、崇明县联合建立了"上海出租车行业崇明进城务工人员联席会"等,为最大限度地吸纳进城务工人员入会并维护其合法权益提供有效的工作平台。本市各级工会组织大胆实践,勇于创新,先后创造了"项目联合工会"、"建筑施工企业工会联合会"等组织形式;采取"流动会员"、"团体会员"、"会员登记"等办法,积极吸纳进城务工人员入会;采取"委托制"、"托管制"等办法解决进城务工人员工会组建后的挂靠问题。截至2005年底,本市进城务工人员入会的已达101万人。

第四,创新工会组织体制,构建工会组织新格局。根据经济体制改革不断深化、职工队伍发展壮大、内部结构深刻变化和工作对象更加广泛等新情况,上海工会积极探索工会组织建设以及运行模式,不断完善组织体制,努力构建市、区(县)、街道(乡镇)三级组织,四级网络(小区、商务楼宇、村、工业园区),产业和区县条块结合,行业联合,全面覆盖的工会组织格局。适应党政机构和国资国企改革,在委办、大口建立系统工会组织;促进行业性工会组建,市市容环境卫生工会等行业工会,把工作覆盖到区县的职工群众;探索区域性工会组织体制和工作运作方式的创新,自2005年起开展建立街道(乡镇)总工会的试点工作,以推动基层工会进一步扩大工作的影响力和辐射面;加快开发区工会的区域化进程,目前化工工业区、闵行工业区、漕河泾新兴技术开发区等已建立起区域性的工会联合会;促进地区与行业工会的结合,纺织工会、医务工会在探索产业和社区工会条块结合、行业联合方面积累了成功经验,增强了社区工会工作的针对性和有效性;各区县局(产业)工会也结合实际,在完善工会组织体制上进行创造性实践。

2. 维护职工劳动经济权益。

首先,积极推进再就业援助工程。上海工会积极参与构建促进就业的社会责任体系,以完善目标责任制开发就业岗位为核心,以落实政策鼓励扶持自主创业为主线,以提升工会推进再就业服务水平为手段,以实现困难职工群体再就业为重点,全面推进上海工会再就业援助工程的建设。2003 年以来,本市各级工会组织积极宣传落实各类再就业扶持的优惠政策,加强对生产自救带头人的政策业务培训与扶持工作的指导,不断完善以培训促进创业、以创业带动就业的良性机制。经全市各级工会的共同努力,三年来共帮助 7.6 万名职工实现了再就业;由工会扶持创办的生产自救组织已达 1 500 家,吸纳下岗职工 1.7 万人;建立再就业创业基金 120个,培训资助生产自救带头人 5 700 余人;树立全市创业带头人 100 强,大力促进了职工自主创业、自谋职业;启动"百企千岗进社区"三年行动计划,定期开展再就业援助日(周)活动。市总工会培训中心现已建立了 6 家培训分中心、23 家工会职介机构和 8 个劳务公司的组织网络,为职工提供技能培训、职业中介和劳务派遣一条龙服务。截止 2005 年 10 月,工会职介网络共办理求职登记 28.5 万余人次,推荐36.4 万余人次,其中被录用 13.6 万余人次。先后举办各类人才交流会 93 场,组织16 038 家用人单位进场,62.1 万余人次求职,达成用工意向 19.1 万余人次。

其次,不断推进和完善平等协商集体合同制度。平等协商集体合同制度是工会参与协调收入分配、维护职工合法权益的重要手段。本市推行平等协商集体合同制度 10 年来取得较大进展。特别是近三年来,推进平等协商集体合同制度的力度不断加强。2003 年市总工会召开了全市工会集体合同工作会议,进一步推进以工资集体协商为核心内容的平等协商和集体合同制度的不断完善。2004 年市总工会与市劳动保障局联合举办了 8 期工资集体协商培训班,培训基层工会干部、协商代表、企业法定代表人、企业劳动人事负责人约 960 余人。2005 年市总工会与市劳动保障局、市企联联合召开了"上海市三方推进平等协商集体合同工作会议"。会议评估、总结了 10 年来本市推进平等协商集体合同工作情况和典型经验,表彰了30 家"上海市平等协商集体合同工作示范单位",下发了《关于进一步推进本市集体协商工作的意见》,对本市深化平等协商集体合同工作进行了全面部署。由三方联合编印的《平等协商 共筑和谐——上海市平等协商、集体合同工作示范单位经验

汇编》一书,汇集了部分示范单位的集体合同(工资协议)文本和工作经验。截至
2005 年底,本市已有 72 842 家企业签订了集体合同,涵盖职工 286 万;有 35 967 家
企业签订了工资协议,涵盖职工 94.56 万。

第三,深入开展群众性的安全生产检查。加强工会劳动保护工作,是切实维护
职工安全健康合法权益的需要。上海工会坚持"预防为主、群防群治、群专结合、依
法监督"的原则,以"安康杯"竞赛活动等为载体,以非公有制企业为重点,加强制度
建设,强化劳动保护基层组织和基础工作,全面推进工会劳动保护工作。截至 2005
年底,全市建立各级工会劳动保护监督检查委员会 9 640 个,拥有工会劳动保护监
督检查员 70 184 名。三年来,本市各级工会组织按照工会劳动保护"三个条例"的
工作要求,结合实际开展建筑行业、职业危害、春运安全、劳防用品、防暑降温等各
项安全生产劳动保护监督检查活动。参加伤亡事故和严重职业危害的调查处理,
与市安全生产监督管理局建立联席会议制度,畅通信息沟通渠道,促进生产事故调
查处理的时效性与公正性。各级工会组织还认真开展"安康杯"劳动保护竞赛,
2005 年的参赛单位有国有企业、私营企业、外省市在沪企业等全市各行业的 684 家
单位、39 793 个班组,参赛人数达到 62.75 万人,参赛范围、活动影响率和覆盖面逐
年扩大。

第四,加强职工援助服务中心建设。2004 年,市总工会在 19 个区县总工会建
立了职工援助服务中心,整合社会资源,发挥政策咨询、就业援助、信访接待、帮困
救助、互助保障、权益维护等多项功能,为广大职工特别是困难职工提供一门式、一
站式服务。浦东新区等区县实现援助中心在区和街道、乡镇社区两级覆盖。2005
年市总工会制定了《关于建立健全上海工会帮困送温暖工作长效机制的办法(试
行)》,积极构建工会组织多层次、多渠道的帮困救助工作体系。三年来,本市各级
工会组织帮困送温暖工作不断深化,"一日捐"、"定向帮困"、元旦春节送温暖等工
作已形成制度。三年来,上海工会共筹措慰问帮扶款 2.35 亿元,慰问困难职工
76.57万人;对困难劳模的帮困力度逐年加大,组织大规模的劳模疗休养,向低收入
困难劳模、特殊困难劳模及时发放补助、帮扶、慰问金 1 374 万元;对因子女学杂费
影响基本生活的低收入困难职工家庭,筹措落实帮困助学金 4 163.16 万元,对 5.1
万户、47.74 万名困难职工子女实施了助学帮困。通过发放医疗帮困卡,为低收入
特困职工提供实物医疗援助服务等,对患大病重病的特困职工,继续实施生活帮困
和医疗帮困。三年来,上海工会向约 8.92 万名生活困难、患大病重病的特困职工,

发放医疗帮困款 5 284.98 万元。同时加强帮困信息系统建设,实施了"上海困难职工家庭档案管理软件"的升级和推广,开发可以容纳全市工会系统帮困对象基本数据的"上海市总工会帮困信息系统"。目前全市各级工会已建立 10 万余户困难职工家庭电脑信息数据库,其中 2.1 万余户特困职工家庭的信息输入市总工会电脑信息数据库。另外,还积极配合政府认真做好支内退休回沪定居等人员的生活困难补助、节日补助及医疗救助工作,三年来累计发放各类补助款 2.8 亿余元。

第五,积极推进职工医疗互助活动。为了推进医保改革稳妥实施,提高广大职工在市场经济条件下的自我保障和抗风险能力,满足广大职工尤其是中低收入职工的需求,市总工会推行的职工医疗互助保障计划,参保覆盖面广,给付人数和金额较高,体现了职工互助互济以集体的力量来共同抵御风险的特点,深受广大职工的欢迎。上海市职工保障互助会先后推出了特种重病、在职职工住院补充、退休职工住院补充、女职工团体互助医疗等四项互助补充医疗保障计划。截至 2005 年 10 月,参加四项互助补充医疗保障计划的有效会员达 746.68 万人次,累计给付257.75 万人次,给付金额 13.21 亿元。在推进职工医疗互助保障计划过程中,上海市职工保障互助会在全市 19 个区县、130 个街道乡镇建立了职工互助保障工作服务处等社区服务点,形成了市、区县、街道乡镇三级职工互助保障网络,更好地为广大职工服务。

3. 维护职工民主政治权利。

首先,加大源头参与力度,积极推动有关职工权益的立法工作和制度建设。在地方立法和有关改革政策的出台过程中,市总工会就职工关心的热点和难点问题,积极向市委、市人大、市政府、市政协反映职工的意愿和要求。市总工会与市政府建立了联席会议制度,加强与政府职能部门的沟通,积极参加与职工权益密切相关的有关法律法规的起草、修改和政策制定工作,提出工会的意见和建议。近三年来,市总工会参与了《中华人民共和国企业破产法》、《中华人民共和国劳动合同法》、《上海市促进就业若干规定》、《上海市安全生产条例》、《最高人民法院关于审理劳动争议案件适用法律若干问题解释(二)》等 30 余部法律法规、司法解释、政策文件的制定修改工作的讨论,共提出 240 余条意见,还就市人大五年立法规划提出了关于《上海市集体合同条例》和《上海市职工民主管理条例》两项立法建议。

其次,创新和发展以职代会为主要形式的基层民主管理制度,加强非公有制企业职工民主管理。三年来,本市各级工会组织依据《工会法》,坚持和发展职代会制度,不断探索和推进非公有制企业的职工民主管理,并在当前企业转改制过程中,充分发挥职代会的积极作用。2004 年,市总工会建立了职工民主管理工作评估制度,市总工会和市国资委党委等联合制定《关于进一步坚持和完善国有企业改制工作民主程序的若干意见》。2005 年,市总工会、市社会工作党委、市企联等联合制定了《关于推进本市非公有制企业职工民主管理工作的指导意见》,对推进非公有制企业职工民主管理提出了 20 条指导意见,推出了具有上海特色的推进非公有制企业职工民主管理的"2+X"模式(2 是指坚持集体合同和职代会制度,X 是指民主管理其他形式)。截至 2005 年底,本市建立职代会制度的企事业单位达 16 790 家,并创造出多种民主管理新形式。

第三,坚持推行厂务公开和建立健全职工董事、职工监事制度。三年来,上海厂务公开工作继续稳步推进。上海市委、市政府办公厅于 2004 年转发由市纪委、市委组织部、市委宣传部、市国资委党委、市总工会联合制定的《关于进一步深入推进本市厂务公开工作的实施意见》。2004 年 10 月、2005 年 11 月全市开展了两次厂务公开调研检查,总结经验,树立典型,促进厂务公开的全面推进。截至 2005 年底,本市有 12 177 家企事业单位推进了厂务公开。为了适应企业的深化改革,市总工会还协同有关部门推动公司制企业建立健全职工董事、职工监事制度。截至 2005 年底,本市基层工会所在公司制企业建立董事会 5 355 个,职工董事 2 695 人,工会主席进入董事会的单位 1 852 个;本市基层工会所在公司制企业建立监事会 3 298 个,职工监事 1 478 人,工会主席进入监事会的单位 1 259 个。

第四,全面配合市人大常委会开展《工会法》执法检查,推动解决涉及职工权益的突出问题。为了推动《工会法》在本市的贯彻执行,市总工会与市人大内司委于 2003 年对本市贯彻实施《工会法》、《上海市工会条例》的情况开展联合调研检查活动。市、区县及有关产业(局)共组成 43 个调研检查小组,对 1 600 余家基层单位开展专项检查,420 户企业、382 家工会、1 260 名职工接受问卷调查。2004 年,全国人大常委会对上海贯彻实施《工会法》的情况进行调研和执法检查,市总工会积极配合。2005 年,市总工会参与了市人大常委会开展的维护劳动者权益相关法律法规的执法检查活动。市总工会配合市人大常委会执法检查工作协调小组对本市 25 家企业开展了执法调研活动,19 个区县总工会参与了本区县人大常委会对本区域 150 家企业的执法调研活动,机电、宝钢等 20 个产业(局、公司)工会对本系统的下属 71 家企业进行了贯彻实施《工会法》和《劳动法》的自查调研活动。通过检查,推进了工会组建工作,加大了执法力度,提高了维护职工合法权益的工作实效,促进了劳动关系的和谐稳定。

4. 维护职工精神文化权益。

首先,加大对工人阶级和劳动模范的宣传,推动贯彻落实党的全心全意依靠工人阶级的根本指导方针。上海工会坚持把提高职工整体素质作为一项长期战略任务,为激励广大职工学赶先进树立楷模,加大对工人阶级和劳动模范的宣传,推动贯彻落实党的全心全意依靠工人阶级的根本指导方针。2004年表彰了2001—2003年度市劳模872名和劳模集体380个,推选出18个全国"五一"劳动奖状集体和46名"五一"劳动奖章获得者。2005年评选推荐135名全国劳动模范和先进工作者。三年来,本市各级工会以宣传李斌先进事迹为重点,深入开展李斌先进事迹系列宣传学习活动,组织新闻媒体集中报道李斌事迹,兴起了宣传李斌事迹的热潮。市总工会与市委宣传部、市国资委党委、团市委、市建设党委、解放日报等精心组织学习李斌事迹的系列活动,联合举办了李斌先进事迹报告会、李斌事迹座谈会,编写下发《知识工人的楷模——李斌先进事迹汇编》、报告文学《工人专家李斌》等,大张旗鼓宣传李斌精神,大力弘扬新时期劳模精神,使劳模精神在广大职工中不断发扬光大。

其次,开展"创建学习型组织、争做知识型职工"活动,大力推进职工素质工程,维护职工的学习权和发展权。扎实推进职工素质工程,为实施人才强市战略发挥积极作用。三年来,本市各级工会积极贯彻《上海总工会关于进一步深化"创建学习型组织、争做知识型职工"活动,全面推进职工"素质工程"上新台阶的意见》和《上海工会推进职工素质工程实施纲要(试行)》,广泛深入开展"创争"活动,通过建立"创争"活动联席会议制度、举办"创争"活动和职工发展论坛、推出"创争"活动十佳工作法、评选学习型班组创建奖等,普及终身学习理念,促进职工勤奋学习,岗位成才,争创一流业绩。围绕实践上海城市精神,以"诚信"为重点加强职业道德建设,广泛开展诚信服务展示、职业规范对照、职业礼仪教育、职业生涯设计、职业道德"双十佳"评选等活动,塑造以"敬业、诚信、奉献、自律、学习、合作、卓越"为核心内涵的新时期职业精神,强化职工的道德自律和行为修养,提升职工职业道德水平。

第三,广泛开展群众性精神文明创建和职工读书自学活动。三年来,本市各级工会广泛开展群众性精神文明创建和职工读书自学活动,精心打造职工文化知名品牌。每年举办上海读书节,围绕"读书,将希望变成现实"、"读书,我选择的生活方式"等主题,推出上海市民综合知识测试、新上海人读书活动展示交流、学习型社区展示、世界名著双语朗诵大赛、新经济组织读书论坛等读书系列活动,开通了东方网上海振兴中华读书活动网页,并首次公布上海读书指数,为构建学习型城市发挥了重要作用,全市 50 万市民和职工群众广泛参与。同时深入开展"文明班组"、"红旗班组"、"创新示范岗"创建活动和评选用户满意服务明星活动。树立和表彰了以"共筑诚信"为主要内容的职业道德"十佳标兵"和"十佳单位"、"职工精神文明十佳好事"和"上海市用户满意服务明星和班组"各 100 个。

第四,开展丰富多彩的职工群众文体活动,满足职工日益增长的精神文化需求。本市各级工会坚持开展群众性文体活动,为推进群众性精神文明建设搭建平台。每年举办"五一"文艺晚会和"十一"专场演出,展示了职工文艺创作的成果,展现了职工良好的精神风貌。市总工会与有关部门联合举办了上海职工合唱节、上海职工健身节、雷氏健康欢乐行、世界在华著名企业职工健身大赛、"延锋杯"职工足球赛、职工乒乓球大赛等职工文化体育活动,为丰富职工精神文化生活,推动基层职工文体活动起到了积极作用。各级工会组织通过举办职工文艺会演、歌咏舞蹈戏曲小品比赛、朗诵演讲、书画摄影篆刻展览等,陶冶职工情操,振奋职工精神。市总工会推出职工文艺创作奖励金,命名表彰上海工人艺术家,发挥工人作家、艺术家的作用,努力创作精品力作,推动社区文化、企业文化发展。同时,加大对工人文化宫、俱乐部、体育场的管理,积极发挥职工俱协作用,不断满足职工群众的精神文化需求。

5. 加强协调劳动关系。

首先,构建多层次的劳动关系协调机制。由政府、工会、企业组成的劳动关系三方协调机制是当前依法协调劳动关系的有效平台。自 2002 年上海市建立市一级的劳动关系三方协调机制以来,市、区县总工会积极参与三方协调机制的制度化、规范化建设。三年来,先后就《上海市集体合同条例》的立法建议、企业管理岗位的女职工退休年龄问题、小企业欠薪保障金落实情况开展调研和问卷调查活动。2005 年,三方就本市工伤保险待遇浮动费率办法、老工伤人员保险待遇转由基金承担支付办法、最低工资标准调整办法开展协商并达成一致意见。截至 2005 年底,全市 18 个区、127 个街道乡镇建立了劳动关系三方协商机制,基本形成市、区、街道三级网络。这种多层次的劳动关系协调机制,为依法维护职工的合法权益、促进社会稳定和经济发展、建立和谐稳定的劳动关系发挥了积极的作用。

其次,加大工会劳动法律监督力度,维护职工的合法权益。市总工会于1996年成立了上海市工会劳动法律监督委员会并制定下发了《上海市工会劳动法律监督暂行办法》,建立了职工举报查处跟踪制度,做到有举报、有查处、有反馈。至2005年底,全市建立各级工会劳动法律监督组织5 780个,拥有工会劳动法律监督员15 526名。2003年以来,市总工会与市劳动保障局每年联合开展贯彻实施劳动法律法规的专项检查活动,检查力度不断加大。2004年以来,市总工会与市劳动保障局、市建委连续两年开展以农民工工资支付情况为重点的劳动者权益保护专项检查活动。2005年,市总工会与市劳动保障局联合举办了劳动保障监督员培训班,提高工会法律干部素质。三年来,本市各级工会组织共受理违法违规案件1 350余件,参与市劳动保障监察总队对12 350余家用人单位进行监督检查,充分发挥了工会劳动法律监督的作用。

第三,强化工会参与劳动争议调处工作,积极为职工提供法律援助和服务。随着市场经济的发展和劳动用工制度改革的深入,各种利益主体的独立利益日益明显,矛盾也逐渐增多。近几年来,本市劳动争议案件每年以约20%的幅度增长。针对当前日趋增多的劳动争议,市总工会坚持"预防为主,基层为主,调解为主"的劳动争议处理原则,在规范企业劳动争议调解委员会工作的同时,注重加强街道、乡镇、经济开发区和产业、公司层面的劳动争议调委会工作,积极参与劳动争议的有效调解。三年来,市职工法律援助中心及34家分中心共为职工提供法律服务34 310余人次,其中无偿代理劳动争议仲裁和诉讼案件1 500余件,非诉讼调解2 920余件,代写法律文书470余件,处理来信2 880余件,法律咨询人数达22 810余人次,依法维护了广大职工群众的合法权益。

6. 维护女职工特殊权益。

首先,充分发挥女职工在社会经济生活中的作用。三年来,本市各级工会组织以《上海市总工会贯彻〈中国妇女发展纲要(2001—2010年)〉实施意见》为指导,认真实施《上海工会职业女性能力建设行动计划》,广泛动员女职工参与"为小康立新功,为世博添异彩"建功立业活动,团结全市女职工在上海新一轮发展中适应新形势,学习新知识,创造新业绩,实现新跨越。市总工会女职工委员会三年来先后举办了"上海电信杯"女职工信息化知识竞赛、"上海热线杯"上海职工网络文化·游戏大赛、"SVA杯"首届职业女性"迎世博"英语风采大赛、第四届"中华杯"女职工技能奖、"优秀职业女性创新论坛"、女职工周末学校等活动,引导和激发广大女职工的学习能力、竞争能力、创新能力和创业能力,发挥女职工在社会经济生活中的作用。

其次,突出维护女职工的特殊权益。积极探索新形势下女职工维权工作的有效途径和机制,市总工会女职工委员会制定了《上海工会维护女职工权益实事行动计划》,以签订"专项集体合同"的形式来表达和维护女职工的合法权益和特殊利益。截止 2005 年底,签订"女职工特殊权益专项集体合同"3 423 个。市总工会与市妇联一起提交了关于《上海市女职工劳动保护办法》的修改建议,积极探索建立女职工权益维护预警机制,充分发挥"16840999 女职工劳动权益求助热线"的求助咨询作用。编辑出版《职业女性维权热线 300 问》,提高广大女职工的维权意识和维权能力。

第三,进一步加强对困难女职工的帮扶工作。三年来,本市各级工会女职工委员会以"服务即维权"为工作理念,致力于为不同需求女职工提供实事服务。市总工会推出的《上海市女职工团体特种医疗保障计划》,目前参保女职工已达 70 万人,1 061 名患病女职工受到救助。各级女职工组织开展实事服务,突出以单亲、困难女职工为重点对象,通过"专人帮扶"对困难女职工进行助医、助学、助培训、助就业等帮困送温暖活动。设立"专项基金——女性创业援助基金",为女职工创业、再就业提供舆论援助、政策援助、培训援助、法律援助、资金援助。与公惠医院合作,向困难女职工和进城务工女性赠送免费"专项妇科检查",三年来受惠近 3.2 万人。各级工会女职工委员会因地制宜,开展一系列帮扶活动,有力地促进了社会、企业、家庭稳定。

第四,大力加强工会女职工组织建设。为了加强工会女职工组织的建设,制定了《上海市总工会关于加强新建企业工会女职工工作的若干意见》和《上海工会女职工组织自身建设行动计划》,指导基层单位将工会女职工组织的组建与工会组织的组建同步进行。同时在全市工会女职工组织中开展以"组建"为主题的创新工作法活动,帮助基层工会女职工组织根据形势的变化不断创新组建模式和运转方式。截至 2005 年底,全市工会女职工组织已达 21 746 个,工会女会员 200.16 万人。

（二）职工权益保障工作的主要成果和经验

1. 职工权益保障工作的成果。

首先,构建职工权益的表达机制,畅通职工利益诉求渠道。全面、准确、及时地表达职工群众的意愿和要求,是切实维护职工权益的重要前提和基本要求。三年来,上海工会着力构建职工权益的表达机制,建立了工会向同级党委的汇报制度、工会与政府及其职能部门的沟通制度、工会参与立法机制、通过人大政协反映社情民意制度,强化了企业内部职工权益表达机制,努力畅通职工群众利益诉求渠道。通过表达机制的不断完善,职工利益诉求得到有效反映,工会维权环境不断优化,工会维权影响力不断增强,为进一步履行好维权职能奠定了重要基础。

其次,构建职工权益的维护机制,依法维护职工合法权益。建立和谐稳定的劳动关系,是工会领导下的维权机制建设的重要任务和主要目标。三年来,上海工会着力构建职工权益的维护机制,不断推进劳动关系三方协调机制、以平等协商集体合同制度与职代会民主管理制度为载体的企业内维权机制、劳动关系矛盾化解机制、上级工会代表下级工会的维权工作机制和以职工互助互济为主要特征的帮扶机制的建设。通过建立健全多层次的职工权益维护机制,各级工会积极参与协调劳动关系及其各方利益,促进了社会公平正义、和谐稳定;切实推进企业内形成相互尊重、平等合作、共谋发展、共享成果的新型劳动关系,使职工合法权益得到有效维护;各级工会依法、有序、切实地开展各项维权工作,在职工群众中增强了凝聚力。

第三,构建工会维权的协调机制,促进劳动关系和谐稳定。针对复杂多发的劳动关系矛盾新特点,工会维权环境日益复杂,任务愈加繁重,领域大为扩展,内涵不断深化。三年来,上海工会切实履行工会维权的基本职责,在充分发挥工会组织自身作用的同时,努力走出内部小循环,借助社会方方面面的力量和资源,着力构建维护职工权益的协调机制,通过加强与有关部门的协调、舆论宣传的协调、维权工作内容上的协调和工会组织内部的协调,注重利用和协调社会各方资源,共同参与维护职工权益。通过构建工会维权的协调机制,工会的维权环境更优化、维权的覆盖领域更广泛、维权的社会影响更大,得到了各级党政组织和职工群众的重视和肯定。

2. 职工权益保障工作的经验。

首先,坚持党的领导,是工会维权工作健康发展的根本保证。坚持党的领导是工会的政治优势所在,也是工运事业和工会维权工作健康发展的根本保证。坚持党的领导,就要用邓小平理论和"三个代表"重要思想统揽工会全部工作,不断增强贯彻党的基本理论、基本路线、基本纲领的自觉性和坚定性,善于把党的主张化为工会和职工的自觉行动,把各级工会和广大职工的思想和行动统一到党的路线、方针、政策上来,强化工会的维权意识,促进职工权益的保护工作。

其次,坚持树立和落实科学发展观,是工会维权工作准确定位的关键。坚持树立和落实科学发展观,以经济建设为中心,以构建和谐社会为目标,是工会维权工作准确定位的关键。坚持贯彻落实科学发展观,就要紧紧围绕上海改革发展稳定的大局,突出工会的维护职能,强化职工权益的保障,广泛调动和发挥职工群众的积极性和创造性,促进经济社会的可持续发展,努力建立和谐稳定的劳动关系,充分发挥工会的国家政权重要社会支柱作用。

第三,坚持"组织起来、切实维权"的工作方针,是工会履行维护职能的基本要求。依法维护职工权益是工会的基本职责,也是工会服务大局、服务职工的主要途径。坚持"组织起来、切实维权"的工作方针,就要大力推进《劳动法》、《工会法》的贯彻实施,依法履行维权职责,加强工会组织建设,增强基层工会活力,加大工会参与协调劳动关系的力度,完善在工会组织领导下的维权机制建设,确保职工合法权益落到实处,使工会真正成为职工利益的代表者和维护者。

第四,坚持密切联系广大职工群众,是工会充分发挥党联系职工群众的桥梁纽带作用的核心。密切联系职工群众,是工会赖以生存和发展的基础,也是党的群众工作在工会中的体现。密切联系群众,就要深入基层,扎根群众,及时了解和帮助解决职工群众关心的难点热点问题,时刻把职工安危冷暖放在心上,做职工意愿的知情人,职工困难的帮助人,职工呼声的代言人,职工权益的维护人,职工发展的引路人,不断增强工会的维权能力和凝聚力,把广大职工紧紧团结在党的周围。

第五,坚持与时俱进,开拓创新,是新形势下工会维权工作不断深化发展的动力源泉。创新是新时期工运事业和工会维权工作发展的不竭动力。与时俱进,开拓创新,就要使我们的思想观念和思维方式适应时代发展的要求,推进工会维权工作的理论创新、体制创新和工作创新;就要不断探索和把握新时期工会维权工作的特点和规律,善于总结和推广新形势下基层工会维权工作的典型经验;就要根据客观环境和职工需求的变化,不断改进工会维权工作的方式方法,拓展工会维权工作领域,丰富工会维权工作内容,增强工会维权工作的有效性。

（三）职工权益保障工作存在的问题及对策

在充分肯定成绩和经验的同时,我们也应当看到,目前职工权益保障方面依然存在问题和不足,主要表现在:

1. 部分基层工会活力不够,依法维权能力不强。近几年来,基层工会在依法维护职工合法权益、建立和谐稳定的劳动关系、促进企业健康发展等方面发挥了重要作用,但在新的形势任务面前,部分基层工会活力不足、创新不够、影响力不强。一些基层工会依法履行基本职责的能力与党的要求、职工群众的愿望还不相适应,工作机制、活动方式与企业深化改革、促进发展的要求还不适应,还不能真正担负起协调劳动关系和维护职工权益的职能。

2. 三资、私营等非公有制企业工会组织的覆盖面和职工入会率有待提高。随着职工队伍分布结构的不断变化,三资、私营等非公有制企业的职工已超过国有集体企业的职工,成为职工队伍的主体。由于工会在非公有制企业中的建会率和职工入会率相对较低,尤其是港澳台和外商投资企业工会组建难,组织覆盖面有待提高,直接制约了工会作用的发挥。很大一部分外资企业的职工还游离于工会组织之外,这与本市外商投资企业的发展规模和发展趋势不相适应,与新形势下的工会维权工作不相适应。

3. 平等协商集体合同与职代会民主管理工作推进难度大。平等协商集体合同制度与职代会民主管理工作是工会在新形势下维护职工合法权益的两条重要途径。由于法律规定不够明确,平等协商集体合同与职代会民主管理工作的推进难度比较大。特别是在非公有制企业中,职工参与民主管理渠道普遍不畅,工会代表职工与企业进行平等协商、签订集体合同的机制还不健全。有些企业甚至认为签订集体合同及工资集体协商协议,会制约企业管理层的自主经营权,不愿意进行协商谈判。

4. 劳动合同文本尚不规范,损害职工权益时有发生。随着劳动用工制度改革的不断深入,劳动用工合同化已为社会所接受。由于劳动者的弱势地位,在签订劳动合同时缺乏主动权。而一些企业提供的劳动合同文本对劳动者的工作岗位、劳动报酬规定得较模糊,并硬性规定了企业可以单方面对职工进行"变岗变薪",如果职工不同意就终止劳动合同,违背了变更劳动合同需要双方协商一致的原则,损害了职工的合法权益。而劳动合同短期化倾向的蔓延,劳动者日益为工作稳定担忧,影响社会公平的实现,影响劳动关系的和谐稳定。劳务工适用范围任意扩大现象相当普遍,用工不规范影响到职工合法权益的实现。

针对上述问题,为进一步推进职工权益保障工作,应当着重从以下几方面入手:

1. 围绕发展大局,找准定位,在促进经济社会发展中实现职工利益保障。党中央提出要完善在工会领导下的维权机制,这就要求工会跳出自我循环的圈子,把维权工作纳入党委领导、政府重视、各方支持、工会运作、职工参与的工作格局之中,围绕大局,找准定位,以党和政府及职工普遍关心的重大问题为切入点,从提供服务、反映诉求、规范行为的要求出发,在维权领域中以改制企业和非公有制企业为重点,在维权对象上以非公有制企业职工、进城务工人员、改制企业职工和困难职工群众为重点,在维权内容上以职工群众的劳动经济权益为重点,积极争取政法、劳动、工商、税务等部门的支持,构筑工会维权社会化平台,营造工会依法维权的良好社会环境,在促进经济社会的发展中实现职工权益的保障。

2. 壮大工会组织,健全网络,在创新工会工作方法中提高依法维权能力。增强基层工会活力,创新维权载体,强化维权手段,完善维权方式,是工会依法履行维权职责,提高维权实效的重要保证。各级工会组织要结合实际创造性地贯彻落实"组织起来、切实维权"的工作方针,继续加大工会组建力度,最大限度地把职工组织到工会中来,不断创新工会的维权机制、手段和途径。要进一步完善源头参与机制、以工资协商为核心的集体合同机制、上级工会代表和指导下级工会的"上代下"维权服务机制、职工劳动安全监督检查机制、职工法律援助机制、劳动关系预警应急机制、区域性行业性劳动争议调处机制、职工医疗互助和子女就学帮扶机制、进城务工人员的双向维权机制等维权机制建设。各级工会在深化维权机制建设的实践中,要把握原则,突出重点,因地制宜,积极探索新思路,创造新方法,制定新措施,不断提高依法维权能力。

3. 履行维权职责,依法维权,在参与协调劳动关系中维护职工合法权益。当前加强工会维权工作,要充分发挥工会在构建和谐稳定的劳动关系中的重要作用。完善在工会组织领导下的维权机制是加强协调劳动关系的重要手段。随着我国社会主义市场经济体制的完善和劳动用工制度改革的进一步深入,经济关系日益复杂多样,劳动关系发生了广泛而深刻的变化,职工合法权益的实现遇到了许多新情况、新问题。面对劳动关系市场化、多样化、复杂化的特点,工会要加大协调劳动关系的力度,探索和完善在工会领导下的维权机制,强化维护职能,依照法律法规协调利益关系,帮助指导职工签订劳动合同,教育引导职工通过规范有序、理性合法的方式表达利益诉求,及时化解矛盾,为职工排忧解难,依法维护职工的合法权益,推动建立规范有序、公正合理、互利共赢、和谐稳定的新型劳动关系,努力构建社会主义和谐社会。

二、劳动者权益保障工作

维护劳动者权益的内涵很广泛,包含了就业、社会保障、劳动关系协调、劳动力市场规范等多方面的内容。2003年以来,上海市劳动保障部门在市委、市政府的领导下,围绕建设"服务政府、责任政府、法治政府"的目标,从上海实际出发,在保障劳动者权益方面做了大量工作,取得了一定成效。

(一)开展的工作及取得的成果

1. 建立政府主导的促进就业社会责任体系,保障劳动者就业权利。就业是民生之本,政府是促进就业的责任主体之一。这些年来,本市主要从以下几方面做好促进就业工作。

首先,强调促进就业的政府责任,建立政府主导的社会责任体系。从2000年起,本市开始建立促进就业的政府责任体系。2002年,进一步深化为政府主导的促进就业社会责任体系,动员全社会力量,促进就业,取得了明显的效果。2004年和2005年两年,分别实现新增就业岗位达到60.8万个和65.1万个。从失业率变化情况来看,2004年,本市城镇登记失业率为4.5%,实现了近10年来的首次明显下降,2005年进一步下降为4.4%。

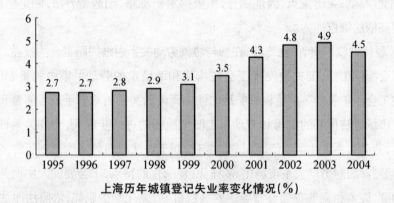

上海历年城镇登记失业率变化情况(%)

其次,制定促进就业地方性法规,建立促进就业的长效机制。近年来,本市在促进就业工作中,逐步形成了一整套经验、做法,例如:吸收国际劳动组织建议书的有关内容,结合本市实际创造性地发展非正规就业的劳动组织形式;旨在提高劳动者动手能力,由政府投资建设,免费向社会开放的公共实训基地等等。这些经验、做法在促进就业工作中取得了良好的效果,经实践证明是卓有成效的。如果能够通过立法的方式,及时将其固定下来,形成促进就业的长效机制,将可以为本市的促进就业工作提供更加有力的法律支撑。

2004年,市政府组织起草了《上海市促进就业若干规定(草案)》,并于2005年提交市人大常委会审议。2005年12月,市十二届人大常委会第25次会议以全票表决通过《上海市促进就业若干规定》,并于2006年3月1日起正式实施。

第三,优化创业环境,鼓励自主创业。近年来,上海自主创业、灵活就业的政策环境不断得到优化。有开业意向的劳动者,在开业政策咨询、开业培训、开业贷款担保、开业场地等多方面得到了政策支持。截至2005年,本市已累计为约3亿元开业贷款提供了担保,直接创造就业岗位约4万个;组织开业培训近8万人次,培训后开业率超过60%;全市15个区县建成开业园区40个,吸纳了1 300多家小企业和非正规就业的劳动组织进驻;形成600多人的专家指导队伍,累计为6万多人次提供了咨询与指导服务,帮助5 000多名创业者成功开业。

失业、协保等各类人员,从事小规模的社区服务,实现灵活就业的,可以通过非正规就业的劳动组织的形式,获得税费减免、贷款担保、岗位补贴、社会保险费缴费优惠等全方位的政策扶持。截至2005年,本市已扶持非正规就业的劳动组织3.4万个,从业人员达36万,2 100多家非正规就业的劳动组织成功转制为小企业。

第四,发展职业培训,提高劳动者就业能力。本市"市场化、社会化"的职业培训模式已经基本形成。全市680多家职业培训机构在政府搭建的平台上公开、公平、公正地开展竞争,参与职业技能培训,提供超过450个专业的培训项目。培训人数逐年递增,2003年、2004年和2005年,分别完成职业培训人数19.8万人、23.8万人和29.7万人。劳动者职业技能层次不断提高,中高层次培训比重从2000年的16.9%提高到2005年的61.4%,截至2005年底,全市高技能职业人才占技术性从业人员的比重已经由2001年的6.2%提高到14.98%。

为了集约化地配置社会资源、引领职业培训方向,本市全面启动了公共实训基地建设。已建成启用的数字制造业、信息产业、创意产业等实训基地,向大专院校及社会培训机构免费开放,实训人数达85.4万人。同时,结合产业调整,生物制药、汽车产业等其他六个公共实训基地建设也正全面启动。

第五,完善公共就业服务体系,帮助就业困难人员实现就业。通过完善就业服务网络,公共就业服务体系在市、区、街道、居委四级实现了全面覆盖。实施以人为本的细分化服务方式,根据求职者技能、求职能力的不同,提供有针对性的服务。对就业能力较强的人员,依托招聘网站,通过信息引导其自主择业,目前,网站日均浏览量 125 万人次,全市共有 2 万多家招聘单位通过公共职介发布招聘岗位 42 万个。对就业能力一般的人员,依托公共职业介绍机构,通过职业指导帮助其就业,本市现有职业介绍机构 473 个,其中 78％属于公益性或者非营利性的职业介绍机构,每年提供职业介绍和职业指导服务人次突破 100 万。对就业能力较弱的人员,依托社区服务网络,通过政府出资购买岗位(主要是社区保洁、保绿、保养、保安岗位和专门的就业项目岗位)扶助其就业,形成就业托底机制,目前,已累计出资购买 15 万个岗位用于安置就业困难人员。

2. 健全社会保险体系,扩大社会保险覆盖。

首先,形成多层次、多类别的社会保险体系。2003 年以来,本市相继制定了《小城镇社会保险暂行办法》、《外来从业人员综合保险暂行办法》、《工伤保险实施办法》等一系列政府规章,建立起与国家接轨的包括五险(城镇养老、医疗、失业、生育、工伤)在内的城镇基本社会保险制度(简称城保)。同时,结合上海的特点,建立了小城镇社会保险(简称镇保)、外来从业人员综合保险(简称综保)、农村养老保险(简称农保)、小企业欠薪保障、残疾人就业保障、补充养老(医疗)保险等险种,并建立起城保、镇保、农保之间社会保险关系的衔接、转移渠道,从而形成了比较完整的社会保险体系。

其次,社会保险覆盖面进一步扩大。社会保险的参保范围从职工向所有从业人员拓展,使得本市的离土农民、外来务工人员等各类人员,都获得了相应的社会保障。通过社会保险的一些灵活政策,适应本市经济发展与就业形式多样化的需要,一些原来不能参保的,如非正规就业人员、自由职业者、非全日制就业人员等各种就业形式人员,在养老、医疗等方面都相继获得保障。同时,对社会保险尚未覆盖的人员,如家政从业人员等,也适时推行了家政服务综合保险等商业保险险种。

针对城市化进程中离土农民的社会保障需求,2003 年本市出台了以"低平台、有弹性、广覆盖"为主要特征的"小城镇社会保险"制度,缴费基数为社平工资的 60％,费率为"25％＋X",既保证了基本保障,又富有弹性,促进了离土农民的非农就业。

根据外来从业人员流动性强,就业岗位危险程度高的特点,2002 年本市出台了外来从业人员综合保险,重点化解外来从业人员工作时发生意外伤害以及患病住院产生的风险,并适当考虑他们年老后的生活保障,给予一定的老年补贴。缴费基数为社平工资的60%,费率为12.5%,由用人单位承担,劳动者不缴费,缴费负担不重,满足了社会的保障需求。

截至2005年,本市各类人员参加社会保险总数达到1 140万人。其中,“城保”参保人数720余万人(包括按月领取养老金人员270万人);“镇保”参保人数100余万人;“农保”参保人数120余万人(包括按月领取养老金人员30万人);“综保”参保人数200余万人。

3. 规范劳动力市场秩序,促进劳动关系和谐。

首先,通过地方劳动合同立法,进一步贯彻劳动合同制。2001年,市人大常委会制定并颁布了《上海市劳动合同条例》。《条例》结合上海实际,将一些新型的灵活用工和特殊用工等劳动用工关系,如非全日制劳动关系等,纳入了规范化的劳动合同制轨道,及时调整了市场经济条件下多元化的劳动用工形态。同时,《条例》根据《劳动法》精神,对应当签订书面合同而未签订等情况,设计了专门的规则和制度进行规范,保证了劳动者的权益得到切实维护。目前,本市劳动合同制普遍建立,各类企业劳动合同的签订率达到90%。

在全面推进劳动合同制的同时,积极推进以工资谈判为主要内容的企业内部集体协商机制。目前,本市正在履行的集体合同1.2万余件,涉及劳动者150余万人。

其次,健全最低工资制度,探索市场化工资调控方式。2002年,市政府修订了《上海市企业职工最低工资规定》,最低工资的适用范围扩大到所有用人单位及其使用的各种劳动者。为适应市场经济环境下灵活用工形式的发展,本市又建立了适合非全日制用工形式的小时最低工资标准。根据本市经济社会发展状况,市政府逐年及时对最低工资标准进行了调整。通过不断完善工资指导价位等劳动力市场价格信号的收集和发布机制,政府对企业工资市场化决定的引导作用逐步显现。2005年,通过对本市各类所有制单位5 000户,约10万名从业人员工资的抽样调查,发布工资指导价位的职位数达到1 400个,并在全国率先发布非全日制小时工资指导价位和毕业生工资指导价位。

第三,启动三方协商机制,推进集体协商制度。目前,市、区县及其下属街道(镇)、经济开发区已普遍建立了三方协商制度,推动劳动关系在不同层面的协调。

特别是近年来上海市劳动关系协调联席会议,多次对《劳动法》贯彻执行中的一些重大问题进行探讨,以形成认识和政策的统一。例如,2005年上海市劳动关系协调联席会议对本市最低工资标准调整、工伤保险办法等问题进行协商,并取得一致,协商结果使政府最终决策更加符合社会的需要。

4. 加强劳动保障监察力度,完善劳动争议处理机制。

首先,加强劳动保障监察力度。

(1) 进一步完善劳动保障监察方式。目前,本市已经建立了500人的劳动保障监察员队伍,并配备了2 500人规模的协管员队伍,初步形成了以市、区(县)专业监察员队伍为核心,协管员队伍为配套的劳动保障监察体系。

启动了网格化监察,把每个街道(镇)划分为4到6个网格单位,通过协管员主动采集相关信息;依托劳动保障信息系统,实施了网络化监察,通过信息自动比对等形式,及时捕捉违法线索,通过"网格化"和"网络化"监察相结合,实现了由被动监察向主动监察的转化。实行365天"监察无休日"制度,及时受理投诉举报,及时处理。

在常规检查的基础上,开展专项检查。如2005年,连续开展了"清欠农民工工资"、"维护妇女劳动保障权益"、"查处欠薪欠保"、"禁止使用童工"等多个专项检查活动。通过快速、集中地处理违法行为,有效地改善了维护劳动者权益的社会氛围。

(2) 劳动保障监察案件数量和办案质量逐年上升。2004年,全市各级劳动保障监察机构共受理群众举报2.9万件,检查用人单位3.1万户,查处违法案件1.3万件。作出限期整改指令1.1万件,行政处理决定1 600余件,作出行政处罚决定1 500余件。通过监察,追缴社会保险费、责令用人单位补发拖欠工资、清退各类押金共计4.2亿元;涉及劳动者30多万人。

2005年截至11月底,全市各级劳动保障监察机构共受理群众举报投诉2.2万件,检查用人单位3.7万户;查实违法单位1.4万户;作出限期整改指令1.2万件,行政处理决定2 000余件,行政处罚决定1 300多件。通过监察,追缴社会保险费、责令用人单位补发拖欠工资、清退各类押金共计4.55亿元,涉及劳动者55万人。

其次,完善劳动争议处理机制。

(1) 争议案件处理数量持续增加。近几年,处理劳动争议数量呈持续增加趋势。2004年,本市各级劳动争议仲裁机构处理劳动争议1.8万件,涉及劳动者2.6万人,是1995年《劳动法》颁布实施之初的8倍,其中,调解率为70%,劳动者胜诉和部分胜诉率 85％；裁定单位支付劳动者工资报酬、缴纳社会保险费数额达 1.2 亿元。2005 年处理争议案件数量继续增长，共处理结案 2.1 万件，涉及劳动者 3.5 万人，调解率为 70.2％，劳动者胜诉或部分胜诉率达到 87.6％。

（2）形成多层次、多形式的劳动争议调解网络。2002 年以来，本市在继续发挥企业调解委员会作用的同时，探索发挥企业上级公司(行业)和街道、乡镇(地区)在协调劳动争议中的作用。目前，全市已建立了 136 个地区性劳动争议调解组织，从事调解工作的人员 375 人。2004 年全年共受理各类纠纷 5 500 多件，平均调解率为 70.9％；2005 年全年受理各类纠纷 1.5 万件，经调解达成协议的占 80％。

针对本市外劳力众多、用工不规范导致纠纷较多的特点，市劳动争议仲裁委员会与外劳力管理机构在各区县设立了专门从事外劳力争议处理的调解机构。2004 年，共受理纠纷 1.3 万件，其中集体纠纷 700 多件，涉及补偿金额 5 400 万元，有效地维护了外来从业人员的合法权益，促进了社会稳定。

（3）不断提升劳动争议仲裁员队伍建设。上海劳动争议仲裁委员会始终重视仲裁员队伍的素质提高，着力推进专业化、职业化建设。

一是聘任知名社会仲裁员，应对案件涉及面日益广泛、专业化程度逐渐提高的新情况。从 2003 年起聘任了劳动法、民法等多个领域的著名专家、学者及律师为社会仲裁员，直接参与劳动争议案件处理以及实体和程序的研讨，不仅提高了劳动仲裁的权威性，带动本市仲裁员业务水平的提高，还为劳动争议研究提供理论指导和支持。

二是聘任工会、企业方兼职仲裁员，体现劳动争议处理的三方原则。2002 年开始与工会、企业开展兼职劳动争议仲裁员的推荐聘任工作。目前，已经有 136 人被授予仲裁员资格，并由各级劳动争议仲裁委员会予以聘任，参与劳动争议处理的相关工作，进一步提高了案件处理的公正、公平性。

三是建立辅助工作人员队伍。从 2002 年开始，逐步建立起仲裁员助理队伍，配备书记员，推行立案与审理分离、信访接待与仲裁接待分离、仲裁员与书记员结合办案的工作机制。基本形成了分工协作、相互制约的仲裁工作机制，提高了仲裁工作效率。

5. 做好劳动保障政策宣传，提高劳动者维权意识。近年来，本市逐步建立了"六个一"的劳动保障信息服务体系，其内容包括：一个集业务查询、政策咨询、网上办事等功能于一体的劳动保障服务网站；一门全年 365 天、每天 24 小时免费为群众解答政策、接受投诉,并实行中英双语服务的咨询电话(号码为12333);一支深入社区、宣传政策、提供就业和培训信息的就业援助员队伍;一张把劳动保障最新政策和信息送到市民家门口的《劳动保障》报;一套通俗易懂,供需要者在市、区县、街道劳动保障服务窗口自由索取的宣传资料;一批覆盖全市街道(镇),为市民排忧解难劳动保障服务机构。通过传统方式与现代技术相结合的"六个一",为群众提供"面对面""点对点"的服务。其中,电话咨询中心从2001年成立至今,已经累计接到来电900万个,日均来电量2万余个;劳动保障服务网站日均访问量达到125万人次;就业援助员每年为群众提供90万人次的政策咨询、200余万人次的调查走访、4万人次的维权帮助;每年《劳动保障》报免费发放600多万份,其他各类政策宣传资料免费发放近1 000万份。

通过全面、细致、便捷的信息渠道,广泛宣传劳动保障政策,提升劳动保障法律法规的知晓度,提高了劳动者维护自身权益的意识和能力。

(二)存在的主要问题及对策

虽然本市在就业、社会保障、劳动关系协调、劳动力市场规范等多方面做了一些工作,取得了一些成效,但要把维护劳动者权益的工作真正落到实处,还需要更多的努力,尤其是还有一些问题需要进一步研究和解决。

1. "欠薪欠保"问题。"欠薪欠保"在本市侵害劳动者权益的案件中始终处于首位。以2004年为例,"欠薪欠保"占案件总数的72%,成为劳动者权益受损的主要方面。用人单位"欠薪欠保"的形式多样,并且由公开转向隐蔽,例如,有的用人单位改变工资构成,降低工资基数,逃避社会保险费;有的用人单位通过计件工资制,故意将指标定得很高,变相延长劳动者工作时间;有的企业业主逃匿,侵害劳动者工资权利等等。现在"欠薪欠保"还出现了屡查屡犯、屡禁不止的倾向。这主要与违法成本低、处罚力度小、诚信记录缺乏,以及多部门联合惩治机制不够完善等因素有关。一部分"欠薪欠保"也与一些劳动标准过高,且缺乏弹性有关。

2. 劳动合同"短期化"问题。劳动合同"短期化"的实质是用人单位利用优势地位和形式上的协商一致,通过签订短期的劳动合同,使自己处于一种有利的支配性的地位,形成实质上的不平等关系。短期合同的期限一般只有一两年,甚至只有几个月。比较常见的情形有:长期使用劳动者,但反复签订短期的劳动合同;对一些老职工,不按照法律规定签订无固定期限劳动合同;把劳动者的无固定期限劳动合同改签为短期合同;不按照法律的规定签订书面的劳动合同;通过所谓的"劳务工"变相制造劳动合同短期化的新形态等等。其结果是,劳动关系的稳定性受到损害,用人单位与劳动者缺乏互信,使以信任和协商为基石的劳动合同制度面临挑战,使劳动关系不尽和谐。劳动合同"短期化"的产生,固然有就业形势比较严峻、劳动力总体上供大于求,劳动者的弱势地位明显,不得不接受短期劳动合同等原因,但是,现行相关规定也存在着一定问题。例如,单位使用同一劳动者,假设签订无固定期限劳动合同,解雇职工时在条件和程序方面受到法律制约,还要支付补偿金,解除合同既繁琐成本又高,而如果反复签订一年期的劳动合同,合同到期解雇职工,没有任何法律限制,成本很低。

3."一裁两审制"的制度效率问题。在劳动争议不断增加的现实压力下,劳动争议解决的及时性问题越来越突出。而现在的"一裁两审制"不利于及时便捷地解决劳动争议。其一,耗时过长。一件争议走完全部程序,起码需要一年时间,不仅超出了劳动者的承受范围,企业也难以承受。其二,耗费精力过多。劳动者、用人单位、争议处理机构在争议解决过程中要付出相当多的时间和精力。其三,重复裁审。"一裁两审制"下,仲裁不仅仅是一种前置程序,案件在仲裁机构经过处理,在法院又完全重复地再进行一次或两次审理,"裁审"功能重叠且没有必要,不能满足及时便捷解决劳动争议的现实要求。实践情况表明,"一裁两审制"迫切需要调整。

为了进一步规范劳动力市场,加强对劳动者权益的保障,完善劳动者权益保障机制,我们认为,首先应当做好以下几方面工作:

1.加快建立促进就业的长效机制。未来几年,随着人口增加和产业调整,就业的总量矛盾和结构性矛盾将越来越突出。为此,必须加快建立促进就业的长效机制。要在政府为主导的促进就业社会责任体系下,不断改善创业环境,重点扩大贷款担保规模,解决制约创业的资金和场地等瓶颈问题。同时,继续强化公共就业服务职能,尤其是利用网上平台,强化对劳动者的求职指导和对单位的用工指导。继续完善职业培训体系,建立健全职业资格证书制度和就业准入制度,加快高技能人才培养,加快劳动者,特别是青年劳动者技能的提升,缓解就业的结构性矛盾,在加快公共实训基地建设的基础上,力争每年职业培训人数达到 20 万人以上,其中,高级和中级职业培训达到 50%以上。

为了更好地建立促进就业的长效机制,建议加快在国家层面制定《促进就业法》,对政府促进就业责任、公共就业服务与职业培训、发展多种形式就业、加强劳动力市场管理,以及发挥失业保险基金在促进就业中的作用等方面,做出规定,为促进就业工作提供国家法律保障。

2. 进一步完善社会保障体系。按照"深化城保、推进镇保、完善农保、扩大综保"的总体思路,完善上海的社会保障体系。城保方面,在统账结合的基本制度下,推行统筹基金和个人账户资金分别管理的运营模式,逐步做实个人账户,完善养老保险制度。镇保方面,不断扩大小城镇保险的覆盖面。农保方面,重点提升统筹层次和管理模式。综合保险方面,逐步提高外来人员的保障水平,并不断扩大参保面。争取未来几年,各类参保人数达到 1 400 万。

3. 进一步完善劳动关系调整机制。继续深入推进劳动合同制,提高劳动合同的签订率,加强对劳动合同履行情况,特别是企业改制转制、外来务工人员、老职工等特定范围和人员劳动关系变化情况的关注和指导,规范企业的裁员行为,保障劳动合同制更好地施行。同时,继续推进集体协商制度,不断完善三方协商机制。

建议加快在国家层面制定《劳动合同法》,从市场经济的内在要求出发,重新调整现行劳动合同的有关规定,用经济调节手段解决劳动者就业的稳定性问题。同时,在就业形式日益多样化的情况下,建议制定富有弹性和灵活性的劳动标准,为地方制定政策标准、开展集体协商提供制度环境。

4. 继续加强劳动保障监察力度和改革劳动争议解决机制。在劳动保障监察方面,一是加强劳动保障执法力量建设,不断提高执法人员素质,进一步改善劳动保障监察的方式、手段,对侵害劳动者权益的违法行为加大执法力度。二是探索建立多部门联合整治的机制,更加有效地遏止违法行为。三是逐步建立用人单位和劳动者诚信记录,确定征信管理范围和信息使用方法,形成良好的预防违法机制和守法氛围。

在劳动争议解决方面,重点是加强社会化的劳动争议调解,减少矛盾,快速处理劳动争议。建议改革"一裁两审制",根据仲裁与诉讼各自的优势,重新设计"裁审"关系,从而及时便捷地处理劳动争议,更好地维护劳动者权益。

三、妇女权益保障工作

在中共上海市委、市政府的领导下,上海市妇联从社会、经济、文化等方面的实际出发,充分发挥妇联组织的优势,积极维护法律所赋予妇女的各项权利,努力探索新形势下妇女维权工作的新途径、新方法,依法维护妇女权益工作取得了较大的成绩,初步形成了"党委领导、政府主管、妇联协调、各有关方面齐抓共管"的妇女权益保障工作新格局。

(一)妇女权益保障工作的主要成绩

1. 经济参与:上海女性参与经济管理的层次、能力有所改善。妇女的经济参与是妇女实现独立和自我发展的基本途径。2004 年,全市从业人员中女性比重保持在 40% 以上。局级企业领导班子的女性比重为 8.66%,比上年增加了 0.3 个百分点。有适当女性比例的企业董事会比例略有上升,为 45.4%,比上年增加了 0.2 个百分点,但仍未达到 50% 的目标值。总体看,经济社会的快速发展给女性发展带来了有利机遇,女性参与经济管理的层次、能力有所改善。

2. 政治参与:上海女性参政范围有所拓宽、参政层次有所提高。妇女的政治参与是妇女社会政治地位和国家政治民主程度的具体体现。2004 年,本市共产党员中女党员的比例达到 29.7%,比上年增加 0.7 个百分点。

上海妇女的参政范围有所拓宽,市级党委和政府部门领导班子中有女性的班子比重为 57.8%,区县党委和政府部门班子中有女性的班子比重为 55.1%,分别比上年增长了 6.2% 和 4.4%,但并未达到 60% 的目标值。需以换届、机构改革和领导班子日常配备调整为契机,加大选拔力度;坚持教育培训和实践锻炼并重,着力提高女干部队伍的整体素质;深化干部制度人事改革,促进优秀女干部脱颖而出。

优秀女干部进入各级领导班子的比例不断提高,女干部队伍整体素质进一步提升,女性参政议政的意识和能力有所增强,2004 年局级正职女干部比例为 11.4%,处级正职女干部比例为 15.9%,分别比上年上升了 1.0 个百分点、0.2 个百分点。女干部数量持续增加,党政机关、企事业单位女干部总数比上年增长了 2.7%。优秀女性人才储备初具规模,2004 年上海处级以上后备干部比例达 30.1%,保持了较高的水平。

上海妇女的参政议政水平基本与上年持平,2004 年市女人大代表提出议案数增加,但市政协女委员提出议案数减少(见表)。女性参政议政的意识增强,但参与程度和水平还有欠缺。

各级人大代表、政协委员中女性比例及其所提出的议案比例(%)

	女代表、委员比例		女代表、委员提出的议案比例	
	2003 年	2004 年	2003 年	2004 年
全国人大	26.2	25.8	33.3	28.6
市 人 大	24.4	24.4	24.7	30.1
区县人大	30.8	31.3	9.5	30.9
全国政协	22.0	22.0	13.0	21.4
市 政 协	17.8	17.8	28.5	21.4
区县政协	26.8	26.3	—	23.5

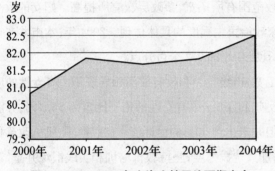

图 1　2000—2004 年上海女性平均预期寿命

3. 人口素质:上海妇女预期寿命再创历史新高。2004 年上海女性的平均预期寿命为 82.48 岁,达到国际领先水平,且最近几年一直呈上升态势(见图 1)。反映了上海妇女生活水平和生活质量的提高,经济文化生活的丰富,也反映了上海疾病预防、控制、治疗水平的提高。

4. 生活质量:上海妇女家务劳动时间减少,休闲时间有所增加。根据最新的抽样调查结果显示,由于家庭生活条件的改善和家务劳动社会化进程加快,上海市区女性每人的人均家务劳动时间为 2 小时 54 分,比 2000 年减少了 36 分钟,其中不在业女性的人均家务劳动时间减少了 54 分钟,而职业女性减少了 12 分钟,年轻女性和高学历女性在家务劳动上花费时间较少。

在现代社会,休闲时间及其利用已经成为财富的另一种表现形式。随着女性家务劳动时间的减少,她们的自由休闲时间有所增加,本市女性拥有的自由休闲时间平均每天为 3 小时 54 分,比 2000 年增加 24 分钟,其中在业女性增加了 18 分钟,不在业女性增加了 1 小时零 6 分。

5. 教育培训：高学历女性比重逐年增加,成人教育中女性比例超过半数,获得各类技能证书的女性人数超过总人数的半数。妇女的受教育水平不但反映一个社会的文明程度,而且会影响到整个国民素质的提高。2004 年全市普通高校本专科在校学生共计 41.57 万人,其中女性比例达到 50.1%,比上年上升了 0.3 个百分点。教育中的性别差异已经消除。

高学历女性比重比上年有所增加,2004 年在校女硕士比例占在校硕士总数的43.8%,在校女博士比例达 31.8%,分别比上年上升 2.8 个和 1 个百分点,呈稳中有升的态势(见图 2)。

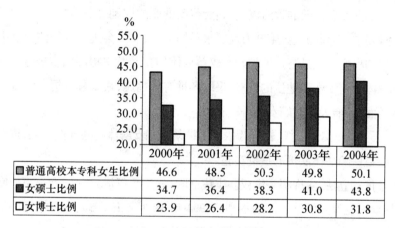

%	2000年	2001年	2002年	2003年	2004年
■普通高校本专科女生比例	46.6	48.5	50.3	49.8	50.1
■女硕士比例	34.7	36.4	38.3	41.0	43.8
□女博士比例	23.9	26.4	28.2	30.8	31.8

图 2　2000—2004 年普通高等学校在校学生中女性比例

女性提高自身文化素质的意识更为强烈,2004 年成人高等教育在校学生中,女生比例占 51.7%,比上年增加了 1.7 个百分点,近两年来均超过半数,成人技术培训学校在校生中女性数超过 42 万。2004 年本市获得各类技能证书的女性有 8 万多人,占获得各类技能证书总人数的 50.1%。

6. 健康与保健：孕产妇死亡率下降,产前医学检查率上升。随着上海市卫生部门进一步加强三级妇幼保健网的建设,2004 年,本市孕产妇死亡率为 10.79/10 万,比上年有所下降,继续保持在较低死亡率。孕妇产前医学检查率为 96.8%,比上年上升了 0.7 个百分点。

2004 年,已婚妇女综合避孕率为 85.2%,比上年下降 2.1 个百分点。男性避孕方法使用比重有所上升。

外来流动人口作为卫生保健服务的薄弱环节逐渐得到重视。2004 年,本市常住外来人口孕产妇保健覆盖率为72.2％,比上年增加了11.4个百分点。外来人口流动人口计划生育验证率、外来流动人口计划生育验证合格率分别为93.2％、85％。

(二)妇女权益保障工作的基本经验

根据不同妇女群体维权的需求,在妇女维权工作的实践中贯彻三个坚持:一是坚持维护妇女权益与社会主义法制化、民主化进程同步推进。妇女维权的程度是个渐进的过程,法律法规的保护不可能超越阶段的水平而形成,必须面对现实逐步提高和完善法制保护的力度;二是坚持维护妇女权益与社会和经济发展进程同步推进。如妇女参政议政的政治权利、妇女劳动就业的权利、妇女健康权利的保障程度和保障要求,必须与社会生产力发展水平相适应,在社会进步与经济发展中提高妇女维权的程度。三是坚持维护妇女权益与使妇女受益率提高同步推进。针对妇女群体总体上处于弱势地位的特点,采取各种有效措施,最大程度提高维权工作的妇女受益面,为最大多数妇女谋得权利。

1. 从一事一案的维权,转变为依法维护某一妇女群体的共同性权益,进一步落实妇女权益保障法律法规的贯彻实施。

一是推动立法,实现源头维权。实践证明,如果仅仅满足于妇女一事一案的维权,对妇女权益保障的整体推动不利。1994年12月8日,市人大根据妇联等部门的建议,结合《中华人民共和国妇女权益保障法》的贯彻实施,制定了具有上海特点的《上海市实施〈中华人民共和国妇女权益保障法〉办法》(简称《实施办法》)。《实施办法》从组织机制上,第一次明确了各级妇女儿童工作委员会主管《妇保法》的实施,要求履行四项职责、配备专职工作人员和提供工作经费。《实施办法》重申了各级妇女联合会的社会监督职能,赋予妇联组织有权向有关部门提出意见和建议、有权支持受侵害妇女向人民法院提起诉讼。

二是全程介入,发挥监督作用。市妇联通过参与立法、促进执法、政策干预等渠道,推进有关部门出台一批独具上海特色、全国领先的保护妇女权益的地方性政策、法规。如经过13年的努力,推动市政府制定了《上海市城镇生育保险办法》,并在2001年11月1日起实行。该办法在保障对象上涵盖了参加上海社会养老保险的所有城镇生育妇女,包括失业和外地女性,在保障程度上给予生育生活津贴和生育医疗补贴约近8 000元,体现了较高的保障水平,使生育保险成为构架整个社会保障体系中的一个重要组成部分。在生育保险出台前,市妇联向劳动部门提出对失业女性在生育中的特殊保护,《上海市失业保险办法》对在失业期间生育的妇女,给予增加三个月失业金的保护措施。在《上海市劳动合同条例》的制定中,加上了"小时工"的规定,认可了灵活用工的就业方式,为促进从事商业饮食业和家政等非正规就业的下岗妇女再就业创造了条件,一定程度上保证了妇女的劳动就业权。

三是参与执法检查,注重调查研究。从 1993 年开始,市妇联参与由市人大分别组织的对女干部和技术人员培养、妇女就业、妇女的劳动保护、妇女的"四期"保护、打击社会丑恶现象、家庭暴力等问题的专题执法检查,推动各单位认真执法。2004年,市妇联积极参与市劳动监察部门组织的妇女劳动就业、女职工劳动保护等专题执法检查,接受妇女投诉 450 件,提交劳动部门查处的违法侵权案件 300 件。

2. 从被动维权转变为主动维权,进一步拓展维权工作的新机制。

首先,保护妇女人身权益方面。市妇联与各级公安部门联手合作,坚持开展"警民联手,遏制家庭暴力"的专项整治,市公安局自 1997 年起每年发文,要求各级公安部门明确维权职责,加强妇女儿童维权工作,对有关家庭暴力投诉的受理率必须达到 100％,建立公安、司法联动机制,110 接警实施社会联动,形成防范和制止家庭暴力的处置网络,使上海的家庭暴力案件连年下降,1995 年家庭暴力信访案例占妇联系统婚姻家庭类纠纷的 34％,到近几年的 8％—10％,2005 年下降为 8.8％。

其次,妇女健康权保护方面。重点开展落实两年一次的妇科检查工作,1999 年市妇儿工委、卫生局、计生委、妇联、总工会、经委、个体工商协会等七个部门联合发文,规范法规的实施,落实妇科检查工作。市妇联还与市卫生局、市总工会、市慈善基金会开展"妇女健康实事工程",先后投入 600 万元,用于下岗、待业、失业、提前退休等育龄困难妇女及困难企业职工的妇科检查。

第三,妇女维权宣传方面。充分利用媒体、网络等现代化手段,宣传典型案件,促进社会转变观念,切实保护妇女人身权利,进一步扩大妇女维权工作的影响面、辐射面。与市新闻办联合下达文件制止媒体中出现歧视妇女的招工、招聘广告。近三年来在上海的主要媒体上,基本消除了歧视妇女的招工、招聘广告。市妇联还推出"维护妇女合法权益发言人"制度,不定期地对妇女维权的重大问题、重大举措、政策及实施成果等发表意见,为妇女维权创造了较好的舆论环境。

第四,保护妇女劳动就业权益方面。与劳动部门联手,连续四年开办免费的"妇女创业者培训",扶植妇女自主就业。落实优先为女性安排公益性劳动岗位的规定,保护妇女劳动就业权。开办各种形式的家庭劳动服务所、女子职业技能培训中心、房屋置换中心中介等组织,使一大批妇女重新上岗就业。

第五,法制宣传教育方面。与精神文明办、司法局等部门开展"法制宣传大篷车进社区"的宣传活动,推进了法律进社区、进郊区、进家庭。同时还连续三年在"三八"期间开展妇女维权宣传服务周活动,在社会上形成了集中宣传保护妇女合法权益的氛围。

3. 从单一的传统工作手段转变为综合运用各种先进手段,进一步满足妇女维权需求,提高妇女受益率。在不断完善妇联信访窗口、四级妇女组织维权网络的服务功能的同时,又增设了符合市场运作机制的工作手段,满足新时期妇女群众对维权的需求,提高妇女受益率。

一是运用现代信息网络的手段。开通了两条妇女维权电话咨询热线,接受妇女的维权投诉和法律咨询。东方网上海女性频道开辟了维权专页,满足了"网络女性"的需求。各级妇联先后组织了4 000多名妇女志愿者参加与大墙内外的罪错妇女社会帮教,并结成帮教对子,为她们解决生活中的实际困难,帮助罪错妇女早日回归社会。

二是联合社会力量,建立长效机制。在市、区县和社区建立了由妇联牵头、公检法司参与的三级妇女法律援助机构,受理妇女维权的投诉,为妇女提供及时、便捷的法律服务。目前,全市妇女法律援助已有1个妇女法律援助中心、19个区县妇女儿童法律援助分中心、223个街道社区妇女法律援助站,2005年市妇女法律援助中心就为近3 000人次的求助妇女提供法律咨询、代诉代书服务。全市近300多名妇联干部被各级法院聘为人民陪审员,五年共参与近千件与妇女人身权益保护相关案件的审理。

三是建立社区妇女维权预警制度。在部分社区建立以预测、预报、预防侵害妇女人身权益的工作为重点的预警机制,妇联维权干部及时收集、排摸、处理有关妇女权益的问题,变等待妇女找上门为主动排摸、了解妇女维权要求,提前干预和制止侵犯妇女权益的各种违法行为。在司法部门的支持下,占全市70%左右的女性调解干部活跃在社区,她们以爱心和热情缓解了各种矛盾的激化,为维护社会治安稳定作出了贡献。

(三) 妇女权益保障存在的问题及工作方向

按照上海建设现代化国际大都市和"四个中心"的要求,妇女权益保障工作还

存在不少问题,主要表现为:

1. 妇女政治参与的总体水平还需进一步提高。近年来,上海局级妇女干部的比例在 11% 左右徘徊,女干部队伍中存在的"三多三少"现象(即基层多,高层少;副职多,正职少;党群岗位多,经济岗位少)尚未明显改观。

2. 女性就业人员的岗位稳定性较差,流动性较大,成为影响女性生存、发展的严重障碍。近年来,妇女就业岗位的不稳定性、新毕业的大中专女生的就业问题,以及城市化进程中出现的失地、离地女农民就业问题,成为新的难点。

3. 维护外来女性流动人口的人身权益也将成为经济发达城市依法维权的新的重要问题。

针对以上问题,今后妇女权益保障工作的方向是:

1. 建立维护妇女儿童权益的协调议事机构——上海市维护妇女儿童权益协调组,协调涉及维护妇女儿童权益的难点问题,推动查处侵害妇女儿童权益的典型案件,促进保障妇儿童权益法律法规的建立和完善。

2. 深化和探索全方位的妇女维权预警机制,制定妇女维权预警指标,维护妇女参政、就业和人身权益。

3. 逐步完善事关妇女参与和发展的公共政策,倾听和吸收妇女维权的要求。当前要特别加大对女性人力资源的保护、开发和利用,真正实现妇女的发展和社会发展同步。

四、老年人权益保障工作

上海是全国最早进入人口老龄化的城市,早在 1979 年,全市 60 周岁以上老年人就达到总人口的 10%,比全国进入人口老龄化早 20 年。2005 年末,上海老年人口为 266.37 万人,占全市户籍总人口的 19.58%,百岁老人达 600 位,比上年增加 52 位。上海市人大常委会 1988 年就颁布了《上海市老年人保护条例》,在全国较早提出了对老年人六个主要权益的保护,即:人身权、赡养权、财产权、居住权、婚姻权、获得国家和社会的帮助权,统称为"六权"。1996 年全国人大常委会颁布了我国第一部《中华人民共和国老年人权益保障法》,形成了以全面维护老年人合法权益为目的的国家基本法,1998 年上海市人大常委会又根据国家这个基本法颁布了《上海市老年人权益保障条例》(以下简称《条例》),为本市依法保护老年人权益奠定了法律基础。

（一）本市贯彻执行《老年人权益保障法》和《条例》的情况

1. 各级党委和政府高度重视老龄工作，为老年人权益保障工作打下了坚实的基础。

首先，市委、市政府把老龄工作列入了议事日程，2001年4月，市委、市政府为了加强对全市老龄工作的领导，根据中央的精神，建立了上海市老龄工作委员会，由市委、市政府的分管领导担任老龄工作委员会的主任、副主任，30个有关部门的负责人为委员。将老龄工作的各项职责和任务分解到各个委员单位，制定了相应的工作职责和工作制度。先后制定和印发了《市委、市政府关于进一步加强上海老龄工作的意见》和《上海市老龄事业发展第十个五年计划纲要》。强调老龄工作的重心在社区，要整合现有的工作资源，丰富广大老年人的精神文化生活。各地区和有关部门的领导也都十分重视老龄工作，在规划本地区、本部门工作时，能够同步研究考虑老年人权益保障工作。这些都为深入贯彻实施《条例》创造了良好的环境。

其次，根据市委、市政府的要求，经过多年努力，全市老龄工作体制按照中央要求基本理顺，完善了市老龄工作委员会办公室的机构设置；根据市老龄工作委员会的要求，各区县、街道乡镇也已全部按要求完善和理顺了老龄工作体制，建立了老龄工作委员会办公室；在市区街道试点建立了以老年人为主体的老龄社团组织，进一步明晰了政府和社会的职责分工；大部分区县调整完善了各居(村)委的基层老龄组织，对其加强了规范化管理，进一步发挥了基层老龄组织的积极作用。

第三，随着各级党委、政府对老龄事业的日益重视，政府财政资金和社会资金对老龄事业的投入不断增加，并初步形成了由市、区财政投入，街道、乡镇自筹资金，有关部门自行投入，彩票基金投入，社会募捐投入，社会有关单位或个人投入等方面对老龄事业的多元化资金渠道。每年市、区的两级财政对各类养老机构的投入约1.4亿元。

2. 普及《条例》宣传，市民依法维护老年人合法权益的法制观念不断增强。2003年3月，市老龄办、司法局、高级法院、公安局、房屋土地局联合向各区县有关部门印发了《关于进一步加强本市维护老年人合法权益工作的通知》。各系统、各区(县)、各单位广泛开展了各种形式的宣传活动，将《条例》宣传列入市民普法教育的内容,共印发《老年人权益保障法》和《条例》单行本逾166万册。一些中小学校还将《老年人权益保障法》和《条例》教育列为学生的德育内容,认真实施教学。本市自1996年来开展了创建敬老居(村)委的活动,旨在社区居民中弘扬尊老敬老养老美德,使以往的被动、单纯维权转为积极、全面维权。通过几年的努力,目前全市绝大部分的居委会和村委会开展了创建活动,截止2005年全市命名的第四批200个敬老居(村)委,累计命名了市级敬老居(村)委508个,区县级敬老居(村)2 669个。开展创建的地区居民,敬老尊老养老意识大大增强,老年人的地位明显提高,不孝儿女普遍遭受道德舆论的压力,涉老纠纷发生率明显降低。

3. 加大了维权工作力度,积极保障老年人的合法权益。2002年7月,本市设立了市维护老年人权益工作小组,老年维权工作小组由市司法局牵头,市人大内司委、民政局、高级人民法院、公安局、房地局、社保局、医保局、卫生局、老龄办、妇联、退管会、法律援助中心、老年人法律服务中心、律师协会等部门的领导参加,协调、整合部门资源,共同做好老年人维权工作。维权工作小组还开展了在街镇司法信访综合服务窗口为主的基层创建"老年维权工作示范岗"活动,已表彰命名司法、法院、公安、老龄、法援、律师、房地、退管、社保、卫生、老龄等基层老年维权部门的"老年维权示范岗"335家,提高了社区为老年人提供法律服务的质量和效率。

(二) 建立上海市老年人法律服务中心

根据《上海市老年人权益保障条例》规定,2001年本市正式成立的"上海市老年人法律服务中心",为全市老年人提供政策法律咨询,代理有关法律事务、开展非诉讼调解等服务。2003年至2005年底,共接待处理老年人的来信、来访、来电8 534人次。其中,来访3 363人次,占总数的44.3%;来信728件,占总数的7.4%;来电4 443人次,占总数的48.3%。根据"中心"信息库提供的数据,来访3 363人次的老年人中反映的权益受侵情况,排在前五位的仍旧是:房产权1 979件,占总数的58.8%;其他财产权453件,占13.5%;人身权178件,占5.3%;赡养权184件,占5.5%;婚姻权195件,占5.8%。先后有1 189人次的法律专业大学生志愿者参加接待咨询和调处工作,为老人提供非诉讼调解、代写法律文书及民事代理活动,使大学生用课堂知识为老年人提供服务的同时,也为他们提供了社会实践的机会,提高了自身素质。4位律师志愿者加盟为老年人提供法律服务,为老年人诉讼代理案件 126 起,帮助老年人代书法律文书或代理强迁户口事宜 47 件,成功率达 80%。法律服务中心编印的 9 类《上海市老年人法律问答》小册子 4 万余册,供来访老年人免费索取。

2003—2005 年上海市老年人法律服务中心接待情况分析表

年 度		合计	人身权		赡养权		财产权		住房权		婚姻权		其 他		参加学生人次
		人次	人次	%	人次	%	人次	%	人次	%	人次	%	人次	%	
2003年	小计	3 571	141	3.9	144	4.0	319	8.9	1 301	36.4	82	2.3	1 584	44.5	543
	来访	1 475	86	5.8	82	5.6	164	11.1	885	60.0	61	4.1	197	13.4	
	来信	302	9	3.0	19	6.3	32	10.6	112	37.1	6	2.0	124	41.0	
	来电	1 794	46	2.6	43	2.4	123	6.9	304	16.9	15	0.8	1 263	70.4	
2004年	小计	2 696	116	4.3	118	4.4	305	11.3	990	36.7	89	3.3	1 078	40.0	365
	来访	1 020	44	4.3	63	6.2	155	15.2	575	56.4	50	4.9	133	13.0	
	来信	219	6	2.7	4	1.8	28	12.8	93	42.5	3	1.4	85	38.8	
	来电	1 457	66	4.5	51	3.5	122	8.4	322	22.1	36	2.5	860	59.0	
2005年	小计	2 267	107	4.7	108	4.8	254	11.2	888	39.2	40	1.76	870	38.4	281
	来访	868	48	5.5	39	4.5	134	15.3	519	59.8	23	2.6	105	12.1	
	来信	207	13	6.3	19	9.2	15	7.2	59	28.5	0	0	101	48.8	
	来电	1 192	46	3.9	50	4.2	105	8.8	310	26	17	1.4	664	55.7	

(三) 本市老年人维权工作的特点和问题

1. 老年人是社会的弱势群体。

首先是生理因素,老年人体力趋弱,加上视力、听觉的退化,记忆力减退,思维和表达能力不强;他们缺少社交机会,经济收入减少,文化程度较低,信息闭塞,时光有限,有些权益之争时间和年岁拖不起;他们在情感上普遍有同情晚辈、家丑不外扬的传统观念,往往处于自责和动摇不定的状态。这些因素和缺陷,致使老年人的权益较容易受到侵害。从 2005 年 8 月上海零点市场调查公司千份抽样调查数据反映,老年人权益受到侵害的虽然只有 19 人,占受访对象的 2%,但采取忍气吞声的要占 26.3%。

老年人由于自身经济条件、身体状况和文化水平条件等因素的限制,一旦发生矛盾单靠他们自身解决比较困难。特别是一些必须诉讼的老年人,诉讼一旦牵涉财产标的,他们往往会考虑诉讼成本而放弃了诉讼权利。老年人一旦遇到法律问题更容易慌乱、寝食难安,他们有的到处信访、四处询问听取各方意见,由于自己缺乏表达能力,反映问题抓不到点子而不受重视。有的因不懂法律知识全权交给了一些没有责任心的律师或者法律工作者(法律工作者收费较低)导致败诉。

2. 老年人纠纷调处主要通过社区组织。2003 年至 2005 年全市接待受理的103 141人次涉老纠纷中,区县处理的 26 429 人次,占 25.6%;街道乡镇为 30 216 人次,占 29.3%;居(村)委为 46 496 人次,占 45.1%(图1)。在社区层面得到解决的占 74.4%。街镇司法综合服务窗口和居(村)委司法调解干部起到了老年维权工作的主力作用。

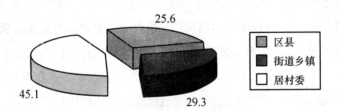

25.6

区县
街道乡镇
居村委

45.1

29.3

图1　2003—2005 年全市各层级老年人纠纷调处所占比例(%)

3. 涉老纠纷的原由及其分析。

(1) 房屋动拆迁纠纷内容发生改变。由于近年来市政府进一步规范了本市房屋动迁制度、增加房屋拆迁过程中的透明度,致使房屋拆迁过程中的纠纷,特别是与动迁组的纠纷较前几年有所好转。但前两年的拆迁遗留问题逐步显现,主要表现在房屋产权问题上(图2)。第一,老年人动迁后与子女共置新居的,产权人多登记为子女,一旦子女不履行在购房前照顾老人的承诺,老人想收回房产往往会因为当时未签书面协议或者对子女承诺的范围未做细化,造成诉讼时举证困难,权益难以维护。第二,由于动迁协议上未对同住人动迁款进行细分配,造成家庭内部人员对房产分配问题产生各类矛盾,往往殃及老年人。

(2) 空挂户口成为老年人的心病。有些子女为了自己的利益将自己的户口空

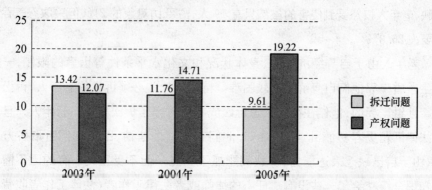

图 2　2003—2005 年"中心"来访老人拆迁与房产权所占比例

挂在老年人的房屋内,严重限制了老年人行使自己的房屋权利。特别是对一些生活条件较差,想用自己的房屋来养老的老年人来说,问题尤为突出。而 2005 年 7 月 1 日开始实施的《上海市常住户口管理规定》,取消了公安机关强迁户口的条文,老年人必须以诉讼即"诉空挂户对房屋没有使用权"来解决此类问题,往往花费较大精力和财力。

(3) 农村房屋拆迁问题开始显现。近年来房屋拆迁进入农村乡镇,使得农村房屋拆迁问题上升,主要有以下几种情况:一是由于历史原因宅基地权属不明确的,老人虽然长期居住但却没有房屋或者土地权证;二是祖孙几代共同居住,有的房屋产权已经给了子女,但拆迁后老人没得到很好的安置或者老人要单独居住的要求不能满足;三是与子女三代同住的老人靠自己房屋的一楼出租养老,但房屋拆迁后一般只分得 2 套房屋,一套为老人与子女同住,一套为孙子女婚房,使得原经济来源终止;四是市区老年人到农村投资买房,但却不符合农村房屋政策,房屋拆迁时不能得到补偿。

(4) 财产权意识增加。主要表现为询问立遗嘱的相关事宜及民间借贷问题的老年人增加了,特别是文化程度较高的老年人对独立自主处分自己财产的意识尤为明显。市老年人法律服务中心来访询问财产权的老年人中,具有高中及以上文化程度的是小学及以下的 2 倍人次。

(5) 赡养问题中精神赡养仍是难点。

第一,提出赡养费要求的老年人多为养老金偏低者,小学及以下文化程度占 53%,而大专及以上占 8.3%(图 3)。

第二,提出精神赡养的老人中,小学及以下文化程度占 41.7%,而大专及以上

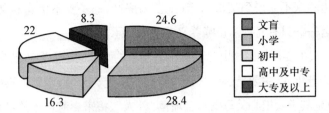

图 3　要求赡养费的老人文化程度比例(%)

占 33.3%(图 4),由于目前法律无法规范此类问题,所以老年人的赡养问题能通过调解或者诉讼解决的基本以经济赡养类为主,低保老人的赡养可得到法援帮助,且通过诉讼解决此类问题不论是在法律关系还是诉讼成本上,都较其他类问题容易,只要老年人确实存在经济上的困难,一般诉讼都能得到法院支持。

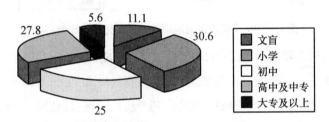

图 4　要求精神慰藉老人文化程度比例(%)

第三,提出生活照料需求的老年人以高龄老人为主,70 岁以上的老人占83.5%,80 岁以上占54.1%,90 岁以上占15.6%(图5),但随着政府居家养老、政府购买服务等一系列活动的开展,来"中心"反映生活照料问题的,从 2000 年的2.18%,2002 年的 1.22%,到 2005 年为 1.15%,呈逐年递减的趋势。

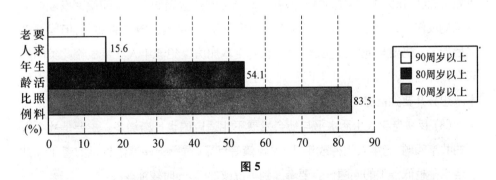

图 5

第四,提出医疗费负担的老年人,侵权方基本为单位占 35.7%,子女及其他亲属占 42.9%。还有部分老年人及其子女仍要把赡养与继承老年人财产挂钩,认为没有得到或者将来不会得到父母财产(主要为房产)的子女不负赡养义务,农村的表现更为显著——只有儿孙需负赡养义务才能继承。

(6) 婚姻权主要还是围绕财产问题。老年人的婚姻问题主要还是与财产有关,有离婚需求的老年人,主要是咨询夫妻共有财产认定与分割;老年人再婚会受子女反对,主要也是其子女担心父母财产会流落"外人"、将来影响自己的继承权。反映婚姻权问题的老年人以初中以上学历为主(图6)。

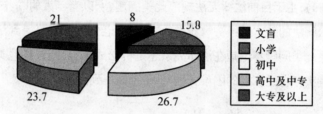

图6 "中心"来访咨询婚姻权老人文化程度比例(%)

(7) 人身权实际保护力度相对较低。只有被打成轻伤以上的老年人,才能通过司法途径得到保护。一般老年人被侵犯人身权有两种情况:一为偶发性,即主要在家庭以外的地方受到一次性侵犯。这类问题一般可以通过诉讼等司法途径得到赔偿解决。但目前人身权中占主要比例的是另一类长期性问题,即老年人受到同住的子女或者其他亲属的长期的人身侵犯,且主要是不构成人身伤害的辱骂及精神虐待。"中心"的来访老年人中,侵犯其人身权益的子女及其他家属占到48.2%,侮辱老人的占43.8%,打骂老人的占53.1%,威胁安全的占60.7%,精神折磨的占66.7%。这类问题虽然长期存在,但未构成轻伤或者虐待,公安等司法机关很难给予处罚,而侵权人本身素质也较低,要从道德上规范他们很困难。即使家庭成员的打骂构成伤害,一般的处理方式要么是治安拘留、要么是人身伤害赔偿,但因处理完后老年人仍要与他们同住,有时可能会变本加厉侵犯老年人。要根除此类问题只有分开居住,但实际上此类问题的发生就是家庭住房紧张无法分开或者子女根本不想分开要独占房产。

(8) 反映老年人生活水平与社会发展不相适应的也日渐增多。主要是社会资源的共享问题、老年人优待政策、医保政策等问题,对于一些退休越早的老年人其生活水平越低一类的问题一般要牵涉到单位或部门,一时较难解决。

(9) 侵权方分析。据统计,老年人权益受到侵害,半数来自于子女以及其他亲属的侵犯,也就是我们俗称的"家务事"(图7)。其中人身权受子女侵害的为

48.2%,受赡养扶助权为72.5%,财产权为31.5%,房屋权为51.4%,婚姻权为16.7%.其他依次为单位、邻居、配偶等。因此,在处理老年人的问题时,家庭内部的调解极为重要。

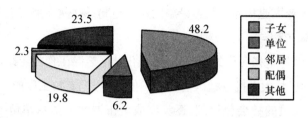

图7 2000—2005年"中心"来访人身权侵权方所占比例(%)

4. 老年人需要提供法律服务。据2005年8月上海零点市场调查公司千份抽样调查数据反映,老年人对家庭晚辈的孝顺程度评价基本满意。受访老年人对晚辈孝顺程度评价较高,85%的受访老人对此表示满意;表示晚辈不孝顺的比例合计1.9%(图8)。不同背景受访老年群体中,低学历与低收入老年人对晚辈的孝顺程度评价低于其他群体。老年人与家人关系总体上较好,受访老人对此表示满意的比例合计近90%;表示不满意的是1.2%(图9)。不同背景的受访老年群体中,低学历与低收入老年人对家人关系的满意评价低于其他群体。

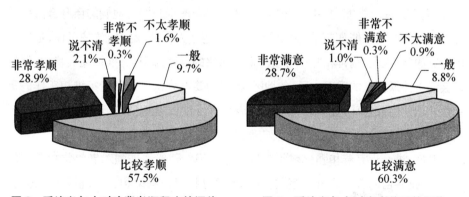

图8 受访老年人对晚辈孝顺程度的评价   图9 受访老年人对家人关系的评价

调查中约有25.2%的受访者希望在社区老年服务设施中设立法律咨询项目,9.7%的受访者有提供法律服务的需求。要求提供法律服务的老年人中,低龄者、较高学历者、女性、郊区老人、独居及三代或隔代居住者为数更多。

（四）应对人口老龄化的对策与措施

1. 把老龄事业纳入经济社会可持续发展战略,建立老龄事业投入与经济社会发展和老年人口增长挂钩的调节机制,统筹规划,协调发展。结合上海城市总体规划,规划上海养老事业和为老服务设施的整体布局,做好《上海市老龄事业发展十一五规划》的制定工作。

2. 进一步理顺老龄工作的管理体制,强化社区老龄工作的组织。在建立多层次老龄组织的同时,大力推进社区老龄组织的建设,把老龄工作的重心落到社区,努力实现退休人员的社会化管理,逐步完成全市退休人员从单位人到社会人的过渡。

3. 大力推进老龄事业社会化。以居家养老为基础,以社区为依托,建立和完善政府倡导资助、社会力量兴办的老年社会服务体系。

4. 在努力为老年人提供衣食住行等物质保障的同时,要加强老年思想政治工作,倡导科学文明健康的生活方式,注重老年人心理健康,丰富老年人的精神文化生活,改善家庭、邻里、代际关系,多方面提高老年人的生活质量。

5. 强化老年维权工作。

首先,提高老年维权工作的认识。老年人是一个社会弱势群体,随着其年龄的增加,老年人在思维能力、社交能力和体力上都会逐步减弱。他们的自身合法权益需要政府及有关职能部门的特殊保护。做好老年人合法权益的维护工作,是贯彻落实党的"十六大"精神和"三个代表"重要思想的具体体现,是维护社会稳定、促进社会经济持续发展的重要一环,各地区、各部门要充分认识加强老年维权工作的重要性和迫切性,认真研究新形势下维护老年人合法权益新情况、新特点,充分履行各自的工作职责,采取有力措施,切实做好老年人权益保障工作。

其次,进一步完善和强化老年维权工作的组织建设。加强对老年维权工作的领导,根据各自的工作职责和范围,进一步建立和健全组织和工作机构,切实落实工作人员,并及时加以专业培训。要根据2002年7月1日市政府领导在上海市维护老年人权益工作小组成立大会上的讲话要求,各地区都要建立维护老年人权益工作小组,老年人维权工作要在维权工作小组的牵头下各负其责,及时沟通情况,交换意见,提出建议。要及时总结推广老年维权工作的经验和做法,创造性地开展维权工作。

第三,继续提高为老年人提供法律服务和法律援助的水平。贯彻《条例》精神,积极提供有效的法律援助,要大力提倡和鼓励广大律师、公证员和基层法律服务工作者为老年人提供优先、及时、便利、高效的法律服务。深入社区将维权工作的重心下移,及时、优先办理涉及老年人合法权益或者老年人委托、求助的法律事务,建立以法律援助专门机构、律师事务所、公证处、法律服务所为主体,以委托或指定的律师事务所为骨干的老年人法律服务(援助)网络。

第四,广泛开展社会宣传活动,努力形成敬老助老的社会氛围。随着人口老龄化和家庭小型化的趋势和老年人面临的一些新情况、新问题,敬老助老的宣传教育工作仍将是一项长期的社会工作,要结合"五五"普法教育,加强对广大群众尤其是青少年的宣传教育,广泛开展《老年人权益保障法》和《条例》的宣传工作,使社会各界和广大群众充分了解老年人依法享有的权利,以及家庭、社会、个人对老年人应尽的义务,增强依法维护老年人合法权益意识和为老年人服务的意识,自觉遵守有关法律法规,鞭笞侵害老年人合法权益的行为。同时也要根据老年人的特点,对其加强法制宣传教育,提高他们的法制观念和自身的维权意识。

第五,加强调查研究完善有关政策。开展对目前社会上出现的老年人权益保障方面的热点问题及老年人的生理需求问题进行调查研究,进一步完善法律法规和有关政策。特别是对老年人的住房权益保障、户口问题、婚姻财产问题、诉讼请求、法律援助、社会优待政策等问题,有关职能部门要加以研究,提出积极建议,制订特殊有效的保障办法。针对目前老年人住房纠纷较多,影响老年人正常生活的现状,法院、公安、房屋、老龄部门应采取相应措施保护老年人的居住权,如法院应该受理老年人公房使用权的诉讼,也可以根据老年人对请求对公有或产权房实施析产和相应的迁让补贴;公安可以根据法院判决,对无居住权的被告采取迁出户口的强制措施;房屋管理部门也可以根据法院判决,无需征得无居住权被告的意见,按老年人意图处置其自有或租赁的住房。要针对老年人的心理特点,积极创造条件,研究和制定得以满足老年人需求的心理咨询疏导、法律和政策咨询服务等办法,保障老年人的合法权益。

五、残疾人权益保障工作

"十五"期间,上海的残疾人事业有较大的发展,特别是自2003年以来,继续依法推进残疾人各项业务工作开展,特别是在实施市政府实事项目"推进社会保障"、

"无障碍设施建设"、"万人就业工程"、"农保"、"阳光行动"等方面,又取得突出的成绩。同时推进了各项业务的全面发展。

(一)残疾人权益保障开展的主要工作

1. 建立完善残疾人保障的法规和规章。1999年7月12日修改后的《上海市实施〈中华人民共和国残疾人保障法〉办法》发布,2000年5月11日修改后的《上海市残疾人分散安排就业办法》以市政府82号令发布,2003年4月《上海市无障碍设施建设和使用管理办法》以市政府1号令发布。在此同时,为贯彻残疾人保障法,以市政府办公厅转发,或以有关委办局联合下发的各种意见、规定、通知相继出台,保障了残疾人就业、保障、康复、教育等各项工作顺利进展,健康发展。这一系列规范性文件的发布和修订,体现了将维护和保障残疾人合法权益为残疾人保障工作的重要原则。

如今,残疾人重要工作任务的提出,均有法律依据,均有政策规定,均有明确的意见和条文。改变了残疾人工作原来的"福利化"、"做好事"、"突击性"等情况,而是依法维权,依法行政,依法推进工作,做到了规范化、经常化、法制化。各区(县)人大、政府也制定了相关的办法,保障了本地区残疾人维权工作的依法推进。

为确保残疾人保障法的贯彻执行,每年各级人大要组织人大代表进行视察、检查。如在残疾人保障法颁布10周年之际,市人大内务司法委员会组织人大代表前往嘉定、长宁两区检查,陈铁迪、沙麟、漆世贵、刘伦贤等领导参加。执法监督的加强,确保了残保法的实施、残疾人事业的发展。

2. 加强法制宣传,进行普法教育。市残疾人联合会制定了"上海市残疾人联合会系统法制宣传教育第四个五年计划",通过市——区——街(镇)残联及盲协、聋协、肢协等专门协会组织残疾人进行普法教育,学习"残保法"、"合同法"及"交通规则"等法规,以举办讲座、培训班、读书会、开展知识竞赛、印发宣传资料等形式进行法制学习和宣传,在市残联内刊《灵芝草》上专门开辟"法制学习"栏目,连续刊登有关维权知识。自2003年以来,有10多万人次接受了培训,印发政策汇编等材料5万余册。通过这些教育,引导残疾人学法、懂法、守法,提高素质,依法维护自己的合法权益。许多残疾人原先不懂法,碰到困难和问题,或是消极沉默,或是争吵甚至闹事。普法教育后,残疾人素质有了提高,闹访、闹事情况大大减少。不少人还通过诉讼解决了自己工伤、劳动关系、医疗纠纷、婚姻等问题,维护了自己的合法权益。

每逢"全国助残日"、"国际残疾人日"等活动时,市残联及各区(县)残联集中进行有声势的法制宣传,以文艺演出、标语横幅、黑板报、律师上街咨询等形式宣传残保法。

通过法制宣传、普法教育,还促进各级政府和有关部门,增强对保障残疾人权益的意识,提高了管理水平,营造理解、尊重、关心、帮助残疾人的良好社会环境。

3. 做好信访工作,开展法律援助。残疾人信访工作是残疾人与政府之间的桥梁和纽带,是残联与残疾人保持密切联系的通道,也是维护残疾人权益的重要途径。通过信访可以了解残疾人的困难、要求、意见、建议,对残疾人权益受到损害的,要予以保护、维护;同时,信访工作又要依法办事,维护法律和政策的严肃性,做好宣传、教育和疏导工作。

2003 年以来,市残疾人联合会下发了《区县残联信访工作指导意见》,规范了信访制度,市残联理事长及有关处室干部定期参加信访接待,为保障残疾人权益,稳定社会,做了许多工作。2003 年至 2005 年,分别接待来访 1 012、819、780 人次,处理来信 680、660、650 件。

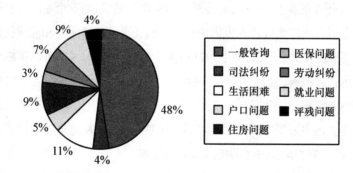

一般咨询　医保问题
司法纠纷　劳动纠纷
生活困难　就业问题
户口问题　评残问题
住房问题

2003 年信访类型构成图

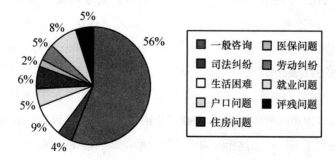

一般咨询　医保问题
司法纠纷　劳动纠纷
生活困难　就业问题
户口问题　评残问题
住房问题

2004 年信访类型构成图

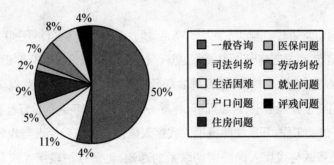

2005 年信访类型构成图

市残疾人法律援助中心是 2000 年 12 月成立的。建立以后在工作中完善组织，进行了政策法规和手语的系列培训，使法援工作趋于完善，力量得到充实，工作得到加强。中心聘请的专职律师和大学生志愿者热忱为残疾人服务。2003 年，接受咨询 516 人次，回复信函 100 余件，给予诉讼代理 10 件；2004 年接受咨询 450 人次，答复来电 1 120 人次，给予诉讼代理 18 件；2005 年接受咨询 487 人次，答复来电 723 人次，给予诉讼代理 11 件。

几年中，全市完善了 19 个区县残联法援机构的建设，为 5 个专门协会聘请了律师，确保各个层面为广大残疾人提供优先、优质、优惠的法律服务和法律援助。

4. 实施市政府实事项目，集中力量解决一些难点问题。《上海市实施〈残保法〉办法》中指出："各级人民政府应当将残疾人事业纳入国民经济和社会发展计划。"市政府自 2003 年来，每年将解决一二个残疾人工作中突出的问题，列入市政府实事项目，三年中先后完成了"推保"、"无障碍设施建设"、"万人就业"、"农保"、"阳光行动"等实事项目，有力地推进了残疾人事业的发展。

2003 年，集中力量进行了残疾人"推进社会保险工作"，特别是解决了"应保未保"和"应保欠保"历史遗留问题。2002 年市政府办公厅转发市残工委、劳动保障局、民政局、残联等部门下达的《关于进一步加强本市残疾人劳动就业社会保险和社会救助工作的意见》，2003 年列入市政府实事项目，至 2003 年底全市 9 600 多名重残人员重续社保账户，2 万多名重残无业人员享受了高于地方标准 30％的最低生活保障。这一措施的实施，解决了一大批残疾人保障问题，维护了残疾人权益。

这一年，作为市政府实事工程，完成了全市 220 处无障碍设施的改造，为残疾人办了实事，迎来了下一年创建无障碍设施建设示范城的建设高潮。

2004 年，为解决大龄无业、待岗残疾人就业问题，市政府推出了"万人就业"实事项目。7 000 名残疾人助理员上岗,全市 19 个区(县)的街道(镇)成立了助残服务社,不仅解决了就业问题,而且加强了基层残疾人组织的建设,还完善了市——区(县)——街道(镇)——居(村)委的残疾人工作的网络。这一年,推行"农保"工作,8 万多人次的农村残疾人参加养老保险和合作医疗。

2005 年,市政府又推出"智障人士阳光行动"的实事项目。在市领导直接关怀下,成立了由市民政、劳动保障、卫生、教育、体育、财政、精神文明等委办局组成的联席会议,有序地推进工作。全市 19 个区(县)建立了 233 个"阳光之家",11 956 名智障人士进入"阳光之家"进行康复、培训、特奥训练、劳动,使智障残疾人融入社会,参与社会生活,从而也解放了一批家庭。智障人士如何得到保障,权益如何得到维护,一直是残疾人工作中的难点。这次"阳光行动"的实施,从根本上解决了智障人士的维权问题,同时也改变了社会对智障人士的偏见,其作用惠及整个社会成员。

5. 依法推进残疾人各项工作的开展。《残疾人保障法》对残疾人的康复、教育、劳动就业、文化生活、福利和环境都作出规定。《残疾人教育条例》等国务院和有关部委下达的办法、意见、规范、通知对各项业务工作又作出许多具体实施的规定。上海市为贯彻这些法律、规章也有相应法规、意见出台。2003—2005 年期间,全市依据这些法规,认真实施,依法维权,依法推进工作,使各项业务工作得以完全落实,取得很大成绩。

(1) 贯彻 82 号令,依法安置就业和完善保障工作。本市在 1993 年就发布了《上海市残疾人分散安排就业办法》,2000 年 5 月又作了修改,以市政府 82 号令发布。2003—2005 年以贯彻 82 号令为主,开展各种形式的就业安置,先后与劳动和保障局等部门出台了《关于切实做好本市残疾人劳动就业工作意见的通知》《促进劳动就业暂行办法》《关于扶持残疾人个体工商户业主参加城镇基本养老保险、小城镇养老保险的通知》等规定和文件,通过分散安置、福利工场安置和扶植个体开业,以及"万人上岗"等多层次、多渠道安置,保障了残疾人的劳动权益。82 号令的实施,使残疾人就业保险金的收缴得到保证,为扶持多形式就业工作和进行救助保障工作提供了资金基础。继"推保"工作的实施,2004 年又进行了"推进农村残疾人养老保险、合作医疗、实现全员覆盖"工作,从就业保险金中投入农村保险金 1 763 万元,全市有 8.1 万人次受益。另外,城镇重残无业养老补助、重残人员医疗救助、农村残疾扶贫等工作都得到落实,残疾人的生活状况有了明显的改善。

(2) 贯彻《残疾人教育条例》,保障残疾人入学接受教育。2003—2005年期间,为贯彻《残疾人教育条例》会同市教委等部门,以多种途径确保残疾儿童的入学和残疾人的学历提高,最大限度地缩小残疾人与健全人在文化素质方面的差距。主要做了三方面工作:

一是确保残疾人九年义务教育入学,协调促进残疾人接受高等教育,2003—2005年共有239名残疾人进入各高校学习。同时采取各项积极措施对高校毕业的残疾人安置就业。

二是开展特殊教育。2003年1月,市政府办公厅转发了《上海市特殊教育"十五"规划》,抓好盲校、聋校、辅读学校和各类职业技术教育。2003年11月,在上海华联麦当劳有限公司建立了第一个智残人培训见习基地,2004年又分别在奉贤、松江等区建立了上海市农村残疾人农业实用技术见习基地,进行种植、养植、家庭副业等的培训。

三是开展了"春雨行动"。2003年8月15日市教委、财政、民政、残联、残疾人福利基金会、慈善基金会等部门单位联合下发了《关于开展上海市"扶残助学春雨行动"的通知》和"操作意见",对残疾人学生和残疾人家庭的学生分别给予助学补助,帮助他们完成学业。至2005年底,共有6.8万人次得到资助。

(3) 推进无障碍设施建设。2003年4月,《上海市无障碍设施建设和使用管理办法》以市政府1号令发布。此后,认真贯彻1号令,依法推进了无障碍设施建设,开展创建无障碍设施示范城区的活动,截至2005年12月底全市共完成公共建筑改造项目13 048个,改建率达88.9%,修建盲道1 036公里,路口坡道21 145个,完成家庭无障碍设施改建1 200户。2005年2月上海首批获得全国无障碍设施建设示范城市的称号,静安、浦东两个区被评为全国无障碍设施建设先进区。在此同时,还积极推进了"聋人手机短信息应用"、"盲人计算机应用"、"电视节目增加手语"等信息无障碍建设,方便了聋人、盲人的交流。

(4) 加强残疾人康复工作,实现"人人享有康复"的目标。2004年2月,市政府办公厅转发了市卫生、残联等7个部门《关于进一步加强本市残疾人康复工作的意见》,努力实现"人人享有康复"服务的目标。市区残疾人康复服务指导中心相继建立,社区康复开展,"十五"计划的各项康复任务均超额完成,42.57万人次接受各项康复服务,安装假肢、矫形器21 376件。还在全国第一个实现了残疾人用品用具配发,总共38.32万人次得到了残疾人用品用具的服务,完成"十五"计划任务数的

383.3%。

(5) 积极开展文体活动,残疾人环境生活得到改善。在《残疾人保障法》深入贯彻的推动下,残疾人文体活动蓬勃积极地开展,帮残扶残的氛围在全社会形成,"上海市残疾人"网站建立,信息网络畅通,残疾人的社会生活环境得到改善。三年来,各项残疾人文艺活动广泛开展,参加全国残疾人文艺汇演,承办亚太地区蒲公英音乐节,展示了残疾人自强不息和多才多艺的风貌。在体育运动中,先后举办了第六届残疾人运动会、第六届特奥会,一批残疾人体育健儿在特奥会上摘金夺银,取得 9 块金牌的好成绩。2007 年世界特奥会在积极地筹办,特奥精神深入社区、深入人心。

(二) 残疾人权益保障工作的主要成绩

1. 残疾人事业法制建设取得新进展。三年来,本市在完善残疾人事业地方法规体系、促进残疾人事业法制建设方面加大了力度。一是制定、修改残疾人保障法实施办法等一系列法规规章,以法的形式让残疾人进一步分享改革开放和社会进步带来的成果。二是以贯彻落实残疾人保障法为契机,积极推动残疾人维权工作向规范化、法制化迈进。三是建立健全依法维护残疾人利益法律机构。四是加大执法监督力度。

2. 残疾人康复服务能力得到新提升。一是全面完成国家下达的任务指标。经过五年努力,有 42.57 万人次残疾人获得有效的康复服务。二是充分发挥上海优势,形成与康复任务相适应、基本满足残疾人康复需求的服务网络。在充分利用社会资源基础上,形成覆盖全市的康复服务网络,使广大残疾人就近就地得到康复服务。为提高业务能力,三年来共培训各类专业人员 3.25 万名。三是动员社会力量,拓宽筹资渠道,尽力保障残疾人享有康复权利。充分发挥政府有关部门指导、分工协作、有机配合的组织管理网络作用。

3. 残疾人自身素质有了新提高。残疾人积极参与经济建设和各项社会活动,自身素质不断提高。一是通过深化教育和开展各类活动,残疾人的公民道德水准普遍提高。二是开展各类技能培训,残疾人的劳动能力普遍得到提高。大批残疾人刻苦钻研技艺,成为能工巧匠,或走上自谋职业、自立创业的道路。三是开展各类教育评比活动,激励残疾人不断发扬自立自强精神,向社会展示残疾人的特殊风采。四是残疾人在文艺、体育上不断取得新成绩,赢得特殊荣誉。

4. 残疾人社会保障实现新突破。3 年来,残疾人社会保障体系初步建立。为 1 万多名在职和有工作经历的残疾人认定了工龄、补缴了社会保险金,做到了应保尽保;有 8 万多人次农村残疾人参加养老保险和合作医疗受益;3 万余名重残无业人员纳入政府托底保障,1.7 万余名重残人员纳入医疗帮困,1.3 万余名重残无业人员参加养老补助。同时有 500 余名重残人员领取养老补助金,600 余名重残人员在福利院养护,4 700 余户"老养残"家庭得到志愿者上门服务,22.5 万(人次)残疾人获得辅助器具免费配发。

5. 残疾人社会生活环境获得新改善。社会对残疾人的观念发生深刻变化,人道主义思想开始深入人心。各类志愿者助残活动广泛开展,已建立助残志愿者团体 680 个,志愿者在册人数达 7 055 人。创建无障碍设施建设示范城区活动成果显著,无障碍设施在全市广泛出现,并在向残疾人家庭延伸。电台、电视台设立了一批固定的残疾人栏目,东方手语学校培训班持续举办,开设残疾人网站,初步建立市、区两级残联信息化基础设施和应用环境,为残疾人走出家门、交流信息、参与社会生活提供条件。残疾人事业地方法规更加完善,法律援助普遍开展,有力地维护了残疾人的合法权益,从全方位改善了残疾人的社会生活环境。

(三) 残疾人权益保障工作存在的主要问题

1. 残疾人事业总体滞后于本市经济社会的发展。当前,残疾人事业总体上还滞后于本市经济社会的发展,同本市建设现代化国际大都市的目标还有差距,与广大残疾人日益增长的物质文化需要相比也有一定的距离。上海市不仅要在经济建设上争创一流,而且各项社会事业也要同步协调发展。尽管上海市残疾人工作走在了全国的前列,但有些问题仍然比较突出,因此,要进一步加强残疾人事业的支持力度,使其与本市经济社会协调发展。

2. 现有的康复服务能力与残疾人日益增长的康复需求之间的矛盾。现有的康复服务能力与残疾人不断增长的康复需求存在着供需矛盾,尤其是中轻度智力残疾人和精神残疾人的康复、照料、就业,以及重度残疾人的养护问题还比较突出,同时 0—7 岁残疾儿童早期干预力度急需加强。但本市目前康复经费的投入力度和康复政策的覆盖面还不能很好地满足残疾人的实际需求。

(1) 本市有持证贫困重性精神残疾人 1 万多人,这些病人需要长期服药以稳定病情,但由于这些残疾人的家庭经济往往都十分困难,难以承担这笔医疗费用,这些残疾人如果无法保证按时服药,就容易发病,导致家庭和社会的不稳定,甚至肇事肇祸、危害社会。为了保障残疾人的基本权利,必须尽快掌握贫困残疾人和低收入残疾人的康复医疗状况,出台相关规章和规定。

(2) 对0—7岁残疾儿童进行早期干预是一项抢救性工程,但残疾儿童的早期干预措施较难落实。残疾儿童最佳的康复场所是康复教育机构,但目前本市只对学龄期的在校残疾学生出台了相关的扶助政策,对学龄前残疾儿童进入康复教育机构还没有系统的救助制度,而很多残疾儿童的家长无力承担康复机构相关费用(如托幼管理费、康复训练费用、治疗费用、寄宿费用等等,郊区此类情况尤其突出),造成了孩子得不到及时的治疗和康复。而且随着经济社会的发展,各类残疾儿童的发生比率也在发生变化,比如近年来,智力残疾儿童和自闭症儿童的发生率大幅度提高,而现有的康复机构和康复人员的服务能力远远不能满足这方面的需要。因此,要尽快推动本市建立针对残疾儿童早期干预的综合措施,从制度上、经费上、人员上全面保证残疾儿童能在最佳时间获得最有效的干预。

3. 残疾人文化技能水平较低与就业结构之间的矛盾。残疾人文化和技能水平普遍较低,就业竞争力不强,导致残疾人就业结构性矛盾突出,在发展教育和培训的同时,迫切需要政策支持。据不完全统计,本市现有的12万残疾职工中,待岗领取生活费维持较低生活水平的占40%以上。由于残疾特点,使这部分人群在社会生活中处于某种不利地位,权利的实现和能力的发挥都会受到限制,特别是现在绝大多数企业处于体制转轨、结构转型的时期,过去就业的残疾人中很多人因文化技能水平偏低不能适应企业发展速度而被迫下岗,这使得这些残疾人的工作和生活更加困难。

4. 社会保障水平较低与残疾人生活困难之间的矛盾。

(1) 据市统计局2005年1—6月对100户城镇残疾人家庭抽样调查显示,本市残疾居民家庭生活水平不到普通居民家庭的一半。另据不完全统计,本市有5万左右的残疾人靠领取生活费维持较低生活水平。现有的医疗保障制度主要是针对城镇职工,而近3万名重残无业人员没有医疗保障,仅仅依靠政府的临时性救助政策,缺乏制度的保障。

(2) 在对残疾人的体检结果与正常人群的体检结果进行比照分析后发现,残疾人患大病、重病的比例要高出近2倍,无力承担医疗费用也导致了残疾人残障程度的加重和生活质量的下降。这种特殊情况的存在,加强了提高本市社会保障水平的迫切性及扶贫措施的必要性。各级政府和各有关部门应把提高本市社会保障水平和扶助贫困残疾人工作纳入重要议事日程,细化各项政策措施,给予更多的支持。

(3) 重残人员保障标准较低的矛盾依然比较突出。上海有近 3 万名重残无业人员,他们生活不能自理,给家庭造成极重的经济和精神负担,特别是家长年龄偏大的家庭中,已无力照顾这些重度残疾子女,尽管市残联想方设法为 850 名重残无业人员解决了养护问题,但与 3 万人中有 1 万多人需要养护的需求相比,供需矛盾仍然十分突出。因此要充分考虑重残无业家庭的养护要求,争取将养护补贴经费纳入财政预算。

(四)进一步推进残疾人权益保障工作的展望与对策

2010 年世博会是上海新一轮发展的重大战略机遇,2007 年特奥会将对上海残疾人事业的发展起到不容忽视的推动作用,同时随着全国特别是上海市法治建设的更趋完善,我们更容易建立和发展残疾人事业的社会化工作平台,进一步鼓励、发掘、吸引社会力量支持残疾人事业,广泛开展各种志愿者助残活动特别是法律援助活动,在切实维护好残疾人合法权益的前提下,营造一个全社会理解、尊重、关心、帮助残疾人的良好氛围,同时也为我们做好新时期残疾人工作提供一个广阔的舞台。

1. 要继续完善法规建设,从立法着手根本上保障残疾人的权益。残疾人的保障虽有很多举措,但尚无地方立法保障,也无政府规章,国务院颁布了《残疾人教育条例》,上海没有实施细则,应争取制定地方政府的规章。无障碍设施建设虽有了政府令,但这"办法"没有将"无障碍环境"和"信息无障碍"概念纳入,争取进行修改,充实内容。条件允许的话,争取将"办法"上升为地方性法规的"条例"。康复工作、救助工作、贫困残疾人医疗等,都要争取有政府的规章。要继续开展法制教育,制定新一轮的普法教育计划,开展培训工作。通过宣传、教育,使政府和残疾人工作者依法维护残疾人权益,依法办事;教育残疾人学法、守法,提高素质,依法维护自己的合法权益。

2. 进一步做好残疾人就业服务工作。努力帮助有就业愿望且有劳动能力的残疾人实现就业;力争使城镇残疾人登记失业率与全市城镇登记失业率接近;做好贫困残疾人个体开业业主的养老保险补贴工作,稳定和促进残疾人个体开业;残疾人就业规模进一步扩大,就业层次进一步提高;积极推进残疾人按比例就业;继续促进残疾人多元化就业;推进残疾人招聘网络平台建设。

(1) 依法贯彻实施《残疾人就业条例》,保障残疾人就业权利,促进残疾人就业。

(2) 继续贯彻《上海市福利企业管理办法》,确保减免税优惠政策落实到位。加大政府对福利企业扶持力度,积极探索市场经济条件下福利企业市场化、社会化运行机制,稳定和发展福利企业,促进残疾人集中就业。

(3) 完善区县残疾人劳动服务机构建设,加强机构组织和人员配备工作,为做好残疾人各类就业服务。

(4) 大力扶持残疾人个体就业、自愿组织起来就业,鼓励和帮助有一技之长、有经营意识和能力的残疾人创办私营企业,形成多元化的就业格局。

(5) 加大对盲人按摩行业的保护力度,使盲人按摩行业成为特殊的专营机构。加强职业培训,提高盲人按摩技能,使职前培训(初级)率达 100%,从业人员中高级职业培训率达 40%;进一步完善对盲人按摩行业的认证和管理制度;开展对盲人医疗按摩的初、中级职称的评审;规范各盲人按摩场所用工制度。

(6) 做好残疾职工岗位稳定工作。在产业结构调整中,各类企业应创造条件,优先安排残疾职工工作岗位,保障其基本生活;企业破产、歇业后,其主管或接管部门应妥善安排残疾职工的岗位和生活,维护残疾职工合法权益。

(7) 依靠政府,加大农村扶贫工作力度,保证组织、措施、资金上的落实。积极创办种植、养殖、手工业等扶贫基地,组织农村残疾人从事合适的生产劳动。积极宣传残疾人自立、自强、劳动致富的典型,鼓励残疾人勤劳致富、科技致富。

(8) 在加速城市化进程中,配合政府部门,帮助农村残疾人随主流人群安置就业。

3. 完善残疾人社会保障措施。完善残疾人社会保障措施,扩大残疾人社会保障覆盖面;以健全残疾人社会救助制度为中心,依法将贫困残疾人纳入社会保障体系;实行"分类施保"原则,保障贫困残疾人的基本生活。

(1) 全面推进残疾人社会保险工作,将所有残疾职工纳入本市社会保险范围,实现应保尽保,农村残疾人参加农村养老保险和合作医疗达到 100%。

(2) 采取政府、社会、个人共同出资等方式,建立医疗补助金制度,帮助减轻生活困难残疾职工自负医疗费负担问题;完善重残无业人员养老补助办法,并随社会保障水平的提高,适时作相应调整,改善残疾人的晚年生活。

(3) 进一步完善残疾人社会救助制度,依托社会救助体系,建立贫困残疾人最低生活保障动态调整机制,适当提高一户多残等贫困残疾人家庭的生活水平;扩大志愿者帮老助残活动的覆盖面;贯彻执行政府廉租住房政策和农村危房改造政策,积极解决残疾人住房困难问题,农村危房改造率达到 100%。

(4) 开展"智障人士阳光行动",帮助智障人士走出家庭,融入社会。通过在每个街道、乡镇创办智障人士"阳光之家",接受 16—35 周岁的智障人士参加教育培训、简单劳动、康复训练及特奥活动,提高其生活自理能力、社会交往能力和劳动能力。探索智障人士"阳光之家"长效管理机制及智障人士就业方式。

(5) 发挥市残疾人福利基金会作用,建立和完善福利基金会区(县)办事处,形成三级网络,广泛动员社会力量,多渠道筹集资金,促进残疾人事业发展。

(6) 要按照分类救助的原则,适当提高重度残疾、一户双残、多残特困残疾人的社会保障水平。

4. 普遍提高残疾人文化技能水平。九年义务教育受教育率达到与健全儿童少年同等水平;发展残疾人高等教育规模,最大限度满足本市残疾人接受教育的需求;增强助学力度,完善本市残疾人助学机制;建立残疾人培训体系,加大职业技能培训力度,逐步提升残疾人的职业地位;加强手语推广与研究,推进聋人社会交流无障碍工作。

(1) 各级各类教育机构要认真贯彻执行《残疾人教育条例》,制定实施细则,保证每个适龄残疾学生平等、公正地享受义务教育权益,力争入学率达到 100%。

(2) 各级政府和教育行政部门应加强本地区特殊教育,统筹规划,同步实施。发展重度残疾人寄宿制学校,不断提高特殊教育学校的办学水平和随班就读质量。政府要加大对特殊教育的投入,保障并优化相应的人、财、物等资源配置。

(3) 加强特殊教育学校和师资队伍建设,根据特殊教育学校以中重度残疾学生为主的现状,适当增加人员编制,逐步充实和培养一批语言矫治、康复治疗和心理治疗等特殊教育专业人员。

(4) 建立和健全残疾人终身教育体系。研究和发展早期发现、早期干预工作和残疾人成人教育,逐步发展适合残疾人特点的中等职业教育、高等教育的学校和专业。

(5) 整合各部门助学政策,形成切实有效的助学体系,保障残疾人完成学业。进一步完善"扶残助学春雨行动",将此项助学工作纳入常规性救助范畴。逐步加大对大学以上学历残疾人的助学力度,激励残疾学生不断提高学历层次。

(6) 建立以就业市场预测、职业培训、职业技能鉴定、职业资格证书制度和职业人才成长激励机制为主要内容的残疾人职业培训体系,积极为有就业愿望的失业残疾人提供政府补贴的免费培训,使残疾人上岗前培训率达到100%,从而提高残疾人就业能力,增加就业机会;鼓励、扶持在职残疾人特别是在职残疾青年参加各类职业培训;建立残疾人劳动能力评估体系,开展残疾人劳动能力评估。

(7) 充分运用、挖掘社会资源,建立市、区两级残疾人培训实习基地,为残疾人就业创造条件。充分发挥具有特殊技艺残疾人的作用;成立特殊技艺残疾人"孵化基地",培养更多残疾人特殊技艺能手。

(8) 继续办好"上海东方国际手语教育学校",加强手语研究,积极普及推广手语。进一步加强盲文研究并推广盲人计算机软件应用。

5. 构建现代化康复服务体系。到2010年,初步建成符合现代化国际大都市发展要求的残疾人康复服务工作体系,探索构建结构合理、功能齐全、运行高效的康复服务网络,形成以政府为主导,各部门分工协作,各司其职,社会各界广泛参与的残疾人康复工作格局。

(1) 建立残疾人康复事业发展的政策支持系统。各级政府职能部门根据残疾人康复事业发展目标,制定相关的政策、法规,并将残疾人的康复工作纳入本部门重要工作之中,形成有利于残疾人康复事业的政策环境和人文环境。

(2) 加大残疾人康复经费保障力度。各级政府要将残疾人康复经费列入财政预算,根据本地区经济发展水平和残疾人康复工作的需求,按辖区人口总数每年每人不低于10元的标准提供经费保障。同时,多渠道筹措社会资金,完善贫困残疾人医疗、康复救助政策,从根本上保障残疾人享有康复权利。

(3) 加强社区康复工作,完善康复服务网络。以社区康复为平台,继续开展残疾人受益面大、经济实惠、公平可及的康复服务工作,通过机构康复、社区康复、日间照料、集中养护等多种康复服务形式,为残疾人提供按需服务,使40万残疾人获得不同程度的康复。

(4) 加强残疾预防,提高出生人口素质和生殖健康水平。建立信息准确、管理完善、监控有效的预防工作机制,使全市出生人口素质主要评价指标达到国际先进水平。健全出生缺陷监测体系,全面开展新生儿筛查,筛查率达到95%。加大对盲、聋、智力、肢体、精神残疾儿童的康复干预力度,逐步形成儿童康复保健服务网络。做好病残儿父母及残疾人员再生育的相关医学鉴定和审批工作,建立残疾人员生殖健康档案,定期为已婚残疾妇女开展妇科检查并及时跟踪服务。做好残疾人员性病、艾滋病预防知识的宣传。

(5)强化残疾人康复工作的考核和评价。确定康复工作及干预效果的评价指标和方法,对实施成果进行综合评价。2007 年、2010 年分别完成市区和郊区(县)残疾人"人人享有康复服务"达标评估工作。

(6)拓展市、区(县)残疾人康复中心功能,发挥资源中心辐射作用。开拓市残疾人康复职业培训中心服务项目,并以脑瘫康复、偏瘫康复、截瘫康复、聋儿康复、假肢矫形器装配为主,逐步形成品牌特色,打造示范性窗口和康复服务基地;充分发挥市、区(县)残疾人康复服务机构的作用。

(7)加强残疾人辅助器具研发,完善残疾人辅助器具供应服务网络。进一步与科研院所、大学和三级医院加强合作,推进康复新技术的研发与应用,建立国家级残疾人辅助器具资源中心。健全残疾人辅助器具市、区(县)供应站和街道(乡镇)服务社,并逐步将残疾人辅助器具供应纳入居(村)委会残协工作范围,形成四级供应服务网络,让残疾人就近得到服务。建立残疾人辅助器具试配和评估制度,有步骤地推广残疾人辅助器具个性化服务,形成以社区为依托,医疗、康复、辅具服务三结合的服务机制,逐步达到中等发达国家的水平。

六、消费者权益保护工作

2003 年至 2005 年,上海市消费者权益保护委员会(以下简称市消保委)以"三个代表"重要思想为指导,以保护消费者权益与促进经济持续、快速、健康发展相统一作为消保委工作的立足点,以《中华人民共和国消费者权益保护法》(以下简称《消法》)和《上海市消费者权益保护条例》(以下简称《消条》)为依据,认真履行法律赋予的各项职能,在"统筹协调、组织整合"的工作格局中发挥积极作用,取得了一定的工作成效。

(一)消费者权益保护开展的主要工作

1. 上海市消费者协会成功改制为上海市消费者权益保护委员会。随着计划经济体制向市场经济体制的转变,原有的体制使得市消协既不能相对独立于行政管理机构,又难以体现法定社会组织的形象和职能,限制了其在实际工作中社会公信力的有效发挥。

市政府在总结本市近年来消费者权益保护工作经验,借鉴国内外通行做法的基础上,决定对市消协进行改制,并于 2004 年 2 月 28 日将"上海市消费者协会"更名为"上海市消费者权益保护委员会",调整和重组组织构架,优化和完善其内部运作机制,赋予其更强的社会独立性,使其"与有关行政管理部门脱开一步,社会性拓展一步,社会地位提升一步",明确市消保委机构为市政府领导下法定的非政府组织,增强其社会公信力和权威性。

改制后的市消保委得到了各相关部门的大力支持,市工商局加强业务指导,并从市工商局、市质监局、食药监局、房地产局、卫生局、建委、经委、市律师协会等部门抽调了经验丰富的干部参加市消保委领导班子和秘书处等部门的工作,为整合消费者权益保护的行政资源奠定了组织基础。这一改制有利于协调政府各部门共同保护消费者权益,强化政府各部门承担的国家保护消费者权益的力度;有利于建设"小政府、大社会";使该组织更好履行法定职责,有利于调动全社会对消费者权益的保护,增强公众的社会责任感,促进经营者加强自律。

2. 维权年的主题年年深化,办好"3·15"国际消费者权益日活动。

2003 年年主题:"营造放心消费环境"

2004 年年主题:"诚信·维权"

2005 年年主题:"健康·维权"

围绕不断深化的维权年主题,在每一年度的纪念"3·15"国际消费者权益日活动期间,市消保委通过整合消费维权各方面的力量和资源,采用投诉咨询、消费讲座、热点研讨、宣传板报、案件披露、企业经理坐堂等多种形式,广泛开展维权活动,集中进行消费宣传,保护消费者合法权益。2003 年市消协在青年文化活动中心设立 1 个主会场及 4 个专业会场,各区、县设立了 19 个分会场,举办大型消费咨询服务活动。市建委、市经委、市工商局等行政管理部门都派员参加了主会场的咨询活动,全市各会场共接受咨询 14 881 人次,受理投诉 1 247 件,收到申诉举报 135 件,努力营造放心消费环境。2004 年改制后的市消保委协调各方力量,组织政府部门以及行业协会和企业等 1 158 个单位的 4 800 余人次参加了活动,围绕诚信、维权的年主题,突出重点,举办各类活动 165 场,接受消费者咨询 36 646 人次,受理投诉 7 516人次,收到申诉举报 736 件,披露了一批严重侵害消费者权益的典型案例。工商、质监、食药监局等部门出动执法人员 750 次,开展了 30 次市场检查,集中销毁了假冒伪劣商品 200 余万件。2005 年市消保委协调市工商、食药监、房地产、通管局等 10 多个行政部门,以及市商业联合会、电子产品维修服务协会等 11 个行业协会和 1 141 个企业、社区和学校参加"3·15"活动,围绕"健康、维权"年主题,举办各类活动 487 场,发放宣传资料近 30 万份,接受消费者咨询、投诉 7 万余人次,受理申诉举报 321 件。

三年来,以维权年主题为导向,以"3·15"活动为抓手,集聚社会各方力量,努力营造和谐消费环境,取得一定成效。

3. 提升消费投诉处理平台。

(1) 认真受理投诉。及时调解消费争议是消保委的日常基础工作,这项工作对于化解社会矛盾、维护社会稳定具有重要作用。近三年来,全市各级消保委共处理消费者来电、来信、来访中的咨询数为 889 148 余件次,受理投诉 149 590 余件,为消费者挽回经济损失 8 369.94 万余元。其中,2003 年全市各级消保委处理消费者来电来信来访中的咨询数为 259 209 件次,受理投诉 44 832 件,为消费者挽回经济损失 4 230 万元;2004 年处理咨询数 322 974 件次,受理投诉 50 183 件,挽回经济损失 2 240.44 万元;2005 年处理咨询 341 540 件次,受理投诉 59 706 件,挽回经济损失 2 120.4 万元。(见表与附图)

项　　目	2003 年	2004 年	2005 年	2003—2004 年变化情况	2004—2005 年变化情况
咨询数(件)	259 209	322 974	341 540	+24.60%	+5.75%
受理数(件)	44 832	50 183	59 706	+11.94%	+18.98%
办结数(件)	44 306	47 282	57 741	+6.72%	+22.12%
挽回损失(万元)	4 230	2 240.44	2 120.4	−47.03%	−5.36%

(2) 拓展联网处理系统。为提高处理消费者投诉的效率,市消保委在各相关部门、理事单位的协助下,利用"12315"平台,建立了与政府部门、公用事业单位、家电城、超市、大卖场等 125 家单位的"12315"信息处理联网系统。"12315"网络系统分为内部和外部两个部分,只要有消费者投诉,就能通过外网转到相关联网单位,形成快速的反应机制,建立了全方位、多层次的计算机信息处理系统,增强了对消费

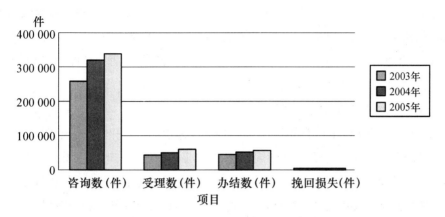

上海市消保委 2003—2005 年投诉量柱状图

投诉的处理能力,提高了消费投诉的处理速度。通过不断地修改和调整联网单位投诉处理流程和环节,使联网系统更趋合理,工作不断完善。

(3)提高投诉处理质量。面对逐年上升的投诉量及不断增加的投诉新热点和调解难度越来越大的消费争议,市消保委积极应对,不断改进工作,探索消费投诉处理的新机制。2003 年"3·15"活动期间成立了"上海市消费者权益保护委员会人民调解委员会",随后,全市各区县消保委也都相继成立了"人民调解委员会"。"人民调解委员会"成立以来,市消保委规范调解程序,做好调解记录,增强调解力度,进一步提高了处理消费争议的质量。

(4)拓展维权领域。为方便消费者投诉,市消保委不断完善工作机制。充分利用"12315"投诉电话及"上海 12315 网"(www. 315. sh. cn),24 小时做好消费者咨询和投诉的受理工作,提高电话的接听率。此外,2003 年市消保委与市监狱局联合在全市的 11 个监狱建立了服刑人员消费维权站,成为全国首家设立在监狱内部的维护服刑人员生活消费权益的机构。

4. 扩大组建专业办公室,适应消费维权专业化趋势。随着经济发展,消费领域不断扩大,处理消费争议的专业性要求也越来越强,为提高处理投诉的针对性,增强维权的有效性,市消保委在原有的家具、黄金珠宝、家庭装潢、居室材料 4 个专业办公室的基础上,三年来又成立了汽车、保健、旅游、空港 4 个专业办公室,结合专业特点对消费者的合法权益予以保护。各专业办公室积极进行消费争议受理调解、举办知识讲座、开展行业调查、披露消费信息,并就维权中的热点、难点问题先后拟定了各专业领域的消费指导、消费争议解决办法等,如家庭装潢专业办公室的《实木地板选购、铺装、保养》宣传手册,居室材料专业办公室的《木质地板铺装技术规程》,黄金珠宝专业办公室的《上海市镶嵌类饰品消费争议解决办法》,旅游专业办公室的《上海市旅游企业规范服务质量比较表》等,告知消费者要理性消费,依法维权,大大提高了消费争议解决的满意度。

5. 加强消费指导、消费教育。

(1) 发布消费警示和消费提示。2003年《上海市消费者权益保护条例》在修订中,把"消费信息发布"上升为法律规范,使这项工作制度化。市消保委针对本市消费投诉的处理情况和消费者的需求,通过对投诉统计数据的整理分析,及时捕捉某一阶段的消费争议热点和一些倾向性问题,向社会发布消费警示和消费提示,帮助消费者提高自我保护能力,引导消费者科学合理消费。如针对儿童食用果冻存在安全隐患、会员卡"圈钱"、节假日旅游等侵害消费者合法权益的违法行为,市消保委及时发布了"果冻食品有隐患,儿童食用需当心"、"当心会员卡欺诈'圈钱'"、"提防旅行社在'出境游'中'搞花样'"等预警信息。2003—2005年,共发布消费指导信息129篇,其中,2003年发布消费警示16篇、消费提示28篇;2004年发布消费警示11篇、消费提示30篇;2005年发布消费警示16篇、消费提示28篇。与此同时,还将有关情况迅速提供给政府部门作决策参考。市消保委分别就"寻呼台停止终免服务,引发消费者大量投诉"、"航空、公路客运群体投诉较为突出"、"信用卡安全保障体系亟待规范"、"自费出国留学中介市场亟待规范"、"手机短信服务市场亟待规范"、"本市牛奶安全卫生情况不容乐观"、"房屋中介投诉多,行业规范要加强"等问题及时向市政府呈送了情况专报,引起了市领导的重视,市领导在这些专报上都作了专门批示。目前,市消保委已形成"情况专报"制度,在消费维权工作中一旦发现有突出问题,立即反映情况和提出建议,报市政府和有关部门。如,"自费出国留学中介市场亟待规范"的情况专报后,市领导对专报作出批示,督促有关部门对留学中介服务市场进行整顿,从而改善了本市留学中介服务市场秩序。

(2) 开展商品比较试验,指导消费。商品比较试验是市消保委进行消费指导工作的依据之一。市消保委在市场上随机购买商品或者选择服务,委托有关机构检测,就检测结果向社会公布,用于指导消费,并促进企业自律。

2003年,市消保委抓住消费热点,对大型公共浴场卫生以及啤酒、儿童服装、洗衣机、脱水机、啤酒瓶、语言复读机、牛奶、酸奶、蜂蜜、奶粉等10类商品的171件商品进行比较试验。针对牛奶、蜂蜜等产品存在的质量问题,向市政府作了情况专报,为整顿规范市场秩序提供信息。

2004 年,先后组织对 15 个品牌的果冻食品、24 个品牌的保健食品(改善记忆类 5 种、改善骨质疏松类 10 种、西洋参 9 种)、57 个品牌的调味品(鸡精 9 种、味精 13 种、酱油 21 种、食醋 14 种)、30 个品牌的不可拆卸移动式插座、20 个品牌的数码相机、25 个品牌的牛奶和 10 户新装修居室有害气体释放,进行比较试验。又会同市工商局和市卫生局卫生监督所分别对 80 个品牌的木家具、15 个品牌的染发剂和 300 种月饼进行比较试验,向社会发布了比较试验公告,为消费者选择购买商品提供了指导性信息。

2005 年组织对炒货、蜜饯、大米、西洋参、膨化食品、果汁饮料等 21 大类的 524 件商品的 167 项指标进行了比较试验,发布了比较试验公告,并向存在质量问题的生产企业发出劝喻改进通知书,引起了企业的重视,促进了整改。

6. 开展不平等格式条款点评,不断深化维权工作。

(1) 征集、登录、分类整理不平等格式条款。根据《中华人民共和国消费者权益保护法》的有关规定以及《上海市消费者权益保护条例》赋予市消保委的职能,按照中消协关于开展不平等格式条款系列点评活动的部署,配合市政府整顿和规范市场经济秩序工作的重点,上海市消费者权益保护委员会于 2004 年和 2005 年连续开展不平等格式条款点评活动。市消保委通过大众传播媒体向社会公开征集消费者认为不平等的格式条款,共收到消费者来信来函、电子邮件 162 件,经分类梳理成十大类别,结合日常消费者投诉中的相关资料,整理出消费者提供的"问题格式合同"60 余件,内容涉及电信、房产中介和销售、金融、保险、公用事业、商场连锁店等近 10 个领域。

(2) 专项调查、专家论证、充分协调。为保证点评活动的有效开展,市消保委充分利用上海专家资源,组织专家进行论证,确定点评重点和难点;召开专项调查,协调各方,共同议定点评有效形式;走访有关司法部门、行政部门、行业协会,从各方面取得对点评工作的支持,保证渠道畅通;反复与有关企业对话,弄清事实,促其正面回应;保持和消费者联系,取得相关资料与凭证。点评前期工作使点评活动实现了互动的良性循环。

(3) 抓住重点,公开点评,公开劝喻。经精心准备,2004 年 7 月 14 日,市消保委邀请本市 9 位知名专家和律师对 5 份房产中介和房产销售格式合同进行公开点评,专家和律师指出,这些合同存在强制缔约等五类房产中介不平等格式条款和房产商侵占消费者购房预定金等房产销售不平等格式条款,并于 7 月 27 日向有关企业发出公开劝喻,有关企业在1个月内对原合同做了重新修订,并报工商行政管理部门备案。2004年10月29日,市消保委酌情采用不公开面对面的点评方式,召开电信类不平等格式条款点评会。会上,5位学者、专家对21份不平等格式合同进行点评,指出电信企业格式合同中存在充值卡余额过期作废等五类问题。会后,电信企业以书面整改报告的形式通报了有关合同梳理修改的情况。2005年3月3日,北京、上海、天津、重庆四直辖市消费者组织联合向四大电信运营企业的总部公开发出了《关于电信卡过期,余额应退还消费者的函》。终于,在信息产业部的共同推动下,充值卡过期余额处理的问题,于2005年"3·15"期间得到基本解决。2005年11月14日市消保委采用"不点名公开点评"的形式,组织召开了金融、保险、商场连锁店不平等格式条款点评会,通过专家点评,深入剖析,以理服人,解决了一些多年争议的难点焦点问题,广大消费者反映热烈。

不平等格式条款点评既保护了消费者权益,又促进了企业自律和行业健康发展,收到了较好的效果:一是增强了消费者在订立契约时的自我保护意识;二是提高了企业履行法定义务的自觉意识,促使他们对不平等格式条款进行修改;三是与相关的法律、法规、规范的建立和完善相结合,如在点评期间,对《中华人民共和国电信法(送审稿)》以及对上海电信有限公司制定的《电信业务服务与使用规则》提出了修改意见。

7. 拓展维权渠道,走进社区百姓生活。延伸消费指导的"触角",开展消费指导进社区活动。目前每区1至2个试点居委会,逐步实现消费警示、提示进社区,消费知识进街区,宣传橱窗入小区。一是2005年4月6日《上海市消费者权益保护委员会关于消费指导进社区的实施意见》印发,区县的消费指导进社区活动根据各自实际情况开展。二是以工作例会的形式,组织专题研讨。三是与市工商行政管理局联合举办消费指导进社区现场观摩活动。

2005年在社区创办了有关数码相机、化妆品等内容的"消费者园地"21期。举办法律法规培训班和消费知识讲座60多场次,参加活动近万人次。发放各种宣传资料50多万份。与黄浦区人民广场街道签订共建协议,试点设立消费者权益保护社区指导工作站。消费指导进社区推动了科学、理性消费观念的逐步形成。

8. 异地联手共同维权。2004年3月10日,市消保委与江苏、浙江等省消费者组织签订了"长三角"消费者组织协议,形成了异地联动维权的新机制。

2004年12月11日,北京、上海、香港、澳门四地消费维权组织经过酝酿,在上海签订了《京沪港澳消费维权协议书》。2005 年起京沪港澳的消费者组织将在业务培训、受理投诉、信息共享和对外宣传等方面进行合作,为适应四地经济发展和消费维权形势,推动四地消费维权工作的联动,增进相互间的交流与沟通起到了积极的作用。2005 年,四地消费者组织共受理异地投诉 135 件,这些消费者都得到了及时回复。

近年来,市消保委每年参加京津沪渝消费者组织工作例会,加强了兄弟省市消费者组织的交流与合作。2005 年"3·15"期间,市消保委与北京、天津、重庆等市的消费者组织联合就过期电信卡余额归属问题分别向四大电信运营企业总部发函,得到企业积极回应,问题得到妥善解决。

9. 拓展法律服务范围。

(1) 成立小额消费争议仲裁中心。在市政府、市消保委和各方面的推动下,2003 年 3 月 15 日上海仲裁委成立了小额消费争议仲裁中心,对小额消费争议调解不成的,经各级消保委积极引导,有 20 多起消费争议案件的消费者与经营者双方达成仲裁协议,通过仲裁化解了矛盾。

(2) 开展支持受损害的消费者诉讼工作。2005 年,市消保委经过调研,初步明确了履行"支持受损害的消费者提起诉讼"法定义务的五种具体方式,如向消费者提供与案情相关的法律咨询服务,对涉及商品或服务质量问题的,联系鉴定部门鉴定等,使该项工作具有操作性。2005 年全市消保委以各种方式支持受损害的消费者诉讼的案件 6 件,消费者大多获得胜诉。

(3) 律师志愿团建制、建档、建库工作。为提高依法维权的水平与成效,2005 年 3 月 15 日,市消保委再次聘任了 27 名有一定影响与知名度的律师志愿者,并首次共同制定了《上海市消费者权益保护委员会律师志愿团工作规则(试行)》,同时,为每位律师建立了相关业务简介档案,使律师志愿团建设制度化。律师志愿者各尽所能,在日常消费争议调解、消费诉讼、不平等格式条款点评、热点问题研讨会等消费维权各项事务中积极发挥作用。

10. 发挥舆论监督作用。

(1) 加大宣传力度,发挥新闻媒体舆论监督作用。《中华人民共和国消费者权益保护法》第六条规定:"保护消费者的合法权益是全社会的共同责任。……大众传播媒介应当做好维护消费者合法权益的宣传,对损害消费者合法权益的行为进行舆论监督。"市消保委的消费维权工作得到新闻媒体的积极呼应,在报纸、电视台、电台开辟专栏,做到长流水、不断线,从不同的角度宣传法律法规和消费知识。2003年,制作专题电视节目165期,播出时间740分钟;制作专题广播节目88期,播出时间530分钟;开设报纸专栏27个,发表文章828篇。2004年,在本市主要新闻媒体开设专栏,如《新民晚报》的"一周投诉聚焦"45期,"一周投诉分析"31期;东广电台"东方传呼"的"一周投诉分析"31期;上广电台的"第一财经 · 都市商情消费维权"、"维权三人谈"节目共22期;"990新闻频率"的"每周消费投诉点评"8期;《解放日报》的"周末说法"5期,"住宅消费·维权"16期;《上海法治报》的"都市消费"22期。组织新闻发布会8次,接受媒体采访100余次。2005年发布《每周消费投诉点评》49期、《一周案例分析》48期、《一周投诉聚焦》52期,共发布各类新闻信息350余篇。

(2) 办好"上海315"网站。2004年5月12日,市消保委对原"12315"网站进行改版,现名"上海315"网,设有最新消息、维权指南、法律法规、网上投诉、投诉披露、案例分析、消费警示、消费提示、比较试验、合同范本、消费者园地、区县动态、行业调查、行业规则、诚信单位认定等栏目。目前,该网的累计点击已达77万余次。

(3) 试办《新消费》刊物。为了消费者更方便地获得各种消费信息,2005年4月,由市工商局主管、市消保委主办的《新消费》杂志试刊发行,现共发刊7期,56万余册。刊物开设7大主题栏目:信息发布、产品监测、消费指导、法律维权、热点追踪、案例分析、相关资信等。《新消费》通过免费发放的形式,直接面向消费者,它传播科学消费、理性消费的新理念;宣传消费维权的法律法规和消费知识;揭露、批评侵害消费者权益的丑恶行为和现象,及时反映老百姓的呼声和建议。

11. 开展行业调查。根据《上海市消费者权益保护条例》第四十三条的规定:"市消费者协会应当根据消费者的投诉情况和保护消费者合法权益工作的需要,每年对若干行业开展调查,并将调查结果向市人民政府及其工作部门报告。"市消保委认真分析投诉热点,收集相关资料,于2003年针对本市家庭装潢行业中存在的问题,开展了"上海家庭装潢行业调查"活动,形成了内容详尽的调查报告。2004年市消保委与相关行政部门和行业协会联手,对保健食品、家具和装饰行业进行了调查,并与家具行业协会共同倡议,6家出售家具的商场公开向社会承诺实行"先行赔付"。2005年,市消保委与中消协以及京津渝等地消费者组织联手,就航空消费投诉所反映的航班延误、票务纠纷、行李灭失等突出问题,对航空消费维权状况进行了调查。行业调查报告的公布,使政府和广大消费者及时了解该行业的消费争议情况,为政府制定政策提供了信息,并促进企业逐步整改。

12. 国际合作交流消费维权。为营造和谐消费环境,2005 年 6 月 27 日,由国际消费者联会、中国消费者协会、上海市工商行政管理局、上海市消费者权益保护委员会、香港消费者委员会共同主办的"上海营造和谐消费环境"国际研讨会在沪召开。260 余人出席了此次会议。12 位中外专家学者、政府官员、法院法官分别从营造和谐消费环境之法制保障、国家保护、社会监督、企业对社会的责任等 4 个专题深入进行研讨,为进一步维护消费者合法权益,营造公平、和谐的消费环境,塑造上海国际大都市形象起了积极的作用。

(二)消费者权益保护工作的主要经验

上海是我国经济发展中心城市,其国际化大都市的地位日益凸现。良好的消费环境是城市文明的特征之一。三年来,在全社会以及消保委的共同努力下,消费者的维权意识得到了提高,经营者的自律意识得到了加强,大量消费纠纷得到了及时合理解决,消费环境得到了改善,消费者权益保护工作的深度、广度、力度都得到了提高和加强,并积累了一定的经验:

纵向看,三年来,消费者权益保护持续深化。一是,对消费者的投诉处理从被动的受理调解,发展到主动进行商品比较试验,并公布检测结果,依此提供消费信息,进行消费指导。二是,从对消费者受损害投诉的"事后"处理,发展到抓住典型案例,举一反三,向社会发布"消费警示"或"消费提示",从而将消费者权益保护前移至"事前"。三是,从对消费者投诉的个案处理,发展到开展行业调查,促进企业诚信建设,推动面上带有共性问题的解决。四是,从对消费者在商品与服务领域的保护,深入到交易合同领域,通过点评不平等格式条款,既保护了消费者合法权益,又促进了企业自律和行业健康发展。

横向看,三年来,消费者权益保护不断拓展。一是每年的"3·15 国际消费者权益日"活动,由原来仅仅由消保委集中受理投诉,向由相关行政部门、行业协会以及企业等共同为消费者提供服务的方向转变,向消费指导进社区的方向转变,方便消费者,贴近消费者。二是由区县消保委各自为政开展维权工作,发展到市、区消保委联线、联片、联网,形成互动与联动相结合的维权格局,发挥 1+1>2 的效能。三是由原来仅仅在本市辖区维权,发展到上海、江苏、浙江的"长三角"区域合作,联网维权;以及北京、上海、香港、澳门四地的异地联手,维权联动。四是由国内维权,发展到更开放的维权,以国际研讨会的形式,进行国际间的交流与合作探讨。

三年来,消费者权益保护的力度不断加强。社会的大量消费矛盾及时得到化解;消费者组织得到消费者的信任,受到企业的尊重,其公信力不断提高。三年来的实践使我们深深体会到,要切实做好消费维权工作,就要做到:

(1) 必须围绕党和政府的中心任务开展工作,积极争取各级领导的重视和支持,才能做好新形势下的消费维权工作。

(2) 必须依照法律赋予的职责,依法维权,奋发有为,才能得到广大消费者的拥护和社会的认可。

(3) 必须紧紧依靠广大消费者和社会各方面的力量,这是取之不尽、用之不竭的力量源泉。

(4) 必须加强消费者组织的沟通与协作,在消费维权工作中上下联动,相互配合,形成合力,发挥消费者组织的整体优势。

(5) 必须加强消费者组织的自身建设,注意研究和解决自身存在的问题和不足,采取有效措施抓好队伍建设,提高队伍素质和消费维权工作的能力。

(三) 消费者权益保护工作存在的主要问题

目前,随着经济发展、科技进步、改革深入,尤其是我国加入 WTO 后,消费领域出现了很多新情况、新问题,消费维权工作面临诸多挑战,主要是:

(1) 部分经营者法制观念淡薄,损害消费者权益现象依然严重。

(2) 假冒伪劣商品以及哄骗性服务未得到根本的遏制,消费安全问题仍然突出。

(3) 相关法律法规与标准还不完善,有的执行不到位,消费者权益有些未能得到切实保护。

(4) 消费者权益受到损害后,相应的救济制度还不健全,如从经济上支持受损害的消费者诉讼的问题尚未解决。

(5) 现有的消费者权益保护的各方相互协调、配合不够,"重复投入"与"投入不足"共存,有效的市场监管体系尚未完全形成。

(6) 消费者科学消费、理性消费的教育有待加强,自我维权的能力需进一步提高。

(7) 消费者组织的维权工作发展还不平衡,职能履行尚未完全到位,队伍素质有待进一步提高。

作为消费者组织,要进一步增强历史的使命感和责任感,励精图治,进一步开创消费维权工作新局面。

(四)进一步完善消费者权益保护工作的展望与对策

2006 年始,我国经济建设进入第十一个五年计划阶段。"十一五"时期是我国全面建设小康社会承前启后的关键时期。党的十六届五中全会坚持以科学发展观统领经济社会发展全局,按照立足科学发展、着力自主创新、完善体制机制、促进社会和谐的总体要求,明确了"十一五"时期我国经济社会发展的指导思想、重大原则、主要任务和重要举措,对当前和今后的各项工作具有重大指导意义,也为消费者组织指明了工作方向。

根据"中消协"的消费维权目标,结合上海实际,我们的努力方向是:树立"以人为本"的理念,构建"三大体系",推进"三项工程"。

1. 构建消费维权"三大体系"。

(1)构建消费维权教育和咨询服务体系。向消费者提供消费信息和咨询服务是《消费者权益保护法》赋予消费者组织的首项职能,也是广大消费者的迫切需要;要明确消费教育和咨询服务的主要内容为:科学消费观念、维权意识、消费文化、消费知识、消费技能等方面的教育;投诉咨询、专项调查、比较试验、消费体验、消费警示等消费特有信息的提供;有关法律法规、标准、政策方面的知识;要拓展消费教育和咨询服务的途径,通过开展与扩大咨询服务电话热线、开展网上咨询、组织消费讲座、合办专题专栏、出版杂志报刊、举办宣传咨询活动等多种形式,及时传递消费信息,解答消费者疑问;要动员政府部门、大众传媒、群众组织、行业协会以及企业,关注消费者的知情权、受教育权,主动提供方便,承担应尽的社会责任;要加强对社会的宣传,通过开展"3·15 国际消费者权益日"、年主题等大型公益宣传活动,组织普法宣传、知识竞赛、举办展览、曝光损害消费者权益案件等,动员社会各界关注与支持消费者权益保护工作。

(2)构建对商品与服务的社会监督体系。要探索一套对商品和服务进行社会监督的有效手段,实现对重点消费领域及时、全面、权威的检测;要建立一套消费者组织的关于"消费者满意度评价系统",为广泛组织实施消费者评议提供技术保障;要广泛建立消费维权义务监督员队伍,构建消费维权的社会监督网络。

(3) 构建保护消费者合法权益的救助系统。要积极推进投诉和解、调查调解、提供鉴定、专家论证、反映建议、引导仲裁、支持诉讼、揭露批评等手段相结合的消费者权益救助体系建设,使权益受到损害的消费者能够得到较为充分的救助;要重视对群体投诉和重大投诉案件的预警和应急处理,加强和政府各有关部门的协调与合作;要加强与行业组织的联系,促进行业组织建立消费纠纷处理制度;要加强投诉咨询信息统计工作,改进统计手段,完善统计制度,进一步开发支持系统。

2. 积极推进消费维权"三项工程"建设。

(1) 推进消费维权法律与理论建设工程。法律与理论研究的主要内容有:加强对国内外消费者权益保护发展状况及其规律的研究;加强对国内外保护消费者权益专门法律的研究;加强对消费领域热点、难点问题的调查研究;加强对消费者组织的自身制度建设的研究,等等;要建立激励机制,弘扬研究风尚;要依托社会力量,扩大参与程度;要找准问题,专家参与,集思广益,以研究求发展。

(2) 推进消费维权信息化建设工程。加强消费者组织的信息化建设是形势的要求,是提高消费维权工作效能的需要,也是进一步做好消费维权工作的技术支撑和重要保证。目前需要加强组织领导,建立协调机制,在分析研究的基础上,开发专业软件,同时要加强规范化管理,营建权威网络,提高办事效率。

(3) 推进消费者组织的建设工程。加强消费者组织建设是消费者组织履行法定职能的前提和基础,是做好消费者权益保护工作的组织保障。通过努力,要实现:消费者组织的体制、机构适应形势发展的需要;组织网络更加完善;队伍素质和能力明显提高;各项工作更加规范;消费者组织的整体联动作用进一步增强。

(本文各题依次为:"职工权益保障工作",上海市总工会,执笔人:屠国明、甘党生;"劳动者权益保障工作",上海市劳动和社会保障局,执笔人:戴建平、邱宝华、冯钧、柯顺利;"妇女权益保障工作",上海市妇女联合会,执笔人:陆荣根;"老年人权益保障工作",上海市民政局老龄工作处,执笔人:吴幼敏;"残疾人权益保障工作",上海市残疾人联合会,执笔人:龚伯荣、柴捍平、顾建平、张沪新;"消费者权益保护工作",上海市消费者权益保护委员会,执笔人:张家明、张伊亮、辛芝芬、徐爱梅)

促进司法公正、维护司法权威工作

一、本市促进司法公正、维护司法权威的现状

2004年2月,中共上海市委召开了"促进司法公正,维护司法权威"全市党政负责干部大会,全市各级党政组织自觉贯彻市委要求,按照市委《关于促进司法公正,维护司法权威,加快上海城市法治化建设进程的意见》,在立法工作、依法行政、法律监督、民主监督、公正执法以及法制宣传教育等多方面下功夫,不断提高上海城市法治化水平。

(一)贯彻市委关于促进司法公正、维护司法权威要求取得的初步成效

促进司法公正、维护司法权威是一个渐进的历史过程,作为专项推进工作,一年多的实践取得的初步成效,集中反映在三个方面:

1. 各级党政领导高度重视促进司法公正、维护司法权威工作。各级党政领导越来越认识到,司法权威是党的权威、国家权威的重要体现,维护司法权威,对于提高党的执政能力、巩固党的执政地位,确保司法机关履行职责,维护人民群众的根本利益至关重要。在具体工作中,各级领导坚持科学发展观和正确的政绩观,严守市委"两个绝不允许"的基本要求,不插手、不干预司法机关正常的司法活动,不对个案批条子、打招呼,并注意发挥好表率作用,认真学法,自觉守法,依法办事,正确处理好维稳与维权的关系,努力为司法机关依法独立公正地行使审判权和检察权创造条件,切实维护好司法权威。促进司法公正、维护司法权威已经成为市委党校进行领导干部培训的重要内容,参加"促进司法公正,维护司法权威,推进和谐社会建设"局级领导干部法制研修班学员普遍反映,类似的法制学习培训非常必要和很有收获。

2. 本市政法部门的执法行为更趋规范性和公正性,群众满意度明显提高。权威源于公正,维护司法权威不是简单地维护司法部门的权威,而是要通过促进司法

公正增强法律权威。根据市委的部署,市委政法委认真抓好政法系统促进司法公正、维护司法权威的牵头和推进工作,加强政法队伍建设,支持政法各部门依法办案、公正执法,规范执法行为,促进执法公正,着力以司法公正赢得司法权威。市政法各部门重点在维护司法公正,提高执法水平,确保法律的严格实施上下功夫,依法履行职责,严格公正执法司法。

上海各级人民法院围绕公开、公正的要求,改进审判机制和加大执行力度,进一步完善审判质量效率评估体系,努力做到实体公正、程序公正和形象公正,实现"看得见的公正"。针对人民群众集中反映的"执行难"等影响司法权威的热点问题,与社会各有关方面积极合作,开展全市集中执行活动,不断加大执行力度。编撰《法律适用问答》、《办案要件指南》和《量刑指南》,加强审判指导,保证执法统一。开展上海各级人民法院精神主题讨论,排查梳理审判作风问题,制定《审判作风形象提示性手册》,规范审判人员的司法言行,最大限度减少当事人的合理怀疑。

检察机关依法履行法律监督职能,健全完善违法办案与错案责任追究制、案件质量保障体系等各项监督制约机制,强化刑事诉讼和刑罚执行监督,通过对具体案件的依法办理,不枉不纵、不偏不倚,坚持有罪追究、无罪保护、严格依法、客观公正,促进司法公正和法制统一;强化对民事审判和行政诉讼的监督,督促行政机关依法行政,切实保护人民群众的合法权益;强化对职务犯罪的查处,严肃查办国家机关工作人员利用职权违法犯罪、侵犯人权行为;积极探索人民监督员制度,强化对自侦案件的监督制约。

公安机关扎实推进上海现代警务机制建设,加强执法规范性文件的清理工作,规范办理行政案件、刑事案件的程序和操作制度,进一步规范行政审批和行政管理工作,推出《上海市公安局重大行政管理事项决策听证(试行)办法》。同时,建立健全执法质量考评制度,落实执法过错责任追究制,严格执行警务工作规范用语和执法、值勤基本行为准则,下发《关于公安民警在执法中不文明用语的处理规定》,全面推进全程、严密的执法监督,确保公正执法。

司法行政机关在依法清理现有行政审批项目的同时,出台《上海市司法局办理行政许可内部工作流程》,组建市司法局行政许可受理中心和各区县受理点,实行"规范受理,归口办理,统一送达,明确责任"的行政许可工作新机制。开展罪犯减刑、假释、保外就医专项检查和实施劳教人员处罚听证规定,确保执法标准、执法程序和执法结果公开、公平和公正。

3. 市人大常委会、市政府、市政协、区(县)党委政府等各有关职能部门和社会公众对促进司法公正、维护司法权威意识有新的提高。市人大常委会为更好地依法履行职责,从"两院"工作特点和实际出发,加强和改进对"两院"工作的监督,支持和督促"两院"进一步提高审判、检察工作水平,组织开展"旁听百例庭审"专项调研活动,认真旁听和评议了全市法院 137 件具有典型性的刑事、民事和行政案件的庭审。

市政府法制办对近年来本市行政领导干部行政诉讼案件出庭应诉情况进行梳理分析,结合上海实际情况,推进行政领导干部行政诉讼案件旁听和出庭应诉的有关试点工作,使各级行政领导通过出庭参与行政诉讼,进一步强化依法行政的自觉性,带头尊重和维护司法权威。

市政协充分发挥政协"人才库"、"智囊团"的作用,专门组织政协委员到政法系统视察调研各机关依法履行职能的情况,举办"城市精神——法制环境"专题论坛等活动,积极为促进司法公正、维护司法权威建言献策。

区(县)各级党委宣传部门与政法机关密切合作,共同加强社会法制宣传,扩大促进司法公正、维护司法权威的社会共识。社会公众的法律素质明显增强,公民和法人的守法意识、规则意识逐步提高,依法维权意识进一步增强,越来越多的公民和法人更多地寻求依法维护自身的合法权益,社会公众对政府、对司法机关维护社会公平正义的期望值越来越高。

(二)促进司法公正、维护司法权威工作存在的不足之处

虽然促进司法公正、维护司法权威工作已经取得初步成效,但从构建社会主义和谐社会的要求来看,必须清醒地看到这项工作还只是刚刚开始,还有很长的路要走。

1. 领导重视还需落实到具体工作中去。市委促进司法公正、维护司法权威的要求非常明确,各级领导对促进司法公正、维护司法权威的重要性、必要性也都有一定的认识,但在具体工作实践中,特别是如何自觉从构建社会主义和谐社会的要求出发来推进落实此项工作,还不同程度地存在一些模糊认识:如有的认为本部门既无执法事项,又无涉诉纠纷,更无违法行为,促进司法公正、维护司法权威基本与本部门无关;有的认为我们现在是社会主义初级阶段,无论是司法公正还是司法权

威,也都只能是初级阶段的水平,上海已经做得很超前了;有的认为促进司法公正、维护司法权威主要是为政法部门"打工",这些年为支持政法部门工作,无论是领导精力还是财力、物力,都已经投入不少了。目前存在的普遍问题是对促进司法公正、维护司法权威工作较多地停留在务虚的层面,未能落实到具体工作部署特别是构建社会主义和谐社会的具体实践之中。

2. 政法部门的执法能力亟待进一步提高。本市政法各部门高度重视队伍建设,加强政法干部的岗位业务技能培训,着力推进队伍的专业化、职业化建设。但由于历史的原因,目前政法队伍的现状还不能完全适应形势、任务的需要,一线执法干警在知识结构、理论水平、业务技能方面参差不齐,队伍的整体素质与社会公众越来越高的执法期待,与促进司法公正、维护司法权威的要求还存在一定距离。特别是开展规范执法行为专项整改工作以来,队伍中出现了因执法能力不强而消极执法甚至不作为等不正常现象,出现了所谓"干了是找死,不干是等死,找死不如等死"等消极错误言论。在推进政法队伍特别是法官队伍专业化、职业化,坚决扫除"法盲"的同时,少数中青年司法人员中也出现了自身的法学理论水平与政策思想水平相脱节的现象,机械执法,忽视社会效果的情况时有发生。总体看,政法队伍的执法能力建设还刚刚起步,广大政法干部亟须在注重职业历练、坚守职业道德、秉承法治理念、提高执法能力、遵循司法程序、保证司法的公正与效率方面接受有针对性的职业训练。

3. 全社会促进司法公正、维护司法权威的氛围尚未根本形成。目前,促进司法公正、维护司法权威尚更多地停留在法律法学界的学术课题的层面,离司法部门预期的目标,离建立广泛的社会共识还有较大的距离,社会对司法公正、司法权威还存在各种各样的模糊认识,或认为司法权威只是一个抽象的政治概念,普通群众关注的意义不大;或认为现阶段人民内部矛盾那么多,法不责众,连司法公正都做不到,更遑论司法权威;或认为维护权威只是司法机关的一厢情愿,与经济社会发展的现实无关,等等。因此,总体上看,促进司法公正、维护司法权威的社会参与度、支持度还不够高,维护司法权威还缺乏必要的社会基础。更有甚者,少数社会成员为一己之利而漠视司法权威,公然不执行生效判决、无理缠讼,等等。这些现象的存在,说明维护司法权威还需要一个长期的社会宣传、社会教育、社会动员和社会实践的过程。

二、当前和今后一个时期促进司法公正、维护司法权威工作的重点

促进司法公正、维护司法权威是构建社会主义和谐社会的必然要求,也是上海政法工作实现建设和谐社会要求的一个重要抓手,必须坚持持之以恒,常抓不懈,当前和今后一个时期的工作应当突出以下三个重点:

(一)进一步形成构建社会主义和谐社会大背景下促进司法公正、维护司法权威的共识

经过一年多的实践和宣传,"维护司法公正、促进司法权威"正逐步为社会公众了解和接受,但离达成广泛的社会共识还有相当的距离,因此进一步扩大各方面的共识是当务之急。

1. 充分认识促进司法公正、维护司法权威在构建社会主义和谐社会中的重要作用。

当前,正确处理人民内部矛盾已上升为维护社会和谐稳定的第一位任务。执政党必须通过建立强化司法权威的强有力的社会整合机制,尽快形成发展性的、有利于各方和谐相处的社会秩序。促进司法公正、维护司法权威,努力在法治框架内解决各种社会矛盾,保障社会生活的法律秩序,通过对公民权利的维护,建立健全公共秩序规范,向社会明示各种行为规范和法律意义上的评判标准,有助于在构建和谐社会过程中实现更有效的社会管理,降低社会运行成本,提高社会效益和活力。公正权威的裁决结果,还有助于社会成员建立恰当的行为预期,消除实施违法犯罪而又能逃避制裁的侥幸心理,进而正确地控制和选择自己的行为,为从源头上预防和减少犯罪、规范社会秩序提供制度保障。从政权建设的高度考虑,促进司法公正、维护司法权威也可以给我们提供更多的合法性资源,巩固共产党的执政地位。

2. 努力使司法公正司法权威理念逐步成为社会行动准则。一方面,各级党政机关要自觉践行促进司法公正、维护司法权威的要求,切实做到凡是应该通过司法渠道处理或已经进入司法程序的事件或案件,党政机关要尊重司法处理的程序,自觉服从司法裁决,不对案件审理过程或裁决结果随意干涉或发表意见。党政主要负责人尤其要发挥表率作用,严禁对案件的审理打招呼、批条子。另一方面,要进

一步加强对司法公正的宣传,逐步在全社会培养司法权威的观念和意识,引导人民群众正确运用司法途径维护自己的合法权益,自觉服从法院依法作出的裁决。要通过完善相关制度,逐步消除法院裁决难以执行的现象和市民不服从法院裁决、转而寻求信访途径解决问题的现象。

3. 政法部门要带头以实际行动宣传、践行司法公正司法权威的理念,积极发挥职能作用,服务和谐社会建设。法治是和谐社会的基础,促进司法公正、维护司法权威是落实社会主义政治文明建设任务的必然要求。只有以司法公正提升法制的公信力,以司法权威保障法律的权威,努力实现法治文明,才能保障经济发展、社会进步、政治稳定,才能保障公民的基本权利得以真正实现。政法部门要紧紧围绕公正与效率的主题,把执法司法工作置于党和国家工作大局之中,切实从思想上摆正司法公正与司法权威关系,脚踏实地做好自身工作,努力实现法律效果和社会效果的统一,为建设和谐社会提供有力的法治保障。在现有工作的基础上,审判机关要将"司法公正"作为"司法权威"的基础和前提,积极探索改革现行审判工作的体制和机制,不断提高案件审判的质量和水平,使当事人和其他群众从案件的审判过程中真正感受到法律的权威和尊严;检察机关要进一步做好法律监督工作,不断提高公诉水平,逐步探索建立民事、行政公诉制度和人民检察院参与民事、行政诉讼的制度;公安机关要以提高刑事司法质量为中心,树立现代的刑事司法理念,完善刑事司法办案流程,提高打击和预防犯罪的综合水平,努力建设平安城市;司法行政部门要积极引导律师、公证员、基层法律服务工作者等法律服务人员,充分发挥维护和保障法律正确实施、维护社会稳定和保障公民合法权益等方面的重要作用,同时坚持把提高教育改造质量作为监狱劳教工作的中心,努力化消极因素为积极因素。

(二)进一步提高政法部门促进司法公正、维护司法权威参与和谐社会建设的能力

司法公正是司法权威的核心和前提。确保司法公正必须全面加强执法能力建设,以公正确立公信,以公信赢得权威。就上海政法队伍的现状而言,必须着重加强以下三个方面的工作。

1. 要进一步端正执法思想,振奋政法队伍的精神状态。构建社会主义和谐社

会总体目标的提出,不仅对执法司法工作提出了新的更高的要求,也为政法部门更好地履行职能提供了更为广阔的工作空间。政法部门在积极面对各种挑战的同时,更要充分认识到工作的有利条件,认真组织开展社会主义法治理念教育活动,进一步增强大局意识、责任意识和政权意识,以良好的精神状态积极融入构建社会主义和谐社会的发展大局。要坚决克服片面强调客观条件限制,消极回避、无所作为的思想认识;坚决防止机械理解规范执法,越规范越不作为的错误倾向。要结合政法队伍建设特别是政法文化建设,进一步端正执法思想,坚持对法律负责和对党负责、对人民负责的一致性,积极发挥职能作用参与和谐社会建设,努力保障在全社会实现公平和正义。

2. 进一步提高维护社会秩序保障全体社会成员生命和财产安全的能力。维护正常的社会秩序,切实保护公民生命财产安全,是建设和谐社会必须达到的基本要求。要以深入开展平安建设为载体,不断拓宽社会治安综合治理的工作领域,广泛开展平安地区和平安单位建设。编织严密的社会治安防控网络,有效挤压犯罪分子的活动空间。做好高危人群的帮教和矫治工作,努力从源头上预防和减少犯罪。探索外来流动人口治安管理工作新机制,推动流动人口管理社会化。坚持经常性、长期性"严打"的同时,要正确运用宽严相济的刑事政策,尽可能减少社会对立面,化消极因素为积极因素。重点打击大要案、犯罪集团中的首要分子,形成对少数严重犯罪分子的高压威慑态势。同时,要增强调节经济关系,促进社会主义市场经济健康发展的能力。重点打击事关国家经济安全领域、群众切身利益、影响社会稳定的经济犯罪,依法保障市场经济秩序的规范、经济结构的调整和经济增长方式的转变。

3. 进一步提高维护社会公平正义,促进社会和谐的能力。要牢固树立社会主义法治理念,坚持实体公正与程序公正的统一,正确适用法律、公正高效司法,保障在全社会实现公平和正义。要通过司法活动,将尊重和保障人权的原则贯彻到社会生活的各个方面,通过依法保障公民政治权利的行使,促进全社会牢固树立尊重和保障人权的基本理念,切实维护人民群众的合法权益。要支持和促进依法行政,推进社会主义民主政治建设,通过依法维护合法的行政行为,纠正违法的行政行为,协调公共权力与公民权利的关系,增进群众和政府间的信任,减少社会不安定因素。要依法处理矛盾纠纷,保障社会和谐,注重法律效果和社会效果的统一,做到程序合法、实体公正,让当事人无论输赢都心服口服。同时,要积极培育社会的自治和自律机能,通过协商、调解等多元化纠纷解决机制,促进和谐稳定,减少解决矛盾纠纷的成本和对抗性,确保人民群众安居乐业,确保社会的稳定和长治久安。

（三）进一步完善全社会促进司法公正、维护司法权威的综合环境

促进司法公正、维护司法权威是一项社会系统工程,需要全社会的共同努力。当前,要重点抓住三个环境的建设。

1. 进一步完善有利于促进司法公正、维护司法权威的社会舆论环境。要从建设城市法律文化入手,大力加强全社会的法制教育和宣传工作。结合普法教育和"法律进社区"、"律师进社区"等活动,加强公民的法制教育,提升社会诚信意识,切实提高全民的法律知识和法律意识,逐步培养公民的法律信仰,使社会的每一个成员都自觉承担维护司法权威的义务,依法办事,履行自己应尽的法律义务,不人为破坏司法制度和程序。同时,要发挥好新闻发言人制度的先发优势,对重大敏感事项在第一时间视情及时发布权威消息,进一步搞好媒介公共关系,强化危机公关机制及其工作预案,强调以正面宣传为主,正确把握舆论导向,为司法权威的确立创造良好的舆论环境。新闻媒体应自觉尊重司法活动的规律,避免追求轰动效果,以推测、主观偏见或舆论影响司法裁判等不负责任的做法,真实、客观地报道司法活动,特别是对具有普遍教育意义的典型案件要加强宣传,大力弘扬法治精神,引导全社会形成维护司法权威的良好舆论氛围。

2. 进一步完善有利于促进司法公正、维护司法权威的社会信用环境。积极推动本市社会诚信体系建设,支持职能部门和有关行业组织抓紧建立健全社会信用制度和社会信用服务体系,深入开展社会诚信创建活动,在全社会营造"讲信用、守规则、有担当"的社会风尚。政法部门要在进一步规范执法行为,严格执行执法过错责任追究制的基础上,逐步探索建立执法司法人员执法档案记录制度,进一步促进司法公正。要协同有关行业协会,进一步加大律师、公证、会计师、司法鉴定等执法司法相关法律服务业的行业管理和从业人员教育培训力度,要求执业人员严守职业道德和执业规则,向服务对象正确宣传法律和司法规则,支持司法机关公正司法。同时,要继续推动"将违法犯罪以及不依法履行行政裁判、司法判决信息纳入征信体系"的工作,对政法系统执法、司法信息源的采集、汇总和利用进行协调和规范,坚持在现有法律规定和技术能力的范围内,不断制定完善可加入社会信用联合征信服务体系、个人征信体系的信息范围、信息内容、信息交换和信息更新等有关

事项的具体实施办法。抓紧推动建立健全诚信评估机制,进一步把中介组织的诚信记录同公民、企事业单位执行生效司法判决的情况一起作为重要诚信信息,纳入社会征信体系,推动对司法裁判的自觉尊重和及时履行,为司法权威的维护与增强建立社会征信联动机制。

3. 进一步完善有利于促进司法公正、维护司法权威的社会保障环境。政法部门要主动寻求各方力量的支持,进一步完善促进司法公正维护裁判权威的社会保障环境。一方面,应积极创造条件,引导各种利益主体尊重司法裁判,并以理性、合法方式表达自身利益诉求。要降低获得法律援助的门槛,扩大法律援助的受案范围,保证困难群众及时获得必要的法律服务。同时,紧紧依靠党委和政府,积极探索保障当事人基本生存权利的财产豁免执行制度,以法律的手段整合平衡各种利益,尤其是要依法保护那些需要帮助与救济的困难群众的基本利益,在执行工作中体现和谐社会的人文关怀。另一方面,要将执行中发现的有关社会救助和保障方面的问题,如对特殊困难人群的救助,与私房迁让案件相关的"廉租房"制度的落实等,及时为有关职能部门完善政策制度提供意见建议,在社会经济发展水平许可的情况下有序扩大社会保障的覆盖面。在部分区(县)设立社会稳定专项资金的基础上,进一步推动设立市区两级特殊困难人群、突发事件应急需要的救助金制度,既保障有特殊困难的当事人的基本人权,又充分维护法律的严肃性和权威。

三、政法部门应当重点推进的若干工作事项

根据中央司法改革的总体部署和市委《关于促进司法公正,维护司法权威,加快上海城市法治化建设进程的意见》的要求,结合上海政法工作实际,下阶段政法部门拟重点推进以下四方面的工作。

(一)以推进"五五"普法为抓手,进一步提高全体社会成员的综合法律素质

1. 通过网络化覆盖,进一步夯实法制宣传教育的工作基础。要坚持贴近市民、服务市民的工作原则,通过加强队伍建设和阵地建设,使法制宣传教育由迎合节点的活动,转变为经常性的、深入细致的工作;要结合市民生活的实际,通过宣传典型案例,让市民真正感到法律在社会生活中的主导作用;要结合党和国家的大政方针

进行基本法律制度宣传,将宣传中国特色的社会主义制度以及社会主义和谐社会理论与法制宣传更加紧密地结合起来,使市民感到法律是构建和谐社会的基本保障;要深入宣传宪法,进一步强化公民的权利义务观念,引导市民自觉运用法律规范自己的行为,善于依法维护自己权益,严格遵循司法程序。要继续探索将法制宣传教育与精神文明建设有机结合的有效途径和形式,不断提高法制宣传教育的社会影响力。

2. 通过社会化的分工,进一步健全和完善法制宣传教育的工作机制。法制宣传教育部门要进一步发挥指导协调作用。与此同时,要进一步明确各有关党政机关、新闻媒体、社会各类机构在法制宣传教育工作中的具体职责,通过责任制以及相关的考核措施,确保法制宣传教育各项工作落到实处。

3. 通过项目化运作,进一步提升法制宣传教育工作的社会影响力和渗透力。要善于整合各类宣传资源,扩大宣传的声势和影响。就未来五年来说,关键要围绕"办世博",结合城市文明创建活动,将法制宣传教育与各类主题宣传教育活动有机结合起来,共同服务于提升市民整体素质这一目标。

4. 通过个性化发展,进一步增强法制宣传教育的针对性和实效性。要进一步完善领导干部法制讲座制度和定期法制培训制度,探索推广领导干部任前法律知识考试制度;结合二期课改,全面推进青少年法制教育进入第一课堂;各类新闻媒体要充分发挥向大众开展法制宣传教育的主渠道作用。与此同时,要结合"民主法治示范村"、"民主法治示范居委会"创建活动以及"科技、文化、体育、卫生、法律五进社区"活动和"科技、文化、卫生三下乡"活动,将法制宣传教育与广大市民的生产、生活实际更紧密地结合起来,保持法制宣传教育工作的持久生命力。

(二)以改善刑事司法质量为中心,进一步提高驾驭社会治安局势的综合水平

1. 抛弃不合时宜的刑事司法理念,牢固树立社会主义法治理念。要围绕构建和谐社会的总要求,坚决抛弃那些不合时宜的、模糊的甚至错误的刑事司法理念,按照依法治国的要求,坚持正确的执法理念。要牢固树立和落实执法为民观念、法律面前人人平等的观念、尊重和保障人权的观念,将打击犯罪与保障人权、追求效率与实现公正、执法形式与执法目的有机统一起来。要改变实践中长期形成的"有

罪推定、疑罪从轻"的观念和做法,强化证据意识、程序意识和权限意识,真正做到用正确的执法理念指导执法活动,确保严格、公正、文明执法,促进在全社会实现公平和正义。

2. 加强刑事法律政策研究,真正做到刑罚适度。依法从重从快严厉打击严重刑事犯罪,一直是解决我国社会治安问题必须长期坚持的一条刑事法律政策。在构建和谐社会进程中,也必须一以贯之。与此同时,随着形势的变化、时代的发展,要更加注重对这一刑事政策的内涵进行系统的研究,充分体现罪责刑相适应原则,做到刑罚适度、宽严相济。一方面,要在法律框架内,对于那些严重犯罪,充分发挥刑罚的惩罚作用,坚决打击,决不手软,充分体现法律的权威。另一方面,对于那些主观恶性较小、罪刑较轻的犯罪,要充分发挥刑罚的教育、感化、挽救作用,如对于初犯、偶犯、过失犯、未成年犯等积极适用不捕、不诉,促其改过自新,减少社会对立面;对加害方和受害方已经和解,或者加害方真诚悔罪、积极赔偿并得到谅解的轻微刑事案件,一般不要适用逮捕措施,并根据情况依法不予起诉;要顺应国际行刑制度发展的趋势,在社会可承受的范围内,依法规范地扩大非监禁刑的适用,积极稳妥地推进社区矫正工作。

3. 提高打击各类犯罪活动的精准度,确保社会治安大局稳定。针对当前刑案高发势头,要建立完善的社会治安形势评估机制和政法部门配合制约的工作机制,将依法严厉打击严重刑事犯罪的方针贯彻落实到侦查破案、批捕起诉、定罪量刑、监管改造等各个环节中去,提高打击犯罪的精准度,确保刑事发案得到有效遏制。要严厉打击有组织犯罪、黑恶势力犯罪、杀人和爆炸等严重暴力犯罪以及"两抢"、入室盗窃、扒窃、盗抢机动车等影响群众安全感的多发性侵财犯罪,对犯罪分子形成强大的威慑力。依法严厉打击各种经济犯罪,进一步整顿和规范社会主义市场经济秩序。建立健全对治安复杂地区和突出治安问题的定期排查制度,组织有关部门深挖问题症结,共同进行整治。

4. 强化办案质量全程监督控制,努力提高刑事司法水平。要以正规化建设为契机,加强从侦查破案、批捕起诉、定罪量刑等全过程的规范化建设,细化每一个环节具体的操作规范和程序,使各项执法司法活动,都有法可依、有章可循,为保证良好的刑事司法质量控制打下坚实的基础。加大刑事司法工作的公开性和透明度,实行被害人、被告人、证人权利义务告知制度,实行司法程序、执法依据、进展结果公开制度,把各种应该公开的事项都逐一公开,增强刑事司法工作的透明度,用公开促进和显示公正。构建公安、检察、法院、监狱、劳教部门的信息平台共享机制,强化政法各部门间的信息互通有无以及相互之间的监督制约,不断提高刑事司法水平。

5. 加强协调与沟通,完善公检法联席会议制度。在依照法律规定,分工负责、独立行使职权的同时,要切实加强公安、检察、法院在刑事司法活动中的互相配合与沟通协调。在各级政法委统一领导和牵头下,建立公安、检察、法院的执法办案工作联席会议制度,定期互相通报办案过程中的有关信息和进度,分析研判刑事犯罪作案动向和特点变化,统一对刑事法律政策的认识,共同研究新类型案件及疑难案件证据认定、定性问题,保证法律的统一、正确实施,共同维护司法权威、促进司法公正。

(三) 以强化法律监督机制为重点,进一步提高维护法律统一正确实施的综合能力

1. 进一步统一执法指导思想,完善法律监督。要实现由单纯地追究犯罪向追究犯罪和人权保障并重的转变。既要抗有罪判无罪,也要抗无罪判有罪;既要监督有案不立,也要监督立案不当;查办职务犯罪既要体现打击力度有锋芒,又要慎之又慎。要实现由单纯办案到办案与监督并举的转变。坚持在监督中办案、在办案中监督,做到监督和办案"两不误"、"互促进"。要变侧重案发后监督为侧重案发前的防范监督,防患于未然,努力实现被监督者的零发案率。

2. 进一步强化监督职能,不断提高监督效果。要敢于监督和善于监督,依法加强对立案、侦查、审判和执行的程序合法性的监督,坚决纠正程序违法。要依法查办和积极预防职务犯罪,推动反腐败斗争深入开展,坚持抓系统、系统抓,深入群众反映强烈、案件多发的重点领域和行业,在挖窝案、串案上下功夫。按照《建立健全教育、制度、监督并重的惩治和预防腐败体系实施纲要》的要求,积极探索开展预防工作的新途径、新方法。要切实加强诉讼监督和行政执法监督,充分行使法律监督职能,建立完善有效的程序纠错机制,坚决纠正和查处司法活动和行政执法活动中执法不严、执法不公等问题,促进依法行政,维护司法公正。

3. 深化检察改革,进一步完善案件质量保障机制。要建立以纠正违法办案、保证案件质量为中心的检务督察制度,坚持接受监督与依法行使职权的统一,坚持接

受监督与办案实效的统一,坚持接受监督与加强内部制约的统一。在检察环节建立起有效的外部监督机制,以保证办案质量,促进检察机关法律监督。继续深化审查逮捕方式的改革,进一步规范引导取证的范围、方式和程序,完善审查逮捕和审查起诉的衔接机制。进一步深化公诉改革,完善被告人认罪案件普通程序的简化审理。探索实行未成年人犯罪案件分案起诉制度和适合未成年人特点的出庭支持公诉方式。

(四)以确保公正审判为前提,进一步提高执行生效判决的综合效能

1. 严格依法独立公正地行使司法权力,确保司法公正。要正确适用法律,统一司法标准,规范司法程序,合理配置司法资源,不断提高司法质量,充分发挥司法职能作用,公正地裁断社会纠纷,消弭社会冲突,稳定社会秩序。要大力加强诉讼调解工作,坚持"能调则调、当判则判、判调结合、案结事了"的要求,尽量通过诉讼调解达到平息纠纷的目的。要结合深化司法改革,进一步规范执法司法的每个具体环节,根据执法司法中遇到的具体问题,继续出台规范性执法意见,不断提高司法机关统一适用法律的整体水平和审判效果,进而以司法权威更好地保障和实现社会的公平正义,促进社会的和谐进程。

2. 坚持"五个必须",转变执行理念。一是必须积极争取、依托有关部门的信息资源和职能支持。积极主动地争取党委的领导、人大的监督和政府的支持,切实发挥已有执行协作机制的作用,努力获得社会各方的支持。二是必须在重视程序公正的同时,更多地关注结果公正。在程序合法的前提下,努力选择最佳执行方式,力求在平衡各方利益的基础上取得最好执行结果。三是必须高度关注执行效率。在追求执行公正的同时,也要把执行效率作为一项基本原则,落实于执行全过程。四是必须正确把握当事人主义和职权主义的取向,既要反对过浓的职权主义,也要反对纯粹的当事人主义,充分发挥法院的职能作用,同时积极提升当事人的主体地位,寻求两者的和谐统一。五是必须统一规范管理严格执行纪律。在各司其职、规范管理的同时,充分调动各级法院的积极性。

3. 提升"三种能力",建设执行队伍。一是提升适用法律的能力。要强化对在全市具有普遍适用价值的执行类案件的指导,以明确和统一执行法律的适用,促进法院自身水平的进一步提高。二是提升实际操作的能力。高中院要通过问答和指南的形式,对相关执行案件的操作流程加以细化和明确,使之更具针对性和操作

性。三是提升化解矛盾的能力。每一个执行人员不仅要善于发现执行案件背后所隐含的社会矛盾,而且要积极运用法律手段来协调情理与法理的冲突,实现法律效果与社会效果的统一。

4. 强化"三项管理",规范执行工作。一是要充分利用电脑、网络等现代化管理手段,实行以繁简分流和时间节点为主要内容的执行案件流程管理,做到简案快速办、难案重点办。二是要针对执行工作的难点、热点问题,对现有规章制度和执法意见作进一步梳理、补充、落实和公开,并建立相应的考评制度,进一步完善工作管理。三是根据当前执行人员的现状,以思想政治工作为先导,以执行作风和规范建设为抓手,以法官行为提示和职业道德教育为主体,狠抓执行队伍的管理。

(中共上海市委政法委员会研究室　执笔人:施伟东)

人民法院工作

2003—2005 年,上海法院围绕公正与效率主题,认真落实司法为民要求,忠实履行宪法和法律赋予的审判职责,以公开促进公正,以公正树立公信,全面加强审判工作,巩固深化审判改革,切实提高队伍素质,各项工作都取得了新的进展。

一、人民法院开展的主要工作

(一)关于审判工作

2003—2005 年,上海法院共受理各类案件 78.82 万件,审结 78.26 万件,正在审理和执行的案件 3.23 万件,继续保持了案件收、结、存良性运转。

1. 依法审理刑事案件,深入开展"严打"整治斗争。打击犯罪,保护无辜,维护稳定,是人民法院的重要职责。三年来,共受理一审刑事案件 42 763 件,同比上升 18.03%,审结 42 625 件。判处犯罪分子 58 015 人,其中 5 年以上有期徒刑直至死刑的 7 401 人,占判处罪犯总数的 12.76%。审结严重危害社会治安的犯罪案件 11 979 件 18 955 人;审结破坏市场经济秩序的犯罪案件 3 013 件 4 457 人;审结贪污贿赂、渎职等犯罪案件 938 件 1 108 人。牢固树立打击犯罪和保障人权并重的刑事诉讼观念,依法保护犯罪嫌疑人、被告人的合法权益,积极预防和纠正超期羁押现象。在"严打"整治斗争中,严格按照刑法和刑事诉讼法的规定,把握"稳、准、狠"原则,确保基本事实清楚、基本证据确凿。对于死刑案件,更加慎之又慎。对公诉案件中 8 名被告人、自诉案件中 19 名被告人宣告无罪。改革死刑执行方式,全面实行注射执行死刑。依法适用财产刑,不让犯罪分子在经济上占便宜。认真执行"惩办与宽大相结合"的刑事政策,对具有法定或酌定从轻、减轻、免除处罚情节的,依法从宽处理。高院进一步规范缓刑、减刑、假释等工作,根据法定条件,全市法院对 9 466 名被告人宣告缓刑,对 20 983 名罪犯进行了减刑,对 2 003 名罪犯进行了假释。同时,积极参与社区矫正工作,取得了较好效果。积极落实涉及审判工作的各项综合治理措施。通过多种形式,进行法制宣传,扩大审判效果。针对审判中发现的问题,及时向有关部门发出司法建议,并督促落实整改。在未成年人犯罪案件审理中,探索减少和预防未成年人犯罪的有效途径和方法,配合有关部门落实帮教措施。与有关部门紧密配合,根据法律规定,依法适用非监禁刑。

2. 依法审理民商事案件,依法保护公民、法人等合法权益。上海法院从有利于化解纠纷和平等保护当事人合法权益的原则出发,通过审判活动,依法调节民事、商事法律关系,维护社会秩序和经济秩序。三年来,共受理一审民事、商事、涉外商事等案件47.50万件,同比上升26.06%,审结46.85万件,同比上升22.05%,涉案标的金额达人民币482.63亿元。审结民事案件33.21万件,同比上升20.50%。通过审理,促进了市场秩序的整顿规范,保护了当事人的合法权益。审结商事案件13.64万件,同比上升26.06%,审理了证券市场虚假陈述引发的民事赔偿、股东知情权、委托理财、股东派生诉讼等一批新类型案件。依法审理企业破产案件,共受理企业破产案件159件,连同上年存案共审结179件,维护了企业职工的合法权益。审结知识产权案件1 932件,同比上升67.71%。审结涉外案件5 540件,涉港澳台案件2 119件,各类海事海商案件2 247件。全市法院还聘请了一批专家为审判人员提供相关咨询意见,对公正审理专业性强的案件起到了积极作用。

3. 依法审理行政案件,监督和支持行政机关依法行政。近年来,行政诉讼已从城市建设、公安、工商等,扩展到外贸、司法行政、房地产登记等新的领域,从调整国内公民、法人与行政机关的关系,向解决国际贸易争端的重要职能扩展。审理中对于合法的具体行政行为依法确认,对违法或不当的具体行政行为判决撤销或变更,特别是对涉及城市建设的行政案件,力求依法妥善化解矛盾,促进本市依法行政水平的不断提升。三年来,共受理一审行政案件5 374件,审结5 401件,同比分别上升47.03%和50.07%。其中,维持行政机关决定的占23.81%,驳回起诉和诉讼请求的占27.20%,撤销或变更行政机关决定的占4.96%,因行政机关改变具体行政行为等原因原告撤回起诉的占33.72%,移送、终结等其他方式结案的占10.31%。同时,根据行政机关的申请,依法执行行政决定6 982件。

4. 不断推进执行工作,加大执行工作力度。认真贯彻中央关于解决"执行难"问题的文件精神,不断加大力度,通过开展"执行年"、执行队伍全面教育整顿等一系列活动,执行质量和效率进一步提高。三年来,共受理各类执行案件199 180件,连同上年存案共执结200 010件。推进执行公开、透明。高院对执行中需要向当事人告知的权利义务等予以进一步明确。通过实行执行风险告知、公开执行全过程等制度,确保当事人的知情权。提高执行规范程度。高院进一步规范和完善了执行实施权、执行裁判权分离的运行机制。对委托审计、鉴定、评估、拍卖等集中管理,加强监督。打击拒不执行法院生效判决、裁定的犯罪行为。

(二)关于审判改革

上海法院紧紧围绕司法公正与效率的主题,认真贯彻落实最高法院《人民法院五年改革纲要》,从上海建设现代化国际大都市的要求和全市法院的实际情况出发,巩固、完善审判方式、审判管理、审判组织改革,坚持改革创新和继承优良传统相结合,对审判改革中出现的新情况、新问题加强调查研究,注意转化调研成果,确保改革稳步推进,基本实现了最高法院五年改革纲要提出的各项审判改革目标。

1. 全面落实公开审判制度。除涉及国家秘密、个人隐私等法律明确规定的以外,一律公开开庭审理,做到证据、辩论、判决理由公开,允许公民凭身份证依法旁听庭审、查阅裁判文书。严格按照刑事、民事、行政三大诉讼法的基本原则,依法推进审判方式改革。进一步强化庭审功能,加大当庭认证的力度,强化证人、鉴定人出庭作证,提高当庭宣判率。推行裁判文书改革,进一步增强说理性,做到繁简得当。实行繁简分流,统一了一审民事案件简易程序的操作规程,扩大了适用范围。会同检察机关探索刑事普通程序案件的简化审理,提高审判效率。推行申诉复查听证,并根据最高法院规定改革、完善再审程序,既维护公民的申诉权,又保持终审裁判的严肃性、稳定性。

2. 实施以庭审排期、审限制约为主要内容的案件流程管理制度。根据案件审理流程的不同环节进行跟踪监控,使诉讼全程处于更加有序有控状态。院、庭长改变直接审批案件的管理模式,参加合议庭担任审判长审理疑难、复杂和有影响的案件。同时,加强审判质量、效率的指导监督,并决定是否将重大、疑难等案件提交审判委员会讨论决断。

3. 进行以合议庭、独任庭负责制为主的审判组织改革。强化审判组织的功能,变过去临时组合合议庭为相对固定、动态管理的合议庭。选任审判长和独任审判员,实行合议和独任庭负责制。根据诉讼法的规定,完善了刑事、民事、行政三大审判体系。实现了立案与审判分立、审判与执行分立、审判与监督分立,分别设立了立案和审判监督职能庭,使案件审判的每个程序相对独立,相互制约,确保程序公正。畅通了人民陪审员选任渠道,加强了管理,重视发挥其作用。完善审委会职能,除讨论少数重大、疑难案件的法律适用问题外,加强对审判工作中重大问题进行研究,总结经验教训。

4. 加强对全市法院案件质量的监督、检查和指导,对各个审理环节跟踪监控,使诉讼全程处于有序有控状态。不断加大对审判质量监督的力度,根据实际情况,确定每一阶段检查重点,做到定期检查与随机抽查、全面检查与专项检查、类案检查与个案检查相结合,发现问题及时纠正。设立人大代表联络室,健全外部监督制约机制。在此基础上,上海法院三年来还重点抓了以下四方面工作:

(1) 诉讼调解适度社会化。全市法院充分重视诉讼调解,并将其贯穿于审判工作的全过程,努力做到息诉止争,高院提出了建立调审适度分工、以审前调解为主和在法官主导下适度社会化的诉讼调解新机制。探索诉讼调解社会化。一是重视立案前调解。在立案前征得当事人同意后,将一些民事纠纷,先由人民调解委员会进行调解。二是做好庭审前委托调解。在双方当事人自愿的前提下,由法院委托人民调解委员会进行调解。三是审理中由人民调解员或其他专业人员以陪审员身份参与诉讼调解。

(2) 建立评价审判质量效率指标体系。为客观、全面地反映全市法院的审判质量效率,高院建立了评价审判质量效率指标体系,通过发布全市法院的均衡结案率、人均结案率、存案工作量、改判发回重审率、执行标的到位率等 10 余项质量效率指标,呈现全市法院审判质量效率的量化统计数据。同时,建立与该指标体系配套的通报分析和讲评制度,使全市法院领导都能及时了解掌握审判动态和存在的问题。审判质量效率指标体系运行以来,基本解决了日常案件积存多了搞集中突击的情况,使全年各月、季都能较均衡地审结案件。一些因审计、拍卖等原因造成审理周期较长的案件,得到有效监控。

(3) 继续推进各类案件繁简分流。进一步推进刑事案件普通程序简化审,通过快速审结刑事案件,缩短被告人在审判过程中的羁押时间,同时又降低诉讼成本。继续扩大民事案件简易程序的适用范围,细化适用标准,简化诉讼程序,减轻当事人的讼累。规范简易民事案件裁判文书制作模式,形成较具操作性的简化文书样式。部分法院还设立了速裁部门,对一些符合快速审裁条件的民事案件,采用简化方式速裁速审,及时维护当事人合法权益。

(4) 进行法院干部分类管理试点。为进一步推进法院队伍职业化建设,积极探索法院干部分类管理。上海高院经过专题调研,确定了将法院人员分为法官、法官助理、书记员、司法行政人员和司法警察五大序列管理的框架。高院在浦东、黄浦、静安、长宁、虹口5个区法院的7个审判业务庭,开展审判分工模式改革试点,着重探索法官与法官助理的比例构成、职能权限分工、运作模式等。同时,在全市法院尝试合同制书记员聘任制度,面向社会公开招聘合同制书记员。2004年10月,中组部、人事部和最高法院联合下发了《人民法院书记员管理办法(试行)》,明确了对新招收的书记员试行聘任制和合同管理,这为全市法院建立一支稳定的专业化书记员队伍,进一步创造了条件。

(三)关于队伍建设

上海法院按照建立一支政治坚定、公正清廉、业务精通、作风优良的高素质法院队伍的总体目标,认真贯彻落实中央关于进一步加强政法队伍建设的决定,三年来,开展了法官职业道德基本准则教育、审判作风专项整治等一系列活动,有效提升了队伍整体素质。

1. 树立司法为民观念。司法为民是以"三个代表"重要思想统领法院工作的核心问题,是"立党为公、执政为民"在人民法院的具体体现,是"公正与效率"主题的根本价值取向。树立司法为民观念必须认清司法为民与司法权威的关系;认清司法为民与法院工作差距的关系;认清司法为民涉及的个体利益与整体利益的关系。在树立司法为民观念的同时,注重在依法、便利和兑现上下功夫,推出涉及立案、信访、审判和执行等方面的15条司法便民具体措施。把人民法庭作为司法便民的直接窗口,进一步加强规范化建设。有效整合司法资源,依法简化刑事、民事、行政案件审理程序。进一步推广速裁方法,适度进行诉讼指导。加强了对涉及下岗职工、农民工等当事人追索保险金、劳动报酬等案件的审判和执行,维护困难群体合法权益。依法实行司法救助。全市法院在审判活动中,作风上亲民、程序上便民、实体上护民有了新的进步。

2. 突出重点搞好审判业务培训。培训工作实现了学历教育为主向岗位培训为主的转变,审判业务骨干和专家型法官队伍雏形已经形成,进一步促进了审判质量的提高。全市法院采取多种形式,继续加强庭审驾驭能力、裁判文书制作能力、法律适用能力和综合素养的培训。全市法院法官中本科以上学历已达80%以上。加强与境外司法机构的司法交流。高院制定了上海法院2005—2009年教育培训规划,明确了今后五年总体目标、基本任务和保障措施。上海法院认真落实新一轮干部业务教育培训规划,大力推进人才强院战略,完善全方位、多层次、多渠道的教育培训格局。深化法律知识、法律方法和审判技能的培训,努力造就一支以审判业务带头人和专家型法官为核心、具有现代司法理念、适应现代审判要求的高素质法官队伍。

3. 推进人事制度改革。按照法官职业化建设的要求,以推进人员分类管理为突破口,继续深化人事制度改革。探索法官逐级遴选制度,将下一级法院优秀法官选拔到上一级法院。加快专家型法官的培养工作,部分审判岗位实行竞争上岗。统一招录公务员编制书记员,制定法院聘任制书记员招聘办法。对队伍建设试行量化管理,逐步形成规范化、定量化的评估体系。

4. 重视队伍廉政建设。上海法院紧密结合审判工作实际,高度重视党风廉政建设,坚持党风廉政与法院改革同步设计、与审判工作同步推进、与解决突出问题同步治理。制定了《上海法院纪律处分规定》(共130条)等规范,加强了从源头上预防和治理腐败现象。特别是在党风廉政建设责任制、违法审判责任追究、防范预警和严格落实"收支两条线"规定四方面重点狠抓,并加大查处力度。

二、人民法院工作的主要经验和体会

第一,自觉接受人大和社会各界监督,更好地从制度上保证人民法院在党的领导下,依法独立公正行使审判权。全市法院专门设立相应机构,完善办理人大代表、政协委员建议和来信的工作渠道。建立了向人大、政协通报重大事项、定期走访、旁听案件、特邀监督员等制度。重视院长述职和专题工作汇报。上海法院把人大常委会对院长的述职评议作为搞好自身工作的动力,严格按照人大常委会的要求和程序,积极配合。根据人大常委会评议意见和建议,深入查找薄弱环节,高标准要求,高起点整改。坚持定期向人大常委会通报重大工作事项。上述措施,为法院依法独立公正行使好审判权创造了良好的司法环境。

第二,以公开审判促进公正效率。公开审判是宪法确立的审判原则,是发展社会主义民主政治、建设法治国家的重要体现,也是促进公正高效审判的基本途径之一。近年来,上海法院坚持最大限度公开审判、执行各环节,大力推进裁判文书公开,围绕公开审判加强法制宣传,取得了一定成效。

第三,逐步建立一套比较科学完善的审判质量效率运作、管理机制,确保审判工作优质高效。加强审判流程跟踪管理,对审限和主要节点的控制、检查、监督,提高办案效率。落实合议庭负责制,加快完善相应的配套措施,充分发挥合议庭的整体功能。注重对新情况、新问题的调研和指导,促进法律适用的统一。

第四,以高素质的法官队伍提高司法公信度。大力加强法官的职业化建设,通过开展以提高审判技能为宗旨的岗位培训,使法官业务素质得到整体提高,进一步提高法官行使国家审判权的职业素养和职业技能。

三、人民法院工作中存在的不足

三年来,上海法院在取得比较明显进步的同时,在队伍素质和审判工作方面还存在一些不足,与上海这个国际化大都市对人民法院的要求还不太相适应。主要表现在:

第一,审判工作方面,公开、透明、公正、高效审判,中立、平等保护各类诉讼主体合法权益等现代司法观念,如何进一步落实到审判实践的各个环节,仍存在不小的差距;重实体、轻程序的现象依然存在,有些案件审判质量不高,有的案件还存在超审限现象;执行工作还存在不少困难和问题,执行中止、和解、债权凭证案件管理还需规范,执行标的额到位率还有待提高,执行质量和效率需进一步提高。

第二,法院改革方面,同级法院之间、法院内部庭与庭之间进展不平衡,与改革相关的配套措施相对滞后,有的还受到一些习惯做法的束缚。

第三,队伍建设方面,部分审判人员法律专业知识、法律适用水平难以适应形势发展的要求;极少数审判人员缺乏敬业精神,职业使命感和责任心还不够强,个别审判人员甚至以权谋私,贪赃枉法。

四、推进人民法院下一步工作的思考与展望

上海城市化的加速发展必然会给法院的审判工作带来许多新的情况和挑战,面临的任务也会更加艰巨。上海法院围绕公正与效率主题,践行司法为民宗旨,以公开、公正树公信,深化法院司法改革,强化审判管理监督,坚持以司法职能维护大局稳定和市场经济秩序,以司法文明弘扬社会主义先进文化,以司法公正保护最广大人民群众的根本利益,努力建设一支体现上海城市精神的高素质法官队伍,为经

济社会的协调发展提供有力的司法保障。

第一,充分发挥审判职能,维护上海的大局稳定。法院的各项审判工作都与维护稳定密切相关,要强调依法"严打"和扩大非监禁刑的适用,推进社区矫正,预防和减少犯罪;强调扩大简易程序适用和速裁方法,迅速及时解决矛盾纠纷;强调重视调解、和解工作,使双方当事人息诉止争;强调加强信访申诉工作,缓解和减少矛盾激化;强调精心审理大要案、新类型案和涉稳涉外案,做到程序、实体裁判上依法有据,司法言行上无懈可击,都是为了尽可能发挥好审判职能作用,最大限度地减少消极因素、破坏因素,最大限度地调动积极因素,最大限度地化解矛盾纠纷,最大限度地减少热点和群体性事件,最大限度地缓解社会冲突和对抗,切实承担起巩固共产党执政地位、维护国家长治久安、保障人民安居乐业的重大政治责任和司法职责。

维护稳定还要确立与完善社会主义市场经济体制相适应的以人为本、平等保护、法制统一、经济和社会协调发展等司法理念。通过发挥审判职能,为完善社会主义市场经济体制提供司法保障。为促进科教兴市战略的全面实施,推进"股份制成为公有制主要实现形式"的国企改制,大力发展非公经济,健全现代产权制度,规范市场秩序,建立社会信用体系,深化金融改革,推进就业和分配制度改革等提供司法保障,为社会的长期和谐稳定营造更好的环境条件。

第二,认真审理各类案件,促进公平与正义。依法严惩严重刑事犯罪,积极参与"严打"整治长效机制建设。依法"严打"方针是我国现阶段一项重要的刑事司法政策。要始终保持对刑事犯罪活动的高压态势,提高刑事裁判的震慑力和时效性。坚持惩办与宽大相结合,坚持打击犯罪与保障人权相结合。坚持罪刑法定和罪刑相适应原则,慎审明断,不枉不纵。继续依法严惩严重危害国家利益、人民生命安全和社会治安的犯罪活动。继续严厉打击严重经济犯罪和渎职犯罪活动,充分运用财产刑等刑罚手段,不让犯罪分子通过犯罪行为获得任何利益。依法保护犯罪嫌疑人、被告人的合法权益,切实防止超期羁押现象。进一步研究参与社会治安综合治理的具体措施,坚持"打防结合,预防为主"的方针,及时消除影响社会稳定的因素。对未成年人、初犯、偶犯等罪行轻、认罪态度好且社会反响不大的案件,依法使用"缓、管、免",对服刑人员中确有悔改表现的依法减刑或假释,积极配合社区矫正,构建预防犯罪体系。

服务经济体制改革,保障人民群众合法权益。审判民商事案件,要坚决贯彻平等保护原则,营造公平和可预见的法治环境,确保各类主体在诉讼活动中的平等地位;坚决贯彻法制统一原则,对于跨地区的民商事案件,采取各种有效办法,保证国家法制统一;坚决贯彻诚实信用原则,制裁违约失信行为,维护诚实信用者的合法权益,促进社会诚信体系的建立。

加强民事案件审判。依法审理房地产纠纷及其他合同纠纷,精心维护和规范房地产产业的健康发展,维护市场交易的安全、稳定,促进社会诚信体系的建立。依法妥善审理劳动争议纠纷,加快对进城务工人员维护自身合法权益案件的审判,制裁职业中介机构欺诈和用工单位拖欠工资行为。及时审理因家庭暴力引发的婚姻家庭案件,加强对妇女、儿童、老年人等人身权益的保护。妥善审理医疗纠纷、交通事故赔偿等各类损害赔偿案件,切实保护当事人的人身权和人格权。

精心审理与市场经济体制改革相关的商事案件。依法审理国企改制和非公经济主体的纠纷案件,准确慎重地认定国企改制合同的效力,稳妥处理被改制企业遗留债务,保障股份制成为公有制主要实现形式的重大改革顺利完成。认真审理金融纠纷案件,依法制裁通过诉讼逃债、消债等规避法律的行为,维护信贷秩序。加强涉及金融市场借款、证券、期货纠纷案件的审判工作,规范金融市场秩序,防范金融风险,保障金融安全。妥善处理好破产案件,依法发挥中介机构在破产事务中的作用,推进破产的市场化运作机制。抓好涉及公司法、委托理财等新类型案件审理,力求执法统一。

加强对侵犯专利权、商标权、著作权、发明权、商业秘密等案件的审判,制裁侵犯知识产权和滥用知识产权的行为,依法支持科技成果向现实生产力转化,保障科教兴市战略的顺利实施。认真总结新类型知识产权案件审判经验,多办精品案。

加强涉外商事审判。提高涉外案件管辖权法规和准据法的适用能力。继续研究改进境外公证、认证的审查和外国法的查明、适用等问题。针对海事、海商审判涉外性强的特点,在审判理念上要与国际通行惯例接轨,进一步总结和规范新类型的货运、货代、保险案件的审理。

积极稳妥审理行政案件,监督和促进依法行政。开展提高行政审判质量和效率的专项活动。同时,在坚持正当程序规则的前提下,尽可能简化诉讼程序,依法维护公民权利,监督和支持行政机关依法行政。密切关注经济体制改革和行政许可法实施对行政审判的影响。注意依法审理好非公经济主体涉诉的有关税收、行政收费、工商管理、质量监督等行政案件,保障非公经济健康发展。对于逐渐增多的房屋拆迁、规划许可案件,以及涉及企业改制、社会保障案件等,尤其是一些群体诉讼案件,要讲究审判效果,注意对策措施,及时总结经验。

加强立案信访工作,妥善处置涉稳信访事件。依法、规范立案,杜绝年末限制收案的非正常现象。严格立案审查标准,把好管辖、证据、收费和转办关,防止不属法院受理范围的案件进入诉讼程序。同时加强新类型案件的研究,该受理的依法受理,防止新的告状难。认真实行司法救助制度。对社会影响大、政策敏感性强的新类型案件,严格执行请示报告和集体讨论制。改进二审立案工作,规范上诉案件的移送,提高效率,保护诉权。把积极预防、妥善处置群体性事件作为新形势下维护稳定的重大课题,认真开展经常性的信访排查调处工作,分析涉讼上访人群不断增加的原因,坚持"宜散不宜聚、宜解不宜结、宜顺不宜激"的化解原则,千方百计减少、平息上访激化事件。对长久协调未果的案件,主要领导要亲自出面促进解决。采取措施,继续做好信访基础工作,完善日常信访机制,提高基层法院信访质量。

第三,进一步理顺全市法院执行工作管理体制,提高人员素质。树立执行工作是司法权威最终体现的理念,最大限度地实现债权人的债权,同时兼顾各方当事人和利害关系人的合法权益,选择运用最适当的执行方式方法,切实提高质量和效率。针对执行工作中存在的问题,加强对中止执行和申领债权凭证案件的管理,进一步探索恢复执行案件的管理模式,努力提高受委托执行案件的质量与效率。全面实行执行案件流程管理,推进执行公开透明,不断提高执行工作管理水平。进一步完善社会协助配合执行工作机制,继续加大对拒不履行义务的被执行人的公示力度,逐步建立执行威慑机制。继续加大执行力度,及时实现当事人合法权益。进一步理顺全市法院执行工作管理体制。落实和完善执行公开,建立风险提示和案件查询、进度告知制度。进一步强化执限意识,严格审批延长执行期限,务求落实执行案件全部纳入流程管理,大力减少积案数。严把中止、和解案件的结案关,严把恢复执行案件的立案关,并纳入目标考核。对非诉行政执行案件,应在合法性审查的前提下注意合理性方面的情况,凡需强制执行的,均应移送执行庭,确保规范执行。针对执行案件信访投诉率较高的现状,认真落实来信来访摘报制度。强制执行重大敏感、涉稳案件时,要事先报告,做好预案。高、中院加大指导、检查、讲评力度,对重大、交叉的案件,统一协调相关法院妥善处理。代管款落实电脑管理,坚决杜绝代管款账目不清现象。

第四,深化法院改革,确保司法公正与效率。坚持与时俱进,坚持司法改革正确的政治方向。既要注重司法体制改革,又要注重司法管理、司法方式和工作机制的改革,处理好长远目标和近期目标的关系,循序渐进。全市法院在深化、巩固已取得成果的基础上,将认真贯彻最高人民法院《人民法院第二个五年改革纲要》,继续推进法院各项改革,进一步加强对具有上海法院特点改革工作的提炼总结。当前要从人民群众反映最强烈的问题入手,从制约司法公正、提高司法效率的关键环节入手,使司法改革与人民群众的期望、与我们法院工作的实际相吻合。全市法院要围绕公正与效率的主题,从建立长效机制入手,坚持用制度管人、管院,强化审判管理和监督,推进各项工作的制度化和规范化,逐步形成公开、公正、民主、高效、廉洁的审判机制,以及符合审判规律、特点的法院管理机制,使各项工作运转有序。

审判方式方面。坚持审判、执行公开,注重依法适度释明。进一步落实公开审判制度,尽可能实现审判、执行过程的动态透明。完善诉讼告知和风险提示,对涉诉群众诉讼权利、义务以及申请执行等进行指导。依法运用好法官释明权,视情做好诉前、诉中和宣判前后的释明工作。尤其对诉讼能力较弱的涉诉群众,可提示有关诉讼的主要法律法规、司法解释的规定,提示可能存在的诉讼请求不当、丧失诉讼时效、举证超过时限、拒不执行等方面的法律风险,以及可能产生的法律后果,使群众正确适用法律保护自身权益。继续加强与人大、政协的联系,主动报告工作情况,自觉接受社会各界的监督。

进一步加强诉讼调解。高度重视新形势下强化诉讼调解职能的重大意义。基层法院及派出法庭可以多调少判,提高调解、和解结案率,减少和降低民事纠纷的对抗性。诉讼调解要以当事人自愿为原则。当事人达成的调解协议,超出诉讼请求范围的,只要不违反禁止性规定,不侵害国家、社会公共利益或者他人合法权益,经审查后可以依据调解协议内容制作调解书。继续探索"调审适度分工,以审前调解为主、随机调解为辅,在法官主导下适度社会化的诉讼调解新机制",近期高院将出台相关操作规程,推动诉讼调解工作进一步发展。加大对人民调解工作的指导力度,继续探索、完善人民调解协议的便捷执行机制,研究新形势下有效发挥人民调解诉讼替代作用的新途径和新方法,适时总结、交流经验。

提高裁判文书制作水平。推进格式化简易裁判文书的便捷制作,交流、总结基层法院实施文书简化工作的经验。可以在裁判文书后附相关法条,增强便民性和说服力。裁判文书要繁简得当,争点问题和裁判理由要着力阐明。进一步扩大裁判文书上网范围,除了涉及国家秘密、商业机密和个人隐私以外,原则上能够公开的逐步上网公开。制定裁判文书的检查标准,评选、公布示范裁判文书。

(上海市高级人民法院 执笔人:余冬爱)

人民检察院工作

2003 年至 2005 年,全市检察机关在市委和高检院的领导下,在市人大及其常委会的监督下,坚持以邓小平理论、"三个代表"重要思想为指导,深入学习贯彻科学发展观,紧紧围绕科教兴市主战略,加强法律监督能力建设,努力履行宪法和法律赋予的职责,全力维护社会稳定,促进构建和谐社会,各项检察工作取得了新的进展。

一、人民检察院开展的主要工作

(一)严厉打击严重刑事犯罪,全力维护社会稳定

全市检察机关始终把维护社会稳定作为检察工作的根本要求,充分发挥刑事检察职能作用,针对本市人民内部矛盾凸显、刑事犯罪高发、对敌斗争复杂的形势,加强与公安、法院的配合,严厉打击各类严重刑事犯罪,积极参与化解社会矛盾,全力维护社会稳定。三年来,共批准逮捕犯罪嫌疑人 54 248 人,同比上升 22.2%;提起公诉 41 819 件 60 218 人,同比分别上升 20.5% 和 21.8%。

一是坚持"严打"方针,依法严厉打击严重刑事犯罪。共批准逮捕故意杀人、绑架、强奸等"八类"严重刑事犯罪嫌疑人 9 806 人,提起公诉 6 604 件,10 215 人。配合公安机关开展"打击散布恐怖信息犯罪"、"打击毒品犯罪"、"打击抢劫、抢夺、盗窃犯罪"、"打击赌博犯罪"等专项活动,对重大案件依法适时介入,从快批准逮捕,组织集中公诉,突出了阶段性打击的效果。审查批捕、起诉了"5·13"世贸商城钻石盗窃案、闸北区原平路入室抢劫、杀人案等一批重大、有影响的案件。

二是维护法治经济环境,依法惩治破坏社会主义市场经济秩序犯罪。加大对严重危害市场经济秩序犯罪的打击力度,共批准逮捕走私贩私、制售假冒伪劣商品、侵犯知识产权、金融诈骗等经济犯罪嫌疑人 2 934 人,提起公诉 3 026 件 4 357 人。依法办理了苏某(英国籍)、李某等 6 名国内外人员共同实施跨国生产、销售假

冒某公司润肤洗涤品等国际著名商标商品案;顾某(美国籍)、吴某等 4 名国内外人员共同销售侵权复制品案;仇某利用甲醛浸泡加工银鱼的销售有毒、有害食品案。

三是正确运用宽严相济的刑事政策,增强办案效果。对涉及婚姻家庭和因民事纠纷引发的轻微犯罪以及初犯、偶犯、过失犯罪嫌疑人慎用逮捕措施,不批准逮捕建议直接起诉 370 人。认真贯彻《中共中央、国务院关于进一步加强和改进未成年人思想道德建设的若干意见》,不断完善未成年人刑事检察工作的办案机制和工作方式,进一步深化未成年人案件"捕、诉、防"一体化办案机制,加大对未成年人特殊司法保护力度,注意探索对外来未成年犯罪嫌疑人采取取保候审等非监禁化处置方式,体现平等保护;与团市委、市青保办共同建立对不捕、不诉后考察教育衔接工作制度。目前,全市一、二检察分院和基层检察院均荣获"上海市优秀青少年维权岗"称号,其中 10 个区县院荣获"全国优秀青少年维权岗"称号。

四是贯彻落实"打防结合、预防为主"的方针,积极参加社会治安综合治理。剖析案件,以案释法,通过检察建议堵漏建制,进一步加强社会治安综合治理工作,就有关单位和部门管理防范上存在的问题,发出检察建议 824 份。积极参与社区矫正工作,针对少数被暂予监外执行、管制、缓刑、假释人员的脱管、失管问题,提出意见和建议,建议执行机关收监执行 106 人。积极配合有关部门对未成年违法犯罪人员、吸毒人员、刑满释放人员和劳教解教人员等的管教工作,共同预防和减少特殊人群重新犯罪。

五是积极促进社会和谐,认真开展处理群众涉法上访问题专项活动。坚持检察长接待日制度,认真落实控告申诉首办责任制,深入开展集中处理涉检信访问题专项工作,建立不稳定因素信息库,进行动态管理和跟踪,千方百计解决群众反映的实际问题,将处理群众涉法上访问题专项工作的各项措施落到实处,对涉法上访案件进行全面清理,逐案排查,共排查属于检察机关管辖的信访案件 247 件,现已办结 232 件,其中依法妥善化解和息诉 201 件。

（二）积极查办和预防职务犯罪,促进反腐败斗争持续深入发展

全市检察机关坚决按照中央、市委关于深入推进反腐败工作的总体部署,切实发挥职能作用,三年来共立案侦查职务犯罪案件 1 240 件,1 421 人。

一是突出查案重点,加大查办贪污贿赂等犯罪案件力度。集中力量查办大案、要案。立案侦查贪污、受贿 5 万元、挪用公款 10 万元以上大案 1 002 件。如某计算

技术研究所财务处工资核算员黄某贪污 225 万余元案;深入查处贪污贿赂案中案,如上海野生动物园发展有限公司 3 人受贿案。立案侦查副处级以上干部 216 人,其中局级干部 13 人;加大对行贿犯罪的打击力度,立案侦查行贿案件 72 件。

二是强化对国家机关工作人员的监督,严肃查办渎职侵权犯罪案件。共立案侦查涉及国家机关工作人员案件 94 件,其中大案 37 件,要案 11 件,属于行政执法人员和司法人员渎职侵权犯罪案件涉案人员 92 人。如上海出入境检验检疫局原检务人员吴某商检徇私舞弊案。

三是深化预防职务犯罪工作,努力从源头上减少和预防职务犯罪。继续加强同有关主管部门和单位的联系和协作,根据作案的特点和规律,研究提出防范对策,推动建立防范体系,加强预防宣传和警示教育。认真贯彻落实《建立健全教育、制度、监督并重的惩治和预防腐败体系实施纲要》,在继续抓好个案预防、系统(行业)预防的同时,积极推动建立区县党委领导下的职务犯罪预防网络,与市纪检监察机关共同研究制定对党员干部违纪、违法和职务犯罪的预防工作措施。继续加强与有关部门和单位的联系和协作,在上海国际航运中心洋山深水港、轨道交通、机场、铁路上海南站等市、区重点工程项目建设中开展专项预防。

(三)全面加强诉讼监督,努力维护司法公正和法制的统一

全市检察机关对有案不立、有罪不究、以罚代刑等执法不严、司法不公等问题加强监督,重点开展专项监督活动,促进司法公正,维护司法权威。

一是加强立案监督和侦查监督。发出要求公安机关说明不立案理由通知书 458 件,公安机关接通知书后立案 274 件;认为公安机关说明不立案理由不成立,通知立案 20 件,公安机关已立案 19 件。对不符合法定逮捕、起诉条件的,决定不批准逮捕 2 430 人,不起诉 441 人。不断完善行政执法与刑事司法相衔接的工作机制,建立信息共享平台,扩展立案监督的信息渠道。在侦查监督中,对应当逮捕而未提请逮捕、应当起诉而未移送起诉的,决定追捕 726 人,追诉 448 人;对侦查活动中的违法情况提出纠正意见 66 件,侦查部门已纠正 59 件。

二是加强刑事、民事审判监督和行政诉讼监督。三年来,采取抗诉、检察长列席法院审委会以及检察公函、检察通报、检察建议等形式,加强对审判活动的监督。其中,对认为确有错误的刑事裁判,依法提出抗诉 82 件,法院已审结 64 件,改判 33 件。对认为确有错误的民事、行政裁判,依法提出抗诉 150 件,法院已审结 173 件

（含上年积存数），变更原裁判 118 件；提出检察建议 130 件，法院已采纳 96 件；对 3 012 件不符合抗诉条件的民事行政申诉案件，耐心做好当事人的服判息诉和教育疏导工作。

三是加强刑罚执行和监管活动监督。坚持严格执法和依法维护被监管人员合法权益并重，通过与市监狱管理局、劳教管理局、公安局建立执法监督情况通报制度，对监管执法情况加强监督。突出刑罚执行和羁押期限监督重点，对监狱提请减刑、假释、保外就医案件加强检察监督，提出纠正意见 12 件。对超期羁押问题进行跟踪监督，建立完善了羁押期限告知提示、检查通报、超期投诉和责任追究等多项制度，努力从源头上有效防止超期羁押问题的发生。经各方面的共同努力，全市看守所无超期羁押。

（四）不断深化检察改革，推动检察工作与时俱进

全市检察机关以维护公平正义，强化法律监督，依法保障人权为目标，不断深化和推进检察改革。

一是试行人民监督员制度。人民监督员制度是高检院推出的一项重要改革举措，目的在于加强对检察机关查办职务犯罪工作的外部监督，从制度上保障检察权的正确行使。人民监督员由机关、团体和企事业单位推荐产生，主要对检察机关查办职务犯罪案件中，拟作撤案、不起诉以及犯罪嫌疑人不服逮捕决定的案件实行监督。全市检察机关从 2004 年 5 月起先在徐汇、嘉定区院开展人民监督员制度试点工作，并于 10 月 1 日起扩大试点范围。目前，全市有人民监督员 63 人，实行人民监督员制度，增强了执法透明度，强化了人民群众对检察工作的监督，促进了办案质量和执法水平的提高。试行人民监督员制度以来，全市有 59 件案件提请人民监督员进行监督评议，人民监督员同意检察机关拟定意见的 56 件，不同意 3 件；对于人民监督员不同意拟定意见的，检察机关采纳了 2 件。

二是加强刑事诉讼过程中的人权保障。全市监所检察部门与监狱等监管部门实行信息联网，实施监所网络化管理和动态监督相结合，切实加强对服刑人员超时劳动和计分考核的检察监督。进一步支持和保障律师依法行使为诉讼当事人提供法律帮助和辩护的权利，依法向律师展示证据和听取诉讼当事人及其委托的代理人意见。认真履行刑事申诉案件复查职责，对 23 件案件改变原决定或提出抗诉意见。

三是建立健全检察工作长效发展机制。进一步完善案件质量保障体系,将绩效考核、效能管理与信息化建设相结合,构筑了以评估、考核、督导、预警为主要内容的案件质量保障平台。开发统一办案软件,修订完善《检察实务手册》,制定初查工作规则,进一步规范业务流程,形成了以各个部门、各个岗位、各个环节的执法办案工作制度为基础,以《检察实务手册》为依据,以办案流程动态管理机制、案件质量考核评估机制、案件督导督查机制、案件预警机制等为保障的检察业务工作长效管理机制。加大检察委员会对办案质量的检查评析力度。通过努力,办案质量有了新的提高,犯罪嫌疑人逮捕后起诉率为 99.3％;无罪率为 0.01％;职务犯罪案件撤案 32 件。在确保办案质量的前提下,努力提高办案效率,公诉案件适用简易程序和对被告人认罪案件实行简化审理的合占提起公诉案件的 75.1％,并由专人办理这两类案件,保证了案件质量,提高了诉讼效率。

四是进一步完善检察工作运行和管理模式。健全职务犯罪侦查指挥和协作机制,推进侦查指挥中心功能建设,完善侦查监控指挥系统,在公安机关支持下,实现有关信息资源的共享。推进审查逮捕工作方式改革,加强引导侦查取证和案件证据分析工作。规范量刑建议的提出方式,提高量刑建议质量。规范主诉检察官、主办检察官办案责任制,健全有效的考核、管理、监督办法。认真贯彻落实《全国人大常委会关于司法鉴定管理问题的决定》,进一步规范检察机关鉴定机构的工作运行。加快信息化建设与应用的步伐,积极推进办案软件的开发应用和因特网门户网站建设,实现上海检察机关信息化建设跨越式发展。

五是不断深化检务公开。全面实行向社会宣传检察职能的“检务公开”制度。在刑事诉讼中,普遍建立了办案过程中向犯罪嫌疑人及诉讼参与人公开告知权利的制度;对公诉案件试行不起诉案件公开审查制度,坚持案后回访制度;对申诉案件实行以公开听证为主要内容的公开审查制度;在民事行政检察中,实行受理、立案、结论“三公开、三告知”制度。检务公开的不断深化,进一步增强了检察工作的透明度,促进了检察机关公正执法、文明办案。

（五）大力加强检察队伍建设,努力提高检察官综合素质和执法水平

全市检察机关把加强法律监督能力建设融入检察业务、队伍和信息化建设的各个方面,着力提高队伍的政治素质和业务素质。

一是树立和落实科学发展观,端正和统一执法思想。认真思考检察工作落实

科学发展观的途径与措施。坚持不断端正和统一执法思想,使符合社会主义政治文明要求的司法理念和执法思想逐步成为检察人员的自觉追求,并贯彻落实到执法办案的各个环节。进一步强化法律监督职能,把握好检察工作融入、服务大局的重点和途径,真正发挥好检察机关职能作用,努力为实施科教兴市主战略提供检察服务和保障。

二是加强基层院建设和领导机关自身建设。切实抓好基层检察院领导班子建设,通过市院党组成员参加区县院领导班子民主生活会、区县院检察长向市院述职、不定期巡视区县院工作等措施,结合届中考核,加大对区县院领导班子管理、考核和监督的力度。继续深入开展先进检察院和文明单位创建活动,不断探索业务建设、队伍建设和信息化建设相结合的方法和途径。市检察院、检察分院不断加强机关作风建设,为基层检察院做好表率。

三是积极推进高素质专业化检察官队伍建设。采取重点培训与全员培训、专项业务培训与任职资格培训、理论培训与能力培训相结合的方式,对检察干警加强培训。通过选拔培养本市检察业务专家以及优秀公诉人、优秀侦查员、优秀侦查监督员等检察专门人才,努力建设上海检察人才高地。评选出本市检察业务专家 9人。积极推行"逢晋必考"、上级院从下级院遴选干部等制度。抓好领导干部和后备干部素能培训,坚持举办领导干部"双休日"系列讲座和副检察长及反贪局长专题培训班,提高队伍整体能力和水平。全市检察干部本科以上学历的占 85.5%,同比上升 9.8 个百分点,其中获得硕士以上学位的 180 人,占 5.4%,同比上升 2.3 个百分点。

四是切实加强检察机关廉政勤政建设。坚持从严治检,严格教育、严格管理、严格监督,努力防范,突出抓好对党员领导干部的教育、管理和监督,完善领导干部诫勉谈话制度和领导干部定期述职述廉制度;制定《上海市检察人员业余时间自律要求》规定,并切实加强检查监督。进一步加强对检察权行使的制约和监督,加强检务效能监察,进一步加强对检察人员执法活动质量与效率的监督。

五是主动接受监督,不断加强和改进检察工作。邀请人大代表视察检察工作,倾听政协委员以及特约检察员、廉政监督员、人民监督员等对检察工作的意见和建议。加强检察宣传和文化建设,建立新闻发布会制度,定期向社会通报情况,加强对检察机关职能、作用以及工作成果的宣传,主动接受社会各界的监督。

二、人民检察院工作的主要成果和经验

近几年来,全市检察机关在市委和高检院的领导下,认真贯彻党的十六大和十六届三中、四中、五中全会精神,在继承中发展,在务实中创新,各项检察工作都取得了新的发展,并积累和提升了在新形势下全面加强检察工作的经验,主要有:

（一）更加自觉地接受党委领导和各级人大及其常委会的监督,坚定正确的政治方向

全市检察机关自觉把自身工作置于党的绝对领导之下,牢固树立科学发展观,坚定不移地贯彻党的路线方针政策。严格执行重大事项报告制度,及时贯彻落实党的决定、决议和重大工作部署的情况,重大事项在报经党委批准后再组织实施。与此同时,自觉接受人大及其常委会的监督以及社会的民主监督。高度重视抓好人大代表、政协委员提出的各项意见和建议的落实,确保办理质量,并将有关情况及时答复代表、委员,切实做到虚心接受监督、不断改进工作。

（二）更加主动地为大局服务,不断提高检察工作水平

全市检察机关注意站在全局的高度思考和把握检察工作,把上海改革发展稳定大局与检察工作有机地联系起来,努力在为大局服务中找准检察工作位置。加强执法思想研究,以统一执法思想为先导,强化法律监督、深化检察改革、完善内部管理、更新工作方式。结合工作,研究制定《上海检察机关关于强化法律监督,为上海全面深化改革,进一步完善社会主义市场经济体制服务的意见》,提高了检察机关服务大局的能力和水平。实践证明,这些年来检察机关在经济发展、改革深化、法律修改的情况下,较好地履行了各项检察职能,社会反映、工作质量都有很大的提高,检察工作得到了社会各界更广泛、更充分的认可。

（三）坚决贯彻执法为民的宗旨,全力维护社会和谐

全市检察机关努力把实现好、维护好、发展好最广大人民的根本利益,作为检察工作的根本出发点和落脚点,深入贯彻市委、高检院关于构建和谐社会的各项要求,始终把维护社会稳定和促进社会和谐作为工作重点,结合各项检察职能作专门的部署,将办案与维护社会稳定、将执法与化解矛盾、将履行检察职能与维护群众

合法权益更好地结合起来，有效维护了社会的和谐稳定。

（四）深入推进执法规范化建设，不断提高执法能力和办案质量

全市检察机关积极借鉴现代管理理念和管理手段，立足长远和根本，深入探索检察工作的特点规律，坚持不懈地狠抓规范化建设，建立完善工作机制，加强和改进案件管理，提高了检察机关履行职能的能力与水平，有力地带动了检察工作的全面发展。同时也促进了长效机制的建立、完善和运行，增强了检察工作的发展后劲。

（五）认真总结探索，注重突破"瓶颈"，不断增强检察工作活力

全市检察机关从有利于在党的领导下依法独立公正行使检察权，有利于强化法律监督、维护公平正义，有利于提高检察队伍整体素质和执法水平出发，坚持突破"瓶颈"，创新发展，坚持每年一小步、几年一大步的方式，不断创新和发展检察工作的队伍建设。通过改革，全市检察机关办案质量进一步提高，操作程序进一步规范，内外部监督制约机制进一步完善，得到了社会各界的肯定和好评。

（六）紧密结合业务抓队伍，努力提高队伍的法律监督能力和专业化水平

全市检察机关把加强法律监督能力建设作为一项重大理论和实践课题，坚持把加快检察人才培养作为加强队伍建设、提高队伍履职能力的战略举措，系统规划，周密部署，扎实推进，注重从执法理念、工作机制、队伍素质等多方面，积极探索能力建设的方式途径。正确处理好检察业务工作和队伍建设的关系，坚持"两手抓，两手都要硬"；通过发展检察业务工作锻炼队伍，通过加强队伍建设提高检察业务水平，推动了上海检察工作的全面发展。

三、进一步推进人民检察院工作的展望和对策

（一）坚持用科学发展观统领上海检察工作，进一步增强融入、服务大局的自觉性

深入学习贯彻党的十六届五中全会精神，紧紧围绕构建和谐社会，聚焦上海经

济社会发展态势,把握好检察工作融入、服务大局的重点和途径,真正发挥好检察机关职能作用,努力为实施科教兴市主战略提供检察服务和保障。紧紧围绕构建和谐社会来抓业务、抓改革、抓队伍、抓保障,努力实现检察工作新的发展和进步。

(二)全力维护社会稳定,营造良好稳定的社会环境

充分发挥刑事检察职能,依法严厉打击严重暴力犯罪、黑恶势力及有组织犯罪。依法惩治破坏社会主义市场经济秩序的犯罪活动,着力解决本市社会治安中的突出犯罪问题。认真贯彻宽严相济的刑事政策,对严重刑事犯罪坚决依法惩处;对初犯、偶犯、过失犯及未成年犯加强教育、感化、挽救,慎用逮捕,依法不诉,积极建议法院依法从轻判处,促进悔过自新,减少社会对立面。加强对犯罪新情况和新趋势的研究,提高发现、打击和防范的能力。参与构建预防和减少犯罪工作体系,做好社会治安综合治理工作;坚持依法妥善处理群众涉法上访,努力化解不安定因素,为促进建设平安上海作出努力。

(三)加大工作力度,保持查办和预防职务犯罪工作深入健康发展

继续集中力量查办职务犯罪大案要案。严肃查办行政执法和司法不公背后的职务犯罪案件,切实办好侵犯群众利益、危害严重、影响恶劣的案件;严肃查办重大责任事故、重大违法案件中涉及的国家机关工作人员渎职侵权犯罪案件。继续在党委领导下立足检察职能,积极做好预防职务犯罪工作。继续参与重大建设工程创"双优"、重点领域开展系统预防和典型个案预防工作,努力从源头上减少和预防职务犯罪的发生。

(四)强化诉讼监督,努力营造公正高效的法治环境

切实加强立案、侦查、审判监督和刑罚执行、监管活动监督工作,保障法律的正确实施。坚持打击犯罪与保障人权相结合、加强诉讼监督与查处司法腐败相结合,依法纠正有法不依、执法不严、司法不公等问题,促进司法公正,维护司法权威。不断规范自身执法活动,严肃处理检察机关自身的违纪、违法案件,完善案件质量保障机制,努力提高执法水平和办案质量,依法行使检察权。

（五）继续深化检察改革，不断完善检察管理机制

按照中央、市委、高检院关于司法体制和检察体制、机制等方面改革的要求，进一步推进和深化检察改革，强化检察机关内外部监督制约，更好地发挥检察职能。进一步推进人民监督员制度试点工作；不断健全完善诉讼监督的途径和措施，切实维护司法公正，保障人权；不断推进检察业务、队伍和信息化相结合的检察管理机制建设。

（六）继续加强法律监督能力建设，不断提升检察人员的综合素质和执法水平

进一步深化"规范执法行为，促进执法公正"专项整改活动。进一步加强各级检察院领导班子建设，坚持和完善市院对下级院的巡视制度、上级院检察长和纪检监察部门负责人同下级院检察长谈话制度、检察院领导干部定期轮岗交流制度。深入推进"人才强检"战略，促进优秀人才脱颖而出。进一步改善和优化检察队伍的素质结构，为适应上海区位特点的检察工作发展培养更多高素质的检察专业人才。加强检察国际交流与合作。加大检察宣传力度，自觉接受监督。

（上海市人民检察院　执笔人：刘晶、孙雅芬、陈卫民）

司法行政工作

上海各级司法行政机关紧密围绕经济和社会发展大局,坚持深化改革,务实开拓,不断加强司法行政工作的基础管理和规范建设,在监狱管理和创办劳教特色,全面推进社区矫正工作,努力扎实地推动法律服务业的健康发展,创新载体、加强人民调解工作专业化、规范化和社会化探索,加大法制宣传的覆盖面和影响力、推进依法治理、提高社会法治化管理水平等方面,扎实工作,充分发挥司法行政工作的职能作用,为促进经济发展和社会的和谐稳定作出了积极的努力,并取得了良好而显著的成效。

一、司法行政开展的主要工作

(一)进行监狱体制改革,凸现监狱的刑罚执行职能

2003 年 1 月,上海作为中央确定的六个试点省市之一,在全国率先启动监狱体制改革的试点工作。经过不断的探索和实践,按照"全额保障、监企分开、收支分开、规范运作"的目标,改革、调整原有的管理体制,实现了监狱与企业和监狱与社区的体制分离,使监狱工作摆脱了传统体制的束缚,进一步凸现了监狱作为国家的刑罚执行机关惩罚和改造罪犯、预防和减少犯罪的本质职能作用。

为加强监狱的基层基础建设,保持监管场所持续安全稳定,上海监狱系统统一制定了全面推行监狱、监区和分监区监管工作的规范化建设标准,健全完善了岗位责任制和工作责任制,强化责任意识,严格管理制度;各监所还结合实际,因地制宜地加强场所安全建设,同时积极整合人防、物防、技防等安全、防范手段和措施,努力构建动态的长效安全防范机制,全力维护和保持监所的安全稳定。

为依法执行刑罚,规范执法行为,上海监狱系统全面推行"服刑人员权利告知书"制度和"上海市监狱文明管理十项举措",编制并充实完善了《监狱执法手册》,为依法规范执法提供了依据,并建立监管改造工作的督导评估工作机制,推进执法

监督和狱务公开工作的深入开展。

全系统有9所监狱对罪犯的日用品供应实行了依托社会物流统一配送;对罪犯个人存款管理实行银行"借记卡"制度,并与市消费者协会联合举办监狱服刑人员的消费维权站,建立了罪犯消费的维权工作网。

本着"惩罚与改造相结合"的基本原则,上海监狱系统聚焦于教育改造质量的全面提高,全系统部署和实施"595"工程,即罪犯释放时的"改好率"、"职业技能证书获得率"、"小学毕业率"、"参加公民普法达标率"、"接受心理健康教育普及率"等5个指标均实现95%的目标。为此,专门建立了教学督导评估制度;在五角场监狱等单位设立了四个技术培训基地;成立了由心理矫治专业人士组成的心理矫治组织系统,从而推动教育改造质量的进一步改进和提升。在罪犯中普遍开展了以负罪感、犯罪耻辱感、罪责感为主要内容的"在刑意识"教育;同时,加强罪犯的科学分类,着力开展对罪犯的个别化教育,并发展社会帮教志愿者队伍,加大教育改造的社会化程度,促进教育改造质量的全面提高。

(二)突出重点,稳步推进,积极探索创办劳教特色的有效途径和方式

上海劳教系统紧紧围绕提高教育挽救质量这一核心任务,努力探索和实现劳教工作的执行方式、方法与劳教工作的目的、方针之间的协调一致,努力创办劳教特色。为此,制定了《全面推进心理矫治工作的实施意见》,在劳教系统中全面启动心理矫治工作,初步形成了一支心理矫治工作专业队伍,并将心理矫治工作发展为教育挽救劳教人员的"第四大手段",与传统的"管理、教育、劳动"相结合,构建了新型的管教工作体系;积极推行"封闭式、半开放式、开放式"的分类管理模式,在部分劳教所试行白天在所、晚上回家的"走读"式服教制和一周五天在所、周末放假的试工服教制,与社区矫正工作结合,允许并鼓励符合条件的人员试工、试农、试学;实施了"劳动现场严格、生活现场宽松、学习现场规范"的管理方法。

上海劳教系统坚持加强基础工作和创办劳教特色并重,进一步理顺了劳教所、大队、中队的任务和权责,相继设置了警戒科和警卫中队的任务和权责,提高了场所安全的专业化管理水平,逐步健全了监管安全长效机制。

上海劳教系统在对现有制度进行梳理的基础上,制定详细的制度建设规划,努力使每一个执法环节和执法行为都有章可循。如全面修订完善奖惩考核制度,进一步规范了奖惩标准,严明了奖惩程序;修订完善了《关于使用警械、械具的规定》,重点对警棍、手铐和约束带等警械具的使用条件、方式、审批程序给予进一步的规范和完善。

(三)在全国率先进行社区矫正试点,积极开展完善刑罚执行制度的探索

为进一步完善刑罚执行制度,更新执法理念,充分发挥执法力量和社会资源的作用,并使之形成合力,加大对服刑人员教育改造的社会化程度,有效地预防和减少重新犯罪,上海司法行政系统于2002年8月率先在全国进行社区矫正试点。在先行试点单位逐步扩大和试点工作卓有成效地推进过程中,2003年7月,根据市委决定,在上海市司法局下设上海市矫正办公室,负责领导和管理全市社区矫正工作;区(县)司法局负责承担本区(县)社区矫正工作的组织推进,街道(乡镇)建立健全司法所(科),并有专人负责社区矫正日常管理工作。从而形成了市、区(县)、街道(乡镇)三级工作网络。

上海社区矫正试点工作始终注重加强基础工作和制度建设,先后制定或会签出台了《社区矫正工作者守则》、《关于规范社区矫正工作台账和矫正档案的规定(试行)》、《关于社区服刑人员日常行为奖惩的规定(试行)》、《关于办理减刑、假释案件实施细则(试行)》、《上海市社区服刑人员分类矫正暂行规定(试行)》等规章制度,以保障试点工作依法规范运行。

按照"政府主导推动、社团自主运作、社会多方参与"的创新思路,为充分调动和整合社会资源参与和协助司法行政机关做好社区矫正工作,注册成立了非企业单位性质的"新航社区服务总站",以"政府购买服务"的形式,按照章程独立自主地开展工作,积极参与社区矫正工作,组织社区服刑人员参加教育学习、公益劳动和技能培训;掌握社区服刑人员的现实表现,为实施日常管理、奖惩和期满鉴定提供依据;帮助社区服刑人员解决心理、生活、就业等方面的实际问题;发展并指导志愿者开展矫正工作。

（四）不断推进人民调解工作，着力维护社会稳定和谐

1. 拓宽人民调解工作领域，进一步发挥政法工作"第一道防线"的作用。随着改革开放的深入和社会经济的快速发展，遍布于全市各街道、乡镇、居（村）委会的广大人民调解员在积极调解婚姻、家庭、邻里、损害赔偿、房屋宅基地以及生产经营等方面常见性、多发性民间纠纷的同时，不断拓展工作领域，主动围绕当前的中心工作、社会重大活动、重大市政工程建设和企业改革过程中所发生的各类新型的社会矛盾和纠纷，以及矛盾纠纷多发期等特点和规律，积极地开展预防和调解工作，努力促进社会的和谐与稳定。

2. 积极探索人民调解与民事诉讼的衔接配合机制。杨浦、奉贤、长宁、浦东新区、普陀等区积极探索实行"人民调解协议书审核制"、"人民调解指导制"、"人民调解协议认可制"、"人民调解协议公证制"等，为最高人民法院出台关于人民调解协议效力的"司法解释"提供了实践依据和理论借鉴；并在此基础上，由上海市司法局和上海市高级人民法院联合制定《关于进一步加强人民调解工作的会议纪要》，推出了在法官主导下诉讼调解适度社会化的六项新举措，其核心在于人民调解程序与诉讼程序相互衔接，如符合法律规定的，即可运用判决程序确认人民调解协议合法有效。从而实现了部分民事案件从通过诉讼解决到通过人民调解方式解决的合理转移，最大限度地发挥了人民调解工作的优势和作用。

3. 以司法、信访综合服务窗口为载体，大力推进人民调解与行政调解、劳动仲裁、信访的协调配合。自2002年"司法、信访综合服务窗口"作为市政府实事项目之一，在全市234个街道（乡镇）建成并投入运行以来，整合社区"维稳"资源，实行"一口受理、内部流转、分工落实、配合协调、监督反馈"的纠纷受理机制，把大量的矛盾纠纷化解在萌芽状态，有力地维护了社区的稳定。

4. 开展轻伤害案件委托调解试点，防止矛盾激化，积极促进"刑转民"。杨浦区司法局针对轻伤害案件逐年上升的趋势，加强了与公检法相关部门的协调配合，积极开展轻伤害案件委托调解试点工作，即在处理轻伤害案件过程中，公、检、法等部门可以视实际案情，征得当事人同意，委托人民调解组织进行调解，经调解成功后，由"调委会"出具人民调解协议书，相关司法机关可作撤案、不起诉、免予刑事处罚等处理，从而有效地节省了司法资源和司法成本，消除了社会不和谐因素。

5. 探索人民调解专业化、规范化、社会化建设，努力提升人民调解工作的质量和水平。为加强人民调解工作的"三化"建设，上海有11个区（县）的街道、乡镇组建

了专业化调解工作机构"人民调解工作室"37家。"人民调解工作室"通过与政府签订责任书,明确了政府与人民调解组织的关系,保障了人民调解工作的专项经费和专门力量,强化了街道、乡镇调委会的工作职能,提高了人民调解化解重大、疑难纠纷的能力和水平。三年来,全市人民调解组织共制作人民调解协议书21 033件;当事人反悔起诉到法院的有84件,其中经法院审查确认有效的有41件,其余43件正在审理之中。

为加强包括人民调解在内的司法行政的基层基础工作,上海市司法局和各区、县司法局高度重视,积极采取措施,大力推进司法所规范化建设。目前,全市19个区(县)215个街道(乡镇)已有6个区实现了派出设置司法所53个,有7个区(县)独立设置司法所(科)102个,两者共占街道(乡镇)总数的72.1%。此项工作还在积极推进之中。

(五)突出重点,创新载体,开展法制宣传教育

1. 大力开展宪法和法律、法规的宣传教育,为宪法和法律的实施营造良好氛围。通过大量的、有组织有系统的、形式多样的法制宣传教育,深入普及宪法知识和其他法律知识,增强全民的宪法观念和法制意识。特别是在一年一度的"12.4"法制宣传日和上海的"宪法宣传周"期间,更是大张旗鼓地筹措和开展全市性的大型宣传教育活动。组织各地区及单位因地制宜,采取多种多样的形式,如法律知识竞赛、法制文艺演出、法制故事演讲、"百万家庭学法律"、"网络法律知识月月赛"、"百万进城务工人员法律知识竞赛"和法制民主示范村、示范居委会的创建活动,大力开展宣传教育活动,营造学法、用法、遵守法纪、依法维权的良好氛围;广大市民维权、守法、护法的法律素养普遍有了提高。

2. 突出重点,创新载体,学法用法工作有新的进展和提高。围绕"三个新的提高",即公民法律素质有新的提高、领导干部依法办事能力有新的提高、城市法制化管理水平有新的提高的目标,在广泛开展普法宣传教育的过程中,上海市委组织部、上海市委宣传部、上海市委党校、上海市司法局和上海市法制宣传教育联席会议办公室联合创办了领导干部在线学法的"东方法制上海网校",19个区(县)和20个市属委办局(集团公司)设立分校,为全市处级以上领导干部学法、用法提供新的载体;上海市法制宣传教育联席会议每月编辑《法制参阅》,供领导干部学法参考;同时组织对处级干部进行法律法规和"WTO与依法行政知识"的培训和考核;一些

区还推行了处级干部任职资格法律知识考试制度,对于提高领导干部依法决策、依法行政和依法办事的执政能力和管理水平起到了积极的作用。

青少年的法制教育以在校的大、中、小学学生为主,着力抓好"计划、教材、课时、师资"四落实,教育内容和教学方法讲究寓教于乐,切合实际。同时运用网络这一新型媒体,开展知识竞赛,普及法律知识。2004年7月1日至9月26日,组织上海市大、中、小学学生开展"上海市青少年暑期法律知识网络竞赛",吸引了全国16个省、直辖市、自治区14.3万名学生踊跃参加。组织上海的企业、事业单位的法定代表人、企业经营管理人员和全体员工,环绕企、事业单位自身经济发展和依法决策、依法经营、依法管理的实际需要,开展宪法和相关法律、法规的学习和培训,有力地促进了依法治企意识和依法治企能力的提高。

3. 组织开展专题性的法律、法规宣传和普及,推动依法行政、依法管理水平的提高。认真组织开展"促进司法公正,维护司法权威"主题宣传活动,引导司法机关工作人员和广大市民积极参与;广泛开展《宪法修正案》和《行政许可法》等新颁布的法律、法规的宣传和普及,在提高市民依法维权意识的同时,推动和增强司法机关在执法为民的过程中坚持司法公正、维护司法权威,保障社会稳定的自觉性和责任意识。

(六)坚持务实创新,法律服务工作健康发展

1. 上海律师界积极参与刑事、民事以及行政诉讼活动,维护合法权益,促进司法公正。广大律师凭借独特的诉讼地位和专业知识,运用诉讼经验和技巧,切实维护当事人的合法权利,有效地化解矛盾、解决纠纷、维护和促进司法公正,并为推进我国诉讼制度的完善作出了探索和努力。仅据2004年统计,全市律师共代理各类诉讼案件67 569件,其中刑事案件10 928件,民事案件54 722件,行政案件1 919件;在刑事诉讼辩护中,律师辩护意见全部或部分被采纳的占72.5%。

2. 代理各类非诉法律业务,为社会和经济发展提供有力的支持和保障。广大律师的业务范围已从传统的民事、刑事、行政诉讼领域,逐渐扩展到房地产、国际贸易、国际金融、海商海事、项目融资、企业改制、资产重组等领域,提供包括谈判、合同、法律文书等全方位的非诉法律服务,每年办理非诉业务2.5万至3万件。及时成立有900名律师组成的"国企改制上海律师法律服务团",积极参与国企改制、产权交易、资产重组以及职工维权等工作,为经济发展提供了有力的法律保障。

3. 为政府提供法律服务,推动政府依法行政。上海目前有 140 多家政府单位、180 多名政府负责人聘请律师担任法律顾问,为行政管理提供法律咨询和建议,促进了政府决策程序的科学化、民主化和规范化;上海律师积极参加各级党委、政府组织的群众接待工作,每年平均接待来访市民 3 000 多批、7 000 人次左右,有效地运用法律手段化解纠纷,妥善处理了大批群体性上访案件及群体性纠纷。同时,律师积极参政议政。目前,有 89 名律师进入市、区(县)两级人大和政协。这几年来,先后提出了百余件关系国计民生及上海发展的议案,参与立法前的研究论证,为推进城市法治化建设出谋划策。

4. 积极为广大市民提供法律服务,全力维护社会的和谐和稳定。据 2004 年统计,全市律师共办理法律援助案件 5 217 件,为 7.9 万人次义务提供法律咨询,为"12348"法律服务热线接待咨询 12.2 万人次。为有效化解一度成为社会热点的动拆迁纠纷,市律协成立了"为被拆迁人提供法律服务律师志愿团",先后接受动拆迁咨询 14 591 人次,律师代理包括法律援助的动拆迁案件 131 起。引导当事人通过法律途径解决纠纷,保护了被动拆迁人的合法权益,维护了社会的稳定。

广大律师坚持面向基层,面向社会,积极推进"法进社区"活动,全市已有 180 家律师事务所与各社区签订共建文明协议,担当起"居民身边的社区律师"这一角色,开展法制宣传,举办义务法律咨询,本市几乎所有的街道(镇)都签约进驻了律师事务所。

5. 加强行风建设,建立健全律师管理工作的长效机制。为加强律师的职业道德建设,规范律师事务所管理,在全市范围开展"律师事务所规范建设年"活动;初步形成了以律师诚信监管系统、社会行风监督系统、司法行政机关处罚系统和律师行业协会纪律惩戒系统为主的律师行业自律与社会多方监督相结合的全面监督机制;2004 年 6 月起,首次开通了法律服行业信息信用网络系统,向社会提供公众查询、网上投诉、奖惩公告、诚信邮箱等服务。同时,重视和加强律师队伍的党建工作,目前全市专职律师中有党员 2 400 名,建立律师事务所党支部 281 个,其中独立党支部 253 个,联合党支部 28 个,未建立独立党支部的律师事务所内的党员,均纳入联合党支部统一组织管理。

6. 充分发挥公证职能,热情为社会提供公证法律服务。从 2003 年 1 月起,上海市 22 家公证处由原来的行政体制改为事业体制。围绕上海的改革开放、经济发展和社会稳定这一中心任务,充分发挥公证职能,热情为社会和公民提供公证法律服务。2003年至2005年,全市公证机关累计办证 1 392 486 件,其中国内民事公证 304 227 件,国内经济公证 427 919 件,涉外民事公证 493 952 件,涉外经济公证 144 737件,涉及港澳台公证 21 654 件。

7. 努力扩大法律援助范围,积极化解矛盾,维护贫弱群体的合法权益。上海市法律援助中心和19个区县法律援助中心,在上海司法行政机关的指导支持之下,充分挖掘和利用各种社会资源,积极扩大法律援助范围,努力满足社会日益增长的法律援助需求,并积极推进法律援助的立法工作,大力开展精神文明创建活动和规范服务达标活动。自1997年6月上海法律援助中心成立至2005年,全市共接待咨询 41 万多人次,通过"12348"法律咨询专线,接答咨询 76 万多人次,办理各类法律援助案件 2 万余件。2003年,全市各法律援助中心办理各类法律援助案件 3 496 件,接答咨询 65 503 人次;2004年,办理案件 5 217 件,接答咨询 79 275 人次;2005年,办理案件 5 855 件,接答咨询 80 969 人次。近几年来,受理法律援助案件每年分别以 10%至 20%以上的速度增长,有效地保护了社会贫弱群体的合法权益。

二、司法行政工作的主要经验

（一）紧紧围绕党和政府的工作大局,在推进依法治市进程中,充分发挥司法行政职能作用

近年来,上海司法行政系统在市委、市政府、司法部以及市委政法委的领导下,树立和落实科学发展观,紧紧围绕上海经济建设和社会发展的大局,进一步发挥司法行政工作具有的基础性、群众性、社会性、长效性的特色,突出司法行政工作的职能作用,在推进依法治市、维护社会稳定方面作出了积极的贡献。

1. 上海的监狱劳教系统始终以维护上海的政治安定和社会稳定为首要职责,积极参与"严打"整治斗争,持续开展深挖犯罪活动,使狱所的安全稳定工作不断得到加强。2003年以来,监狱系统围绕"法制化、科学化、社会化"的建设目标,进一步规范执法行为,强化刑罚执行职能,完善监管安全综合防范体系,未发生罪犯脱逃和重大恶性事故,保持了监管秩序的持续稳定。与此同时,监狱系统始终把握监狱工作惩罚和改造罪犯、预防和减少犯罪的本质职能,以提高教育改造质量为中心目标,坚持以人为本,重视罪犯改造的主体地位,科学认识罪犯,使监管改造工作建筑

在科学、理性、文明的基础上,深化了教育改造工作。规范和完善了减刑、假释、保外就医的工作制度,罪犯刑释时的改好率达到了98%,假释率也有了提高。上海市提篮桥监狱荣获"全国监狱系统减刑、假释、保外就医工作先进单位"称号。制度建设的创新和推进,保障了执法的规范和公正。2003年,周浦、宝山两监狱通过了ISO9001：2000国际管理标准质量认证;继青浦监狱荣膺司法部现代文明监狱称号之后,宝山监狱2005年被授予司法部现代文明监狱称号,另有4家单位被评为上海市现代文明监狱。

劳教系统狠抓公正执法,全面推行所务公开,努力构筑"四个学会"的教育体系,即"学会学习、学会做人、学会做事、学会生存",使教育更贴近时代,贴近实际,贴近劳教人员的思想实际。少年教养所、女劳教所、第三劳教所等单位建立劳教人员技能培训基地,为劳教人员解教后重新就业提供培训服务。据近3年统计,劳教人员政治教育入学率为99%,考核及格率为96%;参加技能培训人员7 719人,获证率为95%;2 753人参加扫盲教育,及格率为80%;13 375人参加"四五"普法考试,及格率达98%。上海各劳教所还积极深挖犯罪线索,努力开辟打击违法犯罪的"第二战场",每年挖出上千件案件线索,有效地消除影响场所安全稳定的潜在因素。同时,积极开展教育转化工作,通过重点攻关、宣传法制、维护当事人合法权益等手段,使"法轮功"沉淀人员和骨干分子的教育转化率达到90%。3年期间,有379名劳教人员被提前解教,1 828名劳教人员受到减劳教期奖励,113名劳教人员被批准"三试"(试工、试农、试学)。所有这些工作和举措,有效地维护了场所的安全和社会的稳定。到2005年,上海劳教系统已连续10年无重大恶性事故。

2. 作为司法行政系统的一项新业务,上海各级矫正机构在社区矫正工作中坚持一手抓规范运行,一手抓基础建设,强调积极稳妥、依法规范地推进试点工作,认真落实各项监督管理措施,把社区服刑人员的重新违法犯罪率控制在一个比较低的水平。目前社区矫正工作已在上海全面推开,从初期5个区的58个街道、镇,扩大到了全市19个区县的185个街道、镇,已有5 000余名社区服刑人员被纳入了矫正工作范围。各级矫正机构的工作人员和广大矫正社工运用分类矫正、心理矫正、个性化教育等科学合理的矫正方法,在强化社区服刑人员在刑意识的前提下,积极、稳妥地把做好矫正工作,加快了社区服刑人员融入社会的进程。上海从全面推开社区矫正工作以来,至2005年9月底,参加集中教育的社区服刑人员累计达37 326人次,其中参加心理健康教育的对象人数累计达6 095人次;接受个别教育累计 89 770 人次;帮助社区服刑人员联系技术培训 835 人,协助办理劳动手册 809 人,推荐就业 997 人次。先后向服刑人员发放临时困难补助达 1 036 人次,共 313 500元。各级刑释解教人员安置帮教机构协调有关部门,按照"六必"(监所内必访、出监所必接、户口必报、基本情况必知、有困难必帮、重点对象必控)的要求,狠抓"四个落实"(落实到人头、落实到社区、落实到机制、落实到考核),努力减少脱管和漏管现象的发生,有效地维护了社会的稳定,为和谐社会的建立起了积极的作用。

3. 随着社会经济的不断发展、人民生活水平的不断提高和政府部门依法行政意识的不断加强,上海的法律服务业在社会政治经济生活中正发挥着越来越重要的作用。在这一过程中,上海市、区(县)的司法行政管理部门和行业协会积极引导律师、公证员等法律服务工作者,为经济建设和社会稳定提供优质、高效的法律服务。上海的广大律师围绕市委、市政府的工作大局开展工作,先后成立了律师顾问团和律师志愿团,自觉参与国企改制、资产重组、职工维权等工作,维护保障城市建设过程中被拆迁人的合法权益,维护社会的稳定;同时他们还参与了市和区(县)政府的信访接待工作,有效地运用法律手段,化解处理了大批群体性、疑难性的社会矛盾纠纷。上海律师在全市服务行业的行风测评中满意度有所提高,2004 年排名第 5 位,2005 年上升至第 4 位。公证工作在提供优质服务方面则制定了关于公证赔偿等一系列规定,较好地发挥了公证业在维护市场经济秩序中的作用。同时上海公证行业响应市委领导对公共服务行业的号召,采取"中午连一连、晚上延一延"的办法,全部实行中午和双休日办证业务制度,受到广大市民的普遍欢迎。

4. 近年来,上海的人民调解工作不断发展,在维护社会稳定、促进社会和谐发展中发挥了积极的作用。各级人民调解组织充分发挥覆盖社会各方的网络组织优势,加强对矛盾纠纷的排查、预防、化解和控制,把大量的矛盾纠纷化解在基层,化解在萌芽状态。尤其是在市政府实事工程的推动下,"司法信访综合服务窗口"的运作机制进一步规范,而以"窗口"为载体,又推动了人民调解与信访工作的相结合。同时,"人民调解工作室"的创立,各种调解工作方法的创新,人民调解与民事诉讼的衔接配合机制试行,行业性、区域性调委会的组建,以及调解协议书的规范制作等,则更为有力地提高与保证了人民调解工作的效率和质量。从 2003 年至 2005 年 10 月,全市广大调解组织共受理各类民间纠纷 210 947 件,调处成功率达 98.7%;参与调处了 1 924 件影响社会稳定的群体性纠纷;防止自杀、凶杀和其他民转刑案件 667 件。

5. 维护社会稳定,构建和谐社会,基础在于提高公民的法律素质,提高领导干部依法办事的能力,提高城市法制化管理的水平。在这一方面,上海司法行政机关、法制宣传教育部门围绕培育塑造城市精神,以"提高市民法律素质,做新一代上海人"为主题,加大了社会性、群众性法制宣传教育,以及维护稳定方面法律、法规的宣传力度,既认真组织全国宪法宣传日、宪法宣传周及依法治市宣传日等常规活动,又组织开展了"促进司法公正,维护司法权威"、"预防和减少涉法上访"等有较强针对性的主题活动,努力强化广大公民的法制意识,为维护稳定创造良好的社会氛围。同时年年抓住领导干部这一重点,建立新的载体,运用多种形式,提高了领导干部依法决策、依法行政和依法办事等执政能力。

（二）精心组织实施各项改革试点工作,为国家法律制度的完善提供实践经验

目前,司法行政工作业务领域不断拓展,职能不断增强,改革力度不断加大。据此,上海司法行政系统承担了比较多的相关改革试点工作,全系统工作人员围绕树立和落实科学发展观这一主题,认真研究,努力把握司法行政工作的本质和规律,积极探索各项业务工作的发展方向,精心组织实施各项改革试点工作,为国家法律制度的完善提供了实践经验。

1. 作为全国六个试点省市之一,2003 年,上海率先启动了监狱体制的改革试点工作,在市委、市政府高度重视下,在司法部直接指导下,通过市司法局及监狱管理局的共同努力,各单位和部门明确责任,狠抓落实,按照"全额保障、监企分开、收支分开、规范运行"的总体要求,改革调整了原有的管理体制,试行了监企、监社的体制分离,使监狱体制工作摆脱了传统体制的束缚,强化了刑罚执行功能,逐步纳入良性化的发展轨道,进而推进了各项工作的规范管理和规范运行。

上海的监狱体制改革为司法体制和工作机制改革进行了有益的探索。为东部沿海地区的监狱工作如何适应社会主义市场经济体制的要求,如何实现监狱工作与当地经济社会的协调发展,进而开展司法体制和工作机制改革进行了非常有意义的探索,也为全国监狱体制改革工作的推行提供了有益的经验。司法部监狱体制改革工作检查小组在对上海的改革工作进行全面检查后,给予了较高的评价。

劳教制度改革是一项系统工程,有关方面正在抓紧完善相关法律制度。上海是全国劳教办特色工作试点省市之一,本着突出重点、稳妥推进的原则,上海劳教系统积极探索劳教办特色的有效途径和方式,在改进管理方式,改善教育内容,发挥劳动功能,规范执法活动,加强队伍专业化建设的同时,吸收借鉴以往的成功经验和先进理论成果,改革、完善劳动教养的执行方式,使之与劳动教养的性质协调一致,与劳教工作的手段和目的协调一致,从而更好地发挥劳教制度在预防和减少犯罪、维护社会稳定方面的作用。

2. 上海的社区矫正工作试点,既是上海市委预防和减少犯罪工作体系的组成部分,又是全国试点省市之一。在这项工作中,上海各级司法行政机关按照两部《关于开展社区矫正试点工作的通知》精神,积极履行新的职能,取得了阶段性的成果,积累了一定的经验。社区矫正工作的开展,有利于合理配置行刑资源,与监禁矫正相辅相成,有利于充分利用社会力量,对部分罪犯有针对性地实施社会化矫正,最大限度地化消极因素为积极因素,更利于探索建设中国特色的刑罚制度,充分体现我国社会主义的优越性和人类文明进步的要求。在这项工作的试点中,上海政法各部门形成了良好的合力,明确各自的职责。市司法局牵头组织,确立了市、区、街道(镇)三级社区矫正体系,同时建立起一整套的规章制度,按照依法规范的要求,正确把握刑罚执行的性质与社会化运作的关系,确保试点工作始终在法律框架内进行,得到了司法部领导的充分肯定。

3. 上海的人民调解工作不断创新工作机制,积极探索人民调解与民事诉讼的衔接配合,并不断推出调解协议书的审核制、指导制、认可制、公证制等手段和方式,取得了明显实效,为最高人民法院制定关于人民调解协议书效力的司法解释提供了实践依据和理论借鉴。同时,市司法局与市高级人民法院又联合制定了有关文件,出台了诉讼调解在法官主导下适度社会化等六项新举措,积极探索推进人民调解与诉讼调解的配合衔接,实现了部分民事案件从诉讼解决到用人民调解方式解决的合理转移,最大限度地发挥了人民调解工作的优势,维护了司法审判的权威和尊严。在此基础上,上海司法行政机关根据司法部的部署,积极开展人民调解前置制度的立法调研,起草了相关的立法调研报告。最近,部分区县司法局又针对轻伤害案件逐年上升的趋势,积极开展轻伤害案件委托调解试点工作,以进一步有效地节省司法资源和司法成本,消除社会不和谐因素。

（三）在推进各项工作和改革中，自身素质得到了明显提高，队伍经受了锻炼

随着上海司法行政工作不断的改革和发展，业务领域不断拓展，职能不断增加，司法行政的队伍也不断得到锻炼和加强，全体工作人员树立起强烈的事业心和责任感，发扬不畏难、不怕苦的优良作风，振奋精神，知难而进，以开阔的视野、创新的观念开展工作，努力提高队伍的整体素质，为司法行政工作的改革发展提供强有力的组织保障，保证了既定工作目标和任务的完成。

1. 学习贯彻"三个代表"重要思想，深入开展"保持共产党员先进性"教育活动，进一步增强党组织的创造力、凝聚力和战斗力。上海各级司法行政机关不折不扣地贯彻中央和市委要求，把"三个代表"重要思想的学习和开展"保持共产党员先进性"教育活动与司法行政改革发展紧密结合起来，与各项具体工作紧密结合起来，加强分类指导，根据司法行政系统机关公务员、监狱劳教人民警察和法律服务工作者等不同队伍人员的状况，有针对性地提出队伍建设的具体要求。同时着力加强基层的组织建设，不断增强凝聚力和创新能力，使工作有新的发展。

2. 以提高执政能力为重点，加强领导班子的建设。上海司法行政系统围绕加强党的执政能力建设，按照科学执政、民主执政、依法执政的要求，增强领导干部的法治意识、创新意识和公仆意识。深入开展"让人民高兴，让党放心"活动，引导各级领导干部牢固树立正确的世界观、人生观、价值观，坚持立党为公，执政为民，切实做到为民、务实、清廉。同时着力建设一支以党政人才、监狱劳教教育管理人才和专业技术人才为主体的高素质的司法行政人才队伍，提高司法行政管理工作的专业化水平。

3. 进一步增强党风廉政建设和反腐败工作。在开展各项业务工作的同时，上海司法行政机关以"坚持执法为民，确保司法公正"和"文明执法树形象"主题教育活动为主线，狠抓干警队伍的思想政治建设，狠抓两个《条例》的学习贯彻和党风廉政建设责任制的落实，全方位推进了反腐倡廉工作，有力地促进了司法行政队伍整体素质的提高。

三、司法行政工作存在的问题与努力的目标

和谐社会的构建和司法体制的改革，给司法行政工作提出了更高的要求，与之

相比,司法行政系统还存在一些与形势、任务的要求不相适应的地方。

第一,司法行政的基础建设还比较薄弱。随着司法行政事业的不断发展,基层司法行政的力量就显得十分重要,但到目前为止,全市街道、乡镇司法科与全部派出设置或独立设置的目标相比,还有一定的距离。这在很大程度上制约了司法行政职能工作的发挥,进而也影响了维护社会稳定长效机制和体系的构建与完善。

第二,司法行政业务工作的发展还不平衡。有些工作正面临着大的调整,有些工作存在着不少薄弱环节,有些工作还存在着不少长期积累下来的深层次的问题,有些工作的体制不顺、机制不够健全。如监狱劳教工作在探索教育改造和挽救的新方法、新途径方面仍需进一步加强,在保持狱所稳定的同时,还要不断提高教育改造的质量。法律服务业的行风建设与上海经济社会发展的需要还不够适应,律师、公证业中执业思想偏差、不良竞争的现象依然存在,亟待进一步加强管理和规范。

第三,司法行政队伍的整体素质和水平还有待提高。一定程度上还存在着年龄和知识结构的老化、观念落后、执政意识和工作能力不强等问题,还不能完全适应推进依法行政,建设法治政府的需要。司法行政系统在推进依法行政,特别是贯彻《行政许可法》工作中还存在一些问题。

立足现实,放眼未来,上海司法行政工作将继续围绕经济、社会发展的总体要求,为构建社会主义和谐社会充分发挥司法行政的职能作用。为此,上海司法行政工作将从以下几个方面作进一步的努力和探索。

1. 进一步整合司法行政的各项工作,充分利用各种社会资源,更好地发挥和拓展司法行政工作的职能作用。

2. 继续加强基础管理和制度建设,深入开展法律服务规范达标和创建文明活动,建立健全工作质量评估和监管体系,提高队伍的整体素质,更好地体现司法行政工作执法为民、执政为民的宗旨。

3. 以改革促发展,务实开拓,不断创新工作机制和工作方法,推进司法行政各项改革的深化和发展。

4. 认真总结"四五"普法的成效和经验,持之以恒地、更有针对性和实效性地开展法制宣传教育,更好地提升全民的法制观念和素养,推动依法行政和城市法治化管理的进程。

(上海市司法局　执笔人:佟心)

仲 裁 工 作

三年来,上海仲裁委员会坚持以发展为中心,坚持"推行仲裁制度是根本,融入市场经济是关键"的基本工作方针,采取切实的措施,努力突出仲裁的特色,在拓展仲裁服务领域,提高仲裁服务水平,加强机构规范化建设等方面都取得了长足的发展。

一、仲裁工作开展的主要方面

（一）围绕仲裁发展目标,大力推介仲裁法律制度,不断拓展仲裁服务领域

积极开展仲裁法制宣传,通过各种途径和方式提高社会对仲裁法律制度的认知程度,增强仲裁对市场主体的吸引力,不断扩大仲裁服务领域,努力开拓案源,使上海的仲裁事业迈上了稳定发展的轨道。

1. 通过各种方式和渠道宣传仲裁法律制度。三年来,上海仲裁委员会充分利用各种机会和渠道积极宣传仲裁法律制度。上海仲裁委员会与上海市商业联合会、上海市建筑业联合会、外贸企业协会等机构合作,以大中型企业和非公企业的法定代表人为对象举办了多次仲裁宣讲会和座谈会。与上海市律师协会建立了经常性的联系,每年为上海取得执业律师证书的新律师举办仲裁法律制度报告会。2003 年,印制了宣传仲裁法律制度、介绍上海仲裁委员会的宣传册《走近上海仲裁》,分送广大市场主体及相关部门。通过这些途径和措施,使许多企业和法律工作者加深了对仲裁法律制度的了解,对社会各界的仲裁意识的提高起到了积极作用。

三年来,上海仲裁委员会以仲裁中心成立、办公地址搬迁等重大活动为契机,邀请文汇报、解放日报、新民晚报、上海电视台、东方电视台等新闻媒体详细报道,取得了一定的社会宣传效果。2005 年,是《中华人民共和国仲裁法》实施 10 周年、上海仲裁委建立 10 周年,上海仲裁委员会在《法制日报》发表了《发展是仲裁工作的第一要务》的特约专稿。在东方电视台《东方大讲坛》栏目举办《融入市场和谐社

会——仲裁法律制度的特点与作用》的大型讲座，东视于9月18、19日两次作了播放。参与了上海广播电台《990市民与社会》栏目就仲裁法制话题的直播访谈，并在东方网同步开展与网友互动沟通活动。还制作了题为"扬帆"的纪念画册，图文并茂地展现上海仲裁10年发展历程。

通过多渠道、多层面的宣传、推介工作，上海仲裁委员会把仲裁法律制度的应用进一步向上海的重大工程建设、经济贸易、知识产权、房地产开发、金融证券期货、新兴服务行业各个领域推进，进一步扩大了合同示范文本仲裁条款的约定面，为上海仲裁事业持续、稳定、健康的发展奠定了良好的基础。

2. 主动走访，扩大合作。三年来，上海仲裁委员会主动走访了百余家大中型企业，如机电工业联销公司、上海市第四、第五建筑公司、中海集团、百联集团有限公司、上海市交运集团、外高桥保税区开发股份有限公司、上海贝岭股份有限公司、盛大网络等大中型企业，分发宣传资料，介绍仲裁法律制度；并且与企业领导、法律顾问恳谈，提供仲裁法律咨询。还对一些经历过仲裁的企业进行回访，了解和听取他们对仲裁工作的意见和建议。与此同时，积极争取与房地局、政府采购中心等有关部门合作，推动多个市级部门新制定、新出台和进一步落实使用订有上海仲裁委员会仲裁条款的合同示范文本，扩大仲裁服务领域。

3. 深入开展建设行业、金融及证券期货领域的仲裁法律制度推介工作。2001年9月，建设部、国务院法制办共同发布了《关于在建设系统进一步推行仲裁法律制度的意见》，在市政府法制办和上海市建设委员会的支持下，上海仲裁委员会加强了对建设企业的宣传力度，召开了推行仲裁法律制度的大会，推动在建设系统各类合同规范文本中设立仲裁条款。同时，在建设系统中选聘了一批知名专家担任仲裁员，设立了建设专业仲裁员名册，使一大批建设企业在合同的争议解决条款中，选择了通过仲裁途径解决的方案。从近年上海仲裁委员会受理的建设合同争议案件的数量情况看，已经取得了令人鼓舞的实际效果。

2004年3月，中国证券监督委员会和国务院法制办联合发布了《关于依法做好证券、期货合同纠纷仲裁工作的通知》，为认真贯彻落实这个文件的精神，上海仲裁委员会与上海市证券同业公会、上海市律师协会等联合举办了"证券委托理财法律问题研讨会"，积极在证券期货行业推介仲裁法律制度，取得了很好的宣传和实际效果。

此外，上海仲裁委员会还十分重视在金融领域进行仲裁法律制度的推介工作。已与中国建设银行上海分行、中国农业银行上海分行等国有商业银行建立了良好的联系和沟通,并于 2003 年 5 月举办了"发挥仲裁法律制度的作用,提升上海银行的综合竞争力"专题研讨会,聘请了一批金融领域的专家担任仲裁员,设立了金融专业仲裁员名册。目前,建行和农行的相当一部分合同文本已经选用了仲裁作为解决争议的途径。

4. 有针对性地设立仲裁中心。继 2002 年 9 月成立装饰装修争议仲裁中心之后,为妥善解决特定行业的纠纷,上海仲裁委员会又分别于 2003 年 3 月、2005 年 3 月成立了小额消费争议仲裁中心和汽车消费争议仲裁中心。其中汽车消费争议仲裁中心选定了 6 家重点汽配市场作为汽车争议案件受理点,选定了 30 家企业作为汽车争议案件仲裁试点单位,还拟制了"上海市汽配流通行业商品购销合同示范文本"、"上海市汽配流通行业商品购销合同示范文本购销送货清单",在合同中都有仲裁条款的选项。这些行业仲裁中心的设立将使仲裁在解决社会热点问题、缓解社会矛盾方面发挥出更大的作用。

在设立行业仲裁中心的同时,为了方便当事人就近通过仲裁方式解决争议,也为了在外资企业、外贸行业更广泛地推介仲裁法律制度,上海仲裁委员会于 2004 年 2 月、2005 年 7 月分别设立了浦东国际仲裁中心和松江国际仲裁中心。这两个仲裁中心的成立,为仲裁法律制度的推介工作创造了新的工作平台,成立相对较早的浦东国际仲裁中心经过近两年的努力工作已经逐步进入了正常运转状态,中心工作人员积极与德国商会、英国商会建立沟通和联系,并主动上门走访外资企业和以涉外业务为主的律师事务所,开展有针对性的推介工作。浦东国际仲裁中心成立以来已受理案件 20 多起,争议金额达人民币 3 亿多元。松江国际仲裁中心也已受理了第一起仲裁案件。

2005 年 10 月 31 日,经过近两年的酝酿和筹备,"上海——罗纳·阿尔卑斯调解中心"正式成立,中心将为中法两国市场主体提供调解服务。该中心的成立是上海仲裁委员会在国际交流与合作领域的一次成功尝试,有利于提升上海仲裁委员会在国际上的知名度,有利于拓展涉外仲裁案源。

(二)提高办案质量和效率,体现仲裁特色和优势,为当事人提供优质、高效的仲裁服务

三年来,上海仲裁委员会始终把提高办案质量和效率作为一项重要任务,从制

度建设、仲裁员和办案秘书培训、业务研讨等方面积极开展工作,确保各类仲裁案件得到及时、公正处理。

1. 修订《仲裁规则》,进一步完善办案规范。《仲裁规则》是仲裁机构最基础的办案规范,也是保障仲裁程序顺利推进的关键。为此,在总结多年仲裁实践经验的基础上,针对实际情况,上海仲裁委员会于2005年对《仲裁规则》进行了第三次全面修订。现行的《仲裁规则》在加强仲裁当事人自主权,加强对仲裁案件的程序监控,吸纳诉讼证据规则的部分构思,完善调解程序,缩短仲裁期限等各个重要环节上作了全面的修改,对于仲裁公正、高效、有序地进行,提供了完备的程序保证。与此相结合,上海仲裁委员会还制定了一系列辅助性的办案规范,健全案件督办和审限监控制度,提高办案效率。为了与新的《仲裁规则》相配套,上海仲裁委员会对《办案细则》、《仲裁员守则》、《记录员须知》等一系列具体规范同时进行了修改。

2. 适应受案数量增长,创设并不断完善兼职办案秘书制度。自2002年起,由于受理案件的数量大幅度攀升,为了合理有效地解决秘书处专职办案秘书人员不足的问题,上海仲裁委员会创造性地提出并试行了兼职办案秘书制度。充分利用社会人力资源,从参加社会实践的法律院校学生、新任执业律师、退休法官中,选聘了一批人员担任兼职仲裁办案秘书,参加仲裁办案。通过两年的实践证明,这项制度对于力争每一件仲裁案件都能够得到公正、及时地解决起到了积极的作用。在总结经验的基础上,针对兼职办案秘书制度在试行过程中出现的一些情况,着手制定兼职办案秘书的管理制度和工作规范,使兼职办案秘书制度进一步趋向成熟和完善。

3. 加强业务研讨。加强业务研讨是确保仲裁案件质量、提高仲裁效率的重要措施。上海仲裁委员会针对仲裁实践中出现的新问题、疑难问题,如仲裁房地产纠纷案件的有关问题、仲裁鉴定适用的问题等,组织召开专题业务研讨会、专家咨询会,形成指导性意见,为仲裁庭正确及时处理案件提供有益参考,确保办案质量。

(三) 受理案件数量逐年稳步上升,社会效果良好

上海仲裁委员会受理案件的数量从2002年的479件,以平均每年50％左右的增长率,逐步发展到2005年的1 592件,三年共计受理了各类仲裁案件3 314件,是前七年受理案件总数的近两倍。

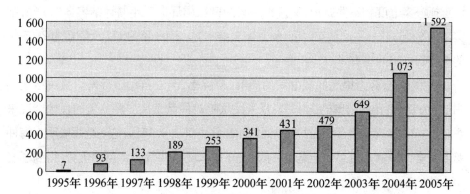

1995—2005 年受理案件数量表

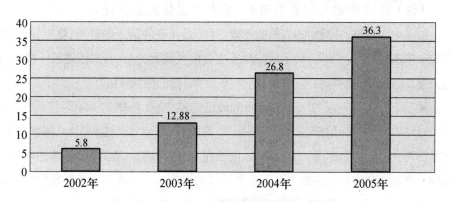

2002—2005 年受理案件争议标的情况表

受理的案件中,与房地产有关的案件占较大比例,共计 1 598 件,占 48.22%;买卖合同争议案件 594 件,占 17.92%;建设工程合同争议案件 244 件,占 7.36%;其他各类合同争议 874 件,占

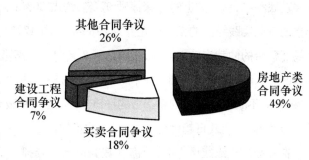

2003—2005 年受理案件类型图

26.4%。在受理的案件中,金融合同争议、股权转让合同争议、知识产权合同争议、合作合同争议等新类型案件逐年增多。

在收案大幅增加,疑难案件、新类型案件增多的情况下,上海仲裁委员会始终注意抓办案进度和案件质量,保持收结案的良性循环。三年共计结案 3 066 件,结案率为 92.63%。平均结案时间(从立案至结案)从 2003 年的 117 天缩短为 2005 年的 90 天,办案效率有了进一步提高。

在办案中,努力提高仲裁办案的调解、和解率,促进自动履行率。裁决结案的占 57%;调解、和解结案的占 43%;从人民法院对仲裁裁决实施监督的反馈情况来看,在这 3 066 件案件中,被法院撤销的仲裁裁决仅占 0.15%,这一数据表明上海仲裁委员会的仲裁质量总体上是良好的,较好地体现了仲裁的特色和优势,得到了当事人的接受和社会的认可。

(四)适应仲裁工作发展需要,努力加强仲裁队伍建设

加强对仲裁员、仲裁秘书人员的管理工作,是保证仲裁工作健康、稳定、持续发展的一项重要任务。三年来,上海仲裁委员会投入较大力量,着力于建设一支业务能力强、职业道德素养高、能适应当前仲裁工作需要的仲裁队伍。

截至 2005 年 12 月 31 日,在聘仲裁员已经从 2002 年底的 344 名扩大到 500 名,涉及经济合同、房地产、金融(包括期货、保险)、知识产权、建筑工程、海事海商、国际贸易、产品质量、运输、公司、广告、电子商务、信息产业、WTO 事务等法律专业领域。这 500 名仲裁员主要由以下几个领域的专家组成:具有丰富断案经验的退休高级法官 73 名,约占 15%;在学术领域享有盛名的教授、学者 87 名,约占 18%;法律功底深厚、享誉沪上的资深律师 97 名,约占 20%;活跃在市场经济前沿、具有丰富的专业实践经验的相关行业专家 228 名,约占 47%。此外,为满足办理涉外及涉港、澳、台的仲裁案件的需要,还聘请了 3 名中国台湾籍仲裁员和 9 名分别来自美国、加拿大、澳大利亚、英国和比利时等国家的外籍仲裁员。随着市场经济的不断发展,针对不断涌现出来的新类型的经济纠纷,上海仲裁委员会还将不断调整仲裁员的专业构成,使其日趋优化,跟上时代的步伐。

在仲裁员队伍建设方面,上海仲裁委员会主要抓了完善仲裁员的选聘和管理工作。一是抓知名仲裁员队伍建设,以高标准的选聘条件、严格的选聘程序、合理的专业分布,把社会声望高、业务能力强、公道正派的人选到仲裁员队伍中来。二是抓仲裁员的实务培训。上海仲裁委员会每年组织一次大型研讨会和若干次小型的专题研讨会。2005 年 4 月份,在新的《仲裁规则》通过后,分两批对全体仲裁员进行新《仲裁规则》的集中辅导。还多次组织召开仲裁员座谈会,就如何当好仲裁员、

如何建设仲裁员队伍、如何加强仲裁员与仲裁委之间的联系、如何应对当前仲裁发展过程中遇到的问题等,进行交流与探讨。三是抓管理制度建设,修订完善了仲裁员聘任制度,建立了仲裁员开庭前承诺制度等。

在仲裁机构秘书处队伍建设方面,重点抓了教育、管理和培训。重视开展仲裁法律制度对于保障社会经济活动健康进行重要意义认识的教育,秘书处全体人员的工作积极性、责任心有了明显提高,为完成各项工作任务提供了思想和组织保障。上海仲裁委员会还定期组织秘书人员业务培训,结合案例研讨仲裁理论和交流仲裁实务经验,不断提高办案能力。进一步完善了激励机制和约束机制,使人人有压力,人人有动力。与此同时,还加强了对兼职仲裁办案秘书的管理和培训,分批对 200 多名兼职秘书进行关于仲裁法律知识、办案规章制度、秘书工作规范要求等业务知识的集中培训。

(五)积极探索中国特色的仲裁理论,促进仲裁工作发展

三年来,在积极开展仲裁理论研究方面,上海仲裁委员会作了一些有益的探索和调研工作。

1. 成立仲裁法研究会。2005 年 1 月,上海仲裁委员会会同中国国际经济贸易仲裁委员会上海分会,发起成立了上海市法学会仲裁法研究会。充分运用上海的人才优势,吸收高等法律院校、法院系统、有关科研机构的科研力量,开展仲裁法制研究活动,为上海仲裁理论界和实务界提供了一个切磋交流、共谋发展的平台。

2. 开展课题研究。积极组织秘书处专职办案人员和部分仲裁员开展课题调研,已完成的课题有:《裁决文书制作标准研究》、《仲裁案件流程管理研究》、《仲裁调解研究》、《仲裁第三人研究》和《仲裁员的聘任、培训和管理研究》等重要课题。撰写课题报告和相关论文共 30 余篇。这些优秀的课题研究成果,对更新仲裁理念,完善仲裁办案规范,指导仲裁实践的发展,起到了一定的促进作用。

3. 建立仲裁法制理论科研、教学基地。2005 年 4 月,上海仲裁委员会与上海交通大学法学院签署长期合作协议,上海交大法学院作为上海仲裁委员会仲裁活动的科研基地,共同开展仲裁法理论研究,为仲裁实务的质量提高提供法学理论帮助;上海仲裁委员会作为上海交大法学院的教学实践基地,为仲裁法等法学教学提供信息资料和实践场所。实现双方资源的合理利用和优势互补,共同促进仲裁法

学理论研究和教学实践。

4. 办好内部刊物《上海仲裁》。2005 年第一期起,《上海仲裁》进行了再次改版,从外观装帧到栏目设计,以及刊用文章的质量都有了明显提高,使这一本仲裁理论和实务研究的刊物,更具指导性、可读性、实用性。目前,《上海仲裁》已作为内部资料赠送全国 184 个仲裁委员会,扩大了它的实际影响力。

二、仲裁工作的主要经验

(一)树立服务意识,是加快仲裁发展的思想基础

随着改革开放的深入发展,随着上海城市建设现代化、国际化、信息化、法制化步伐的加快,上海的经济有了巨大的发展。上海仲裁作为解决经济纠纷的重要机制,理应更好地为生产力的发展服务,为金融、贸易、科技、信息等各类产业的发展服务,为维护公民法人的合法权益服务。为此,始终坚持强化服务意识,牢记设立仲裁机构的宗旨,从扩大仲裁服务领域入手,努力提升为市场经济服务的作用;在队伍建设上,坚持要求仲裁员和仲裁工作人员树立并不断强化为当事人提供优质高效的仲裁服务的意识,用高质量的服务来塑造仲裁机构良好的社会形象,从而吸引更多的市场主体选择仲裁。由于有了这个思想基础,三年来,各项工作方向明确、目标清晰,经过努力上海仲裁委员会受理的案件已基本上涵盖了发生在上海经济领域的争议类型;与此同时,及时调整仲裁员的队伍结构,已较好地打造了一支总体素质高、能够为当事人提供优质服务的仲裁员队伍。凡此种种,体现了上海仲裁委员会在仲裁服务意识、仲裁服务能力、仲裁服务水平方面都有了较大的提高。

(二)树立推介意识,是仲裁法律制度取得社会认同的关键

实践使我们认识到,仲裁服务要融入国家的经济发展之中,必须让社会各界对仲裁法律制度具有认同感。纵观各行各业在发展的过程中,无不通过积极的营销,实现社会的认同,从这一点出发,名牌学校、名牌医院、名牌产品千姿百态的营销方式让人眼花缭乱,营销目的都是为了取得社会认同和信赖。同理,仲裁事业要生存、求发展,就必须组织专门力量,持之以恒地开展仲裁的推介工作。上海仲裁委

员会为此配备专职人员,系统思考,仔细策划,通过与有关的行政管理机关、行业协会和企业集团沟通,建立联络渠道,组织课题研究,开展宣讲培训,努力开展在整个市场经济领域中的推介工作。多年的实践证明,扎实并广泛的推介仲裁法律制度,确实是仲裁事业取得发展的关键。

(三)树立品牌意识,是上海仲裁委员会规范化建设的基本目标

仲裁是一个特殊的市场,是一个特殊的现代服务行业。仲裁机构的成功或是失败,取决于市场主体对仲裁机构的选择。因而仲裁机构的品牌效应,对市场主体的选择意向具有举足轻重的影响。实践证明,市场主体选择仲裁机构作为解决经济纠纷的途径,其判断标准主要是看仲裁机构能否提供热情、完美的服务,实现公平、及时的仲裁裁决。市场主体选择仲裁机构的标准实际上就是仲裁机构应当追求和实现的品牌标准。

纵观世界各国的著名仲裁机构,它们在创立品牌标准的时候,无不看重仲裁员队伍和办案秘书队伍的素质建设。上海仲裁委员会三届二次会议提出了"要建成一支知名仲裁员队伍",此后,在借鉴国际国内先进经验的基础上,对加强仲裁员和办案秘书队伍的建设采取了一系列措施,并取得了一定成效。2004 年,上海仲裁委员会接受国务院法制办的委托,组织仲裁员进行了仲裁公正研究,广泛组织仲裁员座谈公正仲裁的内涵和对策,在研究的基础上围绕仲裁的制度公正、形象公正、实体公正和程序公正,起草了《中国仲裁公正宣言》稿,在全国仲裁工作会议上通过后,被镌刻在西安的"中国仲裁林"石碑上。对仲裁公正研究的过程,也是进一步增强了仲裁员的公正意识的过程;鼓励仲裁员研究仲裁文化、仲裁特色、仲裁技巧,不断提高仲裁员的道德素养、仲裁艺术水平和驾驭庭审的能力;每年组织优秀裁决书评选,通过推荐、初审、评选、从当年结案的案件中,挑选出优秀的裁决书,编辑印制《优秀裁决书选编》。通过优秀裁决书的评选和编纂,鼓励仲裁员不断提高裁决书的制作水平,兢兢业业、一丝不苟地为当事人提供优质服务;通过对个案的研究,引导仲裁员慎用仲裁权,用好仲裁权,对每一个案件都要搞清事实真相,正确定性定责,合法合情合理进行裁处,提高裁决质量。通过各项有效措施,不断提高仲裁员队伍的素质和层次,切实保证仲裁活动的高质量,从而逐步树立起仲裁机构良好的社会形象,努力打造上海仲裁品牌。

三、仲裁工作的发展目标及总体工作思路

2002年10月16日,市领导在上海仲裁委员会第三届委员会授聘仪式上作了重要讲话,要求上海仲裁委员会坚持依法、公正、高效、廉洁,努力把上海仲裁委员会办成国内外有影响的仲裁机构,进一步完善上海的仲裁法制环境,更好地为上海经济建设和中国仲裁事业的发展作出贡献。2005年1月28日,韩正市长在上海仲裁委员会2004年工作情况汇报上作了重要批示,要求上海仲裁委员会围绕大局,服务中心,为公民、法人提供公平、合理、快捷的仲裁服务,为全市经济社会发展作出积极贡献。2005年10月20日,冯国勤副市长在视察时也提出要将上海仲裁委员会构建成依法公正,国际化、现代化的仲裁机构。

在总结工作成绩的基础上,上海仲裁委员会清醒地认识到,目前的工作现状与努力实现的目标之间还存在很大的差距,在仲裁法律制度的推介、办案水平和规范化、管理制度的完善等各个方面,与市领导、广大市场主体的要求尚有差距,与上海国际化大都市的地位尚不相适应。

自2006年起,我国仲裁事业将迈上第二次创业的征程,同时也步入了国家第十一个五年规划。为把上海仲裁委员会建设成为与上海国际大都市地位相适应的、在国内外有影响的国际化、现代化的仲裁机构,要树立正确的科学发展观,紧紧围绕仲裁事业新时期的奋斗目标,大力推行仲裁法律制度,加大融入市场经济的力度,要努力把仲裁事业为市场经济发展和建设和谐社会发挥的积极作用提升为重要作用,要努力实现仲裁发展机制市场化,仲裁工作体制社会化,仲裁机构建设规范化,努力把上海仲裁委建设成为依法公正、现代化、国际化的仲裁机构,为改善投资环境和保障社会主义市场经济的健康发展作出更大的贡献。为实现这一目标,应当做好以下几方面工作。

(一)继续大力宣传、推行仲裁法律制度,拓展仲裁服务领域

市场经济是仲裁法律制度的载体,仲裁只有融入市场经济,才能谋求自身的发展。经过多年的努力,上海仲裁委员会的推介工作取得了一定的成效,以近三年的情况看,收案数量每年都增长40%以上,争议标的金额每年增长30%以上,仲裁作为一种法律服务已逐渐被人们接受。但也必须清醒地看到,仲裁案源基础还不牢固,标的在50万元以下的案件占60%,案值较大的案件所占比例还不高。在仲裁

事业进入二次创业的新历史时期,宣传、推介工作的任务还十分繁重,必须坚定不移地坚持"推行仲裁法律制度是根本,融入市场经济是关键"工作方针,采取切实措施,力争在宣传和推介工作方面有新的突破。

要怀着强烈的紧迫感和社会责任感,深入到市场经济活动的重要领域,宣传和推行仲裁法律制度,积极开拓新案源。要认真总结经验,不断探索和研究行之有效的推介方式和方法,更加重视并积极参与竞争,促使市场主体充分认识仲裁的特色和优势,自觉地、更多地选择仲裁作为解决其纠纷的方式。在未来的几年里,要以发展金融、建筑工程、房地产、大宗贸易等案值较大的案件为主攻方向,深入金融领域推介仲裁法律制度,要在建筑工程、重要工贸商贸领域取得新的进展。目标是在保持收案数量持续稳定增长的基础上,不断提高收案的质量和层次,使标的金额大和较大的案件的比例逐年上升,逐步转变案件的增长方式,形成良性的、长效的发展机制,打好扎实的案源基础。

推行仲裁法律制度,是一项必须长抓不懈的重要工作,它不仅仅是领导和少数几个人的工作,也是广大仲裁员、仲裁委秘书处每一个工作人员的职责。各项工作都要考虑到有利于推介工作的开展,大力弘扬仲裁的优势和特色,赢得市场主体的信任,进一步扩大上海仲裁的影响。

(二)进一步提高办案质量和效率,充分体现仲裁的公正和高效

公正是仲裁制度赖以存在的基础,高效是仲裁生命力所在,办案质量和效率,决定着仲裁的兴衰。因此,必须始终把提高办案质量和效率作为首要任务,花大的功夫,狠抓各项办案规范制度的落实,通过办案,充分体现仲裁的公正、高效,真正实现当事人选择仲裁的目的,树立起仲裁的权威。

1. 进一步加强对仲裁员及仲裁工作人员的管理和培训,从基础上保证案件质量和效率。仲裁工作进入第二次创业新的历史时期,仲裁工作的快速发展,对仲裁队伍政治素质、业务能力提出了更高的要求,必须适应形势发展,探索新的办法,进一步加强仲裁队伍建设和管理。

未来几年要从三个方面着手抓仲裁员队伍建设:(1)严格选聘条件。要根据业务能力、敬业精神、个人品行等方面加强考察,作为换届时是否续聘的依据。在聘任仲裁员时,应当以高标准的选聘条件,合理的专业分布,真正把那些社会声望高、公道正派、业务能力强的行业专家选入到仲裁队伍中来;(2)强化仲裁员职业

操守的教育。为防范因仲裁员操守造成的案件质量问题,除了通过多种途径开展教育外,还要建立起仲裁员参加仲裁活动和与自身信誉的有关的信息资料,由计算机统一进行管理,客观反映仲裁员的职业操守状况,进一步促进仲裁员廉洁自律;(3)有针对性地开展业务培训。通过培训,努力建设一支办案能力强的仲裁员队伍,更好地担负起公平、合理、快捷解决纠纷、维护市场交易安全和秩序的重要职责。

秘书处的工作人员是仲裁程序管理者和仲裁活动的辅助者,对秘书处自身队伍建设也要确立更高的目标,不断完善和创新管理办法,为队伍的发展创造条件和提供发展空间。(1)建立一支专家型的仲裁工作人员队伍。这是上海仲裁委员会在二次创业和发展中确定的自身队伍建设的目标,要把秘书处的工作人员培养、教育成为热爱仲裁事业,具有强烈的事业心和责任感,公道正派,并且精通仲裁理论和实务,熟悉法律更熟悉仲裁法律制度的专家,担当起实现仲裁事业快速发展的历史重任;(2)狠抓规范化管理。要严格政治理论学习、办案工作制度、廉政自律等各项管理制度的落实,完善竞争、奖励机制;(3)加大培训力度。要制定有针对性的人才培训制度和培训计划,包括岗位培训、脱产培训和出国培训,进一步提高秘书处办案人员的专业水平和业务能力,适应上海仲裁开拓国际化市场,实现国际化发展的需要。

2. 进一步加强办案流程管理,促进仲裁的快捷高效。随着收案的大量增多和对办案质量效率要求的不断提高,加强流程管理越来越重要。目前的流程管理制度还需要进一步完备,以适应办案质量管理和监督的需要。要通过对案件的全程监控,加强审限的监督管理,在接受仲裁申请、立案、组庭、开庭、裁决等各办案环节,做到职责明确,严格落实审限时间节点规定,并能及时解决影响仲裁质量和效率的问题,用尽可能短的时间公正及时处理纠纷,防止出现人为因素超审限、明显违反程序和明显不公正的问题。

3. 加强仲裁实体处理的灵活性,充分体现仲裁的优势。体现仲裁在纠纷解决方式方法上的特色,是提高仲裁案件质量的重要问题,也是对办案质量的更高要求。办理仲裁案件,要防止诉讼化的审理方式、诉讼化的处理结果,在程序上一定要严格按照仲裁法依法办事,但在实体处理上要坚持不违法的原则,兼顾法、情、理诸方面,重视实际社会效果。要进一步提高仲裁"三率",即和解调解率、快速结案率和自动履行率。仲裁过程中要以谦虚、谨慎的态度处理与当事人的关系,以取得当事人的信赖、合作和配合,引导当事人用调解、和解的方式,尽可能友好解决纠纷。要进一步做好提高仲裁自动履行率的工作,促进并协助负有义务的当事人自动履行义务,以仲裁特色赢得市场主体的信任。

(三) 加大仲裁理论研究力度,促进中国特色的仲裁理论的发展

仲裁制度的完善,离不开仲裁理论的指导。当前,仲裁实践遇到许多新情况、新问题,都需要从理论上加以研究解决。过去几年,上海仲裁委员会的仲裁理论研究工作有了较大的进步,借用各方面社会力量做了大量调研工作,开拓了研究工作思路,也取得了有一定深度的调研成果。在此基础上,未来几年的工作任务是:

1. 继续以上海法学会仲裁法研究会和与交大法学院建立的教学科研基地的调研骨干为主,积极开展仲裁法律制度的课题研究,更新仲裁理念,开拓工作思路,指导仲裁工作实践。

2. 提升内部刊物《上海仲裁》的质量和层次,成为展示上海仲裁工作理论与实践成果的平台,使其在仲裁界和学术界具有一定的影响。

3. 就仲裁理论和实务中的新情况、新问题,以及最高法院对仲裁法的司法解释,适时召开研讨会,寻求解决问题的办法,加深对仲裁法律精神的理解。

4. 密切关注国内外仲裁法学界和实务界的理论研究动向,对出现的新成果,新理念、新举措,凡可能借鉴的,进行可行性研究,并提出相关方案。

(四) 抓好内部管理和后勤服务,为仲裁发展提供物质保障

后勤服务是仲裁工作发展的重要保障,2005年初,上海仲裁委员会迁入新的办公场所,拥有了3 200平方米的办公场所和现代化设施齐全的大、中、小10个仲裁庭,开发完善了办公自动化系统,增强了电子审批功能,强化了行政管理模块,丰富了各类资料信息,并对原1 000平方米的办公场所进行装修,设置了7个仲裁庭,仲裁办案条件得到了实质性改善。但随着受理案件数量的持续增长和各种新类型争议不断出现,今后几年的任务依然很繁重。要继续围绕上海仲裁委员会的中心工作,在实践中不断探索符合中国国情的仲裁机构科学化管理模式,继续完善各项内部管理制度,为仲裁事业持续、良性发展提供保障。

随着我国改革开放事业的进一步深化,经济建设的不断发展,法律制度与法制

环境的日益优化,仲裁事业面临着前所未有的大好发展机遇,同时也肩负更为重要的职责。在仲裁第二次创业的征程中,上海仲裁事业一定会紧紧抓住历史机遇,进一步解放思想,更新观念,以科学发展观为指导,发扬改革创新精神,扎扎实实做好各项工作,取得更加出色的成绩,能为中国仲裁事业的健康发展作出应有的贡献!

(上海仲裁委员会　执笔人:沈宏豪)

法律教育工作

2003—2005 年上海市法律教育工作按基础法律教育和专业法律教育两个层次展开。基础法律教育主要在中小学生和非法律专业的高校学生层面展开；专业法律教育则在普通高等学校和部分法律中等专业学校展开，包括普通高等学校，成人高等学校(夜大、函授、网络本科和专科等)以及高等教育自学考试学校法律专业学生。上海已形成了大、中小学基础法律教育同普通高等院校专业法律教育并举的多层次、多渠道、多形式的法律教育格局。

上海法律教育不仅造就了一批熟悉法律、通晓法治的专业法学人才，而且对数以万计的各级各类学校学生的社会主义法律意识、民主法治观念以及依法办事的能力与水平的培养起到了重大作用，为构建和谐社会作出了巨大贡献。

一、基础法律教育

（一）小学基础法律教育

1. 概况。上海小学生的法制教育，主要通过课堂上的"品德与社会课"、"思想品德课"、"社会课"和课内、课外的专题法制活动进行。课堂教育的课程名称是"品德与社会课"、"思想品德"、"社会"。这些课程中相当一部分为青少年法制教育内容。如小学五年级第一学期"思想品德"课中第 6 课"珍惜学习的权利"，阐述了《中华人民共和国义务教育法》的有关内容；小学五年级第一学期"社会"课的第 20 课"社会与法律"、第 21 课"保护青少年的法律"，阐述了《中华人民共和国宪法》和《中华人民共和国未成年人保护法》的有关内容。通过"品德与社会课"、"思想品德"、"社会"课，对小学生进行法律启蒙教育，重点培养小学生的宪法意识、爱国意识、交通安全意识、环境保护意识、自我保护意识以及分辨是非的能力等，使他们从小养成遵纪守法的好品德。

在开设"品德与社会课"、"思想品德"、"社会"课进行法律教育的同时，学校还通过一些丰富多彩的校园活动和校外活动,培养小学生的法律意识,如"校会课"上的遵纪守法、维护自身合法权益的教育、校外参观"宪法活动周图片展"等。

2003 年,上海市小学共有班级 17 650 个,学生 64.83 万人;2004 年,上海市小学共有班级 15 103 个,学生 53.74 万人;2005 年,上海市小学共有班级 15 316 个,学生 53.5 万人。这些班级和学生都普遍接受了法制教育。

2. 课程设置和课时安排。按照课程设置要求,本市小学一、二年级开设"品德与社会"课程,每周 1 课时;三到五年级开设"思想品德"课程,每周 1 课时;此外,三到五年级还开设"社会"课程,每周 1 课时;小学三到五年级开设"社会课"每周分别为 1、2、2 课时。

按照课程计划,小学各年级平均每周安排 0.5 课时用于健康教育;各年级按平均每学年 4 课时,安排环境教育内容;二、三年级安排民防教育内容(包括交通安全教育、消防安全教育、预防意外伤害等);四年级安排民族团结教育和环境卫生教育内容;五年级安排国防教育、法制教育、毒品预防教育和廉洁教育内容。上述课堂教育,大都包含有法制教育的内容。

3. 教材选用。经市中小学课程教材审定委员会审定,本市小学一、二年级"品德与社会"课使用《品德与社会》教材。三至五年级"思想品德课"、"社会课"使用九年制义务教育上海市统编《思想品德》、《社会》教材。另外,2003 年,上海中小学课程教材改革委员会办公室组织编写了《中小学法制教育教学参考资料》、《法律教育读本》、《上海市中小学学生伤害事故处理使用手册》,供教师在活动课和选修课(拓展型课程和研究型课程)中进行法制专题教育使用。

4. 开展法律教育的措施。上海市各区(县)都积极探索,不断创新,加强小学法律教育。如嘉定区在小学开展"第一课堂"法制教育工作,并于 2004 年 10 月召开全区青少年法制宣传教育现场观摩会,专门编写了供全区使用的《嘉定区青少年法制教育读本》,确定在全区小学四年级用 40 课时完成法制课教学任务,此举走在了全市前列。浦东新区和徐汇区分别以创建"法制教育星级示范学校"和"法制教育特色学校"为抓手,大力推进在校学生的法制教育。南汇区结合"四五"普法,对本区中、小学生法制教育的教材、实施年级、授课时间、授课形式等都提出了明确要求。2004 年,根据司法部、教育部等五部委的要求,本市有关部门会同上海接力文化发展有限公司策划、设计、制作了青少年法制宣传教育系列动画片《小小律师》并在部分地区宣传、推广。浦东新区潍坊小学率先探索利用该动画片对学生进行法制教育,收到良好效果。

2005 年 6 月,上海市小学生课堂法制教育公开课在闵行区莘庄镇小学举行,与会的近 200 位领导和教育专家对这种新型的法制教育方式予以一致好评。

5. 存在问题和尚需改进之处。本市小学虽然重视小学生的启蒙法制教育,制定了详细的教学计划,规定了科学合理的小学生法制教育内容,但本市小学法律专业毕业的教师的比例还有待提高,"思想品德课"和"社会课"大都由班主任兼任,对法制教育质量有一定影响。今后一方面要对现任课教师进行系统的法律培训;另一方面,要通过多种渠道为学校引进法律专业人员,逐步扩大教师中具有专业法律背景人员的比重。

(二)中等学校基础法律教育

1. 普通中学

(1) 概况。普通中学的基础法律教育,较之小学在内容的广度和深度上都更深入。上海中学生接受的法律教育主要通过课外教育与课内教育两种渠道。大部分中学都设立了法制副校长,每学期至少开设两次法制专题讲座。

中学课内法制教育主要是通过"思想品德"(初中)、"思想政治"(高中)、"社会"(高中)课进行,上述课程主要涉及宪法、行政法、民法、刑法、社会法等方面的内容。

2005 学年,初中 6 年级使用二期课改新教材《思想品德》,7—9 年级使用一期课改老教材《思想政治》。高中使用老教材《思想政治》。具体课时安排按照《2005 学年中小学课程计划》进行。此外,根据二期课改的课程设置,初中 9 年级和高中三年级开设《社会》课程。随着课程改革的推广,新课程新教材将逐步取代老课程和老教材。

2003—2005 年上海中学法律教育较以前更受到重视,主要表现在:法律教育课时的比重较前两年有明显提高;在教育过程中针对中学生的特点,对理论与实践相结合的教学方式进行了富有成效的探索,取得了良好的效果。这都为学生今后进入高校接受更系统、更专业的法律教育打下了坚实的基础。

(2) 教材选用。中学《思想品德》(初中)、《社会》(初中)、《思想政治》(高中)都使用上海市统编教材。2005 年上海市中学教材改版,2005 年版的《思想品德》(初中)、《社会》(初中)①、《思想政治》(高中)比起 2003 年、2004 年版的教学内容,更加

---

① 注:文中提到的初中《社会》教材,属二期课改试验教材,仅在课改试验阶段使用,尚未在全市推广。目前高中阶段《社会》教材尚未编写。

注重对于学生综合法律素质的培养,将法律理论和实践结合得更紧密。以下通过对新旧教材的对比来说明中学法制教育主要内容的变化。①

	旧　版	新　版
总体说明	初中法制教育主要集中于八年级的思想政治课教材中;高中则分见于二、三年级的思想政治教材中。	相对于旧版,新的初中"思想品德"和高中"思想政治"课程中法制教育的内容将不再集中于某年级进行,而是根据不同年级学生的情况,分散于各个年级进行。在教学上更注重循序渐进,课时安排更合理。
初中主要内容	法与家庭学校生活;法与社会公共生活;法与经济政治生活;法与公民权利义务。	六年级:依法保护学校生活;七年级:家庭生活的法律保护;八年级:生存环境与法规、爱护公共设施与法规、公共秩序与法规、交通法规、保障社会安全法规;九年级:我国的国家性质与国家机构、公民的基本权利与义务等。
高中主要内容	二年级:"税法"、"社会主义经济与法治";三年级:"国家根本大法"、"依法行使公民权利"等内容。	二年级:"依法维护消费者、劳动者合法权益"、"依法纳税"、"对合法劳动收入与非劳动收入的法律保护"、"市场经济的法律保障";三年级:"我国的国家性质"、"国家机构及根本政治制度"、"社会主义民主与依法治国"、"公民依法参与政治及国家保障公民的政治参与"等内容。
主要形式	各个章节采用"想一想"、"辨一辨"、"思考与实践"及相关名言的引用等多种形式。	引用更多的名言,涉及的知识板块如"你知道吗"、"知识窗"、"阅读天地"、"相关链接"、"操作平台"等,更加丰富生动。
目的及意义	有助于学生理解法律与家庭、学校、社会生活的关系,理解法律与青少年健康成长的关系,增强学生的法律意识。	使学生获得参与社会生活必需的法律知识,并以国际大都市为背景,着重培养学生的创新精神和实践能力,使法治教育与社会实际紧密结合。

除"思想品德"和"思想政治"课外,改版后的初中《社会》教材从社会学的角度对法制教育起到了辅助作用,如:"城市秩序的维护"、"消费者如何保护自己的权

---

① 注:此表对比的教材中,新版教材为二期课改试验教材,目前只在部分试点学校推广,尚未在全市推广。

益"、"公民的权利与义务"、"正当获取利益"等。

另外,为了贯彻落实中央法制宣传教育的部署,进一步完善学校法制教育体系,努力实现法制教育系统化,上海中小学课程教材改革委员会办公室组织编写了《初中法制教育教学参考资料》和《高中法制教育教学参考资料》,供任课教师在活动课和选修课中进行法制专题教育使用。其中初中分为5个专题,每个专题包括基本知识和有关法律法规两个部分,内容有:遵守宪法,维护法律;依法保护特殊群体的合法权益;依法维护社会经济生活秩序;依法禁毒和禁赌;自觉守法、勇于护法。高中法制教育教学参考资料的内容有:邓小平民主法制理论,推进依法治国进程;宪法;行政法;民商法和劳动法;刑法;仲裁与诉讼等有关法治思想、法律观念和法律知识。

初中阶段和高中阶段在活动课和选修课中进行的法制专题教育的课时,各个学校依据各自情况有所不同。

(3) 课外法律教育。上海市二期课改以基础型课程、拓展型课程和研究型课程组成的课程结构,体现了基础性、整体性和选择性的课程体系。通过拓展型课程和研究型课程开展研究性学习活动,使学生获得更多关注社会、探究社会法制进程活动的体验,以利于促进学生法律素质的提高。

课外法制教育的另一种形式是各校根据本校学生的实际情况开展有针对性的活动,有的邀请司法人员宣传法制知识,如虹口区澄衷初级中学多次邀请法官给学生授课;有的开展学生模拟法庭活动,如青浦区东方初级中学;有的参观考察法制教育场所;有的针对特定的学生对象召开法制教育座谈会等。

(4) 不足之处。2003—2005年中学法律教育在取得成效的同时,也存在不足之处,主要是法律教育在中学思想政治、思想品德教育中的比重有待进一步提高;因思想政治课未作为高考必考科目,有个别学校不太重视此课程;另外,随着社会的进步和法治进程的加快,国家法律的更新速度加快,教材更新的步伐跟不上国家法律的变化,这对教材改革提出新的挑战。

2. 中专、职校、技校

中专、职校、技校教育是职业准备阶段,学生毕业后将直接走上工作岗位,因此在这一阶段加强学生的法律教育,增强学生的法律意识尤为重要。本市对中专、职校、技校的法律教育十分重视,并不断增强法律教育的实效性。

2003—2005年上海市中专、职校、技校普遍开设的"法律课"属于"政治课"和

"德育课"的组成部分,定位于一般的公共课,内容涉及法理、宪法、民法、刑法、经济法、行政法、社会法以及诉讼法等多个部门法的内容。通过教学,使学生掌握社会主义法的原则、法的精神和具体法律规范的基本内容。中专、职校和技校法律教育的重点放在与所学专业知识相关的专门法律及劳动保护等方面的法律知识。上海的中专、职校、技校法律教育大多是"政治课"和"德育课"教师兼任,一部分学校有教师专门从事法律教育工作,有的学校还专门开设"法律基础"课,作为文化课的组成部分。上海市中专、职校、技校法律教育所使用的教材大都是"政治课"和"德育课"通用教材,也有的学校根据专业设置,开设"法律基础"课,所使用的教材是自行选定的。

2003 年上海市普通中等职业学校共有学生 25.67 万人,2004 年上海市普通中等职业学校在校学生 24.52 万人,2005 年上海中等职业学校在校学生 22.69 万人。上述学生普遍接受了基础法律教育。

2003 年下半年,市教委下发《关于印发〈上海市中等职业技术学校法制教育和青保工作检查验收标准〉的通知》,并于年底进行了检查验收。市教委在认真总结上海市中等职业技术教育课程改革与教材建设(即 10181 工程)成果的基础上,全面实施《上海市中等职业教育深化课程教材改革行动计划(2004—2007 年)》,计划确定要编写《法律与社会》教材,以作为职业技术教育的法制教材。

总体而言,上海市对中专、职校、技校法律教育是极为重视的,但与经济社会发展相比,上海市中专、职校、技校有关法律教育的专门师资力量有待进一步提高。另外,没有统编的法律教育教材,对教育效果也产生一定影响。

（三）高等院校基础法律教育

上海市高等院校基础法律教育是指非法律专业的专科生、本科生、研究生的法律基础教育。

1. 本、专科生基础法律教育。本、专科生法律基础教育主要集中在"法律基础"课上。"法律基础"课是 1986 年 9 月国家教委为了加强大学生思想政治教育所确立的"两课"(马列主义理论课和思想品德课)所包含的 8 门课程之一,其任务是以马克思列宁主义、毛泽东思想、邓小平理论和"三个代表"重要思想为指导,对大学生进行我国社会主义法的基本理论、宪法和有关法律的基本精神的教育,使大学生了解马克思主义法学的基本观点,掌握我国宪法和有关法律的基本内容,增强法律意识,提高法律素质。其目标是为国家和社会培养有一定法律素质的管理人才和建设者。

2003—2005 年上海高校仍将"法律基础"课设为非法律专业学生的公共必修课程,全日制本科、专科,成人教育的夜大、函授、网络本科、专科都将其列为学生的公共必修课,一学期共 36 课时。

"法律基础"课的基本教学内容包括:法的基础理论、宪法、民法、行政法、刑法、诉讼法、社会法、合同法、知识产权法等。各校使用教材的情况是:有的高校使用上海市教委 2002 年由上海教育出版社出版的《法律基础》教材,有的高校使用各自编写的《法律基础》教材。

2. 研究生法律基础教育。针对非法学专业硕士研究生和博士研究生的法律基础教育,主要在公共必修课程的"政治课"中进行,形式大多为法治专题讲座,内容涉及面较广,如有的学校研究生的"政治课"为"科学社会主义"和"马列主义原著选读",其中就包含"社会主义法治国家的理论和实践"和"马列主义的法学观"等专题法律教育内容。

3. 校园法制文化建设。随着社会主义市场经济体制的逐步完善和依法治国的进程,各高校都高度重视校园法制文化建设。校园法制文化是校园文化的重要组成部分,各高校几乎都成立了学生法制社团——法学会。学生法学会组织广泛的法律活动,如法制讲座、模拟法庭、法律咨询、法学园地、知识竞赛、法学刊物等,对大学生的法律教育起到一定的辅助和促进作用。

二、专业法律教育

上海的专业法律教育主要指上海高等院校在校法学类本、专科学生和研究生教育,同时也包括少量中等法律专业学校的教育。

除华东政法学院、上海政法学院、上海公安高等专科学校外,2003 年至 2005年,上海高校中设有法学院或法律系的有:复旦大学、上海交通大学、同济大学、华东师范大学、华东理工大学、上海外国语大学、东华大学、上海财经大学、上海海事大学、上海大学、上海师范大学、上海对外贸易学院、上海立信会计学院、上海海关高等专科学校等共 17 所学校。

随着市场经济的发展,用人单位要求非法律专业的毕业生也能熟悉本专业内的相关法律知识,所以各高校也相应的设置了一些法律专业课程。如土木工程专业就开设"保险法"、"知识产权法"、"建筑法"等法律课程,其他各专业也都有相应的法律专业课程。

2003 年至 2005 年上海法学学科硕士点和博士点设置的基本情况

法学硕士点	法学理论	法律史	宪法学与行政法学	刑法学	民商法学	诉讼法学	经济法学	环境与资源保护法学	国际法学
合计	7	3	8	4	7	3	6	4	9
法学博士点	法学理论	法律史	宪法学与行政法学	刑法学	民商法学	诉讼法学	经济法学	环境与资源保护法学	国际法学
合计		1	1		1		1		2

法学博士后流动站		法律硕士点	
合计	1	4	

(一) 2003—2005 年专业法律教育的主要成绩

1. 法学教育规模逐步扩大。2003—2005 年是社会主义市场经济逐步健全和完善、"依法治国、建设社会主义法治国家"治国方略逐步实现的时期,社会呼唤法治,需要更多的法律人才,这促进了上海法学教育事业的蓬勃发展。这一时期,上海法学专业的毕业人数、招生人数、在校人数逐年稳步发展,2003 年上海普通高校法学专业毕业人数是 0.38 万人,当年招生 0.61 万人,当年在校人数 1.90 万人;2004 年上海普通高校法学专业毕业人数是 0.46 万人,当年招生 0.64 万人,当年在校人数 2.15 万人;2005 年上海普通高等学校法学专业毕业人数 0.61 万人,当年招生 0.71 万人,当年在校人数 2.36 万人。

2003—2005 年上海法学教育的经费投入逐年增加,2005 年达到历史之最。以华东政法学院为例,至 2005 年止,学院有长宁、松江两个校区,占地面积 1 064 亩,建筑面积 24 万平方米。经过几代华政人的努力,华东政法学院现已发展为一所以法学学科为主,兼有经济、管理、金融、外语等专业的多科性学院。

继华东政法学院之后,2004 年本市在原上海政法管理干部学院的基础上,新组建了上海政法学院,从事法律本科、专科教学,成为上海法学教育又一重要阵地。上海政法学院现设法律系、经济法系、刑事司法系、社会科学系、经济管理系、研究生及法学第二学士学位部、成教部;并与上海市律师协会联合共建"律师学院",承担全市律师的注册培训和专业培训任务。学院公开出版法学专业学报《上海政法学院学报》《法治论丛》(双月刊)。学院现有专任教师 233 名。其中,具有高级职称的教师 73 名(正教授 33 名,副教授 40 名),占教师总数 31.4%。该院还聘请了法学界、经济界和社会实务部门的 30 多位著名专家、学者为兼职教授。

2003—2005 年,上海交通大学法学投入 3 000 万元人民币、校友捐赠 1 000 万元港币,建成法学大楼。

2. 多层次、多形式、多渠道的法学教育体系初步形成。2003—2005 年上海普通高校本、专科法学教育形式多样,不仅有全日制本科,专科;而且有成人教育,包括夜大、函授、网络本、专科专业。各校专业方向结合学校学科发展的特点,分别设置民商法、经济法、知识产权法、金融法、侦查学、国际法、刑事司法、边防管理、治安管理等专业。部分学校还有法学第二学士学位授予权。

上海各高校的硕士研究生教育,不仅有法学硕士,而且有法律硕士的授予权。法学硕士点包括:法学理论、法律史、宪法学与行政法学、刑法学、民商法学、诉讼法学、经济法学、环境与资源保护法学、国际法学等。

博士研究生教育的法学学位授予点迅速增多,华东政法学院继国际法学、法律史、刑法学、经济法学 4 个博士点之后,2005 年法学一级学科博士点申报成功,学院还设有 1 个法学博士后科研流动站;复旦大学继国际法学博士点后,2005 年民商法学博士点申报成功;上海交通大学 2005 年宪法与行政法学博士点申报成功。

上海法学教育多层次、多形式、多渠道的体系已初步形成,法学教学层次正在逐步提高。

3. 注重复合型、应用型、国际化法学人才的培养。2003—2005 年上海专业法律教育在教育"面向现代化、面向世界、面向未来"的方针指引下,在内涵上下功夫,逐步注重对学生综合素质的教育和能力的培养,各校力求把学生培养成为复合型、应用型和国际化的法学人才。复合型人才,即学生不仅掌握法学专业知识,而且掌握和法学相关专业的知识,如经济、管理、贸易、城市建设等,以拓宽学生的知识面,使学生毕业后不仅能从事法律工作,而且能从事和法律相关的工作,如行政工作、经济工作等;应用型人才,即学生的法学理论知识与法制实践知识、技能结合起来,学生毕业后能适应社会,迅速胜任与国家法制建设相关的实际工作;国际化人才则是指学生不仅专业知识扎实、外语娴熟,而且掌握相关学科的国际化知识和技能。为达到培养复合型、应用型和国际化的法学人才的目标,一些学校利用综合性大学和多科性大学的优势,建立大法学教育平台,开设众多的、与法学教育相关的、有利于学生全面发展的课程,如,社会学原理、会计学原理、管理学原理、新闻学、国际政治、国际关系、国际贸易、国际金融、城市建设和管理、专业外语等课程;一些学校还通过辅修等形式,沟通法学专业教学和其他专业教学,使学生毕业后取得包括法学学位在内的双学位。

一些学校的教学为做到理论和实践的统一、培养应用型人才的目标,部分课程进行法律诊所式教学,其课程分为课堂内和课堂外两个部分。课堂内主要讲授相关的实体法与程序法,进行模拟案例操作,进行谈判等一些实践环节基本技能的传授;课堂外给学生提供充当代理人和当事人的机会,让学生参与真实的办案全过程。整个过程由学生参与操作,指导教师对学生代理的案件给予指导,教师通过课堂外教学传授和培训学生有关法律实践的基本技能,如解决法律问题的技巧,提供咨询的技巧,与相关人士交流的技巧和谈判技巧等。

一些学校还安排一定课时,组织学生深入国家机关、企事业单位实习、见习、办案,学校根据年级高低分别到不同的实际工作部门,将学校教育与社会实践结合起来。一些学校在本地和外地建立长期的教学实践基地。一些学校还利用学生社团和校园法制文化建设的机会,丰富学生的课外生活,增加学生参加社会活动的机会,以使学生在社会活动中,德、智、体等全面发展。

4. 注重教学、科研和社会实践的三位一体,成绩斐然。教学、科研和社会实践的三位一体,既是法学专业实践性强的必然要求,也是上海法律教育层次不断提高,法学理论研究不断深化的结果,同时更是国家繁荣哲学社会科学、理论创新、制度创新号召的时代要求。广大法学教师和研究生在教学之余抓紧科研,承接和完成了大量的国家级、地方级、企事业单位的科研项目;撰写专著、教材和专题报告;并积极参加各项法制建设活动,如立法工作、执法咨询、法律监督、执业律师活动等;上述科研和社会实践活动成果丰硕,促进了国家法治建设进程,同时推动法学教育的发展。科研活动和社会实践既是法学教育的延伸,同时也促进了法学教育的发展,使法学教育的理论、内容不断充实、丰富和深化,同时做到理论和实践有机结合。

以华东政法学院国际法学院的教学、科研和社会实践为例。2003年以来,国际法学院编辑出版了《当代国际法论丛》五卷;为了配合国际法双语教学的需求,学院又出版了两本国际法双语教学教材。2003年底,国际法学院获得了"中国—欧盟法律和司法合作项目",在欧盟的资助下,学院于2005年出版了《CEPA框架下"两岸三地"经贸一体化法律体系的构建》的课题研究成果。2004年8月和2005年8月间,学院又出版了"新世纪法学教材"《国际公法学》、《国际私法学》和《国际经济法学》。从2003年以来的近三年时间里,国际法学院出版的教材、专著、辞书和文集等论著32部。2003年9月,国际法学院《国际经济法》课程荣获上海市市级精品课程。学院的教学特色为A、B角制教学、案例教学和双语教学等,获得上海市教委和学院优秀教学成果奖。学院的教师在教学之余还参与国家的立法咨询、律师执业等活动,使理论和实践有机结合。

5. 继承传统、各取所长、注重东西方法学教育文化的交流与借鉴。改革开放以来,我国专业法律教育取得了极大的发展。上海地处我国改革开放的前沿,上海专业法律教育又有善于吸收东西方法学教育的传统,所以,上海专业法律教育继承了开埠以来至1949年法学教育的好传统。2003—2005年上海的专业法律教育,重视对外学术交流,国际学术会议、中外学者间的互访和学生之间的交流非常频繁;一批学成归国的留学生带来了西方法学的理念;双语教学的要求、国际化人才的培养模式,又加快了上海专业法律教育吸收西方法学教育文化的步伐;上海各大学法学专业学生与国外各大学学生交流活动,促进了东西方法律教育的沟通;上海一些综合性大学的教学研究机构如美国学术中心、德国学术中心、日本学术中心、法国学术中心的建立,为引进西方法学教育文化提供了便利条件。这一时期的上海专业法律教育继续学习、借鉴英美法系和大陆法系的教学体系,引进了诸如"案例教学法"、"诊所教学法"、"比较法学"等教学方法和教学内容,西方法学流派的思想和观点也成为法学教育的内容之一。由于美国在当今世界的地位和影响,其法学教育方法,如"案例教学法"、"比较法学"等对上海法学教育的影响尤为明显。但各校在法学教育各取所长、兼有东西方法学教育文化时,仍然坚持马克思主义法学思想的主导地位。

（二）专业法律教育存在的主要的问题

1. 部分教师未能处理好教学与实务的关系,影响法学教育教学的质量。部分教师未能处理好教学与实务的关系,给法学人才的培养和法学教育的发展造成一定影响。具体表现为一些教师备课不认真、不深入,教材教案陈旧老化,缺课调课现象比较严重,特别是少数学校存在忽视本科生教学的思想。许多名师、教授都将精力放在培养硕士研究生、博士研究生上;有的教师由于参加较多社会活动,如上电视、出庭、参加培训班、出席会议等,也在一定程度上影响正常的法学教育活动。出现这一现象的原因是,国家正处于改革开放和社会主义市场经济体制的建设和完善时期,上海又是全国的经济中心,社会极需高质量的法律服务,因此法学教师有许多参加社会服务的机会,如法律咨询、律师执业、独立董事、法律顾问、专题讲座等;社会在尊重知识、尊重人才的指导思想下,往往给予专家、学者不菲的报酬。因此,一些专家、学者未能正确处理社会服务与法学教学的关系。

2. 一些学校未能处理好规模发展与内涵发展的关系,法学专业教育缺乏后劲。一些学校为提升学校的整体实力和学校地位,急于出成果,快出成果,未能正确处理形式和内涵之间的相辅相成关系,影响法学教育专业发展后劲;个别学校也出现一些急功近利、浮躁现象,如喜欢以科研项目和教学、科研成果的"数字"邀功、喜欢组织各种"工程"来超常规发展,有的学校重文凭、轻实绩,要求教授在每年完成教学工作量的同时,必须在 A 类核心刊物上发表 X 篇以上学术论文;有的学校在评审硕士导师时,需要申报者证明自己近年的进校科研经费等等。哲学、社会科学教学和研究的重要成果需要一个不特定的周期的规律,切忌以"数字",或"工程"搞突击。

另外,有的学校片面追求有"博士"学位教师的数量,非博士很难晋升职位。事实上,哲学、社会科学知识是建立在长期积累的基础上的,这一积累可以从书本上积累,但同样可以从自学和实践中积累,实践的积累比书本的积累更为重要,实践可以揭示真理和检验真理。自学成才的哲学、社会科学家比自学成才的自然科学家更多,也说明法学教育中实绩和能力的重要性。

3. 教育模式单一,尚未形成学校自己的特色和风格。上海的法学教育在上世纪 90 年代以后,在建立自己学校的特色和风格方面,作过一定的努力,如上海外贸学院的国际法教育特色、上海交通大学的知识产权集成方向特色等。但这些都没有跳出现行法学教育的框架,也不足以形成法学教育"这校"和"那校"的明显区别。目前各教学单位还没有注重教学特色建设,因而没有明显形成自己的教学特色和风格,影响社会主义市场经济对人才的全方位需求,也影响了法学教育和法学研究的繁荣和发展。

4. 在吸收西方法学教育文化的同时,应当更加重视有中国特色的专业法律教育模式的构建。上海的专业法律教育,借鉴和学习西方法学教育,取得显著成效。但没有充分重视法学教育的本土化研究和建构。一些学者片面认识"法学教育人才国际化的培养目标",忽视西方法学教育的理念和模式与中国的实际相结合;一些学校虽然也在探索法学教育与社会实际相结合,但大都停留在人才的培养目标方面,而没有理性地、系统地探索和研究中国法学教育本土化的规律和途径,并没有系统地提出中国特色法学教育模式的设想。

另外,法律是一种文化现象,有其历史传承性。但我们一些法学院系,对中华法律文化史的课程重视不够,中国法律史和中国法律思想史的课程,有的仅排选修课,有的课时过短。源远流长的中华法律文化会影响和制约我们的立法、执法、守法的整个过程,也使我们的社会主义法制和西方和其他国家的法制有不同的特点。法律文化可以在现实生活中潜移默化地接受,但作为高等院校法律专业的学生来说,理性地掌握中国的法律文化史,这不仅能正确而深刻地认识我们国家法律的本质和规律,而且可以指导具体的法治实践。所以说,法律移植与法律嫁接都还有很多工作要做。

（上海市教育委员会　执笔人：同济大学　蒋晓伟、董晓菊、于永华）

法学研究工作

上海经济社会的快速发展,催生着良好的法制环境,期盼着先进法治理念的指导;上海的法治实践,为上海营造优良的法制环境作出了贡献,也迫切期望法学理论的创新与升华;上海法学理论研究为总结与升华法治实践经验发挥了作用,为上海的经济社会发展提供了诸多先进的法治理念,传播了当代文明的法治精神,从而为构建"和谐上海"作出了应有的贡献。在此过程中,最近三年来的上海法学研究显现了令人欣喜的新成果,透露出生机勃勃的新气象。

一、上海法学研究的整体力量

作为主要从事法学研究的学术团体,上海市法学会的3 600多位成员大多具有研究能力并有研究成果,是上海法学研究队伍的主力军。但上海法学研究机构和队伍并不仅限于此,而是广泛地包括了专门研究机构、各政法院校系和政法机关的研究或调研部门。特别是高等法律院校(系),本身具有教学和研究的双重职能,门类齐全,分布广泛,人才济济,成员众多,更是一支不可忽视的科研队伍。据不完全统计,专门研究机构和法律院校大体如下:

(一)专门研究机构

上海社会科学院法学研究所,含有法理法史与宪法研究室、民法研究室、刑法研究室、国际法研究室、比较法研究室以及若干研究中心,主要从事法学理论和部门法学理论的学术性研究;隶属于上海市人大常委会法工委的立法研究所,主要从事地方立法理论与实践的研究;隶属于上海市人民政府法制办公室的行政法制研究所,主要从事地方行政法制理论与实践的研究。此外,隶属于上海市委政法委的上海市法学会,隶属于上海市政治文明建设委员会的上海市法治研究会,作为人民团体和学术团体,除了本身的研究与调研任务外,主要担负着组织、协调、整合全市法学工作者和法律工作者开展法学理论、依法治国及依法治市理论与实践的研究及调研工作。

（二）法律院校（系）

上海法律院校（系）有华东政法学院，上海政法学院，复旦大学法学院，上海交通大学法学院，同济大学文法学院，华东师范大学法政学院，上海大学法学院，上海财经大学法学院，上海外国语大学法学院，上海师范大学法政学院，上海外贸学院法学院；华东理工大学法律系，东华大学法学系，上海海事大学法律系，上海立信会计学院法律系，上海电视大学法律与行政系；上海公安高等专科学校，上海海关高等专科学校等。这些高校内部大多设有一些研究所或研究中心，研究所一般都有专职研究人员，研究中心大多为比较松散的教学研究人员的集合体。华东政法学院几个主要学科都设立了研究中心，如法律史研究中心，经济法研究中心，刑法研究中心，宪法与行政法研究中心等；上海大学法学院设有法学研究所；上海师范大学法政学院设有法学研究所；上海政法学院设有上海司法研究所等。

随着上海经济社会的快速发展、人才高地的建设和法制环境的改善，最近三年来，上海高校从全国各地引进了一批高素质的法学人才。他们为上海的法学研究与教育、上海法治实践工作的建设与发展增添了有生力量。

（三）实际部门研究机构

上海市有关机关、政府部门所设的研究室、法制处、政策法规处等除了自身实务工作外，也兼有一定的研究功能。它们在法学理论指导法治实践，法治实践反思法学理论，总结法治实践经验并提升为法学理论等方面，发挥着不可或缺的重要作用。如中共上海市委研究室、上海市人大常委会研究室、上海市政府研究室、上海市政协研究室、上海市高级法院研究室、上海市检察院研究室及上海市委政法委研究室等，对依法治市、依法规范与协调经济社会发展、依法独立行使审判权、依法独立行使检察权等方面的理论都有相当程度的探索与实践。

二、主要学术成果

三年来，上海法学界在法学研究方面，不论从数量来说，还是从质量上看，都取得了比较好的成绩和比较大的进步。从成果的表现形式来看，主要反映在著作出

版、论文发表、荣获各种学术成果奖项上。据不完全统计,最近三年来的学术成果主要有:

1. 出版著作:2003年出版著作141部(11所高校、1个研究所);2004年出版著作155部(12所高校、1个研究所);2005年出版著作211部(13所高校、2个研究所)。三年共出版著作507部(见表1)。

表1 2003年至2005年出版著作统计表(单位:部)

单　　位	2003年	2004年	2005年	共　计
华东政法学院	61	64	68	193
复旦大学法学院	28	27	21	76
上海财经大学法学院	8	14	17	39
同济大学文法学院	17		17	34
上海社科院法学所	6	11	17	34
上海政法学院		11	15	26
上海海事大学法律系	6	6	6	18
交通大学法学院			13	13
华东师大法政学院	1	6	6	13
华东理工大学法律系	3	4	5	12
上海海关高等专科学校	6	3	1	10
上海大学法学院		2	6	8
上海外贸学院法学院	1	4	3	8
上海师大法政学院		2	3	5
上海市行政法制研究所			3	3
上海电大行政法律系	3			3
上海外国语大学法学院	1	1		2
共　　计	141	155	201	497

注:上海政法学院成立于2004年9月,故无2003年统计数据,下同。

2. 发表论文：2003 年发表论文 931 篇(14 所高校、2 个研究所)；2004 年发表论文 1 313 篇(15 所高校、3 个研究所)；2005 年发表论文 1 455 篇(16 所高校、3 个研究所)。三年共发表论文 3 699 篇(见表2)。

表 2 2003 年至 2005 年论文发表统计表(单位：篇)

单 位	2003 年	2004 年	2005 年	共 计
华东政法学院	389	547	527	1 463
复旦大学法学院	149	105	116	370
上海社科院法学所	102	106	140	348
上海政法学院		179	145	324
上海大学法学院	68	92	106	266
华东理工大学法律系	45	52	61	158
同济大学文法学院	78		78	156
交通大学法学院		43	90	133
上海师大法政学院	35	56	32	123
上海海事大学法律系	22	26	32	80
上海财经大学法学院	9	37	30	76
上海外贸学院法学院	2	17	32	51
上海外国语大学法学院	11	12	15	38
华东师大法政学院	4	14	14	32
上海海关高等专科学校	8	10	8	26
上海公安高等专科学校	2	4	16	22
上海市行政法制研究所	3	5	6	14
上海电大法律与行政系	4	4	4	12
上海市立法研究所		4	3	7
共 计	931	1 313	1 455	3 699

3. 提交研究报告：2003 年完成并提交研究报告 71 件(8 所高校、2 个研究所)；2004 年完成并提交研究报告 46 件(7 所高校、3 个研究所)；2005 年完成并提交研究报告 90 件(9 所高校、3 所研究所)。三年共完成提交研究报告 207 件(见表 3)。

表 3 2003 年至 2005 年完成并提交的研究报告(单位：件)

单　　　位	2003 年	2004 年	2005 年	共　　计
行政法制研究所	18	14	18	50
华东政法学院	15	3	20	38
上海财经大学法学院	17	4	7	28
上海社科院法学所	8	5	12	25
上海政法学院		10	13	23
复旦大学法学院	2	3	5	10
同济大学文法学院	4		4	8
华东理工大学法律系	2	2	4	8
上海海事大学法学院	1	2	2	5
上海市立法研究所		2	3	5
上海师大法政学院	2	1	1	4
上海外国语大学法学院	2			2
上海海关高等专科学校			1	1
共　　　计	71	46	90	207

4. 成果获奖情况：根据复旦大学法学院、华东师范大学法政学院、上海海事大学法律系、上海师范大学法政学院、上海大学法学院、上海公安高等专科学校、上海海关高等专科学校和上海电视大学法律与行政系等 8 所院校系的不完全统计，三年中这 8 个院校系共获得各种学术成果奖有 51 项。在这些奖项中，有著作奖、论文奖、教材奖、决策咨询奖等。

5. 上海市法学会自 2003 年 7 月换届改选以来，连续出版《上海法学研究》杂志和《法讯》内参,质量不断提高。2004 年编辑出版了《世博会与上海法制化》、《专家学者谈司法权威》、《上海法律援助理论与实践》、《诉讼法论文专辑》,2005 年出版了《上海法学文库》(8 册)、《长三角法学论坛》论文集、《沪台经贸法律理论与实务》。与此同时,近年来,上海市法学会开始以学会名义为法学工作者申报优秀成果评奖。2005 年上海市法学会有一项成果《司法鉴定适用指南》获司法部第五届"金剑工程"图书二等奖,3 项法学著作和论文获上海市第五届邓小平理论研究和宣传优秀成果奖,14 项成果获得上海市第七届哲学社会科学优秀成果奖。此外,一项成果获"中国法学会 2004 年度三级管理课题优秀科研成果"一等奖,2 项成果获二等奖。

三、重要学术活动

三年来,上海市法学和法律工作者的学术研讨活动具有以下特点:一是研究探索的范畴进一步扩大,与实际部门的合作研究得到重视;二是研讨活动的频率更高,次数增多,成果的应用价值明显提升;三是多学科交叉的探讨形式受到青睐,即使是市法学会下属研究会的研讨活动也经常会主动邀请其他研究会成员来参与研讨,以达到学科互动、优势互补的功效;四是研讨的质量进一步提高,更注重实际功效。一般来说,全市各高校和各研究所都有本系统自身内部的学术研讨机制与制度,也有校际、所际的学术交流,还有单独举办或联合举办的全市性的、地区性的、全国性的甚至国际性的学术研讨会。

(一)上海市法学会的学术研讨活动

上海市法学会拥有 22 个研究会和 3 000 多名会员,是组织和整合全市法学与法律工作者学术资源的最有效的载体。由上海市法学会以及下属各研究会举办或牵头主办的学术研讨活动,2003 年有 40 多次,2004 年有 90 多次,2005 年有 60 多次。这些学术活动内容非常广泛,包括法学基础理论、部门法学理论、法治实践工作问题,并对国家和地方的立法、执法、司法、法制宣传教育、依法治理、决策咨询等有关问题,提供了许多有益的、具有参考价值的理念、观点、意见和建议,发挥了人才库与智囊团的作用。直接由上海市法学会组织的重大学术活动主要有:

2003 年举行的重要学术活动有:

1. 就现行宪法的修改问题,先后两次召开了"宪法修改问题"座谈会;

2. 为厘清政治文明建设与依法治国方略的关系,先后召开了"政治文明与依法治国研讨会";"政治文明与宪法发展研讨会";

3. 为更好地贯彻实施《城市生活无着的流浪乞讨人员救助管理办法》,专门召开了"救助管理研讨会";

4. 就破产法修订问题,召开了"科技法学论坛和破产法研讨会"等。

2004 年举行的重要学术活动有:

1. 为学习和贯彻党的十六届四中全会精神,召开了"提高党的执政能力研讨会";

2. 为纪念邓小平诞辰 100 周年,与上海市法治研究会联合召开"学习邓小平理论,推进法治化建设研讨会";

3. 为配合上海 2010 年世博会筹备工作,与上海市世博局共同举办了"首届2010 年世博会与上海法治化论坛",就与世博会相关的立法、世博会知识产权保护、世博会投融资问题、世博会对上海城市管理带来的法律问题、世博会与上海市民素质等问题进行了广泛而深入的探讨,并组织了"世博会与上海法治化"学术论文征集活动;

4. 为推动长江三角洲经济社会发展与长三角法制一体化进程,与浙江省法学会、江苏省法学会联合创办了"第一届长三角法学论坛";

5. 为了"促进司法权威,维护司法公正",举行了"上海发展战略与法制环境研讨会";

6. 为了有效应对国外反倾销对我国出口贸易的严重威胁问题,举行了"贸易救济反倾销专家论坛";

7. 为解决民营经济发展的法律保护问题,组织召开了"法学家与企业家的对话——民营经济法律问题研讨会";

8. 为进一步推进法律援助工作,与上海市法律援助中心、上海市律师协会联合举办了"上海法律援助理论与实践研讨会";

9. 为探讨沪台两地经贸发展的法律问题,与台湾"两岸经贸交流权益保障促进会"共同举办了"第七次沪台经贸法律理论与实务研讨会";

10. 协助中国法学会,在上海成功举办了"亚太法协自由贸易区法律问题研讨会"。

2005 年举行的重要学术活动有:

1. 以十六届四中全会的"构建社会主义和谐社会"为主题,与上海市政治文明建设办公室合作,举办了"构建社会主义和谐社会高层论坛","依法执政理论与实践研讨会"、"和谐社会与依法治理研讨会";

2. 与上海市世博局、上海市知识产权局、上海市工商行政管理局联合举办了"第二届 2010 年世博会与上海法治化论坛";

3. 与浙江省法学会、江苏省法学会共同举办了"第二届长三角法学论坛";

4. 与台湾"两岸经贸交流权益保障促进会"联合在台湾举办了"第八次沪台经贸法律理论与实务研讨会";

5. 围绕建设资源节约型与环境友好型社会问题,举办了"上海循环经济法制建设论坛";

6. 围绕建设环境友好型社会,与华东政法学院联合举办了"第三届环境纠纷处理中日韩国际学术研讨会"。

(二)上海市立法研究所和行政法制研究所的科研活动

上海市立法研究所隶属于上海市人大常委会法工委,成立于 2003 年年底。诞生两年来,除了参与人大常委会及其法工委、办公厅的诸多地方性立法业务层面的一系列研讨、座谈、调研外,还于 2005 年 8 月主办了"公司破产与清算法律实务研讨会"。上海市行政法制研究所隶属于上海市人民政府法制办公室,在多年积累的地方行政法制理论与实务基础上,举行了一系列的相关业务研讨活动。主要的研讨会有以下 13 项:

2003 年:1. "中美政府信息公开法律问题研讨会";

2. "中德行政机构改革和参政议政交流会";

3. "市场秩序、社会诚信与法治问题研讨会";

4. "中美公众参与立法研讨会"。

2004 年:1. "小企业转制过程中经济犯罪问题专家研讨会";

2. "中德政府行政管理改革交流会";

3. "中德公众参与法律制度研讨会";

4. "中德高校制度改革研讨会";

5. "中美政府信息公开研讨会"。

2005 年:1. "中美行政立法、执法监督交流会";

2．"中德劳动法交流会"；

3．"中德行政管理现代化改革研讨会"；

4．"中美政府信息公开与个人隐私保护研讨会"。

（三）上海社会科学院法学研究所的科研活动

作为上海唯一的法学专业理论研究机构,近三年来着重于经济刑事犯罪和公司法的理论探讨。比较重大的学术研讨会议有以下7项：

2003年：1．"城市法治化战略分析理论研讨会"；

2．"法人犯罪理论与实践问题国际学术研讨会"；

3．"文化发展的法制保障全国理论研讨会"。

2004年："单位犯罪国际学术研讨会"。

2005年：1．"中德完善公司法研讨会"；

2．"金融犯罪惩治规制国际化研讨会"；

3．"贯彻公司法学术研讨会"。

（四）高校系统的学术研讨活动

高校的科研活动近年来显得特别活跃。仅据华东政法学院、上海交通大学法学院、上海大学法学院、上海财经大学法学院等四所高校的极不完整的统计,三年来由上海高校主办且大多在上海召开的学术研讨会就达数十次之多。如：

华东政法学院：2003年的"亚洲企业法制论坛","公司法律论坛","经济法研究中心年会"；2004年的"破产法研讨会","《公司法》颁行十周年研讨会","公司法律论坛","上海市法学会商法研究会第一届年会","经济法研究中心年会"；2005年的"商法学术沙龙","中澳区域法律问题研讨会","民法法典化与反法典化研讨会","《公司法》修改热点问题讨论会","金融衍生工具法律规制问题研讨会","中美电子商务法论坛","美国专利法实务研讨会","中国劳动法学研究会年会暨劳动合同立法理论研讨会","中国财税法学教育研究会年会及海峡两岸财税学术研讨会","外汇与利率风险防范与管理研讨会"。

上海交通大学法学院：2005年的"美国反倾销调查暨337调查报告会"(与德恒律师事务所合办),"中澳可持续发展法研习班"(与悉尼大学法学院环境法中心合办），"中国庭审控辩培训及中国刑事庭审改革"（与美国印第安纳大学法学院、中国人民大学法学院合办），"美国民商事法律、诉讼与中国商业发展论坛"（与美国法律协会合办），"国际刑事法院：中国面临的抉择"（与中国人民大学刑事法律科学研究中心、亚洲法律资源中心合办），"科技法律研讨会"（与东吴大学法学院合办），"中美国家赔偿法学术研讨会"（与美国亚洲基金会、中国国家行政学院行政法研究中心合办），"刑事司法与人权保障高级研修班"（与瑞典隆德大学罗尔·瓦伦堡人权与人道法研究所、奥斯陆大学挪威人权研究中心、丹麦人权研究所合办），"两岸物权法制和经济法研讨会"（与台湾财产法及经济法研究协会合办），"东亚国家和地区判例法与法律适用国际研讨会"（日本国际交流基金会、上海世民律师事务所、青岛东亚法研究会协办），"两岸经济法制比较——以税法与竞争法为例"。

上海大学法学院：2003 年的"首届中日韩法哲学国际研讨会"；2004 年的"高校知识产权研究会年会及海峡两岸知识产权研讨会"；2005 年的"第二届中日韩法哲学国际研讨会"（与同济大学合办），"高校知识产权及海峡两岸知识产权研讨会"，"第三届罗马法、中国法与民法法典化国际研讨会"（协办）。

上海财经大学法学院：2005 年的"涉外著作权纠纷法律适用研讨会"，"国际经济法与国际经济发展伦敦论坛（上海）"，"中国法学会国际经济法学研究会第一届年会"。

（五）重大国际性学术会议

最近 3 年来，上海有关单位承接了一些国际性的学术会议。比较重大的有：一是配合中国法学会，比较圆满地完成了"亚洲与太平洋法律协会年会"在上海的举办，接待了许多国外法律界人士，共同深入地讨论了自由贸易区的法律问题。二是市高级人民法院接受第 22 届世界法律大会组委会的委托，于 2005 年 9 月 10 日在上海浦东国际会议中心承办了"世界法律大会"上海会区的专题会议，得到了有关方面的好评。

四、课题研究

上海各高等院校、各研究所、政法部门、上海市法学会、上海市法治研究会等除了自身设定的年度研究课题，还承接了国家的社会科学重点课题、上海市的哲学社会科学重点课题、中央有关部门(如最高法院、最高人民检察院、公安部、司法部、国家教委、中国法学会等)的重点研究课题。据此,上海市法学会、上海市法治研究会按惯例每年都会制定年度的招标研究课题,组织专家学者和实际工作者广泛开展各种课题的研究。这些课题大多比较贴近社会、贴近现实生活、事关上海城市建设与城市法治化进程的。

据复旦、同济、华东理工、华东政法、上海财大、上海师大、上海政法、上海海事大学、上海外语大学、海关专科等 10 所院校系和立法研究所、行政法制研究所、法学研究所等 3 个研究所的部分统计,2003 年完成了 71 件研究报告,2004 年完成了 46 件研究报告,2005 年完成了 90 件研究报告,三年来完成了 205 个课题研究,并提交了 207 件研究报告。

1. 学会的课题研究。仅以上海市法学会为例。在 2003 年的基础上,2004 年上海市法学会组织的课题研究有 39 个。为了进一步提高课题研究的科学性、民主性、效用性,实行了课题公开招标制度,建立了课题研究机制。由学会的学术委员会讨论确定了 17 个研究课题,以招标形式向广大会员发布。其中,有两个课题被中国法学会选定为二级课题,其余 15 个课题定为三级课题。这些课题的研究内容涉及法制环境建设、社会稳定、国企改革、金融法治、知识产权保护、司法公正和司法体制改革等,有较强的理论性和实务性。(见表 4)。2005 年的课题研究有 16 项,其中重点课题 6 项,青年课题 10 项(见表 5)。

表 4　上海市法学会 2004 年完成的课题(共 17 项)

课题申请人	申请人所在单位	课 题 名 称
须建楚	上海市高级人民法院	世博会相关知识产权的保护研究
蒋 坡	上海大学法学院(现上海政法学院)	"科教兴市"与本市科技法治环境建设研究
徐冬根	上海交通大学法学院	上海国际金融中心法制环境建设研究
陈金鑫	中共上海市政法党校	保障司法权威若干问题研究
沈吉利	华东政法学院	上海市社会信用征信法律制度研究
孙育玮	上海师范大学	都市法治文化与市民法律素质研究

续　表

课题申请人	申请人所在单位	课 题 名 称
顾功耘	华东政法学院	国有资产授权经营的法律问题
严 励	上海大学法学院(现上海政法学院)	上海城市精神塑造与城市法治化建设协调发展问题研究
谢佑平	复旦大学法学院	司法公正与司法体制改革若干问题研究
叶必丰	上海交通大学法学院	长三角地区法制协调问题研究
张梓太	华东政法学院	环境执法难点及法律对策研究
金国华	上海大学法学院(现上海政法学院)	法治条件下人民群众来信来访制度研究
游 伟	华东政法学院	新形势下国家工作人员职务犯罪认定研究
李明良	上海交通大学法学院	产权交易法律制度研究
倪振峰	上海大学法学院(现上海政法学院)	上海市促进行业协会发展的法律问题研究
朱树英	上海市建纬律师事务所	大型市政工程建设和运营的若干法律问题研究
季立刚	复旦大学法学院	银行风险的法律防范对策研究

表5　上海市法学会 2005 年完成的课题(共 16 项，包括重点课题、青年课题两大部分)

重点课题

课 题 名 称	中标者姓名	中标者所在单位
建立决策失误责任追究的法律制度	刘 平	上海市行政法制研究所
人权保障与法制建设	蒋德海	华东政法学院
侵犯知识产权犯罪及对其刑法处罚的研究	龚培华	上海市人民检察院

续　表

课 题 名 称	中标者姓名	中标者所在单位
上海法学教育史研究	蒋晓伟	同济大学文法学院
西方民法史	何勤华	华东政法学院
外来流动人口及其新生代的权益保护和管理问题研究	乐伟中	上海市社会治安综合治理委员会办公室

青年课题

课 题 名 称	中标者姓名	中标者所在单位
崇明生态岛建设中土地制度改革的法律研究	梁晓俭	同济大学文法学院
股东投票权信托法律问题研究	罗培新	华东政法学院
生命科技犯罪及其刑法应对策略研究	刘长秋	社科院法学所
上海世博会资产证券化法律问题及对策研究	许凌艳	复旦大学法学院
和谐社会的法制建构——区域法制协调机制研究	何渊	上海交通大学法学院
证券市场中的内幕交易及其法律控制比较研究	井涛	华东政法学院
取得"市场经济"地位的意义及其对中国对外贸易的后续影响研究	邱一川	上海世博会事务协调局法律事务部
未成年人刑事诉讼特别程序研究：比较与实证的视角	徐美君	复旦大学法学院
证券投资委托理财合同法律效力研究	潘云波	上海市第二中级人民法院
法律服务业规制研究	王江	同济大学文法学院

　　2. 高校的课题研究。仅以上海政法学院为例。2004 年完成的课题有以下 10 项：上海市"科技兴市"立法规划研究；上海市社会诚信体系制度建设及框架设计；

依法治理与基层建设;法律服务在维护市场经济秩序中的作用和手段;旅游产业政策与法规建设体系研究;上海市法律服务业发展战略研究;基层司法行政和社会稳定长效机制的建立;上海社区矫正研究;徐汇区市民法律素质水平抽样调查;安乐死立法及其伦理研究。2005年完成的课题有以下13项:上海城市精神塑造与城市法治化建设协调发展问题研究;上海市"科教兴市"法律保障研究;"科教兴市"与本市科技法制环境建设研究;社会治安综合治理评估体系研究;社会治安防控对策研究;党员思想状况与党组织的关系研究;高校党管人才工作方式创新研究;上海市促进行业协会发展的法律问题研究;社区民间组织的预警网络及工作规范建设;法治条件下人民群众来信来访制度研究;上海市市民法律素质抽样调查;徐汇区市民法律素质水平抽样调查;公民社会项目(艾滋病研究)。

五、人才备忘录

上海是一座具有悠久法学教育与法学研究传统的城市,有许多法学家担任了全国性法学专业组织的领导。此外,2003年上海市法学会评选了"十大优秀中青年法学家"。此前,1999年中国法学会、上海市法学会都评选过杰出或优秀中青年法学家,中国法学会还评选出我国从事法学研究和法学教育50年的老法学家。为了备查,一并记载如下:

1. 中国法学会理事和各研究会会长、副会长:目前,上海学者在中国法学会第五届理事会担任常务理事的有史德保、何勤华,担任理事的有顾肖荣、曹文建、朱洪超、董茂云、顾功耘、洪莉萍、叶青。在中国法学会各研究会的理事会中,沈国明担任了法理学研究会的副会长,童之伟担任了宪法学研究会的副会长,顾功耘担任了商法研究会的副会长,叶必丰担任了行政法研究会的副会长,刘宪权担任了刑法研究会的副会长,王卫国担任了民法学研究会的副会长,郝铁川、黄来纪担任了比较法学研究会的副会长,王曦、张梓太担任了环境资源法学研究会的副会长,严励担任了犯罪学研究会的副会长,陈龙担任了航空法学研究会的副会长,周汉民担任了世界贸易组织法研究会副会长,何勤华担任了法学教育研究会副会长。

2. 中国十大杰出中青年法学家:1999年11月,中国法学会在全国范围内评选出"中国十大杰出中青年法学家",华东政法学院院长何勤华光荣入选。

3. 老法学家:在中国法学会建会50周年之际,中国法学会评选出我国从事法

学研究和法学教学 50 年的老法学家,全国共 43 人。上海市有 7 位老法学家入选,他们是:

卢　峻　男(1909 年 3 月生)　　上海社会科学院法学研究所　　教授

丘日庆　男(1913 年 10 月生)　 上海社会科学院法学研究所　　教授

齐乃宽　男(1925 年 7 月生)　　上海社会科学院法学研究所　　教授

何海晏　男(1911 年 6 月生)　　上海社会科学院法学研究所　　教授

郑兆璜　男(1910 年 12 月生)　 华东政法学院　　　　　　　教授

徐盼秋　男(1916 年 12 月生)　 华东政法学院　　　　　　　教授

裘劭恒　男(1913 年 8 月生)　　上海对外贸易学院　　　　　教授

4. 上海市优秀中青年法学家:上海市法学会于 1999 年 9 月至 12 月,在全市法学法律界开展评选优秀中青年法学家活动。法学会学术委员会初步评审出 10 名优秀中青年法学家,经法学会常务理事会讨论通过,决定授予下列 10 人为"上海市优秀中青年法学家"称号:

周汉民	男	上海外贸学院	教授	孙　潮	男	华东政法学院	教授
张乃根	男	复旦大学	教授	顾功耘	男	华东政法学院	教授
董茂云	男	复旦大学	副教授	吕国强	男	高级人民法院	审判员
丁　伟	男	华东政法学院	教授	刘　华	女	社科院法学所	副研究员
林荫茂	女	社科院法学所	副研究员	郑鲁宁	男	检察院一分院	检察员

5. 第二届"上海市优秀中青年法学家":2003 年,根据全市各有关部门单位按照参评条件推荐,经上海市法学会学术委员会严格评选,并报经常务理事会会议审核批准,下列 10 位同志当选第二届"上海市优秀中青年法学家":

肖中华	男	社科院法学所	研究员	龚柏华	男	复旦大学	教授
龚培华	男	上海市检察院	检察官	谢佑平	男	复旦大学	教授
寿　步	男	上海大学	教授	张　弛	男	华东政法学院	教授
黄祥青	男	高级人民法院	法官	殷啸虎	男	华东政法学院	教授
关保英	男	华东师范大学	教授	沈　晖	女	同济大学	副教授

(上海社会科学院法学研究所　执笔人:尤俊意、秦卫俊、童海芳、宋爱琴)

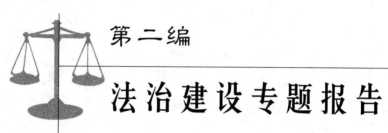

第二编

法治建设专题报告

提高立法质量，加强法律监督

促进科教兴市地方立法框架研究

为了从法制上促进和保障科教兴市战略的实施,上海市人大常委会于 2004 年 5 月开展《上海市促进科教兴市战略实施的地方立法框架》课题研究,组织了市科委、市教委、市发展改革委、市人事局等 23 个部门,分别围绕科技、教育、人才、知识产权、信息化、产业发展、投融资、公共财政引逼机制等 19 个分课题进行立法研究。市人大常委会成立了由常委会副主任胡炜为组长的课题领导小组,组织协调课题研究。各有关部门由部门负责人担任分课题组长,组织实际工作者和专家,经过半年多的调研和理论、实证研究,分别写出了分课题研究报告,提出了各自领域的立法建议项目。在此基础上,形成了促进科教兴市战略实施的地方立法框架。

一、科教兴市地方立法的指导思想和原则

科教兴市地方立法要坚持以邓小平理论和"三个代表"重要思想为指导,认真贯彻落实科学发展观和构建社会主义和谐社会的要求,贯彻党的十六大、十六届三中全会、四中全会的精神,落实科教兴国战略,体现"科技是第一生产力、人才是第一资源"的思想。

通过科教兴市地方立法,力求解决以下几个主要问题:

第一,推动和保障科技、教育体制的深入改革。解决制约科技创新的体制性矛盾,最根本的是要依靠深化科技、教育体制改革,但立法可以推动和保障改革的顺利进行,确认新的科技教育体制,促进全社会科技教育资源高效配置和综合集成,有利于营造公平、公正的法制环境、有序竞争的市场环境和诚实守信的社会环境。

上海拥有不少高校、科研机构和科技领军人物,企业门类齐全,配套和系统集成能力强,研发力量雄厚。要充分发挥这些优势,需要通过立法,确立企业技术创

新和科技投入的主体地位,激励科研机构在科技创新中发挥骨干和引领作用,发挥高校的基础和生力军作用,推动科研机构、高校、企业之间的合作,发挥各自优势形成科技创新的整体合力。

第二,调整科技、教育活动领域的主要社会关系。在市场经济条件下,科技、教育活动中的各种利益关系,包括多元化的投入、科研成果知识产权的归属和权益的分配等,仅仅依靠行政手段和政策调整,已难以进行有效的规范和约束,需要通过法律法规加以调整。体制改革后,企业、研究院所、高校在科技创新中的地位、功能和权利、义务关系需要法律法规作出规定;以市场为导向、企业为主导的产学研结合的运行机制和分配机制等需要法律法规加以规范;科技咨询、科技中介、科技评估、创业投资、孵化器等科技服务机构的运行,需要法律法规作出规制;科技、教育活动中发生的纠纷需要依法处理和解决;科技、教育的国际交流、合作和竞争也需要有法律保障等。

第三,规范政府行政行为,转变政府职能。要通过立法,强化政府在实施科教兴市战略中的协调、服务和监管职能,规范政府部门对科技立项的组织、评估程序,确保公共财政对科研的投入,完善、落实对科技创新和研究开发的投融资、财税扶持政策。同时,要规定政府对科技成果误用、滥用和非道德使用行为的监控和矫治义务。

第四,促进科技进步和创新,推动经济增长方式转变。要通过地方立法进行制度创新,营造和强化有利于技术创新、发展高新技术和实现产业化的法制环境,从而使经济增长方式转变到依靠科技进步和创新上来。同时,还要通过地方立法,促进节约资源、保护环境、改善生态,实现经济社会全面、协调、可持续发展。

为了规范、有序地开展科教兴市地方立法工作,在立法过程中,应当遵循的几项原则是:

首先,与国家法律、行政法规相衔接。科教兴市地方立法应当按照立法法规定的地方立法权限,坚持立、改、废相结合,保持与法律、行政法规的衔接。

其次,同国际规则衔接。科教兴市地方立法要借鉴国外的经验,注意与世贸组织的规则和国际惯例相衔接,并充分利用国际规则维护我国的权益。

第三,注重制度创新、突出激励功能。科教兴市地方立法,要遵循社会主义市场经济规律和科技教育发展规律,着重围绕建立科学激励机制,作出合理的制度安排,营造有利于科技进步和创新的环境。

第四，直面矛盾、破解难题。科教兴市地方立法的内容，要针对实施科教兴市战略所面临的矛盾和瓶颈问题，着力解决政策或其他措施难以解决的问题。

第五，适应本市需要。科教兴市地方立法要从本市促进科技进步和创新的实际需要出发，与本市"十一五"规划、中长期科技发展规划以及地方立法规划相衔接，使立法更有针对性和可操作性。立法既要把成熟的经验固定下来，又要体现前瞻性和指导性，为进一步改革留有空间。

二、促进科教兴市战略实施的地方立法研究的主要内容

（一）科教兴市地方立法框架的构成

根据上海实施科教兴市主战略以及科教兴市地方立法的指导思想、目标、原则和任务，同时根据即将制定完成的上海"十一五"发展规划、上海科技中长期发展规划，促进科教兴市战略实施的地方立法框架应当包括三部分内容：

第一部分，建议抓紧起草的立法项目及其配套的规范性文件，共47件。选择确定的主要依据，一是与科教兴市紧密相关，立法需求较为迫切；二是对解决相关领域的体制、机制等瓶颈问题能够起促进作用；三是事关科教兴市基础性、长远性建设和上海经济社会持续发展能力；四是立法的可行性较强。

第二部分，建议抓紧调研的立法项目及其配套的规范性文件，共38件。立法项目同样分为地方性法规、政府规章两类。多数为立法需求比较迫切，但需要深化前期调研、积极促进立法条件成熟，力争早日立项的项目。

第三部分，建议适时开展立法课题研究的预备项目，共134件。这是根据分课题报告提出的立法建议项目，经过总课题组梳理研究，认为有一定立法需求，但目前立法条件尚未成熟，需要作前瞻性研究的。由于它们具有不确定性，故在框架中未按法律效力等级分类，而是将其按调整领域进行分类，以便为将来不同层级的立法留出选择空间。今后，如果认为有些项目迫切需要提前立法的，有关部门可以适时列入立法计划。

需要说明的是，中国特色社会主义法律体系是以宪法为统帅，法律为主干，包括行政法规、地方性法规、自治条例和单行条例等规范性文件在内的由七个法律部门、三个层次的法律规范组成的统一整体。地方性法规是这个统一法律体系的一

个组成部分,地方立法是中央立法的补充,地方不能也不应当搞"小而全"的体系。因此,本立法框架仅是根据本市科教兴市立法的需要,经过课题研究提出的立法建议,而不是立法规划或立法计划。其中,有些项目是在国家尚未制定相关法律的情况下,根据上海实际需要提出的;有的项目的部分内容可能超出目前地方立法空间,但为了破解难题、推进改革,也将其列入本框架,必要时可以向国家提出立法建议;有些项目近期立法条件还不成熟,可先由政府制定规章或规范性文件,待条件成熟时再上升为地方性法规;有些项目内容上存在交叉,主要是考虑到今后根据各个项目立法条件的成熟程度和立法时机,可以分别进行立法。

(二)列入地方立法框架研究的项目

第一部分:建议抓紧起草的立法项目及其配套的规范性文件,包括:

[一] 地方性法规

1. 政府资助科技创新项目若干规定☆
2. 促进企业增加研发投入若干规定
3. 科技中介服务条例
4. 促进科技成果转化条例
5. 科技资源共享促进办法☆
6. 促进义务教育均衡发展若干规定☆
7. 终身教育条例 * ☆
8. 人才市场条例
9. 创业投资条例
10. 发展循环经济若干问题的决定
11. 科学技术进步条例(修订) *
12. 科学技术普及条例 *
13. 农业科技发展促进条例
14. 实施《中小企业促进法》办法
15. 高技术产业信用担保条例
16. 教育经费投入条例
17. 民办教育促进条例 *
18. 人才信息管理条例

19. 引进海外留学人员条例

20. 专业技术人员继续教育条例＊

21. 信息化促进条例

22. 电子交易条例＊☆

23. 著作权保护条例

24. 著名商标认定与保护条例

25. 节约能源条例(修订)＊☆

[二] 政府规章

1. 提高劳动岗位技能要求若干规定

2. 科技数据与信息共享规定

3. 大型科研仪器与特种设备共享办法

4. 促进公共服务平台建设办法

5. 产学研战略联盟促进办法

6. 重大产业科技攻关项目管理办法

7. 信息系统安全测评办法

8. 垃圾信息防范规定

9. 公共财政资助项目知识产权管理办法

10. 知识产权中介服务办法

11. 集成电路布图设计保护办法

12. 上海世博会知识产权保护若干规定

13. 植物新品种保护办法

14. 杰出贡献人才表彰奖励办法

15. 人才派遣管理办法

16. 促进中外合作办学办法

[三] 与上列法规规章相配套的规范性文件

1. 科技发展规划纲要

2. 与实施科教兴市战略密切相关的重大产业(如装备制造、生物、软件、文化、

---

①　标有"＊"的,已列入市十二届人大常委会五年立法规划(2003—2007年),标有"☆"的,已列入市人大常委会2006年度立法计划。

金融、物流等)发展规划

 3. 实施人才强市战略行动纲要

 4. 教育发展规划纲要

 5. 关于加强信息资源开发利用工作的实施意见

 6. 关于加快电子商务发展的实施意见

第二部分：建议抓紧调研的立法项目及其配套的规范性文件，包括：

[一] 地方性法规

 1. 科技经费预算编制与决算监督规定

 2. 技术市场条例(修订)

 3. 促进科学技术基础研究条例

 4. 政府采购促进科技创新办法

 5. 实验动物管理条例

 6. 政府投资条例

 7. 教育评估条例

 8. 教育督导条例

 9. 实施《中华人民共和国高等教育法》办法

 10. 实施《中华人民共和国学位条例》办法

 11. 市级预算审查监督规定(修订)

 12. 高新技术园区实施合伙制办法

 13. 电子政务条例

 14. 政务信息公开条例

 15. 信息安全条例

 16. 公共信息系统管理条例

 17. 个人信息保护条例

 18. 市民信息卡管理条例

 19. 信用信息条例

 20. 水资源管理条例

 21. 土地资源利用与管理条例

 22. 专利保护条例(修订)

 23. 技术秘密保护条例

[二] 政府规章

1. 科研机构管理办法

2. 科技政策评估办法

3. 产业孵化器管理办法

4. 电子信息产品废弃物处置办法

5. 促进征信业发展若干规定

6. 名牌产品管理办法

7. 采取国际标准管理办法

8. 城市地理信息系统管理办法

9. 海底光缆安全管理办法

10. 电子废物回收利用处置办法

11. 废塑料处置办法

[三] 与上列法规规章相配套的规范性文件

1. 专业技术人员考试管理办法

2. 生活垃圾分类回收管理办法

3. 学校组织管理规定

4. 各类学校设置标准

第三部分：建议适时开展立法课题研究的预备项目，包括：

[一] 科技

1. 高新技术研究发展立法调研

2. 促进产业科学技术开发立法调研

3. 技术扩散推广立法调研

4. 科技计划项目管理立法调研

5. 企业研发中心立法调研

6. 高等院校研发机构立法调研

7. 科技保密立法调研

8. 科技预测立法调研

9. 科技奖励立法调研

10. 国际科技合作与交流立法调研

11. 技术进出口管理立法调研

12. 学术专著出版资助立法调研

13. 技术评估立法调研

14. 专业技术公共服务立法调研

15. 科研实验材料保障立法调研

16. 促进科技社团学术活动立法调研

17. 科技实验基地立法调研

18. 科技进步基金管理立法调研

[二] 教育

1. 实施《中华人民共和国教师法》办法(修订)

2. 教育设施布局规划立法调研

3. 教育资源保障与管理立法调研

4. 涉外教育立法调研

5. 网络教育管理立法调研

6. 推进课程改革立法调研

7. 教育考试立法调研

8. 高等学校后勤社会化立法调研

9. 高等学校无形资产保护立法调研

10. 大学生社会实践立法调研

11. 教师继续教育立法调研

12. 教育收费管理立法调研

13. 外来人员子女受教育保障立法调研

14. 学前教育立法调研 *

15. 特殊教育立法调研 *

16. 校园安全管理立法调研

[三] 与科教兴市相关的促进产业发展的立法

1. 促进物流产业发展立法调研

2. 促进生物产业发展立法调研

3. 促进装备制造业发展立法调研

4. 促进咨询业发展立法调研

5. 促进会展业发展立法调研

6. 促进航运业发展立法调研

7. 促进食品、医药产业发展立法调研

8. 综合产业规划制定立法调研

9. 新技术研究、开发、转化资助立法调研

10. 促进产业集群发展立法调研

11. 企业信用保险立法调研

12. 鼓励中小企业合作发展立法调研

13. 担保公司管理立法调研

14. 重大技术装备研制立法调研

15. 生物技术安全保障立法调研

16. 人力资源服务平台建设立法调研

[四] 信息

1. 信息化功能性设置和使用立法调研

2. 社区信息管理立法调研

3. 信息产业园区管理立法调研

4. 鼓励光电子技术开发和产业化发展立法调研

5. 鼓励现代通信技术开发和产业化发展立法调研

6. 网络著作权管理立法调研

7. 信用信息归集管理立法调研

8. 诚信体系建设立法调研

9. 计算机与网络信息安全保障立法调研

10. 未成年人在线保护立法调研

11. 促进信息与管线互联互通立法调研

12. 电子报文交换立法调研

13. 网络游戏管理立法调研

14. 无线电管理立法调研

15. 信息基础设施管理立法调研

16. 公用通信基站管理立法调研

[五] 财政、社会投融资

1. 金融服务业立法调研

2. 建立科教兴市公共财政引逼机制立法调研

3. 政府投入资金使用管理和监督立法调研

4. 产业投资基金管理立法调研

5. 政府投资建设项目代建制管理立法调研

6. BOT 项目融资立法调研

[六] 人才

1. 科技人才培育立法调研

2. 科技专家遴选立法调研

3. 科技人才认证立法调研

4. 专业技术人员职业能力评价立法调研

5. 人才健康保障立法调研

6. 人才收入水平监测立法调研

7. 技能人才队伍建设立法调研

8. 自由职业者管理立法调研

9. 事业单位人事管理立法调研

[七] 知识产权

1. 防止知识产权滥用立法调研

2. 种质资源管理立法调研

3. 促进版权产业化立法调研

4. 保护遗传资源和传统知识立法调研

[八] 质量技术监督

1. 标准化条例(修订)

2. 促进高新技术产业标准化立法调研

3. 企业质量诚信管理立法调研

4. 计量监督管理立法调研

5. 产品质量标准认定管理立法调研

6. 农业标准化管理立法调研

7. 产品质量监督条例(修订)

8. 产品质量检验机构管理立法调研

9. 市长质量奖管理立法调研

［九］城建环保

1. 促进能源清洁化和使用清洁能源立法调研

2. 城市环境评价与控制立法调研

3. 化学物质污染防治立法调研

4. 生物安全管理立法调研

5. 环保基金管理立法调研

6. 环境突发事件处置立法调研

7. 饮用水源保护立法调研

8. 港口环境保护立法调研

9. 海洋环境保护立法调研

10. 海洋环境监测管理立法调研

11. 生活废弃物处置立法调研

［十］农业

1. 促进农业新品种开发立法调研

2. 农田保护立法调研

3. 种植业、养殖业资源保护管理立法调研

4. 崇明岛生态保护立法调研

5. 湿地保护立法调研

6. 实施《植物检疫条例》办法

7. 实施动物防疫法办法立法调研

［十一］文化

1. 实施文化强市战略立法调研

2. 促进文化产业立法调研

3. 促进创意文化产业立法调研

4. 促进广播影视产业立法调研

5. 促进动漫产业立法调研

6. 促进网络游戏产业立法调研

7. 促进广告产业立法调研

8. 对外文化交流促进与管理立法调研

9. 文化投融资立法调研

10. 政府文化采购立法调研

11. 政府资助高雅艺术发展立法调研

12. 图书馆管理立法调研

13. 文化发展立法调研

14. 公益性文化事业保障立法调研

[十二] 卫生体育

1. 促进卫生医疗科研立法调研

2. 促进医药开发及产业化立法调研

3. 公共卫生立法调研

4. 未成年人健康促进立法调研

5. 人类基因立法调研

6. 食品安全立法调研

7. 医疗新技术临床应用管理立法调研

8. 体育产业发展立法调研

三、关于《上海市促进科教兴市战略实施的地方立法框架》的实施建议

为了进一步推进科教兴市立法工作,建议市委加强对立法工作的领导。同时,建议将科教兴市立法列入"十一五"规划,并作为市科教兴市领导小组的重要工作之一。

市政府各有关部门在前阶段课题研究的基础上,组织专门力量,对与科教兴市紧密相关、立法需求迫切的项目,纳入立法工作计划,抓紧起草;对立法需求比较迫切的项目,抓紧调研、论证、协调,争取早日进入立法程序;对有一定立法需求,但目前立法条件尚未成熟的项目,也要组织力量对项目作前瞻性和可行性研究。在实施过程中,要根据市委对科教兴市的新部署、新要求以及实施科教兴市过程中的实际情况,适时调整立法项目和立法计划。市政府法制办加强对委办局参与行政立法工作的综合协调和统筹安排,并指导、督促和参与立法项目的起草和修改完善。

市人大各委员会应提前介入政府相关部门的法规起草工作,了解起草情况和立法中的重点、难点问题,做好立法调研工作。

　　市人大常委会法工委要主动加强与市政府法制办的联系、沟通和协调,根据起草的法规项目的成熟度,适时纳入市人大常委会的立法计划,促进有关部门共同推进科教兴市立法工作。

　　为使立法框架提出的立法建议落到实处,建议加强组织领导,把立法项目分解到相关部门,明确任务,明确分工,明确责任,明确时间节点,通过这种推进机制,督促、协调各有关部门把各项工作落到实处。同时,由各立法项目牵头单位指派有关人员担任联络员,负责立法项目推进过程中的联络、沟通。

　　为了给上海科教兴市创设一个良好的法制环境,力争在 2005 年至 2008 年期间能有一定数量并有较高质量的法规草案进入审议程序,建议以下 11 项为重点立法项目:

1. 发展循环经济若干问题的决定

2. 电子交易条例

3. 政府资助科技创新项目若干规定

4. 促进企业增加研发投入若干规定

5. 促进义务教育均衡发展若干规定

6. 人才市场条例

7. 促进科技成果转化条例

8. 科技中介服务条例

9. 终身教育条例

10. 科技资源共享促进办法

11. 创业投资条例

（《上海市促进科教兴市战略实施的地方立法框架》

课题组供稿,王宗炎整理）

开展"旁听百例庭审"
专项调研活动

为了更好地开展对司法工作的监督,督促和支持"两院"进一步提高审判、检察工作的水平,2004年,上海市人大常委会抓住庭审这一诉讼程序的重要环节,组织本市各级人大代表开展"旁听百例庭审"专项调研活动。通过调研,及时发现了审判工作中存在的问题,提高了人大对司法审判工作的监督水平,增强了监督的针对性和实效性。

一、专项调研活动的基本情况

从2004年3月起,专项调研活动前后历时近8个月。整个活动分前期准备、旁听评议(一)、旁听评议(二)和研讨总结几个阶段。据统计,全市共有153名635人次的市和区(县)人大代表,以及16名法律专家参加了专项调研活动。龚学平主任以及包括所有驻会副主任在内的25名市人大常委会组成人员,45名区县人大常委会组成人员参加了专项调研活动。代表们共旁听评议了137个案件,范围涉及本市各级法院、检察院。其中,市高级人民法院和市第一、第二中级人民法院以及海事法院开庭审理的案件58件,占旁听案件总数的42.3%;各区县人民法院开庭审理的案件79件,占旁听案件总数的57.7%。旁听案件涵盖了刑事诉讼、民事诉讼和行政诉讼三大类。其中,刑事案件43件,占旁听案件总数的31.4%,民事案件75件,占旁听案件总数的54.7%,行政案件19件,占旁听案件总数的13.9%;一审案件99件,占旁听案件总数的72.3%,二审案件37件,占旁听案件总数的27.0%;按普通程序审理的案件111件,按简易程序审理的案件25件,另有1件为执行听证案件。

在开展专项调研的过程中,为做好各项工作,增强监督实效,市人大常委会抓住了以下三个关键环节:

一是抓住重点,讲求实效。抓住审判、检察工作中的重点环节,找准监督"两院"依法行使审判权、检察权的切入点,有针对性地开展调研,是人大监督工作取得实效的关键。庭审是审判活动的中心,是实现程序公正、实体公正和形象公正的重要环节。庭审质量是检验"两院"公正司法和客观评价司法人员工作水平的重要标尺,庭审方式改革又是我国司法改革的核心内容之一。因此,在开展专项调研时,常委会从庭审环节切入,抓住庭审质量这一重点,采取"事先不打招呼、随机到庭旁听"的方式,组织代表依法旁听各类庭审,并组织事后评议,肯定成绩,指出不足,推动本市审判、检察机关改进工作,全面提高司法公正的水平。

二是整合力量,保证实效。为保证专项调研活动取得实效,常委会主任会议专题研究和确定调研方案,要求强化组织领导,协同各方力量,形成工作合力。常委会组成以包信宝副主任为组长,内司委、人事代表工委、办公厅、研究室派员参加的领导小组,下设内司委为主的工作协调小组,统筹各方面力量,形成工作合力。专项调研采取市与区(县)结合、上下联动、跨行政辖区随机旁听的方式,调动区(县)人大的积极性,形成市和区(县)两级人大的监督合力。注重发挥各级人大代表的作用,为代表履职提供平台。为了提高代表履职能力,针对庭审法律性、专业性强的特点,首次举办专项监督业务培训班,帮助代表熟悉法律和相关业务。

三是协同配合,体现实效。在专项调研活动的过程中,常委会注意与"两院"之间形成沟通顺畅、双向反馈的机制,增强"两院"接受人大监督的主动性,调动"两院"加强自身监督的积极性。开展专项调研活动,得到全市各级法院、检察院的高度重视和认真配合,做到了监督与整改同步推进。在准备阶段,"两院"按照常委会要求,派出工作人员介绍庭审工作要求,配合做好代表培训工作。市高级人民法院、市人民检察院还分别下发文件,要求各级法院、检察院以人大专项调研活动为契机,自觉接受监督,努力提高庭审和公诉工作的水平。在旁听评议阶段,"两院"根据代表反映的情况和工作协调小组的阶段性反馈意见,召开会议认真研究,完善制度,落实责任,切实整改。通过同步推进、良性互动,各级司法机关的庭审工作规范和自身监督机制更趋完善,司法质量和效率进一步得到提升。

二、专项调研活动的基本经验

(一)通过调研,对本市审判工作作出了客观、公正的评价,同时也指出了存在的不足和问题,明确了改进审判工作的目标和方向

通过旁听、评议和研讨总结,市人大常委会充分肯定本市庭审工作所取得的成

绩。常委会认为,本市各级司法机关认真落实公开审判制度,依法开展各项诉讼活动,较好地体现了程序合法的要求;各级司法机关深化审判、检察改革,依法履行庭审和公诉的法定职责,努力体现司法公正的要求;各级司法机关加强队伍建设,努力提高庭审和公诉的业务能力,较好地体现了司法文明的要求。

同时,通过专项调研活动,市人大常委会也提出了本市部分司法机关和司法人员在庭审方面存在的问题和不足。这些问题和不足主要表现在:

1. 部分司法人员庭审责任心不强,工作不够细致。比如,少数审判、检察人员不能准时到庭。有的审判人员庭前准备不充分,没有按需要做好庭前的证据交换工作;有的审判人员对案情不够熟悉,个别法官甚至对当事人已提交的证据都不清楚。

2. 部分案件庭审工作不规范。比如,未严格把握简易程序案件的适用标准,有些法院对案情明显较复杂、事实不清、争议较大的案件,也采用简易程序进行审理。对宣读法庭纪律、法官入庭方式、刑事案件被告人庭审着装及是否就座,以及当庭传递证据的形式等,执行法律和规定不尽统一。当庭核对当事人和诉讼代理人、辩护人、检察员身份的工作不够规范,没有完全做到逐项核对代理权限,严格审核检察员身份。审判机关的法律文书送达、开庭公告等庭审组织工作,以及检察机关出庭公诉等工作,仍不够规范,有些案件临时变更合议庭成员或开庭地点,没有及时通知双方当事人,也没及时更正开庭公告,导致当事人无法准时到庭。刑事案件庭审时,有时忽视被告的人身权利保护,使用械具不规范,个别案件还出现让被告人戴脚镣出庭受审的违规情况。

3. 法官的庭审驾驭能力有待提高。主要表现在:合议庭作用没有充分发挥,有些审判长组织协调能力不强,合议庭法官之间的配合不协调,部分合议庭不注意发挥人民陪审员的作用;部分法官综合概括能力不强,归纳争议焦点不全面或不准确,有的甚至未能就案件争议焦点作出归纳;有些法官控制法庭的能力不强,不能正确引导当事人围绕案件的争议焦点进行举证、质证,庭审节奏拖沓,个别法官仍运用纠问式为主的方法主持举证和质证;一些案件的证据质证不够充分,不利于查清事实。

4. 部分检察员的出庭公诉能力不强。主要表现为:举证不力,逻辑性不强;应变能力不强,影响公诉效果;当庭辩论说理能力不高,影响指控力度。

5. 案件的当庭认证率不高、宣判率过低。在旁听的 137 件案件中,对全部或者部分证据当庭认证的只有 59 件,占 43.1%;当庭宣判的只有 13 件,宣判率仅为 9.5%。

6. 部分司法人员出庭形象有待改进,部分法院法庭设施有待改善。少数审判、检察人员出庭时精神不振、坐姿不端,语音不洪亮、语言不规范、语句不清晰。有些法庭硬件设施和使用存在不足,有些可用于电脑示证的电子设备无法正常发挥作用,有的法院将许多案件的开庭安排在调解室,而将法庭空置,不利于维护庭审的严肃性。

（二）通过调研,对相关问题提出了有针对性的意见和建议,有利于进一步提高审判工作水平

本市庭审工作存在的问题和不足带有一定普遍性。究其原因,除了庭审、公诉的工作制度不尽健全等客观因素外,更重要的是,部分司法人员的思想认识、司法观念和业务能力与现实要求仍有差距,各级法院、检察院的队伍建设管理急需改进和加强。为此,常委会提出三点建议:

1. 进一步落实"司法为民"的要求,树立正确的现代司法理念,端正审判、检察工作的指导思想。"两院"要进一步全面认识、高度重视庭审和出庭公诉工作的重要性,进一步落实"司法为民"的要求,促进司法公正、提高司法效率、维护司法权威。针对少数司法人员不同程度存在的"重实体、轻程序","重审案、轻出庭"的陈旧观念,以及庭审规范意识、效率意识、服务意识不强等问题,要强化思想教育,加强实践引导,把依法、公正、公开、高效、民主和文明等现代司法理念,真正落实在司法工作各个环节,体现于每个司法人员的一言一行;要继续深化庭审方式和公诉工作改革,全面提升本市庭审和出庭公诉的工作质量,进而全面提高本市审判、检察工作的水平。法院在民事案件审理中,要注重调解,维护公民、法人和其他组织的合法权益,维护社会的和谐稳定。

2. 健全工作制度,严格加以管理,全面落实庭审的法律规定。要进一步完善庭审制度、规范庭审活动,这是今后"两院"要着力加强的重点工作之一。市高级人民法院和市人民检察院要切实履行业务指导的职责,全面掌握本市各级法院、检察院的庭审情况,加强分析研究,找出共性问题;加强对庭审工作改革和检察工作改革的领导,努力使本市的庭审和公诉工作更加科学化、规范化。"两院"要全面梳理和

完善庭审工作规范。根据法律规定和审判、检察改革的要求,抓紧研究专项调研发现的问题和不足,修改和补充现有规范制度,推进庭审、公诉工作的制度化、规范化。各级法院、检察院要明确要求、强化管理,严格贯彻诉讼法的各项规定,从每个工作环节入手,不放过任何违反庭审和公诉工作规范的行为,并把执行庭审规范的情况作为考核法官、检察官工作的重要内容。通过加强对司法人员的教育和监督,确保庭审、公诉工作的各项规范得到切实执行。

3. 进一步加大培训力度,提高法官庭审驾驭能力和检察官出庭公诉能力,提升法官、检察官的业务水平。具有高超的庭审驾驭能力和出庭公诉能力,是各级司法人员全面履行法定职责的基本要求,也是保证庭审活动达到程序公正、实体公正、形象公正的重要基础。希望"两院"针对审判、检察人员在庭审活动中所反映的能力素质方面的不足,进一步强化专项业务培训、庭审实践锻炼和业务能力考核,努力提升法官的庭审驾驭能力和检察官出庭公诉能力,促进法官、检察官整体业务素质与综合能力的全面提高。

此外,常委会还建议,各级法院要按照庭审改革的总体要求,更加注意对法官当庭认证、裁决和说理能力的培养和锻炼,深入研究,提出明确目标,制订切实可行的方法和步骤,逐步提高本市法院的当庭认证率和当庭宣判率,使"公正和效率"的审判能得到更好的体现。

三、关于专项调研活动的几点思考

"旁听百例庭审"专项调研是市人大常委会在司法监督工作方面的一次成功探索,也为今后监督"两院"工作开拓了一条新的途径。组织代表旁听庭审,评议"两院"的专项工作,这对加大人大的监督力度、增强监督有效性,是一次新的尝试;同时,这种方式也有利于加强市人大常委会与人大代表的联系,提高人大代表的履职能力,为发挥代表在闭会期间的作用,实现市区联动、强化监督职能,搭建了一个新的平台。长期以来,人大监督"两院"工作缺乏有效途径。单纯听取和审议有关专题工作报告,容易泛泛而论,不利于深入了解情况;而开展个案监督,目前各方面的认识还不尽一致。因此,开展"旁听百例庭审"专项调研活动,为探索司法监督工作的有效途径作了新的尝试。

首先,这种方式把常委会组成人员和人大代表零星分散的旁听庭审组织起来,通过分散、随机的调查研究,有利于常委会掌握真实情况,有利于代表了解"两院"的实际工作,提高代表审议"两院"工作报告的效能和水平。

其次,这种方式抓住庭审这一诉讼程序的重要环节开展调研,有利于发现司法机关存在的共性问题,有利于提出具有针对性的意见建议,促进司法机关提高审判、公诉工作质量。

再次,这种方式与常委会审议相结合,既体现了在人大的司法监督中常委会集体行使职权的原则,又达到了提高监督工作水平、增强监督工作实效的目的。

最后,市和区(县)人大围绕同一专题,实行上下联动,不仅形成监督合力,而且从整体上加大人大监督司法的力度,走出了人大监督"两院"工作的新路。

为了进一步发挥旁听和评议庭审这一形式的作用,并使之制度化、规范化,有关委员会提请常委会主任会议制定了《上海市人大代表旁听评议法院庭审工作的规定》,把监督的理念创新、工作创新与制度创新结合起来,促进司法监督工作形成长效机制。

(上海市人大常委会研究室调研处　执笔人:程传维、乐慧)

开展对政府促进就业
工作的监督

就业是民生之本、治国安民之策。解决就业问题,关系人民生活的提高,也关系社会的长治久安。从 2003 年起,上海市人大常委会连续两年对政府促进就业开展工作监督。通过监督,对督促政府促进本市就业工作提出了有针对性的意见和建议,为完善促进就业工作的机制,加快促进就业方面的地方立法提供了依据。

一、监督工作的基本情况

从 2003 年 9 月起,市人大财经委员会开始着手对政府促进就业工作开展调查研究。通过市区联动、重点走访、召开座谈会等形式,对本市政府促进就业工作进行了较为全面的摸底调查。财经委员会还分别组织市人大常委会部分组成人员和部分在沪全国人大代表就政府促进就业工作开展专题视察和评议。2003 年 12 月 18 日,常委会举行市政府促进就业工作监督听证会,广泛听取社会各界特别是基层市民对本市促进就业工作的意见和建议。会上,市劳动和社会保障局局长报告了本市就业形势和政府促进就业工作的相关措施。多位听证人从不同角度发表了意见。2003 年 12 月 29 日,市人大常委会第九次会议听取市政府关于本市促进就业工作的专题汇报并进行审议。在上海市第十二届人民代表大会第二次会议上,就政府促进就业、再就业工作的思路和措施进行了专题审议。

2004 年,市人大常委会继续对政府促进就业工作情况开展调研,进一步突出重点,从 4 方面着力深化、细化监督工作。

(一)监督整改,跟踪调研

常委会办公厅梳理了 2003 年市政府促进就业工作监督听证会、常委会第九次会议审议和市十二届人大二次会议专题审议中所提出的问题,函告市政府办公厅,要求有关部门认真研究,提出办理意见。之后,常委会对这些问题的整改情况进行跟踪落实,并对整改情况开展跟踪调研,广泛听取各方面的意见,尤其注意掌握市人大代表对政府整改情况的满意度。

(二)抓住重点,专题调研

常委会重点抓住政府购买岗位、青年人就业、非农和失地农民就业以及劳动者权益保护问题开展专题调研。组织市、区人大代表对政府促进就业工作进行视察和评议。市人大财经委指定调研题目,委托区(县)人大财经工委开展调研,两级联动、形成合力。市人大财经委还深入就业压力大、任务重的 3 个区进行重点调研,召开 8 个不同层面、各类人员的座谈会,走访 4 个有关部门和单位,并会同市总工会开展企业规范劳务用工情况执法检查后的抽样回访,选取非公企业比较集中的青浦区、松江区的 4 个企业进行回访调查。

(三)深入基层,直面访谈

2004 年 5 至 6 月,常委会采取问卷抽样调查和上门访谈相结合的形式,对本市失业人员基本状况进行调查。在 11 个中心城区选取 11 个街道下属的 21 个居委会,对共计 3 740 名失业人员的基本状况进行抽样调查,并对 151 名失业人员进行了个别访谈。在此基础上形成了《上海市失业人员基本状况调查报告》。2004 年 8 月底 9 月初,常委会组成人员和各专门委员会委员深入社区,与失业人员进行面对面访谈,直接听取下岗人员的呼声与要求。访谈范围涉及 11 个区的 13 个街道,访谈对象包括 38 名失业人员和 13 名就业援助员。通过面对面访谈,委员们掌握了基层就业工作的现状。

(四)分组视察,沟通交流

2004 年 9 月底,组织常委会组成人员分三路,对浦东新区、闸北区、松江区的就业工作进行集中视察。分别视察了非正规就业组织、职业介绍所、劳动保障事务所和青年实训基地等,听取三个区政府关于促进就业工作情况汇报,并与就业援助员、万人就业项目从业人员、创业者、镇保参保人员、青年及家长代表等进行深入细致的座谈交流。

二、本市就业工作存在的问题及建议

通过对政府促进就业工作的监督和调研,市人大常委会对政府促进就业工作给予了充分肯定,认为市政府在注重经济发展的同时,始终把做好就业和再就业工作放在十分重要的位置,不断完善以市场化为导向的促进就业的工作机制,实施积极的劳动就业政策,各项措施得到有效实施,努力化解就业和再就业工作面临的各种矛盾,确保了 2004 年政府促进就业目标的落实。与此同时,常委会认为,本市就业形势依然严峻,突出的矛盾和问题仍然不少。主要包括:由于新增劳动力数量不断增加、大量农村富余劳动力向非农领域和城镇转移、国企转制过程中出现的职工下岗,进一步加剧了劳动力供求矛盾和劳动力结构性矛盾;由于体制转轨促使隐性失业显性化等各种因素,使得实际失业的情况明显高于登记失业率。为此,常委会针对 4 个主要问题提出相关建议。

(一)应届大学毕业生就业困难的问题

常委会认为,职业技能难以适应工作需要造成应届大学毕业生就业困难。出现这一状况的重要原因是目前高校教学与就业市场的需求脱节。政府偏重落实就业指标,缺乏对教育与就业紧密结合的政策研究,给予学校的指导和提供的服务不够。毕业生就业观念上的偏颇与劳动力市场的不规范,进一步加剧了就业难的矛盾。据此,常委会建议加强政策研究。通过政策导向,大力发展新型产业,从根本上解决大学生就业难问题;通过对未来社会经济发展所需人才问题进行前瞻性研究,作出规划,指导高校据此调整专业设置和招生,从总量和结构上缓解就业难的矛盾;通过政策杠杆,鼓励企业录用大学毕业生,以解决大学毕业生需要实践锻炼、积累工作经验与企业用工成本之间的矛盾。引导大学生树立"服务于社会需求"的就业观念。把正确的择业、就业观念教育作为就业指导的重要内容,贯穿于学生求学的全过程。建议完善"青年职业见习基地";降低门槛,见习对象可扩大到大学在读生;扩大数量,多选择具有一定规模的企业和单位作为见习基地;提高见习内容的技术含量,以见习岗位技术等级的细分提升见习的效果,与实现就业挂钩;建议进一步规范劳动力市场。加大对劳动力市场的监管力度,为大学毕业生就业创造良好的市场环境,维护他们的合法权益。建议整合资源和力量,加大高校毕业生就业工作的力度。把做好毕业生就业工作列入各高校教育质量成果考核指标,层层抓落实;政府部门要与高校联手,加强对学生的就业指导;健全统一的就业信息平台,提高就业信息的即时性和准确性;加大资金投入,统筹安排政府促进就业资金,给高校毕业生就业工作以必要的财力支持。

(二)万人就业项目的实施问题

针对调研中所掌握的情况,常委会提出应进一步完善和推进万人就业项目。首先,要全面启动和落实首批13个项目。调研发现,万人就业项目的进展还不平衡,至2004年8月底才告全面启动。建议政府有关部门以及相关行业加强沟通协调,出台相关实施方案,落实具体措施,确保人员费用按时足额到位,把好事办好。其次,加强项目管理和绩效评估。要准确定位,明确万人就业项目是政府出资帮助就业困难人员实现就业的一项新举措,理应集中安置本市失业、协保、农村富余劳动力中的就业困难人员,通过政策扶持,帮助他们就业,实现解困脱贫;要实现招录工作透明化,政府应当将有关招录条件、程序公开和预先告知,规范运作,给予报名者公平合理的就业机会;要建立长效管理机制,对用人单位进行跟踪问效,掌握人员培训、日常管理以及岗位稳定的情况,加强资金投入绩效的后评估,把有限的资金管好、用好,体现价值和实效。再次,协调和完善相关政策措施。包括:统筹待遇,通过引导劳动力市场价格,对公共服务类和社会管理类的就业岗位进行调节;明确管理类岗位的职责和相关权益,如明确"交通协管员"的性质、地位;加强对管理类人员的培训,提高综合素质,进而提高协管能力和水平。

(三)非农、失地农民就业以及外来农民工劳动保障权益保护问题

常委会认为,实现本市农村富余劳动力的非农就业,以及保护外来农民工劳动权益,是政府促进就业、维护社会稳定的重要任务之一。对此,常委会建议,建立城乡一体化的劳动力市场。统一政策,提供统一的劳动就业管理与就业信息服务,把为他们提供服务和加强管理的经费纳入本级政府的财政预算,清理和取消一切对进入本市就业的农民工的歧视政策、不合理收费项目,真正将城郊劳动力、外来劳动力纳入统一的劳动力市场;加大社会保障力度,以贯彻"谁征地谁补偿"的原则推进镇保,加快外来从业人员参加综合保险工作的进度,扩大覆盖面;加强日常的劳动监察力度、强度和密度,加强长效管理,进一步发挥工会在保护非农就业以及农

民工基本权利方面的维权作用。此外,常委会还建议,加快经济发展,细化产业集聚、土地集约、人口集中的专项规划,进一步推进城乡一体化和"三个集中"进程;创新农业专业合作组织,进一步提高农业生产组织化和产业化规模,以经济发展实现就业的增长。

(四)就业中介服务问题

上海已初步形成职业介绍、职业培训公共服务平台以及管理服务信息平台,为促进就业发挥了积极作用,但仍有不少亟待完善之处。为此,常委会提出三点建议:第一,提高市场化程度,优化资源配置。在职业介绍、职业培训中,积极探索和推进运作市场化、资源集约化、考核鉴定标准化;按行业划分培训机构,提高培训的针对性;鼓励个人自选培训方式,提高失业者选择的自由度,促使培训机构提高教学质量、提供优质服务、参与市场竞争,真正发挥政府补贴培训费用的效用。第二,提高培训、实习、就业的结合度。调研中发现,2004 年年初推出的 14 个享受政府补贴的灰领培训项目少人问津,30 多个指定培训机构大多门庭冷落。常委会认为,原因在于门槛偏高,14 个项目中 9 个与信息产业有关,大多数失业人员"可望而不可及";培训重理论教育、轻技能实践,培训效果与预期有较大差距。建议相关部门要在提高培训、实习、就业的结合度上下功夫,帮助参加培训人员提高技能,为最终实现就业打好基础。第三,加强对中介组织的监管。职业介绍和职业培训中的欺诈行为时有发生,群众来信来访中反映强烈,新闻媒体多有披露。常委会建议,市工商局、市人事局、市劳动和社会保障局应加强沟通和协调,联手整治,加大监察力度。对于非法中介一律取缔,违规中介责令限期整改。政府应给求职者提供便捷的政策和法律咨询服务,必要时及时提供法律援助。

三、监督工作的探索与创新

2003 年举行的政府促进就业工作监督听证会,是市人大常委会开展监督工作的一次有益的探索。在听证会上,有关专家、学者、国有企业负责人、工会工作者、基层工作者、创业带头人、人大代表、市民,还有政府有关部门的负责人等各方面、各层次的人员,对政府促进就业工作发表意见,广开言路,集思广益,为促进就业出谋划策。通过听证会的形式,就关系老百姓切身利益的事,直接倾听老百姓的呼声,而且听取各种不同的声音,从而为政府今后决策提供依据。同时,也为常委会审议政府促进就业工作提供依据,为加快促进就业方面的地方立法提供依据。

把听证会的方式引入人大监督工作,这在本市人大工作中还是第一次。在此基础上,本届市人大常委会已明确要将一些与人民群众利益密切相关的监督事项向社会公布并征询意见,必要时进行监督听证,逐步实现监督工作全过程公开,增强人大监督的公开性,提高透明度。

（上海市人大常委会研究室调研处　执笔人：程传维、乐慧）

开展对实施城市规划法律
法规情况的执法检查

为切实贯彻 2003 年市规划工作会议精神,监督本市城市规划法律法规的执行,促进上海经济社会全面、协调、可持续发展,2004 年,上海市人大常委会对《中华人民共和国城市规划法》、《上海市城市规划条例》和《上海市历史文化风貌区和优秀历史建筑保护条例》在本市的实施情况进行了执法检查。

一、执法检查的基本情况

执法检查历时 8 个多月。本次检查确定了三项重点:一是本市各层次城市规划执行情况,特别是"双增双减"方针(即"增加公共绿地和公共空间,控制建筑容量和高层建筑")的落实情况;二是黄浦江两岸、苏州河两岸等特定区域的规划情况;三是历史文化风貌区和优秀历史建筑的保护情况。围绕执法检查重点,常委会组成人员共视察了本市 12 个历史文化风貌区;分别在市人大代表、政府有关部门和法院系统中召开座谈会及专题研讨会;分别听取市区两级规划管理部门和黄浦江两岸开发办等部门的工作汇报;参加了虹口区、长宁区、闵行区、徐汇区、黄浦区、青浦区人大常委会组织的执法检查活动;察看了苏州河两岸的规划及"双增双减"情况。

在开展执法检查过程中,市人大常委会改进检查方式,抓准法律法规实施的薄弱环节,确保了执法检查取得实效。

一是市、区(县)人大联动,形成整体效应。实行 19 个区(县)人大常委会与市人大常委会开展执法检查工作的联动,每个区(县)人大常委会或者常委会有关工作委员会都提交了本区(县)的执法检查报告。市人大常委会组成人员参加区(县)人大常委会的执法检查,从整体上掌握本市有关规划法律法规的执行情况。

二是组织代表参与,发挥代表作用。向代表发放意向表,组织专题讲座、执法检查培训班和代表视察。共有逾百人次的市、区两级人大代表参加执法检查。

三是设立监督电话,倾听群众呼声。2004 年 7 月 15 日至 8 月 15 日,市人大常委会开通监督电话和电子信箱,接收市民对执法检查的意见和建议以及相关的投诉和举报。期间,共接到电话 225 次,电子邮件 39 件,来信 8 封,合计 272 件(次)。

四是抓住重点案例,保证监督实效。对松江比华利小区的违法搭建、淮海路上一处优秀历史建筑的拆除、普陀区的一起违法审批进行重点监督,常委会领导多次暗访,注重监督实效。对市民反映强烈的 18 件事例,要求市规划局书面报告处理情况。

二、执法检查的主要收获

(一)全面掌握法律法规执行情况

通过执法检查,常委会认为,本市各级政府在贯彻实施有关城市规划的法律法规方面做了大量的工作。自 2002 年起,政府有关部门着力开展《上海市历史文化风貌区和优秀历史建筑保护条例》、《上海市城市规划条例》的学习和宣传,将规划法律法规作为公务员上岗培训的必读科目,并在市委党校举行了两批区县领导规划学习班,提高群众特别是领导干部有关城市规划法律法规的守法执法意识。2003年规划工作会议以来,市政府修订了《上海市城市规划管理技术规定》,为落实"双增双减"工作提供可操作的规章依据,并先后制定《上海市城市规划公开暂行规定》、《日照分析规划管理暂行规定》、《上海市城市规划实施监督检查暂行规定》、《容积率计算规则暂行规定》、《上海市建设工程竣工规划验收暂行规定》、《关于中心城内改变土地使用性质的暂行规定》等十几件规范性文件。2003 年 2 月至 2004年 6 月,市政府和市房地资源管理部门先后出台《关于本市公有优秀历史建筑解除租赁关系补偿安置指导性标准》、《关于对优秀历史建筑实施市区分级管理的通知》、《关于本市历史文化风貌区内街区和建筑保护整治的试行意见》等有关细化的操作办法。2004 年 6 月底,全面完成中心城 6 个分区规划和 81 个单元规划。按"双增双减"方针,对中心城内 376 个历史遗留项目进行全面梳理,并作妥善处理。优化调整后,全市总体降幅达到 15.4%以上,总建筑面积减少了 373 万平方米,据初步估算,市值约 400 亿元。政府进一步加强历史文化风貌区和优秀历史建筑的保护工作,成立协调领导机构,制定历史文化风貌区与优秀历史建筑规划管理技术规定,对已经批准的 398 处优秀历史建筑 1 398 幢房屋开展普查,实施第四批优秀历史建筑推荐申报,开展成片保护试点。此外,政府进一步加强规划实施的监督检查,依法处理了一大批违法建设,对部分矛盾比较突出、影响城市历史风貌的建设项目,以及黄浦江两岸、苏州河沿岸等重要地区、外环绿化带范围内的违法建设行为进行了严肃查处。

（二）发现问题,抓住症结

通过执法检查,市人大常委会发现并指出了本市各级政府在贯彻实施有关城市规划的法律法规上存在的一些不容忽视的问题。这些问题包括:

1. 规划的编制进度相比城市建设的需求仍显滞后。2003年,市人大常委会修改《上海市城市规划条例》,对城市规划的各个层次及其编制审批程序予以明确。但在检查中发现,本市仍有部分控制性编制单元规划尚未全面完成,郊区各区(县)的总体规划编制工作进展不平衡,12个历史文化风貌区尚有相当部分未完成规划编制,黄浦江两岸规划还有待深化。

2. 规划实施缺乏强有力的保障。主要表现在:一是规划权威性不够,调整的随意性较大。例如,有的区域教育、卫生、文化设施布局和个别旧区改造地块,在建设过程中不按规划执行;有的区域为了满足局部利益、眼前利益而随意调整规划,从而损害了全局利益、长远利益。二是建设计划与规划脱节,致使规划的实施难以落到实处。如,外环绿带的控制规划在1994年就编制完成,但因缺乏相应的建设计划和实施安排,部分地段长期闲置,给违法建筑的搭建提供了条件,客观上造成了违法建筑的蔓延。

3. 历史文化风貌区和优秀历史建筑的保护工作存在不足。检查发现,《上海市历史文化风貌区和优秀历史建筑保护条例》中的有关规定未得到落实。条例规定的"市和区、县设立历史文化风貌区和优秀历史建筑保护专项资金",至今尚未建立。条例规定"市房屋土地管理部门应当会同市规划管理部门提出每处优秀历史建筑的具体保护要求,经专家委员会评审后报市人民政府批准",尚未落到实处。此外,检查发现,政府缺少有关历史文化风貌区和优秀历史建筑保护的配套措施。政府部门保护优秀历史建筑的职责不清、职能交叉,造成适用法律、保护方式和管理上的混乱。

4. 规划执法力度不够,职责不够清晰,违法审批现象时有发生。政府有关部门对有关城市规划的法律法规和有关物业管理的法规的理解不一致,对执法范围的认识不相同,出现了一定程度的管理真空,致使部分住宅小区内违法建筑蔓延。检查中还发现有违法审批行为,如普陀区建设、规划部门违反《上海市城市规划条例》的有关规定,违法审批建设项目。

5. 规划的科学性、前瞻性和民主性有待加强。有些规划编制的科学性和前瞻性不够,规划实施的可操作性不强。规划的公众参与度较低,主动征求群众意见不够。规划批准后的宣传工作不力,因不了解规划情况而引发的信访时有发生。虽然实行了项目规划审批前的公示制度,但规划管理部门在执行中存在一定问题,如何处理好公众参与和规划听证的关系还需进一步完善。

（三）针对问题,提出建议

根据本市规划工作会议精神,常委会根据执法检查的实际情况,以依法行政和公正司法为主要内容,抓住法律法规实施中的薄弱环节,找准规划工作中的问题症结,提出了针对性的建议。

一是进一步加快规划的编制进度,确保规划的有效实施。特别要加快黄浦江两岸、世博会地区、历史文化风貌区等重点地区的规划编制。认真梳理本市现有的各类规划,对已经批准的规划,要统筹保障好规划的延续和执行,不得轻易改变用地性质和有关规划参数;对规划控制区域,应协调好建设计划和规划的关系,完善规划落地前的土地利用或使用政策,配套建立相应的监管机制。

二是进一步加大"双增双减"力度,优化城市环境。各级政府部门要深刻认识到,"双增双减"工作是一项必须长期坚持和推进的艰巨任务。要进一步加大工作力度,制定切实有效的措施,优化城市环境。要在缩减容积率和建筑总量的同时,切实增加公共绿地和公共活动空间,让市民群众真正感受实行"双增双减"政策带来的变化。

三是建立和健全严格的历史文化风貌区和优秀历史建筑保护制度。严格按照有关法规的规定,落实各项保护措施。包括:市、区(县)政府要通过各种渠道筹措,尽快设立专项保护资金;充分发挥专家委员会的作用,做好优秀历史建筑的分类保护;抓紧有关政策的研究,尽早出台操作性强的实施办法;理顺不可移动文物与优秀历史建筑的关系,分清管理部门的职能,防止出现法律法规适用的混乱。

四是严格执行法律法规,建立长效管理机制。政府部门要针对规划执法中的问题,进一步加大执法力度,依法查处违法违规事件,不断完善行政执法体制,切实做到全过程、全覆盖管理。建立规划的长效管理机制,探索建立网格化、属地化的违法建筑巡察机制,开拓多元化信息举报和沟通渠道,及时掌握违法建筑动向,抓好源头控制,将问题解决在萌芽状态。

五是进一步加强规划的科学性、前瞻性研究,建立健全公众参与机制。研究建立和完善科学合理的规划技术指标体系,建立健全公众参与规划监管的机制,探索各种参与的有效途径,让群众参与规划制定、管理、监督的全过程;结合政务公开工作,完善项目规划审批资料网上查询和公示制度,增加规划的公开性和透明度。

三、执法检查的主要成效

规划是城市建设和管理的依据,是配置城市资源和调控城市布局的重要手段,是实现上海经济社会可持续发展的基本保障。常委会把监督检查本市有关城市规划法律法规的执行情况,列为重点监督项目之一,集中力量开展执法检查,既全面检查城市规划法律法规的实施情况,又有效推动本市规划工作上新台阶,取得了良好的社会效果。

首先,进一步强化了本市各级领导干部的城市规划意识。各级政府相关部门及各区、县的领导同志,进一步树立大局意识,强化了规划法定的观念。在工作汇报中,政府部门许多同志深有感触,认识到规划是经过民主、科学的法定程序制定出来的,一经确定就不能随意改变,如要调整,必须严格按照法定程序进行,任何单位、任何个人都不能擅自变动。

其次,进一步强化了城市规划实施的严肃性。通过开展执法检查,促使各级政府部门在确保城市规划有效实施、确保规划实施的严肃性方面,形成统一认识。只有保证规划的权威性、稳定性、严肃性,使城市规划不以领导者的改变或领导个人想法的改变而改变,才能确保城市规划目标的最终实现。

再次,进一步强化了实施城市规划的责任。通过执法检查,不仅明确规划管理部门要严格执法,敢于碰硬,更要明确把规划交给群众,让群众参与监督规划的实施。规划的制定过程要让群众知情,规划的出台要让群众知晓,规划的实施成效要让群众来评估,增加监督、保证规划实施的力量。只有这样,才能更好地体现服务政府、责任政府和有限政府的理念。

(上海市人大常委会研究室调研处 执笔人:程传维、乐慧)

开展对实施科技进步法律
法规情况的执法检查

2003 年 10 月,根据全国人大常委会的委托,结合上海的实际,市人大常委会对《中华人民共和国科学技术进步法》和《上海市科学技术进步条例》(以下简称"一法一条例")在本市的实施情况开展执法检查,政府相关部门也给予了高度重视,认真改进工作,取得了初步成效。针对执法检查中存在的主要问题,2004 年常委会继续对"一法一条例"进行执法检查,并列为该年度重点监督工作之一。2005 年,常委会在连续两年对"一法一条例"进行执法检查的基础上,以科教兴市主战略实施中重大产业科技攻关项目(以下简称"重大项目")为重点开展执法检查,并在市十二届人大常委会第二十次会议上审议了重大产业科技攻关项目执法检查报告。

一、执法检查的基本情况

从 2003 年起,市人大常委会成立了由常委会副主任胡炜任组长,由教科文卫委员会、财经委员会、人事代表工作委员会、部分常委会组成人员和人大代表、有关专家共同组成的执法检查组。检查组多次听取政府相关部门的汇报,并以"实施科教兴市战略,促进上海科技进步"为主题,围绕技术创新、自主知识产权、产学研联合、科技法律法规实施、营造创新创业环境等问题,召开 3 个座谈会,分别听取部分科研院所、民营科技企业、高校有关负责人员对促进科技创新的意见和建议。

针对执法检查中发现的主要问题,常委会在 2004 年开展跟踪检查。同时,在全面检查的基础上,确定以了解科技研发公共服务平台的建设情况,以及推进产学研联合、促进科技与经济紧密结合为主题,以检查市政府及其职能部门的整改情况作为重点。执法检查组分赴丙烯酸公司、东华大学、新药筛选中心等企业、高校、科研院所开展调研,并召开座谈会,听取纺织控股集团、集成电路设计研究中心等 4 家单位的工作汇报和意见;组织常委会组成人员听取市科委关于公共服务平台的专题汇报,视察上海振华港机股份公司,组织常委会组成人员、部分市人大代表和在沪全国人大代表分组实地察看部分研发平台建设情况和产学研联合的进展情况。此外,还组织浦东、徐汇、虹口、杨浦、宝山等 5 个区人大与市人大实行工作联动,市、区人大相互参加对方组织的调研活动,从总体上掌握"一法一条例"的执行情况。在执法检查过程中,常委会召开新闻发布会,公布包括电子邮件在内的联系方式,广泛征求社会各界的意见和建议,发动全社会参与。同时,常委会还通过新闻媒体加强宣传报道,扩大执法检查的影响力。

2005 年,常委会在连续两年进行执法检查的基础上,以科教兴市丰战略实施中的重大产业科技攻关项目为切入口,选择若干重点项目,开展执法检查。在开展执法检查前,执法检查组反复研究、制定执法检查方案,制定调研提纲和执法调研意见反馈表,并对执法检查组成人员开展检查前的专题培训,以提高执法检查的针对性和实效性。

二、执法检查反映的问题及对策性建议

(一)对本市实施科技进步法律法规情况的评价

三年来,市政府及其相关部门高度重视市人大常委会开展的此项执法检查工作。首先,市政府有关部门加强协调与沟通,编制《2004—2005 年度科教兴市工作计划》,根据常委会要求开展科教兴市的立法研究。其次,在市政府的领导下,市科委积极规划、组织和推进研发公共服务平台建设,目前,该平台建设已具有相当规模的信息量和一定的服务能力。第三,市政府组织有关部门进一步研究和探索产学研联合的多种模式,并构建国家级、市级和区(县)级三个层次的企业技术中心构成的企业技术创新体系。第四,市政府积极贯彻《上海实施科教兴市战略行动纲要》,把实施"重大项目"作为落实"一法一条例"的重要抓手,精心组织实施首批 29 个"重大项目"。此外,市政府于 2004 年第三次修订颁布了《上海市促进高新技术成果转化的若干规定》(即"科技 18 条"),进一步提高规章的针对性和可操作性。对此,常委会以及广大市人大代表表示肯定和满意。

(二)"一法一条例"执行中存在的深层次问题

1. 相关法律法规不健全,相关配套政策也未落实,在一定程度上制约了科技进

步工作的顺利开展。如研发公共服务平台的建设和运行缺乏必要的法制保障,科技企业孵化器的运行尚未制订具体的规定,对高新技术产品还没有制定相应的技术标准和规范,规范产学研联合中各方行为的法规缺失;由于一些法规政策不配套、操作性不强,致使若干涉及不同职能部门和利益主体的法规政策条款不能得到落实。例如,部分现行财税制度与科技奖励法规不配套,科技奖励是否纳入工资总额不明确,列支渠道不清楚,所得税如何缴纳也不确定,使得国有企业在人事、分配等方面的奖励规定难以兑现,职务成果转化奖励方式的规定难以落实、股权难以实现,影响了企业技术创新的积极性。

2. 科技研发公共服务平台的概念、性质和功能定位尚不明晰,平台建设管理和预期目标还有一定差距。常委会认为,科技平台的概念有狭隘化或把平台的外延扩大化的倾向;平台建设的整体规划和实施方案有待进一步优化,管理和运行机制有待进一步完善,建设标准和评估监测体系也亟待建立;高效整合各类公共科技资源的机制还没有真正建立;平台建设中政府引导与社会力量参与的关系、现有科技资源与新增科技资源的关系仍需妥善处理;平台的地方特色与国家规划布局的关系需要进一步理顺。

3. 产学研联合过程中有关部门的法制意识和市场观念不强。反映最集中的是尊重和保护知识产权的意识不够,缺乏诚信,缺乏自我保护的手段和方法等,知识产权保护问题成为制约科技与经济结合的一大障碍(这一问题在平台建设中也同样存在)。

4. 产业项目中政府的管理和支持措施尚需进一步深化和落实。一些同类产业的项目分别由不同的部门主管,需要加强协调推进,形成合力。政府还应进一步完善对"重大项目"的支持措施。例如,在支持第三代移动通信产业方面,还应对内容服务、运营商等配套环节予以关注,形成完整的产业链;对软件等重大项目,在形成成果后应加大政府采购力度。

5. 人才培育、引进和激励工作机制尚需完善。通过"重大项目"整合、培养、锻炼人才,形成创新团队集中攻关的措施还不多。在处理人才引进数量与城市人口总量控制的关系,以及政策的原则性与灵活性的把握上还不够。期权期股奖励、知识产权奖励和报酬、所得税优惠等人才激励政策难以落实,影响了人才积极性的发挥。

（三）进一步实施"一法一条例"的思考和建议

1. 进一步加强推动科技进步的立法和执法工作,提高依法行政和依法监督的能力。常委会指出,人大和政府要根据社会主义市场经济的规律和原则,结合科教兴市地方立法框架研究,制定急需的法规。要适时启动科技进步条例的修改工作,以及制定人才培养、引进、管理和激励方面的法规和规章。要重点研究制定相关规范和措施,包括：各级政府科技经费投入占财政支出的比例、增长幅度以及资金投向与管理方式,科技投入的统计方法和考核体系,科技中长期发展规划以及与实施科教兴市战略密切相关的重大产业发展规划,财政资助项目的知识产权管理等。

2. 进一步明确科技研发公共服务平台的内涵,完善管理和运行机制。常委会指出,平台规划和建设应从全局性、战略性、前瞻性的高度进行总体设计和统一规划;结合国家中长期科技发展规划和国家科技基础条件平台建设情况,积极争取和参与国家科技公共平台在上海的建设;根据上海的优势和今后发展的方向,建设特色鲜明的地区性科技公共平台;尽快研究使用公共财政经费采购大型仪器设备的配置与统筹。当前,特别要加大研发平台和知识产权平台的建设力度,当务之急是建立信息库,帮助企业、高校、研究院所建立和完善知识产权管理制度,促进相关中介机构做大做强。

3. 进一步提高"重大项目"的立项与管理水平。在"重大项目"立项上,要完善相关制度,明确立项的原则、标准、程序、评审机构的资质及评审标准、各方权责等,选准对上海经济社会发展有带动和辐射作用的项目,提高项目的配套性。在"重大项目"管理上,要加快建立政府主导、市场化运作的新型管理模式。按照市场经济规则和风险投资机制投入资金,加强资金监管。组织独立的评估机构或者委托专业机构,对项目实施情况进行过程监管和评估。

4. 推进产学研联合,优化人才环境,不断增强自主创新能力。常委会指出,政府部门应进一步发挥"重大项目"对加强产学研联合、增强对企业特别是国有企业创新能力的引导和推动作用。完善引进政策,多为项目单位解决人才引进的具体问题;完善居住证制度,帮助为上海服务时间较长的人才解决户口问题、子女就学问题;完善激励机制,对承担"重大项目"的科研人员实行补贴,落实职务发明人的奖励和报酬,对技术骨干实行期权期股等较为长期的激励政策;以更加人性化、科学化的管理方法,营造鼓励创新、宽松自由的学术氛围。

三、执法检查工作的基本经验

对本市实施科技进步相关法律法规开展执法检查是市人大常委会落实科学发展观、构建和谐社会的重要举措之一。在开展执法检查的过程中,常委会坚持突出重点、讲求实效的原则,不断改进执法检查的方式方法,探索新形式,积累新经验。

经验之一:代表参与主动性强,分析概括水平高。在连续三年的执法检查工作中,常委会都注重吸收代表参与,代表的履职热情和履职水平不断提高。2005年共有90多名代表积极参加培训和各项检查活动,相当数量的代表参加了全部检查活动。代表们在座谈中讨论式的发言具有很高的质量。许多代表认真修改执法检查报告,有的代表专门撰写情况分析材料,为常委会审议打下良好的基础。

经验之二:充分利用"外脑",形成高质量的检查报告。为提高本项监督工作的质量,常委会邀请十余名科技界代表和专家,形成了一支相对稳定的代表和专家队伍,共同参加调研、座谈、视察和执法检查活动。参与的代表和专家人人发表意见,有的还以书面形式提出意见和建议,并直接参加执法检查报告的撰写和修改工作。

经验之三:探索"小型、分散、多样"的检查形式,取得实效。在开展执法检查工作过程中,检查组积极贯彻常委会关于改进执法检查工作的若干意见的精神。遵循"小型、分散、多样"的原则,2005年的执法检查分成三个小组,每个小组十余人开展检查。检查小组分赴8个项目单位进行实地检查,分别召开6个项目单位的座谈会。执法检查活动结束后,每个小组进行专题小结,撰写小组检查报告,最后再汇总,形成执法检查报告。每次检查后,检查组成员都认真填写意见反馈表,反馈率达80%以上。实践证明,这些新举措、新做法,使执法检查更为全面、细致、深入,有利于发现问题、查找原因,探究体制机制上的障碍和法制上的需求,确保执法检查取得良好效果。

市人大常委会在总结三年来执法检查经验的基础上,正从三方面着手,进一步完善法制环境,保障法律法规的实施。

一是进一步加强相关的地方立法工作。截至2005年11月,市人大常委会已完成"科教兴市地方性法规框架"的课题研究工作。常委会将在此基础上进一步推进这项工作,加强对科教兴市立法工作的领导,抓紧开展有关项目的工作,争取条件成熟的立项早日进入立法起草和审议程序。

二是进一步完善相关制度。常委会正督促政府有关部门认真研究执法检查提出的制度建设问题,抓紧梳理现行法规和规范性文件,抓住制约战略实施的环节,提出相关法规立改废的建议,进一步营造有利于科技进步和创新的良好环境。

三是继续跟踪检查、开展监督。在以往监督工作的基础上,市人大常委会计划就政府对科技、教育的投入方向与绩效开展监督调研,推动形成财政投入持续稳定增长的机制,保证投入资金的使用效益。在本届常委会任期内,将每年选择一至两个重点问题作为切入口,继续开展科技进步法律法规实施情况的监督检查,使相关的政策法规得到全面实施,进一步推进"科教兴市"主战略的落实。

(上海市人大常委会研究室调研处 执笔人:程传维、乐慧)

开展民主监督，积极建言献策

政协提案工作在社会主义民主
政治建设中发挥重要作用

政协提案作为坚持和完善中国共产党领导的多党合作和政治协商制度这一基本政治制度的重要载体，已经成为人民政协履行政治协商、民主监督、参政议政职能的重要方式，成为协助中国共产党和国家机关实现决策民主化、科学化的重要渠道。

一、与时俱进促进提案工作的发展

（一）提案作为人民政协一项全局性工作，得到广泛认同，工作机制不断创新

市政协在指导思想上，将提案工作作为政协一项全局性工作，要求广大提案者以"三个代表"重要思想为指导，坚持科学发展观，以促进发展为第一要务，紧紧围绕党政工作重点和群众关心的问题，积极运用提案形式履行职能。在领导机制上，将分析和研究提案工作，促进重点提案的办理纳入主席会议、常委会议的议事日程，经常专题研究提案工作或讨论重点提案，提出工作要求和目标。在组织措施上，加强提案委员会的建设，除继续由副主席担任主任外，请各民主党派市委和市工商联选派有关负责人担任副主任，使提案委员会领导班子更具代表性。在活动方式上，提出要善于把政协各类会议、视察、活动等与提案工作有机结合起来，努力形成整体合力，提高工作实效。

与此同时，市十届政协在提案工作实践中不断创新思路，改进方法，促进发展，形成整体合力，提高工作实效。主要体现为：一是努力将提案工作融合于政协履行

职能的各项活动之中,扩大提案者的知情面和参与面,鼓励多提提案,提好提案,夯实提案工作的基础。二是把提案办理的协商与政协履行职能的专题协商结合起来,使部分重点提案办理纳入政协议政会的范围,寓民主监督于提案办理之中。同时,每年由主席、副主席领衔促进办理部分重点提案,以提高跟踪办理的层次,促进提案建议的采纳和实施。三是充分发挥党派团体和政协专委会智力密集的优势,将专委会及党派团体的课题调研与对提案办理情况的跟踪调研结合起来,寓提高提案的采纳率、解决率于深化调研之中。四是将提案工作与反映社情民意和编辑《建言》刊物结合起来,寓提高参政议政水平于反映人民群众关心的问题和提供前瞻性、全局性的决策参考意见之中,对部分适合以《社情民意》、《建言》方式报送市领导和有关部门参阅的提案适当分流,使提案更具科学性和可行性,努力使提案经办理取得实效。

(二) 提案工作制度化、规范化、程序化建设不断完善

近年来,提案工作的制度化、规范化、程序化建设不断加强。《政协上海市委员会提案工作条例》自 1990 年制定后已多次修改,2005 年根据《全国政协提案工作条例》的修改情况及本市的工作实际再次进行了修改。十届政协还先后审议通过了《关于进一步加强提案工作的意见》、《提案审查工作实施细则》、《市政协主席、副主席促进办理重点提案的实施办法(试行)》等制度,从政协层面,就提案的提出、审查、交办、办理、答复、反馈、检查等工作程序作出了明确的规定。

市党政部门关于提案办理工作的相关制度不断完善。市政府自上世纪 90 年代起,先后制定了《上海市人大代表书面意见和政协提案办理工作暂行办法》、《对上海市人大代表书面意见和市政协提案办理情况进行检查验收、跟踪落实的有关规定》、《上海市人大代表书面意见和政协提案办理工作目标考核暂行办法》等多项涉及提案办理的工作规章制度。各提案承办单位也相应地建立了提案办理的内部运转规范、程序和工作要求。特别是 2003 年,市委办公厅和市政府办公厅以联合通知的形式转发了《市政协办公厅关于进一步做好本市提案办理工作的意见》,以"两办通知"的形式提出加强提案办理工作,详尽规范提案办理的方法、程序和要求,这在政协提案工作中尚属首次,有力地推动了提案办理工作,保证了提案承办单位能认真、有序地办理提案。

（三）提案办理工作受到党政领导部门重视，办理质量不断提高

市委、市政府领导一贯十分重视政协提案工作，每年都就提案办理工作作出重要批示。在由市人大、市政府、市政协联合召开的人大代表书面意见和政协提案交办会上，市长和分管副市长都对办理提案工作提出明确要求。市长、副市长每人每年都要协调一两件重点或难点提案的办理，有力地推动了提案中合理建议的实施和落实。市党政部门把办理政协提案作为贯彻"三个代表"重要思想，坚持执政为民，坚持全心全意为人民服务宗旨的重要抓手。由于领导重视，责任明确，有关部门认真研究提案的意见和建议，注意从提案中了解群众呼声和社会热点难点问题，真心实意地采纳提案中的合理建议，注重解决实际问题，使提案办理质量不断提高。

二、提案在推进科学民主决策和促进社会主义法制建设中的重要作用日益显现

本届政协立案的 3 120 多件提案中，办理结果为已经解决、正在解决和列入计划解决的占 70％以上。经办理，许多合理的意见和建议得到采纳。一些具有前瞻性、综合性的建议成为市党政领导部门决策的重要参考；一些建议被吸纳到本市制定或修订的有关法规、政策、计划、规范性文件之中，促进了相关工作；一些事关群众切身利益、反映广大市民心愿的提案，在有关部门的共同努力下得到落实，为民办了实事。还有一些提案建议虽因种种原因暂时未能采纳，也起到了建言立论的作用。近年来，办好 2010 年世博会、发展循环经济、重视食品卫生安全、取消黄浦江过江收费、改革警务用车等一批提案经办理取得的效果，使提案的作用与成效不仅得到提案者的认同，在社会上也产生了很好的影响。

首先，政协提案关注民情，反映民意，就完善劳动和社会保障制度、促进就业、深化改革、加强城市治安防范等群众关心的问题提出建议，促进了部分社会热点问题的解决和改善。关于完善城市化进程中离土农民安置和保障工作的若干建议，市劳动保障局认为客观真实地反映了当前工作中急需解决的问题，在修订征地农民安置办法和制定"镇保"政策时，充分吸收了提案建议。市总工会关于尽快完善本市城镇居民最低生活保障制度和多名委员关于妥善解决协保人员生活困难的提案建议已被采纳，有关部门已通过全市的就业援助员，对本市协保人员情况进行分

析,有针对性地落实帮扶措施。关于规范劳动力市场、维护劳动者合法权益提案,针对普遍存在的超时加班、低于最低工资标准等劳动用工违规现象,建议进一步加强《劳动保障监察条例》的执行力度,完善劳动力市场机制。市各级劳动保障监察机构重视提案建议,不断加大监察力度,坚决制止和纠正各类劳动保障违法违规行为。委员们关于探索建立国有资产经营预算制度,落实国资收益收缴的提案,对市国资委制定国有资产收益收缴及使用安排的管理模式,落实市国资委作为国有资产出资人的收益权等起到了重要的决策参考作用,2005年11月,市政府已批转了市国资委的《上海市国有资产收益收缴管理试行办法》。关于改进110报警工作的提案,建议开通短信和E-mail等数字信息报警系统,市公安局积极采纳提案建议,目前已推出面向残疾人的手机短信报警服务;上海公安门户网站上已开通了电子邮件信箱,群众可以通过电子邮件方式对非紧急警情进行举报。关于在幼儿园安装安全报警系统的建议已被采纳,市公安局与市教委研究制定了《中小学校及幼儿园安全防范基本要求》,确定从人防、物防、技防三方面加强内部防范工作,特别是明确要求在校(园)领导办公室和门卫室安装与报警服务中心联网的紧急报警按钮,大大提升了中小学校及幼儿园的应急反应能力。

其次,政协提案致力于促进社会主义民主政治建设和各项社会事业全面协调发展,就完善科学民主决策程序、健全法规制度、加强党政部门作风建设等献计献策,促进政府部门不断改进工作。一些事关改进党政部门工作作风的提案建议得到重视和采纳。如吸纳委员提出的关于邀请市民评议市政府2003年实事成效的提案建议,市政府办公厅2005年底在政府公务网上,就本市2003年实事工程实施情况请市民进行评议。市高级人民法院采纳"人民法院应方便当事人诉讼"的提案建议,自2004年3月起,全市法院开始实行周一至周五均有工作人员受理案件、接待信访的便民措施。市政府积极采纳委员关于构建社会诚信体系的提案建议,切实履行诚信建设政府带头的承诺,进一步加大了政府各部门信息公开的力度,2004年和2005年每年开展一次全市性的"诚信月"活动,《上海市企业信用征信管理暂行办法》已经制定。市信访办采纳关于做好市民信访工作的提案建议,进一步规范了信访办理的答复程序,扩大了对《上海市信访条例》的宣传。关于将药品回扣问题列为行风检查项目的提案,市纠风办非常重视,将纠正药品回扣列为2004年行风检查的重要内容之一。市信息委采纳委员关于个人数据的保护应纳入地方法规和政府规章建设的建议,通过公开招标设立的"个人信息保护立法研究"调研项目已正式启动。

政协提案在推进本市市场经济建设和民主政治建设方面发挥了重要作用,同时也积累了丰富的经验。如何进一步完善提案的相关制度和措施,提高提案的质量,也已成为政协制度建设的一项重要内容。

(上海市政协提案办　执笔人:苏建萍)

专项视察：政协民主监督模式的新探索

专项视察是本届政协新开展的一项工作,专项视察活动也是更有效地履行政协民主监督职能的一种探索。专项视察组由担任被视察单位特邀监督员的政协委员、市政协相关专门委员会委员、提出相关提案的政协委员以及委员中的相关专家组成。通过走访群众和有关单位,召开市民座谈会,进行网上交流、问卷调查、网页评议等,广泛收集社情民意,对本市政府某方面的专项工作提出意见和建议,并将这些意见报送市委、市政府及被专项视察的单位参考。这一活动充分体现了政协联系面广的特点,发挥政协人才库、智囊团的作用,对解决群众关注的问题,推进本市政府有关职能部门的专项工作起到了很好的作用。

一、专项视察活动的基本情况

2004年,市政协选择人民群众关注的整顿和管理市场经济秩序工作开展专项视察。通过视察,对本市工商行政管理工作提出了进一步改进和完善的31条意见和48条建议。

在打击假冒伪劣商品方面,建议工商部门进一步加大对市场的监管力度;制定长期的、全局性的打假工作计划;注意打击制假源头;不仅节日,平时也要严格市场监管;要与有关政府部门加强信息沟通。

在广告经营活动和商标的监管方面,建议工商部门对广告经营活动进一步加强监管,加大对虚假违法广告和小广告的整治力度;在保护知识产权和商标方面还应加大力度;对驰名、著名、知名商标要重点保护,防止恶意仿冒。

在新型业态监管和研究新情况新问题方面,建议加强对连锁加盟行业的市场监管,加强资质审查;加强对私营经济开发区的规范和监管;认真研究知识产权、非法经营等政策界限,查封、没收当事人财产要慎重;出台政策要多听民意。

在对中介机构和经纪人的监管方面,建议加大规范中介服务市场的力度,整顿各种中介机构;实现行业协会与政府部门彻底脱钩;与行业协会建立良性互动关系,动态监管企业;加强对经纪人的管理。

在对民营企业的扶持方面,建议工商部门在扶持民企发展方面要进一步研究措施、加大力度;在放宽市场准入、加快民企发展方面有更大作为;要会同相关政府部门,抓紧制定保障民企合法权益的规范性文件,真正使民营企业放心投资、合法经营、大胆发展。

在行政处罚方面,建议加强行政处罚的调查和研究,在行政处罚事实认定、违法所得计算和证据采集方面要谨慎;同时,在处罚时注意扣除已缴税款额。

在企业办理注册登记方面,建议加强工商部门之间的工作交流,加强对窗口工作人员的业务培训,提高业务能力。同时,可创造条件,逐步减少本市注册登记点,向集中统一登记的方向发展;加强审查,以减少冒名顶替现象;进一步规范企业吊销手续。

在办理提案方面,建议工商部门继续加强政协提案的办理工作,对需要综合办理的提案,工商部门要加强与合办、会办单位的联系协作,形成提案办理的合力。考虑到整顿和规范市场秩序是带有全局性、综合性,操作层面需要多方齐抓共管的工作,因此有些建议需要市委、市政府共同推动解决,这些意见、建议已向市政府分管副市长汇报,如探索联合执法新路子、对严重侵害人民切身利益的违法行为要加大打击监管力度、进一步规范私营经济开发区发展、解决收费过高和进一步保障工商部门行政经费等。

2005 年,市政协又选择对与人民群众利益息息相关的食品安全监管工作开展专项视察。通过视察,对本市食品安全监管工作提出了进一步改进和完善的 16 条意见和 28 条建议。如建立应急处理机制;建立食品安全评价预警中心;加强基层力量;推进诚信体系建设;加强对企业的服务和指导;强固特殊食品"后冷链"建设;大力培育绿色市场;建立企业分类风险管理制度;逐步推广优质管理模式;加强地方食品安全立法工作;建立健全食品安全标准体系;加强对检测机构的整合和管理;增加食品安全监管工作透明度;加强食品安全监管队伍建设;构建食品安全推动体系;加大食品安全宣传力度。考虑到食品安全是一项综合性较强的工作,涉及面很广,因此有些建议已向市政府分管副市长汇报,希望市委、市政府加以研究并推动解决,主要有完善食品安全监管协调机制;改善食品安全监管部门的工作条件;增加公共财政的投入;规范信息发布程序;健全生产许可证管理制度;加强食品安全的源头控制;增强打造"绿色链条"的力度;集中建设低端餐饮市场;加大价格监控力度;提高全社会食品安全素质;改进 QS 认证工作;将食品安全纳入公益诉讼范畴等。

二、专项视察活动的基本经验

实践证明,专项视察作为推进政协民主监督工作的一个重要抓手,寓协商、议政于监督之中,不仅使建议更具建设性和可操作性,也更易于推动政府有关工作的改进,实效性大大增强,使政协柔性监督的优势得到了具体体现。具体体现在:

1. 实事求是地提出意见建议,推动了被专项视察单位工作的改进和提高。2004 年市工商局十分重视政协委员和社会各界的意见建议,对一些意见建议立即研究,落实措施,着手整改。如对社会上企业牌匾名称混乱的现象开展了专项整治。对一些不能立即整改的意见建议,市工商局列入了 2005 年工作计划予以规范和整改。对于涉及宏观经济发展、尚需长期努力才能解决的问题,市工商局通过建立长效规范措施,纳入日常工作,并通过积极向立法部门建言献策,争取早日从机制、法制上解决问题。2005 年,市政府和市食品药品监管局等职能部门在研究部署明年的食品安全工作过程中,认真研究并充分吸纳市政协专项视察组提出的意见和建议,有些已经在 2005 年的工作中得到体现。比如在完善和健全体制和机制方面,原每季度召开的市食品安全工作联席会议,从 2005 年 8 月份开始改为每月召开一次,以此来加强对食品安全管理工作的领导力度。在增强各部门工作衔接方面,准备 2006 年就一些突出的环节和突出的问题,如肉制品、乳制品,建立以一个部门为主,相关部门紧密配合的全过程监管模式等。

2. 使社会对被视察单位的工作和政协的民主监督作用有了新认识。通过专项视察,在政府职能部门与市民之间,搭起互相沟通的桥梁。同时我们及时将意见建议原汁原味反馈给政府部门,也便于被视察单位更确切地了解服务对象的需求,更到位地为百姓服务。这样既增加了被视察单位工作的透明度,使政协委员对本市食品安全监管工作更加理解和支持,也使社会各方面对政协的职能和作用有了新的了解和认识,进一步扩大了政协组织的政治和社会影响。

3. 使政协的民主监督开拓了新思路,探索了新形式。通过专项视察,进一步畅通了政协民主监督渠道,扩大了政协委员的知情权和监督权,增强了政协民主监督的广泛性,也为政协加强民主监督探索了新的途径和有效形式。专项视察工作与政协以往的视察活动有所不同,将视察与评议有机结合,在时间安排上比以往的视察要相对集中一些,委员参与的面要宽一些,视察的内容要广一些,了解的情况更深一些,取得的实际效果也更好一些。同时,在视察期间,政协与被视察单位的沟通联系也较一般视察更及时、更直接,使委员的意见建议更具针对性和可操作性,更有效地推动工作的及时改进和完善。

为了体现连续性和实效性,每年的专项视察工作结束后,专项视察组将继续与被视察单位保持沟通联系,对其工作和整改措施进行跟踪了解,同时,将视察中发现的问题,通过政协提案、《社情民意》等途径予以反映,以进一步体现专项视察活动的效果。

（上海市政协专委会综合办　执笔人：胡勤）

完善专题议政，拓展
政治协商的渠道

专题议政会是政协落实政治协商职能的重要形式。十届市政协把这项工作列入了重要议事日程,开展了深入的调查研究,积极进行这方面的探索与努力,制定了有关政治协商的民主程序和工作规范,进一步完善了专题议政会、常委会通报等政治协商制度。实践证明,通过政治协商,切实推进了本市依法行政、法治建设,发挥了政协人才库、智囊团优势,委员在提合理建议、参与科学论证中起到了重要作用。

一、专题议政会是广集民智,实现党政决策科学化、民主化的重要环节

专题议政会是政治协商的具体形式,是党和政府广集民智,实现党政决策科学化、民主化的重要环节。它既向委员通报情况,又听取委员意见。通报一般分两个层面:一类是领导通报。通报内容是市委、市政府有关领导就本市涉及政治、经济、文化、社会生活重要问题和国民经济与社会发展规划以及关系本市改革、发展、稳定并与人民群众切身利益密切相关的公共政策等事项进行通报。另一类是部门通报。通报内容由市委、市政府有关部门领导就人民群众普遍关心的热点、重点、难点议题到政协进行通报,听取意见。从目前情况看,市委、市政府对一些列入讨论和需要决策的重要问题,事前都到市政协来听取过政协委员的意见,其通报内容都涉及本市政治、经济和社会等方方面面的重大问题,并且都与依法行政、推进本市法治建设密切相关。

市政协的专题议政会,内容包括市委、市政府和有关职能部门就本市贯彻落实中央宏观调控政策措施、"十一五"规划、实施"科教兴市"主战略、发展现代服务业和优先发展先进制造业、世博会规划、城市建设与管理、城市精神、文化事业改革与发展、社会诚信体系、价格调整、收入分配管理、劳动保障、养老与医疗保障制度改

革、食品安全监督管理、社会治安、社区建设网格化管理、房屋动拆迁、城市交通、区县政府机构改革、事业单位体制改革、教育综合改革、人才强市、纠风工作、黄浦江两岸综合开发和《政府工作报告(征求意见稿)》以及《市高院工作报告》(征求意见稿)、《市检察院工作报告》(征求意见稿)等本市重大改革方案和重大事项进行专题协商,听取政协委员意见建议。

二、专题议政会在政协委员建言献策的同时,还能通过政协委员发挥广泛联系社会各界的桥梁和纽带作用

专题议政会使政协委员比较充分地了解本市有关重大决策的目的和意义,从而能够有效地为党政决策献计出力,提供参考和依据。比如,委员们在讨论世博会规划时认为,2010 年上海世博会展区要与本市城市发展的总体规划相协调,要与浦江两岸的综合开发相衔接,还要研究重视保护本市特色建筑以及世博会展馆的后续利用问题,更要注重环境建设,体现出上海世博会的节能与环保理念。又如,对于老百姓普遍关心的城市交通问题,委员们认为,这是开放型国际大都市普遍存在的共性问题,政府应该体现和发挥出自身在协调统筹、组织实施等方面能力比较强的优势,着眼于城市交通布局的长远规划和建设,着力于当前城市交通管理和疏导方面措施的加强,进一步确立和落实公交优先战略,使现有的公共交通资源发挥更大的潜能。

专题议政会在政协委员建言献策的同时,也通过政协委员广泛联系社会各界的桥梁和纽带作用,更好地向社会各界各阶层进行宣传,以达成共识,形成合力,支持市委、市政府各项工作的开展。如关于本市实施"科教兴市"主战略、教育综合改革、价格调整、医保改革、城镇养老保险制度改革、食品安全监督职能调整、房屋动拆迁和稳定房价等专题协商会。委员们为完善各项改革措施,反映老百姓普遍关心的各类热点、难点问题,积极与市委、市政府及有关职能部门进行沟通协商,提出了许多有价值的意见建议,政府有关职能部门则认真考虑政协委员的意见,能吸纳的意见在会上就当面给予表态,对一些需要进一步研究的,都表示回去后再进行调研并给予答复,专题议政会取得了政治协商的积极效果,体现了我国基本政治制度的优越性和作用。尤其是有的通报协商内容,有关职能部门在第一次到政协听取委员意见建议后,立即就着手对方案进行了修改和完善,之后,又马上再次到政协

来听取委员意见。这种情况反映出：一方面，有关政府职能部门尊重委员意见，真心诚意听取吸纳委员的真知灼见；另一方面，也鼓励和提高了委员履行职能的积极性。在十届市政协的专题议政会中，一些关系大局或政治、经济、社会发展中的重要问题，会后，市政协还以专报形式就委员的意见建议汇总报送市委、市政府主要领导。

在"关于本市政法工作情况"专题议政会上，委员认为，在社会的转型期间，对社会稳定工作的长期性、艰巨性、复杂性要有充分的思想准备。上海不但要在经济社会发展方面走在全国前列，还要在党风、警风上发挥示范作用。要积极整合社会各方面力量，统筹协调，做好社会稳定工作。在这方面可以借鉴日本 NGO 的做法。并用科学发展观指导公检法司的工作；克服浮躁心理，狠抓队伍建设，扎实练好内功。

在"关于本市房屋拆迁工作情况"专题议政会上，委员们提出：要加快对动拆迁相关地方法规的制定，并具体研究制定有关拆迁工作管理办法，规范并配套各类格式文本，邀请资深律师充当拆迁公司法律顾问或法律监理，推行人大代表和政协委员的巡视制度等，加强对房屋拆迁工作全过程的监督，一定要坚持依法动迁。

在"本市城镇养老保险制度改革工作情况"专题议政会上，委员们对关系到老百姓切身利益的城镇养老保险制度改革非常关注，并提出：

1. 制定方案时要以老百姓切身利益为出发点和立足点，对未来一二十年可能发生的状况有所评估，尽量处理好政府职能转变、社会经济发展和百姓利益等各方面的关系。

2. 要平衡好老、中、新等不同群体之间的利益关系，缩小企事业单位与机关在发放养老金数量之间的落差。特别要做好目前正在转制的事业单位干部职工的工作，同时也要保证他们的切身利益。

3. 政府要考虑到随着老龄化趋势的加剧，社保资金能否收支平衡，政府的工作出发点与实际产生的效果会否出现矛盾。养老保险问题事关重大，有关方案的细节部分还有待斟酌。

三、把政治协商成果转化为决策的依据和参考

把政治协商纳入决策程序，就重大问题在决策前和决策执行中进行协商，并把

支持和参与政治协商活动主动纳入到党政工作计划之中,体现了党政部门对政协开展政治协商活动的重视和支持。同时,反映了党政部门从推进社会主义民主政治、建设社会主义政治文明,加强和提高党的执政能力建设的高度,把在政协的政治协商纳入了重大决策程序,并切实把政治协商的成果转化为决策的依据和参考。如将在人代会上的审议《市政府工作报告》和《两院工作报告》都在政协专题议政会上作全面情况通报,并认真吸纳委员们的意见建议和进行修改的做法已经连续多年。

专题议政会已成为政治协商的重要载体和有效形式,成为党委、政府与政协委员、各民主党派和各界人士沟通的桥梁,为促进政协围绕团结和民主两大主题开展工作,更好地发扬社会主义民主,积极推进本市法治建设,不断提高政治协商、民主监督、参政议政的质量和水平积累了相当的经验,为本市的经济、社会各项事业发展作出了贡献。

（上海市政协专委会综合办　执笔人：毛伟）

建设"服务政府、责任政府、法治政府"

要落实科学发展观,构建和谐社会,解决社会经济发展中存在的一些深层次矛盾和问题,就必须加快政府自身改革和建设,形成行为规范、运转协调、公正透明、廉洁高效的行政管理体制。2003 年 2 月,新一届上海市政府组成伊始,就提出了建设"服务政府、责任政府、法治政府"的目标,力求在依法行政方面有更大突破。

一、建设"忧民所忧,乐民所乐"的服务政府

服务政府是在公民本位、社会本位理念的指导下,在整个社会民主秩序的框架中,把政府定位于服务者的角色,并以向社会提供公共产品为重要职责。服务政府建设的最主要特征,是政府从管制型向服务型的转变,以前那种高高在上的管理者和恩赐者的形象将被服务者和给付者的角色所取代。

上海市政府在努力打造"服务政府"问题上,着重从以下几个方面着手:

第一,改善住房条件。上海仍在不断健全多渠道改善市民住房条件的住房政策,通过廉租住房制度和公有住房低租金和减免政策,近百万户中低收入家庭享受到了住房保障;实施旧住房成套改造和"平改坡"综合改造,让普通市民家庭就地改善了居住条件;2003 年起实行购房贷款贴息政策,更使中低收入家庭也有能力购买新商品房。

第二,努力促进就业。本市从 2003 年开始实施新增就业岗位计划,当年新增就业岗位 46 万个,2004 年新增就业岗位达到了 61 万个,2005 年 1—10 月实现新增就业岗位已达 65 万个。2005 年底,还就促进就业进行了立法,规定了企业因市政建设、环境保护等非市场原因导致裁员的,由政府安排相当资金,帮助企业做好相关

人员的转岗培训和安置工作。

第三，完善社会保障。首先，本市郊区合作医疗参与率达到 95％以上，形成以合作医疗保障为主、其他医疗保障为辅的机制，使本市郊区农民每人都享有一份医疗保障。其次，为进一步扩大社保覆盖面，在城镇职工社会保险和农村社会保险的基础上，于 2002 年 9 月和 2003 年 10 月又分别立法规范了外来从业人员综合社会保险和小城镇社会保险。按照国务院"做实个人账户"的试点要求，《上海市城镇养老保险"虚账实记"实施方案》于 2005 年 11 月 1 日正式实施，"虚账实记"是"做实个人账户"的一步基础性工作，同时本市还在构建养老保险制度可持续发展的长效机制方面作出探索，正着手构建养老保险"统账分理"新模式。

第四，建设健康城市。为应对各种突发公共卫生事件，本市实施了《加强公共卫生体系建设三年行动计划(2003—2005)》，投资约 15 亿元的疾病防控网、医疗救治网将撑起整个公共卫生体系，更好地护卫上海"健康"。针对新《婚姻登记条例》取消强制婚检，上海于 2005 年 9 月起在全市范围内推广免费婚检，由于政府推行人性化的人文关怀，免费为市民提供婚检，使广大新婚当事人感受到实实在在的政府服务。

第五，加强环境保护。经过连续两轮三年环保行动计划，上海城市空气质量已明显改善。为"沟通水系、引清调活、截污治污、营造水景、改善生态"，上海在苏州河整治一期工程完成后，累计投入 60 多亿元，到 2005 年 10 月底，曾经分散在中心城区的 201 条黝黑发臭河道，85％已提前完成了整治任务，近 7 成呈现出岸绿水清、河中有鱼的景象。

本市在政府治理模式由管制型向服务型的转变过程中，实现了以下三方面的突破：

第一，在政府服务的理念上，坚持以人为本的公众服务导向。时刻把握服务政府的内涵，即政府提供什么、如何提供都要事先听取公众的意见，将公众意愿作为政府决策第一价值取向，并且将政府提供公共服务的效果以社会公众的评价为主。

第二，在政府服务的形式上，强调与其他社会主体的协同合作关系。将自身看作是社会中的一个组织，不再是高高在上的统治者的模样，也不是传统所说的掌舵者的架势，更注重与其他社会主体的协同合作，成为各社会主体之间的一种催化剂和黏合剂。

第三，在政府服务的成效上，服务效率与服务效益并重。时刻牢记政府财力有限,所用支出来源皆是纳税人辛辛苦苦挣的钱,在提供公共服务时必须考虑效率问题。当然,由于政府的特殊利益代表性,在提供服务过程中,除了关注效率外,还必须关注服务提供的社会效益。

从管制型政府向服务型政府的转型是一场深刻的"政府革命",上海在建设服务政府过程中,还需要关注"两大领域"的建设。

第一,促进社区建设,完善社区自治功能。建立政府引导、群众自治与自愿组织为主体,群众广泛参与的社区管理模式。充分发挥社区基层组织协调利益、化解矛盾、排忧解难的作用,使社区基层组织在社区服务、社区管理、社区治安综合治理、社区文化建设等方面发挥更大作用,提高社会自我管理能力。

第二,培育社会中介组织,充分发挥其提供服务、反映诉求、规范行为的作用。健全的社会中介组织是公共服务社会化、市场化的组织保障,也是基层民主建设和政府决策民主化的有力保证。由于长期以来社会对政府的高度依赖,社会中介组织不很发达,即使有限的社会中介组织也由于财务和其他资源依赖于政府,组织结构和职员级别与政府雷同,社会管理普遍行政化,社会自我管理能力较差。要彻底改变这种现象,在社会中介组织的建设上应努力从以下两方面入手:一是不再批准官办的社会中介组织,避免政府与中介组织关系不清的现象,真正摆脱挂靠关系;二是鼓励民办社会中介组织的设立和发展。

二、建设"务实高效,廉洁勤政"的责任政府

责任政府指政府必须合法、合理、有效地行使行政权力,并且在政府行使的每一项权力背后都连带着一份责任,实现权力和责任的统一,做到有权必有责、用权受监督、违法受追究、侵权须赔偿。责任政府建设的最主要特征,是政府由权力政府走向责任政府,必须为自己违法行使权力承担法律责任。

上海市政府在着力建设责任政府方面,主要采取了以下措施:

第一,实施行政执法责任制。2005年10月,上海市发布了《关于贯彻落实〈国务院办公厅关于推行行政执法责任制的若干意见〉的实施意见》,在全市各级行政机关全面推行行政执法责任制。将法律赋予行政机关的执法职权进行逐项分解,依法界定执法职责,梳理执法依据,明确执法程序和执法标准,建立起完整的岗位责任体系;强化执法责任,根据行政执法部门和行政执法人员违反法定义务的不同

情形,依法确定其应当承担责任的种类和内容;健全行政执法评议考核机制,提高行政管理的绩效;建立和实施行政过错责任制,进一步规范和监督行政执法活动。

第二,构建政府诚信体系。在市场经济社会,个人诚信是基础,企业诚信是重点,政府诚信是关键。政府诚信首先就要求行政机关公布的信息应当全面、准确、真实。2004年1月20日,本市颁布了《上海市政府信息公开规定》,并于5月1日起正式实施,市民可以通过多种途径了解各级政府主动公开和被动公开的各种信息。截至2005年5月,本市各政府机关主动公开政府信息11万多条;处理政府信息公开申请10 621件,同意公开或部分公开的8 714件。至2005年8月,全市97%的街道拥有社区政务管理平台,覆盖市、区、街道三级的电子政务网络已基本形成。

第三,通过行政机构改革,落实政府责任。根据党的十六大和十六届二中全会关于深化行政管理体制和机构改革的精神及《中共中央办公厅、国务院办公厅关于地方政府机构改革的意见》的要求,结合上海市实际,本市制定了《上海市机构改革方案》,并于2003年8月2日起组织实施。上海市机构改革的基本原则之一,便是权责明确,一件事情由一个机构为主管理或由一个机构牵头管理,合理划分和界定各部门的事权和分工,理顺部门之间、条块之间以及行政层级之间的关系。自2004年起,在市委、市政府的统一部署下,上海市事业单位体制改革也正式启动,坚持边设计、边改革、边完善,并在转制改企、管养分离、后勤服务社会化、投资主体多元化等多方面取得了一定的成效。

上海市政府将负责任作为政府应具备的主要品质,也是政府建设的一个重要环节,非常鲜明地体现了政府的责任意识。本市在建设责任政府过程中,主要实现了从强调公民责任向强化政府责任的转变,并带动了透明政府与有限政府的建设。一是通过政府信息公开,使群众了解政府行为的内容、程序,将行政行为置于群众监督之下,这无疑对构建责任政府起着促进和推动作用,使政府言必行、行必果,不可轻诺寡信、朝令夕改,从而防止政府失信于民。二是围绕经济调节、市场监管、社会管理和公共服务,实现政府职能的"强化、弱化、转化"。做到政企分开、政事分开,理顺了政府与市场、社会的关系,明确了政府自身的权力所在,责任所在。

随着我市民主法治建设的发展,政府人员特别是领导干部的责任意识有所提高,然而,上海在建设责任政府过程中,还存在着一些需要继续完善的方面:

第一,完善行政补偿制度。目前,上海处在一个高速的改革发展期,在改革过程中,不可避免地会伤及部分人的利益,但由于行政补偿的范围不清、标准偏低、程序性规定极为欠缺,客观上使得政府无法对改革中侵害到的公民利益进行完全公正、合理的补偿,导致相对人往往存在较大的抵触情绪,直接影响了责任政府的建立。

第二,完善社会矛盾多元化解决机制。当前,我国正处在经济和社会转型期,各类社会矛盾纷繁复杂,如其得不到及时化解,不仅会增大社会的运行成本,严重者更会危及社会稳定,所以,化解社会矛盾,对政府来说是第一位的责任。因此,健全行政复议、行政调解等以行政方式解决矛盾纠纷的机制;切实贯彻《信访条例》,引导人们依法信访,并在法律的框架内解决问题;充分发挥人民调解、社区自治在自我纠纷解决机制中的作用;大力发展社会团体、行业协会的自律功能,综合运用教育、协商、调解等方法,依法、及时、合理地处理群众反映的问题,也应该成为本市责任政府建设的关键所在。

三、建设"依法行政,公正严明"的法治政府

法治政府是指由法律规定行政机关的组织、权限、权力行使和违法的后果,政府施政必须以法律规定为准绳。因而,政府权力是受法律限制、由法律调整的权力。法治政府建设的最主要特征,是强化对政府权力的规范,形成受法律规则约束和控制的政府。

上海市政府在贯彻实施《行政许可法》、《公务员法》、推进综合执法改革、完善政府立法的各项制度建设等方面,加快法治政府建设的步伐。

第一,以贯彻实施《行政许可法》为契机,规范政府行为。《行政诉讼法》、《国家赔偿法》、《行政复议法》是从监督的角度来要求政府的行为必须合法,而《行政许可法》是直接规范政府自身的行为。2003 年 12 月起,本市对行政许可事项、依据以及行政许可实施主体进行了全面清理,本市创设的 203 项行政许可事项,经清理后决定取消 102 项,占创设许可项目的 50.2％。并针对许可设定、实施和监督检查 3 个主要环节,出台了相配套的 3 个政府规章,即《上海市设定临时性行政许可程序规定》、《上海市行政许可办理规定》和《上海市监督检查从事行政许可活动的规定》。此次行政许可清理,对规范政府行为,保障和监督行政机关有效实施行政管理,以及从源头上预防和治理腐败,都将产生积极的推动作用。

第二,以学习贯彻《公务员法》为契机,规范公务员管理。《公务员法》以法律的

形式,规范公务员的管理,标志着公务员管理工作走上了法制化轨道。这对于约束公务员的行政行为,推进法治政府建设等方面,都有着十分重要的现实意义。本市积极贯彻落实《公务员法》,推进公务员管理制度改革。一是开展公务员法学习贯彻活动。制定了公务员法培训方案,组织开展了省部级干部培训、局级干部培训、组织人事干部培训、师资培训和全员轮训等一系列培训活动。二是建立公务员基础信息数据库,在全市进行信息采集和建库工作,为加强公务员规范管理打下基础。

第三,通过综合执法改革,进一步理顺行政执法体制。上海市的行政执法体制现已整合成三大块:一块是城市管理领域综合执法,2005年8月起成立上海市城市管理行政执法局,全面管理噪音污染、夜间施工、占道经营、乱贴小广告、违法建屋、损坏绿地等违法行为;另一块即在文化领域,把原来分散的文化、广电、文物、体育、出版的行政处罚权,由"五指"握成"拳头",实现对文化市场执法管理的统一和规范;还有一块是于2005年1月起正式实施的对本市食品安全进行集中监管,最终追求由一个部门为主的综合性、专业性、系统性的监管模式。三大领域的综合执法,解决了执法机构重叠、职能交叉、职责不清、相互扯皮的问题,使上海市民觉得,多头执法少了,没人管的情况也少了,执法行为也更规范了。

第四,政府立法重心从"权力本位"转向"权利本位"。近几年,在政府立法中,最大的转变是从规范管理相对人行为转到规范政府行为,在赋予行政机关必要权力的同时,规定其相应的程序规范和法律责任,使权力的行使受程序规范的制约。如,为切实推进政府依法行政,透明行政,出台了《上海市政府信息公开规定》;为加强对规范性文件的管理,出台了《上海市规范性文件制定和备案规定》等。这些政府规章的一个共同点就是着重规范政府权力的行使。

上海在建设法治政府的过程中,实现了从"治民"到"治官"、从"任意行政"到"规范行政"的转变。

首先,在立法的理念上,更加注重规范政府行为,尊重和保障公民权利。过去一些立法往往对行政机关的权力规定得比较具体,而对权力的约束和责任规定得相对薄弱;对管理相对人的义务规定得比较具体,而对保护他们合法权益的规定则比较笼统和原则,导致权力与责任的脱钩、权利与义务的失衡。近年来,本市在立法中越来越注意避免和克服"官本位"思想和部门利益倾向,对法规草案中所涉及的许可、收费、处罚等对管理相对人权利产生影响的内容严格把关、审慎论证。在赋予行政机关必要权力的同时,规定其相应的程序规范和法律责任,使权力的行使必须受法律的制约。

其次,在行政执法中,失职不作为、越权乱作为的现象减少了。主要是从体制、机制和队伍建设等方面入手,通过综合执法改革,改善了本市行政执法的总体面貌。通过对本市执法人员的法制培训,执法人员对相关法律法规的认知程度提高,法律意识增强,确保了行政执法的规范化、法治化。

再次,通过多次行政审批改革,取消和调整一批审批项目,改变过去那种"以批代管"、"只批不管"、"重审批轻监管"的观念和做法。过去审批项目过多过滥,再加上"暗箱操作",缺少必要的制约监督,是产生腐败的土壤和条件。通过行政审批改革和贯彻实施《行政许可法》,取消和调整了政府不该管、管不好、也管不了的审批事项,加强对审批行为的制约和监督,形成有效的行政许可权力运行机制。

面对纷繁复杂的社会问题,现代行政管理需要追求效率,但是,对效率的追求绝对不能削弱政府法治的建设。上海在建设法治政府过程中,还需要从以下两方面予以改善:第一,强化行政程序意识。随着行政职能适应社会需要而不断扩展,实体规范再严密总有空白之处,而且当实体规范面对行政自由裁量权的时候,亦显得无能为力,这时就需要严格的行政程序对行政权力的行使进行制约。目前,行政程序存在浓厚的官本位意识、行政主导意识,缺乏公开的公民参与模式。只有使公民成为行政程序的主体,才能使行政程序真正起到控制、规范行政权力的作用。第二,理顺监督机制。目前我们行政监督处在一种"泛监督"状态,好似监督主体很多,但没有构建成合理的监督体系。监督主体过多而又没有形成机制,反而会产生以下弊端:一是监督主体中谁主谁辅没有一个明确概念,而且各监督主体由于其法律地位和职权性质不同,在各自的监督范围、内容、方式上均存在局限性。二是多种监督主体都从各自的角度对行政主体的行政行为实行监督,其间缺乏有机联系,基本处于零散与独立状态,使监督效率偏低、监督效果不佳。

(上海市人民政府法制办 执笔人:程彬)

全面实施政府信息公开制度

一、实施政府信息公开的过程和特点

上海实施政府信息公开是推进"依法治市"方略,建设"服务政府、责任政府、法治政府"(简称"三个政府"),转变政府职能、规范政府行为、接受人民监督的必然要求,也是贯彻实施行政许可法和落实国务院《全面推进依法行政实施纲要》的一个重要举措。

上海的政府信息公开工作分为三个阶段:

第一阶段:从1996年10月至1998年底,为启动阶段。1996年3月,《中华人民共和国行政处罚法》(以下简称《行政处罚法》)颁布,同年10月1日起实施。其中第31、32条规定了行政机关作出行政处罚决定前的告知程序,第41条规定行政机关及其执法人员在作出行政处罚决定时,若未按照第31、32条之规定履行告知义务的,行政处罚决定不成立。这是政府法治建设进程中的一个重要举措,反映了对公民权利的尊重和保护。与之相配套,自1996年底,上海在市级各部门、区(县)级各部门、街道(乡镇)三个层面开始建立和探索政务公开制度。

第二阶段:从1998年底至2004年初,为全面推进政务公开阶段。1998年12月,中共上海市委、市政府作出了《关于实行政务公开制度,深入开展政务公开工作的决定》,标志着政务公开进入全面推进的新阶段。《决定》从政务公开的目的、要求,公开的机构、内容、形式和方法,监督保障措施以及组织领导等六个方面,提出了明确的方向。从组织保证上,建立了上海市纠风和政务公开联席会议,协调推进全市的政务公开工作。政务公开的内容主要以解决社会反映的突出问题为重点,对行政执法和经济管理部门,具有垄断性质的公共事业单位,在行政许可审批、发证年检、行政事业性收费、行政检查、行政处罚和行政强制等环节,实施政务公开;对与群众利益关系密切相关的自来水、燃气、供电、学校、医院等公共事业服务单位,主要强调办事制度方面的公开,特别是针对群众迫切需要了解的、群众反映突出的问题和环节进行公开。截至2003年12月底,本市实现网上办事和网上服务的行政事务已有552项,其中网上受理 278 项,办事状态查询 175 项,另有咨询 47 项、投诉 52 项。可在网上下载的各类电子表格共有 653 种、2 298 张。上海已有 52 个市政府委办局、5 个中央在沪行政机构、19 个区(县)政府部门、99 个街道①、121 个乡镇(3 个乡、118 个镇)实行了政务公开。目前,政务公开中行政许可方面的项目,已由几年前的几十项扩展到现在的 1 013 项②,占面向公民和社会应该公开项目数的 94.1%。

第三阶段:从 2004 年初至今,为政府信息公开阶段。2004 年 1 月 20 日,《上海市政府信息公开规定》(以下简称《规定》)颁布,同年 5 月 1 日起实施,使政府信息公开工作进入全面法制化的阶段。要说明的是,《规定》并不是国内第一个关于政府信息公开方面的规定,广州市早在 2002 年 11 月就以市政府规章的形式颁布了《广州市政府信息公开规定》,汕头市也于 2003 年 4 月颁布了《汕头市政务信息公开规定》。但是,与兄弟省市相比,《规定》有其特点:第一,它是国内第一部以省级政府规章形式制定的政府信息公开规定;第二,它的制定过程是相对开放的,包括公布草案征求公众意见,听取各方意见,并在最终定稿后对起草过程以及采纳意见的情况进行了公开说明;第三,上海市政府做了空前的组织、培训等准备工作,以确保规定的有效实施;第四,中央政府和其他省市都予以了密切关注,并进行了相关报道。

二、政府信息公开实践中的做法

《规定》自 2004 年 5 月 1 日起正式实施后,市政府采取一系列措施抓好推进和落实工作:

第一,加强领导,精心组织,建立政府信息公开组织推进机制。由市信息委、市政府办公厅、市政府法制办、市监察委等部门组成的政府信息公开联席会议,分别从政府信息公开目录和指南的指导督促审查、审阅场所的建立、“中国上海”政府网站的改版、依申请公开收费问题的研究、对《公开规定》的宣传培训等各方面入手,形成制度推进合力。

第二,制定相关制度、文件,规范政府信息公开工作。为推进《规定》实施,规范各级政府机关的政府信息公开工作,印发了《上海市人民政府办公厅转发市信息委、市政府法制办关于〈上海市信息公开规定〉实施意见的通知》(沪府办发[2004]20

---

① 目前全市共有 100 个街道,其中 1 个街道新建。
② 机构职能调整后,据对 50 个具有行政审批职能的市级政府部门所作的统计。

号)、《上海市人民政府办公厅转发市政府信息公开联席会议办公室〈关于进一步做好政府信息公开工作意见〉的通知》(沪府办[2004]37号)等规范性文件,并召开全市会议予以部署落实。为规范依申请公开政府信息收费还印发了《上海市财政局、上海市物价局关于本市政府机关依申请提供政府信息收费问题的通知》(沪财预[2004]44号;沪价费[2004]23号);为对政府信息公开工作予以监督检查,印发了《市监察委、市法制办关于对本市政府信息公开情况开展检查的通知》(沪监[2004]26号);为充分发挥市、区县档案馆作为政府信息集中查阅窗口的服务功能,印发了《关于加强政府公开信息送交工作的意见》(沪档[2004]22号);为明确统一的统计制度,印发了《上海市政府信息公开统计制度》的通知;为布置落实信息公开年报工作,印发了《上海市政府信息公开联席会议办公室关于开展2004年政府信息公开年度报告编制工作的通知》等文件。同时,为规范政府信息公开工作流程,制定了政府信息公开指南、政府信息目录、政府信息公开受理文书格式文本等的编制要求和样本。

第三,重点推进,公开一批关系民生与社会发展的政府信息。确定15家"公权力大、公益性强、公众关注度高"的单位,作为落实各项制度的试点,为启动面上的政府信息公开打好基础。截至2004年12月底,15家重点单位公开政府信息目录累计达9 758条,其中依申请公开信息目录833条。截至12月底,15家重点单位的电话和当面咨询近30万人次,网站专栏的页面访问量达8 000万人次,收到申请3 598件,其中85%以上能全部或部分提供所需信息。

第四,建立长效机制。拓宽公开渠道(包括建立档案馆的查阅点、开通实名制"市民信箱"、社区信息苑、街道电子公告牌,研究查询全市政府信息的搜索引擎等),规范网上公开工作,规范政府信息公开申请的受理流程,按照主动公开、依申请公开、免予公开的要求对新产生政府信息进行分类处理,建立政府信息公开情况的年度报告机制、监督检查评议机制,建立各政府机关的学习培训和促进交流的工作机制。自2004年5月1日《规定》实施起,至2005年6月底,全市政府机关主动公开政府信息类目录107 815条;收到政府信息公开申请9 243件,接待政府信息公开咨询188万人次。

三、实施政府信息公开的经验与意义

上海的政府信息公开工作,从依法行政的角度来看,有以下几方面的经验:

第一,使政府依法行政达到了一个新水平。《规定》的颁布实施规范了政府今后的行为,我国立法的基本原则之一为不溯及既往,即任何法律、法规、规章只对其颁布实施后的行为发生效力,这也是为了维护社会稳定的需要。但政府信息公开制度比较特殊,它规范的是政府行为,对行为是遵循立法的基本原则,不溯及既往,但对行为的后果即相关政府信息却是有溯及力的,不仅《规定》颁布实施后的政府信息要公开,《规定》颁布实施前的特定政府信息也要公开,从这一点来看,政府信息公开制度更偏向于对公民权利的保护,代表着本市依法行政达到了一个新水平。

第二,主动公开的公共信息内容是全方位的。只要是公共信息,基本都做到了主动公开,公开内容涉及教育、社会保障、就业、土地征用、房屋拆迁等各个方面。不少政府机关已将"政府信息公开"纳入日常工作流程,动态地将新产生的政府信息及时公开。

第三,正确处理了政府信息公开与个人隐私、商业秘密保护的关系。《规定》第10条第一款规定:"下列政府信息,免予公开:……(二) 属于商业秘密或者公开可能导致商业秘密被泄露的;(三) 属于个人隐私或者公开可能导致对个人隐私权造成不当侵害的;……"第二款规定:"第一款第(二)(三)项所列的政府信息,有下列情形的,可以不受免予公开的限制:(一) 权利人或者相关当事人同意公开的;(二) 公开的公共利益超过可能造成的损害的;(三) 法律、法规规定可以公开的。"在国家《个人隐私保护法》尚未出台,商业秘密保护的规定分散于若干法律、法规,并且不够具体的现实背景下,《规定》预见性地规定了政府信息保护与个人隐私、商业秘密保护之间的关系,为实践中处理这类矛盾提供了一定的依据。

《规定》的出台、实施,引起了社会的极大关注与讨论,其意义是十分积极的、深远的。

首先,它体现了政府对公民基本权利的尊重和保护。从国家的权力归属来看,国家的一切权力属于人民,人民管理国家是宪法赋予的一项基本权利,而人民行使这一权利的基本前提是享有知情权。而行政机关作为国家权力机关的执行机关,直接向国家权力机关负责并报告工作。因此,公开政府信息是对公民知情权的尊重和保护,是行政机关的一项法定义务和责任,也是现代法治政府的一项基本内容和要求。知情权是市场经济主体应享有的一项基本权利,但它是一个相对抽象的权利,要通过其他一些具体权利才能得以体现。参政权、监督权等公民权利都以知情权为基础,是知情权的延伸和最终目的。政府信息公开是市场经济下信息对称的必然要求,是监督依法行政的有效手段,是对公民参政权和监督权的保证。

其次,它有助于增强政府的公信力,维护社会稳定。推进政府信息公开制度,能够有效促进政府机关及其工作人员改进工作作风、工作方法,避免"暗箱操作"、"官官相护"和行政权力性垄断,有利于密切党群关系、干群关系,增强人民群众对政府的信任,有利于保持政府与公众、中央与地方之间信息的及时沟通,保持社会稳定。另外,政府机关主动公开部分社会最为关心的信息,可以明显缓解被动应付现象,并有效减少争议。免费主动公开信息,更有助于树立政府机关透明、开放、清廉的良好形象。

第三,它是上海建设"三个政府"的重要制度保障。上海目前着力于"服务制度、责任政府、法治政府"的建设,"服务政府"是政府建设的根本宗旨,即服务于人民,维护人民的根本利益;"责任政府"体现了这样的理念,即政府每作一个决定,都要对其决定承担责任;"法治政府"要求规范政府行为,政府要依法办事。就"三个政府"的建设目标来看,政府信息公开是达成这个目标的重要制度保障。

四、进一步完善政府信息公开制度的思考

上海的政府信息公开工作开局良好,取得的成绩也很显著,社会反响比预计的好,但总体上处在探索阶段,仍存在一些不足,主要表现在:

第一,不同公开渠道的公开内容不够均衡。有些部门网上政府信息公开已经非常到位,但到社区以及公开点的数量方面,则显不够,特别是一些不具备上网条件的公众,要了解政府某方面的信息就比较困难。政府公开的信息向市区档案馆聚集也显不够。

第二,需要进一步加强对公众的引导。目前开展的政府信息公开工作中,在一些具体问题上,由于认识上的误解,导致申请政府信息公开中存在一些不必要的障碍。比较突出地反映在公众对政府所掌握信息上的认识误解,经常发生找错部门,或将研究咨询类问题加入到申请政府信息公开请求中的问题,造成申请被否决。实践中还有将政府信息公开制度作为一种行政救济,作为解决历史遗留问题的方式的误解。

第三,在处理公开与保密的关系上仍需进一步完善。如前所述,《规定》中已有关于商业秘密与个人信息免予公开,以及在特定情况下可以公开的相关规定,但如

何妥善处理公开与保密的关系,仍是当前政府信息公开工作实践中的一个难点,也是一个不足之处。首先是法律衔接问题。《档案法》、《保守国家秘密法》和国家部委的有关规章等上位法中与政府信息公开实践有冲突的有关内容尚未调整,而政府信息既是信息,也是档案,有些又关涉到国家秘密,因此,在政府信息公开实践中如何妥善处理这些矛盾,是关系到国家法制统一、地方社会稳定的大事。其次是公开与保密的关系问题。现行法律体系中有关商业秘密保护没有具体的规定,而有关个人隐私保护更是没有相关规定,上海在政府信息公开实践中应把握适度原则,进一步探索。

解决这些问题,有的需要进一步规范程序,有的需要进行全市统筹协调,有的需要转变观念并在体制改革中逐步破解。下一步应着重做好以下几方面的工作:

第一,研究一些基本法律问题,解决公开与保密的界定、衔接、功能定位等问题。哪些是应当公开的,哪些属于可以部分公开的,公开的范围和深度在实践中如何把握,公开或不公开的标准是什么,这些问题的解决都需要对国家秘密与信息公开作严格的界定。不仅应当确立政府一般信息的公开原则和特殊信息保密的保留原则,更应当在国家秘密的界定上,进一步明确其界定的程序,以程序法来规制行政权力滥用的可能,在权利人寻求传统法律救济和保障国家秘密之间保持一种程序上的动态平衡。

第二,研究结果公开与过程公开的关系。政府信息作为行政决策的结果,由于与公共服务,经济、社会管理等密切相关,因此而关涉到公民的切身利益,应当予以公开。这一点目前全社会已基本达成共识,这也是建设法治政府、尊重公民民主权利的内在体现。然而,行政决策过程应否公开,是个值得探讨的问题。从实践反馈来看,倾向行政决策过程原则上不应公开,但在政府机关拟作出的决策、制定的规定等涉及公民、法人和其他组织的重大利益,在制定过程中起草机关或决定机关应当将草案向社会公开,举行听证会等,充分听取公众的意见。

第三,研究依申请公开与主动公开的关系,做到新账不欠,旧账逐步还。应进一步研究主动公开与依申请公开信息的区别和范围,尽量扩大主动公开信息的范围,及时公开应主动公开的信息,不欠新账。并且,经调整后一些现在应公开而过去没有公开的信息,也应及时梳理,及时公开,做到旧账逐步还。同时,应区分依申请公开与咨询、投诉的界限,明确依申请公开的答复标准和规范,加大咨询服务力度。

第四,建立政府信息公开的技术保障机制。上海的政府信息公开工作是在信息化大背景下组织实施的,必然与信息技术应用紧密联系。我们将通过电子政务建设,加快内部信息资源的数字化,建设专业信息库和信息目录体系,建立网上信息公开规范,并开发建设信息搜索引擎,实现信息方便快捷地查阅。

第五,抓好长效机制建设,建立信息公开的制度保障。一是监督制度,充分发挥监察部门、新闻媒体、社会公众、各部门内部力量的作用,研究制定针对信息公开工作的检查方案,细化有关惩戒举措,并对各单位制定信息公开工作的内部工作规范加以指导。二是评议制度,借鉴近两年来邀请社会各界对政府部门网站进行公开评议的做法,广泛听取社会各界对信息公开工作的意见与建议,评议结果在政府信息公开年度报告中客观、公正的反映。三是信息更新维护制度,确保新产生的政府信息及时纳入公开范围,同时探索重大决策、重大项目的预告制度。

(上海市人民政府法制办 执笔人:史莉莉)

行政综合执法改革的探索

一、上海实施行政综合执法的背景

行政综合执法是指由一个行政机关或者具有公共事务管理职能的组织根据一定的法律授权程序,在合理的管辖范围内集中行使相关行政机关或者机构法定的行政检查权、行政处罚权、行政许可权等权力的一种行政执法制度。从20世纪80年代改革开放开始,随着社会公共管理事务的增加,政府部门相应分立分设,行政执法日益分散,加上法律法规给具有公共事务管理职能的行政机构授权,行政执法出现部门化、专业化的趋势,出现了主要行政部门基本都有自己的执法队伍的现象。不可否认,在20世纪80年代至90年代初期,行政执法队伍的增加和专业执法这种行政执法体制,适应了当时行政执法的需求,确实为加强行政管理作出了积极的贡献,但随着社会主义法制的日趋完善,城市现代化进程的加快,行政执法工作单靠专业执法很难达到执法工作的高质量、高效率。

随着上海经济建设和社会的发展,分散的执法队伍结构和专业执法体制与上海国际化都市的管理要求之间的不协调性日益凸显,专业执法的弊端和局限性难以满足现代化城市管理的客观要求,具体表现为:

第一,由于行政法律关系交错重叠,有时一个违法行为会涉及多个行政执法管辖权,使多支专业执法队伍对一个违法现象从不同角度执法,导致重复执法、多头执法现象的出现。甚至是有利可图的争着执法,无利可图的彼此推诿。

第二,行政管理和行政执法的职能分工日益细化、部门化,以至于发展到部门管理分割行业管理。颁布一项法规,即建立一支专业执法队伍,造成执法职能越来越分散,专业执法的职能越来越狭窄。

第三,由于编制、经费、职能的客观限制,各支专业执法队伍人数相对不足,执法覆盖面小,缺乏延伸到第三层面(街道和社区)执法的体制、机制,执法力度不够,成本高、效能低,造成执法工作"横向不到边,纵向不到底"。在这种背景下,不断完善行政执法体制,推进综合执法,是上海解决好特大型城市管理问题,合理调整政府职能和权限分工,理顺行政执法体制的必需。

应该说,行政综合执法的产生有其必然的原因:一是行政综合执法产生于多个行业专业执法的边缘和交叉领域。因为行政专业执法权越临近,其自身边界与其他行政专业执法权交叉重合的范围就越多,越容易引发、导致"综合"现象。因此可以说,这是市场经济体制建立过程中行政专业执法权过多过滥的必然结果。二是行政综合执法的出现,反映了"条条"被"块块"综合的客观现实。行政综合执法显示了行政执法从"条条"为主向"块块"为主转变的必然趋势。

二、行政综合执法改革实践中的做法

上海的行政综合执法改革,主要根据上海行政管理的实际,在以下几个领域展开有益的探索,有些探索在全国处于领先地位:

(一)文化市场领域的综合执法

上海在全国率先开展文化市场领域的综合执法。其发展过程经历了两个阶段:

1999 年到 2004 年 8 月为第一阶段。1999 年 12 月,本市发布《上海市文化领域行政执法权综合行使暂行规定》,自 2000 年 1 月 1 日起实施。这是上海市为推行文化领域综合执法而制定的第一个政府规章。历经 5 年的委托综合执法,形成了市和区(县)两级文化稽查队,综合行使文化娱乐、艺术展览、广播、电影、电视等文化市场行政处罚权的综合执法体制;

2004 年 9 月至今为第二阶段。2004 年 9 月,中共中央办公厅、国务院办公厅转发《中宣部、中央编办、财政部、文化部、国家广电总局、新闻出版总署、国务院法制办关于在文化体制改革综合性试点地区建立文化市场综合执法机构的意见》,市政府于同年 12 月发布《上海市人民政府关于在本市进一步完善文化领域相对集中行政处罚权工作的决定》和《上海市文化领域相对集中行政处罚权办法》,明确将文化市场领域综合执法形式由原来的委托执法调整为授权执法,并将原来的市文化稽查总队改组为市文化市场行政执法总队。2005 年 1 月起,该总队根据国务院授权,以自己的名义集中行使文广影视、新闻出版、文物、体育等领域的行政处罚权。全市 19 个区(县)也在原文化稽查队基础上相继组建区(县)文化市场行政执法大队。与委托执法阶段相比,授权执法阶段的执法范围有所扩大,行使了市和区(县)新闻出版管理部门、文物管理部门、体育行政管理部门以及旅游行政管理部门的全部行政处罚权。

(二)城市管理领域的综合执法

本市城市管理领域的综合执法,根据市委、市政府确定的城市管理行政执法体制改革步骤,经历了3个阶段:

第一阶段是自1997年开始,由地方性法规授权街道监察队进行综合执法。

第二阶段是自2000年12月开始,市人大常委会通过《关于同意在本市进行城市管理综合执法试点工作的决定》,授权中心城区开展区级城市管理综合执法,全市10个中心城区先后成立了区城市管理监察大队,开展整治市容市貌的城市管理综合执法试点。2004年2月,根据国务院《关于进一步推进相对集中行政处罚权工作的决定》,进一步推进本市城市管理综合执法工作,把区级综合执法范围扩大到建设、市容环卫、市政工程、绿化、水务、环保、公安、工商、房地资源和规划等部门的行政处罚权。

第三阶段是自2005年6月至今。2005年6月,市政府发布《上海市人民政府关于本市开展市级层面城市管理领域相对集中行政处罚权工作的决定》,明确自2005年8月1日起设立上海市城市管理行政执法局,在市级层面开展城市管理综合执法工作,将城市管理综合执法推进到市区两级全面深化。城市管理综合执法主体由授权执法改为行政机关依法定职权执法。

(三)食品安全监管领域的综合执法

在食品安全监管方面,根据相关法律、法规和《国务院关于进一步加强食品安全工作的决定》的精神,上海市政府于2004年12月10日发布了《关于调整本市食品安全有关监管部门职能的决定》,对本市食品安全有关监管部门职能进行调整。决定在"分段监管"的基础上,逐步实现食品安全以一个部门为主的综合性、专业化、系统性的监管模式,于2005年1月1日起正式实施。按照"确定预期目标、制定阶段方案、分步推进实施"的原则,将原由卫生部门负责的食品流通环节和消费环节(包括餐饮业、食堂等),以及保健食品(包括化妆品)的生产加工、流通和消费环节的监管职责,划归食品药品监管部门;将原由卫生部门负责的除保健食品以外的其他食品生产加工环节的监管职责、划归质量技监部门。市食品药品监管局、市质量技监局在市政府统一领导和卫生部的业务指导下，履行食品安全监管职责。区(县)政府对本辖区的食品安全负总责，组织本地区的食品安全监管和整治工作。这从上海实际出发理顺了食品安全监管体制，为加强食品安全执法力度和效能奠定了基础。

(四)城市交通管理的综合执法

过去的行政执法实践中，经常是一个行政机关内部有几支行政执法队伍，根据不同的分工进行分头执法，有的局内部的执法队伍多达6支，其结果是因人员分散，一方面执法力量不足；另一方面，现有执法人员又能量闲置。在当前行政执法体制改革的背景下，适应行政机关内部综合执法的要求，上海市一些行政机关新设立的执法队伍都坚持一支队伍执法，如劳动局、民政局、药监局、农林局等。原来实行分头执法的行政机关也在积极地进行执法机构调整，进行内部的整合，以适应执法体制改革和社会管理的需要。其中，本市城市交通局内部实现综合执法是个良好的开端。2005年10月27日，上海市机构编制委员会发出(沪编[2005]155号)《关于同意组建上海市城市交通行政执法总队等单位的通知》，同意撤消上海市公共交通管理客运管理处、上海市出租汽车管理处、上海市轨道交通管理处、上海市陆上运输管理处、上海市汽车维修管理处、上海市公共交通客运培训中心、上海市公共交通票务结算中心、上海市出租汽车行业培训考试中心、上海市出租汽车结算管理中心等事业单位建制，组建上海市城市交通行政执法总队、上海市城市交通运输管理处、上海市城市交通考试中心、上海市城市交通业务受理中心。这意味着，本市城市交通行政管理将告别由五支队伍分别执法、各自为政的时代，将公共交通客运、出租车、轨道交通、陆上运输、汽车维修等几块合并在一起，实行统一管理、综合执法。其中，由城市交通行政执法总队实施统一现场执法，由城市交通运输管理处负责行政审批等事项的一个窗口对外服务管理。2005年12月1日，上海市城市交通局新组建的上海市城市交通行政执法总队已走上街头，开始实施综合执法。

三、行政综合执法改革的意义

文化市场、城市管理、食品安全监管和城市交通管理等4个领域的行政综合执法改革实践，已取得了比较明显的成效。其对依法行政的推动来说，有以下几方面

的突破:

第一,探索了多种行政综合执法的模式。其中有自上而下型的,如文化市场综合执法先在市级突破,再在区级建立队伍;也有自下而上型的,如城市管理综合执法分三步走,由街道一级综合执法到区级层面综合执法,再到市一级综合执法。既有通过部门之间职能调整实现综合执法的,如食品安全监管领域的综合执法;又有通过部门内部的机构职能调整实现的综合执法,如城市交通管理领域的综合执法。这些不同的模式为其他行政机关实施综合执法提供了可借鉴的做法。

第二,精简了执法队伍,提高了执法人员的效能。通过综合执法,形成了精简、高效的监管网络,显著增强了文化市场、城市管理、食品安全、城市交通管理等领域的执法力量。推行综合执法后,文化市场领域五个行政部门的执法人员进行了归并,形成了一支有力的综合执法队伍。在城管领域推行综合执法后,10个中心城区的行政执法人员比原来精简了1/4左右,执法力量更为集中,体现了"一队多用、一岗多视、一兵多能"的综合执法优势。并且,综合执法改变了街道执法分兵作战的状况,各区城管分队对派驻街道的分队实行统一指挥和调度,解决了多头执法体制下长期困惑政府的难点问题。食品安全监管体制改革方案试点半年多来,本市食品生产加工环节、流通环境和消费环节的政府监管资源得到有效的重组,食品药品监管部门的食品安全监管职责基本到位,提高了执法效率,正朝着建立统一、高效的食品安全监管体制的目标逐步推进。

第三,在理顺行政执法体制基础上,还完善了相应的执法机制。比如,在文化市场管理上,市场准入由文化领域各行政部门负责审批,市场监管由文化综合执法机构负责;在文化市场案件查处方面,鉴定工作由文化领域各行政部门负责,各种处罚由文化综合执法机构负责,从而在政府部门之间形成了相互监督、相互制约的机制。城市管理综合执法方面,通过职能复合,填补管理"真空",将一些"都能管,都不管"的违法行为明确由城管大队行使执法权,从源头上避免了多头执法造成的管理"真空"及推诿扯皮现象;并进一步理顺了综合执法与相关管理部门的关系,建立综合执法与专业管理之间的沟通衔接方式,定期召开联席会议,制定双向告知、案件移送、执法备案和办案咨询等制度。通过食品安全监管体制改革,质量技监部门通过集中精力抓生产环节,建立巡查、回访等日常监管制度,对食品生产企业实行分类分级管理,加大食品质量抽查力度、开展食品安全专项整治、加强食品标准化工作,突出重点对食品加工的源头监管。食品药品监管部门强化流通和消费领域的食品安全监督,围绕重点监管环节,组织专项整治检查、加强市场抽检、督促生产经营企业和餐饮业单位加强自律、加强食品安全宣传、及时发布食品安全预警通告。各区(县)政府抓落实,以食品安全联席会议为抓手,形成综合监管合力,"纵向到底、横向到边"的监管网络逐步形成,食品安全"以块为主"的监管责任得到落实,使本市的食品安全状况得到了较好的改善。

行政综合执法体制与传统的专业执法体制相比,显示出诸多优势。行政执法体制的改革,是上海依法行政、构建"三个政府"的重要举措,具有重要意义。

首先,行政综合执法有利于提高行政执法效率、降低行政执法成本。有效地克服了政府机构重叠、职能交叉、职责不清等问题。从 2000 年 1 月至 2005 年 5 月,全市两级文化综合执法机构共处理各类违法案件 34 542 件,罚没金额 7 317 万余元,执法量比综合执法前成倍增长。尤其在打击和查处非法出版物、地下批发行为、电子游戏经营场所和网吧等违法经营活动,以及加强歌舞娱乐和演出市场的监管工作等方面,发挥了综合执法的效率优势。在城管领域,各区城管大队从 2000 年 12 月至 2005 年 5 月,共依法处理违法案件 143 万余件,处罚金额 9 057 万余元。每年执法量较实行综合执法前也是成倍增长。区城管大队成为社区管理中整治乱设摊、拆除违法建筑的主要力量。

其次,综合执法有利于建立行政管理高效、快速、灵敏、有序的运转机制,为长效管理创造条件。行政综合执法可以在很大程度上克服因部门之间的职权交叉和扯皮而产生的行政管理负面影响。一支队伍上街综合执法,职能和职责明确,巡查制度落实,使出现的问题一露头即及时得到纠正,没有发展和蔓延的时间和空间,使长效管理得到保证。

再次,行政综合执法有利于树立政府新形象。市民对大盖帽过多过滥等问题呼声强烈,实行综合执法能避免众多部门之间的重复执法和分散执法。集中、合并一些行政执法行为,在人力、物力、财力上加以集中利用,减少建立多支专业执法队伍所需的大量的政府开支,使政府能以较少的投入取得行政执法社会效益的最大化和最优化。将依法行政与科学管理模式结合起来,更有利于树立政府行政执法新形象。

四、完善行政综合执法改革的思考

本市的行政综合执法改革虽然已取得了很大的成效,但总的来说还处于探索

阶段,体制上还未最后成熟,在大的行政体制下,仍然显得过于分散。突出表现为以下几个方面的问题:

一是法理上尚需进一步理顺。实施综合执法后面临的一个重要的问题,是新旧执法部门权力冲突问题,如实践中就有实施综合执法后发证权与吊证权不归属同一部门的现象,有权发证的机关却没有吊销证照的权力,这在法理上是否站得住脚,目前尚无定论,在实践中也造成认识的相当混乱,影响综合执法的施行。又如,管理(如发证)与执法(如行政处罚)分离是基本规律还是特别制度,目前在认识上也不统一。因此,只有理顺法理问题,并使之与法律实践相衔接,才能使综合执法改革既合法又合理,并在实践中发挥更好的效用。

二是体制上有待突破。我国当前行政体制改革的总的宗旨是要尽量缩小政府公权力的行使范围,把一些本不该由政府行使的权力移交给行业协会等中介组织去行使,改变过去政府管得过多、管得过死的现象。总的理念是要给行政权力做"减法"。而综合执法改革在实践中经常的做法是新增专门的队伍行使综合执法权,在机构设置上实际是作了"加法",所行使权力也有扩大或与被综合部门、机关权力交叉的危险。因此,体制上突破是使综合执法能真正体现其改革本意的瓶颈。

三是对综合执法的特性把握还不够。执法之所以可以综合,是因为其内在有可综合的规律,综合执法要成为一种好的制度,就应当客观、准确地反映这种规律。目前认识上的一个误区是执法队伍越综合越好,而缺少对综合执法特有规律的清醒认识与把握。应当如何把握综合的尺度,即综合执法是否多综合或少综合了?是否该综合的没综合?而不该综合执法的又多综合了?需要作进一步的论证。实践中,文化领域综合执法把旅游执法综合进来,实施效果并不好,就证明了准确把握综合执法的尺度非常必要。

综合执法改革的实践经验表明,依法行政与行政管理体制改革必须一同推动、相互促进。并且,推进依法行政也必须从本地区实际出发,着眼于解决本地区实际问题,同时,还要把握好改革措施的出台时机、推行力度、社会承受力,处理好连续性与适时调整的关系。展望未来,行政综合执法的改革可以在以下几方面探索:

一是继续在广度上做文章。从市政府原来确定的实现经济、城管、文化三个领域的综合执法的目标来看,经济领域的综合执法差距还较大。在商品市场领域,目前仍有工商、技监、食品药品监管、卫生、建委、经委等多家行政部门分头或交叉执法,"依法打架"或者"依法推诿"的现象仍然不同程度地存在。无证经营行为大家都可管又都不管的现象,仍需通过经济领域进一步的综合执法加以克服。

二是在深度上下功夫,对现有的综合执法领域要继续探索体制、机制、编制和法制。如食品安全监管虽然在综合执法上有了突破,但从"田头"到"餐桌",目前仍有4个部门分头执法,尚未进一步实现完全意义上的行政综合执法。下一步还需要在理顺职能基础上,实现进一步的综合执法。

三是在可操作性上寻突破。避免"贪大求全",盲目综合,适得其反,应将制度设计与可操作性论证结合起来,使综合执法在实践中切实发挥应有的作用。具体分析,现行实践中的综合执法有以下特性:一是在行为种类上,有综合的可能性。有些被综合的行政权力是作用于同一物理空间的。如城市管理综合执法将市容、环卫、环保、绿化等方面的相关行政权综合在一起,就主要是基于这方面的考虑;有些被综合的行政权力所规范的是相近的市场领域。如文化综合执法对广播、电影、电视、美术品等行政处罚权的综合。还有一些行政权力被综合,是因为这些行政权都是与关乎国计民生的某个特殊重要客体相关联的,食品、药品领域的综合执法即如此。有些被综合的行政权力原本是在同一领域根据被管理对象的不同而分别行使的,如交通领域对公共交通客运管理、出租汽车管理、轨道交通管理、陆上运输管理的综合。二是执法人员有综合的可能性。能够进行综合执法的领域都是主要依靠人的判断就能进行行政执法的领域,在一些专业性非常强,主要依赖设备、仪器进行执法的领域,综合执法的可行性就很小甚至不具备可行性,只能以专业执法方式进行。

四是要在综合执法与专业执法的有机衔接上摸索规律。在肯定行政综合执法的同时,不能忽视和否定专业执法的应有功能,要注意发挥两种执法体制的特点,使之优势互补;要总结两种执法机制的各自规律,界定其不同的适用领域和范围,使两者实现良性的有机衔接。

（上海市人民政府法制办　执笔人：史莉莉）

建立行政管理领域的听证制度

作为公正程序基本制度之一,听证在现代社会广泛适用于立法、行政、司法各公权力运行领域。而听证制度运用于行政管理领域并得到较大发展,一方面是行政权扩张的结果,另一方面是加强对行政权力约束和对公民权益保护的结果。

一、听证制度在行政管理领域的实施情况

自1996年8月26日上海市政府在全国各省市中率先制定《行政处罚听证程序试行规定》,正式在行政管理领域实施听证制度以来,听证制度已在本市的城市规划、房屋拆迁、行政许可、行政复议和信访等多个领域开始了实践。

在2003年11月完成修订的《上海市城市规划条例》中,将原来有关详细规划要听取意见的内容,修改为"控制性详细规划草案报送审批前,组织编制机关应当向社会公布该草案,并可以采取座谈会、论证会、听证会以及其他形式听取公众意见",听证制度在上海规划管理领域的确立揭开了听证制度在新的行政领域探索的序幕。

2004年7月1日正式实施的《行政许可法》规定了行政许可领域的听证制度。《行政许可法》的规定较之《行政处罚法》,更为详细、具体,并借鉴国外的做法,仅规定听证的程序,何时启动听证程序由其他单行法规规定,或者由行政机关自由裁量决定。本市对听证制度在行政许可领域的实施,也作出了有益的尝试,在2005年2月1日正式实施的《上海市行政许可办理规定》中,补充规定了行政机关拟变更或者撤回生效的行政许可的,在必要时,行政机关可以举行听证会,扩大了听证制度在行政许可领域的适用范围。并且本市选择了许可环节较多的建设项目作为试点,考虑在统一办理行政许可的同时,将相关许可听证也合并进行,以体现公平与效率的结合。

2005年5月1日起施行的《信访条例》第31条规定:"对重大、复杂、疑难的信访事项,可以举行听证。"为此上海市政府于11月1日发布了《上海市信访事项听证

试行办法》,对信访工作中听证制度作出了详细规定,明确了重大、复杂、疑难信访事项的范围。

同时,与所有市民关系最直接的价格决策听证制度也在不断完善过程中,于2005年5月30日组织召开的轨道交通票价调整听证会,在听证代表遴选以及听证信息公开上都有了很大程度的提高,标志本市价格听证程序已趋于成熟。

二、建立行政管理领域听证制度的突破与意义

（一）听证制度在本市行政管理领域实现的突破

听证制度在本市近几年的行政实践中得到了高度的重视,分别取得了以下几方面的突破:

第一,观念上的突破。一方面,使政府改变了以往作出行政行为的封闭性、随意性,确立了透明行政、按程序行政的理念,更注重对公民权利的保障;另一方面,使老百姓改变了以往面对行政决定、决策的无奈与被动,增强了维权意识和参政意识。

第二,适用范围上的突破。经过10年的探索与总结,听证制度在行政管理领域的适用范围不断扩大。首先,听证不仅在行政处罚,更在行政许可、行政裁决等其他具体行政行为的作出中得到适用。其次,听证不仅在具体行政行为,更在抽象行政行为、行政决策行为、行政内部监督行为等多方面得到适用。

第三,制度上的突破。以往对政府行政行为更多的是事后监督,通过事后监督,对已经发生的不良行政行为进行纠正和处理,但作为一种事后监督,无论怎样完备也不可能全面和充分地填补行政相对人已经遭受的损害后果。现在在行政管理领域广泛适用听证制度,实现对行政行为的事中监督,使公民的监督权渗入政府做出行政行为的过程中,打破行政程序的封闭性,让监督有更强的针对性,并能及时了解情况、发现问题,纠正行政行为的偏差,避免和减少损失。

（二）听证制度的重要意义

听证制度在行政管理领域的广泛适用,其直接意义在于改变了过去政府作出行政决策、决定的内部化、封闭性状况,让利害关系人获得对行政决定表达意见的

机会,以及让希望对行政决策发表意见的公民获得参与政府决策的过程。

1. 体现了行政相对人的主体性和平等性。在行政执法程序中采用听证制度,让相对人参与行政程序,发表自己的意见,使行政相对人作为一方主体,不再是行政权支配的客体,与行政机关在相对平等的基础上进行抗辩,防止了行政机关因在实体法上享有单方面强制性权力而违法,让行政机关的职权行使更趋合理。

2. 有效扩大了公民的参与权。在行政决策活动中,采用听证制度,为公民特别是与行政决策有利害关系的一方当事人提供一个陈述和表达自己意愿的机会,使市民的参与权得以实现;使行政机关在广泛听取各方面意见的基础上,集思广益,充分研究论证,从而消除行政决策的偏颇,使决策更具合理性、客观性、公正性。

3. 保证行政自由裁量权公正行使,为公正裁决提供程序保障。听证程序有一系列措施来保障行政自由裁量权公正合理地行使。其一,听证公开使行政执法处于公众监督之下,抑制了行政机关随意裁量,避免了非理性因素。其二,行政机关作出决定必须指明事实根据和说明理由。行政机关在当事人参与下查明事实真相,使决定有足够的证据支持,并对所适用的法律、政策及自由裁量权做出解释和说明,从而避免了主观随意性。其三,当事人参与行政程序的过程,对有关的事实和法律问题可以充分发表自己的意见,提出证据,并进行质证辩论,说明自己的利益受影响的程度,使行政机关在做出决定时,必须比较和权衡公共利益与个人利益,进行理性裁量。

4. 有助于提高行政首长依法行政能力。将听证制度引入行政管理领域后,行政行为必须经过法定程序,听取相对人意见后才能作出,有力地推动了行政机关工作的规范化和法制化,提高了各级行政领导的法律意识,增强了其法制观念,提高了依法办事、依法行政的水平和能力。

5. 提高了公民的法律意识和守法自觉性,增加行政行为的可接受性。在行政决策过程中,让公民参与其中,不仅增强了公民的认同感,更使他们感觉到政策是自己直接参与制定的,是自己的需要而不是别人强加于自己的。在行政执法过程中,让行政相对人参与其中,发表自己的意见,可以增进行政行为的可接受性,提高行政效能,减少事后行政复议、行政诉讼的发生。

三、行政管理领域听证制度实施中的问题与不足

听证制度是一种以参与、回应、互动为核心的新的行政决策理念,以科学理性、平等协商、利益协调为特征的行政决策模式。因此,听证制度的设计必须具备一些基本要素,否则,听证会的举行只是流于形式,徒费资源。考察本市关于听证的规定和具体做法,由于欠缺听证制度的部分基本要素,从听证的实际效果看,还存在一些问题。

(一)听证程序的启动具有较大的随意性

听证制度具体实施中首先遇到的就是听证程序启动的问题,即需要启动听证程序的条件或标准是什么。由于启动听证程序的标准不明确,显然给听证实践带来了操作上的困难。比如,上海的地方性法规、规章草案有下列情况,除决定采取草案征询市民意见外,一般应当举行立法听证会:一是草案部分内容直接涉及公民、法人或者其他组织切身利益的;二是有关机关、组织或者公民对其有重大意见分歧的。何为"切身利益"?何为"重大意见分歧"?仍然可能出现意见不一的分歧状况,没有能够提供法案进入听证程序的可操作性的标准。又如,《行政许可法》第47条规定,行政许可直接涉及申请人与他人之间重大利益关系的,行政机关在作出行政许可决定前,应当告知申请人、利害关系人享有要求听证的权利。但是,由于"利害关系人"的范围无法准确界定,也势必造成听证程序启动的困难。

(二)听证程序不规范

首先,存在先决策、后听证的情形。听证会应该是作出具体决策或决定之前的一个环节,具有事先参与性。而先决策、后听证背离了设置听证程序的目的,使其带有太多作秀的色彩,会导致公众参与听证的热情日益下降,甚至影响政府公信力。其次,存在重复听证的情形。如在建设项目初期,相对应的审批环节共有7项,具体是:招标拍卖出让土地使用权(含房屋拆迁许可)、规划方案审批、可行性研究报告审批、初步设计方案审批、核发建设工程规划许可证和核发施工许可证,从建设项目的审批环节与利害关系人的关联来看,似乎每一审批环节都应举行听证。但是,从行政效率和行政成本的角度来看,重复听证显然是不经济的。最后,听证主持人缺乏独立性。现在采取的是内部职能分离的方案,即行政机关不得指定本

案调查或审查人员主持听证会,这样的做法虽然能有效克服职能合并情况下导致的极明显的不公正,但主持人由行政机关指定,并由其内部工作人员担任,独立性仍然较差,有可能与回避制度发生冲突,对程序的公正性还是有一定影响。

（三）听证效力不统一

第一,在行政处罚领域,听证笔录是记载整个行政处罚听证程序过程情况的书面材料。但是,行政处罚听证已经经过了近十年的实践,对于听证笔录的法律效力却始终没有明确规定。着眼于制度功能的有效发挥,与《行政许可法》保持一致,明确采用案卷排他性原则,从制度上确立听证笔录的法律效力,对于促进行政机关重视程序的独立价值,推进依法行政具有重要意义。第二,在行政决策听证领域,听证会上表达的意见不具有被决策机关接受的确定性。听证结果并不具有法律上的效力,并不形成对决策机关的确定性约束,而仅仅提供了一种可供选择的意见范围。

（四）对听证代表的意见缺乏回应机制

相对于听证会本身,人们更关注听证会的效果,特别是关注最终决策是否采纳听证会上提出的各种意见。因此,作为决策者应当在最终决策中对各种意见的回应作出说明,否则,会给公众形成听证走过场的印象。因此,应当在公布最终决策时,对听证会提出的意见作出有理有据的分析说明,包括听证会意见的采纳情况以及未采纳意见的原因,并向公众公布。可以让公众知悉决策是如何形成的,体现了对公众参与的尊重,在公众意见和行政决策之间形成回应和互动,加强了公众对决策的理解,有利于决策的执行。

四、进一步完善行政管理领域听证制度的思考

（一）加强对行政领域听证制度的总体性、规律性研究

1. 对行政决策听证、行政执法听证进行分类研究。由于目前各领域听证制度都独立设计,显得比较零乱,因此,有必要对不同领域听证程序进行分类研究和规律性总结。建议可分为两大类分别进行研究:（1）听证会结果影响不特定人权利

义务的行政决策听证,包括政府价格决策听证、城市规划听证、行政立法听证等;
(2) 听证会结果影响特定人权利义务的行政执法听证,包括行政处罚听证、行政许可听证等。因为这两类听证制度之间存在着比较明显的差别,比如前者侧重于实现公民的知情权和参与权,实现公共决策的科学化和民主化;后者的性质侧重于当事人的陈述权和申辩权,为了查清事实,维护当事人特定的权益,实现特定权利的救济。因此,可以考虑对这两类具有不同特性的听证制度,分别构建行政决策听证制度和行政执法听证制度,消除目前实施中同类听证程序的差异,使听证程序制度功能的原有法律期待目标提高到一个新水平。

2. 对正式听证程序与非正式听证程序进行分类研究。非正式听证程序是指以一套简捷的程序完善听证会所需完成的使命,达到听取当事人或相关人意见,实现其陈述权、申辩权的制度。由于适用正式听证程序的事项往往涉及相对人的重大权利,因此,人们更多关注的也是正式听证,而不是非正式听证。从国外的做法来看,正式听证程序所占的比重很小,一般只有在非正式听证程序不能达到听取意见目的时,才启动正式听证程序。事实上,非正式听证因其程序简单,其适用范围远远大于正式听证,建立完善的非正式听证制度,对于正式听证制度不仅是有益的补充,更是种制度上的完善。

3. 对影响听证制度推行的本土法律文化进行研究。听证作为法律赋予公民维护自身权益或参与行政决策的权利,在实践中,却往往被权利人自动放弃,由公民主动提起听证的情形很少。说明在本土法律文化的影响下,公民权利意识普遍淡泊、参政热情不高。有必要对本土文化因素进行全面考量,真正发挥听证制度的功能。

(二)转变听证制度的定位,切实保障公民的听证权利

目前,听证往往被作为行政机关的一种新的工作方式,而非公民的权利。因此在制度设计时,更多地从行政机关的角度出发,而非从保障公民权利的立场出发。比如,在立法听证程序的启动上,由相关行政机关的经办处提出建议,行政机关行政首长审核确定,报经政府分管领导审批。公民的听证权利完全演变成行政机关行政权力的派生产物。又如,在听证代表的遴选上,听证代表由组织者审核后聘请,而非被代表者推选确定,此种做法与代表人作为受决策影响人的身份不符合,让人们不禁要对听证代表的代表性产生疑问。听证对于公民既然是一种权利,在

听证程序的启动、听证代表的推荐上,作为权利主体的公民应享有更大的发言权,而不能一切都由行政机关来安排。

(三)完善听证程序,以"程序公正"确保公正程序

首先,确保听证程序的事前参与性,杜绝先决策、后听证的情形。即在整个决策过程中,听证会必须是作出决策之前的一个环节,而听证会的结果也应该成为决策考量的一个重要因素。其次,研究合并听证,减少重复听证的情形。听证是保障社会公正的一种手段,但考虑公正的同时,我们还必须兼顾行政效率、行政成本等因素。应该尝试设计合并听证的制度,对相关联的行政许可或者前后紧密相连的行政许可,进行整合,同时举行听证会,既实现了公正,又保证了效率。最后,提高听证代表人的利益表达能力。在国外,个人受知识、技能、工作等诸多因素影响,实际参与听证会的并不多,主要是通过各类社会团体而非个人来参与。应当考虑主要通过行业协会、社会团体而非通过代表个人来参与听证,建立不同利益社会群体表达意见的渠道和机制。

(四)提高听证主持人水平,确保其独立性

听证主持人的素质、地位及其权力直接影响着行政听证的效果,决定着行政听证能否有效发挥作用及其发挥作用的程度。凡建立听证制度的国家都非常重视听证主持人的职业化、专业化建设。为更好地实现听证制度的公正理性功能,应当从以下两方面进行改进:第一,听证主持人应该从内部职能分离,向独立于行政执法机关的方向发展。因为唯有独立,才能保证主持人不偏不倚地对待所有参与听证的主体,也只有主持人地位的独立才能够赢得公众对听证程序公正性的信心。第二,对听证主持人除了独立性要求外,也必须有更为具体、全面的专业性要求。

(上海市人民政府法制办 执笔人:程彬)

深化行政审批制度改革

一、开展行政审批制度改革的背景

行政审批是指行政审批机关(包括有行政审批权的其他组织)根据自然人、法人或者其他组织依法提出的申请,经依法审查,准予其从事特定活动、认可其资格资质、确认其特定民事关系或者特定民事权利能力和行为能力的行为。行政审批制度,包括行政审批的设定权限、设定范围、实施机关、实施程序、监督和审批责任等内容。行政审批制度改革既要减少不必要的审批项目,还应调整行政审批的权限、减少环节、规范程序、提高效率、强化服务、加强监管、明确责任,建立结构合理、配置科学、程序严密、制约有效的与社会主义市场经济体制相适应的行政审批制度。

现行的行政审批制度是计划经济的产物。在特定的历史阶段,这一制度对经济社会发展发挥过积极的作用。但时过境迁,随着市场化取向的改革日益深入,尤其是"入世"的进程加快,这一制度已越来越集中地暴露出上层建筑不适应经济基础的矛盾。上海的审批事项较多,与北京、广东、深圳等兄弟省市相比,明显偏多,几乎涉及全市所有行业和主要社会经济活动。另一方面,行政审批中反映的问题也比较突出。显然,对此进行根本的改革,不仅非常必要,而且十分紧迫。一是政府管了许多不该管的事情。有的事项应当是由企业自主决定的,或者完全可以由市场来调节的,政府部门还在包揽、审批。像企业利用自有资金进行技术改造、外资项目的项目建议书、可行性研究报告等都要报政府主管部门层层审批,结果造成管得过死,捆住了企业的手脚,制约了企业发展的活力。二是审批环节多、周期长。在企业设立方面,据2001年统计,光前置审批事项就有190多项,不少是各个部门自行设立的。三是重审批、轻管理有一定的普遍性。以批代管现象在一些政府管理部门中比较普遍,已经成了我们管理工作中很大的漏洞。从目前的现状看,部分审批已流于形式。四是审批权过多过滥、审批的随意性和缺少必要的监督制约,使其成了产生腐败的土壤和条件。现行的行政审批制度,赋予政府部门直接支配社会资源的一定权力,在操作上往往还有自由裁量的较大空间,加上审批程序及内容要求透明度差,缺乏有效的约束和监督,这就为滋生以权谋私、权钱交易等腐败行为提供了土壤和条件。各地查处的案例中,有不少就是滥用行政审批权力,违规批土地、批贷款、批项目,从中进行权钱交易的。

二、行政审批制度改革的主要措施

上海的行政审批制度改革,主要是紧密结合上海改革发展大局,坚持重在制度创新,重在政府职能转变,取得了阶段性成果。

(一)依法清理行政审批事项

经过对本市设定的审批事项的清理和国务院两批取消、调整事项的对应清理,截至2003年8月,上海先后对行政审批事项开展了三次集中的清理,共取消、调整行政审批事项1 044项,改革率达到51.5%。

为做好这项工作,确定了清理本市地方设立行政审批事项的四条原则,即:涉及公共资源配置的审批事项要改为公开招投标;涉及几个部门审批和管理的事项要改为由一个部门为主负责审批和管理;对只审批但无法实施有效监管的要予以取消;无依据或以委办局文件设立的审批事项,原则上一律取消,个别确需保留的,须按程序报市政府批准。并明确在清理期间,一般不再批准设立新的行政审批事项,确属必须设立的,由市政府常务会议讨论同意。在清理过程中,上海积极组织各委办局按照市政府明确的清理要求,提出自查处理意见。同时,围绕清理中的难点、热点,及时召开有关委办局审改办负责人等会议,统一思想、明确要求。在审改办内部进行分工,设定专人联系,及时了解和掌握清理情况;加强与法制部门合作,对清理事项事由、依据、单位清理意见等逐一审验和复核,重点加强与事项集中单位的沟通和协商。清理结果初步确定后,又与各个单位逐一进行书面确认,报市审改领导小组审定后,提交市政府常务会议批准。

(二)改进行政审批方式

针对行政审批中市民反映强烈的"门难进、脸难看、事难办"现象,市政府要求各部门改革审批运作方式,提高工作效率,将审批还原成为民服务的责任与义务,尽量减少行政管理相对人的负担。在工作中,对现有的审批职能进行合理调整。对行政审批职能交叉或重复的,确定由职能最直接的部门审批;对依法需要由两个以上部门审批的同一审批事项,采取"一家为主、内部会审"的办法,确定一家牵头单位,其他部门改为内部会审或征求意见;对涉及同一部门多个内设机构的同一审批事项,实行一口对外,内部流转,避免多头、重复审批。同时在两个反映强烈的重点环节上进行突破。

1. 改革房地产建设项目审批程序。比如,针对建设项目初步设计环节上存在的多家共同审批的情况,市政府确立由市建委牵头,绿化、民防、规划、交通等相关部门参与内部会审的办法,减少了审批环节,缩短了审批时限。在长宁区开展了两轮房地产建设项目审批改革,通过加大推行告知承诺力度、完善并联审批程序、减少审批时限、压缩审批环节等,从而使经营性建设项目的审批时限压缩到 70 个工作日,图章减少到 17 枚;非经营性建设项目的审批时限压缩到 87 个工作日,图章减少到 20 枚。

2. 改革现行企业年检制度。组织本市经济类、建设类年检较多的部门,实现"三个一批"。即,"取消一批",原则上可以日常监管的年检事项,不再进行年检;"调整一批",对保留的每一个年检事项,按照分类管理的原则,从年检内容、方式、程序等方面,提出具体的改进意见;"免检一批",对信誉良好的企业要实行免检。积极推进企业年检备案制度。在区(县),按照"一门受理、简化表式、并联审核、一口收费"的原则,将形式年检纳入联合年检,确定一个年检主办部门,规范年检的内容和表式。如在浦东新区,确定了 15 个年检事项,开展"一口受理、一套表式、一网运作、一次办理"的联合年检改革。至 2004 年 5 月 31 日,参加联合年检的企业有 5 358户,已完成年检并领照的企业 4 909 户,合格率达到 91.6%。全市建筑企业中,根据企业诚信情况,扩大企业年检"三色通道"制度实施范围,即诚信好的走"绿色通道",一般的走"橙色通道",差的则走"红色通道",从严检查。

（三）改革企业登记注册制度

本市在企业设立的前置审批方面,有 190 多项审批,涉及 31 个部门,审批时间一般在 5 至 15 天。改革途径包括:一是取消了一部分企业前置审批事项,实行"先照后证"办法,将一些前置审批改为后置审批。在张江高科技园区、外高桥保税区试行企业直接登记,企业登记时限缩短为 3 个工作日。二是对仍需前置审批的事项,由串联审批改为实行"工商受理、抄告相关、并联审批、限时完成"的并联审批制度,大大简化了审批程序,缩短了审批时间。市政府专门发文,在全市企业登记注册中推行"并联审批"办法。三是开展放宽自然人投资主体资格的改革试点。对具有完全民事行为能力的自然人取消投资设立各类企业(包括自然人单独或共同出资、自然人与法人共同出资的企业)的限制,取消原来对自然人投资人的职业状况证明等文件材料的审查,并试行告知承诺登记方式,以吸引民间资本投资,促进非公经济的发展,增加就业岗位。

同时,在全市范围内大力推行"告知承诺"制度。从2001年起,在浦东新区确定24个审批事项试行告知承诺。至2004年5月31日,有2 682户企业已领取营业执照。并制定了《浦东新区企业试行告知承诺网上审批办法》,将工作日缩短为1—2个。南汇区从2004年2月起,确定了49个审批事项试行告知承诺制度,截至5月14日,全区通过"告知承诺"办理1 388家。区文广局在审批中基本上做到当天受理,当天办结。市政府又确定了38项审批事项于2004年4月1日起在全市范围内实行告知承诺审批方式,并制定了《行政审批事项告知承诺制度实施办法》,对其进行规范。经对实施告知承诺审批方式取得许可的企业进行抽样调查,结果表明,90.64%以上的企业能够履行承诺,95.6%的被调查企业认为告知承诺审批方式实施效果显著,有利于市场主体准入和降低企业设立的初始成本,有利于促进政府职能转变和廉政高效,有利于促进社会诚信体系的建立。

(四)探索创新由单一审批转为全面监管的管理形式

1. 用市场机制运作代替行政审批来配置公共资源。对应该配置管理的经营性指标、经营性有限资源的开发利用,实行公开招投标、拍卖、有偿使用。如在经营性土地权出让方式、建设工程招投标、政府采购和产权交易等方面的事项,一律通过市场机制来运作,政府不再进行行政审批,转为对市场加强规范与监管。

2. 强化行业协会在市场准入管理和公平竞争中的作用,把一些原来由政府承担的资格资质认定类事项转移给公正、规范、诚信度高的行业协会来解决。如把一些特种作业人员及司法、金融、教育等行业从业人员的资质资格考评和认定,转移到相关的行业协会。市政府则专门成立了行业协会发展署,行使全面监管的职能,同时积极扶持行业协会健康有序地发展。

3. 行政主管部门从"台前"走向"幕后",主动加强事后监管。如市公安局以日常监察替代对"道路上设置交通指示标志、标牌的审批",对不按规定设置单位指示标志的,以违规占路行为进行处罚,并责令拆除。市劳动保障局取消对"工伤认定和劳动能力鉴定的审批"后,专门制定了具体的后续管理措施。

(五)加强监督制约,保证审批权力规范运作

1. 实施"阳光"作业。将市政府已取消、不再审批和调整审批方式的行政审批事项在报纸和"中国上海"网站上公布,并通过新闻媒介向社会广泛宣传。审批部门将审批事项的名称、依据、环节、时限、材料、收费标准、投诉渠道等内容编成书面材料供公众索取,在"中国上海"网站予以公开。市政府专门印发了《上海市企业注册登记"并联审批"办法》、《关于本市开展年检制度改革的意见》、《上海市房地产建设项目(招标拍卖用地)审批管理程序改革方案》,在企业设立、年检制度、建设项目审批程序等一些重点领域大胆探索,创新体制,推进了政府职能的转变。

2. 开展专项执法检查。对涉及经济审批事项比较多的市经委、市外经贸委、市科委、市计委等15家单位进行了审批改革工作落实情况检查。检查结果表明,本市行政审批制度改革工作总体情况良好,已经公布取消、不再审批和调整的审批事项绝大部分已落实到位,后续监管措施逐步形成,继续审批事项的规范工作正在进一步推进之中。检查中没有发现擅自或变相设立新的审批事项的问题。各单位对取消调整后的审批事项加强监管,防止出现管理上的真空,对继续审批的事项落实责任,规范程序,严格管理。

3. 健全审批工作制度。重点抓行政审批工作程序制度的规范,抓责任追究的落实,抓监督作用的发挥,形成了《规范本市行政审批工作的若干意见》。要求按照科学合理的原则,优化现有审批事项的各个环节。每个审批环节必须明确具体的审批条件、责任、权限和时限,并制定清晰规范的审批运作流程。同时明确行政审批机关的行政主要领导是本单位行政审批制度建设、规范运作的第一责任人,对行政审批的权限设置、工作标准、政务公开、监督管理、责任追究等负总责。建立上级对下级、后道岗位对前道岗位审批工作进行验核和监督的制度,实行有效的过程监控。结合日常管理和年度考评,制定对部门及其工作人员履行审批职责情况的考核办法。健全内部监督机构,负责对各业务部门履行审批职责的情况进行监督检查,并提出整改意见。同时,负责本机关有关行政审批方面的投诉,并进行调查处理和作出回复。积极制定行政审批责任追究的办法,明确责任追究的主体、对象、

程序等内容。对违反有关规定造成重大经济损失或严重社会影响的,必须追究责任。

三、完善行政审批制度改革的思考

行政审批制度改革工作已经取得阶段性成果。但由于社会主义市场经济体制还不完善,政府管理职能和管理理念的转变还不到位,这项改革不可能一蹴而就,其广度和深度还不能满足社会经济活动对政府管理提出的要求。还应该看到,这项工作尚存在不少问题。主要是:有的地方和部门对国务院和市政府决定取消和调整的审批项目没有完全落实,上下衔接不到位;有的单纯追求削减审批项目的比例和数量,后续监管和服务没有跟上;有的对已经取消和下放的审批项目以"备案"等名义搞变相审批和权力上收,审批事项仍然过多;有的对实施行政审批所需经费财政上没有给予保障,违反规定收取费用的现象还时有发生;有的对保留的审批项目尚未建立制约机制和责任追究制度,审批行为不规范等。这些问题需要认真研究解决。

下一步本市的行政审批改革工作将适应完善社会主义市场经济体制和社会全面进步的需要,认真贯彻实施行政许可法,切实转变政府职能,全面推进依法行政,严格规范行政权力和行政行为;清理、减少和规范行政审批事项,探索建立审批和许可事项的监督管理机制;加快行政管理体制改革进程,不断更新管理理念、创新管理方式,努力提高社会主义市场经济条件下政府管理经济和社会事务的能力和水平。

一是通过深化行政审批制度改革,健全宏观调控体系。全面落实《国务院关于投资体制改革的决定》,合理界定政府投资范围,规范政府投资行为。对政府投资的项目,要严格按标准和程序审批,同时要加强对政府投资行为的监管,建立政府投资责任制和责任追究制;对社会性投资项目,要严格按条件和程序核准。

二是通过深化行政审批制度改革,强化政府社会管理、公共服务职能。大力推进教育、卫生、科技、文化、环保等公共事业发展,扩大就业,提供社会保障,建设公共设施。完善社会管理体系和政策法规,妥善处理社会矛盾。加强突发公共事件应急管理工作,进一步完善应急机制。增强公共服务意识,简化公共服务程序,降低公共服务成本,建立现代公共服务体系。

三是通过深化行政审批制度改革,促进政务公开的推行。要认真贯彻落实行政许可法的要求,积极探索行政审批公开的途径和方法,增强审批工作的透明度,进一步完善审批程序,规范审批行为。要结合政务公开工作,全面、准确、真实地公开应该并且能够公开的保留项目的有关情况,自觉地接受管理相对人和人民群众的监督。要加强电子政务建设,扩大政府网上办公的范围,及时把审批事项、服务程序、办事方法向社会公布,更好地为基层、企业和社会公众服务。

四是通过深化行政审批制度改革,促进廉政建设。通过逐步建立科学合理的行政审批管理和监控机制,形成用制度规范审批、按制度办事、靠制度管人的有效机制;结合行政事业性收费实行"收支两条线"管理,解决好实施审批中的乱收费问题;强化对行政审批行为的监督,把政府部门内部监督、专门机关监督、群众监督和舆论监督紧密结合起来,加强对行政审批各个环节的监督,把行政审批置于群众的有效监督之下,及时发现和纠正违法或不当审批行为,有效促进廉洁从政。加强对政府工作人员的思想道德教育和法纪教育,正确对待和行使手中的审批权力,树立规范服务、从严治政的新风尚,始终坚持执政为民,廉洁从政。

(上海市监察委员会 执笔人:金跃明)

深化综治工作，推进平安建设

预防和减少犯罪工作体系建设

为了从源头上预防和减少犯罪，加强社会管理，维护社会稳定，确保上海实现新世纪发展战略，自 2003 年 8 月起，全市开展了预防和减少犯罪工作体系建设试点，2004 年在全市全面推进。这是从源头上预防和减少犯罪，加强社会管理，维护社会稳定，确保本市实现新世纪发展目标的一项重要举措。在中共上海市委的领导下，在市委政法委和市综治办的具体指导下，按照"政府主导推动、社团自主运作、社会多方参与"的总体思路，市禁毒委办公室、市社区矫正工作办公室和市社区青少年事务办公室围绕"控制规模，有效管理，加强教育，切实服务，减少犯罪"的工作目标，积极推动和探索预防和减少犯罪工作体系建设，推动社团的自主运作和社工的专业化建设，运用社会化管理的思路和社会化的运作手段，组织和发动志愿者队伍，大力引进民资民力，有效地推动了上海的预防和减少犯罪工作体系的建设。3 年来，预防和减少犯罪工作体系建设开展成效初显、社会影响渐大。

一、上海预防和减少犯罪工作体系建设的现实意义

（一）体系建设是应对复杂的社会治安形势和维护社会稳定的需要

1. "高危人群"日益成为影响社会稳定的重要因素。

一是吸毒人员大幅增长。近年来，上海已从毒品过境地区成为毒品消费为主的受害地区。吸毒已成为各类刑事犯罪的最主要诱因。2004 年底，本市在册登记的吸毒人员达 2.4 万，且因吸毒引发的犯罪日益增多。

二是刑释解教人员重新犯罪居高不下。全市每年刑释解教人员约 2 万人，按"五年内"的刑释解教人员计，总数约 10 万人，这些人在回归社会后的过渡适应期

内,因就业能力低、不适应社会变化等原因,很容易重新犯罪。据市公安局对 12 个区 1 595 名刑释解教人员的跟踪调查发现,有 175 名刑释解教人员在年内重新犯罪,重新犯罪率高达 11％。为改善行刑的效果,使服刑人员在获释后能较快地融入社会、适应生存,有效预防其重新犯罪,许多国家开展了社区矫正,即对罪行较轻或狱内服刑表现较好的罪犯,由专门机关和社会力量在开放型的社区环境中执行刑罚。2002 年以来,本市在徐汇、普陀、闸北三个区开展了社区矫正工作试点并取得初步成效。但与发达国家 70％以上的缓刑、假释率相比,上海目前的非监禁刑比例还太低。

三是闲散青少年犯罪问题日益突出。本市共有 6.3 万名 16 至 25 岁"失学、失业、失管"的社区青少年。这部分青少年文化程度较低,就业安排难,且多有不良行为,闲散在社区对社区管理和社会治安造成的不利影响日益严重,青少年违法犯罪的案件明显上升,并且出现了低龄化、团伙化、暴力化的发展趋势。据市公安局对 254 名"两抢"人犯分析,14 至 25 岁占 53.9％,其中 14 至 18 岁占 19.3％。如果不加强对这类青少年的教育、管理和服务,他们就有可能演变成为犯罪的"后备军",带来无穷后患。

2. 现行工作格局和力量配置尚不适应针对"高危人群"开展工作的要求。

一是打防两手尚不平衡,易积淀社会消极因素。长期以来,我们较注重打击的一手,持续高强度地打击也确实保证了一个时期的社会稳定,但它积淀的社会消极因素的负面影响也正日益显现,形成不利于社会长期稳定的非良性循环。各级政法综治部门虽努力组织开展了大量的社区安全防范工作,但限于基层没有专门的工作力量,很多工作无法真正落实,难以做到纵向到底、横向到边。

二是预防犯罪的专门机构力量薄弱。2004 年前,市禁毒办仅有 2 名专职干部、全市 19 个区县禁毒办仅有 37 名禁毒干部,其中专职 7 名,兼职 30 名。专司缉毒的市公安局缉毒处仅有 40 余人,19 个区县公安分局中仅有两个分局设立了缉毒部门。另外,根据刑法规定,目前纳入社区矫正范围的管制、缓刑、假释、暂予监外执行和剥夺政治权利等"五种对象",截至 2003 年 5 月底,全市共有 5 554 人。随着工作的推进,社区矫正对象的规模将逐步扩大,并逐步向刑释解教人员延伸,工作面广量大,任务非常艰巨。但专司社区矫正的专门机构及其职业化、专业化的管理队伍还是空白。再如社区青少年的工作对象特殊,对工作方式和方法的专业性要求非常高,仅仅依靠区(县)团委、街镇团(工)委等有限力量,难以保证各项工作任务在基层得到落实。

三是预防犯罪的社会化程度比较低。在以往的工作实践中,我们也运用了一些包括社会志愿者在内的群防群治力量,虽然这支队伍发挥了一定的作用,但总体层次不高,更不能形成承接部分政府职能的"第三种力量",这也需要通过培育职业化、专业化的社会工作者来带动和组织更多的社会志愿者参与全社会预防,把专门机关工作与群众路线相结合发展到一个更加新的水平。

四是预防犯罪的信息化工作滞后。"高危人群"的信息分散在政法各部门和各地区,少数单位特别是基层甚至还停留在手工填写或查阅资料卡片的状态,严重滞后于形势发展的需要,因信息割据、统计口径不一和传递、反馈迟缓等原因造成工作对象失管漏管的情况时有发生。从刑释解教人员的状况看,10%以上的对象去向不明。所以,尽快建立覆盖全市各类"高危人群"的综合信息管理平台已成当务之急。

五是相关配套设施严重不足。2004 年前,本市强制戒毒床位仅有 2 200 张,一年收戒容量不足应收戒人数的 50%。因无专门场所,全市共有 3 463 名患有各种传染病或其他疾病的吸毒人员流散在社会上,严重威胁社会治安和公共卫生安全。此外,有 5 成以上的刑释解教人员无业,因没有必要的过渡性就业基地和"中途宿舍",游荡在社会上,随时可能重新犯罪,危害社会。

(二)体系建设是巩固党的执政地位和提高党的执政能力的需要

1. 预防和减少犯罪工作体系建设是落实科学发展观和积极稳定观,改进社会管理,构建和谐社会的必然要求。党的"十六大"报告指出:维护社会稳定,要"坚持打防结合、预防为主,落实社会治安综合治理的各项措施,改进社会管理,保持良好的社会秩序"。从可持续发展的观点来看,现代社会管理应是社会管理、行政管理、自治管理三位一体的管理,依靠单一的行政管理的传统管理方式,已越来越不适应社会发展的需要。改进社会管理,就是要改变单一管理,使政府的管理向宏观调控、综合管理和价值管理的方向发展。近几年本市各类刑事案件的年发案数始终在 11 万件左右的高位波动,部分案件的恶性程度有所增强。针对严峻形势,仅靠各级政府职能部门的努力和单一的行政管理难以有效控制犯罪高发的势头,必须加快培育和推进社会工作者队伍建设,这是社会发展的必然趋势。同时,社会上已经拥有大量具有一定社会工作经验和专业知识,又熟悉现行政策的社会工作应用人才,组建司法专业的社工队伍是充分发掘社会资源、动员这些社会力量开展社会治安管理、维护社会稳定的重要方面,体现了"警力有限,民力无穷"的管理理念。市八次党代会提出上海应大力发展社会事业,而建立司法专业的社工是发展社会事业体系的重要内容,是社会发展的结构性拓展,是从社会发展来完善管理,促进持久稳定的新思路。

2. 预防和减少犯罪工作体系建设是转变和完善政府职能的重要组成部分。从国外成功的管理理念和现代政府管理职能的变革来看,政府应弱化微观管理和直接管理,强化宏观管理和间接管理,使对社会事物的具体操作转变为间接调控,这是一种社会控制手段的转变与革新,是避免社会发展和体制转型过程中出现社会管理的"真空"与"断裂"的客观要求。政府的职能转变需要发展专业的社会工作机构来承担和分担,从而在政府与专业社会机构间逐步形成宏观调控与微观操作的具体分工,实现政府公共服务职能的平稳转移。同时,从角色理论上讲,社会工作者具备专业知识,又接近工作对象,因此更有利于开展思想教育、管理服务工作。

3. 预防和减少犯罪工作体系建设是降低社会管理成本,提高管理效率的有效途径。现有的政府职能部门由于管理职能过于集中,形成了大政府、小社会,管理的效率比较低,特别是大量琐碎的具体事务性功能,政府难以做好、做全。同时,政府部门对某些社会工作事务的"包办代替"、"以政代社"、"政社不分",不仅降低了政府的工作效率,提高了社会管理的各项成本,而且客观上也抑制或阻碍了社会工作的职业化和专业化。建立司法专业社工是引入社会竞争机制的有效途径,同时也增加了司法工作领域内的社会因素和人文因素。政府可以利用这类社会组织、中介组织即"第三种力量"在市场经济条件下购买服务,用较少的投入就可收到较好效果,以降低管理成本,提高管理效率。

4. 预防和减少犯罪工作体系建设是从源头加强社会管理,减少管理空白点的重要方法。随着改革的逐步深化,大量社会成员从国有、集体等企事业单位的"单位人"转变为"社会人"。社会成员高速流动,就业和生存状态的多样化,"户籍"与实际居住状况之间的相互脱节,"人户分离"、"一户多屋"现象逐渐增多,大量外来人员的体制外就业与生活使政府的管理难度增大,管理空白点增多,现有体制远远不能适应管理的需要。所以必须深化"战略防范"工作,以社区为工作轴心,通过社会工作者的专业化社会工作,从源头上加强管理,防范高危人群行为偏差、遏制各类犯罪活动的滋生。

二、上海预防和减少犯罪工作体系建设的做法与经验

在预防犯罪体系建设的过程中,市委政法委、市综治办始终按照"政府主导推动,社团自主运作,社会多方参与"的总体思路,依托"两级政府、三级管理、四级网络"等现有体制和"条块结合、以块为主"的责任体系,采取政府购买服务,组织培育社团组织和社会工作者队伍,发挥社区的载体作用等社会化管理的思路,整合社会资源,实现有效的社会管理,形成各司其职、协同管理的综治新格局,共同做好预防犯罪工作。

(一)坚持政府主导推动,切实加强组织保障

1. 明确职能定位。预防和减少犯罪工作体系建设是各级党委、政府的重要政治责任,体系建设对于促进经济社会的协调发展意义重大。在市级层面,进一步明确三个办公室的职能:市禁毒办、市社区矫正办和市社区青少年事务办三个办公室,作为政府主导推动的工作机构,通过对相关社团的考核评估和专业督导,行使社团业务主管单位的监督管理职能。在区(县)层面,进一步落实预防办的工作职责。体系建设工作在区(县)综治委的领导下实施,日常工作由区(县)综治办负责。在街道(镇)层面,相关职能部门为社工开展工作提供必要的社区资源保障。与此同时,市自强社会服务总社、市新航社区服务总站和市阳光社区青少年事务中心等三个社团逐步完善运作机制,初步实现了自主运作。三个社团在全市各个区县设立了57个社工站,在全市近240个街道(镇)设立了社工点,为社工开展工作提供了组织保证。

2. 探索政策支撑。与法律法规的紧密联系是预防犯罪体系建设的重要特征,从政策层面加大培育扶持的力度,是市委对预防犯罪体系建设提出的要求。通过出台相关政策法规,可以为社工开展工作提供必要的支持和保障。2004年9月市司法局下发了《市司法局关于全面推进社区矫正工作的意见》,明确了司法行政机关的职责和工作重点;市社区矫正办还与市公安局会签了《上海市社区服刑人员分类矫正暂行规定》,下发了《关于开展创建社区矫正达标街镇活动的实施意见》、《社区服刑人员个性化教育暂行办法》和《社区服刑人员心理矫正工作暂行办法》等,有效地规范了社区矫正工作。市社区青少年事务办争取社区青少年工作联席会议成员单位相关政策和项目的支撑,会同上海市青少年保护委员会、上海市公安局等单

位下发了《关于实施非本区未成年人违法犯罪情况告知和帮教制度的意见》,对未成年人违法犯罪情况进行监控;起草《对违法犯罪情节较轻的非在校未成年人实施考察教育的制度》,2005 年 2 月,上海市综治办、上海市公安局、上海市人民检察院、上海市高院、上海市司法局、上海市教委、上海市青少年保护委员会、共青团上海市委联合下发《关于对违法犯罪情节较轻的未成年人实行考察教育制度的意见》,与公检法机关联合搭建教育挽救违法犯罪未成年人工作的政策平台。

3. 理顺工作关系。理顺工作关系,特别是理顺三个办公室与三个社团的关系及其社团与区(县)有关部门的关系,关系到体系建设的效果。市禁毒办定位准确,接受市综治办的统一指导,注意处理好与区(县)预防办、禁毒办、有关部门以及禁毒社团的关系。市社区矫正办通过与公安、检察、法院、监狱管理机关的沟通协调,在健全公安派出所社区矫正联络员制度、在全市法院系统使用非监禁刑的裁判文书和假释裁定书上增加"法院诫勉语"等方面有所创新。市社区青少年事务办进一步理顺与区(县)预防办、团区(县)委,以及阳光中心、区(县)社工站等相关机构的工作关系,着重从社工工作方法、社团(社工站)及社工评估考核、志愿者管理激励机制、社会资金筹措管理、社工分配机制等方面加强探索,明确工作重点,形成工作合力。

(二)大力推动社团自主运作,加强社工队伍建设

1. 规范社团内部管理。社团自主运作是运用社会化管理的思路和社会化的运作手段的前提和关键,对于预防犯罪体系建设意义重大。新航总站自主实行公开招聘和社工竞争上岗;制定了《社区服刑人员档案管理暂行规定》,规范档案管理工作。阳光中心制定了《上海市阳光社区青少年事务中心"社团长成计划"实施方案》;组织相关专家学者制定了《〈青少年事务社工工作流程、工作表单〉实务指引》,规范社工个案、小组和社区工作。

2. 加强专业能力培训。社工的专业化建设是预防犯罪体系建设的核心和关键。只有提高社工的专业化水平,才能得到社会更多的认可,同时也才能对预防犯罪体系建设作出更大的贡献。2005 年初,市综治办牵头举办了以"如何当好社工站站长"为主题的社工站站长培训班,提高社工站站长的管理能力和水平。市禁毒办举办了以"家庭配合疗法"为主题的专业培训班,提高禁毒社工的业务素养。新航总站举办了"南桥杯"社工理论研讨会,编辑印刷了《上海市社区矫正社会工作者论

文选编》,打造社工提高业务素质的平台。为了构建社区青少年社会工作的理论体系和方法体系,市社区青少年事务办委托知名专家学者开展社区青少年事务研究,着手研究、推出《社区青少年事务研究》系列丛书;与香港有关专家合作推出《预防犯罪与青年工作——沪港两地的探索与实践》,进一步拓展对外交流与合作;组织青少年事务社工开展岗前培训,与香港青年协会合作推出了"2005沪港青少年社会工作合作交流项目"以及与华东理工大学合作开办了骨干社工培训班,提升社工专业化水平;加强督导培训,成立了"社会工作专家督导委员会";支持一线社工自主开展了三期"阳光沙龙",提供社工相互交流和讨论的空间。

3. 建立健全评估体系。按照预防犯罪体系建设社会化运作的要求,政府应通过市场运作出资购买社团服务,通过合同形式明确主体双方的权利义务,进而对义务人(社团)的服务效果进行评估。所以建立科学有效的评估体系意义重大。市社区矫正办在全市范围内开展社区矫正工作达标街镇的创建工作,探索建立本市社区矫正管理和考核工作新机制。市社区青少年事务办制定了《青少年事务社会工作者管理办法》,阳光中心制定了《上海市青少年事务社会工作者考核办法》、考核内容包括专业伦理标准、社工工作量标准、社工工作成效标准、自身建设成效标准等四个方面,共涉及专业化指标43项,有力地推动了评估考核工作的开展。

4. 探索薪酬制度改革。建立科学的激励机制对于预防犯罪体系建设的顺利推进,提高广大社工的工作热情具有十分重要的作用。将工资发放与业务考核有机结合起来,变"按文凭发工资"为"按工作业绩发工资",激励社工的工作热情。阳光中心首先在浦东、卢湾、徐汇、闸北四区推行了社工薪酬制度改革试点,明确了社工的收入由基本工资、津贴和绩效奖金三部分组成,并通过一系列规定将社工的绩效与收入紧密挂钩,对上年考核评定的优秀社工基本工资上涨15%,对考核不合格的社工进行为期6个月的整改,在激励方式上动真格,进一步强化了社工的绩效观念。

5. 指导社团自主招聘。社工的招聘是社团自主运作的重要方面,对于提高社团自主运作能力,加强社团对社工的考核和管理都十分重要。自强总社、新航总站和阳光中心三个社团自主开展社工招募、人事管理等工作。到目前为止,全市共有专业社工1283名,其中禁毒社工384名,矫正社工418名,青少年事务社工481名,按照禁毒和社区矫正专业1:50、刑释解教和青少年事务专业1:150的比例配置。这批社工的学历普遍较高,大专以上的占95%;社工中政治素质和业务素质都较高,其中党团员占社工人数的3/4强,社会工作专业、社会管理、法律、心理学等专业毕业的占到社工总数的近一半。

（三）协调社会多方参与，为服务对象提供切实服务

1. 整合社会各方资源。预防犯罪体系建设是一项综合性工程，除了政府部门的帮助和支持外，充分利用民资民力也十分重要。自强总社与市慈善基金会合作，为贫困禁毒对象的子女提供助学金 8.75 万元；与市禁毒教育馆合作，由好德便利集团、台湾黑松沙士集团出资 1 万元，全部用于滥用药物人员家庭子女的助学活动；积极与复旦大学学生会合作，在暑期为 100 名滥用药物人员特困家庭子女补习功课；与市区两级精神卫生中心合作，由专家组成专家咨询团，为社工开展咨询指导 50 余次。新航总站与市爱心基金会就社工培训、资金募集等达成了合作协议；陆续建立了 200 余个公益劳动基地和 50 余个教育基地，为社工开展工作创造了条件。阳光中心开展"阳光展翅"工程、"爱心助学"活动，为社区青少年提供就业、就学等服务；开展社区青少年垂钓大赛，与肯德基公司合作，在全市范围内开展社区青少年"3 人制篮球推广赛"等活动，丰富社区青少年文化生活；与上海青少年维权服务热线12355以及市民(青少年)信息服务平台的心理健康和法律咨询板块形成互动，利用12355热线和作为信息服务平台的心理专业机构等力量，为社工工作提供帮助。

2. 探索专题工作项目。针对服务对象的突出问题，采取一些有针对性的措施，既可以提高体系建设的成效，也可以增强社工工作的信心和社会对体系建设的认同。为了提高帮教工作的科技含量，增强防复吸工作效果，自强总社与吴阶平医学基金会、北京大学神经科学研究所合作，推出了"绿色戒毒防复吸工程"；为了寻找有效禁毒途径，跟踪美沙酮社区维持治疗试点工作。积极寻求"网络成瘾"对策，市社区青少年事务办组织了"用爱心和科学帮助孩子戒除网瘾"专题报告；与专业机构和高校合作，以初中、中专(职校、技校)和高中学生为前期施测对象在全市 36 所学校进行了"网络成瘾"调查计划，发放了"网络成瘾"矫治手册以及举办了专题讲座等。

3. 健全志愿服务网络。总的来说，目前社工数量还不能满足服务对象的需要，因此，更多地利用志愿者的专业知识，既可以为工作对象提供一些切实的帮教和服务，同时也有利于更多的人来关注和支持预防犯罪体系建设。2005 年 4 月，自强总社与复旦大学团委合作，成立了本市首支大学生禁毒志愿者队伍，共发展禁毒志愿者 3 000 余人。市社区矫正工作目前有志愿者 2 500 人，其中具有心理咨询师执业

资格证书的志愿者148人。阳光中心招募了3 810名志愿者,其中包括68名心理咨询师;发展社区党员志愿者,组织开展了"让阳光洒满社区"系列活动,在宝山区组织了100名社区党员志愿者与社区青少年结对,帮助社区青少年健康成长。

(四)全力夯实工作基础,推动工作向纵深发展

1. 加强理论研究。理论是行动的先导,只有从理论上对预防和减少犯罪工作体系建设中的问题进行前瞻性的思考,才能更好地推动体系建设的进一步发展。市社区青少年事务办为着力构建社区青少年社会工作的理论体系和方法体系,2005年6月成立了由14名上海知名专家学者组成的课题组,开展社区青少年事务研究,并将推出作为研究成果的《社区青少年事务研究》系列丛书,该丛书共6册,每册约20万字,此项目的研究成果将是对上海市以往工作的总结和提升,又是今后工作发展的理论基石、工作规范和标准。

2. 加强宣传力度。扩大宣传不但可以提升社工工作的社会影响力,而且对争取整个社会对预防犯罪体系建设的支持意义重大。为了扩大社会工作在上海的影响,市委政法委和市综治办以"十佳社工评选宣传活动"为抓手,与《上海法治报》等本市新闻媒体合作,为社团搭建宣传平台。自强总社与多家关押涉毒人员场所建立了"禁毒宣传帮教共建协作"关系;组织禁毒宣传月活动,联合组织"参与禁毒斗争,构建和谐社会——捷安特上海禁毒宣传大巡游"始发仪式;杨浦、黄浦、虹口等区组织禁毒社工到本市劳教戒毒场所开展"五个一"帮教活动;组织禁毒社工到全市大中小学校开展毒品知识讲座,进行拒绝毒品宣传等,提高了大家对于毒品危害的认识。市社区青少年事务办积极与新闻媒体加强沟通联系,中央及上海主流新闻媒体对社区青少年工作累计宣传报道100多次,在《青年报》、《新闻晨报》等平面媒体发布报道31篇,网站转载报道近百余条。在《团的生活》杂志开设了"社区青少年工作"专栏,开通了"社区青少年工作专题网页"等,有效地提高了社会对社区青少年工作的认识。

3. 加强信息化建设。抓好信息化建设,做到底数清、情况明,对于形成工作合力以及实现资源共享都十分重要。自强总社积极配合公安部门进行工作对象信息平台建设,制作了涉毒人员信息输入目录,规定了数据统计要求,为规范吸毒人员的动态管理和信息数据统计分析工作提供了基础。新航总站自电脑信息管理系统投入运行以来,截至2005年5月,累计接收社区服刑人员8 171人;建立规范的矫

正档案与台账,做好服务对象的统计和服务记录。阳光中心修改现行数据报送制度,保证数据报送的准确性,使数据更科学客观、全面准确地反映青少年社会工作状况;推动社区青少年工作数据摸底工作以及完善社区青少年数据库建设。

三、上海预防和减少犯罪工作体系建设存在的问题与不足

预防犯罪体系建设是一项理念创新、制度创新、实践创新的系统工程,从建设情况看,体系建设在推进过程中尚存在一些需要加强和完善的方面:

(一)政府主导推动的职能定位尚未理顺

市综治办、市禁毒办、市司法局、团市委等有关部门都分别把体系建设列入本部门的重要工作,积极认真地组织推动,但由于部门与部门、部门与社团之间的职责定位不够明确,在推进中出现部署重复烦琐、指导交叉打架、要求不够一致、重点不太统一的情况,一定程度上影响了体系建设的推动合力,抵消了社工站的工作精力。

(二)条块结合、落实责任的机制尚待完善

预防和减少犯罪的工作内容主要在区级层面,而指导、管理重心主要在市级层面,责任主体与职能主体的错位,使预防犯罪体系建设的着地感、本土感减弱,不能充分有效地调动地区的积极性,最大限度地发掘运用基层组织的政策信息、就业就学、帮困扶助、宣传教育、文体活动、志愿者服务等社会资源。社工普遍反映离开社区的帮助支持,开展工作非常困难。尽管各区(县)的各级党政领导高度重视、全力推动,但由于条块结合、以块为主的架构尚未真正形成,社会化的认识还不够到位,充分发挥区(县)作用的机制尚未建立,因而不同程度地影响了体系建设推进的力度和深度。

(三)社会各界的综合支持不够

公、检、法、司等政法部门都是预防和减少犯罪工作体系建设的专业力量,各级基层党政组织和工商、税务、卫生、劳动、民政等有关部门以及其他社会团体也是十分重要的资源。如工作对象当个体户、办企业,就需要工商、税务部门给予政策上

的引导和支持;工作对象办理低保申请、劳动手册和就业培训等就离不开民政和劳动部门;吸毒人员尿检,离不开卫生部门的配合支持;又如,安置、吸纳工作对象,就需要各类企业的积极参与,等等。目前我们在综合支持方面的统筹协调和作用发挥还不够。

(四)社团自主运作的社会化水平尚待提高

为了加快推进体系建设,在试点阶段,市和区(县)的政府有关职能部门直接实施或参与了许多对社工站及社工的工作安排,在社团没有建立之前,这样的工作安排对打开局面是必须的。体系建设在全市推开后,面对繁重的任务,政府主动操办的情况也还将维持一段时间,但若长期处于这种状态,则会造成社团及社工对政府的依赖,使其自身丧失竞争意识和进取性,不利于社团自主运作。目前,还没形成一套自上而下的、科学、规范、操作性强的管理监督机制、考评制约机制。譬如在工作推进、业务指导、考核考评等方面还停留在表面状态。各个阶段的具体目标、具体任务、具体措施不明确,缺少考核评估工作业绩的刚性指标、量化指标,使得一些社工不能真正沉到社区向工作对象开展工作,离有关职能部门的要求还有较大的距离。社工站组对社工的管理和业务工作还处在"粗放型"管理、工作中"亮点"少,"典型"更少。目前有一种倾向,讲到"自主运作",就是要钱、要物、要人、要待遇。如何在现有的基础上,通过较好地履行"政府购买的服务项目"来改善待遇、提高地位、争取资源的动力不足,"等政府推动"的依赖思想比较重。

(五)政府购买服务的评估机制尚未确立

评估机制是体系建设最为重要的组成部分,如果按照体系建设的市场化运作要求,区政府及其代理人(部门)应通过市场运作出资购买社团服务,通过合同形式明确主体双方的权利义务,进而对义务人(社团)的服务工作效果进行评估。由于体系建设是在政府推动下构建,社团又成立较晚,政府与社团并未签订购买服务的"合同",市有关职能部门还未能就评估政府购买服务项目的时间、内容、形式等提出具体意见,也使社团对全年服务目标不很明确,影响了社团及其社工工作的规范化、制度化、标准化建设。

（六）社工教育培训的经常制度尚未建立

市委政法委、市综治办组织的社工上岗培训，在社工上岗初期配督导员，在社工中开展个案分析、团队指导等工作方法，均取得了很好的效果。但随着社工工作的深入，专业性、针对性的日常培训太少已成为社工的共同反映。禁毒、社区矫正、青少年事务社工是一支十分特殊的社工队伍，面对着特殊的人群，又赋予法律行为联系密切的特殊责任，加上社工的活动方式是弹性工作制，缺少量化的考核办法，试点区的同志们也普遍担心这支队伍的长期建设问题。

四、完善上海预防和减少犯罪工作体系建设的对策与建议

第一，统一思想，落实工作责任。一是要进一步明确区（县）党委和政府对体系建设负有的政治责任，充分认识体系建设的重要意义。二要进一步明确各种社会资源大力支持体系建设的社会责任，各级政法部门和相关政府职能部门要不断加大工作力度，为社工开展工作提供良好的社会资源支持。

第二，理顺关系，形成工作合力。一要明确市委政法委、市综治办与市禁毒办、市社区矫正办以及市社区青少年事务办的关系。二要理顺市禁毒办、市社区矫正办以及市社区青少年事务办与区（县）综治办、自强总社、新航总站、阳光中心、区（县）社工站等相关机构的工作关系，"三个办"要为"三个社团"自主管理、自我发展提供工作空间。要在进一步理顺、协调公、检、法、司等政法专门力量和基层党政组织在体系建设中的关系，并发挥应有的作用。进一步明确派出所、司法科（所）、综治办、团委等基层单位和社工组织在工作上的分工协作，提高各自的履职履责能力，形成工作的协调机制和工作合力。同时，要进一步整合工商、税务、民政、劳动、卫生等政府公共资源，为吸毒人员、社区服刑人员、刑释解教人员和社区闲散青少年等工作对象提供创业就业、技能培训、社会保障、医疗救助等方面提供政策引导、落实有关工作措施或便利条件，形成良好的社会联动机制。

第三，科学实施，坚持目标管理。目前，市"自强"、"新航"、"阳光"社团分别制定了考核评估的办法和细则，比较全面、比较专业。但是3个社团的考核办法是相对独立的，主要是针对全市的总体状况制定的，有共性部分，也有相异之处，且考核的周期太长（每年一次），不利于社工站（组）的实际情况。为此，要建立一套操作上相对简单、便于衡量的综合性考核体系，对全市社工站（组）实施统一考核的目标管理

意见,然后对社工站(组)和社工的工作进行相对客观、合理、公正的评价,分出考核档次,落实激励制度通过考核。改善或提高有关福利保障,充分调动每位社工的工作积极性、主动性和创造性,把预防犯罪工作扎扎实实地做好,提高社团自主运作能力。市禁毒办、矫正办和青少年事务办公室分别抓紧研究制定本专业的"政府购买服务合同"和"社团专业服务工作评估办法",提出评估社团绩效的合理标准,明确评估的责任主体,建立社工资质管理机制,以评估推动体系的规范化建设。

第四,积极探索,完善工作机制。全面推进体系建设,一要高度重视地区在体系建设中的作用,将日常管理重心下移,运用"两级政府、三级管理、四级网络"的成功经验,结合各区实际,在基本原则不变的前提下,将社工管理、经费管理、社工站管理的职能放到区里,特别是要发挥区(县)在对社工考核评估中的重要作用,把管人管事与责任统一起来。二要充分尊重探索创新、根据工作对象的不同以及中心城区、郊区的差异,实行分类指导。三要充分注重机制建设。对已形成的相关制度要在实践中不断完善并形成工作机制。要特别注意为体系建设提供法律保障和政策支持的制度建设,建立长效工作机制。四要充分发挥宣传作用。通过各种有效途径,面向社会,扩大宣传,以推动社会对体系建设的认同。

第五,依托项目,实现社会化运作。政府有关职能部门要从包办、操办逐步转换到协办、督办,大力培育、支持、激活社团及其社工自主运作的能力,真正做到政府逐步从一线退下来,把"空间"留给社团和社工。社团要逐步承担起体系建设所提出的应自主开展会员招募、资格认证、职业培训、人事管理、任务安排、工作研究和业务指导等管理服务工作,逐步从现在的人员一般管理到机制建设,再到资质管理,按市场规律和社团自主运作要求发展壮大。按照社会化管理的思路,发动社会各方参与预防和减少犯罪工作体系建设,做到工作方法、工作资金、工作资源的社会化。社团的服务要逐步实现项目化运作,改变仅仅依靠政府购买服务费开展工作的格局,最终建立政府出资购买社团项目的服务模式。

(上海市社会治安综合治理委员会办公室

执笔人:乐伟中、朱黎明、陈耘)

基层安全创建活动

上海开展的基层安全创建活动已历时 15 年,取得了有目共睹的成绩,特别是近三年来,全市各级综治部门、公安机关和广大居(村)委、企事业单位的干部在安全创建活动中,坚持以维护治安秩序、维护社会稳定、提高人民群众生活质量为工作目标,坚持"打防结合,预防为主"的工作方针,切实把社会治安综合治理各项措施落到实处,使全市基层安全创建活动不断完善和深化,促进了两个文明建设,为维护上海的政治稳定和社会安定作出了应有的贡献。

一、上海基层安全创建的形势

(一)基层安全创建的内涵和覆盖面不断扩大,群众的满意程度稳步提高

本市的基层安全创建活动始于"安全小区"创建,后向"安全合格单位"、"安全单位"延伸,并逐步涵盖交通安全、消防安全、禁毒工作、安置帮教、人民调解等内容。其中安全小区是以居(村)委为单位进行的,每两年为一个创建周期。2003—2005 年,全市居(村)委有 1 200 个居(村)委被评为市"安全小区",市和区(县)、街道(乡镇)三级"安全小区"占全市居(村)委总数的 80%左右,其间,全市基层安全创建活动已形成规模效应,产生辐射作用。通过历年对市级"安全小区"检查情况的综合分析和对市民安全感调查,"安全小区"内居住的群众对地区治安状况的满意率达 85%左右,居民区的安全感始终处于较高的水平。

(二)重点地区创建活动促进了长效治安管理,群众关注的治安热点问题逐步得到解决

自 2003 年开始,作为创建工作重点,全市每年将 10%的"安全小区"创建名额放在地域环境较偏、基础工作薄弱、治安状况较差、群众安全感不强的居(村)委,在

加强整治的基础上，通过调整基层安全创建班子、充实群防群治力量、完善工作制度、加强基础性防范设施建设等针对性措施，使这些地区的安全工作得到健全和完善，治安状况有明显好转，小区居民住宅入室盗窃案和自行车（助动车）被窃等群众关注的治安热点问题得到了有效遏制，入室盗窃案件同比下降，地区的治安面貌有了很大改观，居民群众对地区治安状况的满意率逐年提高。

（三）"人防、物防、技防"三位一体的社会治安防控网络不断完善，社区治安防范能力不断增强

广大基层干部和派出所民警坚持把人防、物防、技防三位一体有机结合的治安防范机制建设作为基层安全创建的一项基础性、系统性工作来抓。

1. "人防"得到加强。在不断加强社区保安队和治保会建设，充分发挥其作用的同时，因地制宜依靠物业保安队，组建在职党员干部和职工护村、护楼、护厂队、义务消防队等群众性防范队伍，发动组织广大群众共同参与自防、做好互防，鼓励和表彰人民群众的见义勇为，在市级"安全小区"抽查中群众以各种形式参与地区防范活动的比率已达到 70%。

2. "物防"不断巩固、完善。在"安全小区"创建活动中，把加强以"六小防范工程"（新村楼道灯光、住宅防盗门窗、小区围墙封闭、弄口治安岗亭、自行车停车棚、简易技防装置）为重点的基础性物防设施建设作为一项重要工作抓实、做好，目前不少封闭式居住小区已实行机动车（助动车）发牌进出制度，有效减少机动车（助动车）被盗案件发生。此外，还根据地区治安情况和住宅特点，开展了"投资少、见效快、易普及、群众满意"的各项防范设施建设，基础性防范设施的覆盖面不断扩大。

3. "技防"有了稳步发展。在加强人防、巩固物防的基础上，从 2003 年开始，加速推进以新"六小"工程建设为代表的小区技防设施建设，新"六小防范工程"包括"小区周界监控系统、楼宇对讲电控防盗门、家庭防盗报警系统、基层安全创建基础工作电脑化管理、防范设施管理队伍和法制教育宣传报栏"。同时在部分居民小区安装电视监控，在农宅中推广家庭防盗报警器等。一些简便、有效的技防产品已走向社区，进入家庭并被广大群众所接受，2004—2005 年度，在全市已经建成 1 219 个具有新的"六小防范工程"设施的市级"安全小区"，市、区（县）和街道、乡镇级"安全小区"占全市居（村）委总数的 80%。

二、上海基层安全创建的主要经验

（一）切实加强领导，扎实推进基层安全创建活动

基层安全创建活动是落实社会治安综合治理各项工作措施的一个有效载体。历年来，市综治委和市公安局对基层安全创建工作非常重视，每年突出一个重点，集中力量解决一个难点，一步一步夯实基础。市委先后转发了市综治委《加强社会治安综合治理基层基础工作的意见》、《关于本市深入开展创建"安全小区"活动的意见》等文件；市综治办、市公安局印发了《关于深入开展基层安全创建活动，改进评选考核方式的若干意见》、《年度基层安全创建活动的意见》、《本市新建居民住宅安全防范设施建设管理的意见》等文件。市综治委先后召开了加强基层基础工作、加强安全小区创建工作等会议，对基层安全创建活动提出了加强"六小防范工程"建设的要求，提出了创建"安全小区"要与解决本地区突出的治安问题相结合，与为民办实事，提高生活质量，改善生活环境相结合的要求，在治安复杂、管理薄弱地区确定并创建了一批安全小区，提出了安全小区创建活动要与上海的城市文明程度、开放型国际大都市形象相适应，大力加强科技防范设施建设，提高技防水平的要求。由于对基层安全创建活动的目标要求比较明确，区县和街道、乡镇党政组织也都非常重视基层安全创建工作，不仅纳入精神文明建设总体规划，而且还把它作为维护社会政治安定、治安稳定的基础性工程和为民办实事的具体内容狠抓落实。

（二）突出工作重点，实行分类指导

在基层安全创建活动中，坚持从实际出发，针对地区治安特点和存在的薄弱环节，突出重点，加强分类指导，不断深化基层创建安全活动，形成不少适合地区特点的工作方法。

1. 根据房屋结构、新旧和周围环境，上海把基层安全创建活动分成新村型、旧式里弄型、公寓型、高层型和乡村型五种类型，对五种不同类型的区域，制定不同的软、硬件建设和工作成效标准，达到统筹兼顾，分类指导，全面推进的目的。如在防范设施建设上，新村型居民小区主要搞封闭式管理，旧式里弄型居民小区主要搞防火、防盗装置，高层型居民小区主要搞简易技防和加强门卫值班等。

2. 根据人口结构、治安状况，上海确定了全市的基层安全创建重点是市郊结合

部地区;市区的基层安全创建重点是人口比较集中的老城区、商业集中的繁华地段、公共复杂场所、机关、学校、涉外单位、金融系统及其周边地区;农村的基层安全创建重点是县城、城郊结合部、乡镇政府所在地、工业开发区及附近地区。要求把基层安全创建活动同对重点地区、部位加强治安防范,改变治安面貌相结合。2003年以来,先后确定了 120 多个重点创建基层安全小区,分批组织社区民警和居(村)委干部进行集中培训,重点进行指导,严密治安防范;并正在重点创建一批技防"安全小区",切实提高安全小区的科技防范水平;切实加强郊区中心城镇的综合治理工作,建立健全社会治安的长效管理;协调解决社区闲散青少年的教育管理。同时各区县对创建重点实行重点规划、重点投入、重点建设、重点指导、重点考核,取得了较好的效果。

3. 根据全市基层安全创建活动现状,上海及时提出了创建"安全小区"要避免五种现象(五个不):(1) 创建安全小区不能戴高帽,要把创建安全小区活动的重点放在治安状况比较复杂、工作基础较为薄弱的地区,在"创"和"建"上下功夫,不能停留在一些条件好、创与不创一个样的"盆景"上;(2) 创建安全小区不能喊口号,要真心实意地为民办实事;(3) 创建安全小区不能一个样,要因地制宜,有特色、有创意、有实效;(4) 创建安全小区不能凑数量,要扎扎实实提高质量,创建一个巩固一个,创建一批巩固一批;(5) 创建安全小区不能唱"独脚戏",要进一步发挥好各职能部门和辖区内各企事业单位、物业公司的作用,广泛动员、组织居民积极参与,形成创建安全小区,人人有责的氛围。

4. 根据基层安全创建活动的发展,把"安全小区"分为市、区县和街道、乡镇三级,实行一级抓一级,分级创建、逐级创建。市综治办、市公安局先后在市级"安全小区"中设立了一批不同类型的"安全小区"示范点,规范创建行为,指导创建活动,提高整体创建水平。各区县在创建安全小区活动中要结合实际,设立一批区县级别的"安全小区"示范点;分别开展了"安全小区"等级管理、等级考核、创特色活动;开展了对外来流动人员的总台式、大堂式、超市式、旅馆式登记、发证管理;开展了社区民警"争创无入室盗窃案责任段"活动;开展了由居委治保干部和社区民警参加的创建基层安全演讲竞赛活动;开展了发动居民群众,参与自我防范管理的铁门管理委员会、弄(楼)管会组建活动;开展了居民"安全家庭户"和村民"联户防范"评比活动等等,这些工作方法,为基层安全创建活动在不同地区、不同类型小区深入开展提供了经验、奠定了基础。

（三）服务群众、发动群众，开展群防群治

1. 办实事、做好事。基层安全创建活动是一项群众性的工作，三年来，上海在开展基层安全创建活动中坚持群众观点，走群众路线，坚持基层安全创建活动与为群众办实事、做好事，提高生活质量，改善生活环境相结合，特别是动员、组织群众参与和开展"六小防范工程"建设等，曾多次得到了中央政法委、中央综治委领导的充分肯定，罗干同志称这是一种把基层安全创建同为人民群众办实事、做好事结合起来的好形式。

2. 增强治保会、调解会活力。发挥其桥梁和纽带作用，把工作重点落实到宣传发动群众，开展邻里互助，协助依法监管，实施帮教监护和控制矛盾激化上来。

3. 充分发挥社区保安队的作用。社区保安队伍由派出所社区民警带队下加强治安巡逻和外来流动人员管理，发挥了重要作用。在居民区尝试建立了公益性劳动组织"安保服务队"和"社区小保安"，加强居民区的"六小防范工程"设施的管理。

4. 积极动员组织以共产党员为主体的人民群众参与治安防范、法制宣传、青少年教育、刑释解教人员安置帮教等活动。不仅开展时间早，参加人数多，而且形式丰富多样，内容扎实有效，激发了广大居民群众自觉参与安全防范的主观能动性，切实提高了社区居民自防、互防意识和能力，深入民心、深得民心。

5. 规范居住物业保安管理。在物业管理条件较好的住宅小区逐步实行社会化、专业化的治安防范模式。

（四）密切配合，形成创建活动的合力

各级公安、综治、物业等部门互相配合、紧密协作，针对工作中碰到的难点、热点问题，加强协调沟通，争取支持配合，形成创建合力。

1. 市综治办、市公安局会同市文明办、市建委、市房地局、市司法局、市民政局等部门建立了基层安全创建例会制度，及时沟通情况，研究存在问题，提出工作对策，认真组织实施。

2. 建立由居（村）委干部、派出所（警署）社区民警、物业管理人员、有关职能部门（单位）负责人参加的基层安全创建工作班子，健全制度、明确职责，形成基层安全创建工作机制。

3. 公安部门充分发挥治安防范主力军的作用，把基层安全创建工作作为考核、评选"人民满意派出所"和优秀社区民警的重要内容,明确公安派出所(警署)是基层安全创建工作的组织者、策划者,社区民警是社区治安管理的第一责任人。

4. 物业管理部门根据市城区工作会议精神,做到转变观念、转变作风、转变职能,把基层安全创建工作作为物业管理的主要任务来抓,把基层安全创建活动与行业达标创优活动结合起来,落实防范设施建设的经费和日常管理;房管部门把基层安全创建工作作为物业管理企业资质考核的重要内容。

5. 司法部门重视做好疏导化解人民内部各种矛盾和纠纷工作,及时掌握社会热点问题,预防民间纠纷激化,加强小区社会稳定工作。

6. 各级综治部门把基层安全创建工作以及禁毒工作、社区的交通安全宣传等纳入社会治安综合治理予以考核,建设、民政等部门也根据本部门的工作职能关心、配合、支持基层安全创建工作,促进了社区治安稳定和治安秩序的改善。

(五)严格标准,公开考核,确保创建质量

在基层安全创建活动中,坚持实事求是原则,严格检查、考核,确保创建质量。

1. 实行总量控制,根据上海刑事案件年发案率不断上升,社会治安形势严峻的实际情况,在不断扩大创建活动覆盖面的同时,始终把市级安全小区的数量控制在1 200个左右,约占全市居(村)委的五分之一。

2. 加强日常检查,街道乡镇派出所(警署)坚持每季度进行一次检查;区(县)公安、综治部门每半年进行一次检查考核;市公安局、市综治办每年进行一次抽查,每两年进行一次考核验收。对不符合创建标准的,坚决予以取消申报资格,历年的抽查验收中,每次都有居(村)委因未达到检查要求被限期整改,有的居(村)委被取消申报市级"安全小区"资格。部分区(县)为确保创建质量,经数次检查、考核,对还未达到市级"安全小区"标准的居(村)委自动取消申报资格。

3. 广泛征询群众意见,接受群众监督。为了能客观公正地反映地区治安状况,在对"安全小区"的抽查、验收中,采取了上门走访和群众投信相结合的方法,每个小区走访20户居民,并向另外20户居民发放《征询群众意见书》。同时将各区(县)申报的市级"安全小区"在《新民晚报》和《上海法治报》上张榜公布,并设立咨询监督电话和信箱,听取群众的意见和建议,这些措施极大地调动和激发了居民群众参与社会治安防范的积极性,促进了基层安全创建活动的深入开展。

三、上海基层安全创建存在的问题与不足

（一）基层安全创建活动的指导有待进一步加强

部分单位存在把基层安全创建活动作为突击性任务,年初申报、年终验收轰轰烈烈,年中工作平平淡淡,重上面检查,轻日常指导等现象,争创意识与创建工作力度尚未协调一致。加上近年市级层面对基层安全创建工作的推动力度有所松懈,在年初的文明小区检查和公安等其他专项工作的检查中,发现有些小区很少得到辖区综治、公安部门的有针对性的业务指导。部分社区民警存在"重打轻防"的思想,导致基础工作薄弱,开展群众工作的能力水平不高,实践经验缺乏,基层安全创建主力军的作用有待进一步发挥。

（二）各专项工作部门的基层安全创建作用的力度有待进一步加强

以往的基层安全创建活动主要由综治、公安部门来组织,两家经营,力量比较单薄,随着基层安全创建活动的发展,内容越来越多,涉及的部门越来越多,在公安内部就涉及治安基层指导、内保处、文保分局、交警总队,还涉及市教委高校保卫处、校园周边办,市司法局安置帮教办、矫正办、人民调解,房地局物业管理处,禁毒办等单位部门,因此有必要整合各部门力量,让安全创建活动成为各有关部门推进专项工作的一个共同载体和抓手。如禁毒工作、安置帮教、青少年教育、社区矫正、流动人口管理、物业管理、技术防范、交通安全、人民调解等职能部门,都要组织发动起来,形成基层安全创建工作的合力。

（三）安全创建活动的宣传发动和组织管理有待进一步加强

为了加强安全防范,许多小区都积极开展"安全小区"的创建活动,而且效果比较好。但是,近年的抽查、调查显示,有50%左右的居民不知道自己所居住的小区是否开展了基层安全创建活动,这可能与宣传发动不力有关,也可能是有些小区确实没有开展基层安全创建活动。同时,部分地区由于缺少管理力量、管理措施或者居民自我防范意识差,因此出现自行车棚被挪作他用、楼道灯光长期不亮、防盗铁门不锁等现象,有的防范设施陈旧、单薄,形同虚设,居民住宅入室盗窃案件、自行车(助动车)被窃案时有发生。

（四）基层安全创建活动发展方向有待于明确

面对社会转型,社会管理面临的许多新情况、新问题,基层安全创建活动如何继续深化、持续发展,有许多值得研究和思考的问题:如安全创建与社区建设管理如何融合,安全小区创建范围如何调整,安全创建的检查验收标准方法如何改进,创建单位申报后如何合理调整,安全与文明创建如何密切配合,小区、单位基层安全创建与安全社区创建如何相互关联,安全创建与综合治理评比如何配套等等。

四、完善上海基层安全创建的对策与建议

根据中央和市委关于深入开展平安建设的意见,结合当前本市社会治安的客观形势和政法综治工作的要求,今后上海要在以往安全创建工作的基础上,深入开展以建立健全长效机制为核心,以加强基层基础工作为重点,以落实社会治安综合治理各项措施为主线的平安创建工作,组织动员社会各方面力量,推进"平安小区"、"平安单位"、"平安社区"、"平安区县"的创建活动,力争通过5年的努力,使80%以上的小区、社区、单位、区县达到相应的平安创建标准。

（一）要加强和改善对平安创建工作的领导

市有关职能部门和各级党政组织要按有关文件的总体要求,根据实事求是、因地制宜、分类指导的原则,按照不同特点制定平安创建的具体实施办法,使平安创建做到"四个结合",即与解决本地区、本单位突出治安问题相结合,与为居民群众办实事、做好事,提高生活质量,改善生活环境相结合,与治安管理、物业管理、社区管理、企业管理和群众自我管理相结合,与创建文明小区、文明社区、文明单位和党建、团建、社区建设、社区服务等活动相结合。

（二）注重抓"两头",加强分类指导

配合实施街面网格化治安巡逻方式,切实加强治安防范工作。一是抓典型经验的宣传推广,要在全市增设一批不同类型、不同特点的市和区(县)两级的平安创建示范点,并通过广泛宣传、典型引路,扎实推进平安创建活动;二是结合治安混乱地区的集中整治,开展以开展预防入室盗窃为重点的各种形式的治安防范。要选派得力干部深入基层加强指导,抓好治安情况复杂创建难度较大的居(村)委创建

工作,特别是要加强对地域环境较偏,基础工作薄弱,治安状况较差,群众安全感不强的居(村)委的督促指导,使其治安面貌有明显好转,并将此作为创建考核的主要项目;三是加强对新建住宅小区和新经济组织的治安防范设施配套建设的检查、督促,对不符合建设要求,治安状况混乱的实行限期整改。

(三)坚持以人为本,切实为人民群众办实事

要加强以"人防、技防"手段为重点的基础防范建设管理,把为人民群众的实事进一步办好,把好事办实。同时要随着城市的发展,管理的优化,城市文明程度的提高,和适应治安形势的需要,发展和更新防范设施建设,在新的起点上规划、设计、构筑城市防控体系,大力推广周界监控系统、楼宇对讲电控防盗门、家庭防盗报警系统、创建基层工作电脑化管理的建设,特别是中心城区、景观道路、著名建筑物和新建住宅小区,提高社会治安主动防范能力和控制能力,展示上海国际性大城市的城市形象。

(四)明确创建责任,促进依法创建

要进一步明确居(村)委、物业公司、社区民警、业主管理委员会、有关职能部门和企事业单位等在创建工作中的各自责任;要把创建活动纳入到依法治市、治区的总体发展规划中,要加强有关法律、法规、文件的宣传教育,充分应用相关的法律、法规、文件和村规民约、厂纪厂规,增强法制观念,规范创建行为;要落实管理措施,通过必要的形式、制度及管理队伍,加强对创建活动的组织、指导、检查和对防范设施建设与运行的管理;要进一步探索并有效地体现创建活动与房产开发、物业管理、治安责任保险、各种保安队伍和行业自治规范的有机结合,行政管理和企业有偿服务相结合,专门机关和群防群治相结合,加大投入和提高效益相结合,从而使上海的平安创建活动更扎实,更富有成效。

(五)夯实基层基础,深化群防群治

要继续坚持"抓大不放小"、"抓小防大"、"积小胜为大胜"的战略思想,在加强严打整治的同时,以平安创建为抓手、以防范管理为重点,夯实基础工作;要调整充实创建班子,配齐、配强干部;要规范全市社区民警责任段设置及管理,确保力量到

位,并建立相应的考核奖惩机制,充分调动他们的工作主动性和积极性,确保创建活动扎实推进;要充分发挥协管员和社工的作用,扎实做好实有人口登记调查,加强重点人口、暂住人口以及监外罪犯的管理,做好禁种、禁吸、禁贩毒品和违法青少年帮教等基础工作,组织开展以"不让毒品进社区,不让毒品进家庭"为主题的禁毒宣传;要通过广播电视、黑板报、宣传栏,发动群众和依靠积极分子大力开展安全防范宣传教育,提高居民群众自我防范意识,有效预防、控制、减少入室盗窃案等可防性案件的发生;要广泛动员和组织在职党员干部参与居住地社会治安防范工作,充分发挥各种看家护楼队的作用,制定有利于群众自我管理、自我教育、自觉遵守的乡规民约、规章制度,通过制度防范来强化管理,要提高发现、控制、化解矛盾的水平,提高调处工作的成功率,有效预防和减少各类案件和社会不稳定事件的发生。

　　　　　　(上海市社会治安综合治理委员会办公室　执笔人:乐伟中、朱黎明)

社会治安分析评估机制

为进一步分析、预测和研究社会治安形势的发展趋势,做好社会治安综合治理工作,本市于 2002 年提出要进一步完善社会治安分析评估的相关制度,强化工作评估的措施,有步骤地做到阶段性评估与年度评估、专项评估与全面评估相结合,最终形成动态状况下科学评估社会治安综合治理工作的体系。在此基础上,建立了社会治安分析评估机制。

一、社会治安分析评估的意义

(一)分析评估是本市社会治安综合治理工作发展的必然要求

上海开展社会治安综合治理活动以来,在实践中和理论上都有所突破,但是社会治安综合治理工作还缺乏定量研究,以至在一定程度上主观因素较重。针对综合治理工作特点,采取定性与定量相结合,设计由评估主体、评估客体、评估内容和评估程序组成的评估体系,就能从总体上了解和把握社会治安综合治理工作的状况和水平,并进行纵向和横向的比较和评价,可以对上海综合治理的各个层面进行有效调控,也有助于深化社会治安综合治理。

(二)分析评估结果将为党和政府制定社会治安综合治理决策提供科学依据

科学的决策建立于全面准确的信息资料的基础之上,本市近年来虽在这方面取得了显著进步,但仍需要解决一系列问题,如分散在公安、检察、法院、司法行政等部门的数据、信息需要统一汇集、总体分析;有关综合治理信息与数据的真实性与及时性等等。通过建立这样一个评估体系,就能够正确地、全面地反映本市综合治理情况。

（三）分析评估是落实社会治安综合治理领导责任制的重大举措

本市各级党政、司法机关领导担负着"为官一任,保一方平安"的政治责任,但如何进行考核还存在一定困难。通过建立健全分析评估,则有利于全面反映有关领导同志的综合治理工作领导情况,便于有关部门进行考核。社会治安分析评估是综合治理考核实施体系的基础,有助于综合治理整体效能的发挥。一方面社会治安分析评估可以发现薄弱环节和突出问题,直接为综合治理工作确定重点,避免综合治理工作的随意性和盲目性,确保综合治理考核的实施做到目标明确,重点突出,针对性强;另一方面,社会治安分析评估有利于综合治理考核内部的专业化分工并对考核实施产生制约,有利于规范考核行为、完善综合治理、强化社会面的治安防控。

（四）分析评估有利于客观全面地掌握综合治理情况和提高综合治理工作质量

在上海治安形势十分严峻的环境下,通过经常性的社会治安评估分析,可以有效地对各区、县综合治理状况进行及时、深入的控管,及时了解治安情况,提高他们不断加强综合治理工作的自觉性;社会治安分析评估将评估结果通报给各区、县党政领导、政法委、综治委,通过把评估纳入政法、综合治理工作考核内容,可以进一步规范区、县和街道乡镇的政法、综合治理工作,形成鼓励先进、鞭策后进的工作氛围;社会治安分析评估根据客观数据对上海整体综合治理情况的监控,体现了综合治理评估的公平、公正,为市、区(县)党委、政府和政法、综合治理部门在第一时间发现和防范各种不稳定因素、准确决策提供了基本依据。

（五）分析评估有利于增强社会治安综合治理工作合力

社会治安分析评估作为一项新的综合治理工作形式,具有前瞻性、及时性、反馈性,因此它不但能发现、纠正综合治理工作中的薄弱环节和重点问题,起到督促、监控和检查的作用,而且也可以帮助提出解决突出治安问题的周密工作方案,形成工作合力。社会治安分析评估是连接综合治理工作与综合治理考核的有效载体,通过对社会治安指标数据的分析评估,在工作和考核之间就增加了一道"滤网",是综合治理工作和综合治理考核的结合点,可以有效防止两者之间的脱节与断档,做到了相关社会治安数据资料的最大利用,使综合治理工作与综合治理考核有机地联系在一起。

二、社会治安分析评估的做法与经验

(一)引进先进理念,高度重视社会治安分析评估

中共上海市委根据中央的要求,结合上海经济、社会发展的实际,认为在上海经济持续快速发展的过程中,要十分注意社会可持续发展问题,确立大稳定的思想,把握好维护社会稳定与深化改革开放、促进经济发展的关系,要求各级党政领导切实增强抓社会治安、社会稳定工作的责任意识,努力实践"三个代表"重要思想,确保人民群众安居乐业,推动和促进上海经济和社会的稳步发展。提出要实行对社会治安的评估分析,切实增强各级领导维护一方平安的责任意识,大力加强对政法、综合治理工作的领导。自2002年起,市委政法委、市综治委开始进行了"上海社会治安评估办法"的调研,并对"办法"进行了三次专题讨论,在2002年10月,形成了《上海市社会治安分析评估试行办法》[沪委政法(2002)143号],"试行办法"有社会治安主要指标、社会治安专项指标和公众安全感指标三类共20个指标。根据"试行办法",对2002年1—8月、2002年1—12月、2003年1—6月的社会治安情况进行了三次分析评估,并将"评估数据报告"、"评估分析报告"和"安全感调查报告"分别印发给市政法各部门主要负责同志和各区、县委书记,分管副书记;各区县人民政府区(县)长,分管副区(县)长;各区县政法委、综治委,从而引起了各区县党委、政府和市有关部门的高度重视,起到了较好的警示作用;各区县、各部门的领导纷纷作出批示或讲话,对政法综治工作进一步提出要求,有力推动了"严打"整治斗争的深入开展和各项社会治安综合治理措施的落实,确保了社会治安明显进步目标的实现。

(二)及时修改完善,不断提高评估的科学性、准确性

经过一年的试行,本着"科学合理、客观公正、简便实用"的原则,为了进一步加强对社会治安的预测预警,完善治安决策机制,2003年10月,市委政法委、市综治委委托上海社会科学院法学研究所就试行的"社会治安分析评估办法"进行专题研

究;分别召开了市政法各部门、市综治委有关成员单位、本市大专院校、科研机构的专家教授和中心城区、次中心城区、城郊结合部、郊区的部分政法综治干部座谈会,广泛听取了他们的意见和建议,查阅了大量的国内外有关资料,进行了问卷调查和指标论证。研究表明:2002年10月,市委政法委和市综合治理委制定试行的"社会治安分析评估试行办法",总体是有科学性的,评估方法是比较合理的,评估的结论也是基本符合客观实际的。因此,在保持原来立案数、发案率、排序等治安状况指标,破案率、重点人员违法犯罪率、交通火灾事故情况等治安防控指标,公众安全感等治安评价指标,三大类共20条指标的基本框架不变的同时,根据调查研究和实际需要,对部分指标进行了补充调整。

首先,修改了三大类划分的名称。为了使指标体系结构更加合理,名称标准的前后统一,名称与具体指标内容的严格一致,将原来划分的三大类指标名称进行了修改,将原来划分的"主要指标"名称修改为"社会治安状况指标","专项指标"名称修改为"社会治安防控指标","安全感调查指标"名称修改为"社会治安评价指标"。

其次,增加了六方面指标内容。一是针对凶杀案件数量上升及其恶性程度不断加剧的状况,为了能够充分反映各区县恶性案件的发案情况,在原来"八类案件"指标的基础上,增加了杀人案件指标。二是根据与人民群众切身利益密切相关的盗窃助动车、电动自行车案件和诈骗案件多发的趋势,在入室盗窃和两抢案件指标的基础上,增加了盗窃非机动车案件(特指助动车、电动自行车)和诈骗案件两项多发性案件指标。三是针对人民内部矛盾总量增加,特别是越级上访不断增多的状况,充实了越级集体上访和越级去京集体上访两项维护稳定工作指标。四是针对部分地区社会治安状况的重点整治和长效管理,在群众评价中增加了人民群众对治安状况认为是否有变化的调查指标。

再次,调整了指标的部分内容。一是在所有指标内容中增加了实际数,例如:在"发案率"中增加了"立案数";二是在交通事故中,由于车辆的流动性特点,以静态的万车数与动态的事故数作比缺乏合理性,因此在"万车交通事故"中删除了"万车"两字;三是在火灾事故中,由于火灾事故死亡人数总量很小,偶然因素较大,没有排名意义,因此在"火灾事故死亡人数同比、排名"中删除了"同比、排名";四是在吸毒人员指标中,为了使指标有正确的导向和内容上的相互制衡,因此在保留"万人吸毒人员率"指标的同时,增加了"吸毒人员新增率"。同时为便于统计,将"复吸率"指标修改为吸毒人员新增率。

最后,删除了四条指标。一是由于民事矛盾纠纷转化为刑事犯罪在公安常规统计中没有明确的划分依据和严格的统计标准,尽管这项内容在日常分析中被提及,但基本是由刑侦部门人工判断,不宜作为正规数据使用,因此我们删除了"民事矛盾纠纷转化为凶杀、伤害犯罪"的指标;二是由于在公众评价中已经有了"居住区安全感"和"治安状况变化"两个指标,原来还有的"居住区夜间安全感"、"居住小区安全感"和"街面(道路)、公园、商场等公共场所安全感"在调查时,公众反映比较难区分,内容上有重复,因此也删除。

(三)以评估促工作,查找整治社会治安突出问题

2004年,经过课题研究论证,形成了《上海市社会治安评估分析实施办法》,市委领导对社会治安评估工作非常重视,市委常委会专门讨论研究了该"实施办法",并以沪委办发(2004)60号文件转发了该"实施办法"。2004年1月,按照市委转发的《实施办法》,市委政法委、市综治委对2003年的上海社会治安情况进行了分析评估,并印发了"评估数据报告"、"评估分析报告"和"安全感调查报告"。上海社会治安分析评估在评估的方法和周期上,在最初每年分别进行"半年"和"全年"两次评估的基础上,再增加每个"季度"的评估。

各区(县)、各部门根据《实施办法》和三个"报告"及时组织对照检查、讨论研究,结合本地区治安问题、本部门工作职能,抓住政法、综合治理工作的突出问题和薄弱环节,提出并落实一系列针对性的打击整治、街面控制、区域防范、重点管理等工作措施,有效推动和促进了各项维护社会治安和社会稳定工作的开展。

2005年7月,上海按照"评估办法",对上半年和二季度的治安情况进行了评估,在进行数据排序排名、评估分析的同时,还选择了案件明显下降的宝山区和案件明显上升的南汇区万祥镇,进行治安现状评估和社会治安综合治理工作的典型分析,形成分析报告即时下发。自2005年第三季度始,市委政法委、市综治委在对全市和各区(县)的社会治安状况进行排序排名的同时,针对各区(县)社会治安的实际情况,将19个区(县)分成中心城区、次中心城区、结合部地区、郊区4个区域,进行区域排序排名,更加增强了可比性、针对性。

三、社会治安分析评估存在的问题与不足

社会治安分析评估是一项国际通行的管理制度,大部分国家都已建立社会治安分析评估体系和评估模型。上海市自2002年底出台了《上海市社会治安分析评估试行办法》,在社会治安分析评估工作方面进行了有益的尝试,但与一些发达国家相比,与上海综合治理工作要求对照,尚有较大差距,主要有以下几方面问题:

(一)社会治安分析评估的观念有待进一步树立

1. 社会治安分析评估工作缺乏法律依据,评估工作无章可循。在有关社会治安分析评估的法律依据方面,目前有关社会治安综合治理的法律法规均无有关社会治安分析评估规定。

2. 对社会治安分析评估缺乏统一认识,各地区工作开展参差不齐。一些地区对社会治安分析评估的内涵、作用认识不足,对如何开展社会治安分析评估概念模糊,致使评估工作流于形式。有些地区虽已开展,但由于认知、技术等方面的原因,评估工作操作性差,致使社会治安分析评估的作用未能得到充分发挥,评估工作的质量难以提高。

3. 对社会治安分析评估实施方式认识不一致,评估工作不能有效开展。相当一些地方认为社会治安分析评估只是一种客观数据评估,不是主客观相统一的综合评估,因而不能够全面反映各区(县)的实际情况,有一定的片面性,效果得不到有效保证,评估工作开展困难重重。

(二)社会治安分析评估的信息渠道有待于进一步拓宽

1. 综合治理机关信息来源渠道受限制,信息量不足。资料信息直接影响着评估工作的效率和成果,从上海现有运行情况看,目前综合治理机关上下级之间以及公安、禁毒、外口等职能部门之间协调不够,受条条影响较大,信息数据不能统一共享,市、区(县)之间缺乏交流,综合治理部门与公安、禁毒、外口、司法、统计等部门的横向联系不够,许多必要的相关资料没有得到收集和确认,信息不能充分共享,缺乏统一的"社会治安数据仓库"。

2. 社会治安评估工作的内容有待于进一步深化。目前的评估是从数据入手,对治安突出问题和治安问题突出地区的研究分析、原因总结不够,评估工作的深度

不够,评估报告对工作的指导还比较薄弱。

（三）社会治安分析评估的范围、方法有待进一步扩大、提高

1. 社会治安分析评估实施的范围有限,目前社会治安分析评估的范围基本局限在社会治安数据申报分析上,对综合治理资金投入、综合治理机构效率、公众认可度等和社会治安密切联系的"大综合治理"方面迫于信息缺乏等原因,还不能有效开展评估。

2. 社会治安分析评估指标存有一定的局限性。上海现行的社会治安分析评估办法是分类确定社会治安状况指标、社会治安防控指标、社会治安评价指标,并进行设定数据的汇总、排序,实际上主要还是进行客观评估。单凭评估指标测算很难合理确定综合治理工作的实效,因为各地区还受到所处的地理环境、经济发展情况等诸多因素的影响,社会治安分析评估指标体系的局限性,制约着社会治安分析评估工作结果的准确度和开展方向。

3. 社会治安评估的情况有待进一步跟踪督查。对照治安评估报告,各部门各单位抓住工作薄弱环节和存在的突出问题,采取工作措施的情况,治安面貌变化的情况等等,还要进一步了解和掌握,以利于促进社会治安综合治理工作的开展。

四、完善社会治安分析评估机制的对策与建议

（一）提高认识,统一政策,规范评估运行

鉴于社会治安分析评估强大的考核监控作用,为统一认识、规范操作,上海市应制定统一的《社会治安分析评估管理办法》,对社会治安分析评估的概念、评估的范围、内容、岗位职责、执法方式、工作规程等予以明确,使评估工作有章可循,有法可依。各地区要在市综合治理主管机关的具体要求下,统一认识,健全评估机构,完善评估管理体系,开展工作。

建立社会治安评估工作联席会议。由市政法委、市综治办、市公安局、市610办、市司法局、市信访办和市禁毒办等部门的分管领导组成联席会议,每半年召开一次会议,各单位分管领导要加强评估工作的领导,关心支持评估工作,督促本部门按时准确提供有关数据和评估分析材料。同时确定各单位的联络员,联络员要

认真负责落实本部门的评估工作。

(二)实施人力资源管理,提高综合治理评估队伍素质

1. 优化配置,合理配备评估人员。选择一批懂统计、通法律、精通计算机应用的政治素质高、责任心强的干部从事评估工作,发挥他们的专业作用,合理搭配人员,达到资源的最优组合。

2. 大力开展教育培训,不断提高评估人员政治、业务素质。要加强对评估人员的培训力度,对评估工作涉及的统计业务、数据管理、计算机相关知识等内容进行系统培训学习,加强经验交流总结,切实提高培训学习的质量和效果,培养出一批能胜任评估工作的"专家"和一支富有战斗力的评估队伍。

3. 加大干部考核工作力度,强化干部队伍管理,科学合理设置考核指标,将评估工作列入岗位责任考核内容,考核结果要承兑、显效,对领导的考核结果必须要与其职务的升降任免挂钩,对部门的考核必须与部门经济利益挂钩。可参照经济工作考核办法,每季度对社会治安评估情况给予排序,并通报党委、政府。

(三)完善评估方法体系,提高评估工作手段

1. 实行分类评估管理,拓展评估监控面,实现对综合治理工作的整体综合评定。

(1)实行分类评估管理。对社会治安基本指标依靠计算机网络、信息数据库逐步实现联网,利用基础资料统计分析系统对综合治理情况实施全方位的控制,及时发现问题,采取针对性措施。

(2)开展多领域评估,拓宽评估的范围。要在社会治安评估的基础上,积极探索综合治理成本、综合治理效率等方面的评估方法,使社会治安综合治理评估系统涵盖综合治理的各个方面,贯穿综合治理各环节和全过程,从而实现对综合治理工作的综合管理和全面监控。

2. 完善社会治安分析评估指标体系,做到定量分析与定性分析有机结合。

(1)注重调查,不断丰富和完善评估分析指标体系。在对各区(县)、职能部门涉及综合治理信息全面收集整理、抓好评估基础指标测算的基础上,对社会治安正常状态下的治安指标进行纵横对比分析和综合测定,建立较为完善的评估指标体

系,做好评估"量化"分析,以准确体现综合治理稳定工作的共性和规律,不断提高"筛选"异常信息的准确性,为评估的实施提供真实的指导信息。

(2)建立模糊分析体系。将评估范围扩大至综合治理投入、综合治理成本、综合治理效益等方面,实现对社会治安综合治理的全方位分析,应用数据指标,进行非量化的模糊分析,将定性分析与定量分析有机结合以提高分析的科学性、准确性。

3. 简化工作程序,规范评估运作。

(1)简化工作程序和文书数量,提高评估工作的可操作性。要本着简化、实用的原则,结合各区县工作实际,合理确定工作程序和文书,增强评估方法的可操作性,以免评估工作流于形式。

(2)规范评估运作。通过制定相应的制度和方法,加强对评估工作质量的全过程控制,明确评估工作中数据收集、数据分析、综合分析的相互协作关系,使各环节、各项工作互相紧密衔接,保证评估管理操作行为规范运行。

4. 加强评估情况的跟踪督查。各部门在针对工作中突出的存在问题或薄弱地区进行评估分析的同时,要确定工作重点,落实专门人员,明确工作目标责任,专题进行工作整改情况的跟踪督查,加强工作指导,及时总结宣传先进的经验做法,对整改不力的要查究有关部门及其领导的责任,并予以通报批评。

（四）依靠科技手段,拓宽信息渠道,提高信息质量

1. 健全完善数据报送工作制度。一要完善评估数据内容。要按评估分析系统的内容要求,健全和规范基础数据的积累和统计,进一步规范完善基础数据工作,真正做到及时真实、准确完整。二要按时准确报送有关数据。根据季度、半年和全年的不同时段要求,按时将有关统计数据及评估分析文字材料报市综合治理办。第一类"社会治安状况指标"数据分别在每年的1月、4月、7月、10月的10日前报送,第二类"社会治安防控指标"的数据分别在每年的1月和7月的10日前报送,第三类"社会治安评价指标"数据在每年的11月份组织公众调查后形成。

2. 依托计算机网络,提高信息收集能力和质量。以多元化电子数据传递为切入点,加强评估所需信息的电子转换能力,减少人工输入信息量,提高工作效率和质量。同时,重视信息的管理和应用,集中人力、物力、技术,改变社会治安信息处理各自为政的分散局面,实现信息处理的集中加工与广泛共享,提高信息的加工能

力和利用效率。

3. 引入国外的先进数据仓库技术,构建社会治安数据仓库。通过运用计算机网络技术,将分散于市公安局案件分析系统数据库、市消防、禁毒办、外口办、司法局、610办公室等部门的综合治理信息集中共享、抽取和进行多角度的对比分析,实现对综合治理信息的全面掌握。

4. 加强数据和突出问题的分析研究。各部门在按时报送数据的同时,要结合数据内容和有关工作中突出的存在问题或薄弱地区进行分析研究,形成有关调研材料,及时报送,丰富评估内容。

(上海市社会治安综合治理委员会办公室

执笔人:乐伟中、朱黎明、沈建忠)

禁吸戒毒实践的探索与创新

上海毒品问题在总体上处于可控的状态,但是,受国际毒潮泛滥和国内外多种复杂因素的综合影响,形势依然严峻,趋势不容乐观。一方面,吸毒人数仍在增长,吸食毒品种类趋于多样化;另一方面,涉毒案件增加,犯罪手段多样化、"技术化",给侦破工作带来新的挑战;再一方面,境内外毒品犯罪分子把上海作为毒品集散地和中转站的企图依然存在。在这种形势下,如何加强禁吸戒毒,探索有效的戒毒方式,从源头上遏止毒品泛滥,已成为一个迫切需要解决的现实问题。

一、主要经验与做法

近年来,上海在加强禁吸戒毒,提高戒断巩固率方面,进行了积极的探索,采取了一些有效的措施。

(一)设立上海市戒毒康复中心

目前,对吸毒人员主要采用强制戒毒或劳教戒毒的办法进行戒毒。强制戒毒是指对吸食、注射毒品成瘾人员,在一定时期内通过行政措施对其强制进行药物治疗、心理治疗和法制道德教育,使其戒除毒瘾。根据《强制戒毒办法》的规定,强制戒毒期限为3个月至6个月,对强制戒毒期满仍未戒除毒瘾的戒毒人员,可以延长戒毒期限,实际执行的强制戒毒期限连续计算不超过1年。但在实际操作中,受强制戒毒场所容量的限制,期限一般为3个月。这样的做法,存在一些弊端:从戒毒效果看,一方面由于戒毒的关键阶段是急性脱毒期后的康复期,即康复期越长其戒毒效果越好,回归社会后越不易复吸毒。按照有关专家的分析,戒毒康复期至少应在半年以上,才可能戒毒成功。而强制戒毒期限较短,戒毒效果难以保证。另一方面,多年来在收治吸毒人员的高峰期,由于场所容量限制,所以戒毒场所为确保收治,不得不在内部加快流转,即对部分表现较好的人员提前解除强制戒毒。也就是说,有相当部分吸毒人员的收治戒毒期限还达不到3个月。从社会效应看,不少群众和吸毒人员家属对这种"抓抓放放"的戒毒形式表示不理解,甚至错误认为政府不是在真正搞戒毒,而是在搞变相收费。

劳教戒毒是对经过强制戒毒后又吸食毒品的人员采取的强制性戒毒措施。劳教戒毒与强制戒毒相比,它虽然解决了强制戒毒期限短的问题,但由于劳教是严厉的行政处罚手段,被处劳教的戒毒人员回归社会后,容易受到社会的歧视,在寻找工作等方面存在一定困难,所以往往产生对政府的不满,成为社会的对立面。若长此以往,既无法体现政府对吸毒人员关心、教育和挽救的本意,又加深了社会问题的沉淀。

鉴于上述原因,结合禁吸戒毒的实际情况,从吸毒人员既是违法者又是受害者的角度出发,本市努力探索对吸毒人员新的戒毒措施,设立上海市戒毒康复中心,对吸毒人员予以强制戒毒 6 个月后,再延长 6 个月戒毒期限,在强制戒毒所急性脱毒期满后转戒毒康复场所继续进行教育和戒毒康复,巩固戒毒效果。在戒毒场地方面,由于本市劳教数量有减少趋势,部分劳教场所关押量不足,借用其场地作为戒毒康复场所,既可缓解强制戒毒所容量不足的问题,又可充分利用现有资源,避免重复建设。但戒毒康复中心不是劳动教养机构,其性质是强制戒毒场所,戒毒人员不是接受劳动教养,而是进行康复治疗。

(二) 对吸毒人员进行定期尿样检测

为防止吸毒人员从戒毒场所回到社会后重蹈覆辙,走上复吸道路,建立管控帮教吸毒人员的长效工作机制,市禁毒办协调市公安局、市司法局、市卫生局联合下发了《关于对吸食、注射毒品人员成瘾鉴定和戒毒人员尿样检测工作的规定》、《关于进一步规范社会面吸毒人员尿样检测工作的意见》,对社会面上戒断毒瘾未满 3 年的吸毒人员进行定期尿样检测,督促戒毒人员巩固戒毒效果,及时发现复吸人员,加强对吸戒毒人员的收治管理。尿样检测由公安机关负责送检,如戒毒人员自愿接受或者主动配合尿样检测,并签订自愿接受尿检协议书的,公安机关在其签订的《戒毒人员接受尿检承诺书》上签名、加盖公章并注明委托事项后,委托禁毒社工带领其进行定期尿样检测。戒毒人员尿样检测结果呈阳性的,由公安机关作出强制戒除毒瘾的决定,及时收治,做到社会面基本无失控吸毒人员。

（三）开展海洛因成瘾者社区维持治疗试点工作

研究先进的戒毒治疗方法,开展海洛因成瘾者美沙酮社区维持治疗试点工作。美沙酮维持治疗是指在对戒毒者进行脱毒治疗、消除戒断症状后,定期给以限量的美沙酮进行维持,从而降低或阻断对海洛因渴求的一种治疗措施。通过对海洛因成瘾者进行美沙酮长期维持治疗,可以减轻对海洛因的依赖、减少海洛因非法使用、减少艾滋病传播危险及其相关的违法犯罪行为,恢复海洛因成瘾者的社会功能。经过充分的调研和前期准备工作,并通过国家工作组的验收后,2005 年 5 月,长宁区美沙酮社区维持治疗试点工作正式启动。参加人员和家属反映,接受维持治疗后,减缓了对海洛因的渴求,改善了健康状况,逐渐恢复社会功能。

（四）推动组建禁毒社团组织

根据市委构建预防犯罪工作体系建设的要求,按照"政府主导推动,社团自主运作,社会多方参与"的思路,倡导组建了禁毒专业社团——自强社会服务总社,推进禁毒工作社会化。政府出资购买社团服务,社团向社会公开招聘禁毒社工,全市现有禁毒社工 444 人。禁毒社工运用"助人自助"的理念,通过社会工作的专业方法,为吸戒毒人员提供戒毒康复指导、生活关心等服务,帮助其改变不良心理、生活态度和行为方式,巩固戒毒效果,加强对吸戒毒人群的管理、教育、转化和拯救,参与公众性的预防宣传教育活动。

二、存在的问题与不足

目前本市在戒毒方面采取的一些措施,虽然在一定程度上提高了戒毒的巩固率,收到了较好的效果,但从实际情况来看,依然存在一些问题与不足,主要表现在:

（一）强制戒毒期限规定较短,戒毒效果难以保证

《强制戒毒办法》规定强制戒毒期限为 3—6 个月,延长期限连续计算不超过 1 年。从实际效果看,强制戒毒时间的长短与戒断巩固率大体上成正比关系,即强制戒毒时间越长,防复吸的效果越好。为弥补强制戒毒期限过短的不足,促进戒毒人员康复,提高戒毒成功率,在实际操作中,对戒毒人员强制戒毒 6 个月后,再延长 6 个月的做法,虽未超越法律法规的界限,但进一步突破的法律依据不足,难以确保

戒毒效果。

（二）收治场所存在亟待解决的问题

1. 戒毒场所的容量日显不足。随着禁毒工作的深入开展,对吸毒人员的管控进一步增强,原有的戒毒场所容量逐渐不能适应现在的收治规模,打击与收治工作的矛盾凸现。

2. 吸食新型毒品人员的收治存在盲区。当前,吸食新型毒品的人员逐渐增多,而强制戒毒收治的对象主要是吸食海洛因等传统毒品的人员,对吸食"摇头丸"等新型毒品人员的成瘾性认定上,缺乏明确的法规政策依据,实践中多是对其采取罚款或治安拘留的处罚,不能达到法律威慑和戒断治疗的效果。

3. 患有急性传染病或者其他严重疾病的吸毒人员的收治场所尚未建立。吸毒人员中患有急性传染病或者其他严重疾病的占据一定比例,受现有戒毒场所软硬件条件的限制,无法收治而流散在社会上,他们中的部分人员将"无法收治"当作"免检金牌",在社会上肆无忌惮地继续吸毒,或以贩养吸危害他人,成为禁毒工作的"顽症"和影响社会治安稳定的重要因素,也给本市的疾病预防工作提出了严峻的挑战。

（三）对社会面上戒断毒瘾未满 3 年的吸毒人员进行定期尿样检测的法律手段不足

吸毒人员如自愿接受或者主动配合尿样检测的,尿检工作可比较顺利地开展,但在受检对象拒绝甚至对抗尿检时则缺乏有效的处理办法。

三、完善戒毒机制的对策与建议

第一,从构建预防和减少犯罪工作体系的总体要求出发,加快戒毒工作新政策的贯彻落实。坚持理论创新、制度创新和实践创新,运用社会化管理思路,动员社会力量,整合社会资源,参与禁毒工作。政府要加大对禁毒社团的培育扶持力度,支持社团按照政府委托开展工作。社团要积极探索社会主义市场经济条件下自身发展规律,依法自主运作,提供优质服务,实现最佳社会效果。

第二,加强禁毒方面的立法,为禁毒工作提供强有力的法制保障。对在禁毒工作中遇到的新问题,立法上要及时予以应对,如强制戒毒期限、定期尿样检测等都是实践中亟待解决的问题。

第三,建立完整的戒毒工作体系。戒毒方法应多元化,不应过分强调强制戒毒、劳教戒毒;戒毒资源不能仅靠政府投入,应鼓励社会各方资源参与。按照"规范管理、有序发展"的原则,加大对自愿戒毒和社区戒毒的扶持力度,形成针对不同情况、适应不同需求的完善的戒毒体系。

（上海市禁毒委员会办公室　执笔人：张惠英）

规范公安工作，践行执法为民

构建现代警务机制

一、问题的提出

上海现代警务机制，是上海公安机关为主动适应社会主义市场经济发展需要，切实提高驾驭和控制社会治安局势能力、确保严格公正文明执法而建立的一系列科学规范的警务制度和集约高效的运作模式。构建上海现代警务机制，是跨入新世纪以来上海公安机关重点探索和实践的重大课题，顺应了时代对公安工作的两大需要。

（一）构建现代警务机制，是公安机关切实担负新时期新阶段历史责任的客观需要

我国已进入全面建设小康社会、加快推进社会主义现代化的新的发展阶段。自觉将公安工作置于经济和社会发展的大局中进行审视和思考，理性认识在这一时期公安工作面临的新形势和新挑战，是公安机关切实担负起巩固共产党执政地位、维护国家长治久安、保障人民安居乐业三大政治和社会责任的客观要求。

上海正在大力实施"科教兴市"主战略，全面加快"四个中心"建设，向着实现"两个率先"的目标迈进。在这一进程中，对于上海公安机关而言，面临着来自多方面的严峻挑战，主要表现在：

1. 现代化进程中"犯罪规律"的考验。"经济飞跃—犯罪剧增"，被普遍视为现代化进程中最大的代价之一。目前发达国家大城市在经济快速发展阶段普遍出现的犯罪大幅度上升现象，在上海已初露端倪，必须有效控制犯罪的增长，避免城市在建成"经济发展的高地"的同时又成为"犯罪流入的洼地"。

2. 区域发展不平衡带来的管理压力的考验。上海经济社会发展与全国平均水平的差异，导致了社会治安不确定因素的增多，表现在犯罪上侵害财产类型案件和来沪人员作案增加，表现在经济生活领域因动迁、下岗、户口等问题引发的矛盾增多，表现在社会心理方面人们对社会治安的关注度、对安全感的需求度越来越高。同时，经济社会发展也对公安机关的执法办案水平提出了更高要求。随着政府职能转换和全社会公民意识、法治意识的增强，公安机关的执法活动将受到越来越严格的监督和制约。

3. 各种突发事件的考验。上海所处的地理位置和经济地位，决定了它始终是境内外敌对势力、恐怖主义实施渗透、颠覆和破坏活动的重要目标。近年来，纽约、莫斯科等国际大城市相继遭受暴力恐怖袭击，上海公安机关必须未雨绸缪，应对这一潜在威胁。

（二）构建现代警务机制，是公安工作自身发展的主观需要

在此之前，随着改革开放和形势发展，上海公安机关已经进行了多次改革，但是面对新形势新情况，公安机关在体制机制、实战能力、队伍素质等方面仍然存在一些不适应，主要表现在：

1. 思想观念上，部分民警执法为民的理念还没有牢固确立，受思维定势和工作习惯影响，公安工作的一些思路、手段还没有跳出计划经济体制下形成的条条框框。

2. 运作模式上，计划经济条件下形成的以户籍管理为核心、以企事业单位等组织管理为依托、以一簿（户口簿）一证（工作证）为主要手段的社会治安控制方式，以早八晚六为主要作息时间的机关化勤务方式等，这些静态的、被动的警务运作模式，已难以应对市场经济条件下日益复杂多变的社会治安情况。

3. 能力素质上，执法环境的变化对公安机关执法活动提出了更高要求，而一些民警疲于应付，存在着"说不过、跑不过、打不过"犯罪分子的现象；也有一些民警法治意识不强，存在着执法不规范、执法语言不文明的问题。

上海要打造世界级城市，没有一套先进、科学的警务机制是难以适应的。同时，上海公安机关的"硬件"条件在全国名列前茅，要想使公安工作有更大的发展空间，就必须在"软件"上下功夫，不断优化警务机制。上海公安机关审时度势、着眼发展，在全国公安系统率先提出构建现代警务机制的战略目标，其目的就是要在宪

法和法律规定的框架内,在体制不作大的调整、警力不作大的增加、财力不作大的增量投入的前提下,通过对警务机制的全面调整和系统创新,进一步完善公安执法制度,规范警务运作,盘活警务资源,提升警务效能和执法水平,促进上海公安工作的可持续发展。

二、构建现代警务机制的主要做法

上海公安机关确立了分"两步走"的步骤:第一步,从 2002 年到 2004 年,基本建成上海现代警务机制基本框架;第二步,从 2005 年到 2007 年,用三年甚至更多一点的时间,进一步完善上海现代警务机制,基本实现警务工作的规范化、信息化、集约化。

经过三年多的建设,目前,已初步建成以决策、实战、保障三大板块为基础,以应急反应、治安防控、犯罪侦查、行政执法、警力资源开发与管理等 12 项关键性机制为主干的上海现代警务机制基本框架,并投入运行。主要措施包括:

(一)实行"网格化"街面治安巡逻机制

将民警网格布局,采用徒步或骑用自行车、机动车等交通工具进行巡逻,屯兵街面,统一指挥,快速反应,互相策应,提高对街面动态治安的控制能力。目前全市中心城区、次中心城区和部分城郊结合部地区、郊区已基本形成网格布局。该机制实施后,提高了抓获现行违法犯罪分子的几率,有效控制和遏止了全市街面的抢劫、抢夺、诈骗、盗窃案件的高发态势。

(二)改革公安教育训练制度

建立充分体现公安特色、适应警务工作要求的教育训练制度,是提高公安民警执法水平、适应公安现实斗争需要的关键。市公安局对**公安教育训练制度**进行了战略性调整,提出了公安教育工作重心由职前教育向职后教育、由学历教育向业务培训、由理论学习向技能训练转移的目标,将上海公安高等专科学校转制为警察职业培训学校;改革警衔晋升制度,实行逢晋必训、不训不升;实行"轮训轮值、战训合一"的青年民警封闭式训练制度;实行教官制,从实战部门选拔优秀人才充实警察教育岗位轮流执教;建立领导干部法律培训制度,实施领导干部、民警旁听法院审理案件制度和新颁布法律法规培训制度,将法律知识纳入领导干部任职资格考试范围;针对执法中的薄弱环节因地制宜地开展警种、岗位培训,同时,围绕"为谁掌权、为谁执法、为谁服务",持之以恒地抓队伍思想教育,进一步端正执法指导思想,强化公安民警的证据意识、程序意识、权限意识和自觉接受监督意识,不断提高队伍的执法水平。

(三)完善以指挥中心为龙头的应急反应机制

应急反应能力的强弱,是公安机关控制社会治安能力强弱的直接体现。市公安局始终把建立以指挥中心为龙头的应急反应机制置于十分突出的位置,从指挥体系、警力准备、预案完善、装备保障等方面着手,优化运作模式、健全制度规范,切实保障公安机关在紧急状态下快速出警、快速处置。一是实现"110"、"119"与交巡警指挥中心的"三台合一",做强指挥体系。二是实行指挥长制度,授予指挥长在紧急情况下处置各种突发情况的指挥处置权限,并逐步推进直接指挥到对应一线民警的分区指挥模式,提高指挥的专业水平。三是研究开发预案指挥调度系统,建立健全机动备勤和应急调度制度。四是加强应急队伍建设,以城市"内环线"、"外环线"匝口和出入市境道口为重点,构筑了三道查堵防线。一旦发生重大情况,可迅速部署近千名警力,在短时间内关闭全市各个道口,并实施应急查堵。五是在2004年9月建成并启用了上海市应急联动中心。这一由政府牵头、跨部门协作、依托公安110及其配套资源建立的处置各类突发事件的指挥平台,目前已与市民防办、海事局、卫生局等19个市级职能单位和各区(县)政府实现联动。

(四)优化警力资源配置

以精简、统一、效能为目标,以倾斜基层为重点,实施"三定"(定职能、机构、编制和领导职数),规范全局警力配置,规定:分(县)局警力占全局警力的85%,基层一线警力占分(县)局警力的62%以上,以制度保障警力下沉;规范全市公安派出所机构设置和名称,规定派出所不得内设机构,警长直接对所长负责,避免基层机关化倾向;实施文职雇员制度,将在公安非执法岗位上从事警务辅助、保障工作的民警置换出来,投入一线,在降低警务成本、缓解一线警力不足的同时,进一步明确执法主体,减少队伍内部攀比,有利于基层民警做好执法工作。

（五）建立健全警务责任体系

从建立领导逐级负责制和民警岗位责任制入手,形成覆盖全市各级公安机关的一级抓一级的责任制体系。建立执法责任制,实行"谁主管谁负责、谁审批谁负责、谁审核谁负责、谁办理谁负责",严格执法过错追究。全面推行执法质量考核评议,建立执法民警和干部的个人执法质量考评档案,进一步将执法责任落实到个人,明确执法权限,规范执法行为,加强执法监督。

（六）加强公安科技工作

提高公安科技暨信息化水平,既是增强公安战斗力的重要手段,也是促进严格、公正、文明执法的有力措施。上海公安机关以信息化建设为重点,将计算机及网络技术广泛应用于日常警务、侦查破案、内务管理和辅助决策等各个方面,初步实现了重要基础信息跨警种、跨部门的关联查询和网上办案、网上办公,同时着力提高警用装备技术的科技含量,建立了先进的 NEC 指纹自动识别等系统,增强执法办案能力。

（七）整合拓展公安机关内外资源

对内,始终遵循"效率优先、服务实战"的原则,积极推进公安后勤的社会化、集约化改革,在市公安局和轨道分局、化工局、出入境管理局等公安办公大楼引入社会化服务,降低后勤保障成本。同时,向行业特权和自身利益开刀,按照"定编、定标、改牌、严管"的要求,全面停止使用公安"沪 O"牌照,全市 19 个分(县)局和市局 11 个机关大院全部实施车辆集中管理和调配使用,不仅减少了全局公车总数,显著降低了公安办公成本,而且将车辆装备向一线倾斜,显著提高了车辆运转效率。

对外,充分发挥社会主义制度优势,动员社会各方力量和资源,共同维护社会治安稳定。几年来,在市委、市政府的组织推动下,上海陆续建立了预防和减少犯罪工作体系、房屋租赁管理新机制,推进治安工作社会化,为公安机关充分、高效履行职责创造了良好的社会环境。同时,探索用市场手段解决一些传统上由行政手段解决的治安问题,比如,用实行保险浮动费率的办法强化驾驶员遵守交通法规的意识,用当事人自行协商小额赔偿的办法提高交通事故的快速处置能力。这些举措,有效降低了公安机关的执法成本,提高了公共安全服务的质量。

三、完善现代警务机制的思考与举措

（一）要进一步认清构建上海现代警务机制面临的形势

当前，上海正在加快推进现代化国际大都市和国际经济、金融、贸易、航运中心建设，对上海公安机关来说，认清形势，就是要从上海的城市发展战略出发，高起点地规划工作，在警务机制建设的全面性、系统性上下功夫；就是要针对上海在国家战略和全国改革发展中所处的特殊地位，针对上海可能比其他省市更早遭遇到的各种新情况新问题，在警务机制建设的预见性和超前性上下功夫；就是要随着政府职能转换和民主法治进程推进，加强法治理念及其指导下的制度建设，在警务机制建设的规范性、可操作性上下功夫。

（二）要进一步理清构建上海现代警务机制的推进思路

在前三年工作和基本框架建设成果的基础上，稳步推进并逐渐完善各项警务制度和运作模式，探索上海现代警务机制建设规律，进一步凸现机制建设四个方面的效应：

1. 理顺警务运作关系，凸现上海现代警务机制的系统效应。即：在明确各警种、部门的职责与权限的前提下，实现公安工作各个方面各个环节的联系紧密、运作顺畅、关系协调、效益提高。

2. 健全警务活动制度，凸现上海现代警务机制的规范效应。即：警务工作规程体系齐备，并具有较强的实用性和操作性；各类警务工作有法可依、有章可循，能够从根本上克服警务活动的随意性、盲目性和超越职责权限。

3. 加强警务资源开发，凸现上海现代警务机制的集约效应。即：以服务实战为目标，有效整合跨警种、跨部门的工作，实现人、财、物、信息等警务资源的充分利用和共享，畅通和健全公安机关与社会、与政府其他部门之间的资源利用导入渠道。

4. 坚持警务发展探索，凸现上海现代警务机制的创新效应。即：根据政治、经济、社会及公安工作自身的发展变化，不断自我完善警务运作模式，发掘并把握警务工作新的增长点，调节警务活动运行状态，保持上海现代警务机制的先进性。

（上海市公安局　执笔人：张虹）

公安窗口规范化建设

一、本市公安窗口规范化建设的背景和由来

公安窗口规范化建设,是指在新的历史条件下,为全面加强公安窗口工作,以执行有关法律、法规、操作规程为抓手,努力提高公安窗口工作的有序、规范程度而采取的工作措施。

公安机关作为政府职能部门,人民警察的执法能力和业务素质直接反映出公安机关的执法水平。要使公安工作在社会主义现代化建设中,真正做到保障国家利益、集体利益和公民利益不受侵犯,确保良好的社会治安秩序,必须首先规范公安机关的执法行为,而这一点在公安窗口建设中显得尤为重要。

近年来,上海公安机关政风建设取得了较为明显的成效,得到了社会各界和广大市民的充分肯定,但是,政风建设中存在的一些问题不容忽视,特别是在公安窗口建设中存在的管理服务不到位、态度粗暴冷漠、办事拖拉推诿问题还比较突出,已成为市民关注的热点和公安政风建设进一步取得进步的瓶颈问题。为体现公安"执法为民"的基本宗旨,提升公安机关的良好形象,切实落实"人要精神、物要整洁、说话要和气、办事要公道"的工作要求,必须首先加强公安窗口规范化建设,积极探索规范、有序、高效的公安窗口工作模式,认真解决公安窗口存在的不规范问题。

二、本市公安窗口规范化建设的主要举措

(一)首句警务用语的贯彻落实,规范执法语言

近年来,公安民警在执法过程中语言不规范的问题比较突出,引起了人民群众很多不满甚至投诉。针对这一情况,市公安局制定下发了《上海公安民警首句警务用语》,明确"你好"为上海公安民警首句接待用语,分警种、分类别在交警、治安、经侦、消防、出入境等部门实行,以落实"首句接待用语"为抓手,开展规范民警

执法语言专项活动,并由市公安局有关部门对首句接待用语执行情况开展经常性检查。

(二)民警执法行为规范的养成

2005 年,市公安局在黄浦、杨浦、虹口等部分公安分局的接待窗口、候问室、审讯室安装了声像监控系统,经过半年多时间的试运行后,在全市公安机关推广,对民警执法的全过程进行有效监督,促进民警的良好执法行为养成;同时保护民警正当合法权益。

(三)办事接待流程的完善和落实

针对群众反映的公安窗口办事接待流程不统一、执法程序不规范的问题,市公安局制定了涉及经侦、治安、刑事、消防、交通、出入境等 6 个主要对外服务窗口的接待群众办证、办照、报案、求助、咨询的"窗口服务规范流程",汇编成册发至每个接待窗口,让每位窗口民警牢记熟知,这一举措,一方面大大方便了人民群众到公安机关咨询、办事,一方面也进一步规范了公安机关自身的执法服务,体现了"以人为本"的执法管理理念。

(四)公安对外窗口服务时间的统一和规范

市公安局本着既要"便民、统一、高效",又要节省警力的原则,在认真调研的基础上,统一和规范全市公安对外窗口的服务时间,要求各单位调整警力,切实把困难留给自己、把方便让给群众。

(五)加强督导检查工作

为了切实解决公安政风建设中长期以来存在的顽疾,有效促进各项工作的落实,市公安局在基层单位抽调部分优秀后备干部,组成督导组至各单位开展工作,通过深入基层的督导工作,进一步掌握了基层实情、促进民警规范执法,确保了规范化建设各项措施落到实处。

同时,为了更好地开展公安窗口规范化建设,增强公安民警的服务意识,规范执法行为,着重进行了以下几方面工作:

1. 针对少数民警宗旨意识淡薄的问题,加强思想教育,在端正执法理念上有所突破。各级公安机关围绕"为谁掌权、为谁执法、为谁服务",通过持之以恒地进行"执法公正、一心为民"思想教育,进一步端正广大民警的执法指导思想,真正做到"四克服、四树立",即:克服"特权"思想,树立"人民乃父母"的从警意识;克服"衙门"作风,树立"管理就是服务,在服务中管理"的理念;克服"高高在上,唯我独尊"的心态,树立"公仆"意识;克服"只求结果,不讲方式"的实用主义思想,树立"依法办事,文明执法"的观念。

2. 针对一些民警业务能力不强的问题,加强学习培训,在提高执法能力上有所突破。各级公安机关加大对民警综合素质的培养,针对执法中的薄弱环节因地制宜地开展警种、岗位培训,并着手建立领导干部法律培训制度,实施领导干部、民警旁听法院审理案件制度和新颁布法律法规培训制度,将法律知识纳入领导干部任职资格考试范围,不断强化公安民警的证据意识、程序意识、权限意识和自觉接受监督意识,提高民警的执法能力和水平,切实解决一些公安民警由于缺乏严格、系统的学习培训,导致的综合素质低、办事能力差、执法不规范的问题。

3. 针对公安窗口工作不尽规范的问题,加强建章立制,在完善制度流程上有所突破。近年来,上海公安机关结合现代警务机制建设和队伍正规化建设,推出了规范民警首句警务用语、推广使用录音笔、安装声像监控系统、公开"案(事)件接报工作规定"、统一办事接待流程和工作时间等一系列顺应民意、贴近民心的工作举措,努力做到"情为民所系、权为民所用、利为民所谋",特别是"窗口服务规范流程"的制定,使民警办事有章可循,有力地促进了窗口工作的长效机制建设。

4. 针对少数基层领导对公安窗口建设重要性认识不足的问题,加强责任落实,在发挥基层领导干部作用上有所突破。个别公安基层领导对窗口建设重视不够,总认为窗口问题总归会有"小毛病",是难免的,不像违法违纪那样"硬碰硬"、"影响大"。为此,市公安局在抓窗口建设中始终将基层领导干部作为重点,明确要求各公安窗口公开相关领导干部的通讯联系方式,方便群众询问、投诉;对发生问题的公安窗口,严格实施领导干部责任追究;同时加强对基层领导干部的教育,牢固树立"窗口工作无小事"的观念,有力地促进全市公安窗口的规范化建设和民警服务水平的提高。

三、进一步加强公安窗口规范化建设的展望

胡锦涛总书记关于"在全部公安工作中,队伍建设是根本,也是保证"的重要批示,深刻指出了加强公安队伍建设的重要性、必要性和紧迫性。而公安窗口又是反映公安队伍建设成果的一个有效载体,也是展示公安机关良好形象、密切警民关系的重要途径。因此,扎实推进公安窗口规范化建设,对于提高整个公安工作和队伍建设水平具有重要作用。首先,公安窗口规范化建设是贯彻落实"三个代表"重要思想的具体体现和重要抓手。其次,公安窗口规范化建设是公安机关不断自我加压、自我完善的重要举措。再次,公安窗口规范化建设是体现执法为民思想的具体行动,也是加强公安队伍正规化建设的必然要求。公安窗口规范化建设的过程实质上就是公安机关自我完善的过程,必须贯穿于公安队伍建设、业务工作的始终,成为公安工作发展的强大动力。

近年来,虽然上海公安机关在公安窗口规范化建设方面采取了一系列卓有成效的举措,但是公安窗口规范化建设不是一蹴而就的,抓好公安窗口规范化建设,依然是任重道远,下一步要着力从以下几个方面加以推进:

(一)以教育为抓手,牢固树立"三个理念"

加强窗口建设,关键就是强化群众观念、密切警民关系。因此,要继续深入开展对广大公安民警特别是基层公安民警"全心全意为人民服务"的宗旨教育。包括:一要推行自我教育。教育要重引导、善启发,通过剖析窗口检查中的典型事例,引导民警自觉反思自己在对待群众的态度及与人民群众的思想交流等方面存在的问题。二要强化正面教育。以先进人物的优秀事迹来鼓舞、感染、激励广大公安民警进一步增强责任感和使命感,形成学先进、赶先进的良好氛围。三要提倡换位教育。运用以心换心、以情换情的教育形式,让民警体验群众的办事心理及感受,以进一步增强"以民为本、为民服务"的自觉性。通过一系列针对性的教育活动,在全体公安民警中牢固树立起"把困难留给自己、把方便让给群众"、"管理就是服务、在服务中管理"和"以公开求公正、以规范求效率"的三个理念,达到切实改进服务态度、提高办事效率,有效解决群众办事难、公安民警执法不文明等突出问题的目的。

（二）以培训为支撑，不断提高民警的执法管理水平

一是公安教育训练部门要把窗口规范服务和严格、公正、文明执法作为一项常规性的重要内容，纳入公安院校的离职培训、各警种的短期培训及分(县)局的岗位练兵中，同时针对基层窗口工作规范变化快、民警接待量大的特点，对基层民警进行先培训、后上岗。

二是培训中要强化基础业务知识的学习和基本技能的训练。本着"缺什么，补什么，干什么，学什么"的原则，针对执法管理中可能遇到的新情况和新问题，做到急需内容先训、薄弱环节多训、实用技能精训，切实提高民警的政策水平和业务技能，提高办事效率。通过以上种种教育培训手段，从源头上解决民警的宗旨意识问题，提高民警执法管理水平和队伍整体素质。

（三）以制度建设为保证，综合治理，不断完善和健全长效管理机制

一是健全民警岗位责任制。在实际工作中，和人民群众接触最多的就是窗口民警。他们管理与服务质量的好坏，直接关系到公安机关的形象、影响到警民关系。因此，必须建立健全民警岗位责任制，通过定人、定岗、定责，使每个民警都明确自己的岗位职责是什么，知道应该做什么以及如果做不好应承担什么责任，促使民警严格、规范地执行公安工作的各项规定和要求。

二是进一步完善考核激励机制。考核评比、奖惩激励对基层单位来讲是推动队伍建设、政风建设、业务建设的动力之一，要通过加大考核比重、实行"一票否决"和大力弘扬先进等方面，来进一步促进公安窗口的规范服务和优质服务。

三是坚决落实领导责任追究制。公安机关窗口的软、硬件建设，分管领导负有不可推卸的责任，要进一步落实领导责任追究制，"窗口"发生问题，在追究当事民警责任的同时，分管领导也应受到相应的处理。只有这样，一级抓一级，一环扣一环，才能增强抓窗口建设的紧迫感、危机感，共同为创造群众满意的窗口而努力。

（四）积极运用科技手段，着力规范执法行为

上海公安机关在推进现代警务机制建设过程中，大力实施科技强警战略，积极推进公安工作的信息化、现代化，真正依靠科技进步来规范民警的执法行为、提升

公安工作的水平和公安队伍的战斗力,努力形成公安队伍良好的职业风范。

一是实行街面执勤民警使用录音笔制度。过去,有不少群众向市局投诉交警、巡警在街面纠正违法、违章行为时执法不规范、语言不文明等问题。为解决这一突出问题,市局为全市每一位交警、巡警都统一配发了录音笔。当民警在街面执法时,录音笔实时记录了每一次具体的执法对话,全天执法工作结束后,录音资料将存储在单位电脑上由专人管理,如遇群众投诉,即可提取当时的录音资料进行鉴别。2006 年 3 月,市局又下发了《上海公安民警在执勤、巡逻、处警等执法活动中使用录音笔的实施细则》,对录音笔的配置范围、佩带录音和信息存储以及管理保障都进行了详细的规定。为一线街面执勤、执法民警配置、使用录音笔后,基本实现了对道路(街面)执勤交、巡警的执法、服务过程的实时监督和全程监控,真正做到了公安机关和民警的权力行使到哪里,监督的触角就延伸到哪里,从实施的效果来看,成效非常明显。下一阶段,市局将把录音笔配置工作向"110"处警民警延伸,以此规范"110"处警民警规范执法。

二是全面安装声像监控系统。为着力解决民警在窗口服务、执法办案中执法程序、行为、语言不规范等问题,2006 年 3 月初,市局下发了《关于在本市公安机关受理室、候问室、审讯室等全面实行声像监控的实施意见》。在全市公安受理室、候问室、审讯室、信访接待室和关押人员家属接待、会见室设置声像监控系统,实行音像监控,硬盘录像机实行 24 小时开机,把民警在接待服务、执法工作中的言行用录音、录像的方式同步录制下来,弥补了长期以来公安机关对事中过程监督的不足,通过全方位、实时性的监控,实现了把监督的触角延伸到执法服务的各个环节,使民警的执法行为更加规范,服务效率进一步提高。目前,此项工作正在按照实施步骤中规定的时间节点积极推进。

三是大力推行窗口受理信息系统。在政风测评中群众反映的办事拖拉推诿问题,除了认识上的原因之外,少数民警业务不熟悉也是重要原因。为此,市局在强化思想教育和业务培训的同时,在虹口分局试点"派出所窗口服务信息管理系统"。该系统将"案(事)件接报录入系统"和民警告知内容有效整合,群众来办事,民警只需按照规定流程点击、输入后打印相关单据即可。该系统有效解决了以往一些窗口民警办事推诿、拖拉、乱作为的问题,规范了民警的窗口服务行为,提高了工作效率和服务水平。

上海公安机关将一如既往地把建设服务优、效率高、形象好的公安服务窗口作为公安工作的重要内容之一,从教育、培训、建章立制、科技强警等各个方面,不断推进公安窗口规范化建设,提高公安窗口服务质量,提升公安窗口服务水平和人民群众的满意度。

（上海市公安局　执笔人：尉庙龙、徐滨）

建立健全警务督察制度

上海市公安局警务督察处自 1997 年 9 月 8 日正式成立以来,根据《公安机关督察条例》规定的职责范围,与时俱进、开拓创新、求真务实,紧贴公安业务工作,紧紧抓住人民群众反应强烈的突出问题,积极履行职责、行使职权,开展现场督察和专项督察,以其特有的工作方式和监督优势,在确保政令警令畅通,促进严格公正文明执法,维护公安机关执法权威和良好形象等方面发挥了重要作用。

一、近年来警务督察工作的主要做法

(一)围绕重点,抓好落实

各级警务督察部门始终把公安中心工作和重大警务部署放在首要位置,紧紧围绕市局开展的专项行动、重点整治、街面治安防控、重大安全保卫工作的部署落实以及贯彻执行"五条禁令"和《公安机关人民警察内务条令》等队伍建设工作,主动介入,随警督察,现场检查,共出警 1.7 万余人次,开展现场和专项督察 0.5 万余次,及时发现、纠正了各项工作部署和措施不落实、有令不行、有禁不止等问题,有力地促进了中心工作的开展,保证了重大警务的落实和各阶段中心任务的完成。

(二)发挥职能,规范执法

警务督察部门紧密结合公安业务,把督察工作向基层执法办案单位、向公安执法执勤过程、向关乎公民人身权利的执法环节和部位延伸,紧紧抓住执法活动的事中、事后环节,实时介入执法活动的各个运行阶段,积极发挥监督功能,减少和避免执法流程中出现的问题。近年来,警务督察部门会同有关职能部门开展了对如实立案、办案程序、候问室建设等工作的检查,对留置工作和涉案物品管理等方面工作开展现场督察,有力保证了执法活动的每个执法程序,环环相扣、有序规范,提升了执法活动的总体质量,促进了严格、公正、文明执法。

(三)促进管理,提升形象

公安机关要完成日益繁重、艰巨的公安保卫任务,必须建设一支政治过硬、业务精通、作风优良、执法公正的公安队伍。警务督察工作是督促落实"两手抓,两手都要硬"的方针,促进公安队伍正规化建设,维护公安机关良好形象的重要手段。近年来,警务督察部门对各单位贯彻执行"五条禁令"、车辆和枪支管理、窗口建设、内务管理等情况进行经常性的检查和督促,做到预警在先、防微杜渐,重点查处、纠正执法执勤不严格、不公正、不文明和服务不规范、不到位等问题,努力培养广大民警的优良作风和严密纪律性,积极推进公安队伍的正规化建设,树立公安机关和人民警察良好的职业作风。在警务督察队伍组建之初,就把群众反响较大、投诉较多的公安车辆违章行驶、停放的问题作为突破口,上街执法执勤,开展重点督察,通过不间断的整治,成效显著。同时,警务督察部门将"五条禁令"的执行情况作为一项重要工作,贯穿于督察工作的始终,采取宣传教育、日常督察、抓好重大节点和敏感期重点检查等多种形式,预警在先,防微杜渐,以防止违令问题的发生为目标,深入开展现场督察。

(四)受理信访,双向维权

警务督察部门对维护人民群众根本利益和公安机关执法权威发挥了不可替代的作用。一方面,受理、核查、处置人民群众对有关公安民警在执法执勤中违法违纪行为的检举控告,是警务督察部门的一项重要工作任务。为了加强对民警执法的动态监督,全市各级警务督察部门建立了24小时值班备勤、受理投诉的快速反应机制和110投诉系统,形成覆盖全市的警务督察接处警网络。另一方面,警务督察部门既做"啄木鸟",又做"护林人",当民警工作中被误解、诬告时,为他们讲句公道话,还原事实真相。保护民警执法为民的合法权益,支持民警工作。

二、完善警务督察制度的主要经验

首先,上海市公安局警务督察处建立以来,始终注重督察工作机制建设,以规范和推进警务督察工作,特别是近三年来,根据市局建立现代警务机制的总体部署,不断完善和加强了督察工作机制的建设,为保证警务督察工作的顺利开展起到了重要的作用。同时,在市局有关职能部门的大力支持配合下,警务督察处研究制定、出台了与《公安机关督察条例》相配套的各类规章制度,制定和汇编了《上海市公安局警务督察处规章制度汇编(一)》,制定了由3大类22个系统组成的《上海市公安局警务督察工作规范(试行)》等一系列规范督察工作的规章制度,为全市警务督察工作的规范化运作提供了重要制度保证。

其次,全市各级警务督察部门积极适应社会治安形势的变化发展,针对警务督察工作面临的新问题、新情况,主动将警务督察工作从对面上的警容规范的检查深入到当前各项公安业务工作中,根据市局确定的工作重点,以督促相关职能部门落实各项工作措施为重点,加大明察暗访工作力度,有计划、有针对性地开展现场督察和专项督察,积极组织各级警务督察部门对各地区、各单位"严打"整治的工作情况进行全方位的现场督察,督促参战单位的工作措施落到实处,将监督的触角延伸拓展到公安机关各个警种、各个部门、各个层面、各个执法环节,在时间上、空间上实施动态监督,确保了各项公安中心工作真正落到实处。

再次,在工作实践中,上海市公安局警务督察部门坚持"边调查研究、边发现问题、边规范运作"的工作思路,积极组织开展警务督察的调研工作,不断探索新举措、新方法,警务督察工作的领域不断拓宽,工作方法不断创新,工作成效日益明显。组建以来,警务督察系统撰写督察理论研讨论文200余篇,其中获公安部督察局论文一等奖2篇、二等奖1篇、三等奖4篇、优秀奖19篇,市局警务督察处荣获论文组织奖3次。在全市各级公安督察部门共同努力下,将调研成果运用于实际工作,大胆创新,不断完善了各项规范和程序,促进了督察工作的规范化、制度化建设,有力保证了督察工作任务的完成。

当然,在充分肯定成绩的同时,还应清醒地看到我们在思想观念、工作方法、人员素质、工作作风等方面还存在一些不足,公安督察工作还存在一些薄弱环节,在一定程度上制约了工作的深化和职能作用的发挥。

法国哲学家孟德斯鸠指出:"一切有权力的人都容易滥用权力,这是万古不易的一条经验。"实践证明,没有或缺乏有效监督,终究会导致权力失控、决策失误和行为失范甚至腐败,这已是不争的事实。国家法律赋予公安机关很多权力,必须对公安机关及其人民警察执行和遵守国家法律法规、政策规定及公安工作纪律的情况进行统一的、全面的、直接的监督,不仅要进行事后监督,严肃查处违法违纪案件,而且要通过日常的各种监督活动进行事前和事中的监督,确保严格依法行使权力。

在当前和今后一个时期,全市各级公安机关督察部门要做到"四个围绕"、"一个坚持":一是围绕适应反腐败形势,从侧重遏制逐步走上标本兼治、不断加大治本力度的角度来开展督察研究,要特别注重研究事前、事中和现场的警务督察活动。二是围绕解决公安机关与公安队伍中存在的突出问题,保证严格、公正、文明执法进行督察理论研究。以加强执法监督,确保执法为民。三是围绕公安中心工作,紧贴公安业务工作,督促落实,查纠问题,促进公安业务工作。四是围绕建立健全队伍管理的长效机制,特别是监督制约机制进行研究。今后要大力加强以《公安机关督察条例》为基础的制度化、规范化建设,积极探索建立科学的警务督察工作运作机制,确保督察工作责任明确、程序规范、运行高效。

"一个坚持"就是把群众创造的经验集中起来,经过加工,再坚持下去。从群众中来,到群众中去。公安督察工作在任何时候、任何情况下都要立足于现实,服务于实践;要深入实际,深入基层、深入到民警中去,调查了解公安队伍中出现的新事物、新问题,注意总结基层公安机关在督察工作实践中创造的新鲜经验,不断认识和把握督察工作的本质和规律,有的放矢地为警务督察工作实践服务。

要把警务督察工作放到贯彻依法治国方略,推进民主法制建设进程的大背景、大环境中去考察、去认识;从落实依法从严治警方针,建立区别于其他执法部门和其他外部监督形式的、具有上海公安特色的警务督察制度的高度去认识、去实践。在实践中不断健全完善警务督察工作制度,推进警务督察工作的规范化建设,用警务督察的正规化为整个公安队伍的正规化建设服务。

(上海市公安局　执笔人:孙凯、史君、王一河)

维护公民权益，构建和谐社会

职工援助服务中心建设的经验与意义

2002年，全国总工会提出三年内在全国200个大中城市建立"困难职工帮扶中心"的工作目标。上海市总工会结合本市的实际情况，决定在全市19个区、县总工会建立常设机构，并定名为"职工援助服务中心"，将其作为工会切实维权及关心困难职工的重要载体。职工援助服务中心的建立，推进了全市各级工会依法维护职工合法权益的维权机制建设。职工援助服务中心建立后，开展了卓有成效的工作，得到了各级党委和政府的充分肯定和广大职工的普遍赞同，成为工会在新形势下加强维权机制建设的一个重要载体。

一、职工援助服务中心的主要活动

各区、县总工会按照市总工会的要求，从物力、财力、人力等方面给予大力支持，努力把职工援助服务中心建成宣传党的路线方针政策的阵地，展示工会形象的窗口，协调劳动关系矛盾的渠道，依法维护职工权益的载体。据统计，各区、县总工会共出资900万元，用于职工援助服务中心开展工作。通过从工会机关选派、抽调、轮岗交流、社会招聘等各种途径，为职工援助服务中心配备了工作人员271人。其中，专职100人，兼职111人，聘用60人。职工援助服务中心的主任由各区、县总工会负责同志兼任。

职工援助服务中心通过建档立卡、信访接待、政策咨询、就业援助、法律援助、帮困救助、互助保障等多种形式，积极与政府有关部门沟通、协调，帮助部分职工和外来务工人员解决再就业、医疗、生活、子女上学等方面遇到的困难和问题，依法保障他们的权益。目前，各区、县总工会职工援助服务中心开设10多项服务项目，可以归纳为三大主题活动：

（一）开展帮助困难职工实现再就业的主题活动

帮助困难职工实现再就业是职工援助中心的重要主题。各区、县总工会援助服务中心紧紧抓住这个主体，因地制宜，创造性地开展工作。例如，普陀区总工会利用沪西工人文化宫的地理优势和培训、职介优势，创办"天天职场"，全天候地为求职人员服务。闸北区总工会深入开展"百企千岗进社区"主题活动，依托市总工会劳动就业服务网络，与街道联手，争取政府劳动部门的政策支持，切实把岗位送到协保、失业人员家门口，开创了一条社区求职的新途径。杨浦、黄浦、徐汇等区总工会也纷纷开展各类促进再就业主题活动，取得了明显的功效。

（二）开展帮助困难职工解决生活上急难矛盾的主题活动

除就业困难外，当前困难职工群众中较为普遍存在着"生活难"、"就医难"、"子女上学难"等急难矛盾。针对这一实际状况，各区、县总工会职工援助服务中心紧紧抓住帮助困难职工解决生活上的急难矛盾，开展一系列帮困送温暖活动。例如，嘉定区总工会在全区工会系统组织开展千家工会组织与千名特困职工结对帮困，帮千名困难职工再就业的"双千"活动，两年来共结对帮困 2 291 人次，帮助再就业 3 709 人，声势大，范围广，志愿者多，影响好，参加"双千"活动的志愿者 6 727 人。黄浦、杨浦、普陀、闸北等区积极做好党政机关干部与困难职工结对帮困工作，虹口、金山、松江、南汇等区积极开展"助残周"活动，为残疾职工提供特别服务。各区、县总工会职工援助服务中心，与时俱进，大胆探索，努力创造出更多更好的抓手和载体，实实在在地为职工群众办实事、办好事。

（三）开展依法维护职工权益的主题活动

政策咨询、法律援助是职工援助服务中心的重要功能，职工援助服务中心一方面依靠职工自身力量，另一方面借助和利用社会力量提高工会法律援助水平和政策保障水平。例如，长宁区依托华东政法学院联合开展相关法律援助活动；杨浦区聘请劳模律师并专门设立律师事务所；浦东新区聘请律师实行月初周四咨询制度，有些地区还邀请政府有关部门专职人员、法律专家担任中心法律咨询员等等，提供仲裁、诉讼、调解和咨询等专业化、职业化的服务。

据统计，2004 年 5 月至 2005 年 5 月，各区、县总工会职工援助服务中心共帮困

32 195人次,帮困金额 974.2 万余元;再就业援助 48 582人次,资助金额 455.9 万余元;政策咨询、法律援助 23 844 人次,援助金额 13.81 万元;女职工援助 14 568 人次,援助金额 38.5 万余元;外来务工人员援助等其他帮扶 17 822 人次,金额 205.1 万余元。

二、职工援助服务中心的主要作用

建立健全职工援助服务中心是上海工会坚持走中国特色社会主义工会发展道路,在新形势下探索依法维护职工权益和加强工会维权机制建设的有效组织形式,在工作模式、工作方法和工作内涵上都有新的突破。

（一）整合了工会援助服务资源,为进一步依法维护职工的权益搭建了一个重要平台

当前,上海工会依法维护职工权益面临着不少新情况和新问题。主要是:随着产业结构调整力度不断加大,一些产业原有的行政隶属关系和资产纽带关系被逐渐打破,工会的组织体系也发生了很大的调整和变化,地区工会组织的力量正在逐步壮大;随着劳动用工制度改革不断深化,劳动者就业结构和方式不断变化,人员流动性大大加强,越来越多的职工由"单位人"逐渐转变成"社会人"。同时,还有大批外来务工人员散居在社区。处于弱势地位的困难职工的权益不仅需要行业工会的维护,更需要地区工会维护,与地区工会的关系越来越密切;按照市委、市政府确定的"二级政府,三级管理"的模式,区、县总工会在整合社会保障资源,加强工作协调方面有明显的优势。根据这些新的情况,市总工会决定全市 19 个区、县总工会建立职工援助服务中心,并按照"条块结合,以块为主"的原则,指导推进各区、县总工会与局(产业)工会联手共建职工援助服务中心,把工会系统的帮困救助、就业援助、互助保障、政策咨询、法律援助等各项为职工服务的资源整合起来,使之成为工会为职工提供"一门式"服务的窗口,突破了条块分割、资源分散造成的帮扶手段比较单一的缺陷。

（二）强化了工会帮困与政府相关政策的有机结合,使依法维护职工权益机制建设进一步健全完善

在各区、县总工会建立职工援助服务中心,整合工会援助服务资源的基础上,

市总工会在 2005 年 3 月下发了《关于建立健全上海工会帮困送温暖工作长效机制的办法》,从帮困类型、帮困标准、资金来源、申请程序、审批程序、发放程序、脱贫统计、具体要求等 8 个方面作了明确规定。通过这个办法的实施,不仅进一步整合了全市各级工会实施的帮困送温暖活动、互助保障、地区工会建立的职工援助服务中心等工会系统的援助服务资源,而且还进一步强化了工会帮困与《劳动法》、《城镇居民最低生活保障条例》、《失业保险条例》、《上海市社会救助法》、《上海市企业职工最低工资规定》等相关法律、法规和政策的有机结合,更好地体现了工会的拾遗补缺作用,使工会帮困送温暖长效机制逐步形成,进一步健全完善了工会依法维护职工权益的机制。

（三）开拓了协调劳动关系和社会利益关系的新途径,使依法维护职工权益落到实处

目前,上海既处在加快发展的黄金机遇期,又处在多种社会矛盾的凸显期。行业与行业之间、个人与个人之间收入差距在扩大,改革过程中利益调整加大,劳动争议和纠纷在增多,信访总量也在急剧增加。这些问题和矛盾处理不当,必然会影响到社会的稳定。解决劳动争议和纠纷可以通过劳动仲裁和法律诉讼,但这不是唯一的途径,大量的不属于劳动仲裁和法律诉讼受理范围的矛盾和纠纷要通过沟通协调解决。各区、县总工会建立职工援助服务中心,为各类急需帮助的困难职工既提供现金物质帮困,又提供法律政策援助,引导广大职工群众以理性合法的形式表达自身的利益要求,解决改革过程中利益调整带来的矛盾,把工会依法维护职工权益落到实处,从而化解了大量的人民内部矛盾,为维护社会稳定起到了不可替代的积极作用。

各区、县总工会建立健全职工援助服务中心,作为新形势下工会加强依法维护职工权益机制建设的创新和探索,在初创起步阶段虽然取得了一定成绩,呈现出良好的发展势头,但仍存在必须进一步研究解决的一些问题和不足。例如,各区、县发展不平衡,部分区、县固定工作场所、资金、人员的落实和配备不到位,导致日常工作还没有完全纳入正常运作轨道;政策咨询、法律援助等源头维护职工合法权益的有效手段比较缺乏;条块分割还继续存在,"一门式"服务的对象与工会建设,依法维护职工权益的发展要求有一定的差距等。这些问题需要在今后的探索实践中

进一步加以解决。

三、职工援助中心建设的意义与展望

加强职工援助服务中心建设,对于上海工会更好地履行维权职能和各项社会职能,推进上海经济社会发展,构建社会主义和谐社会,具有十分重要的意义。

第一,加强职工援助服务中心建设,是全市各级工会自觉实践"三个代表"重要思想和坚持科学发展观,促进构建社会主义和谐社会的重要举措。贯彻"三个代表"重要思想和坚持科学发展观,要求我们在以经济建设为中心的同时,努力实现人和社会、人和自然全面、协调、可持续的发展。构建社会主义和谐社会,是要建立一个民主法治、公平正义、诚信友爱、充满活力、安定有序、人与自然和谐相处的社会。构建社会主义和谐社会必须把维护社会公平放到更加突出的位置,从法律上、制度上、政策上努力营造公平的社会环境,保证社会成员都能够接受教育,都能够进行劳动创造,都能够平等地参与市场竞争、参与社会生活,都能够依靠法律和制度来维护自己的合法权益。市总工会在市委的领导下,通过在各区、县总工会建立职工援助服务中心,有利于推动全社会形成关爱困难职工的良好氛围,在构建社会主义和谐社会的进程中发挥更大作用。

第二,加强职工援助服务中心建设,是工会依法维护职工权益,为困难职工解决实际问题的重要平台。贯彻党的十六大和十六届三中、四中、五中全会精神,落实"组织起来,切实维权"的工会工作方针,履行工会维权的基本职能,要求全市各级工会必须高度重视维护职工最现实、最关心、最直接的利益,切实帮助解决职工生产生活中面临的突出困难。工会是职工群众自己的组织,建立健全职工援助服务中心,帮助困难职工解决生产生活中面临的突出困难,必将使工会维权机制进一步完善,使工会维权职能更好地落到实处。

第三,加强职工援助服务中心建设,是工会拓展送温暖活动内容,进一步发挥党联系职工群众的桥梁纽带作用的重要载体。近年来,全市各级工会根据形势的发展和广大职工的需要,不断拓展送温暖活动的内容和形式。各区、县总工会建立职工援助服务中心,以此为载体,进一步把工会送温暖从生活帮困向就业援助、医疗帮困、助学帮困、法律援助等领域扩展。随着这项工作的不断健全完善,必将增强工会组织在职工群众中的吸引力和凝聚力,进一步密切党与职工群众的联系。

总结过去,展望未来,进一步强化职工援助服务中心的整体功能发挥,还需要在以下几方面进行努力:

第一,在各区、县总工会已普遍建立职工援助服务中心的基础上,结合工会组建工作的展开,特别是街道、乡镇总工会的建设,推进街道、乡镇总工会建立分中心,推动职工援助服务中心建设向全市覆盖、网络化方向发展。

第二,要推进各区、县总工会与部分产业、行业工会联手共建职工援助服务中心,共建工作应根据地区、行业职工群众的实际情况,以项目为载体,因地制宜地进行。同时,市总工会将采取帮困资源适度向共建单位倾斜的办法,推动共建工作不断深入。

第三,在整合工会内部资源的基础上,积极加强与政府有关部门的联系沟通,推动建立共同研究解决职工群众生产生活上遇到的重大问题、突出问题的协商机制和工作制度,依法实现好、维护好、发展好广大职工群众的利益。

（上海市总工会　执笔人：王立铭）

建立外来从业人员
综合保险制度

　　上海是我国农村富余劳动力跨省市流动就业的主要输入地之一。近几年来，本市外来流动人口增长迅猛。据统计，2000 年，本市外来流动人口总量 387 万，其中，外来从业人员 284 万。2004 年，这两个数字分别猛增到 536 万和 391 万。

　　为了切实解决外来从业人员的社会保障问题，更好地维护其合法权益，2002 年，市政府制定并颁布实施了《上海市外来从业人员综合保险暂行办法》，在本市范围内实行了外来从业人员综合保险制度。

一、建立外来从业人员综合保险制度的必要性

　　党中央、国务院高度重视我国的"三农"问题，强调要"改善农民进城就业环境"，"保障进城就业农民的合法权益"。如何解决外来从业人员的社会保障，已经成为关系到国家能否长治久安和实现可持续发展的重大战略问题，也对本市的社会保障工作提出了新的要求。上海的外来从业人员中，有 85％来自农村，从就业情况来看，90％以上集中在制造加工、建筑施工、商业服务等行业，发生工伤事故和疾病风险的概率较高，他们一旦发生工伤或者患病，缺乏必要的基本保障。因此，有必要建立一种由政府强制实施的社会保险制度，着力解决外来从业人员最急需和关注的工伤、医疗、养老等问题，保证其获得基本保障的权利。

二、外来从业人员综合保险制度的主要内容

（一）适用范围

　　根据国家有关社会保险属地化管理的原则，外来从业人员虽然不具有本市户籍，但他们在本市就业，并获得劳动收入，应当按照本市规定，纳入保险范围。在设计综合保险制度时，将本市行政区域内使用外来从业人员的国家机关、社会团体、

企业(包括外地施工企业)、事业单位、民办非企业单位、个体经济组织及其使用的外来从业人员,以及无单位的外来从业人员,纳入适用范围。而持有《上海市居住证》、从事家政服务或者农业劳动的外来从业人员不纳入适用范围。

(二)保险费缴纳

考虑到外来从业人员一般收入较低,也为了便于操作和管理,外来从业人员综合保险制度中,凡单位使用外来从业人员的全部由用人单位缴费,缴费基数按照上年度全市职工月平均工资的60%确定(本市社会保险费基数的最低线),缴费比例为12.5%。由本人缴费的无单位外来从业人员也按照这个基数和比例缴费。另外,外地施工企业使用外来从业人员的缴费比例为5.5%。

(三)享受待遇

外来从业人员综合保险的待遇享受包括工伤(或者意外伤害)待遇、医疗待遇和老年补贴待遇三个部分。

1. 工伤(或者意外伤害)待遇。外来从业人员在参加保险期间发生工伤事故(意外伤害)或患职业病的,经有关部门作出认定和劳动能力鉴定后,按照本市规定的工伤待遇标准,享受工伤(或者意外伤害)保险待遇。工伤(或者意外伤害)保险金一次性支付。在待遇标准上,与本市劳动力享受工伤保险的待遇标准保持一致。

2. 医疗待遇。外来从业人员参加保险期间因患病或者非因工负伤住院的,住院发生的医疗费用,在起付标准以下部分由外来从业人员自负,起付标准以上部分由综合保险基金承担80%,外来从业人员自己承担20%。起付标准为上年度全市职工平均工资的10%。享受住院医疗待遇的最高额按照缴费时间确定。缴费满3个月、6个月、9个月和1年的,享受待遇的最高额分别为上年度全市职工年平均工资的1倍、2倍、3倍和4倍。从2005年起,为了进一步扩大制度的收益面,使参加保险的外来从业人员都能即时享受待遇,增加了日常医疗费补贴待遇。

3. 老年补贴待遇

外来从业人员大部分来自农村,综合保险在制度设计上考虑了农民仍以家庭养老为主的特点,规定连续缴费满1年的,外来从业人员可以获得1份老年补贴凭证,额度为实际缴费基数的7%。外来从业人员男性年满60周岁、女性年满50周岁时,可以凭老年补贴凭证在居住地商业保险公司分支机构一次性兑现老年补贴。这样,保证每个外来从业人员年老回乡以后,都能够获得适当的生活补贴。

（四）运作模式

市劳动保障部门是外来从业人员综合保险制度的行政主管部门,综合负责保险的征缴等管理工作,同时,通过招标方式委托商业保险公司具体承担保险金的支付和运作责任。

三、外来从业人员综合保险制度的制定经过和实施情况

上海市委、市政府始终高度重视外来从业人员的社会保障工作。2002年7月,市政府制定并颁布了《上海市外来从业人员综合保险暂行办法》,当年9月正式实施。2004年,为了进一步保障外来从业人员的权益,也为了适应《行政许可法》实施后取消就业审批制度的管理需要,市政府发布决定,对《暂行办法》作了局部修订和完善。

在具体的贯彻执行工作中,市劳动保障部门作为行政主管部门,一方面通过强化劳动监察执法、畅通举报投诉渠道、完善纠纷调解机制等手段,进一步规范了劳动力市场秩序;另一方面,通过政策调整和政策宣传等手段,不断提高外来从业人员参加综合保险的内在驱动力,增强用人单位的缴费意识。两方面工作相结合,使得外来从业人员综合保险的覆盖面日益扩大。

截止2005年10月,外来从业人员综合保险参保人员达到211万人,累计已经有1万多人享受了工伤保险待遇,7 000多人享受了住院医疗待遇,120万多人领取了老年补贴凭证。整体推进工作积极稳妥,平稳有序,取得了良好的进展,有力地保证了外来从业人员的基本保障权利,切实维护了外来从业人员的合法权益。

（上海市劳动和社会保障局 执笔人：戴建平、邱宝华、冯钧、柯顺利）

小城镇社会保险制度

上海市小城镇社会保险制度是上海市按照中共中央、国务院关于积极探索小城镇社会保障制度的精神,从本市实际出发,在前期试点的基础上,于2003年推出并实施的一项全新的社会保险基本制度。这项制度的推出和顺利实施是本市劳动保障工作中具有创建性的重大事件。

一、建立小城镇社会保险制度的必要性

(一)建立小城镇社会保险制度,是郊区城市化进程中解决离土农民保障问题的迫切需要

随着本市城市化进程的加快,越来越多的农业人员离开了土地,他们的安置补偿问题历来得到高度重视。原有的"谁征地,谁安置"的政策由于没有从根本上解决社会保障问题,广大离土农民虽然户籍上发生了变化,但养老、医疗等基本社会保险仍然难以有效落实。从长远来看,这不利于上海加快城市化的总体态势,也不利于改革、发展、稳定的大局。因此,有必要建立一种与城市化进程中离土农民的身份变化相适应,并能够满足他们最迫切保障需求的社会保险制度,解决广大离土农民的后顾之忧。

(二)建立小城镇社会保险制度,是促进城乡劳动力就业的客观要求

当前,本市就业形势十分严峻,而郊区离土农民的非农就业问题更是日趋突出。小城镇社会保险实施之前,本市农村养老保险、城镇社会保险的成本和待遇差距过大,而且体系上相互独立,难以衔接过渡,已经成为本市城乡一体化就业的主要阻碍之一。因此,有必要建立一种能够适用于各类单位和不同个人,并使各项社会保障关系得到有效衔接的制度模式,使劳动者过去、现在和未来的就业状态变化在社会保险的运行中得到完整的衔接和整合,以有效解决城乡社会保险制度脱节

对就业带来的不利影响,适应市场化的就业机制和政府促进就业的目标。

（三）建立小城镇社会保险制度,是增强上海城市综合竞争力的必要基础

现行的农村养老保险,保障程度低,不能适应上海地区的总体发展水平;而城镇社会保险虽然保障程度高,但机制比较僵化,而且历史负担较重,也难以适应增强上海城市综合竞争力,尤其是郊区新一轮发展的客观要求。因此,迫切需要建立一种富有弹性的社会保险制度,在最大程度上满足不同地区、不同企业、不同个人多样性的生活水准和发展成本的需求。这不仅将有利于扩大社会保险的覆盖面,而且将有利于形成较适宜的土地开发成本和劳动力成本,从而为进一步增强上海的城市综合竞争力奠定坚实的基础。

二、小城镇社会保险制度的主要内容和特点

（一）小城镇社会保险制度的主要内容

1. 小城镇社会保险的基本构架和适用范围。小城镇社会保险由基本保险和补充保险两部分组成。基本保险部分由政府强制征缴,实行社会统筹,设置养老、医疗、失业、生育、工伤五个险种,主要体现公平原则,用于保障参保人员的基本生活。补充保险部分由政府指导鼓励,单位和个人自愿缴纳,设置个人账户,主要体现效率原则,最大限度发挥单位和个人的社会保障积极性。

本市郊区范围内用人单位及其具有本市户籍的从业人员,应当参加小城镇社会保险。本市行政区域内具有本市户籍的个体工商户及其帮工、自由职业者、非正规就业的劳动组织从业人员也可以参加小城镇社会保险。

2. 小城镇社会保险基本保险部分的缴费和待遇。小城镇社会保险的基本保险部分全部由用人单位缴费。缴费基数是上年度全市职工月平均工资的60%。缴费比例为25%。其中,养老保险为17%,医疗保险为5%,失业保险为2%,生育保险为0.5%,工伤保险为0.5%。

参加小城镇社会保险的从业人员,男性年满60周岁、女性年满55周岁,缴费年限满15年的,可以按月领取养老金。按月领取的养老金水平,根据本人缴费年限和

办理手续时上年度全市职工月平均工资确定。参加小城镇社会保险的从业人员或者按月领取养老金的人员,发生住院、门诊大病的,可以享受医疗保险待遇。生育保险、失业保险、工伤保险待遇,基本参照本市城镇社会保险的办法确定。

3. 小城镇社会保险补充保险部分的缴费、管理和使用。小城镇社会保险的补充保险部分由用人单位和个人自愿缴纳,所缴纳的补充保险费全额记入个人账户,归个人所有。个人账户实行全市统一管理。

个人账户可以用于补充养老保险待遇,也可以用于普通门急诊费用,还可以用于被征地人员的生活补贴等,具有多种用途。

4. 被征地人员参保的特别规定。小城镇社会保险制度实施后,被征地人员中的征地劳动力应当按规定参加小城镇社会保险,其征地安置补助费应用于为他们一次性缴纳 15 年的基本养老、医疗保险费。同时,将安置补助费中超过一次性缴费标准的部分,缴纳到补充保险中。这样,既保障了这些人员的基本社会保险待遇,又考虑了他们在就业有困难时能得到一定的生活补贴。同时,这些人员在 15 年内就业后可免缴上述"两金",降低了就业门槛;就业后如果继续缴费,可与一次性缴费合并计算,以提高保险待遇。

男性 55 周岁以上、女性 45 周岁以上的被征地人员属于征地养老人员。长期以来,征地养老人员没有纳入社会保险体系,成为体制外的特殊人群,引起了诸多问题。小城镇社会保险办法实施后,对男性 55—60 周岁、女性 45—55 周岁的被征地人员,也可以选择通过一次性缴纳 15 年的基本养老、医疗保险费后,纳入小城镇社会保险。

为了解决历史遗留问题,将离土农民的社会保障落到实处,对小城镇社会保险制度实施前的原征地劳动力,凡未落实社会保障的,统一采取一次性缴纳或缴足 15 年养老、医疗保险费的办法,纳入小城镇社会保险。

（二）小城镇社会保险制度的主要特点

1. 小城镇社会保险的总体构架,具有"低平台、广覆盖、有弹性"的特点。与现行的城镇社会保险相比,小城镇社会保险的基本保险部分,缴费水平低,是比较容易进入的"低平台"。小城镇社会保险的补充保险部分,缴费水平可以由用人单位和个人自主确定,是"有弹性"的主要体现。

从覆盖范围来看,由于传统城乡二元结构体制的原因,现行城镇社会保险没有覆盖到郊区农民和城镇居民中相当一部分人群。小城镇社会保险由于具有"低平台"和"有弹性"的特点,扩大了其适应面,为实现"广覆盖"创造了重要的前提条件。

2. 小城镇社会保险的基本保险部分,具有"要强制、应统筹、保基本"的特点。小城镇社会保险的基本保险部分,通过政府强制征缴,并实行统筹使用,使从业人员在年老、疾病、失业、生育、工伤等情况下获得相应的基本保障,体现基本社会保险的公平原则和保障基本生活的原则。

从保障责任来看,小城镇社会保险的模式中,政府强制缴纳的部分相对较少,单位和个人的灵活性和自由度较高,鼓励单位为个人、个人为个人的生老病死多做积累,充分体现了政府、单位、个人共同承担社会保障责任的机制,有利于社保基金的持久运转平衡。

3. 小城镇社会保险的补充保险部分,具有"不强制、归个人、多用途"的特点。小城镇社会保险的补充保险部分,由政府指导鼓励,单位和个人自愿参加,实行个人账户制,归个人所有,并具有多方面的用途,体现了补充保险的效率原则,可以最大限度发挥单位和个人的社会保障积极性。

从保险功能和未来利益来看,由于小城镇社会保险的统筹部分大大低于现行城镇社会保险,所以补充保险的空间很大,单位和个人缴纳的补充保险全部计入个人账户,可以为将来充分积累。这为完善"统账结合"的社会保险模式作了有益探索,也更有利于维护农民利益。

三、小城镇社会保险制度的制定经过和实施情况

中共上海市委、市政府一直高度重视郊区的社会保障制度建设工作,市人大、市政协也十分关注,提出了许多好的建议。从 2002 年 6 月起,本市开始进行建立小城镇社会保险制度的试点工作,取得了初步的成效和经验。2003 年,按照市委关于加快推进小城镇社会保险的要求,市政府组织有关部门着手起草了《上海市小城镇社会保险制度的实施方案(草案)》,并报送市人大审议。2003 年 10 月,市十二届人大常委会第七次会议审议并作出决定,同意《上海市小城镇社会保险制度的实施方案》。

根据《实施方案》,市政府制定颁布了《上海市小城镇社会保险暂行办法》,对小城镇社会保险制度的具体运作作了全面的规定。配合落实被征地人员的保障问

题,市政府同时制定了《上海市被征用农民集体所有土地农业人员就业和社会保障管理办法》,确立了"落实保障,市场就业"的新原则,替代原来的征地安置办法,并按照"社会保障落实与土地处置、户籍转性整体联动"的思路,完善了系列配套措施。

截止 2005 年 10 月,本市小城镇社会保险参保人数达到 103.3 万人,其中,通过一次性缴费参保的离土农民 74.4 万人,单位及个人按月缴费参保的 28.9 万人。已经有 9.6 万人领取了小城镇社会保险养老金并享受了相关待遇。整体推进工作积极稳妥,平稳有序,取得了良好的进展。新制度在完善本市社会保障制度,保障离土农民合法权益,维护社会和谐稳定方面,已经发挥出了重要的作用。

(上海市劳动和社会保障局　执笔人:戴建平、邱宝华、冯钧、柯顺利)

以参与立法为重点，从源头上
推进妇女维权工作

近年来，上海市妇联按照全国妇联从源头维权的要求，以参与立法为重点，深入了解民情，维护妇女利益，参与决策，监督实施。上海妇联组织的立法参与在完善立法参与的工作制度和提高立法参与的采纳率上取得了一定的成效，对于社会主义市场经济的发展，推进民主法制建设产生了积极的意义。

一、完善立法参与的工作制度，将参与重心前移

几年来，上海市人大和市政府根据上海经济社会发展的实际情况，先后颁布了一系列法规和政策。在女性就业、女干部培养选拔、社区精神文明建设、妇女儿童发展规划、完善社会保障制度等方面，都能听取妇联或妇女代表的意见，收效也较为明显。但是，对于涉及女性切身利益的法规、制度在民主决策程序方面，妇联团体参与的力度还不够，参与还不到位。例如市民听证会制度出台后，没有吸纳工青妇等群众团体的代表参加，使部分法规、政策出台后，或产生某种不足，或群众不够理解和有意见，而工青妇等群众团体因为不了解情况也难以做解释工作。

基于这种状况，2004年市妇联向市人代会提出了"建议充分发挥工青妇等群众团体在民主参与、民主监督中的作用"的提案，要求各级人大和政府建立听取意见建议的工作制度。在妇联的呼吁下，上海市人大内务司法委员会、法制工作委员会经多次磋商，形成了上海妇联参与立法的有效制度。

一是对于涉及群众切身利益的法规、政策，在出台前和执行过程中听取妇联的意见和建议。市人大在五年立法规划的制定，每年立法计划的确定及在立法调研、论证、审议、听证等各个阶段加以切实落实。在确定每年立法计划前，要上门听取妇联的意见，并告知相关委办、专门委员会的立法意向。

二是在地方性法规草案征求意见中，除继续采用书面征求意见的方式外，对涉及妇女利益的法规草案专门上门听取妇联的意见。

三是邀请妇联参加与妇女儿童利益密切相关的立法调研论证,向妇联提供必要的立法背景材料。

四是对与妇女利益密切相关的立法听证会,妇联可以推荐人员参加。

五是对全国人大下发的法律草案征求意见稿,涉及妇女利益的,委托妇联组织座谈会听取意见。

上述制度包含了立法前期的几个阶段,为妇联全方位地参与立法提供了条件。这既是多年来妇联组织参与立法活动经验的总结,也是在新时期开拓妇联维权工作机制的成果。经过两年来的实践,妇联共参与近30项法规规章草案的讨论,并在规定的时间内及时将意见反馈给市人大,市人大适时将意见的采纳情况告知市妇联,形成了良好的工作机制。

二、提高立法参与的采纳率,使妇女权益得到法律上的切实保障

党和政府赋予妇联组织民主参与、民主监督的工作职能。但长期以来,妇联组织立法参与的有效性,即采纳率一直比较低的问题没有解决。在市妇联的努力下,2001年在"两会"上,上海市妇联提议的"关于尽快出台上海城镇生育保险的提议"被政府采纳,形成了上海政府规章,2001年10月上海市人民政府颁布《上海市城镇生育保险办法》,并于同年11月1日起实施。经过一年的实施,市妇联对该办法执行情况进行调研,虽然总体情况良好,满意率达97%,但也反映了一些问题。于是在摸清情况的基础上,2004年上海市妇联提议的"关于提高低收入妇女生育生活津贴标准的提议",又被政府采纳,市劳动和社会保障局被要求尽快落实和拿出解决方案,市劳动和社会保障局局长亲自来市妇联听取对解决方案的意见。2004年7月起,市政府对生育保险的生育生活津贴由原来的2 500元调整到3 000元,低收入妇女的生育生活津贴不到标准的也可享受,并将适用范围扩大到参加小城镇社会保险的生育妇女。上述两个提案都被上海市政协评为优秀提案奖。

上海妇联在维权的实践中,为提高立法参与的实效,提高各种建议的采纳率方面的经验可以归纳为以下几方面:

第一,了解民情,这是妇联参与立法维权的源泉。民情的含义是全方位的:首先必须是大部分妇女群众切实迫切的需要,其次又是在社会得到广泛响应的权利。

例如生育保险涉及千家万户,又几乎是每个职业妇女都要遇到的实际问题,而且是妇联组织十几年来一直要争取的权利,社会影响比较广泛,有足够的群众和社会基础,这一社会保障实施以来,上海已使12万名妇女及家庭受益。

第二,准确表达,这是妇联参与立法维权的关键。表达是要看场合、时机和契机的。上海生育保险没有在上世纪末出台,而是在21世纪初,是和当时上海的经济发展和妇女就业的实际状况相关的。调研发现,一些年轻妇女就业受到歧视,主要是企业担心妇女的生育、哺乳会加重企业的负担。政府在推行社会保险后,有能力抽出其中的部分资金用于支付妇女生育期间的费用,这样企业拒绝使用女工的问题可以迎刃而解。于是市妇联抓住时机,及时地提出在不增加企业负担、妇女负担的情况下,在体现社会公平的社保基金中提取很小的份额,用于建立妇女生育保险。通过在"两会"的发言,妇联的要求合情合理,又具有操作性,引起了代表、委员的共鸣,不出半年,上海生育保险办法出台,一举实现了妇联十几年的奋斗目标。

第三,参与调研,这是妇联参与立法维权的基础。在《生育保险办法》制定前,对于妇女在不同等级医院生育,对于顺产和难产的医疗补贴费用的确定,曾经是上海社会和劳动保障部门感到困难的问题,他们又不太信任医疗部门出具的费用标准。妇联在参与立法中主动承担起了这项工作,利用卫生局是妇儿委成员单位的优势,在卫生局帮助下,深入各种等级的医院,查阅和统计了大量的病例,向业务主管部门提交了确定医疗费用范围的意见。由于调研深入,证据充分有力,意见被有关业务部门采纳。妇联组织在参与立法中的立法技巧、方法可能有所不足,但是,向立法的承办部门提供准确、有效的情况,确实是能体现妇联维权的基础和能力的重要方面。

第四,监督实施,这是妇联参与立法维权的延伸。2004年市妇联提出的"关于提高低收入妇女生育生活津贴标准的提议",就是监督实施的实例。《生育保险办法》实行一年后,对实施情况进行监督调查发现,一方面有近30%的生育保险金享受者认为生育生活津贴标准太低,工资在1 000元以下的低收入女性对生活津贴不满意。另一方面,三年来政府用于生育保险费用的支出是12万人,费用近7亿元,按规定提取的费用还有宽裕。妇联积极利用社会保障是实现社会国民收入的再分配这个特点,为使社会分配更公正、合理,向有关部门提出增加低收入妇女生育生活津贴,并得到了迅速的采纳,劳动和社会保障部门甚至把妇联的调研材料直接写入解决方案的报告中。

几年来的实践证明,群众团体立法参与在妇女维权中起着重要作用。在这个领域中,还需要不断地探索和学习。比如,妇联组织如何代表大多数妇女群体的意志,参与到立法听证过程中;如何根据现实的社会经济条件,提出有质量的易被接受采纳的立法建议;如何掌握好立法的技巧最大程度地体现妇女意志等,都有待于继续努力加强学习,加强调研,以不断提高妇女维权的能力和水平。

（上海市妇女联合会　执笔人：陆荣根）

依法推进无障碍设施建设

一、依法推进无障碍设施建设的必要性

早在 1986 年,上海就开始了无障碍设施建设,在部分建筑和道路开始试点。1997 年作为市政府实事工程,在南京路、淮海路修建了盲道和坡道。全国第五届残运会在沪召开筹备期间,在体育场馆、宾馆及外滩、人民广场等主要道路和景点改建了一批无障碍设施,增设了一批有升降设施的出租大巴和面包车,在市盲校门口的道路上装置了过街音响设施。之后,在一些新建的残疾人服务机构、福利院及部分住宅区建设了无障碍设施,上海的无障碍建设取得一定成绩。

但是,与发达国家相比,上海的无障碍设施建设差距还是很大,与上海的国际大都市地位还很不相称。盲人外出,行走难、过马路难、乘车难……单独行走的越来越少。在这些现象背后的问题是,许多单位对修建无障碍设施不重视,建设部门、残联组织对此缺乏制约力。

2007 年上海将要举行夏季世界特殊奥林匹克运动会,2010 年上海将举办世博会。2002 年 10 月,建设部、民政部、全国老龄委、中国残联召开电视电话会议,决定在全国开展创建无障碍设施建设示范城活动,上海被列为 12 个首批创建示范城市之一。

面临上海无障碍建设现状和形势发展要求,依法推进无障碍设施建设成为放在我们面前的重要课题。市残联于 2002 年 8 月由政研室和上海师范大学联合进行了一次调查研究,写出调查报告送交市政府领导,并提出无障碍设施建设立法保障的建议。经调研发现,改革开放以来,上海的无障碍设施建设工作进展缓慢的一个重要原因是未能从法治建设入手,没有制定专门法规。1993 年制定的《上海市实施〈中华人民共和国残疾人保障法〉办法》对无障碍建设虽有规定,但比较原则,规定不细,操作性不强。而北京市在 2000 年就以市长令颁布了《北京市无障碍设施建设和管理规定》,福建省也颁布了无障碍政府规章。通过总结认识到,上海对建设无障碍设施大都还停留在"为残疾人办好事"、"帮残助残"的认识上,而没有从维护残

疾人权益高度上认识,更缺少从法治建设着手,依法建设的意识。事实告诉我们,上海无障碍设施建设工作迫切需要立法保障。

二、《上海市无障碍设施建设和使用管理办法》颁布,加快了本市无障碍设施建设步伐

2002年8月26日,市政府召开第139次常务会议,决定制订无障碍设施管理办法,并同时决定制定改建规划和建设标准,就无障碍设施建设领导体制的建立、政府规章和既有公共建筑、居住区改造规划的起草,以及改造经费的落实等问题作了明确指示。

2002年9月9日,由市政府法制办、建委、民政、老龄委、残联等单位成员组成的《上海市无障碍设施建设和使用管理办法》起草小组建立,着手起草无障碍设施建设政府规章。2003年4月3日以市政府1号令发布了《上海市无障碍设施建设和管理办法》(以下简称《办法》),这一办法对本市无障碍设施建设的规划、设计、建设、组织及管理、养护、监督、处罚等都作了明确规定。从此上海的无障碍设施建设有法可依、有章可循。随着这一政府规章的制定、发布,无障碍设施建设工作得到各级政府及社会各方面的高度重视。从2002年8月至2003年12月,为起草和贯彻落实《办法》,一项又一项有力措施相继出台,上海无障碍设施建设步伐加快,改建工作面貌发生明显变化。

2002年9月26日《上海市无障碍设施建设规划(2003—2006年)》起草班子建立,5个亿的改造资金也得到落实。10月市政府决定将瑞金医院、新世界商厦等一批单位的无障碍设施建设项目作为示范工程。

2003年3月市政府将改建220个无障碍设施项目,新建盲道40公里、坡道1000个,列入2003年市政府实事工程。5月28日市政府批准建立由32个单位组成的市无障碍设施建设推进工作联席会议,并成立办公室。5月31日市政府批准《上海市无障碍设施建设规划(2003—2006年)》实施。8月21日市残联成立了上海市无障碍设施建设督导总队及19个区县督导大队,专事进行监督、促进、协调、指导工作。8月13日市建委批准,由上海市建设工程标准定额管理总站等单位编制的上海工程建设规范《无障碍设施设计标准》从9月1日起实施,9月22日举行了首发式仪式。分管副市长分别在6月19日和11月5日两次召开联席会议推进无障

碍设施建设。随之,各区县也积极行动起来,建立了相应机构,落实了改造资金,制订了本区的改造计划。此外,教育、卫生、金融、邮局、交通等系统也都行动起来,条块结合,全市无障碍设施建设力度加强,实现了"组织、资金、计划"三落实。全市从上到下,掀起了一个创建无障碍设施示范城区的高潮。

三、依法推进,创建无障碍设施建设的主要成就

2004—2005 年,为进一步贯彻《办法》,以创建示范城区为抓手,进一步有序推进无障碍设施建设。全市上下加强领导,加大投入,扎实工作,又取得积极成效。一大批无障碍设施进入城区、进入社区、进入家庭;一批重点项目填补了本市无障碍设施建设的空白;关爱老人、关爱残疾人,维护他们权益的意识不断增强。至2004 年底,静安、浦东、卢湾、黄浦、徐汇、虹口、普陀、闵行、南汇、嘉定、金山等 11 个区获得上海无障碍设施建设示范区称号,创建率达 61%。2005 年 2 月,上海市获得"全国无障碍设施建设示范城市"称号,静安区、浦东新区被评为全国无障碍设施建设先进区。全市建立区—街道(镇)—居委(乡、村)四级督导网络、浦东和虹桥机场配备了无障碍升降登机车、浦东张杨路浦东南路人行过街天桥、过街音响信号灯广泛安装、地铁 1 号线全面改造安装斜行升降装置、浦东香榭丽等小区住宅入口安装升降平台、926 路低地台公交车投入使用、不锈钢盲道和尼龙扶手等新材料广泛应用、无性别无障碍厕所建成、一些医院设置低位服务台、无障碍设施进入家庭等一批特色建设项目出现,成为上海无障碍设施建设的亮点,受到国家验收团的好评。原先银行、邮局、大中学校等无障碍设施空白点的单位,都作了改建。另外,盲文站牌、盲文公园导游图应用,东视、上视及各区有线电视台增设手语节目,盲人电脑应用推广,聋人广泛应用手机短信息等信息无障碍工作也有了进展。

2005 年 11 月,杨浦区等 8 个区也通过示范区检查验收,全市 19 个区县全部实现创建达标,无障碍设施建设向全面达标方向努力,改建标准比例又有新的提高。这一年,全市一万户残疾人家庭安装了坡道、扶手、卫生间抓杆、声光门铃等无障碍设施,一批无障碍设施建设示范乡镇建成,市盲童学校、聋青技校等特教学校无障碍设施得到规范、全面的改造,电子站牌导盲系统立项试制,2007—2010 年新的规划起草工作开始准备。

三年来,上海的无障碍建设工作发生了巨大变化,示范城创建工作成果卓著,

在全国 12 个示范城市中位列前茅,广大残疾人、老年人受益,社会各方一致称好。

四、完善法制建设,建设"全方位无障碍"城市

上海的无障碍设施建设工作起步于 1986 年,经历了三个阶段:1986—1992 年先行试点;1993—2002 年逐步推广;2003 年至今依法实施。后一阶段,虽然只有三年不到时间,其工作成果超过了前 16 年,可见有否法规保障的重要。回顾近三年的工作,无障碍设施示范城区创建工作和全面达标取得的成绩,是依法律建、依法推进、依法管理的结果。有了法规,人们认识提高了,领导重视了,组织健全了,资金到位了,建设工作就能有序进行。过去搞无障碍设施建设工作处处碰到困难,而今拿着《办法》上门宣传,各方看到政府规章,大都认真执行。许多工作人员说:"有了 1 号令,我们讲话响了,腰板也硬了,业主们见到我们也客气许多,'老大难'问题也都能解决。"过去不少单位领导强调工作忙,无障碍设施建设工作摆不上位置,《办法》发布后,他们态度也都有了变化。可以说,从立法着手是抓住了根本,抓住了源头。

上海无障碍设施建设近几年虽然取得很大成绩,但问题还是不少。主要是:发展不够平衡,尚有少数区的部分单位改建进度缓慢;已建设施管理不到位,有的被占用、有的损坏、有的未使用;新建设施尚有漏建项目;信息无障碍建设工作进展缓慢。其原因虽然是多方面的,但关键还是一个法治建设的问题。

首先,从管理上来说,主要是执法问题。《办法》对管理、维护、监督、处罚都有明文规定,但实际上存在执法不够的问题。今后还要以社会监督、组织人大检查等形式来督促执法单位依法管理。

其次,《办法》本身还有局限,管理范围限于"设施","设施"主要指建筑物、道路。而信息无障碍、交通无障碍没有列入《办法》的适用范围。盲人行路难、乘车难,聋人的交流难等问题仍未能得到解决,这方面权益未能充分维护。目前世界上许多国家已广泛应用"无障碍环境"的概念,其所指的范围就更大,不仅包括物质环境,即道路、建筑物等设施,还包括信息、交通、交流等各方面,以及人们的思想、认识、意识等等。因而,我们拿着《办法》去推进信息、交通无障碍建设就不适用,信息和交通工具无障碍建设就没有道路、建筑物无障碍建设成绩大。

第三,《办法》只是政府规章,在位阶上尚不够高。北京市于 2000 年以市长令发

布了《北京市无障碍设施建设管理规定》,随着形势发展需要北京市在 2004 年通过人大立法,颁布了《北京市无障碍设施管理条例》,将信息无障碍建设、手机报警等内容都列入其中。北京市无障碍设施建设有了地方法规保障,建设力度就更大了。

　　为此,上海在研究下一步工作规划时,首先考虑还是要从法治建设入手。在上海市残疾人事业"十一五"规划实施过程中,力争实现市人大进行地方立法,制定"条例";要将"无障碍环境"概念纳入"条例",扩大其管理范围。这样,上海的无障碍建设力度将进一步加大,上海建成"全方位无障碍"城市目标就能加快实现。

　　　(上海市残疾人联合会　执笔人:龚伯荣、孙元康、范肇鹏)

消费信息发布制度在社会
监督中的影响力

消费者权益保护事业随时都会面对新情况、新问题和新挑战。从事这一事业，不仅需要毅力、勇气和热情，更加需要智慧的运用和理性的思考。《上海市消费者权益保护条例》2003 年修订时，创设的消费信息发布制度为加强消费社会监督、营造和谐消费环境发挥了一定的作用。

一、消费信息发布制度的基本内涵

国内外的实践都证明，消费者权益保护最坚实的基础，是消费者自我保护意识和自我保护能力的提高。而及时获得真实、准确、丰富的消费信息，是消费者提高自我保护意识和能力的重要前提。1985 年联合国通过的《保护消费者准则》就明确了"使消费者取得充足信息，使他们能够按照个人愿望和需要作出掌握情况的选择"是消费者的一项基本权利。我国的《消费者权益保护法》也同样赋予了消费者这一权利。《上海市消费者权益保护条例》修订时，进一步充实和强化了消费者组织"开展消费知识教育"、对商品和服务质量"进行调查、比较、分析"的"事前保护"职能，同时借鉴国际上通行的做法，建立了"消费信息发布制度"。

消费信息发布制度中，将消费信息分为消费警示信息和消费指导信息两大类。消费警示信息发布，是指对消费领域出现的欺诈消费者和坑害消费者的情况，由市消费者权益保护委员会通过发布消费警示的方式告知消费者，帮助消费者识破消费"陷阱"，避免再次上当受骗。消费指导信息发布，是指对消费领域的有关知识、存在的消费误区或者新出现的一些消费项目和消费方式，由市消费者权益保护委员会及时通过各种媒体向消费者介绍，增加消费者的相关消费知识，引导理性、科学的消费。

现行的《上海市消费者权益保护条例》第 42 条规定，上海市消费者权益保护委员会应当"针对本市消费投诉的处理情况和消费者的需求，不定期发布消费警示信息和消费指导信息,帮助消费者提高自我保护能力,引导消费者科学合理消费"。因此,发布消费信息是法规赋予上海市消费者权益保护委员会的权力与职责。

二、消费信息发布制度对加强社会监督的促进作用

在市场交易活动中,相对于经营者,消费者处于弱势,这就导致消费者权益容易受到损害。消费者的弱势地位表现在:消费者在购买、使用经营者所提供的商品或服务的过程中,由于缺乏相关知识、信息以及其他因素,导致其安全权、知情权、自主权、公平交易权、求偿权、受尊重权、监督权不同程度地受到侵害。市消费者权益保护委员会从投诉处理中发现,消费信息、消费知识的不对称,是消费者弱势地位的最直接表现,也是消费者权益受侵害的主要原因。与经营者相比,作为单个的消费者,缺乏对所购买的商品或服务的专门知识。尤其是当今时代,商品和服务的技术含量日益提高,加剧了经营者和消费者之间消费信息掌握的不对称,消费者的选择更容易为经营者的宣传所左右。比如,保健食品广告中,自卖自夸、宣传神奇疗效;商品房销售中,人为凸显地理位置优越,误导群众;瘦身美容服务中,夸大效果,模糊药物副作用等等。因此,作为消费者组织的消费者权益保护委员会,加强社会监督的一项重要工作就是要减少消费信息和知识的不对称。通过发布各类消费信息,无论是预警信息还是指导信息,都能帮助消费者提高理性、科学消费的能力,识破"消费陷阱",提高自我保护的能力,同时又能对经营者起到监督的作用,促进诚信经营。

消费信息发布制度实施以来,通过电视、广播、报纸、刊物和上海 315 网站以及其他网络,2003—2005 年,市消费者权益保护委员会已发布各类消费预警信息3 675 篇,内容涵盖了与消费者生活息息相关的各个方面,充分发挥了对消费者保护的社会监督作用,成为让消费者信赖的消费信息发布的权威组织。为了让更多的消费者从个案的维权经历中得到启示和借鉴,消费者权益保护委员会对日常受理的消费投诉定期进行收集、筛选、分类,找出那些可能发生或者已经发生并带有普遍性和倾向性的消费问题,通过调研、取证、分析,编写成"消费警示"、"典型案例分析"等消费预警信息,及时向社会发布。比如,"果冻食品有隐患,儿童食用须当心",是针对上海出现的小型杯装果冻造成儿童食用安全隐患事故而发布的;"警惕陌生短信祝福"揭露了一些不法网站利用"祝福"短信,给消费者设置陷阱的现象;"美体内

衣应慎穿"则戳穿了少数商家标榜"美体内衣"能够减肥塑身的谎言。这些警示、提示和指导信息都引起了消费者的广泛关注,对提高消费者的自我保护意识和自我保护能力起到了积极的作用。

对于经营者来说,消费信息也具有监督的效力。消费警示信息中提醒消费者注意的,恰恰正是经营者需要规范的。如市消费者权益保护委员会针对旅游消费投诉中景点"短路"、时间"缩水"、购物上当、住宿就餐质量差等问题,及时发布了"随团旅游,牢记四不"的消费提示信息。这则信息在提醒消费者的同时,对旅游企业同样起到了一定的警示和规范作用。

消费信息发布制度的实施过程,还体现了消费预警与加强监管的互动,发挥了促进政府部门加强监管、行业协会加强行业自律的作用。比如,信息发布为政府职能部门加强相关市场领域的监管提供了信息,增强了政府监管的针对性。如通过对装饰装修行业的调查,推动了《上海市住宅装饰装修验收标准》的出台,解决了长久以来住宅装饰装修没有统一标准、调解处理消费纠纷缺乏依据的问题;通过对月饼过度包装问题的调查,适时推动了《上海市月饼适度包装暂行办法》的制订和出台;针对2004年牛奶比较试验中暴露出来的冷链脱节的问题,组织召开了"消毒牛乳冷链问题座谈会",就如何解决牛奶冷链问题进行了研讨,促进了《上海巴氏杀菌乳"后冷链"操作规范(试行稿)》的出台。通过协助上海市交电行业协会制定《上海市场等离子液晶电视机消费争议解决暂行办法》,及时弥补某些新型消费品的"三包"责任,共同营造上海公平、诚信、放心的消费环境。

三、完善消费信息发布制度的探索

一项新的制度,需要在实践中不断探索、不断完善。消费信息发布制度行之有效,必须长期坚持,并不断创新,更趋完善。消费信息发布制度实行以来,我们已经在四个方面做了积极探索:

一是信息发布的规范性。市消费者权益保护委员会制订了《上海市消费者权益保护委员会消费信息发布工作规则》,对消费信息发布的原则、要求、范围、程序及形式等作出了明确规定,使这项制度的具体实施比较规范。

二是消费信息的真实性、准确性。真实、准确是做好消费信息发布工作的前提,每一则消费信息的发布,都需经过调研、检测、取证、分析、论证等程序,必要时还邀请专家进行咨询和评审。内容上讲求普遍性、针对性、实用性、时效性的统一。

三是消费信息的全面性。我们不仅对日常受理的消费者投诉进行收集、筛选，及时发现各种带有倾向性或萌芽状态的问题，而且还把媒体报道的线索、有关部门的调研结果、检测检验机构的检测报告以及行业协会、专业人士提供的信息等，也都纳入到消费信息的来源渠道中。

四是消费信息的权威性。消费信息的权威性和公信力来自于它的发布不代表任何利益团体，没有丝毫商业目的，是站在维护消费者合法权益的公正立场上的。市消费者权益保护委员会专门作出有关规定，消费信息可以通过报刊、电视、广播、互联网等各种新闻媒体以及宣传卡片资料、公示牌等形式发布。但是，各类媒体对消费信息的传播需要得到消费者权益保护委员会的授权，并且不得用于公益性以外的其他项目，进一步完善了消费信息发布制度，促进营造和谐消费环境。

四、完善消费信息发布制度的目标与展望

加强社会监督，建立和谐消费环境，是系统工程，涉及法制保障、国家保护、社会监督、消费教育、信用建设、企业责任等，消费信息发布制度则是达到这些目标的重要措施。为了最大限度地发挥消费信息发布制度在社会监督中的积极作用，必须进一步完善消费信息发布制度。主要方向是：

第一，要进一步增加信息发布的频率。从现在每周有消费预警信息发布，逐步做到隔天有消费信息发布。在信息来源方面，积极依靠政府部门、行业协会、有关企业的协助配合。

第二，要进一步拓宽信息发布的渠道。通过消费宣传进社区，面向最基层单元的消费者。要联合电视、广播、报刊等媒体，在屏幕上、广播中滚动播出消费预警信息，拓宽受众面，让更多的公众知晓。

第三，要进一步增强信息发布的严谨性。通过加强调研、规范程序、严格审核，做到让每一则消费信息既起到预警监督的作用，又在事实认定和发布程序上"无懈可击"。

第四，要进一步提高信息发布的公信力。坚持"公平正义"的原则，大力倡导社会公德，通过社会舆论形成对企业的约束力，推动更多企业诚信经营，同时，还需要消费者科学消费，只有消费者消费理性了，企业经营诚信了，消费环境才能真正

和谐。

第五,要进一步形成与政府部门和行业协会的互动。要借鉴国内外同行的经验和做法,借助社会舆论的力量,加强与行业协会的沟通,与政府部门的联系,形成"预警"、"监管"、自律之间的链接。

总之,市消费者权益保护委员会本着"标本兼治,着力治本"的原则,主动适应维权工作所面临的新形势、新特点和新要求,进一步加强社会监督和消费指导的力度,切实保护消费者的合法权益。针对投诉处理中的热点、难点问题,紧紧抓住消费者关注的话题,并注重发挥相关专家的作用,及时通过大众传媒发布提示类和警示类消费指导信息,把宣传保护消费者合法权益的法律法规和消费知识,作为"治本"工程抓紧抓实,引导消费者理性消费,倡导绿色消费、科学消费,进一步扭转当前消费者法律知识相对匮乏、依法进行自我保护的意识和能力相对较弱的现状。充分整合方方面面的力量,因地制宜地开展消费教育活动,充分发挥社会监督在消费维权领域的作用。

(上海市消费者权益保护委员会　执笔人:顾仁达)

改革审判方式，提高司法效率

未成年人审判机制改革的探索

我国的少年法庭是改革的产物，是对刑事审判组织和程序进行改革的产物。20世纪50年代至70年代末，我国的未成年人犯罪很少，只占刑事犯罪的1％—2％，上海的未成年人犯罪比例也大体如此。当时人民法院处理未成年人刑事案件一般都与成年人刑事案件一样，在刑事审判庭进行审判，没有建立专门的未成年人审判机构，也没有建立起比较完善的少年司法制度。进入80年代后，我国实行改革开放，未成年人的身心健康面临许多复杂的情况，未成年人犯罪率持续上升，在上海地区已占刑事犯罪总数的6％—7％，成为危害社会治安的一个严重因素，引起了政府和社会各方面的普遍关注。在这样的历史条件下，于1984年11月，上海长宁区人民法院建立了"审理未成年人刑事案件合议庭"，这是我国大陆建立的第一个专门审理未成年人犯罪案件的审判机构。1988年7月，长宁、虹口等条件成熟的区、县法院根据未成年人刑事审判工作的需要，相继把原有的少年法庭扩建为少年刑事审判庭。1999年4月，上海市高级人民法院对少年法庭机构设置进行了调整改革，指定长宁、闵行、普陀、闸北4个区人民法院少年庭相对集中审理未成年人刑事案件。通过对未成年人审判机构的调整，集中审判力量，优化司法资源的配置，解决了少年法庭案源不足的问题，促进执法上的统一平衡，提高了审判质量和效率。

应该说，指定管辖集中审理未成年人刑事案件，使少年法庭工作特点更鲜明，活动更规范，重点更突出，较好地发挥了教育矫治失足未成年人的积极作用。但为了适应迅速发展的形势和少年审判工作的需要，积极探索改革未成年人审判机制，也就成为推进和提高上海未成年人审判工作的必然趋势。

一、未成年人审判机制改革的基本经验和做法

上海法院在探索未成年人审判机制改革中,紧密结合上海刑事审判工作实践,在以下几个方面进行了积极的探索。

(一)对未成年人刑事审判方式改革的探索

少年庭根据未成年人可塑性较大,比较容易接受教育和感化的特点,在审判实践中积极探索、努力实践,逐步建立起一套适应未成年人生理、心理特点的科学的审判方式。

1. 强化庭审教育功能。在庭审教育的阶段设置上,因案而异,以求最佳教育效果。其中"三段两议"的庭审方式,把庭审教育作为整个审判活动的重中之重,通过庭审教育,使被告人对法庭教育刻骨铭心,取得教育的最佳效果。在庭审教育的方法上,一是重视庭审教育的准备工作,做到教育的重点心中有数;二是确定教育的主体,形成教育的合力;三是安排好庭审教育发言的顺序,避免千篇一律的机械操作;四是明确庭审教育的内容,在"情、理、法"方面各有侧重;五是提高组织庭审教育的能力,摒弃形式主义的庭审教育。

2. 深化审判方式改革。一是试行"圆桌审判"方式,使少年法庭的环境、氛围、形式、模式上更切合未成年人的特点;二是尽可能多地适用简易程序;三是对普通程序进行简化审理;四是开设"绿色通道",加快办案节奏,缩短未成年人在押时间;五是提高当庭宣判率,减少跨区提押被告人的来回往返,方便各诉讼参与人。

(二)对失足未成年人加强教育挽救力度的探索

教育为主,惩罚为辅,是对未成年人特殊司法保护的原则。少年法庭在审理未成年人刑事案件中,积极探索把惩罚、教育、矫治、预防犯罪结合起来,教育、感化、挽救未成年人的方式方法。

1. 探索试行暂缓判决。对审理时还不完全具备缓刑条件的未成年被告人,试行"拉一把、扶一程、送一段"的暂缓判决工作。少年庭经过开庭审理,对构成犯罪并符合一定条件的未成年被告人,先确定罪名,暂不判处刑罚,同时设置适当的考察期予以帮教矫治,让其在社会上继续学习或工作,考察期结束后,再结合悔罪表现予以判决。少年庭试行适用暂缓判决以来,所有被试行暂缓判决的未成年人,没

有一人重新犯罪。

2. 尝试实施监管指令。为获得最佳的"教育、感化、挽救"未成年被告人的效果,少年庭在未成年人刑事案件的判决书或暂缓决定书生效后,要求非监禁刑的未成年罪犯及其监护人,在一定期限内必须遵守和履行书面指令中规定的各项要求,并附以《预防未成年人犯罪法》中规定的相应制裁。监管指令的试行不仅主动积极地矫治犯罪少年,消除其犯罪意识,而且也充分体现联合国《北京规则》所要求的"双保护原则"。

3. 适用缓刑公正司法。由于外来未成年人流动性大,帮教组织难以落实,因而在审判实践中,一般不适用缓刑。这在一定程度上损害了其合法权利。为了保障外来未成年罪犯的合法权利,使其获得与上海未成年罪犯同等的量刑条件,少年庭采取了相应的措施:一是对有条件留在上海的外来未成年罪犯,与监护人签订监护协议;二是对有可能留在上海的外来未成年罪犯,由法院指定监护人并依靠社会力量进行监督管教;三是对没有条件留在上海的外来未成年罪犯,在落实好原籍考察机关的前提下,采取"接"(由家长亲自接回原籍)、"送"(由法官亲自送回原籍)、"放"(由自己回原籍)等形式,让其在当地执行。同时少年庭还与当地法院磋商,签订共同帮教协议;缓刑未成年罪犯的上海亲友与当地考察机关联手组成帮教网络,加强对其的监督管教。这几年,被少年庭判处缓刑的外来未成年人,有的在城镇打工,有的在原籍务农,无一人重新犯罪,取得了较好的效果。

4. 实行陪审增强合力。为了加强教育力度,增强审判透明度,少年庭从1991年开始从教育、共青团、青保、妇联等单位和社会组织聘请了一批熟悉未成年人生活、学习、思想,懂得未成年人心理、生理,对教育未成年人有经验的同志担任陪审员,参加未成年人刑事案件的审理。由于陪审员一般都具有较高的政治素质和理论水平,知识层次较高,善于做青少年的思想工作,能够较好适应审判专业的要求,在未成年人刑事审判工作中较好地担任起未成年人背景情况调查、陪审案件、未成年罪犯帮教、法制宣传等任务,使少年庭加强对未成年人的教育挽救工作有了更可靠的条件。

5. 寓教于判,加强教育。传统的判决书过于简单,缺乏说理性、教育性,没有考虑未成年人的特殊性,反映不出每个案件的特性和有针对性的说理论法。少年庭从1996年开始,在判决书的论证、说理和适用法律方面进行改革。在判决书中,结合庭审查明的未成年被告人的成长轨迹,剖析其走上犯罪道路的主客观方面的原因,需要吸取的教训,促使其走好今后的人生道路,提示社会各界关心对失足未成年人的帮教,把寓教于审延伸到判决中,使裁判文书成为对被告人进行教育的有力的法制宣传资料。

6. 开展延伸教育。未成年人犯罪是一个涉及面很广的社会问题,其产生的原因是多方面的,是一种社会"综合症",必须依靠全社会的力量,实行综合治理。少年庭充分发挥审判职能的优势和特点,在做好审判工作的同时,积极开展向前向后延伸教育工作。

向前延伸预防为主。少年庭为预防减少未成年人犯罪和使一般违法及轻微犯罪的未成年人尽量不进入司法程序,使更多的未成年人知道什么是犯罪,怎样遵纪守法,增强法制意识,深入社区、学校开展模拟法庭、施行成年意识教育、举办"家长学校"、建立法制教育基地、设立青少年法律咨询接待室、开设青少年热线等一系列丰富多彩的活动,提高未成年人的法制意识,增强他们自我保护、自我防御的能力,受到了地区和学校的欢迎。

向后延伸加强帮教。为了防止宣告管、缓、免的未成年人回归社会后出现无人管、无人问的被动局面,少年庭与学校、社区等单位、部门联手建立"缓刑对象自立学校"、"特殊青少年考察基地"、"阳光基地"等,为失足的未成年人提供一个接受再教育的良好环境,使他们顺利地走向社会。对判处实刑的未成年罪犯,少年庭主动与少管所联系,一方面将未成年罪犯的犯罪动机、目的、特点、认罪态度、个性特征等详细情况制成"未成年罪犯基本情况一览表"送至少管所,使少管所能有针对性地进行管教;另一方面,定期到少管所探望回访,和少管所一起商讨管教措施,促进对未成年罪犯的帮教和改造。

少年庭的教育工作从法庭延伸到家庭、学校和社区,教育、挽救了一大批失足未成年人,使他们成为社会有用之材,得到了社会各界的好评。

(三)改革与完善未成年人审判机构的探索

上海的少年法庭虽然在不断发展,但是其组织模式、机构设置已跟不上迅速发展的新形势下少年司法制度发展的需要。由于受到人员、装备等条件的限制,现有的少年庭难以全方位、深层次地开展涉及未成年人的各项审判工作。而指定管辖毕竟是一个临时性、过渡性的措施,很难从根本上解决"小法庭面临大局面"的困境。要适应迅速发展的形势和未成年人审判工作的需要,必须设立组织更完备、与社会联系更紧密、更能体现未成年人权益保护和预防青少年犯罪功能的专门审判机构——少年法院。通过分析论证上海少年法庭工作的实际情况,参照和借鉴世界各国的一些先进做法,上海具有首先试点建立少年法院较为有利的条件:

第一,上海市于1984年成立了全国第一个少年法庭,并最早在全市基层法院全部设立少年法庭。1987年又制定了全国第一部保护青少年的地方性法规——《上海市青少年保护条例》,还成立了以副市长为主任的上海市青少年保护委员会。上海市委和历届市政府对未成年人的司法保护十分重视,为在上海试点建立少年法院创造了良好的社会环境。

第二,上海市已逐步成为开放型的国际大都市,有关未成年人司法保护的各类国际研讨会曾多次在上海举办,上海的未成年人司法保护工作在国际上产生了一定的影响。

第三,上海有1 300万户籍人口和近400万流动人口,仅未成年人刑事案件全市全年就受理1 000余件,被告人2 000多名,未成年人抚养权纠纷案件每年有3 000多件。涉及未成年人权益保护的案件具有相当数量。

第四,多年来,上海法院培养和建立了一支从事未成年人刑事案件审判的专业队伍,积累了挽救失足未成年人的成功经验。1999年开始对未成年人刑事案件指定管辖集中审理的探索,作为少年法院的过渡,已经总结出一套跨区审判的做法与经验,为少年法院的建立奠定了基础。

第五,上海法院未成年人刑事案件审判工作,长期以来得到华东政法学院及其他上海法律院校、研究部门的大力支持。上海社会各界都非常关注保护青少年的健康成长,各方面配合协作得较好。2001年4月,上海市高级人民法院正式向最高人民法院提出了《关于成立上海市少年法院的请示》。2003年年底最高人民法院批复同意上海试点建立少年法院。目前,上海市高级人民法院正在积极为在上海建立少年法院作好准备工作。

二、未成年人审判机制改革的创新与完善

上海法院在审判机构改革、审判方式、教育挽救方面的改革探索,实践证明成效比较明显,其对完善我国少年审判制度的推进,有以下几个方面的创新:

第一,探索了我国少年审判机构多元化的模式。根据我国经济社会发展不平衡的现状和司法实践的实际情况,未成年人审判机构走多元化发展道路是必然的选择。在经济文化发展比较快、交通便利、少年审判工作比较扎实的大城市和个别中等城市,可以建立少年法院;在中小城市和较大的县,可以建立具有独立建制的少年审判庭;一般地区法院建立少年合议庭或指定独任审判员审理少年案件,是比较可行的。可见多种模式并存的格局应当是我国今后较长时期内少年审判机构设置的基本方向。上海建立少年法院的探索,为改革完善我国未成年人司法保护机构设置提供了经验。

第二,改进工作规范,提高了审判效能。未成年人审判工作经过 21 年的发展,现在尚处在成长的阶段,还没有成熟和完善。根据上海法院未成年人审判工作的实际情况,积极改进未成年人审判工作,使少年法庭进一步规范,执法水平进一步提高。目前,上海法院的少年法庭审判人员只有 23 名,而审判任务相当繁重,2005年上海法院共判处未成年被告人 2 000 余名,显示了较高的审判效能。

对未成年人审判机制改革的探索虽然取得了一些成效,但还是处于探索阶段,有些还需要法律支持。突出的问题是立法滞后。上海法院对未成年人审判机制改革采取的一些做法,如对未成年人试行“社会服务令”、“监管令”、“暂缓判决”等探索性措施,虽然实践下来效果非常好,但在法律上没有依据,目前根据最高法院的要求,暂时停止探索。因此,只有加快我国少年立法步伐,才能使这些在改革探索中形成的成功的经验做法能够付诸实施,发挥更好的作用。

积极探索改革未成年人审判机制,是促进我国少年司法制度发展和完善的重要举措,具有重要的现实意义。

首先,推进了我国未成年人司法保护机构的完善。在我国创设少年法院,某种程度上会加快同少年司法相关的少年法院组织法、少年保护实体法、少年保护程序法等法律出台的步伐,带动与少年法院相配套的少年侦查、检察、法律援助、矫治机构的尽快设立,有助于形成公、检、法、司配套的工作机制,理顺少年法院与未成年人社会保护组织之间的关系,完善矫治预防未成年人犯罪的社会帮教网络,在更高层次上实施综合治理,从而把我国未成年人司法保护提高到一个新的水平。

其次,推进了我国少年司法制度建设。随着形势的发展,我国现有的未成年人保护立法存在许多空白点,已经呈现出明显的滞后性。对未成年人审判机制的改革探索,为在我国制定与未成年人身心特点相适应的实体法、程序法和有关少年法庭或少年法院的组织法,符合中国国情的少年法律体系提供了丰富的理论和实践经验。

(上海市高级人民法院　执笔人:陆惠华)

完善诉讼调解工作的
实践与经验

　　诉讼调解是指人民法院在审理案件中,依据合法和当事人自愿的原则,在法官主持下调解平息当事人纷争的一种手段和方法,也是人民法院在审理民事案件时广泛采用的审判方式。近年来,上海各级人民法院在民事案件审理中,不断强化诉讼调解的工作力度,始终将调解工作贯穿于诉讼全过程,取得了较好的成绩。诉讼调解在彻底化解民事纠纷、保证"官了民了、案了事了"方面,起到了其他纠纷解决方式无法替代的重要作用。上海各级人民法院针对社会转型时期矛盾纠纷的新情况、新特点,积极探索、不断创新,在强化诉讼调解方面开展了许多卓有成效的工作。

一、完善诉讼调解工作的基本经验

(一)夯实工作基础,确保调解工作有序推进

　　上海市高级人民法院一直非常重视调解工作,充分发挥调解在提高审判效率,有效化解社会矛盾,及时保护当事人合法权益方面的重要作用。2003年初,上海市高级人民法院在对全市人民法院调解工作的整体情况和存在的问题进行充分调研的基础上,及时提出"调审适度分工、以审前调解为主和法官主导下适度社会化"的诉讼调解新要求,指导全市人民法院的调解工作。各级人民法院围绕这一工作要求,结合本院实际,纷纷制定相应的细化措施。如一中院制定了《关于加强人民法院调解工作的若干规定》、《民事案件调解流程规定》等具体规定。长宁、松江等人民法院分别制定了促进调解工作适度社会化的具体措施。黄浦、静安等人民法院则结合法官助理试点改革和合议庭设置的调整,制定相应措施,协调好调、审关系。2005年初高院经过调研,本着合法、简便、高效的目的,出台了《民事诉讼调解操作规程(试行)》,对诉讼调解的各个环节,包括庭前调解、委托调解、参与调解以及调解书的制作和送达等作出了明确规定,大部分内容已被最高人民法院新出台的《关

于人民法院民事调解工作若干问题的规定》所采用。上海各级人民法院通过不断规范调解工作,杜绝出现无原则的"和稀泥"及随心所欲,促进了本市调解工作的有序推进。

(二)优化工作机构,提高诉讼调解工作效率

上海各级人民法院通过调整人员、建立机构,加大了调解工作的力度和成功率。如静安人民法院通过对人员进行调整,优化组合,在民一庭内部成立以调解为主的简易组。长宁区人民法院在人民法院办公区域专门设置"人民调解窗口",积极探索诉讼调解的适度社会化,由人民调解员对一般民事纠纷先行调解。由于机构配置得当,大大优化了调解工作的工作环境,调动了法官实施调解的主动性、积极性,为调解工作的顺利开展提供了有利条件。

(三)拓宽工作渠道,推动调解工作适度社会化

近年来,上海各级人民法院通过邀请社会组织或人员从事、参与诉讼调解,充分发挥他们熟悉社区、掌握专门知识等优势,使许多棘手的案件得以圆满解决,构筑化解人民内部矛盾的新机制。一是重视立案前调解。在立案前征得当事人同意后,对一些案情简单、争议不大的民事纠纷,先由当事人所在地或者纠纷发生地人民调解委员会进行调解。调解成功的,人民调解委员会出具人民调解协议书;调解不成的,由人民法院审查立案。二是做好庭审前的委托调解。在征得当事人同意后,将案件委托人民调解委员会在规定的时限内进行调解。调解成功的,当事人可以选择撤诉或者经法官认可出具民事调解书;调解不成的,由法官依法审理。三是在案件审理中,邀请人民调解员、专家、行业人士参与诉讼,协助法官做好调解工作。通过这些人员参与诉讼,充分利用各方面社会资源,共同化解社会矛盾。

(四)总结工作经验,提高诉讼调解工作水平

实践中,许多人民法院的法官不断探索有效的调解工作方式方法,及时把自己的调解经验加以提炼、总结、推广,提高全市人民法院整体的调解水平。浦东新区人民法院的葛建萍法官,把自己在调解工作中形成的"听、观、引、断"4 字方法和经验,逐步完善为 6 种具体的工作方法,即"心理缓和法、矛盾疏导法、批评教育法、因

案制宜法、直觉观察法、合力调解法"。浦东新区陆家嘴法庭归纳了如何运用"榜样示范作用、社会舆论影响、心理暗示效果以及个别深入的心理治疗"等心理学技巧，做好审判和调解工作。

（五）采取多种措施，加强对人民调解工作的指导和支持

全国和上海的人民调解工作会议召开后，上海各级人民法院在坚持和发扬以往指导人民调解工作方面行之有效做法的同时，结合人民调解工作面临的新形势、新要求，不断创新工作机制和方法，采取多种措施，进一步加强对人民调解工作的指导和支持。一是选聘部分素质较好的人民调解员担任人民陪审员，通过直接参与办案，在实践中提高人民调解员的业务水平。二是建立和完善定期联络制度，保持人民调解指导工作的连续性、稳定性。上海市高级人民法院与市司法局建立联席会议制度，每半年召开一次人民调解工作联席会议。基层人民法院则建立人民调解员制度，定期深入对口的人民调解委员会，沟通信息，解决问题。三是建立案件结果的反馈通报制度。各级人民法院认真执行《关于审理涉及人民调解协议的民事案件的若干规定》，通过依法审理涉及人民调解协议的民事案件，加强对人民调解工作的业务指导。同时及时将裁判结果定期抄报给人民调解委员会所在区、县司法局，指出问题，提出建议，提高人民调解协议的制作质量。四是加强对人民调解员的业务培训。各级人民法院通过授课、案例研讨、邀请人民调解员旁听、巡回办案等多种形式，因地制宜地开展业务培训，提高人民调解员的法律素养。

二、完善诉讼调解工作的现实意义

上海各级人民法院开展诉讼调解工作重点在以下几方面作了有益的尝试。

首先，在转变工作思路方面。当前我们正处于社会经济、政治和文化的变革时期，社会矛盾的大量出现不可避免。人民法院将有限的审判资源用于解决重大疑难的社会矛盾，对于一般的民间纠纷先由人民调解组织等其他纠纷解决方式予以解决，有利于社会矛盾的及时处理。但过去，有些法官存在着不少模糊认识，甚至认为支持和指导人民调解工作，是"种了别人的地，荒了自己的田"。近年来，上海各级人民法院根据市高级人民法院的部署，通过坚持不懈的思想教育以及不断完善的规章制度，逐步引导全体审判人员树立起大局观念，重视人民调解在化解社会

矛盾,维护社会稳定中的作用,逐步认识到人民调解工作做好了,可以减轻人民法院的工作压力,让人民法院集中精力办好重大疑难案件,把好维护社会公平和正义的最后一道防线,树立司法权威。

其次,在加大指导力度方面。各级人民法院通过让人民调解员参与案件的规范审理,对正反案例进行评析对比等方法,努力使指导工作更富成效,切实提高人民调解员的法律水平和实际处理纠纷的能力。除此之外,许多人民法院还编写了涉及人民调解的案例分析等刊物,及时发给各基层调解组织和调解员,注重通过评析发生在人民调解员身边的"故事"来"以案说法"。各人民法院还注意及时向司法局以及各人民调解组织反馈信息,把诉讼中发现的人民调解工作中出现的错误和问题,在审判程序中予以纠正,并及时向司法局等有关部门反馈,较好地起到了拾遗补缺的作用,保证了人民调解的合法性。

再次,在健全长效机制方面。许多人民法院都通过建立制度、成立专门机构等方式,探索建立调解工作长效机制,保持对人民调解指导的连续性和稳定性。各区县人民法院都与司法局联合发文,强调支持人民调解工作、加强对人民调解工作指导的重要性,并且建立了定期或不定期的联席会议机制,及时协调和解决人民调解工作中遇到的实际问题。如长宁区人民法院在人民法院办公区域设立"人民调解窗口",让人民调解员近距离感受人民法院处理纠纷的情况,并且在审判人员紧缺的情况下,抽调人员成立了"人民调解指导办公室",专职负责协调人民调解与人民法院的工作。

实践证明,上海各级人民法院的诉讼调解工作,对于推进上海的司法审判工作,发挥了重要作用。

首先,诉讼调解工作贯彻了"三个代表"重要思想、落实了"司法为民"的具体工作要求。"三个代表"重要思想是人民法院工作的指导思想,"三个代表"重要思想最根本的要求,就是要代表最广大人民群众的根本利益。人民法院贯彻"三个代表"重要思想,牢记全心全意为人民服务的宗旨,坚持权为民所用、情为民所系、利为民所谋,认真落实好最高人民法院提出的"司法为民"的要求。

其次,诉讼调解工作增强了司法能力、提高了司法水平,从而为实现司法目的创造了条件。司法的目的在于解决纠纷。依法处理矛盾纠纷案件,做到定纷止争,案结事了,这是对司法能力的考验,也是检验民事司法活动的重要标准。最高人民法院肖扬院长指出:"我们一再强调要注重法律效果和社会效果的统一,是因为法律是理性的反映,是抽象的,个案情况则千差万别;法官审理案件不但要正确适用法律,做到程序合法、实体公正,更重要的是要尽可能地让当事人无论输赢都心服口服。如果不讲法律效果和社会效果的统一而一判了之,赢的未必高兴,输的怨气冲天,当事人申诉不止,矛盾纠纷仍旧处于没有解决的状态,甚至可能进一步激化。"有鉴于此,肖扬院长要求"增强司法能力、提高司法水平,广大法官要着重增强运用法律的能力、驾驭庭审的能力、司法调解的能力和判决说理的能力"。这里,把增强司法调解的能力作为增强司法能力的一个重要方面揭出来,足见认真做好诉讼调解的现实重要性和紧迫性。

再次,诉讼调解工作加强了人民法院与人民群众的血肉联系。密切联系人民群众是我党的群众路线的基本要求,人民法院在行使人民赋予的司法权时,必须紧密联系群众,切实维护广大人民群众的合法权益。而调解工作就是法官同群众直接接触、直接对话的过程,就是法官站在群众的立场上,合理引导,促使当事人走出法律误区,澄清对事实的认识,从而解决纷争。因此,调解是保持人民法院与人民群众的血肉联系的重要途径。加强诉讼调解工作有利于人民群众对司法活动实施监督,从而有利于改进审判作风,提高人民群众满意率。

三、进一步完善诉讼调解工作的构想

近年来,上海各级人民法院的民事纠纷调解工作成效显著,但仍存在着不少问题,需要进一步加以研究和克服,主要表现在:一是少数法官对做好调解工作的重要性认识不够,有的法官把"多调少判"的要求简单地等同于片面提高调解率;有的法官仍错误认为,审判审判,就是要判,调解不应该是审判工作的重点和主流;还有的法官则认为调解工作过于耗费精力,"投入和产出比"不高,而且花费的时间也太长,当事人有时不理解,甚至还会为此而投诉法官。如此种种不愿意做调解工作的现象,会对人民法院进一步提高调解工作的水平产生不利影响,必须加以克服和纠正。二是各人民法院民事案件调解率差距较大,这说明调解工作的开展还不够均衡,一些人民法院还需要进一步努力以缩小差距。三是有些现行法律规定还不是很科学、很健全,还不能为实现化解民事纠纷、维护社会稳定这个大目标,提供相应的机制和手段,当前,除了人民调解和商事仲裁外,尚无其他非诉讼的替代性纠纷解决机制可供选择。因此,人民法院面临的审判压力和困难在短时期内很难有效缓解,对这些压力和困难我们还要有足够的思想准备。

为进一步推进上海各级人民法院诉讼调解工作,应当重点做好以下几个方面的工作:

(一) 提高认识,树立现代诉讼调解观念

一是司法效益最大化观念。司法效益最大化是指以投入最小的司法成本获得最佳的解纷效果。

二是方便群众的观念。调解具有形式、地点、程序自由等特点,法官可以到纠纷发生地或其他适当地点进行调解,也可以通过电话进行调解等,便于当事人参与。

三是当事人程序自治的观念。调解过程的进行由当事人自主决定,即使启动了调解程序,是否要将调解程序进行到底,也完全取决于当事人双方,调解人不能将自己认为正确的解决方案强加给当事人。

四是民众参与的观念。为了提高司法活动的民主化程度,一方面要贯彻落实陪审制度、简易程序等诉讼制度,另一方面也越来越强调作为公民情感反馈机制的调解的重要性。

五是司法资源合理利用的观念。要合理利用司法资源,减少司法资源的浪费,充分发挥人民调解组织、单位、基层组织、各种协会的作用来解决民间纠纷,实现司法资源合理利用。

六是诉权的正当行使和双方利益平衡的观念。当事人应在法律允许的范围内以符合其社会经济目的的方式行使自己的权利,而不得妨害和侵害他人、社会、国家的权利和利益。双方利益平衡的观念要求法官在审理案件时,应平衡双方当事人的利益,不得偏袒任何一方。

七是人民法院为民、亲民、爱民的观念。

(二) 注意创造新的方法,提高调解水平

1. 要注意扩大调解前置案件的范围。《最高人民法院关于适用〈中华人民共和国民事诉讼法〉若干问题的意见》规定,人民法院在审理离婚案件时,应当进行调解。这表明人民法院在审理离婚案件时,应适用调解前置程序。为了加强诉讼调

解功能,对于当事人情绪对立、矛盾容易激化的纠纷,可以规定调解前置程序,而且在当事人未主动申请调解时,也可以依职权主持调解,通过向当事人讲解政策法律和进行耐心细致的思想疏导,尽可能促使当事人消弭纠纷,达成协议。

2. 要注意调解时机的选择。调解工作中,调解人员应细致观察,掌握时机,把握分寸,统筹兼顾。在调解前,创造条件,充分调动有利于调解的各种因素,积极促进调解进程。在当事人有意调解,却碍于面子而不愿调解时,调解人员可适当采取"冷处理"的方法,暂停调解工作,给当事人一段时间考虑利害得失,再恢复调解。在调解意向已达成的情况下,法官应进行"热处理",及时制作调解文书,争取做到当天调解,当天签发调解文书,这样可以降低调解的反悔率。

3. 要注意扩大调解的主体。为更好地发挥诉讼调解功能,不应把调解的主体局限于法官,而应扩大调解的主体范围,即应包括法官、人民陪审员、法官助理、书记员等,在必要的时候,人民法院院长、庭长等人民法院领导也可以亲自出面,利用其更高的威信、更强的影响力做当事人的工作,促成调解协议的达成。

4. 要注意情、理、法相结合。调解人员在诉讼调解中,应积极寻找情、理、法的切入点、平衡点,做好当事人的思想工作。要适时讲解相关政策及法律知识,做到晓之以法、动之以情,最终达到法律效果、政治效果、社会效果的有机统一。

(三)抓住重点,突出指导实效

1. 在涉及人民调解协议民事案件的审理方面:第一,严格按照最高人民法院《关于审理涉及人民调解协议的民事案件的若干规定》进行审查,凡符合受理条件的应当受理,并及时审理;第二,在进行司法统计时,应将每类案件中包含的人民调解协议案件的数量单独立项进行统计;第三,对于调解协议的债权人提出的支付令申请,应当依照《民事诉讼法》第17章的规定进行审查;第四,审理涉及人民调解协议的民事案件时,应当将诉讼调解贯穿于诉讼的全过程。

2. 在与司法行政机关的合作方面:第一,应当定期或不定期地将依据调解协议的内容作出的裁判情况告知当地司法行政机关或者人民调解委员会;第二,积极配合司法行政机关开展好人民调解员的培训工作;第三,应当积极支持人民调解员到法庭旁听公开开庭的案件;第四,基层人民法院及其派出的人民法庭应当继续坚持聘请有经验的人民调解员担任人民陪审员。但在人民法院立案前曾经参与纠纷调解的人民调解员,不能随案担任人民陪审员;第五,在指导人民调解工作时,不能直接介入人民调解活动,不能针对正在进行调解的具体纠纷发表意见;第六,上海各级人民法院特别是基层人民法院及其派出法庭,应进一步加强与当地司法行政机关的联系机制,共同研究人民调解工作中遇到的困难,提出具体解决办法。

(四)要注意处理好以下几个关系

各级人民法院在民事审判工作中,要注意处理好以下几方面的关系:一是要注意处理好调解与判决的关系。判决和调解都是处理人民内部矛盾的重要方式,两者各有特点,不能偏废,强调多调解少判决并不意味着可以忽视判决,而是要审时度势,恰当把握好调解和判决的时机。二是要注意处理好调解质量与效率的关系。调解本身往往要耗费较多时间,但也只有这样才能把工作做扎实,起到彻底化解纠纷的作用。从这个角度讲,个人的工作效率可能是降低了,但从化解纠纷这个大目标来看,效率还是提高了。三是要注意处理好调解结果和调解效果之间的关系。在调解时应以彻底化解纠纷为目标。另外,各级人民法院要进一步从制度上体现对调解工作的重视,要在人员安排、考核指标等方面向调解适当倾斜,要重视和加强对民事法官调解技巧的培训等基础工作。

(上海市高级人民法院　执笔人:王岩)

加强知识产权的司法保护

我国加入世贸组织以来,面临的国家发展战略、法治环境、国际环境都发生了重大变化,知识产权保护的重要性和紧迫性有了新的提升。知识产权审判工作是国家知识产权战略的有机组成部分,如何从实施国家知识产权战略的高度来认识知识产权审判工作的重要性,不仅关系到对一般民事权益的保护,而且关系到国家利益。因此,必须从规范市场秩序,建设诚信社会的高度来认识知识产权审判工作的重要性,扎实开展知识产权审判工作,进一步提高知识产权审判质量和效率,为规范市场秩序,建设诚信社会作出应有的贡献。上海各级人民法院在知识产权审判工作中,坚持公开、公正、中立、平等、民主、效率等现代司法理念,积极探索知识产权司法保护方式,依法平等保护中外当事人的知识产权,有效制裁侵犯知识产权的行为,严厉打击侵犯知识产权的犯罪行为,促进了科技创新与文化繁荣,为上海努力建设成为国际经济、金融、贸易、航运中心之一提供了良好的知识产权司法保护环境。

一、加强知识产权司法保护的主要措施

为了依法、有效保护知识产权,规范市场秩序,打击和制裁侵犯知识产权的行为,上海各级人民法院在审判实践中采取了以下几方面的措施。

(一)积极探索和完善知识产权审判机构设置

上海各级人民法院经过不断探索,已建立起知识产权民事案件集中管辖的体制。浦东新区法院还在全国率先尝试集中审理知识产权民事、刑事和行政案件。全国人大代表、最高人民法院咨询专家郑成思研究员对此予以充分肯定,认为浦东新区法院的做法是发展方向,并称之为"浦东模式"。

(二)积极探索和制定符合知识产权审判规律的工作规范并严格执行

市高级人民法院先后制定并实施了《关于进一步加强知识产权审判工作若干

问题的意见》、《关于聘请知识产权法律咨询专家的若干规定》、《关于聘请知识产权人民陪审员的若干规定》、《关于提高一审知识产权民事案件级别管辖的通知》等规范意见。这些工作规范促进了知识产权审判质量和效率的提高。

（三）积极探索侵权赔偿额的确定方法

确定知识产权侵权赔偿数额历来是审判实践中的难点。上海各级人民法院对此积极开展研讨,经过努力探索,总结出一套行之有效的做法。例如,市高级人民法院规定,在权利人的实际损失及侵权人的侵权获利难以确定的情况下,可以根据侵权行为人的主观过错、侵权时间、侵权手段、侵权影响等因素,在30万元的范围内酌情确定赔偿额;对于屡次侵权或侵权情节严重的,赔偿额可增加到50万元。这一做法先被部分省、市人民法院采纳,后被有关立法及司法解释所吸收。

（四）积极探索庭前证据交换的做法

上海各级人民法院在知识产权审判中积极尝试在法院主持下,各方当事人在开庭审理前相互交换自己掌握的证据。庭前证据交换使各方当事人在开庭审理前对所有证据材料心中有数,确保开庭审理能够围绕争议焦点进行质证、辩论,从而提高庭审质量和效率。这一做法被广泛推广到各类民事案件的审判中,并被最高人民法院制定的《关于民事诉讼证据的若干规定》所采纳。

（五）积极开展裁判文书制作改革

裁判文书制作改革的要求是,繁简得当,语言流畅,真实反映审判的全过程,突出当事人的争议焦点,充分论证事实认定及裁判理由。2003年,市第二中级人民法院尝试在一起知识产权民事案件的判决书中公开合议庭的不同观点。目前全市知识产权民事案件的裁判文书已全部在互联网上公布。

（六）加强诉讼指导与诉讼调解

知识产权案件涉及面广、专业性强、新问题多,大多数代理律师对有些问题是初次碰到,因此在知识产权审判中,迫切需要对当事人及其诉讼代理人加强诉讼指导,以便当事人依法行使诉讼权利,履行诉讼义务,更好地维护自身的民事权益。

诉讼指导包括:

1. 庭前指导,主要是在开庭审理前,指导当事人明确诉讼请求、收集提供证据等。

2. 庭上引导,主要是在开庭审理过程中,引导当事人围绕争议焦点进行举证、质证、辩论等。

3. 庭后疏导,主要是在开庭审理结束后,对当事人进行调解,或者在裁判作出后,解答当事人的疑问,疏通当事人的思想障碍,促使当事人服判息讼。

在进行诉讼指导的同时,通过耐心细致的思想工作,促使当事人互谅互让,以达成庭内调解协议或庭外和解协议的方式妥善解决纠纷。近年来,全市法院审结的一审知识产权民事案件中,超过 40％的案件是通过达成调解协议或调解后原告撤诉的方式解决的。

（七）充分发挥专家在知识产权审判工作中的作用

上海各级人民法院历来重视发挥专家在知识产权审判工作中的作用,聘请了上海各级人民法院知识产权咨询专家,目前共有受聘专家 15 人。受聘知识产权咨询专家均是全国著名知识产权法律专家,各法院可就知识产权审判中的问题直接向他们咨询。上海市高级人民法院规定,聘请的知识产权咨询专家不得具有律师、商标代理人、专利代理人的身份,以确保专家咨询意见具有公正性、权威性。

（八）认真开展知识产权司法保护宣传工作

上海各级人民法院十分重视知识产权司法保护宣传工作,已开展的主要工作有:

1. 举行知识产权审判新闻发布会。

2. 在出访与接待工作中积极向外宾宣传上海各级人民法院知识产权司法保护状况。美国联邦最高人民法院大法官肯尼迪、美国联邦巡回上诉法院法官雷迪、美国贸易代表助理李森智、美国资深国际问题专家奥森伯格在听取了上海各级人民法院开展知识产权司法保护的有关情况后,纷纷称赞上海各级人民法院在知识产权司法保护方面做了大量工作,成效显著。

3. 每年 4 月 26 日,即世界知识产权日前后,通过集中宣判并在新闻媒体上报道,在广播电台制作专题节目,在报刊上集中发表宣传文章等方式,积极宣传上海各级人民法院知识产权司法保护的成果。

4. 与新闻媒体加强联系,针对社会影响大的案件、疑难案件、新类型案件以及审判中的热点问题,在电台、报刊上积极开展日常宣传报道工作。

5. 一些法院主动到高科技园区、国有大中型企业、老字号企业等单位宣传知识产权的法律保护。

二、知识产权司法保护的经验与思考

(一)上海各级人民法院知识产权审判工作获得当事人认可

国外、境外当事人以及外地当事人愿意到上海打官司。例如2003年,上海各级人民法院受理由国外、境外当事人起诉的知识产权民事案件共85件,其中26起案件(约30.6%)的主要侵权嫌疑人为外地当事人。国外、境外当事人愿意到上海打官司的现象从某种程度上说明,国外、境外当事人对上海各级人民法院的知识产权司法保护水平以及上海的执法环境是认可的。

(二)为知识产权立法和司法解释工作提供了实践经验

上海各级人民法院针对权利人的实际损失及侵权人的侵权获利难以确定的情况,总结出酌情确定赔偿额的做法,被我国知识产权法律和司法解释所采纳。上海各级人民法院在知识产权民事案件审判中推行的庭前证据交换的做法,不仅被广泛推广到各类民事案件的审判中,还被有关司法解释所采纳。

当然,上海各级人民法院知识产权审判工作与形势发展的要求相比还存在一定差距。尽管上海各级人民法院知识产权审判工作取得了显著成效,但总体上说,上海各级人民法院知识产权审判工作还只是基本适应而不是胜任形势发展的要求。与上海建设现代化的国际化大都市的要求相比,与如何通过知识产权的司法保护提升我国企业的自主知识产权竞争能力,保障科教兴国战略目标的实现的要求相比,法院工作仍存在不少差距,主要表现在:

1. 知识产权法官审判经验还不够丰富,特别是审理重大案件、疑难复杂案件的能力有待进一步提高。

2. 在案件多、人手少、任务重、新情况新问题多的情况下,知识产权法官对审判中涉及的新技术和由此带来的法律问题研究得不够及时、深入。

3. 司法为民的意识还需进一步增强。在向当事人宣传、解释有关法律制度,指导当事人进行诉讼和开展调解时,审判人员在耐心指导、热情服务方面的意识和主动性不强。

4. 在知识产权刑事案件、行政案件数量较少的情况下,各基层法院均可受理知识产权刑事案件、行政案件,这一体制不利于统一执法、积累经验、培养人才,不利于提高审判质量和效率。

此外,当事人在认识和观念上的误区,也给知识产权的司法保护带来一定的困难,主要表现是:

1. 维权意识淡薄。例如,有的当事人不重视规范管理技术开发中的相关资料,不仅容易导致技术成果的流失,而且一旦发生侵权纠纷,缺乏充分证据证明自己是权利人;有的当事人不重视软件著作权登记,一旦发生侵权纠纷,缺乏充分证据证明自己是权利人;有的当事人不重视签订知识产权许可使用合同,极易导致侵权纠纷或合同纠纷的产生;知识产权侵权证据具有隐蔽性、易逝性,有的当事人发现自己的知识产权被侵犯后,不重视及时调查收集证据,导致丧失了调查取证的最佳时机。由于权利人自我维权意识淡薄,造成其在侵权诉讼中往往处于被动地位,当事人往往将由此带来的败诉后果归咎于司法不公。

2. 希望法院包揽诉讼,而不积极履行诉讼义务。例如,有的权利人对要求法院保护的具体内容尚不清楚,也没有调查收集相关证据,就盲目起诉,以至于起诉后,将明确诉讼请求、收集提供证据的责任寄希望于法院来承担,希望法院帮他打赢官司。知识产权权利人一般负有举证责任,未尽举证责任的权利人应当承担败诉的风险。虽然权利人可以依法申请法院调查取证或进行证据保全,但是法院调查取证或进行证据保全有严格的法定条件的限制,许多当事人的申请并不符合法律的规定。即使有些当事人的申请符合法律的规定,法院也进行了调查取证或证据保全,但往往因为时过境迁,相关证据难以取得或灭失,从而使调查取证或保全证据落空,或者法院取得的证据不能充分证明权利人的主张。权利人不积极履行相应诉讼义务,导致其往往因诉讼请求不当或者证据不足等原因而败诉。

3. 片面理解知识产权,对不构成侵犯知识产权的行为,也要求法院予以制止。例如,有的行为并不属于知识产权保护的范围,或者属于对知识产权的合理使用,但有的权利人往往凭着对知识产权保护制度的片面理解,仍然固执地认为被告构成侵权,要求法院判决被告承担侵权责任。一旦法院判决驳回其诉讼请求,这些当事人就认为知识产权司法保护不力,该判侵权的未判侵权。

4. 权利人对侵权赔偿额的期望值过高。权利人在没有证据证明其实际损失及侵权人的侵权获利的情况下,往往盲目提出较高的侵权赔偿数额请求,一旦法院未全额支持其赔偿请求,权利人就认为知识产权司法保护不力。我国知识产权侵权损害赔偿的原则是"填平原则",即侵权赔偿额应当与侵权损失额相当。根据我国知识产权法律制度的规定,对于权利人的损失或侵权人的获利难以确定的,法院只能在50万元以内确定赔偿额。因此,法院判决的赔偿数额往往与当事人的期望值有较大差距,这一现象的产生不能归咎于法院,这是由我国现阶段的经济发展水平和现行法律制度所决定的。由于不少当事人存有以上种种观念,对知识产权司法保护的内涵和原则不了解或不理解,甚至于误解,败诉后往往到有关部门喊冤叫屈,认为"司法不公"、"司法腐败"。

从总体上看,上海各级人民法院在知识产权审判工作中,严格依照我国法律制度的规定,坚持公开、公正、中立、平等、民主、效率等现代司法理念,坚持执法统一、依法平等保护、适度保护和利益平衡的原则,注重发挥司法审判的权利保护功能与促进创新的功能,既充分保护知识产权人的合法权益,又维护国家利益和民族产业的发展,合理平衡权利人利益与社会公众利益之间的关系,促进了科技创新与文化繁荣。

当然,上海各级人民法院知识产权审判工作还需要进一步深化改革,提高审判质量和效率。同时,加强调研工作,总结审判经验,提高司法水平。全市各级法院组建调研网络,集中力量对带有普遍性的重大问题开展调研。市高级人民法院通过加强对下级法院的工作指导,统一执法尺度,提高审判质量和效率。要进一步加强法制宣传,提高全社会知识产权保护意识。市高级人民法院应当适时召开知识产权审判专题新闻发布会,向社会通报上海各级人民法院知识产权审判工作的有关情况。在每年世界知识产权日前后,市高级人民法院要统一部署各有关法院集中开展法制宣传工作。各人民法院应当结合典型案件、新类型案件、社会影响大的案件的审判工作,及时开展相关宣传报道工作。

（上海市高级人民法院　执笔人：余冬爱）

完善法院的执行工作

一、法院执行工作的基本经验

上海各级人民法院根据直辖市的特点,初步构建了以高级人民法院和中级人民法院为核心、以基层人民法院为基础的执行工作统一管理机制,并根据执行工作的特点,形成了以案件、工作和队伍三项管理为重点的执行工作统一管理。

(一)加强案件管理是统一管理的核心

1. 进一步完善了执行案件的流程管理制度。随着执行案件的不断增多,传统的"人盯人"管理方式已很难适应。从 2000 年开始,上海各级人民法院通过试点,逐步在基层法院中形成了一套以繁简分流和确定时间节点为主要内容的流程管理模式。也就是在执行庭内分设简易组和普通组,所有案件都要先进入简易组,简易组的办案期限最长不超过 2 个月,2 个月内无法办结的,进入普通组执行,但简易组每个月必须办结全庭案件的 2/3 左右,这就确保了基层法院大量简单执行案件能高效率地执行到位,而少数复杂、疑难案件至少要经过两个承办人执行,这样既有利于监督制约,又开拓了执行的思路,保证了执行的质量。此外,上海各级人民法院在流程管理中注意发挥电脑的作用,所有执行案件都输入执行电脑模块,通过电脑来控制时间节点,进行实时跟踪,使流程管理更为有效。

2. 加大对领导关注和群众关心案件的督办力度。上海各级人民法院组织力量对市委、人大等领导机关关注的案件以及人民群众反映强烈、社会关注程度高的案件作了梳理。高级人民法院和中级人民法院定期对督办和信访情况进行通报,特别是对超期未报结果的案件予以重点督促。上海各级人民法院还对涉及群众关心的热点问题以及社会稳定的案件进行了集中专项执行。

3. 通过加大提级、指定执行力度来管理超执限案件。要求凡超过 6 个月的案件,高级人民法院和中级人民法院要纳入管理范围,超过 9 个月的案件,相关法院要逐案汇报,并说明超过执行期限的原因。高级人民法院和中级人民法院对其中基本具备执行条件,由于受到不当干扰、长期督办无果的案件或群众反映强烈的案件将采取提级、指定执行措施。

4. 强化恢复执行案件的专项管理。恢复执行案件有其自身的执行规律,需要进行专门的登记和专项的统计。2005 年,上海市高级人民法院发布了恢复执行申请的审查、恢复执行立案的条件、恢复执行案件的管理流程等方面的规范意见,并分批在上海各级人民法院进行试点。部分法院执行庭内成立了复执组,实行专案专人管理。

5. 规范了中止执行和申领债权凭证案件,力争做到关口前移,即对中止、和解、债权凭证案件要制定专门的规定,通过明确限制条件和审批手续进行严格把关,并把中止率作为考核执行工作的重要指标之一,近几年上海各级人民法院执行中止率一般均控制在 15％左右。

6. 狠抓受托执行案件的管理。上海三级法院都有专门从事受托执行工作的人员,受托案件实行自上而下的登记和管理,同时在法律许可的范围内,对受托案件优先立案、优先执行、优先发放执行款项,上海各级人民法院受托案件的执结率已连续几年保持在 60％左右。

(二)加强工作管理是统一管理的关键

1. 进一步健全和完善了执行工作的管理体制。明确了高级人民法院和中级人民法院在统一管理工作中的职责,根据直辖市的特点,形成了统分结合、分层管理、逐级协调的原则。高级人民法院和中级人民法院每季度召开一次执行机构负责人联席会议,共同研究决定全市法院执行工作重大事项。

2. 形成了执行工作的考核、评价体系和激励机制。目前上海各级人民法院形成了一套既科学完整、又简单实用、且便于操作的执行工作考评体系。各级法院和每个执行人员的工作都能通过对照检查,得到较为客观公正的反映。执行工作考评制度作为统一管理的重要手段,检查和督促了全市法院的执行工作,促使各基层法院进一步重视执行工作,加强执行工作的基础建设。

3. 严格规范了执行工作。近年来,上海各级人民法院陆续制定了 40 多个执行工作规范,几乎覆盖了执行工作从立案到结案的各个主要环节,上海各级人民法院还将继续对这些制度进行梳理和修订,从而使这些制度更具可操作性,更加符合现代司法理念,为依法、规范执行提供依据。

（三）加强队伍管理是统一管理的保障

1. 向社会公开承诺执行工作实行"九要九不要"的便民措施。这一措施涉及执行工作各主要环节,受到了人大代表的肯定和人民群众的好评,并已成为上海各级人民法院司法便民的主要举措之一。在贯彻落实"九要九不要"的过程中,全市各级人民法院都建立了执行值班电话、执行公开接待和执行信访登记阅批三项制度。每个法院都设立了一门执行值班电话。每个法院的执行人员每周都必须有半天的公开接待时间,接受当事人上门了解案情、沟通情况。中院和基层法院的执行庭长每周还有半天的公开接待,接受当事人的投诉,并从中发现问题、解决问题。每个法院都专门确定 1 名庭领导负责登记、阅批执行来信,并督促承办人予以回复和解决。市高级人民法院执行局正在建立专门的办信规范,对于信访中发现确有问题的,将信访件转为督办件,对相关法院的执行情况进行监督和指导。"九要九不要"和这三项制度的实施,切实解决了群众反映较多的执行人员难找的问题,进而使执行工作的信访投诉率明显下降。

2. 通过执行公开来促进执行队伍的作风建设。上海各级人民法院按照"以公开促公正、以公正树公信"的目标,大力推进执行公开,制作了执行申请人、被执行人的两个"须知"以及一系列执行公开的法律文书,在执行的准备阶段、实施阶段和结案阶段的相应时间节点都有明确的公开要求和内容,目前,上海各级人民法院正在制作执行公开审批表,把执行中必须公开的事项列成表格,作为审批结案的必经程序,公开可以公开的一切执行环节,力争真正做到"阳光执行",切实杜绝执行人员在廉政、作风和规范上的种种问题。自 2003 年以来,上海各级人民法院已连续几年没有发现执行人员在廉政上发生问题。

3. 通过调研、培训等多种途径提高执行队伍的业务素质。市高级人民法院每年都要举行各种层次的执行培训班,并初步形成新上岗执行人员的岗前培训、执行庭长、执行长等执行骨干力量的专题培训和全体执行人员的基础培训三个层次的培训体系,基本做到一年一整训。在加强培训的同时,上海各级人民法院也比较注重执行理论的研究,加大了对调研力量的培养力度,形成了一支相对固定的执行调研力量。

二、完善执行工作机制的主要创新

上海各级人民法院在不断加大执行力度的同时,还积极完善执行工作机制,主要有以下几方面创新：

（一）努力贯彻中央 11 号文件的精神

中央 11 号文件下发之后，市高级人民法院两次向上海市委汇报全市法院执行工作。2003 年市高级人民法院又专门就《中共中央关于转发〈中共最高人民法院党组关于解决人民法院"执行难"问题的报告〉的通知》的落实情况和上海各级人民法院执行工作现状，向上海市委主要领导作了汇报，并且配合上海市人大常委会对执行工作进行专题调研。2004 年市高级人民法院又在上海"两会"上专题汇报执行工作。上海各级人民法院的执行工作受到了上海市委和市人大常委会的高度重视。2004 年，上海市委在全市党政负责干部大会上，要求全社会自觉维护法院生效判决的权威，自觉履行生效法律文书确定的义务，并把解决执行难作为重点推进的十项工作之一，使得认真贯彻中央文件精神，坚决支持法院执法的良好氛围在上海逐步形成。

（二）大力构建社会协助配合执行机制

一是在烂尾楼等群体性案件的执行过程中，主动依靠党委和政府的力量，化解执行中的突出矛盾。

二是自觉接受各级人大的监督。2004 年上海各级人民法院共邀请各级人大代表 224 人次监督法院具体案件的执行活动，在主动接受监督的同时，也使他们对执行工作有了更多的了解，有利于法院执行工作的开展。

三是积极融入社会诚信体系的建设。上海各级人民法院与市信息委商定，把执行案件的相关信息提供给上海资信公司，这样既可以对拒不履行的被执行人起到震慑作用，也方便法院执行时调查了解被执行人的信息资料，同时也有利于申请人风险意识、社会诚信意识和法治意识的提高。

四是与银行、工商、房地、社保等部门进行沟通协调，使这些负有协助执行义务的单位在法院进行查询、冻结、扣划时给予更多更好的协助配合。

五是在部分法院尝试把执行工作纳入社会治安综合治理体系，建立乡镇、街道、居委的协助执行网络。

(三) 积极开展执行工作法制宣传

造成执行难的原因很多,但最重要的是法制意识,而要树立和培养正确的法制意识和法制观念,离不开法制宣传。因此,加强法制宣传是缓解执行难的有效手段之一。近几年,上海各级法院都非常注重执行工作的法制宣传,除了平时注意利用电视、广播、报刊等媒体加强宣传外,每年结合集中执行、专项执行开展一至两次集中宣传,强化申请人的风险意识、被执行人的诚信意识、全社会的法制意识,同时也展示人民法院和执行人员的责任意识。

执行工作是人民法院工作的重要组成部分,做好执行工作,特别是推进执行特色工作意义重大。司法是维护社会公平正义的最后一道防线,执行工作则是这最后防线的最后一道程序。法院的判决只有通过执行才能真正体现公正,才能更好地维护司法权威。执行工作搞不好,公平正义就得不到真正实现。今后要以强化执行工作为主线,进一步规范执行工作,改进执行作风,不断加大执行力度,提高执行水平,为加强党的执政能力建设和谐社会提供有力的司法保障。

三、进一步完善执行工作机制的探索

上海各级人民法院的执行工作在最高法院执行办的关心、重视和指导下,虽然取得了一些成效,但总的来说还处于探索阶段,工作中不足之处在所难免,如我们在执行机构的改革上还刚刚起步,落后于兄弟省市法院;在执行工作统一管理体制的改革和探索上还有待深化;在执行的理念上,尤其是对当事人主义与职权主义、程序公正与结果公正等执行工作的重大理论问题还有待进一步探索和论证;在执行工作的理论调研上,高质量的理论调研文章还不多,需要进一步加强。执行的外部环境也需进一步改善,等等。

根据最高人民法院执行办和上海各级人民法院执行工作的要求,上海各级人民法院着重在执行机制建设上作了一些改革和探索。

(一) 探索三项清理工作的长效机制

1. 关于清理执行案件。上海各级人民法院每年都要开展一至两次集中执行,并探索对清理积案工作的长效管理,进一步提出要提高执行结案率、执行中止率、执行到位率良性循环的内在质量。一是对有关指标作了修正,特别是增加了债权凭证发放率,下一步还将对上海各级人民法院债权凭证的发放情况进行检查,并制定相应规范。二是在全市推行执行案件流程管理,进一步提高基层法院执行案件的质量和效率。三是最大限度地减少超执限案件、排除地方部门保护对执行工作的干扰。

2. 关于清理执行代管款。近三年的执行代管款已全部清理完毕,对一些在法院账上多年的无主代管款进一步加大清理力度,力争全部清理完毕,并着手建立执行代管款的长效机制。上海各级人民法院还借鉴兄弟省市法院的经验,开发了代管款的电脑管理软件,并在中院和基层法院作了试点。2005 年上海各级人民法院的执行代管款全部实行电脑管理,以彻底杜绝管理漏洞。

3. 关于清理执行案卷。上海各级人民法院 2004 年对一些任务比较重的法院进行了针对性的检查,相关法院也投入了大量人力物力,到去年年底也已基本清理完毕。今年年初,市高级人民法院又专门针对执行案卷管理工作做了专题调研,下一步准备在全市推行以归档为结案标准的归档报结制,从而彻底解决已结案件卷宗超期未归问题。

(二)探索以裁执分离为主要内容的执行权运行机制

上海各级人民法院着手探索执行裁决权和实施权分离的改革。执行程序中设置了复议程序,凡对案外人异议的审查结果不服的,可以向上一级法院申请复议,以后又扩大到对追加、变更被执行人的审查。后来又制定了执行听证规范,规定凡执行裁决事项都应组成合议庭听证审查和合议,对案外人异议和追加、变更等执行裁决事项构建了包括事前听证、事中合议、事后复议等程序的比较完整的救济制度。2003 年,上海各级人民法院执行机构内全部设立裁决组,专门负责审查执行裁决事项,从机构上保证了执行庭内的裁执完全分离。2004 年市高级人民法院执行局成立后,又着手对近几年裁执分离的实行情况进行调研,准备在有关的程序和实体问题上再进一步完善相应的规范,使以裁执分离为主要内容的执行权运行机制运转得更为顺畅。

(三)探索建立执行威慑机制

1. 媒体公示被执行人。以前上海各级人民法院每年要在市高级人民法院的统一组织下,在上海主要新闻媒体上刊登督促执行公告,已累计刊登近50个版面,涉及数千名被执行人。2004年上海各级人民法院改变了报纸公告的做法,代之以在法院互联网上随时公告,使公告执行这一执行措施更规范、更合理。

2. 限制高消费令。在限制高消费令中法院规定被执行人除保留政府规定的最低标准生活费用外,其他均属被执行财产范围,同时还要求有关的居委、警署、税务、工商、房地、银行等单位予以协助、监督和举报。2004年上海各级人民法院把限制高消费令的探索与社会诚信体系建设结合起来,通过把有关被执行人信息纳入社会征信系统,明确超过6个月未执结案件中被执行人基本情况一般均要纳入资信公司的网络,并在一定条件下披露等方式,使限制高消费令的实施形成了一个信用辐射和威慑体系,以便惩戒教育被执行人,为法院执行创造良好环境。

3. 对一些执行中的调查事项的探索。通过向律师发放调查令的方式,以平衡执行中的当事人主义与职权主义,同时也扩大了对被执行人的威慑作用和社会协助配合执行的范围。上海各级人民法院还将继续对这些举措进行梳理,按照最高法院关于构建执行威慑机制的要求,作进一步的探索和尝试。

(上海市高级人民法院　执笔人:王岩)

加强检察工作，打击经济犯罪

依法办理金融犯罪案件情况分析

一、本市金融犯罪基本情况及主要特点

金融是国民经济的命脉，是现代经济的核心。金融犯罪，是指发生在金融活动过程中违反金融管理法规，以伪造、变造、非法集资或者其他方法破坏银行管理、货币管理、票据信贷管理、证券管理、保险管理、外汇管理以及其他金融管理秩序，使国家、集体和公民的财产遭受损失，情节严重，依法应受刑罚处罚的行为。

2003 年至 2005 年 9 月，上海各级检察机关共受理公安机关提请批准逮捕金融犯罪案件(破坏金融管理秩序和金融诈骗罪)犯罪嫌疑人 739 人，经审查批准逮捕 668 人，不批准逮捕 47 人。同期受理移送审查起诉案件 758 件 1 032 人。经审查向法院提起公诉 658 件 880 人，决定不起诉 11 人。

为了加快上海国际金融中心的建设步伐，本市金融业发展迅速，外资金融机构逐步进入。由此，我们面临的金融风险也在不断加剧。金融犯罪已逐步从传统的犯罪形式向智能化、高科技方式转变，职业犯罪、有组织犯罪的趋势日益明显。具体表现为：

第一，涉及的罪名种类相对集中。大多数案件为信用卡诈骗和票据诈骗。其中信用卡诈骗批捕 188 人，起诉 277 件 339 人；票据诈骗批捕 173 人，起诉 169 件 223 人。批捕、起诉分别占金融犯罪案件总数的 54% 以上。由于信用卡和票据作为主要的支付工具，其在日常的金融活动中发挥着重要作用，而在信用卡和票据的管理上却存在着诸如监管滞后、信用信息不透明、资信情况不公开等问题，使犯罪容易实施且成功率较高。

第二，作案领域涉足新兴的金融业务。随着金融业的发展，新的业务品种也得到较快的发展。但由于相关法律法规尚未建立健全，监管相对滞后，金融部门的内

部控制存在薄弱环节,犯罪分子有"可趁之机"。各类新型金融犯罪时有发生。如利用个人住房按揭贷款、汽车消费贷款、助学贷款骗取银行资金;针对电话银行、自助银行、证券交易系统的犯罪。

第三,犯罪手段专业化、多样化。犯罪主体多接受过高等教育,各类高技术、高智能犯罪在金融犯罪中占相当比例。如利用现代化印刷复印设备、电子计算机等作案;利用国内联行、国际信贷结算业务进行的金融犯罪;还有些犯罪嫌疑人为达到诈骗银行等金融机构的目的,犯罪人多采用复合型诈骗方法,以虚假信用保证的手段骗取银行信用保证,间接针对银行资金进行诈骗,欺骗性强、危害性大,严重破坏了市场经济信用体系。

第四,新型金融犯罪的侦查办案难度较大。新类型的金融犯罪活动往往涉及金融机构的贷款、抵(质)押、信用卡等金融业务的多个环节,作案手段狡猾隐蔽,其犯罪主体的专业化、智能化程度较高,具有丰富的金融业务知识,熟悉金融行业的运作程序和规律,善于发现和利用防范薄弱环节实施犯罪。他们相对于办案人员有优势,具有较强的反侦查技能。同时金融犯罪不像暴力犯罪那样有明显的犯罪现场可供勘察,其物证痕迹提取通常需要特殊侦查技能,办案人员需要了解甚至精通银行、证券、期货、保险等金融专业知识,给办案带来一定难度。

二、上海各级检察机关办理金融犯罪案件的主要方式

(一)定期培训,强化办案基础

金融犯罪案件专业性强,要高质量地办好此类案件,办案人员必须具备一定的金融专业知识。为此,上海各级检察机关采取了定期聘请金融领域的专家开展各种形式的金融知识培训活动,有效弥补了办理此类案件专业知识不足的问题,使办案人员及时了解和掌握必要的金融知识及最新金融动态,为办好此类案件、提高办理金融犯罪案件技能打下扎实的基础。

(二)适时介入,引导侦查办案

针对金融犯罪案件证据要求高、办理难度大的特点,侦监部门选派具有丰富办案经验和较好法学理论功底的主办检察官组成专门办案组,重点负责此类案件的

审查批捕工作,及时帮助侦查机关解决办理金融犯罪案件中物证难以获取,书证、鉴定结论等证据要求高的问题,同时根据审查批捕时间紧、期限短的特点,从密切对口联系入手,及时掌握区域内的发案情况,以强化捕前介入、引导侦查为手段,努力提高案件的证据质量,带动报捕案件质量和审查逮捕案件质量的提高。

(三)繁简分流,提高办案效率

有些金融犯罪案件如信用卡透支、冒用等,案情较简单,公诉部门在办理此类金融犯罪案件时,对事实清楚、证据充足、案值较小的简单金融犯罪案件,交由简易程序组负责办理,做到快审快诉,提高办案效率,缩短诉讼流程。对于较为复杂、难度较大的案件,如集资诈骗罪等,则专门指定资深主诉检察官负责承办。通过召开主诉检察官联席会议、专家研讨会等方式,正确分析新类型金融犯罪的特点,准确定性,讨论案情,确保办案质量和效率。

(四)各方联动,健全办案机制

金融犯罪的复杂性、多样性,使办理此类案件的专业化要求很高。因此,许多基层检察院实行了金融犯罪案件分类办案制度,将金融犯罪案件分类,使不同类别的金融犯罪案件对应侦监、起诉部门不同的办案组,提高和确保了办理此类案件的专业化程度和水平。侦监、起诉、研究室等部门根据公检联席会议、侦捕诉研联动工作机制等全力配合侦查机关的办案取证工作,并积极提出引导性办案意见。侦查机关对重大、疑难、复杂的金融犯罪案件,适时邀请公诉部门参与提前介入和案件研讨,努力形成全面、准确的认识,确保诉讼的各项基本条件,促进了案件的顺利办理,健全了办理金融犯罪的协调配合机制,形成了打击此类犯罪案件的合力。通过经常性的交流经验,各方联动,互通情况,既强化了公检两机关及各部门之间的协调配合,又使各类办案工作机制得以不断充实和完善;既强化了办案的专业化,又提高了办案质量,加快了办案速度。

(五)不断总结,丰富办案经验

为了办好金融犯罪案件,采取各种形式,不断总结、完善办案中的成功经验和做法。一是对于典型疑难金融犯罪案件,采取现场听庭的形式,由出庭公诉部门邀请各区院业务部门人员及侦查机关侦查人员共同旁听庭审过程,增强了办案人员对办理此类案件的证据规格和公诉要求的认识,有利于进一步办好类似案件;二是对新类型金融犯罪案件的定性、处理存在认识上的分歧,及时结合具体案例开展一类问题的专题性法律适用研讨,并形成会议综述、纪要等意见;三是公、检、法各机关定期召开联席会议,协调处理此类案件中的问题,不断总结、提高办理此类案件的方法和能力。

三、依法办理金融案件的基本经验和意义

改革开放20余年,上海各级检察机关在经济体制改革不断深化、金融环境不断变化的情况下,积极探索、大胆实践、认真总结,正逐渐探索出一套与本地区经济发展、金融建设相适应的案件办理模式。与以往相比,主要有以下几方面的经验:

第一,细化了对相关金融罪名及构成要件的解释,对罪与非罪、此罪与彼罪的区分更为严谨科学。为了使金融案件的办理在操作上更加科学、合理,上海各级检察机关以新刑法的法条规定为基础,根据多年司法实践经验,对有关金融罪名在定罪数额、构成主体、主观故意、认定条件以及犯罪情节等方面做出细化办案规定。通过这些规定,一是使刑事案件的成案标准进一步明确,防止了刑事司法过度干预经济活动;二是使案件构成更加清晰,保证办案人员在办理案件中有法可依,防止违法办案;三是给相关单位更为明确的办理金融犯罪案件司法导向,更好地发挥刑事司法对社会经济活动的指导作用和对金融犯罪的预防作用。

第二,增加了对办理金融案件的流程上的规定,在保证实体公正的前提下,更加重视程序公正。多年来,《检察实务手册》对相关案件的证据获取、文书制作、办案期限、适时介入条件、繁简分流程序等规定多次修改,使之更为严格具体。比如对适时介入,根据《检察实务手册》的规定,只有重大金融案件才实施介入,同时要求完成侦查介入后必须制作《介入侦查情况登记表》。通过这些严格的规定,保证了检察机关在司法过程的公平正义、高效准确。

第三,加强了与相关部门、单位在法律认识、办案信息等方面的交流和沟通,保证了办案质量和效率。通过召开联席会议、信息通报、设置信息联络员等方式建立了与公安、法院、银行、证券部门等相关部门、单位的信息平台。通过与公安、法院的沟通,统一了办案部门之间对相关法律问题的认识,理顺了办案关系,保证了办

案效率;通过与银行证券等金融单位部门的联络,使具体办案人员进一步了解了金融活动的运作方式,也使金融部门获知了有关司法动态,对承办人发现案源、调查取证、预防相关金融犯罪起到了积极作用。

第四,强调了理论对实践的指导作用,重视对专业化办案队伍的培训以及理论研究向实践的转化,使案件办理更好地服务于经济建设。通过定期案例评析会、相关理论文章评比、组织金融犯罪专题调研、发出相关司法建议等方式,检察机关已初步建立了在办理金融案件中从实践到理论、从理论到实践的成果转换机制。在这种机制的推动下,保证了上海各级检察机关金融案件办理能够始终适应城市经济建设需要,与时俱进,动态发展。

四、完善依法办理金融犯罪案件的几点思考

应当承认,在办理金融犯罪的司法实践中,仍然存在一些难题,既有实体方面的问题,也有程序方面的问题;既有理论性问题,也有实践性问题。主要表现在:

第一,司法实务中,对相关问题的定罪量刑存在认识上的不统一,使打击金融犯罪产生障碍。金融犯罪中的情况千变万化、犯罪手段复杂多样。有时一项金融犯罪会牵涉到多个行为、多个罪名;有时又会出现许多在法律上没有规定的新手段、新方法。不仅如此,在主体的认定、数额的计算、主观故意的确定、行为的定性等方面,金融犯罪都存在着较其他犯罪更大的变数。这就导致了司法实践中,承办人员在对该类犯罪认识上的不统一。这种不统一不仅影响了办案的效率,也使个案的定罪量刑标准发生偏离。在给金融犯罪分子可乘之机的同时,也容易使社会对金融规范失去明确的遵循标准,给金融业的顺利发展带来阻碍。

第二,案件查办中,行政、刑事衔接不顺,专业知识、技术人员配备不足,给查办相关案件带来困难。金融案件常常发案于市场管理的过程中,因此对案件的查办离不开相关行政执法部门的配合。但目前行政、司法之间的信息沟通平台尚未建成完善。此外,金融犯罪具有高技术、高智商的特性,光有法律方面的知识无法满足办理此类案件的要求,需要一批具有专业知识和专门技术的人员协助办案,但目前这支专门队伍尚未建立。

第三,行业运作中,金融主体自身操作程序不规范、行业自律缺位,为此类犯罪提供温床。由于我国的市场经济体系尚处于初级阶段,各类行业规范、行业自律建

立尚不完善。这种不规范给相关金融犯罪带来可乘之机,也是办案人员在查案取证时找不到符合要求的证据,从而影响定罪。

为了进一步完善对金融犯罪案件的办理,依法规范社会主义市场经济秩序,我们提出如下对策和建议:

第一,健全相关法律、法规,构建适应市场经济发展的金融制度和法律体系。金融犯罪是一种涉及刑法、民法、行政法、金融法、经济法等多种法律、法规的犯罪现象,因此完善金融立法,构筑民事、行政、刑事法律相衔接的金融法律体系是十分必要的,对消除金融立法的"真空"地带,以及防范金融犯罪有着重要作用。在我国已经加入世界贸易组织的情况下,要有效遏制金融犯罪,就必须依法规范金融市场,以保障、促进金融市场的确立、有效的运行和发展。一是要借鉴外国立法经验,注重金融立法的可行性,并在立法中体现世贸规则的相关内容。二是要严格执行金融法律,引导和规范各种金融活动,促进银行规范、有序、高效运作,提高资产运营质量和运作效率,最大限度地降低金融风险。三是要加强法制教育,形成普遍、自觉地遵守金融法律的良好风气,以发挥金融法律的严肃性和强制性,形成良好的金融法律秩序,从而使社会主义金融法制建设得到健全和发展。

金融管理部门在深化金融体系改革的同时,必须注意及时制定金融监管的配套措施。在确定监管体系时,一方面应注意借鉴金融监管水平较为成熟的发达国家的已有经验,另一方面应对我国现阶段的金融发展水平和监管资源有清醒的认识,注意寻找和及时发现现有金融监管体系可能产生或已经产生的制度性漏洞。同时金融管理部门在宏观政策的制定上还应注意在不断的体制改革中解决监管体系存在的问题,进一步拓展和完善现有的金融市场等。建议金融管理部门在实施重大的金融体制改革或制定金融监管措施前,可邀请各金融行业监管部门的有关负责人或代表、金融监管领域和司法界的专家组成联席会议,专门就如何防止产生金融诈骗等问题进行讨论,并提出切实可行的方案意见。

第二,完善工作机制,提高打击金融犯罪的力度。

行政监管部门和司法部门在防范金融犯罪的过程中应相互支持、配合,发挥有效合作的优势。从行政监管和法律制裁的角度分析,在整个预防金融犯罪的监管体系和法律体系中,银行内部监管是基础,外部监管是关键,刑事制裁是后盾。行政监管是有效预防金融犯罪的手段,而对于已经发生的金融犯罪案件,司法机关应当加大惩治力度,严格依照司法程序处理。

针对金融诈骗中犯罪分子所采用的技术手段、智力方法,司法机关要加强运用有关的技术监控、技术鉴定、技术查询识别手段和方法。加强办案干警金融知识业务学习与培训,多进行新类型金融犯罪案件的研讨,提供听课、岗位实践等条件和机会,培养和打造一支具有复合型知识结构的办案队伍。

面对金融犯罪国际化的趋势,我国应逐步将金融犯罪惩治规制与国际接轨,并积极参与惩治金融犯罪的国际合作。目前我国打击犯罪的国际合作工作机制主要是通过国际刑警组织渠道和双边合作来解决,较为复杂的办案程序往往费时费力而延误破案的最佳时机。建议国家有关部门可以授权直辖市或较大城市的相关机构对一般的跨国金融犯罪直接开展国际警务合作,提高工作效率,而只对特别重大、复杂案件按程序报批。

第三,落实各项措施,建立金融犯罪防范体系。

首先,金融机构应根据各自情况制定更为严密的内部监管措施,同时加强对金融机构工作人员的防范业务培训。鉴于各金融机构本身已逐步成为市场竞争的参与者,基于经济利益的驱动,往往不主动采取有效却可能在短期内削弱其竞争力的监管措施,或者虽制定了有效的措施,却难以真正得以落实的现状,建议在金融系统建立更为独立的监管部门,在各个体系内部实施垂直领导。各单位内部的监管措施统一由监管部门制定草案,对监管措施的监督落实亦由监管部门负责执行。落实失职责任追究制度,对于因监管不力产生的金融诈骗情况,由该单位负责人及监管部门的相关人员承担共同责任。而金融机构工作人员防范金融诈骗的意识和经验的缺乏是另一个滋生金融犯罪的重要原因,应通过各种形式提升其防范金融犯罪的意识,强化必要的防范经验和技巧,比如如何识别伪造、变造的票据,如何防止客户印鉴卡被复制等等。在可能的情况下将相应的防范意识和经验规则化,通过可行的行为规则指导和约束工作人员的业务操作过程。

其次,提高高新技术防范措施,真正有效地预防金融犯罪。这主要体现在加强计算机系统的存取控制和主要数据的保密工作,提高计算机运用系统的监控能力,利用现代化的技术手段对各种金融业务的操作现场(特别是基层储蓄网点)进行监视、控制。运用现代防伪技术和手段,改善和提高我国货币、票证、公文、证件、印章、软件制作技术和水平,加大其伪造难度,以预防和减少犯罪。同时,提高通过技术仪器和方法对各种金融票证、信用卡、信用证及其他证件、印章文证等的真实、合法、有效性进行鉴定和识别的能力,力求防微杜渐。

再次,建立银行间不良信用记录共享机制,逐步达到金融信息资源共享。我国正在准备建立全社会的信用记录共享体制,这是个艰巨的长期任务,不可能一蹴而就。在案件审理过程中,我们了解到目前许多银行都在建立自己的信用记录体制,尤其对在本银行有不良信用的客户,一般都记入了"黑名单"。在目前全社会信用记录体制尚未建成的情况下,银行等金融机构应当资源共享,通过建立不良信用记录共享的机制,来加强全行业金融风险的防范。各银行把自己建立的信用"黑名单"拿出来共享,不仅可以帮助银行界共同防范金融风险,也能为我国早日建立社会信用记录体制,作出一定的贡献。建立这一机制后,其他金融机构可先行加入。司法机关、工商、税务等政府部门也可对有违法、犯罪记录者建立相应的不良记录共享机制与银行的机制相联通,然后,逐步吸纳社会各部门、单位、个人参与,最终建立起社会信用记录共享体制。

最后,要对金融客户加大防范金融犯罪的宣传教育力度,提高其自我防范能力。相对于金融机构的工作人员,金融机构的客户一般并不具备金融行业的专业知识,对于防范金融犯罪的意识和经验更为缺乏。因此,通过金融机构的窗口提升普通客户防范金融犯罪的意识显得十分必要。建议各金融机构可以在业务大厅等公众场合将如何防范金融犯罪等内容以公示牌或电子屏幕、触摸屏幕等方式予以介绍。各个业务窗口可以提供对口的防范相应金融犯罪的免费宣传知识手册。有条件的金融机构可以在已有的业务咨询处设置防范金融犯罪的专业咨询人员,向客户提供相应的咨询服务。

(上海市人民检察院　撰稿人:田欢忠、万海富、杨亚民)

依法办理侵犯知识产权
犯罪案件的情况分析

近年来,随着社会主义市场经济的建立,市场主体对维护自身合法权益,特别是对知识产权的保护要求越来越高,但我国保护知识产权的法律体系相对滞后。在一些行业,侵犯知识产权犯罪的现象较为严重,且呈现一定的上升势头。为了维护市场经济秩序,上海检察机关积极探索,采取各种有效手段,打击、惩治侵犯知识产权犯罪,收到了良好的法律效果和社会效果。

一、依法办理侵犯知识产权犯罪案件的主要措施

(一)根据新出台的司法解释及时调整办案模式,理顺各方关系

2004年12月22日,《最高人民法院、最高人民检察院关于办理侵犯知识产权刑事案件具体应用法律若干问题的解释》(以下简称"解释")正式施行。"解释"在原有几个相关的司法解释的基础上,从惩治侵犯知识产权犯罪的实际出发,适当降低了定罪标准,明确了刑法中的一些专业术语的含义,提高了刑法相关条文的可操作性。从当前执行《刑法》及"解释"的情况看,一些原来不明确的问题基本得到了厘清。为了更好地实行新的司法解释,上海各级检察机关对新司法解释进行了学习,及时与公安等行政部门沟通,保持执法程序、标准的顺利衔接、前后一致,有效地发挥了新司法解释在实践操作中的作用。

(二)建立、加强同处理民事、行政案件的各部门、单位的联络,保证对知识产权犯罪的有力打击

知识产权犯罪是一种非常特殊的刑事犯罪。其许多客观表现和犯罪手段与民事、行政违法行为极为相近。实践中有很大部分的知识产权犯罪案件是来源于民事审判或是行政处罚过程中的移送案件。为了深入挖掘案源,有力打击知识产权

犯罪,上海检察机关加强了同处理相关知识产权案件的法院民庭、行政部门的联席沟通。一是加强了同工商部门的工作联系,积极构建刑事司法与行政执法信息平台。在浦东新区、闸北等多个区院开展信息平台的试点工作,在双方共建的局域网上互通案件信息,并在联席会议上理顺案件移送的程序,同时为具体承办人员提供交流渠道。通过这种方式建立全方位、立体式的信息互通,有效防止在处理"制假、售假"等行政违法的执法活动中,遗漏侵犯知识产权犯罪的案件线索。二是加强了同法院民庭的联系。知识产权犯罪中,存在诸如"侵犯商业秘密罪"等民刑交织的罪名。为了保证对此类案件的正确处理,检察机关启动了"全院一盘棋"的案件办理模式,通过院民行部门与法院民庭等有关部门及时交流,在此类犯罪的法律认识、案件移送上及时达成了一致。

(三)及时介入重大知识产权犯罪案件,正确引导案件办理

为了保证重大知识产权犯罪案件办理的高效性和针对性,检察机关加强了适时介入的力度,并对介入质量提出了更高要求。一般由资深检察官介入案件,对鉴定结论、数量认定、市场价的核实等知识产权犯罪中独特的关键性证据获取,作出规范性指导。通过这种方式防止证据流失、切实保证了案件立得起、诉得出、判得准。

(四)适时召开检法联席会议,明确相关罪行的定性,服务大局

知识产权犯罪案件的处理较其他刑事犯罪案件有一定的特殊性。它直接反映了我国对处理知识产权问题的态度,受到国内外更多关注。因此在把握此类犯罪时,准确定性显得尤其重要。为此,检察机关主动组织人员对此类案件涉及的行为构成作了深入研究,在形成合理观点后,主动与审判部门沟通,召开联席会议,并邀请专家参与讨论,达成共识。以此保证相关案件的定性在正确适用法律的基础上,更符合形势、符合刑事政策;在合法的同时更具有合理性。

(五)定期组织案件情况通报,及时发现并解决办案中存在的问题

检察机关将对此类案件的办理同总结研究紧密相结合。充分动员市人民检察院研究室及社会法学专家等研究力量,及时对办案中遇到的问题进行调研,集思广

益,并将研究成果运用到办案实践中,促进办案工作的科学性、规范性。

二、依法办理侵犯知识产权犯罪案件的基本经验

(一)力争统一长久以来存在争议的法律适用认识,进一步发挥案件办理对社会的引导性

对数额认定、销售金额计算、对侵权的认定等争议多年的问题形成较为统一的认识。有利于避免办案的随意性,使同类案件的处理结果相对稳定。这样不仅维护了法律的权威性,同时也给了社会明确的导向,便于相关主体自觉守法,使我国的知识产权制度建设顺利发展。

(二)规范了办案程序和证据标准,进一步维护了办理案件的公正性

通过规范审讯、取证等程序,防止案件证据在办案过程中的流失和审判过程中的被排除;通过规范立案、部门移送等程序,保证案件在各部门间顺利运作;通过规范适时介入、调查等程序使案件得到合法、合理的处理。通过程序的公正有效保证和促进了实体的公正。

(三)形成了各部门间的工作合力,进一步提高了办理案件的实效性

以会议、纪要、网络、信息、部门交流等各种方式,逐渐形成各部门在各层面全方位的沟通体系。这种体系,保证了案件线索及时发现、案件分歧及时统一、案件问题及时解决。同时也使检察机关在办理知识产权犯罪的同时,能够及时同行政执法等各部门沟通,更好地处理案件中存在的非犯罪问题,更好地发挥检察机关的法律监督作用。

三、进一步完善依法办理侵犯知识产权犯罪案件的对策和建议

本市的知识产权案件办理虽然已取得了很大的成绩,但总的来说尚处于探索阶段,一些关键性制度还在建设之中,许多程序上实体上的问题尚待解决。主要表现为以下几个方面的问题:一是随着我国对知识产权问题越来越重视,一些新情

况、新问题不断出现,一些专业术语、知识产权中特有的现象仍需进一步明确界定。二是对于民刑交织的问题如何定性仍然需要细化对具体情况的认识和理解。三是需要有一批具有知识产权专业知识的人员来处理此类问题。

为此,我们认为,为了更好地、有效地打击侵犯知识产权犯罪,规范市场经济秩序,应当着重做好以下几方面的工作:

(一)树立正确的执法理念,兼顾打击与保护两种职能

我国加入 WTO 后,加大对知识产权保护的力度已成为一种必然,保护知识产权与打击侵权行为是我们必须应对的一个课题。在当前侵犯知识产权违法犯罪行为比较严重,而侵权行为受到刑事追究的数量却相对较少的情形下,运用刑事手段,严厉打击侵犯知识产权犯罪,不仅对保护国外的知识产权,兑现我国的国际承诺具有重要意义,而且对保障国内知识产权市场的健康发展及知识产权权利人的合法权益也具有重要意义。必须进一步强调行政执法不能替代刑法保护的观念,要加大刑法打击的力度。

为此,我们要树立正确的执法理念,在严厉打击的同时,规范打击的方式,落实保护的效果。在运用打击和保护两种手段时,要突出重点,有所区别。对侵犯商标类的案件,应当严厉打击。检察机关要充分运用审查批捕和审查起诉职能,体现打击的力度,以打击侵权来体现对知识产权的有效保护。对假冒专利、侵犯商业秘密类的案件,应当以审慎的态度研究刑法介入的范围和程度,避免动辄追究刑事责任,并防止有人恶意利用刑法打击手段搞垮竞争对手、破坏市场经济秩序。

(二)完善立法和司法解释,兼顾法律规范的操作性与协调性

"两高"《关于办理侵犯知识产权刑事案件具体应用法律若干问题的解释》,与刑法和相关司法解释相比,一些专业术语的含义得到了明确,法律条文的可操作性也得到了提高。当然由于实践中的新情况、新问题层出不穷,要求刑法和有关司法解释穷尽与包容所有问题是不现实的。我们认为,针对实践中出现的一些问题,"两高"可以通过对具体罪名的解释或答复下级院个案请示等形式,逐步完善法律规定。

第一,根据严厉打击商标侵权案件的精神,增加关于假冒产地等相关法律适用

规定。因为消费者在购买产品时,除了认准商标外,产品的原产地、制造的厂家也是其购买该产品的重要因素之一,因此可以通过制定假冒产地等的相关法条来加大惩罚假冒行为、保护商标权的力度。

第二,针对假冒专利和侵犯商业秘密罪如何计算损失的问题,应在进一步调查研究的基础上,出台具体的规定,切实改变目前计算标准不一或直接套用"反不正当竞争法"及其他民事法规的状况。

第三,对以"私服"、"外挂"、"源代码"等为犯罪形式或犯罪对象的新情况进行深入研究,为出台相关司法解释,更好打击犯罪创造条件。

第四,对实践中争议较多涉及侵犯知识产权犯罪与其他犯罪之间的交叉、竞合等问题,通过梳理散见在有关司法解释或行政法规中的相关内容,明确罪与罪之间的关系及处断原则来解决问题。

第五,完善程序方面的相关规定,对涉及鉴定、案件管辖、证据规格、取证方式等内容作出明确规定,从而为正确适用法律、准确打击犯罪服务。

第六,对侵犯知识产权类犯罪的法律适用作出明确的司法解释或进行立法调整。侵犯知识产权犯罪案件,特别是侵犯著作权犯罪经常会涉及非法经营的问题,当出现两者交叉、竞合的时候,究竟是应该按照法条竞合"特别法优于普通法"的处断原则,还是以想象竞合犯的理论,"择一重罪处断",应当由司法解释予以明确,以解决检法之间由于认识的不同,造成适用法律的不统一。我们认为,最为可行的方法是立法对非法经营罪的外延作适当界定,并对有关司法解释所涉及的非法经营罪的追诉标准和刑罚尺度予以调整,使之与侵犯知识产权类犯罪的追诉标准和刑罚尺度相衔接,并相应增加刑罚设置的档次,以避免理论上的争议和法律适用上的不平衡。

（三）健全工作衔接机制,兼顾民事、行政法律与刑事法律的多重保护

针对当前对侵犯知识产权案件的民事、行政处理力度不够,行政执法机关向司法机关移送案件又较少的情况,建议在试点和探索的基础上,建立较为完善的行政执法与司法以及司法机关内部沟通协调和相互衔接的工作机制。检察机关要不断加强与公安、工商、知识产权、技术监督、烟草专卖等相关执法机关的联系,构筑案件情况交流、案件线索移送、案件处理研究的长效联动工作机制,发挥好检察机关

立案监督、侦查监督等职能作用,防止有案不立、有罪不究、以罚代刑等现象的发生,加大对严重侵犯知识产权犯罪行为的刑法打击力度。同时,加强公、检、法三机关之间的联系与配合,形成工作机制,完善侵犯知识产权案件公诉与自诉之间的衔接与依法处理,协调好知识产权民事审判与刑事审判的关系,切实发挥民事、行政法律与刑事法律对知识产权多层次、多角度的保护。此外,针对侵犯知识产权犯罪跨区域作案的特点,应切实加强地区之间的信息交流。在区域间建立良好的打击侵犯知识产权犯罪的办案协作机制,不给违法犯罪分子有可乘之机。

(四)加强对惩治侵犯知识产权犯罪的研究指导和宣传工作,兼顾办案能力的提升与保护意识的增强

在完善立法和司法解释的同时,不断提高办案人员的执法能力,切实增强知识产权权利人的自我保护意识,是有效保护知识产权至关重要的环节。我们认为,一是要切实加强对知识产权犯罪法律政策适用的研究和指导工作,法院可以采用法院公报等形式定期公布相关案件,检察机关也应充分利用"检委会案例发布"等有效载体,及时发布经检委会讨论的相关案例,为具体适用法律提供指导。同时,司法行政执法机关应有效利用大专院校专家学者的智力资源,以研讨会、报告会、专题调研等形式深入研究和解决执法中的疑难问题,以达到更好理解和把握立法本意,统一执法尺度,形成执法共识,解决实际问题的目的。二是要提高办理侵犯知识产权犯罪案件的业务素质。对侵犯知识产权犯罪的审查是一项专业知识要求较高的工作,可组织干警到有关行政部门学习取经,或邀请知识产权方面的行家、学者授课,提高专业素质,掌握相关知识,以增强打击犯罪活动的后劲。三是要进一步加大宣传力度,提高全社会的知识产权保护意识。有关部门要立足办案,积极开展综合治理和法制宣传活动。充分利用各种新闻媒体,广泛宣传打击犯罪活动,保护知识产权的成果,显示我国在保护知识产权方面的立场和决心,深刻揭露犯罪,弘扬社会主义法制,动员和教育广大人民群众牢固树立保护知识产权的法律意识和维权意识,积极同侵犯知识产权的违法犯罪行为作斗争,努力构建尊重与保护知识产权、维护公平竞争与诚信的和谐社会。

(上海市人民检察院 执笔人:龚培华、万海富、李文军、刘谊)

完善司法行政，促进法律服务

人民调解的专业化、
规范化、社会化建设

为充分发挥人民调解在化解矛盾纠纷、维护社会稳定中的职能作用和优势，上海市人民调解工作积极探索理念创新、机制创新和制度创新，从人民调解的专业化、规范化、社会化等方面建设入手，充分发挥人民调解制度在为构建社会主义和谐社会、建立维护社会稳定长效机制方面的积极作用。

一、创新工作理念，推动人民调解"三化"建设

为了适应新形势下化解社会矛盾纠纷的迫切需求，解决人民调解队伍不稳定、经费缺乏等问题，上海市人民调解工作积极转变观念，探索走专业化、规范化、社会化发展之路。

（一）组建专门调解工作机构，推进人民调解专业化建设

所谓专业化，就是从事人民调解工作的人员要具有法律背景，即受过法律专业教育，或具有法律工作经历，或长期从事人民调解工作，具备丰富的调解工作经验。根据这一理念，从 2003 年起，长宁区率先在各街道、镇人民调解委员会内陆续组建了专门工作机构"人民调解工作室"(以下简称"工作室")。"工作室"通过签订聘用合同，聘请 3 名以上有法律背景的专职调解员，专门调处疑难、复杂和跨地区、跨单位的民间纠纷。从性质上说，"工作室"是街道(乡镇)调解委员会的一个内部办事机构和工作机构。截至 2005 年上半年，长宁区 10 个"工作室"共调处纠纷 1 564 起，制作人民调解协议书 1 312 件，接待咨询 5 842 起，取得了明显的成效。

2005 年，上海市司法局在全市全面推广设立"人民调解工作室"工作，提出了每

个区至少建立2个人民调解工作室的工作目标。截至2005年10月底,全市19个区县已建立了100多个街道、镇人民调解工作室,其中长宁、普陀、卢湾、嘉定、静安5区已在所有街道、镇都建立了调解工作室,进一步夯实了人民调解基层基础工作。

在组建"工作室"过程中,浦东新区等还试点实行了人民调解员准入制,在街道(乡镇)层面探索建立一支专职化的人民调解员队伍。即只有具备法律背景的人员,经考试、考核合格,才能被街道(乡镇)调解委员会聘用为专职人民调解员。闸北区试点将人民调解员纳入社工组织体系,开始了将专业社工引入人民调解队伍的尝试。

(二) 做好基础工作,加强人民调解规范化建设

所谓规范化,就是人民调解制度、程序以及文书的制作要统一、科学、规范,并且要具备相当的质量和水平。一是推进调解组织的规范化。根据司法部要求,确保各级调解委员会在名称、人员组成、工作制度、程序、文书制作等方面做到全市统一、规范。二是人员培训的规范化。近年来,逐步探索形成了市、区(县)、街道(乡镇)"三级"培训网络制度。同时,进一步加强与人民法院的沟通和协作,通过选聘人民调解员担任人民陪审员、组织调解干部观摩审判等方式,拓宽了调解人员培训的渠道。三是调解文书的规范化。根据司法部的要求,市司法局印制了成套的人民调解格式文书下发到各区县。市司法局还与市高级人民法院联合开展全市人民调解协议书评比活动。司法所全面实行指导备案制,加强了对人民调解协议书的检查和指导。2005年上半年,全市各调解组织共制作人民调解协议书5 454件,协议书履行率超过99%。

(三) 政府积极扶持,促进人民调解社会化建设

所谓社会化,就是利用社会组织、社会机构、社会力量化解矛盾纠纷。政府作为行政管理机关,不应该走在调处矛盾纠纷第一线,而应通过提供经费资助,积极培育、扶持自治性和自律性较强的人民调解工作机构,有效地发挥人民调解委员会等自治组织化解矛盾纠纷、维护稳定的作用。根据这一理念,本市大力加强行业性、区域性调解委员会建设,借助社会组织、社会力量来化解矛盾纠纷。如保险合同纠纷,以前主要由保监局等职能部门负责调解,但随着纠纷数量不断增多,政府

应接不暇,而且行政调解的效果并不明显。为此,市司法局有关处室帮助保监局,依托上海保险同业公会组建了调解委员会。2003 年上半年,全市还在市、区(县)两个层面共 20 个消费者权益保护委员会成立了人民调解委员会。成立以来依法调解消费纠纷 1 000 多起,为消费者挽回经济损失 400 余万元,有效地保护了消费者的合法权益。同时,浦东新区、徐汇、普陀、南汇等区还在"两新"组织聚集的特定区域建立了各类专门调解委员会,有效拓展了人民调解工作领域。

二、创新工作机制,构筑化解矛盾纠纷多元化格局

胡锦涛同志在省部级主要领导干部提高构建社会主义和谐社会能力专题研讨班上提出明确要求,要建立健全人民调解、司法调解、行政调解相结合的社会矛盾纠纷调处机制。为此,积极构建政府管理职能、司法保障力量与人民调解自治协调功能互补互动的调解机制尤为重要。

(一)探索建立"刑转民"纠纷解决方式,最大限度消除社会不和谐因素

当前,如何预防、妥善处置因民间纠纷引发的伤害案件,成为构建和谐社会一个亟待解决的课题。按照《刑事诉讼法》的规定,轻伤害案件可公诉,也可自诉,以往相当一部分这类案件经公安机关立案,检察机关提起公诉,最后由人民法院作出判决,被害人还可以提起附带民事诉讼。但结果往往是法律问题虽然解决了,当事人之间的结怨却无法消解,有些案件的民事赔偿部分得不到履行,而且加害人还可能终身带有"犯罪标签"。此类案件不仅占用了相当大的司法资源,而且已经成为影响社会稳定的一个不和谐因素。近年来,杨浦区以轻伤害案件为突破口,试点开展了将人民调解引入刑事诉讼程序中的新机制,积极防止"民转刑",努力推动"刑转民"。

2002 年 7 月,杨浦区司法局、区公安分局联合制定《关于对民间纠纷引发伤害案件联合进行调处的实施意见》,创建了警民联合调处轻伤害案件的工作模式。具体做法是:公安机关受理控告后,当事人希望通过调解解决纠纷的,委托人民调解组织进行调解,经调解达成协议,被害人明确要求不追究加害人刑事责任的,公安机关可以采纳被害人要求,作出不予立案或撤销案件的决定。警民联调模式运作

以来,共受理 621 件轻伤害案件,调处成功 575 件,成功率约为 93%,履行率约为 99.7%,取得了"两高、两低、一减少"的明显成效,即调处成功率高、协议履行率高;再犯率低、解决成本低;减少了"民转刑"案件的发案率和立案数量。

2005 年,杨浦区司法局与区检察院联合制定了《关于在办理轻微刑事案件中委托人民调解的若干规定》,积极探索人民调解与刑事诉讼和解的衔接。根据规定,对于琐事纠葛、邻里纠纷导致的轻伤害案件,检察机关在审查起诉阶段认为可以委托人民调解的,征得当事人同意,将案件移送所在地人民调解委员会进行调解,经调解达成协议,被害人不要求追究加害人刑事责任的,检察机关可以作不起诉处理,或建议公安机关作撤案处理。通过探索开展刑事诉讼过程中委托人民调解,从而使"民转刑"变为"刑转民",大大地节约了司法资源和司法成本,最大限度地减少了矛盾对立面,充分发挥了人民调解在构建和谐社会中的作用。

(二)全面开展诉讼内委托人民调解,进一步完善纠纷解决机制

为了实现人民调解和诉讼两种纠纷解决机制的互补和协调发展,市司法局和市高院联合制定下发了《关于进一步加强人民调解工作的会议纪要》,在全市范围内开展了民事诉讼案件委托人民调解组织进行调解的工作,建立了人民调解与诉讼调解相衔接的机制。

浦东新区、长宁、杨浦、徐汇、普陀、松江、奉贤等区通过制定《民事诉讼案件委托人民调解委员会进行调解的实施办法》,明确规定法院在民事案件立案后庭审前,或案件审理中,将部分有可能通过人民调解委员会调解的纠纷,在征得当事人的同意后,委托辖区内的调解委员会进行调解。这种做法,有机地整合了人民调解和民事审判力量,最大限度地发挥了人民调解工作的优势,避免了民事纠纷激化和当事人结怨,为当事人降低了诉讼成本,有效地支持了法院的工作,维护了司法审判的权威和尊严。

(三)推进人民调解与行政调解、行政协调相结合,积极构筑政府调处平台

构筑政府调处平台,在区县一级设立调处中心或调处办等综合性调解组织,专门化解群体性社会矛盾,从而建立政府调处重大矛盾纠纷的机制。目前此种机构

的设置,比较有代表性的是浦东新区的司法调解中心。司法调解中心既是区司法局的一个职能处室,也是一个调处机构,配备专职工作人员,综合运用行政的、经济的、法律的、民间的手段化解矛盾纠纷。实践证明,构筑政府调处平台,有利于促进条块结合,形成化解矛盾的综合优势和一种良性解决矛盾、化解冲突的运行机制。

三、创新工作制度,探索设计人民调解前置

当前,我国正处于传统型社会向现代型社会的转型时期,既处于经济社会发展的关键期,同时又是社会矛盾凸现期。与解决矛盾纠纷、构建和谐社会的需要相适应,有必要进一步改革完善现有的人民调解制度,实行人民调解前置,充分发挥人民调解工作的职能作用和优势。

第一,人民调解前置制度的界定。所谓人民调解前置,就是对法律规定的特定类型的民事纠纷,当事人如欲通过民事诉讼程序解决,人民调解是必经程序,即这些类型案件的解决施行"先调后诉",人民调解是民事诉讼的前置程序。

当事人在起诉前需先提出调解申请;如未提出调解申请而直接向人民法院起诉的,人民法院不予受理,同时告知当事人向人民调解机构申请调解,或者依据职权将案件移送相关人民调解机构调解。经人民调解机构调解不成或当事人不愿调解的,人民调解机构应出具调解不成的证明书,当事人可持该证明书向人民法院提起民事诉讼。

第二,建立人民调解前置制度的可行性。考察域外多数国家和地区的立法和司法经验,也多是采取类似规定。如日本《家事审判法》第 18 条规定,对部分家事纠纷实行调解前置,当事人在对这些家庭纠纷提起诉讼前,必须经过调解;当事人未经调解向法院提起诉讼的,法院可以依职权交付调解。又如挪威的《纠纷调解法》规定,除特殊重大纠纷外,所有的民事纠纷在向法院起诉以前,都必须经过调解机构的调解。台湾地区"民事诉讼法"第 403 条、第 427 条、第 577 条以及第 587 条也有类似规定。虽然日本和我国台湾地区规定的调解前置置身于法院诉讼程序中,但对我国人民调解立法还是具有重要的借鉴意义。

近年来,为了配合人民调解前置制度的设计,长宁等区开展了相关探索和实践。2005 年 5 月,长宁区人民法院、区司法局开始通过"人民调解窗口"这一平台,试行人民调解前置。具体做法是,凡属第一次提起离婚的案件、"三费"案件、小额

债务、解除收养、改变抚养、家庭邻里间的损害赔偿和刑事自诉等 7 类纠纷向法院起诉的,征得当事人同意,区法院委托"人民调解窗口"先行调解,实行"诉前人民调解前置";因电信合同纠纷及上述 7 类纠纷向法院起诉的,立案后,征得当事人同意,委托"人民调解窗口"先行调解,实行"审前人民调解前置"。

第三,人民调解前置基本制度设计。关于人民调解前置制度下的人民调解委员会的设置,在现有的组织机构框架内,可将街道(乡镇)调解委员会设计为适格的受理机构,即对纳入人民调解前置范围的纠纷,必须经过街道(乡镇)调解委员会调解,调解不成方可启动民事诉讼程序。

关于人民调解协议书的效力,应赋予人民调解协议以下法律效力:一是人民调解协议具有民事合同的效力。二是确定当事人间民事法律关系的效力。人民调解协议书经人民法院审核、裁定生效后,当事人不得就同一法律事实再行起诉或上诉;人民法院对此类案件,可以适用一事不再理原则,不予受理或者驳回起诉。三是强制执行力,即对于适用人民调解前置程序解决的纠纷,达成的人民调解协议,经人民法院审核、裁定,与民事诉讼判决具有同等法律效力。当负有履行调解协议义务的一方当事人未按调解协议书履行义务时,权利人可以持裁定及人民调解协议书向人民法院申请强制执行。

(上海市司法局基层处　执笔人:季春)

律师法律服务的发展与完善

发展现代服务业作为市委、市政府的重点工作之一,已经列入上海"十一五"规划之中。法律服务是现代服务业的重要组成部分,应该在上海国际经济、金融、贸易、航运中心的建设中发挥应有的作用,作出更大的贡献。

一、上海律师业发展的基本情况

(一)律师数量不断增加

目前,全市共有执业律师 6 730 人,其中,社会律师 6 435 人,包括专职律师 5 976人,兼职律师 459 人;公职律师 240 人,公司律师 55 人。专职律师队伍不断扩大,已经占到了社会律师总数的 92.9%。律师教育结构有了较大改善,高学历从业人数持续升高。在社会律师中,本科学历占总数的 56.8%,硕士学历占总数的 17.5%,博士学历占总数的 1.7%。同时,还吸引了一批具有国外留学和工作经历的归国人员加入律师队伍。据不完全统计,上海律师队伍中,有国外留学经历的人员近300 人,有外国法律工作经历的超过 100 人。

(二)组织形式日趋合理

国家投资的律师事务所已全部退出了上海法律服务市场,合伙律师事务所已经成为律师执业的主要机构。除了合伙、合作律师事务所以外,还出现了正在试点的个人开业律师事务所这一新的组织形式。目前,全市共有律师事务所 633 家。其中,合伙所 419 家,占事务所总数的 66.2%;合作所 169 家,占总数的 26.7%;个人开业所 45 家,占总数的 7.1%。律师事务所在市场化、专业化和规模化改革上也得到新的突破,出现了国浩、锦天城、金茂、通力、方达、段和段、建纬等一批具有一定规模的综合性和专业性律师事务所。

(三)对外开放程度进一步提高

上海已成为国际和国内一流律师事务所的首选之地。目前,在上海登记注册的外国律师事务所代表处为73家,我国香港所代表处11家,居全国第一。这些外国和香港律师事务所来自与我国及内地经贸往来非常密切的14个国家和地区,具有广泛的地域、法律文化和语言等方面的代表性。在《美国律师》2002年11月公布的世界法律100强中,有23家在上海设立了代表处,其中排名前10位的有7家,绝大部分是著名的华尔街事务所和伦敦城事务所。此外,还有一批与上海建设国际经济、金融、贸易和航运中心定位相适应的大、中型律师事务所也进入上海,在海商海事、保险、建筑工程、风险投资、高新技术等方面提供法律事务。国内律师事务所已经在上海设立了75家分所,其中北京律师事务所上海分所数量最多,共34家。本市律师事务所也走出上海,到全国和国外拓展业务,在外地设立了24家分所,在国外设立了4家分支机构。

(四)服务领域进一步扩大

广大律师的业务已从传统的民事、刑事、行政诉讼领域逐渐扩展到房地产、国际贸易、国际金融、海商海事、项目投融资、企业改制与资产重组等领域,提供包括谈判、合同、法律文书等方面全方位的非诉法律服务,为推动上海进一步对外开放、经济实现高速发展作出了一定的贡献。同时,上海已经有89名律师进入市、区(县)两级人大和政协,多名律师人大代表被聘为市人大常委会立法和咨询专家及市人大法制委员会咨询组成员;有140多家政府单位、180多名政府负责人聘请律师为法律顾问;积极为弱势群体提供法律援助,努力推进法律进社区工作,全市已有167家律师事务所分别与127个街道(镇)签约;上海律师还及时成立"国企改制上海律师法律服务团",自觉参与国企改制、产权交易、资产重组以及职工权益维护方面的工作。

二、上海律师业发展存在的主要问题

(一)律师队伍素质有待进一步提高

全市律师队伍在数量和整体素质上还不能适应我国全面建设小康社会所产生

的法律服务需求。目前全市律师占全市常住人口的比例约为万分之三点六,而美国为万分之三十三,英国为万分之十五,新加坡为万分之八点七,我国香港为万分之十点二。这种差距在一定程度上反映了上海对法律服务有效需求的不足。由于历史原因,目前全市律师队伍的专业素质还不尽如人意,尚未形成系统的专业训练体系和制度,特别是涉外法律人才和适应上海建设国际金融、贸易、商事和航运中心需要的高端法律服务人才非常匮乏。少数律师的政治和业务素质也不够理想,还需要不断加以提高。

(二)律师事务所的整体竞争力亟须提高

目前全市律师事务所总体规模普遍较小,经营和管理还在摸索中,事务所内部管理和分配制度尚不完善,大部分律师事务所缺乏科学的业务、财务、人力资源管理,事务所的自律性也不强。律师事务所无论在规模上还是在业务上都处于初级阶段,与国际律师事务所相比,缺乏专业优势和品牌优势,专业化分工不细,团体合作精神不强,在业务竞争中缺乏竞争力。与国外所相比,律师事务所的信息化建设更是落后。

(三)律师行业协会管理的作用需要进一步发挥

协会管理行政化现象还在一定程度上存在;律师协会与区县司法局的关系没有完全理顺,工作分工有待进一步明确;律师协会自律管理还缺乏有效的法理基础,律师协会制定的行规、政策缺乏应有的强制性,"训诫、通报批评、公开谴责、取消会员资格"等行业惩戒手段的威慑力不强;律师协会自律管理的能力还较弱,行业民主管理、自律管理的优势还没有充分发挥。

三、加快上海律师业发展的对策

(一)进一步加强法律服务市场建设

1. 努力形成以商事法律服务为特色的服务领域,培育和形成与上海国际经济、金融、贸易和航运中心相适应的金融证券、大型投资、对外贸易、跨国公司、企业并购和重组、海事海商、航空运输、知识产权、高科技产业、风险投资、房地产和城市开发等商事法律专业服务市场。

2. 加强协调与沟通,逐步改善律师的执业环境。尽快取消影响律师业务发展的市场准入、部门和行业垄断以及对律师执业的种种不合理限制,构筑以律师服务为中心的法律服务平台,培育法律服务新的业务增长点,鼓励律师的业务开拓和创新。加强对律师合法执业权益的保障,进一步改善律师执业环境,用立法来明确律师业的法律地位和社会地位,解决律师调查难、取证难等问题。

3. 加大法律服务市场向国内和国外开放的步伐,形成以上海为中心、辐射沿海经济发达地区和全国的法律服务市场。充分利用内地与香港建立更紧密的经贸关系(CEPA)安排,鼓励沪港两地律师事务所之间建立和发展包括联营在内的更紧密的合作和交流关系,便利具有内地法律执业资格的香港执业人员和香港律师加盟上海律师事务所。鼓励和吸引国内外律师事务所集团将其总部或核心所设在上海。同时,进一步吸引和鼓励国际一流律师事务所到上海设立分支机构,将上海法律服务业的对外开放纳入上海服务业对外开放的整体布局中,在签证、出入境、劳动用工等方面提供更多便利条件。研究探索上海律师事务所聘用外国律师的新措施。研究加强中外律师事务所紧密合作的政策措施,并努力争取在条件成熟时在上海开展试点工作。

(二)进一步加强律师组织机构建设

1. 加速发展与上海特大型现代化中心城市地位相适应的现代化、富有竞争力的律师事务所。建立具有国内和一定国际竞争力的律师执业组织,特别是一批内部管理科学规范,广泛运用现代经营手段和办公设施的综合性、专业化大中型律师事务所。

2. 强化律师事务所内部管理机制,引进现代化的经营观念、管理制度、营销手段,实现事务所结构、经营管理模式、服务方式、业务领域等方面的转变。要通过分配制度和管理制度的改革,形成专业分工和特色,加强团队协作,培养和引进高层次、专业化和复合型的执业人员,提高服务创新能力。

3. 强化律师事务所的自律机制,规范执业标准,建立事务所的收案和收费审查制度,防止利益冲突,并对律师的执业行为和工作效率进行有效监督;推进诚信建设,实现律师行业服务公开,规范达标。强化事务所和律师执业的法律责任,通过过错责任赔偿,强化对社会公众的责任,提高风险意识和服务质量。进一步完善职业责任保险制度,参照国际管理实践,实行强制性行业保险制度,保护社会公众利益,增强律师执业信誉,降低和分散执业风险。

4. 积极探索适合律师行业特点的新的事务所组织形式,降低事务所运作和发展的成本。进一步完善合伙制度,发挥合伙制度尊重当事人意思自治的特点,减少对合伙律师事务所内部事务的干预。改革合作所,促进符合条件的所转制为合伙所,或者进行公司制改革试点,使之成为产权关系明晰、符合律师服务规律的承担有限责任的专业公司。扩大个人开业所的试点,适应法律服务多元化和降低服务成本的要求。

5. 鼓励律师事务所规模化、一体化的组织结构创新。通过兼并、重组等形式,建设上规模、上层次的律师事务所。鼓励事务所跨地区建立分所。允许建立多种形式的律师集团,可以采用紧密型的集团组合方式,也可以采取共用品牌、相对独立的连锁加盟形式,还可以采取松散的律师服务联盟的形式。

6. 在国家统一税负的原则下,针对律师业作为专业服务行业的特点,协调律师事务所的税负政策,做到公平税负,促进公平竞争。

(三)进一步加强律师队伍建设

1. 培养和建立一支适应新世纪法律服务要求,具有良好政治、业务素质,遵守职业道德和执业纪律的律师执业队伍,拥有一批高学历、专家型和复合型、外向型法律服务专业人才。

2. 制定吸引人才、鼓励合理流动的人才政策,简化法律人才引进的手续,便利律师事务所根据业务发展需要自主引进人才,特别是高级复合型法律人才、海外留学人才和具有发展潜力的优秀年轻人才,提高引进人才的数量和质量。

3. 建立、完善、发展律师职业继续教育制度,加大对律师执业实务知识和技能的培训,提高全市律师的执业水平。加强对新型法律业务的研究、指导和培训,提高法律服务的创新能力。

4. 继续坚持对律师涉外业务能力的培训,研究鼓励青年律师出国培训和学习的市场化新途径。

5. 大力加强执业纪律和职业道德建设,强化律师从业人员的社会责任意识,切实解决当前律师行业社会公信力不高的问题。

（四）进一步加强监管体制建设

1. 改变政府监管方式,加大对律师管理制度的改革力度。建立、健全由司法行政机关宏观管理下的律师协会行业管理体制,扶持和推进律师协会的行业自律管理。

2. 进一步改变司法行政的监管理念、职能和方式。借鉴国际律师业的成熟做法,探索建立一套与国际法律服务发展水平相适应的律师监管体系,使法律服务市场运作法制化、规范化,形成规范法律服务市场主体、内容和监管活动完善的法规体系;形成符合国际惯例、严格规范的法律服务市场监管体系,使监管手段、能力、质量保持国内领先水平,初步达到国际通行标准。

3. 强化律师协会的行业管理职能,改善律师协会的治理机构,树立行业管理权威,发挥行业自律管理优势。

（上海市司法局律师管理处　执笔人：吕广）

市民法律素质的现状分析与对策

2003—2005 年,上海市法制宣传教育联席会议办公室组织有关专家,对本市市民法律素质的现状作了一次抽样调查。全市各个区分别根据年龄、职业、收入等因素随机抽取 4 000 位社区居民作为调查对象。抽样调查主要采取问卷调查的方式来进行。从抽样调查的结果来看,主要反映出以下几方面的情况。

一、上海市民法律意识的基本状况

1. 上海市民法律意识的平均得分为 21.5 分。该题目的总分为 30 分,按百分制计算为 71.7 分。上海市民法律意识的高、中、低分的比率分别为:9.9%、70.4%、19.7%,中、高分累计比例达到 80.3%。从以上数据可以看出,上海市民的法律意识已经达到相当高的水平。

2. 法律意识包括公民的权利意识。为考察上海市民的权利意识,我们向被调查者提问"打官司只为索赔一元钱"是否值得,回答"非常值得"的占 18.1%,"值得"的占 51.8%,两者累计达 69.9%;回答"不值得"的仅占 16.0%,"很不值得"的占 8.8%,"不清楚"的占 4.7%。从以上回答可以看出,上海市民有着强烈的权利意识。

3. 对法律的理性评价是衡量公民法律意识的一个重要指标。对于"'行人违反交通规则被正常行驶的车辆撞死,撞死白撞'的规定合理吗"的提问,52.8%的人回答"合理",41.3%的人回答"不合理",5.9%的人回答不清楚。从以上回答可以看出,当法律规定与人的情感相冲突时,多数人能够秉持理性态度,但也有部分人情感超过了理性。

4. 在法治社会,诉讼是公民维权的基本方式。对于"您会通过打官司来解决民事纠纷吗"的提问,回答"打官司"的占 14.4%,回答"协商不成,只有打官司"的占 72.4%,两者累计达 86.8%;对于"您认为解决家庭暴力的最好途径"的提问,70.9%回答"通过司法机关",5.0%回答"找单位领导",15.2%回答"找居委会",

5.4％回答"找有关亲属",1.5％回答"找熟人朋友",2.0％回答"不知道"。从以上分析可以看出,上海市民不仅有着强烈的权利意识,同时也具有强烈的维权意识。

5. 对法院的信任度直接关系到公民通过诉讼维权的决心。对于"您相信法院能够公正解决您和他人的纠纷吗"的提问,60.8％回答"相信",30.7％回答"一般",仅6.9％的调查对象回答"不相信",还有1.6％的回答"不知道"。大多数市民对法院审判工作的公正性是信任的。

6. 传统思维方式和老的习惯是妨碍公民形成正确法律意识的拦路虎。经过多年的普法教育,一些传统思维方式和老的习惯是否已经被克服,为此,抽样调查专门设计了四道题:(1) 法律的效力应该大于红头文件(政策)。43.3％回答"很同意",46.5％回答"同意"。(2) 人情大于国法。53.2％回答"不同意",35.8％回答"很不同意"。(3) 人只要守其本分,是否懂法无关紧要。60.3％回答"不同意",32.7％回答"很不同意"。(4) 老百姓可以通过法律途径解决与政府部门的矛盾。33.8％回答"很同意",57.4％回答"同意"。通过对以上问题的回答,可以看出,传统思维方式和老的习惯已经被绝大多数的上海市民所抛弃。

7. 上海市民认为最需要获得和充实的法律知识排序为:合同法(94.3％)、民法(91.2％)、消费者权益保护法(89.1％)、刑法(87.2％)、交通法(85.1％)、婚姻法(84.2％)、诉讼法(75.3％)、治安管理处罚条例(73.1％)、行政法(71.4％)。由以上排序可以看出,上海市民最需要的是与他们的工作和生活密切相关的法律知识。

二、上海市民掌握法律知识的状况

1. 上海市民对常识性法律知识掌握的总体情况较好。关于法律知识,共设计了11道题目,都是人们在日常生活中经常遇到的法律问题,涉及宪法、刑法、民法、合同法、婚姻法、行政法、刑事诉讼法、民事诉讼法、行政诉讼法、消费者权益保护法等10个部门法。该题目总分为30分,市民平均得分为17.9分,按百分计算为59.3％。其中,高分占19.2％(77分以上),中分占63.7％(77—43.3分),两者累计为82.9％,而低分(43.3分以下)仅占17.1％。从以上数据可以看出,上海市民掌握法律知识的程度已达到较高水平。

2. 从回答问题的实际情况来看,上海市民普遍掌握一定程度的法律常识,知识面广泛,对各个部门法都有粗浅了解。从每道题目回答的正确率来看,民法两道题的正确率分别为 67.5％、81.4％,消费者权益保护法为 63.3％,合同法为 58.5％,民诉法为 22.7％,刑法为 71.9％,行政法为 84.6％,刑诉法为 77.5％,婚姻法为 20.1％,宪法为 74.2％,行政诉讼法为 40.7％。总体来看,回答问题的正确率较高。这与上海的生活环境有关。在上海生活、工作,经常会遇到买房、卖房、租房、购物、与单位签订劳动合同等法律问题。这种现实需求要求人们必须具有一定的法律常识,才能正常地工作和生活。

3. 上海市民对具有一定深度的法律知识的掌握还较为欠缺。我们在法律知识的问题中设计了三道具有一定难度和专业性的问题,市民对这三道问题回答的正确率普遍较低,分别为 22.7％、20.1％、40.7％。如对于有关婚姻法的问题"妇女未经丈夫同意是否有权流产",竟有 74％的人回答"没有权"。由此看来,人们掌握法律知识的深度还缺乏,对许多法律问题的认识还是模糊、不准的,思维观念受传统和习俗的影响还较多。

4. 上海市民对实体法的了解多于对程序法的了解。如对于民诉法问题"甲的雇员乙驾车将丙撞伤,丙应告谁",回答错误者占 77.3％。一般来说,人们更关心法律问题的处理结果,除非涉及自身的法律问题,否则并不关心如何着手解决该问题。这种思维习惯导致人们重实体法而轻程序法。

5. 上海市民虽掌握一定程度的法律知识,但这并不意味着不再需要专业法律工作者的服务;相反,对专业化法律服务的需求更高。具有一定的法律知识可以提高人们的权利意识,对侵权行为更敏感,但远未达到能够独立处理所有法律问题的程度。简单的法律问题也许能够独立处理,但复杂的法律问题只能依靠专业法律工作者的服务。因为处理法律问题需要高度的专业知识、技巧和经验,这需要长期的专业学习和操作实践。

三、上海市民运用法律规范能力的基本状况

1. 上海市民运用法律规范能力的平均得分为 29.2 分。该题目的总分为 40 分,按百分制计算为 73 分。上海市民法律能力低、中、高分的比率分别为 12.5％、66.8％、20.8％,其中中、高分累计比例达到 87.6％。从以上数据可以看出上海市民的法律行为已经达到相当高的水平。我们将公民的法律行为进一步分解为守法行为、用法行为和护法行为,从以上 3 个方面来考察上海市民的法律行为。

2. 守法行为是公民依法履行法律义务的行为。在一个法治社会,遵守法律是对一个公民最基本的要求。为考察上海市民的守法情况,设计了 3 道题:(1) 购物消费时,您一般会主动索要发票吗? 59.7％的被调查者回答"会",35.8％的人回答"有时要,有时不要",仅有 4.5％的人回答"不要";(2) 在税务机关不知情的情况下,您会主动向税务机关依法纳税吗? 55.4％的被调查者回答"会",34.2％回答"视具体情况而定",仅有 10.4％的人回答"不会";(3) 在夜深人静的大街上,您还会遵守交通规则吗? 35.9％回答"一定会",45.4％回答"人多叫候会",15.8％回答"有叫会",仅有 2.9％回答"不会"。通过对以上问题的回答,我们可以看到多数的上海市民能够自觉守法,主动履行自己的法律义务。在守法方面,上海市民表现良好。

3. 在法治社会,一个合格的公民不仅能够自觉守法,更要懂得依法行使自己的权利。现代社会的基本法治精神是以权利为本位,履行义务不是目的,只是行使权利的前提条件。为考察上海市民的用法情况,设计了 4 道题目:(1) 当您看到有些单位自制的"门前停车,罚款 5 元"的牌子,您认为它有这样的权力吗? 83.2％的人回答"没权",12.6％的人回答"有权",4.2％的人回答"不知道";(2) 您认为是否有必要通过与用人单位签订劳动合同来保障自己的合法权益? 89.3％的人回答"有必要",2.7％的人回答"没必要",8.0％的人"不清楚";(3) 如果您认为您应该享受政府的失业救济金而政府拒绝发放给你时,您会怎样? 55.8％的人"要求上级机关重新处理",15.0％会"提起诉讼",28.0％的人会"上访",只有 1.2％的人"什么也不做";(4) 您参加区人大代表选举吗? 59.9％的人回答"每次都参加",21.6％的人回答"有时参加",仅有 18.5％回答"从不参加"。通过对以上问题的回答,我们可以看到多数的上海市民既知道自己的权利,也懂得如何行使自己的权利。在用法方面,上海市民也表现良好。

4. 法律秩序的建立需要每一个社会成员的努力,尤其是法律秩序受到破坏时,我们每一个公民是否有护法的勇气和决心,直接关系到法治社会的生命力。为考察上海市民的护法情况,设计了两道题目:(1) 在公交车上看见小偷在偷别人的东西,您会怎么做? 24.3％的人回答"当场抓住小偷并扭送派出所",24.4％的人回答"当场制止小偷的行为",45.7％的人"通过各种方式立即告诉被偷者",2.7％的人"等小偷走后再告诉被偷者",2.9％的人"装作没看见";(2) 如果您住所附近的工地夜间施工,严重影响您的休息,您首先会怎样? 19.4％的人"打 110 报警",64.2％的人"向有关部门反映",9.3％的人"向新闻媒体反映",6.0％的人向法院起诉,仅有

1.1%的人"听之任之"。通过对以上问题的回答,可以看到多数的上海市民具有与违法行为作斗争的勇气和决心。在护法方面,上海市民也表现良好。

这次抽样调查,上海市民法律素质平均分为68.5分,说明上海市民通过近20年的普法教育,法律素质得到明显提高。但调查也反映上海市民还存在着三个不适应。

第一,法律素质与城市的形态文明、功能文明和制度文明程度不相适应。上海市民在遵纪守法、尤其在遵守交通规则方面的实际表现还有待进一步改进。

第二,法律意识与权利意识的发育程度不相适应。其中最为突出的表现就是信访量的大幅度上升。有些老上访户虽然很懂相关法律,但他们根本就不相信法律,他们在为获得自己的非分甚至非法的利益寻找捷径。

第三,理性认识与实践行为不相适应。市民对法律的理性认识与实际中对法律的态度之间存在着很大的差异。比如,当问及"在夜深人静的大街上,你步行过街时,还会遵守交通规则吗",回答"会"的达到80%以上。但在实际生活中,这80%以上的人是否真正会这样做呢? 有80%以上的人认为国法大于人情,但惹上官司以后,除实在没有什么门路的人以外,还是有一些人想方设法找关系、找熟人。由此说明一方面人们对法律作用的理性期待,另一方面人们对法律的作用持怀疑态度。

四、加强法制宣传教育,提升市民法律素质

从抽样调查的情况来看,上海市民法律素质虽然在总体上有明显提升,但与国际化大都市的要求相比,尚有较大差距。因此,进一步加强法制宣传教育,提升市民法律素质,已成为上海现代化建设中迫切需要解决的一个问题。从目前情况而言,对市民法律意识的宣传教育,应当着重从以下几个方面入手:

第一,要增强市民的社会责任感。社会责任感指公民对自己的社会角色、自己应对国家和社会履行的责任和义务的认知和认可。社会责任感是公民法律意识和道德意识的共同基础。无论法律还是道德的产生,都是人的社会化的结果,其目的都是协调个人与社会、国家的关系。如果一个人没有起码的社会责任感,所谓法律意识和道德意识也只能成为一句空话。社会责任感是公民法律意识的前提。

第二,要增强市民的规则意识。规则意识是对现行法律、制度和规范的认可和

遵守。法律、制度、规范作为国家意志和社会意志的具体体现，只有化为公民日常的行为规范，才能真正发挥作用。因此，要通过宣传教育，使每个公民做到，不管法律、制度或规范对个人利益是否有损害，都必须遵守，任何违背社会公认的规则的人都必须受惩罚。规则意识是法律意识的基本内核。

第三，要增强公民的程序意识。讲程序是法治社会的一个重要特征。树立程序意识，要求做任何事不仅需要目的正当，同样要做到程序正当。程序意识是法律意识的重要环节。只有牢固树立起责任意识、规则意识和程序意识，树立法律意识才能落在实处。

（上海市法制宣传教育联席会议办公室　执笔人：方旋）

第三编

附　录

2003—2005 年上海市人大常委会 制定的地方性法规目录

一、新制定法规(16 件)

1. 上海市防汛条例(2003 年 8 月 8 日通过)

2. 上海市旅游条例(2003 年 12 月 31 日通过)

3. 上海市人口与计划生育条例(2003 年 12 月 31 日通过)

4. 上海市职业教育条例(2004 年 5 月 20 日通过)

5. 上海市物业管理若干规定(2004 年 8 月 19 日通过)

6. 上海市未成年人保护条例(2004 年 11 月 25 日通过)

7. 上海市安全生产监察条例(2005 年 1 月 6 日通过)

8. 上海市机动车道路交通事故赔偿责任若干规定(2005 年 2 月 24 日通过)

9. 上海市企业名称登记管理规定(2005 年 6 月 16 日通过)

10. 上海市住房公积金管理若干规定(2005 年 9 月 23 日通过)

11. 上海市商品交易市场管理条例(2005 年 11 月 25 日通过)

12. 上海市新建住宅交付使用许可规定(2005 年 11 月 25 日通过)

13. 上海市促进就业若干规定(2005 年 12 月 29 日通过)

14. 上海市实施《中华人民共和国语言文字法》办法(2005 年 12 月 29 日通过)

15. 上海港口条例(2005 年 12 月 29 日通过)

16. 上海市动物防疫条例(2005 年 12 月 29 日通过)

二、修改法规(35 件次)

1. 上海市市容环境卫生管理条例(修正) (2003 年 4 月 24 日通过修改决定)

2. 上海市民防条例(修正)

3. 上海市特种行业和公共场所治安管理条例(修正)

4. 上海市消防条例(修正)

5. 上海市市民体育健身条例(修正)

6. 上海市文化娱乐市场管理条例(修正)

7. 上海市技术市场条例(修正)

8. 上海市职业病防治条例(修正)

9. 上海市音像制品管理条例(修正)

10. 上海市人才流动条例(修正)

(以上 2003 年 6 月 26 日通过修改决定)

11. 上海市民用机场地区管理条例(修正)

12. 上海市河道管理条例(修正)

13. 上海市燃气管理条例(修正)

14. 上海市公路管理条例(修正)

15. 上海市道路桥梁管理条例(修正)

16. 上海市建筑市场管理条例(修正)

17. 上海市水路运输管理条例(修正)

18. 上海市公共汽车和电车客运管理条例(修正)

19. 上海市出租汽车管理条例(修正)

20. 上海市公园管理条例(修正)

21. 上海市植树造林绿化管理条例(修正)

22. 上海市供水管理条例(修正)

23. 上海市排水管理条例(修正)

(以上 2003 年 10 月 10 日通过修改决定)

24. 上海市道路运输管理条例(修正)(2003 年 11 月 13 日通过修改决定)

25. 上海市城市规划条例(修正)(2003 年 11 月 13 日通过修改决定)

26. 上海市房地产登记条例(修正)(2004 年 4 月 14 日通过修改决定)

27. 上海市村民委员会选举办法(修正)(2004 年 8 月 19 日通过修改决定)

28. 上海市制定地方性法规条例(修正)(2004 年 10 月 19 日通过修改决定)

29. 上海市档案条例(修正)(2004 年 11 月 25 日通过)

30. 上海市制定地方性法规条例(修正)(2005 年 2 月 24 日通过修改决定)

31. 上海市宗教事务条例(修正)(2005 年 4 月 21 日通过修改决定)

32. 上海市民用机场地区管理条例(修正)(2005 年 4 月 21 日通过修改决定)

33. 上海市环境保护条例(修订)(2005 年 10 月 28 日通过)

34. 上海市道路运输管理条例(修订)(2005 年 10 月 28 日通过)

35. 上海市区县及乡镇人民代表大会直接选举实施细则(修正)(2005 年 12 月 29 日通过修改决定)

三、废止法规(10 件)

(一)以单件通过废止案方式废止(2 件)

1. 上海市收容遣送管理条例(2003 年 8 月 5 日通过废止决定)

2. 上海市城乡集市贸易管理规定(2004 年 8 月 19 日通过废止决定)

(二)出台相应新法规后予以废止(8 件)

1. 上海市计划生育条例(2004 年 4 月 15 日起废止)

2. 上海市职业技术教育条例(2004 年 7 月 15 日起废止)

3. 上海市职工教育条例(2004 年 7 月 15 日起废止)

4. 上海市居住物业管理条例(2004 年 11 月 1 日起废止)

5. 上海市青少年保护条例(2005 年 3 月 1 日起废止)

6. 上海市劳动保护监察条例(2005 年 3 月 1 日起废止)

7. 上海市住房公积金条例(2006 年 1 月 1 日起废止)

8. 上海港口货物疏运管理条例(2006 年 3 月 1 日起废止)

(上海市人大常委会法工委提供)

2003—2005 年上海市人民政府制定的规章目录

2003 年

1. 上海市人民政府关于修改《上海市营业性危险货物道路运输管理办法》的决定(2003 年 2 月 8 日发布)

2. 上海市无障碍设施建设和使用管理办法(2003 年 4 月 3 日发布)

3. 上海市崇明东滩鸟类自然保护区管理办法(2003 年 4 月 3 日发布)

4. 上海市房地产登记条例实施若干规定(2003 年 4 月 23 日发布)

5. 上海市黄浦江两岸开发建设管理办法(2003 年 4 月 30 日发布)

6. 上海市一次性使用无菌医疗器械监督管理若干规定(2003 年 8 月 1 日发布)

7. 上海市人民政府关于修改《上海市建设工程监理管理暂行办法》的决定(2003 年 8 月 1 日发布)

8. 上海市人民政府关于宣布《上海市蔬菜生产保护区暂行规定》自然失效的决定(2003 年 8 月 6 日发布)

9. 上海市实施《突发公共卫生事件应急条例》细则(2003 年 9 月 27 日发布)

10. 上海市九段沙湿地自然保护区管理办法(2003 年 10 月 15 日发布)

11. 上海市饮食服务业环境污染防治管理办法(2003 年 10 月 15 日发布)

12. 上海市人民政府关于废止《上海市排污收费和罚款管理办法》的决定(2003 年 10 月 19 日发布)

13. 上海市城市规划管理技术规定(土地使用　建筑管理)(2003 年 10 月 18 日发布)

14. 上海市人民政府关于废止《上海市住宅建设征用集体所有土地农业人口安置办法》的决定(2003 年 10 月 18 日发布)

15. 上海市灾害性天气预警信号发布试行规定(2003 年 12 月 3 日发布)

16. 上海市个人信用征信管理试行办法(2003 年 12 月 28 日发布)

17. 上海市临港新城管理办法(2003 年 12 月 28 日发布)

18. 上海市行政规范性文件制定和备案规定(2003 年 12 月 28 日发布)

2004 年

1. 上海市城市管理相对集中行政处罚权暂行办法(2004 年 1 月 5 日发布)

2. 上海市政府信息公开规定(2004 年 1 月 20 日发布)

3. 上海市畜禽养殖管理办法(2004 年 3 月 12 日发布)

4. 上海市人民政府关于修改《上海市房地产转让办法》的决定(2004 年 4 月 21 日发布)

5. 上海市电梯安全监察办法(2004 年 5 月 15 日发布)

6. 上海市扬尘污染防治管理办法(2004 年 5 月 15 日发布)

7. 上海市实施《中华人民共和国环境影响评价法》办法(2004 年 5 月 15 日发布)

8. 上海市土地储备办法(2004 年 6 月 20 日发布)

9. 上海市人民政府关于取消"消费品展销会的核准登记"等 66 项行政许可事项的决定(2004 年 6 月 24 日发布)

10. 上海市人民政府关于废止《上海市产品准产证管理办法》等 11 件市政府规章和规范性文件的决定(2004 年 6 月 24 日发布)

11. 上海市人民政府关于修改《上海市化学危险物品生产安全监督管理办法》等 32 件市政府规章和规范性文件的决定(2004 年 6 月 24 日发布)

12. 上海市工伤保险实施办法(2004 年 6 月 27 日发布)

13. 上海市人民政府关于修改《上海市食用农产品安全监管暂行办法》的决定(2004 年 7 月 3 日发布)

14. 上海市微生物菌剂应用环境安全管理办法(2004 年 6 月 29 日发布)

15. 上海市居住证暂行规定(2004 年 8 月 30 日发布)

16. 上海市人民政府关于修改《上海市城镇生育保险办法》的决定(2004 年 8 月 30 日发布)

17. 上海市人民政府关于修改《上海市外来从业人员综合保险暂行办法》的决定(2004 年 8 月 30 日发布)

18. 上海市出口加工区管理办法(2004 年 9 月 24 日发布)

19. 上海市产权交易市场管理办法(2004 年 10 月 25 日发布)

20. 上海市禁止制造销售使用简陋锅炉和非法改装常压锅炉的规定(2004 年

11 月 17 日发布)

21. 上海市设定临时性行政许可程序规定(2004 年 12 月 13 日发布)

22. 上海市行政许可办理规定(2004 年 12 月 13 日发布)

23. 上海市监督检查从事行政许可活动的规定(2004 年 12 月 13 日发布)

24. 上海市文化领域相对集中行政处罚权办法(2004 年 12 月 24 日发布)

25. 上海市户外广告设施管理办法(2004 年 12 月 15 日发布)

2005 年

1. 上海市停车场(库)管理办法(2005 年 1 月 10 日发布)

2. 上海市餐厨垃圾处理管理办法(2005 年 1 月 13 日发布)

3. 上海市燃气管道设施保护办法(2005 年 1 月 30 日发布)

4. 上海市展览业管理办法(2005 年 3 月 15 日发布)

5. 上海市长江口中华鲟自然保护区管理办法(2005 年 3 月 15 日发布)

6. 上海市企业信用征信管理试行办法(2005 年 3 月 17 日发布)

7. 上海市建筑节能管理办法(2005 年 6 月 13 日发布)

8. 上海市人民政府关于修改《上海市城市管理相对集中行政处罚权暂行办法》的决定(2005 年 6 月 27 日发布)

9. 上海市集体用餐配送监督管理办法(2005 年 7 月 11 日发布)

10. 上海市废旧金属收购管理规定(2005 年 10 月 17 日发布)

11. 上海市邮政设施管理办法(2005 年 10 月 28 日发布)

（上海市政府法制办提供）

上海市涉法社团名单

（至 2005 年 12 月 31 日）

序号	名 称	住 所	法定代表人	邮编
1	上海市法学会	昭化路 490 号	沈国明	200050
2	上海国际商务法律研究会	淮海中路 622 弄 7 号 448 室	成 涛	200020
3	上海金融法制研究会	罗阳路 388 号	倪维尧	201100
4	上海市检察官协会	建国西路 648 号	吴光裕	200030
5	上海市经济法研究会	人民大道 200 号 1503 室	谢天放	200003
6	上海市律师协会	肇嘉浜路 789 号均瑶广场 33 楼	吕红兵	200032
7	上海市女律师联谊会	中山西路 1538 号 404 室	钱丽萍	200235
8	上海市女法官协会	肇嘉浜路 308 号	郑肇芳	200002
9	上海市人民调解协会	吴兴路 225 号	蔡祥云	200030
10	上海市法官协会	肇嘉浜路 308 号	滕一龙	200031
11	上海市法医学会	中山北一路 803 号 726 室	吴延安	200083
12	上海市法治研究会	宛平路 80 弄 1 号 101 室	施 凯	200030
13	上海市犯罪学学会	万航渡路 1575 号	史焕章	200042
14	上海市信息法律协会	定西路 1118 号 708 室	钱富兴	200050
15	上海法学家企业家联谊会	天目中路 253 号(蓝宝石大厦)	胡瑞邦	200070
16	上海市女检察官协会	建国西路 648 号	柳小秋	200030
17	上海市企业法律顾问协会	石门一路 251 弄 4 号	徐建国	200041

（上海市社会团体管理局提供）

2003—2005 年上海法治
建设重大事件

　　为了展现本市法治建设的成果,推进法治建设及法治宣传工作的深入开展,促进和谐社会的构建,市法学会、市法制宣传教育联席会议办公室和上海法治报社共同主办"2003—2005 年度上海法治建设重大事件有奖评选活动"。活动自 2005 年 12 月 4 日起在东方法治网上进行,历时 1 个月,得到了市民的积极响应。根据网民的点击结果,主办方统计出以下 20 个得票率最高的事件,当选为"2003—2005 年度上海法治建设重大事件"。这 20 个法治事件及内容如下:

　　1. 实施外国人在中国"绿卡"制度。根据国务院《外国人在中国申请永久居留审批管理办法》的规定,本市公安机关对符合一定条件的在华投资、任职、夫妻团聚、亲子团聚等的外国人签发《外国人永久居留证》(习惯上称"绿卡")。这是我国在外国人管理中的一项与国际接轨的重要举措,持证人可以凭有效护照和居留证出入中国国境而无需办理签证。持有居留证的外国人在法律规定的范围内,可以自由选择生活、工作地以及工作单位,而无需办理有关手续。这一制度的实施,对本市的经济建设、吸引外资、引进人才等方面起到了一定的积极作用。

　　2. 上海市制定《机动车道路交通事故赔偿责任若干规定》。《上海市机动车道路交通事故赔偿责任若干规定》已由市第十二届人大常委会审议通过,并于 2005 年 4 月 1 日起施行。该《规定》明确了本市实施第三者责任强制保险和道路交通事故救助基金制度,规定了机动车与机动车之间、机动车与非机动车之间发生交通事故的赔偿责任分担等问题,充分体现了以人为本、尊重人的生命权和健康权的立法理念,体现了社会效果和法律效果的统一。

　　3. 上海市应急联动中心正式启用。上海市应急联动中心于 2004 年 9 月 30 日正式启用。该中心是依托市公安局 110 平台及其配套资源建立的由市政府牵头、跨部门协作、整合社会公共资源,及时有效处置各类突发事件的多功能指挥平台。目前已将公安、民防、卫生等 18 家市级职能单位及 19 个区县人民政府纳入联动网络。该中心成立 1 年来,通过 110 报警服务台向联动单位发出各类警情 12 余万起,有效提升了政府应急综合服务水平。

4. 上海市构建预防和减少犯罪工作体系。上海市委政法委为探索从源头上加强预防犯罪工作,按照"政府主导推动、社团自主运行、社会多方参与"的总体思路,自 2003 年 8 月起,正式启动了预防和减少犯罪工作体系建设。该工作体系以推进禁毒、社区矫正和社区闲散青少年管理为突破口,整合社会资源,形成多元化的、各司其职的和协同管理的综合治理新格局,共同做好犯罪预防工作。这项工作也得到了中央政法委主要领导的高度肯定。

5. 上海市人大常委会组织开展"旁听百例庭审"专项调研活动。为促进司法公正、维护司法权威,加快上海法治化建设进程,市人大常委会于 2003 年 3 月起组织开展了"旁听百例庭审"专项调研活动,前后历时近 8 个月。共有 153 名、635 人次的市和区(县)人大代表,以及 16 名法律专家参加了该项活动,旁听了 137 个案件的审理。通过旁听,人大代表在肯定法院和检察院工作的同时,也指出了庭审中存在的问题,提出了改进的意见。该项活动有效地拓宽了人大代表依法监督司法工作的渠道。

6. 上海市颁布《未成年人保护条例》。《上海市未成年人保护条例》已于 2004 年 11 月 25 日出市人大常委会会议通过,并于 2005 年 3 月 1 日起施行。该《条例》在原《青少年保护条例》的基础上,吸收了本市未成年人保护工作的一些成功经验和做法,可操作性较强,是一部具有上海特色的地方性法规,对于保护未成年人的合法权益,优化未成年人保护的社会环境,具有积极的推动作用。

7. 全国人大常委会对本市贯彻实施《劳动法》情况进行执法检查。2005 年 10 月至 11 月间,全国人大常委会《中华人民共和国劳动法》执法检查组在沪检查。这是全国人大常委会继 1996 年后第二次组织《劳动法》执法检查,旨在全面了解劳动法实施的情况,重点督促解决劳动法实施过程中带有普遍性、制度性、机制性的突出矛盾和问题,促进国家行政机关依法行政和审判机关、检察机关公正司法,使劳动法得到更好地贯彻落实,进一步保障劳动者的合法权益。

8. 上海市房屋拆迁管理推行五项制度。市房屋土地资源管理局会同市建委等有关部门制定了拆迁工作五项制度,规定从 2003 年 8 月 28 日起本市新开工的拆迁基地中,已签约户数在 50% 以下的基地,都必须推行房屋拆迁管理的公示、信访接待、举报、承诺书及监督等五项制度。房屋拆迁五项制度的实施,从制度上完善了政府对动迁公司的监管机制,促进了动迁公司的管理工作,规范了动迁人员的操作行为,杜绝了动迁过程中因不文明、不依法动迁而引发的不稳定因素。该制度的实施,意味着上海的房屋拆迁工作向着规范化、有序化、法治化的目标迈出了重要的一步。

9. 华东六省一市联办"东方法治"网(www. east124. com)开通。2003 年 12 月 7 日,华东六省一市联办的"东方法治"网(www. east124. com)在上海点击开通。该网站以为老百姓提供法律服务、普及法律知识为宗旨。网站的"网上面对面"、"问不倒法博士"等栏目均以便民法律服务为特色。网站还经常推出法制春联征集、法制动漫创作、法律知识竞赛等活动深受网民欢迎。2005 年在"我最喜爱的网站"评选中被评为群众最喜爱的生活服务类网站,目前网站日均点击数达 20 万。

10. 上海市实施《中小学、幼儿园周边环境建设标准》。为了创建安全、和谐及稳定的中小学、幼儿园周边环境,积极促进未成年人的健康成长,上海市社会治安综合治理委员会学校及周边治安综合治理工作领导小组在调查研究和广泛听取意见的基础上,根据国家和本市的相关规定,制定了《上海市中小学、幼儿园周边环境建设标准(试行)》,对校园的周边环境建设从治安、消防、交通、市容、文化等方面提出了具体要求,包括在校园周边治安复杂地区设立治安岗亭,学校门口 200 米内不得设立经营性网吧、歌舞厅、游戏机房等。该《标准》自 2005 年 9 月 1 日起施行。

11. 上海市清理、取消地方创设的 102 项行政许可事项。为做好《行政许可法》的实施准备工作,按照国务院的统一部署,本市于 2003 年 12 月起,对行政许可事项进行了全面清理。本市创设的 203 项行政许可事项,经清理后决定取消 102 项,占本市创设许可项目的 50.2%(其中,地方性法规创设的 36 项;政府规章和其他规范性文件创设的 66 项)。继续实施的 101 项行政许可事项中,大部分为地方性法规创设,原由政府规章创设,现市人大常委会作出决定确认其继续实施的 12 项。此次行政许可事项清理工作减少了政府规制,充分发挥市场的资源基础配置作用。

12. 上海市政府信息公开及诉讼第一案。2004 年 1 月 20 日,《上海市政府信息公开规定》(以下简称《规定》)颁布,同年 5 月 1 日起实施,这是国内第一部以省级政府规章形式表现的政府信息公开规定。《规定》明确了政府信息以公开为原则,不公开为例外,为实现公众的知情权和对政府的监督权提供了法制保障。作为这一制度实施的直接结果,公民、法人依据政府信息公开规定提起的行政复议和行政诉讼案例大幅度上升,其中尤以第一例诉讼案影响最大。2004 年 5 月 10 日,市民董某向徐汇区房地局申请查阅一处房屋的产权登记历史资料,徐汇区房地局作出书面答复:"因该处房屋原属外产,已由国家接管,董某非产权人,故不能提供查阅。"董某依据《规定》向徐汇区法院提起行政诉讼,要求法院判令被告履行信息公开义务。2004年8月16日,徐汇区法院公开审理了董某状告上海市徐汇区房地局信息不公开一案。该案被称为是我国第一起公民以政府信息公开有关法律规定为依据提起的行政诉讼案件。

13. 中共上海市委发出通知,批转市人大常委会党组关于进一步发挥人大代表作用,加强市人大常委会制度建设的若干意见。为了贯彻落实2005年中共中央转发的《中共全国人大常委会党组关于进一步发挥全国人大代表作用,加强全国人大常委会制度建设的若干意见》和2005年上海市委《关于加强人大工作的若干意见》的精神,上海市人大常委会党组结合本市人大工作的实际情况,讨论形成了《中共上海市人大常委会党组关于进一步发挥市人大代表作用,加强市人大常委会制度建设的若干意见》。2005年10月18日,中共上海市委批转了该《意见》。该《意见》对在本市如何进一步发挥市人大代表作用,支持、规范和保证代表依法履行职责和行使权力,以及人大常委会如何进一步加强制度建设,更好地发挥地方国家权力机关、工作机关和代表机关的作用等方面,提出了具体的措施,作出了明确的规定,具有较强的针对性和可操作性。对在新形势下推进本市人大工作具有重要意义。

14. 上海市政府公报免费向社会发放。从2004年5月1日起,《上海市人民政府公报》在全市各邮政支局(所)、东方书报亭和市郊书报亭等发放点,免费向公众发放20万份。同时,政府公报备置于各区(县)政府办公地点的适当场所、市和区(县)档案馆、公共图书馆,公众可以免费查阅。公报的免费发放,对于促进各级行政机关认真贯彻执行党的路线、方针、政策和国家的法律、法规,提高政务工作透明度、推进制度创新具有重要意义。

15. 上海市人大常委会会议通过《上海市住宅物业管理规定》。市十二届人大常委会第14次会议,审议通过了《上海市住宅物业管理规定》。从2004年11月1日起,在房屋装修中损坏房屋承重结构,违法搭建建筑物、构筑物,破坏房屋外貌等行为都将受到法律惩罚,损坏房屋承重结构的行为将可能受到最高罚款20万元的处罚。法规对于住宅"居改非"问题也作出明确定论:"业主、使用人应当按照规划管理部门批准或者房地产权证书载明的用途使用物业,不得擅自改变物业使用性质。"

16. 上海市开展以"提高法律素质 建设和谐家庭"为主旨的"百万家庭学法

律"活动。由市妇联、市司法局、市法宣办主办的"百万家庭学法律"活动于 2005 年 3 月启动。该项活动一是以"三八"妇女维权周、"3.15"消费者权益日、"5.15"家庭日、"6.26"国际禁毒日等纪念日为载体,开展相关法律法规知识的学习,开展家庭学法 20 年征文活动,有针对性地开展法制宣传教育;二是与"百万家庭网上行"结合起来,大力开展网上学法;三是在充分利用报刊、广播、电视、互联网等媒体传播媒介,广泛开展法律法规学习的同时,注意发挥社区妇女法律援助站、司法信访综合窗口、社区妇女学校的作用。通过组织妇女和家庭学法,创建和谐家庭,以和谐家庭推进和谐社区建设,以和谐社区推进上海和谐社会的构建。

17. 长三角地区 15 个城市消费者实现异地维权。2004 年 3 月,江浙沪三省市的工商行政管理部门签署了《长三角地区消费者权益保护合作协议》,承诺将在长三角地区实现消费者权益异地保护、流通领域商品质量监督抽查互通互认和 12315 维权网络互连共享。这 15 个城市分别是:上海、扬州、镇江、南京、常州、南通、无锡、苏州、湖州、嘉兴、杭州、绍兴、宁波、舟山和温州。今后长三角地区的消费者在上述 15 个城市进行消费过程中,合法权益如遭受侵害,均可向当地工商行政管理部门或回到居住地向居住地工商部门举报投诉和寻求帮助,工商行政管理部门均应受理。

18. 上海市在全国率先实现房地产市场网上登记交易。上海市房地产交易中心于 2004 年 3 月 30 日在全国率先推行《上海市商品房销售合同网上备案和登记办法》,至同年 7 月 1 日前,全市商品房项目已全部纳入网上备案的渠道。与之相配套,同年 4 月,上海市房地产交易中心房地产网上交易备案系统正式向社会开通服务。通过登陆该系统,购房者不仅可以轻松得知开发商资质、规划设计、预售证、产权证等宏观信息,还能得知欲购买的房屋是否已售、是否抵押给银行、是否被法院冻结、是否出租等重要信息,解决了购房者与房产商之间的信息不对称。同时,便于政府进一步掌握房地产市场动态,从而规范市场交易主体和销售行为,建立房地产要素市场,实现信息流、实物流、资金流的三流合一功能。

19. 上海成立国内首个"为被拆迁人提供法律服务律师志愿团"。上海 152 名律师在市律师协会组织下,成为国内首个"为被拆迁人提供法律服务律师志愿团"的首批成员,为被拆迁人提供收费低廉或免费的法律服务,切实维护被拆迁人的合法权益。首批志愿团的律师来自 80 家律师事务所,是经过为期两周的自愿报名、区县司法局推荐和市律协审核而产生的,均有丰富的房地产法律服务经验,熟悉动拆迁法律法规和相关政策。市律协专门印制了《为被拆迁人提供法律服务指南》,公布了志愿团成员的姓名和联系方式。

20. 上海市实施规范性文件备案审查。2004 年 5 月 1 日,《上海市行政规范性文件制定和备案规定》施行,该《规定》对制定行政规范性文件的主体、制定内容和程序进行了规范,并确立了今后各级政府机关制定的行政规范性文件均要报送上级政府备案审查的制度。截止 2005 年 6 月底,市政府对各部门和各区(县)政府报备的 234 件规范性文件进行了审查,准予备案 206 件,责令改正的 18 件。通过备案监督,纠正了制定行政规范性文件中的违法和不当行为,并明显减少了发文数量。

(上海市法学会提供)

编 后 记

经过近一年的努力,《上海法治建设蓝皮书(2003—2005 年)》终于与读者见面了,上海市法学会和上海市法治研究会特向所有关心本书和为本书付出辛勤劳动的单位和同志致以衷心的感谢。

本书从 2005 年开始筹划。2005 年 8 月 25 日,召开了第一次编写工作会议,研究本书的编写工作方案,明确了编撰内容和编写单位。参加此次会议的有:市人大常委会法工委、市政府法制办、市政协研究室、市委政法委、市高级人民法院、市人民检察院、市公安局、市司法局、市监察委、市教委、市民政局和上海仲裁委等部门的领导和有关同志。会后,有同志提出,反映法治建设成果还应扩大到维权部门。于是,于 2005 年 10 月 13 日召开第二次编写工作会议。参加此次会议的有:市劳动和社会保障局、市总工会、市妇联、市青保办、市消费者权益保护委员会、市残联、市老年人权益保护办公室等部门的领导及有关同志。由于参加本书编写的单位比较全,因此本书反映的内容也比较充实。

本书在编写过程中得到了方方面面的大力支持。参加编写的单位领导亲自过问编写事宜,确定选题,审定稿件,有的还直接参与编写;具体撰稿人根据编写要求,收集材料,核对数据,确保稿件主题鲜明,内容翔实;专家咨询组成员在工作繁忙的情况下,挤出时间,帮助选定撰写题目,阅改稿件;编辑部全体人员积极努力,及时了解编写情况,适时组织协调,提出改进意见,进行全面统稿。因此,本书是各有关单位团结协作,共同努力的产物。

由于时间较紧,篇幅较多,工作量大,又限于水平,因此本书肯定有诸多不妥之处,欢迎广大读者提出宝贵意见。

上 海 市 法 学 会

上海市法治研究会

2006 年 8 月

图书在版编目（ＣＩＰ）数据

上海法治建设蓝皮书：2003~2005年/上海市法学会，
上海市法治研究会编写.—上海：上海人民出版社，
2006
ISBN 7 - 208 - 06526 - 8

Ⅰ．上… Ⅱ．①上…②上… Ⅲ．社会主义法制−
建设−概况−上海市−2003~2005 Ⅳ．D927.51

中国版本图书馆 CIP 数据核字(2006)第 114385 号

责任编辑　曹培雷
装帧设计　王斯佳
美术编辑　王小阳

上海法治建设蓝皮书

（2003~2005）

上海市法学会　上海市法治研究会 编

世 纪 出 版 集 团

上海人民出版社出版

（200001　上海福建中路 193 号　www.ewen.cc）

世纪出版集团发行中心发行

上海商务联西印刷有限公司印刷

开本 720×1000　1/16　印张 33.75　插页 4　字数 553,000

2006 年 9 月第 1 版　2006 年 9 月第 1 次印刷

印数 1 - 5,000

ISBN 7 - 208 - 06526 - 8/D·1132

定价 50.00 元